行政判例研究　XXV-2

社團
法人　韓國行政判例研究會　編

2020

博英社

Studies on Public Administration Cases

Korea Public Administration Case Study Association

Vol. XXV-2

2020

Parkyoung Publishing & Company

刊 行 辭

　　코로나19 팬데믹으로 어려운 상황에서도 2020년 하반기 연구 활동
을 마무리하면서 행정판례연구 제25집 제2호를 발간하게 되어 기쁘고
감사한 마음입니다.

　　우리 연구회는 2020년 하반기에도 많은 회원님의 참여 속에 다섯
번의 월례 발표회를 예정대로 개최하였습니다. 8월, 9월, 10월에는
Zoom 프로그램을 통하여 온라인 화상 세미나를 개최하였고, 코로나 상
황이 조금 나아졌던 11월에는 오랜만에 서울행정법원에서 얼굴 마주하
며 반갑게 만나 열띤 토론의 시간을 가졌습니다. 12월에는 사법정책연구
원과 공동학술대회를 팰래스호텔에서 성대히 할 예정이었으나 코로나
상황이 더욱 안 좋아져서 다시 Zoom 프로그램을 통한 온라인화상 학술
대회를 개최하였습니다. 특히, 그날에는 최광률 명예회장님 헌정 논문집
봉정식도 함께 계획하였는데 아쉽게도 내년으로 연기하였습니다.

　　그러나 이제 오랜 전통이 된 12월 사법정책연구원과의 공동학술대
회는 온라인 비대면 학술대회였음에도 많은 회원님이 참여해주셨습니다.
올해도 미국, 독일, 프랑스, 일본의 최근 행정판례 동향을 파악하는 귀한
논문이 발표되어 외국의 최근 행정판례를 다루는 공동학술대회를 더욱
뜻 깊게 하였습니다. 이 자리를 빌려 우리 연구회의 오랜 협력기관인 사
법정책연구원의 홍기태 원장님께 다시 한 번 감사드립니다.

그동안 "행정판례연구"는 월례 발표회의 발표와 토론을 중심으로 행정판례의 이론적 기초와 실천적 과제를 제시해오면서 학계와 법조의 발전에 크게 기여해 왔습니다. 이번 호에는 14편의 심도 있는 논문이 실렸습니다. 행정재량과 판단여지의 법리검토 등 행정법 총론의 핵심 분야에 관한 행정판례 논문이 6편, 공익사업으로 인한 환경피해에 대한 손실보상과 손해배상에 관한 논문 등 행정소송 관련 논문이 4편, 행정조직법 관련 판례에 관한 논문 등 행정법 각론의 주요 행정판례 논문이 2편, 그리고 12월 사법정책연구원과의 공동학술대회에서 발표된 외국판례 논문이 3편입니다. 옥고를 보내주신 학계와 실무계의 회원님들께 감사드립니다.

특히 만남이 어려운 시기에 "행정판례연구 제25집 제2호" 출판을 위해 헌신적으로 수고해주신 김중권 간행편집위원회 위원장님과 여러 위원님, 이진수·계인국 출판이사님, 그리고 이재훈·이채영·강상우 출판간사님께 감사의 마음을 전합니다. 또한, 출판계의 어려움 속에서도 "행정판례연구"의 출판을 기꺼이 맡아주고 계신 박영사의 안종만 회장님과 조성호 이사님 그리고 전채린 과장님께 특별한 감사를 드립니다.

코로나19 백신 접종계획이 전해지고 있습니다. 코로나19 상황이 빨리 진정되어 2021년 새해에는 우리 모두의 일상이 다시 회복되기를 바라면서, 회원님들의 건강과 평안을 기원합니다.

2020.12.31.
사단법인 한국행정판례연구회
회장 김선욱

차 례

Table of Contents

行政行爲의 職權取消·撤回

도로점용료 부과처분에 있어서의 직권취소 (김치환)

도로점용료 부과처분에 있어서의 직권취소

김치환*

대법원 2019. 1. 17. 선고 2016두56721, 56738 판결

Ⅰ. 검토를 위한 준비

1. 사건개요

이 사건 도로점용허가 대상구간에는 전체점용면적의 약 0.2% 정도에 해당하는 이 사건 돌출부분[1]이라는 구간이 있다. 이 사건 돌출부분은 지가가 매우 저렴한 토지와 접해 있다. 따라서 관계법령상의 점용료 산출방식에 의하여 도로점용구간과 물리적으로 접하는 토지의 개별공시지가의 산술평균으로 계산하게 되면 돌출부분이 포함되지 않는 경우

---

* 영산대
1) 이 사건 도로점용허가 대상구간은 지상부분과 지하부분이 있고 이 사건 돌출부분
   은 지상부분의 일부이다.

와 비교하여 도로점용료가 상당히 줄어들게 된다. 원고는 이 사건 돌출 부분을 포함하여 도로점용허가를 신청하였고 신청한 대로의 점용허가 를 받았다. 그런데 피고는 도로점용료를 산출함에 있어서 돌출부분에 접해 있던 토지의 개별공시지가는 고려하지 않은 채 2014년도와 2015 년도의 점용료를 산출하여 각 부과처분하였다.

한편, 원고는 도로점용허가신청에 앞서 피고와 협약을 체결한 것이 있다. 그것에 의하면 원고는 피고에게 도로의 기부채납, 도로유지관리 비용부담, 자신의 토지상의 도로에 대한 구분지상권설정 등 여러 이익 을 제공하였다. 이런 점들을 이유로 원고는 피고의 도로점용료 부과는 신뢰보호의 원칙, 비례원칙 등에 위반하여 위법하다고 주장하며 그 취 소소송을 제기하였다. 일부 도로가 원고의 사유지임을 이유로 그 부분 의 점용에 대한 점용료부과는 위법하다는 주장도 포함하였다. 취소소송 이 다투어지는 중에 피고는 당초 허가한 도로점용구역에 점용의 필요가 없는 돌출부분이 포함되어 있음을 인지하고, 그 부분을 도로점용구간에 서 제외하는 내용으로 도로점용허가를 변경하였다. 그리고 그와 같이 변경된 점용구간에 기초하여 재산정하여 감액된 부분만큼의 점용료를 원고에게 반환하였다.

1심은 원고의 주장을 모두 배척하였다. 또한 피고가 소송계속 중에 변경허가를 통하여 돌출부분에 대한 점용허가를 취소한 것에 대하여도 이를 인정하지 않았다. 점용허가는 수익적 행정행위이므로 이를 직권취 소하기 위해서는 취소할 공익상의 필요가 그 취소로 원고가 입을 불이 익을 정당화할 만큼 강해야 하는데 이 사건에서는 그러하지 못하고, 원 고에게 귀책사유도 없다는 이유에서이다

1심은 이에 따라 이 사건 돌출부분이 포함된 상태로 개별공시지가 를 산술평균하는 방법으로 2014년도 및 2015년도의 도로점용료를 각각 독자적으로 재산정한 후 그것을 초과하는 부분을 위법하다고 취소하였

다.[2] 원고와 피고 모두 불복하여 항소하였다.

원심(항소심)은 원고와 피고의 항소이유를 기본적으로 모두 배척하였다. 그런데 피고의 변경허가와 관련하여 다음과 같은 판단을 보였다. 우선 행정소송에서 행정처분의 위법여부는 행정처분이 있을 때의 사실상태를 기준으로 판단하여야 한다. 이 사건 변경허가는 직권취소의 성질을 가지는데 수익적 행정행위에 대한 직권취소이고 원고에게 귀책사유가 없으므로 취소의 효과는 장래에만 미친다. 이 사건은 당초의 점용료부과처분을 다투는 것이니 그 후에 이루어진 변경허가는 이 사건 각 처분의 위법성 판단에 영향을 미칠 수 없다. 이 사건 점용허가와 이 사건 변경허가의 경위 등에 비추어 그 하자가 치유되었다고 볼 예외적인 사정도 없다.

원심은 이 사건 돌출부분과 관련하여 새로이 확인한 사실에 기초하여 독자적으로 2개년도의 점용료를 산출한다. 그리고 당초의 부과처분 중 원심이 독자적으로 산출한 점용료액을 초과하는 부분을 취소하였다.

반면에 변경허가 후 감액되고 남은 부분을 초과하는 부분에 대한 취소청구는 이미 소멸하고 없는 처분의 취소를 구하는 것이므로 소의 이익이 없어 부적법하다고 판시하였다.[3] 원고와 피고는 모두 원심에도

---

2) 당초의 점용료는 돌출부분에 접한 저렴한 토지가격을 고려하지 않은 채로 산정하였는데, 1심은 돌출부분에 접한 토지가격을 산술평균하는 방법으로 계산한 덕에 당초 부과된 도로점용료보다는 낮은 가액이다.

3) 참고로 이 사건에서 대법원의 판단을 제외한 나머지 부분에서의 도로점용료산출은 총 4차례 이루어졌다. 당초에 부과된 점용료(1차), 변경허가 후 수정하여 부과된 점용료(2차), 1심이 계산한 점용료(3차), 2심이 계산한 점용료(4차)가 그러하다. 이들을 금액차이가 큰 순서로 나열하면, 2014년도의 경우는 1차 > 2차 > 3차 > 4차의 순서이고, 2015년도의 경우는 1차 > 2차 > 4차 > 3차의 순서가 된다. 그 차이는 3차는 이 사건 돌출부분을 포함한 이 사건 지상부분 전체구간을 인접토지의 산술평균방식으로 계산했고, 4차는 이 사건 지상부분을 3구분하여 그 중 이 사건 돌출부분과 이어져 있는 한 부분만 산술평균방식으로 계산한 데 따른 것이다. 또한 4차는 2014년도분을 계산할 때 1~3차의 계산이 79일을 기준으로 한 데 반하여 2개월을 기준으로 계산하였기에 추가적인 차이가 발생했다. 1차와 2차는 돌출부분

불복하여 상고하였다.

2. 판시

(1) 원고의 상고이유는 모두 배척하였다.

(2) 피고가 이 사건 돌출 부분을 제외하는 이 사건 변경허가를 하면서 제시한 사유는, 이 사건 돌출 부분은 원고가 특별사용할 필요가 없는 부분이라는 취지이고, 이 사건 변경허가 이전의 점용기간에 대하여도 이 사건 돌출 부분의 점용면적에 해당하는 금액을 감액하여 반환하였다. 이러한 사정에 비추어 보면, 이 사건 변경허가는 수익적 행정행위인 이 사건 점용허가에서 이 사건 돌출 부분을 소급적으로 제외함으로써 이를 축소하는 일부 직권취소의 성격을 갖는다.

(3) 이 사건 변경허가 및 각 감액처분이 금지된다고 볼 수 없고, 이러한 일련의 처분이 있었던 이상 당초 처분의 흠은 더 이상 이 사건 각 감액처분으로 감액되고 남은 이 사건 각 처분의 위법사유가 될 수 없다. 그리고 이 사건 변경허가 및 각 감액처분에 행정행위의 치유에 관한 법리가 적용될 것은 아니다.

(4) 게다가 도로점용허가와 점용료 부과처분은 서로 독립하여 별개의 법률효과를 발생시키므로 도로점용허가에 불가쟁력이 생겨 그 효력을 다툴 수 없게 되면 도로점용허가에 흠이 존재하더라도 그것이 당연무효 사유에 해당하지 않는 한 그 흠을 이유로 점용료 부과처분의 효력을 다툴 수 없다. 이러한 법리는 도로점용허가의 변경허가와 이에 따른 점용료 감액처분의 경우에도 마찬가지로 적용된다. 이 사건 변경허가는 제소기간을 도과하여 불가쟁력이 발생하였으므로, 이 사건 변경허

을 포함시키느냐 않느냐에 따른 차이이고 그 밖의 계산방식은 동일하다.

가가 당연무효가 아닌 이상 이 사건 변경허가에 흠이 있다 하더라도 이를 이유로 하여 이 사건 각 감액처분으로 감액되고 남은 이 사건 각 처분의 효력을 다툴 수는 없다. 따라서 원심으로서는 이 사건 변경허가에 흠이 있는지, 있다면 그 흠이 당연무효 사유에 해당하는지를 심리·판단하였어야 한다.

(5) 그런데도 원심은 이와 달리, 이 사건 변경허가는 소급효가 없어 이 사건 각 처분의 위법성 판단에 영향을 미칠 수 없고, 이 사건 점용허가 및 이 사건 변경허가의 경위 등에 비추어 그 흠이 치유되었다고 볼 수도 없다는 이유를 들어, 이 사건 변경허가 이전의 이 사건 각 처분의 흠을 이 사건 각 감액처분으로 감액되고 남은 이 사건 각 처분의 위법사유로 판단하였다. 이러한 원심의 판단에는 이 사건 변경허가의 효력, 변경처분 또는 감액처분의 허용 여부, 흠 있는 행정행위의 치유 등에 관한 법리를 오해하여 필요한 심리를 다하지 않음으로써 판결에 영향을 미친 잘못이 있다.

〈평석〉

I. 검토를 위한 준비

1. 6개의 처분

이 사건에는 우선 복수의 처분이 등장한다. 최초의 도로점용허가처분, 그것에 입각한 2014년도분 점용료부과처분과 2015년도분 점용료부과처분, 수정된 도로점용허가처분, 수정된 도로점용허가처분에 의거한 2014년도분 점용료부과처분과 2015년도분 점용료부과처분이 그러하다.

여기서는 논의의 편의상 2014년도와 2015년도의 점용료 부과처분은 구
분하지 않고 단순히 도로점용료 부과처분으로 칭하여 논한다. 그리고
최초의 도로점용허가처분을 이 사건 점용허가(처분) 또는 당초의 처분,
수정된 점용허가처분을 이 사건 변경허가(처분), 최초의 점용료부과처분
에 입각한 점용료부과처분을 이 사건 부과처분 또는 당초의 부과처분,
수정된 도로점용허가처분에 기초한 점용료부과처분을 이 사건 감액처
분으로 각기 부르기로 한다.

　이들 6개의 처분 가운데 이 사건이 다투어진 것은 애초에 이 사건
부과처분이다. 원고는 이 사건 부과처분의 취소를 구하였고, 이를 다투
는 1심 소송이 계속되어 있는 중에 피고가 이 사건 부과처분에 따른 점
용료가액을 감액하는 이 사건 감액처분을 하였다. 그런데 감액처분을
하게 된 경위가 단순히 기술적으로 도로점용료의 계산을 잘못하여 이것
만을 수정하여 감액한 처분이 아니라 이 사건 부과처분의 기초가 된 이
사건 점용허가처분의 내용(점용허가의 물리적 범위)이 변경된 데에 따른
감액처분이었다. 감액처분 자체에 고유한 하자가 있었던 것이 아니고
감액처분의 기초가 된 점용허가처분의 허가면적 획정에 하자가 있었던
것이다.

　이 사건에서 주로 쟁점이 되고 있는 법리는 행정행위의 하자, 직권
취소와 그 소급효, 하자의 치유, 변경허가의 성질과 효력의 문제라 할
수 있다.

2. 도로점용허가와 도로점용료 부과처분의 관계

　도로점용허가와 도로점용료 부과처분의 관계는 전자가 후자의 전
제요건이 된다는 점에서 도로점용허가 없이는 도로점용료부과처분은
존속할 수 없다. 또한 반대로 도로점용료를 납부하지 않으면 도로점용
허가는 취소된다. 하지만 점용료를 납부하지 않았다고 하여 반드시 도

로점용허가가 취소되는 것은 아니다. 법은 "취소할 수 있다"고 규정하고 있기 때문이다(구 도로법 제63조제1항제3호). 또한 도로점용허가처분이 있다고 하여 반드시 점용료를 부과하게 되는 것도 아니다. 법은 "도로관리청은 도로점용허가를 받아 도로를 점용하는 자로부터 점용료를 징수할 수 있다."고 규정하고 있기 때문이다(구 도로법 제66조제1항). 정리하면 점용허가 없이는 점용료부과처분은 존재할 수 없으나, 점용허가가 있다고 하여 반드시 점용료가 부과되어야 하는 관계에는 있지 않다. 점용료부과여부는 재량행위이기 때문이다.

이와 같이 점용료부과처분은 그 자체 하나의 독립된 처분이기는 하지만 그것만이 단독으로 발해질 수 있는 것이 아니고 부과처분의 근거로서 점용허가를 필연적으로 요구하는 특징이 있다. 이것은 이 사건을 단독으로 존재하는 처분에 대한 일반적인 직권취소의 사건들과 구별되게 하는 독특한 점이라 생각한다. 그리고 이 사건 돌출부분을 점용면적에서 제외하는 이 사건 변경허가가 이루어짐으로써 이 사건 감액처분은 불가피한 것이 되었다.

3. 이 사건 변경허가

다음으로 이 사건 변경허가의 문제이다. 피고는 이 사건 부과처분의 취소가 1심에서 다투어지고 있는 중에 이 사건 부과처분의 기초가 된 이 사건 점용허가의 내용에 점용면적을 잘못 산정한 흠[4]을 발견하고 이를 수정하는 이 사건 변경허가를 하였다. 세 법원의 판단은 모두 여기서의 변경허가는 점용허가의 대상으로 포함시키지 말았어야 할 일부토지(돌출부분)에 대한 직권취소의 성질을 가진다는 것에 견해를 같이했다. 그런데 1심은 점용허가라는 수익적 행정행위를 취소하는 것이

---

4) 이 사건 돌출부분은 특별사용의 필요가 없는 부분인데 점용허가의 대상면적으로 포함시킨 사실.

므로 공익과 사익간의 비교교량이 필요하고 그 결과 취소를 인정하지 않는다는 판단을 하였다. 이에 대해 원심은 직권취소는 인정하되 그 효과가 장래에만 미친다고 판단했다. 그러나 대상판결은 소급효까지 인정하는 내용으로 판시하였다.5) 대상판결은 이 사건 부과처분을 아예 취소하고 재산정한 감액된 금액으로 새롭게 점용료를 부과하는 것도 가능하고, 이 사건 부과처분을 취소하지 않고 차액을 감액하는 처분을 할 수도 있다6)고 판시한다.7)

Ⅱ. 행정행위의 하자

1. 행정행위의 하자

행정행위의 하자(흠)란 행정행위가 적법·유효하게 성립하기 위하여 갖추어야 할 요건을 결여한 상태를 말한다.8) 여기에는 주체에 관한 하

---

5) 판결문 1. 라. (3) 부분.

6) 그런데 "재산정한 감액된 금액으로 새롭게 점용료를 부과하는 처분"이 그 부과시점부터 효력을 발한다고 보는 것인지, 아니면 당초의 점용료부과처분시부터 효력을 발한다는 것인지는 위 설시만으로는 명확히 알 수가 없다. 후단의 "이 사건 부과처분을 취소하지 않고 차액을 감액하는 처분을 할 수도 있다"는 부분은 당초의 부과처분을 취소하지 않는 것이므로 그 효력이 유지될 것을 전제하고 있다고 이해할 수 있으므로 "당초의 처분을 취소하지 않고 차액을 감액하는 처분을 할 수도 있다"는 판시 부분에서는 차액을 감액하는 처분의 효력이 당초의 부과처분시까지 소급하여 효력을 발하는 것으로 이해될 여지도 있다. 본문에서 필자가 대상판결의 취지를 이 사건에서의 직권취소에 소급효까지 인정한 것으로 판단한 이유이다. 하지만 여전히 대상판결이 이 사건 감액처분에 대해 소급효를 인정한 것인지에 대해서는 모호한 측면이 있다.

7) 이 사건에서 처분청은 후자의 방식을 택한 것이라고 본다.

8) 김동희, 행정법Ⅰ(제19판), 331쪽; 김철용, 행정법Ⅰ(제9판), 261쪽. 행정행위의 하자에는 행정행위가 위법한 경우 뿐만 아니라 부당한 경우도 있다(박윤흔외 1인, 최신행정법강의(상)(개정30판), 360쪽.

자, 절차에 관한 하자, 형식에 관한 하자 그리고 내용에 관한 하자가 있
다. 그리고 마지막의 내용에 관한 하자를 특히 내용상 하자라 하여 전
3자의 하자(광의의 형식상 또는 절차상 하자)와 구별한다.9) 형식상 하
자와 내용상 하자를 구별하는 이유는 내용상 하자를 이유로 취소된 경
우에 행정청은 원칙상 동일한 내용의 행정처분을 다시 내리지 못한다는
점에 있다.10)

2. 하자의 치유

하자에 대한 개념설명에서 알 수 있듯이 행정행위의 하자는 행정
행위로서의 성립시에 문제가 된다. 다르게 표현하면 행정처분을 발하는
처분시를 기준으로 행정행위에 하자가 존재하는지 여부가 핵심이며 이
경우에 하자의 중요성과 명확성의 정도에 따라 무효 또는 취소의 형태
로 당해 행정행위의 효력에 영향을 미치게 된다.11) 그런데 후에 이 결
여된 요소가 보완되면 행정행위는 그 성립시에 소급하여 하자 없는 행
정행위로 작용하게 된다.12) 이른바 하자의 치유이론이다. 이론적으로라
면 하자가 보완된 또는 치유된 시점부터 정상적인 효력을 발한다고 보
아야 하겠지만 그렇게 해서는 하자의 치유를 인정하는 의미가 없다. 왜
냐하면 치유할 필요 없이 하자를 치유하는 시점에 하자가 없는 온전한
새 처분을 하면 될 것이기 때문이다. 그러므로 하자의 치유는 행정행위
의 성립시에 치유의 효력을 소급시켜 처음부터 하자 없는 행정행위로
기능하게 하는 것에 의미가 있다.13) 원래 하자 있는 행위는 그것을 취

---

9) 박균성, 행정법강의(제17판), 282쪽.
10) 박균성, 위의 책, 282쪽.
11) 김동희, 위의 책, 333쪽; 김철용, 위의 책, 262쪽. 물론 행정행위의 성립 자체를 인정
   할 수 없을 정도의 하자로서의 부존재유형도 있다.
12) 홍준형, "행정행위 하자의 치유," 고시계 2000년 8월, 67쪽.
13) 물론 효력의 소급 외에 동일한 행정행위의 무용한 반복을 피할 수 있게 한다는 이

소하는 것이 법치행정의 원칙에 합치된다.[14)

　이 사건 점용허가는 성립시에 그 내용에 있어서 점용면적에 포함
시키지 말았어야 할 이 사건 돌출부분을 포함하여 이루어졌다. "도로점
용허가는 도로의 일반사용을 저해할 가능성이 있으므로 그 범위는 점용
목적 달성에 필요한 한도로 제한되어야 한다. 도로관리청이 도로점용허
가를 하면서 특별사용의 필요가 없는 부분을 점용장소 및 점용면적에
포함하는 것은 그 재량권 행사의 기초가 되는 사실인정에 잘못이 있는
것으로 도로점용허가 중 특별사용의 필요가 없는 부분은 위법하다."[15)
그런 점에서 특별사용의 필요가 없는 이 사건 돌출부분을 포함하여 한
이 사건 도로점용허가처분은 하자를 내포한 위법한 처분이 된다. 그리
하여 후에 이 사실을 인지한 피고가 특별사용의 필요가 없는 이 사건
돌출부분을 직권취소하였다는 것이 이 사건이다.

3. 하자의 치유와 직권취소

(1) 이 사건 변경허가의 성질

　여기서 이 사건 변경허가의 성질은 무엇으로 이해하여야 할지가
문제된다.

　대상판결을 포함하여 모든 심급에서 이 사건 변경허가는 직권취소
의 성질을 가진다는 데에 이견이 없어 보인다. 대상판결은 이 사건 변
경허가에 기초한 감액처분에 대하여도 흠의 치유는 성립 당시에 적법한
요건을 갖추지 못한 흠 있는 행정행위를 그대로 존속시키면서 사후에
그 흠의 원인이 된 적법 요건을 보완하는 경우를 말하며, 이 사건 감액

　점도 있다.

14) 김철용, 위의 책, 274쪽; 박균성, 위의 책, 303쪽; 이광윤, "행정행위 흠의 치유와 취
　소의 한계," 고시계 1995년 5월, 53쪽. 등
15) 대상판결의 판결요지 [2]

처분은 당초 처분 자체를 일부취소하는 변경처분에 해당하고, 그 실질은 종래의 위법한 부분을 제거하는 것으로서 흠의 치유와는 차이가 있다고 설시한다. 그런데 이 사건 변경허가는 사후에 이 사건 돌출부분을 점용허가 대상에서 제외함으로써 당초에 이 사건 처분이 안고 있던 하자를 제거해 준 것이므로 기존의 하자가 더 이상 존재하지 않게 되었다(의미를 갖지 않게 되었다)는 점에서는 하자의 치유이론과 결과적으로 하등 다를 바가 없는 외양을 띤다. 여기서 하자의 치유와 직권취소의 관계에 대한 검토의 필요성이 대두된다.

(2) 하자의 치유와 직권취소의 구별

하자의 치유와 직권취소의 차이에 대하여는 우선 다음의 점을 지적할 수 있다. 하자의 치유는 독립된 행정행위가 아니라는 사실이다. 하자의 치유와 관련하여 판단한 다수의 판례에 의하면 하자의 치유가 문제되는 경우는 대체로 절차적인 하자가 존재하는 경우이다. 절차상의 하자가 있음에도 불구하고 다른 경로를 통하여 상대방에게 관련 처분내용이 전달되어 상대방이 자신의 공격방어방법을 행사하는데 아무런 지장이 없었다면 절차상의 하자는 치유되었다고 판단하는 경우를 다수 볼 수 있다. 이에 대하여 직권취소는 그 자체로서 하나의 독립된 행정행위로서 존재한다.

직권취소는 행정행위이므로 그것은 행정청에 의해 발해져야 한다. 그러나 하자의 치유는 하자가 치유될 수 있는 상황의 존부만이 중요하며, 그러한 상황이 반드시 하자를 야기한 행정청에 의하여 실현될 것을 요구하고 있지는 않는다. 예를 들어 법상의 청문서의 도달기간을 지키지 않아 절차상의 하자가 있지만 영업자가 이의를 제기하지 않고 청문일에 출석하여 충분한 변명의 기회를 가질 수 있었다면 절차상의 하자는 치유된다고 보는데, 이 경우 하자의 치유는 행정청의 적극적인 행위에 의해서가 아니라 상대방의 이의 없는 출석과 충분한 변명 기회가 주

어졌다는 상황적 요소에 의해 치유를 인정하는 것이다.16) 특정 절차를
위반하기는 했지만 그 절차를 둔 취지가 결과적으로 훼손되지 않았다면
하자는 치유되었다고 판단한다.

하자의 치유가 인정되는 사유로는 ①요건의 사후보완(예를 들어, 필
요한 신청서의 사후제출 또는 보완, 무권한대리의 추인, 불특정 목적물의 사후특
정, 타기관 또는 상대방의 협력이 결여된 행위의 추인, 처분의 형식·절차의 사후
이행·보완 등), ② 사실상 공무원이론, ③ 장기간 방치에 따른 행정행위
의 내용실현, ④ 취소할 수 없는 공공복리상의 필요(하자 있는 토지수용으
로 인한 댐건설) 등이 제시된다.17)

이들 하자의 치유 사유 가운데 '불특정 목적물의 사후특정'이라는
경우가 있는데, 목적물이 행정행위의 내용이 되는 경우, 그 목적물이 특
정되어 있지 않아 하자가 있는 경우에 그 목적물이 사후에 특정되게 되
면 하자는 치유된다고 이해할 수 있다. 그렇다면 이 사건 처분의 경우
점용구간이 처분당시에 특정되지 않았다가 후에 특정된다면 이것은 하
자의 치유문제로 처리될 수 있는데, 처음부터 특정은 되어 있었지만 그
중 포함되지 말아야 할 일부가 포함되어 있는 바람에 하자를 내포한 처
분의 경우18) 그 일부를 배제하는 것은 하자의 치유가 아니라 직권취소
라는 것이다. 환언하면, 처음부터 특정되어 있지 않다가 특정되면 하자
의 치유인데, 처음에는 특정되어 있었는데 잘못 특정되어 있는 것을 바
로 잡으면 하자의 치유가 아니라 직권취소가 된다는 식이다.

하자의 치유는 당초의 처분의 효력을 가급적 유지시키기 위해서
이루어진다. 이에 대해 직권취소는 당초의 처분이 가진 하자를 배제하
고자 하는 데에 초점이 있다. 직권취소는 효력의 유지가 목적이 아니라

---

16) 대법원 1992. 10. 23. 선고 92누2844 판결
17) 김동희, 앞의 책, 347쪽; 이들 중 장기간 방치로 인한 법률관계의 확정과 취소를 불
   허하는 공익적 요구라는 사유는 하자의 치유가 아니라 취소권의 제한사유로 보는
   것이 다수설의 입장이다(정하중, 행정법개론(제5판), 296쪽).
18) 이 사건의 경우를 말한다.

결함 없는 적법한 처분의 실현이 목적이다.[19] 따라서 하자의 치유론이 법치행정의 관점에서는 원칙적으로 허용될 수 없다고 일반적으로 주장되는 것과 달리 직권취소에서는 그러한 논의자체가 제기되지 않는다. 직권취소 자체가 법치행정의 실현 그 자체를 위한 것이기 때문이다.[20]

만일 이 사건 직권취소를 하자의 치유라고 이해하게 되면 그것은 취소소송이 제기된 후에는 원칙적으로 허용되지 않는다고 할 것이어서 이 사건에서 1심 계속 중에 피고가 이 사건 변경처분을 하는 것이 허용되지 않았을 것이다. 반복되지만 다수의 판례에서 하자의 치유의 근거로 상대방의 공격방어기회를 침해하지 않을 것을 요구하고 있는 점에서 하자의 치유는 당해 처분에 대한 불복여부의 결정 및 불복신청에 편의를 줄 수 있는 상당한 기간 내에, 늦어도 당해 처분에 대한 행정심판[21] 또는 소제기 이전에 실현되어야 한다.[22] 그러나 직권취소라면 그러한 제한을 받지 않는다.[23]

직권취소든 하자의 치유든 상대방의 신청과 관계없이 이루어진다

---

19) 직권취소는 행정청측에서 행정행위가 위법 또는 부당함을 이유로 자발적으로 이를 취소하는 것(藤田宙靖, 行政法1(総論)(第4版), 220頁)이므로 위법 또는 부당을 바로 잡기 위한 것을 그 목적으로 한다고 이해하지 않을 수 없다. 그 밖에도 遠藤博也, 実定行政法, 111－112頁 등.

20) 대상판결이 "흠 있는 행정행위의 치유는 원칙적으로 허용되지 않을 뿐 아니라…"고 설시하고 있는 것처럼 하자의 치유는 함부로 이루어질 수 없음을 지적한다. 이에 반해 직권취소는 행정청이 그 하자 있음을 확인한 이상 상대방의 신청과 관계 없이 그 하자 있는 행위를 원칙적으로 취소하여야 한다(藤田宙靖, 앞의 책, 220頁).

21) 김동희, 앞의 책, 348쪽.

22) 김유환, 현대 행정법강의(제5판), 188쪽; 홍준형, 앞의 논문, 64쪽. 그러나 하자의 치유가 행정행위의 성질이나 법치주의 관점에서 원칙적으로 허용될 수 없다는 점과 예외적으로 하자의 치유를 인정하여 행정행위의 무용한 반복을 피하고 당사자의 법적 생활의 안정을 기한다는 점을 비교형량하여 하자의 치유에 대한 시간적 한계를 융통성 있게 판단하는 것이 필요하다는 주장도 있다(홍준형, 앞의 논문, 65쪽).

23) 만일 이 사건에서 취소소송이 제기되기 전에 행정청이 이 사건 점용허가의 하자를 발견하여 그것을 내용상 직권 수정하였다면 그것은 하자의 치유라 이해될 수 있을까 의문이다.

는 점에서는 공통된다. 또한 두 경우 모두 법률의 근거를 요하지 않는다는 점에서도 공통된다.

(3) 하자의 치유와 하자의 제거

하자가 치유되는 것과 하자가 제거되는 것은 구별해야 할 필요가 있다.

하자의 치유에는 당초의 처분이 변경되지 않는 그대로의 상태로도 당초에는 하자가 있었지만 치유를 긍정하는 순간 당초의 하자가 소멸된 것과 같이 된다고 다루는 것이다. 예를 들어 청문서 도달기간을 지키지 않은 하자의 경우, 그럼에도 불구하고 상대방이 이의없이 스스로 청문일에 참석하여 변명의 기회를 가졌다면 하자는 치유된다고 본다.[24] 이 사안에서 청문서 도달기간을 지키지 않은 사실은 시간을 돌릴 수 없으므로 사후적으로 교정될 수가 없는 당초의 처분상태 그대로이지만 하자가 치유되는 경우이다. 상대방의 공격방어방법을 보호하는 데 영향을 주지 않은 절차상의 하자가 있는 경우[25]는 대부분 당초의 처분의 변경 없이 하자의 치유가 인정되고 있다[26]고 생각된다.

그에 반해 이 사건 변경처분은 이 사건 돌출부분이라는 하자부분을 사후적으로 배제하는 방식이므로 당초의 처분상태로 하자의 문제가

---

24) 대법원 1992. 10. 23. 선고 92누2844 판결
25) 그러나 상대방의 공격방어방법에 영향을 주게 되면 사후에 보완이 있었더라도 하자의 치유는 긍정하지 않는다. 대법원 1984. 5. 9. 선고 84누116 판결은 "납세고지서에 기재누락된 사항을 보완통지하였다 하더라도 그 통지일이 부과처분의 위법판결선고 후일 뿐 아니라 국세징수법 제9조 제1항 의 입법취지에 비추어 과세처분에 대한 납세의무자의 불복여부의 결정 및 불복신청에 편의를 줄 수 없게 되었다면 위 부과처분의 하자가 치유되었다고 볼 수는 없다."고 판시한다.
26) 대법원 2001. 3. 27. 선고 99두8039 판결은 증여세의 납세고지서에 과세표준과 세액의 계산명세가 누락되는 등으로 납세고지가 위법한 경우에도 과세처분에 앞서 이루어진 과세예고통지서 등에 이미 그러한 사항들이 제대로 기재되어 있어 납세의무자가 과세처분에 대한 불복여부의 결정 및 불복신청에 전혀 지장을 받지 않음이 명백하면 납세고지서의 하자는 보완되거나 치유될 수 있다고 판시한다.

해결되는 것이 아니다. 그런 점에서 사후적으로 하자가 제거되기는 하는 것이지만 당초의 처분의 모습 그대로 하자가 치유되어 효력이 유지되는 형태는 아니다. 절차상의 하자의 경우는 내용에 대한 변동 없이도 하자가 치유되는 경우를 상정할 수 있지만, 내용상의 하자의 경우에는 그 내용에 대한 보완이나 수정이 없이는 하자가 제거되는 경우는 생각하기 어려워 보인다.27)

생각건대, 하자의 치유는 광의와 협의로 나누어 이해할 수 있다고 본다. 통상 행정법이론에서 하자의 치유로 이해하는 것은 매우 좁은 의미로 이해하는 것으로, 행정행위가 성립시부터 안고 있던 위법성이 "어떠한 이유"로 그 농도가 희석되어 위법하지 않는 것으로 취급하여도 법률관계나 당사자의 권익 그리고 공익에 별다른 영향을 주지 않는 경우로 생각된다. 여기서 "어떠한 이유"라는 것은 상대방이 자발적으로 청문에 응한다거나(상대방측 요인), 사전통지에서 이미 처분의 사유가 상세하고도 충분히 표시된 경우나(처분청측 요인), 추후의 상황의 변화28)(제도나 상황적 요인) 등 다양하게 존재할 수 있다.29)

이에 대해 넓은 의미에서는 하자의 치유는 협의의 하자를 포함하여 당초에 있던 하자가 명백히 제거되는 모든 경우라 생각할 수 있다. 직권취소는 처분청 스스로가 자신이 발견한 하자를 적극적으로 제거하여 적법한 행위로 변경하려는 것이므로 직권취소에 의하여도 당초의 처분의 하자는 제거되어 더 이상 존재하지 않게 되는 상황, 즉 넓은 의미

---

27) 내용의 보완 없이도 내용상의 하자가 소멸하는 경우가 전혀 없다고는 할 수 없을 것이다. 예를 들어 법령의 개폐 등으로 당초에 하자 있던 내용이 더 이상 법위반이 되지 않는 경우가 그러할 것이라 생각된다.

28) 소재지 관서의 증명없이 매매된 농지가 그 후 도시계획구역내의 계획시설 대상토지가 된 경우에는 농지개혁법의 적용이 배제되는 것이므로 그 하자는 치유된다(대법원 1981. 2. 24. 선고 80다2518 판결). 이 사례는 농지매매의 하자이므로 행정행위의 하자와 다르기는 하다.

29) 하자의 치유는 절차의 무용한 반복을 피한다는 절차적 경제성의 관점을 고려하고 있으나 직권취소는 오로지 실체적 적법성의 관점만을 토대로 한다.

에서는 하자의 치유라 이해할 수도 있다고 생각한다. 다만 협의의 하자의 치유는 기존의 하자 있는 행정행위의 효력을 유지하는 채로 이루어진다면, 직권취소는 하자가 있는 부분이 취소의 형태로 제거되어 버리므로 기존의 하자 있는 행정행위가 그대로 유지되는 것이 아니라는 점에서 협의의 하자의 치유와는 다르다. 그럼에도 불구하고 직권취소가 직권 전부취소가 아닌 직권 일부취소일 경우에는 하자를 제거하여 취소되지 않는 채로 남는 적법한 부분은 여전히 효력을 유지하므로 직권일부취소는 당초의 행청행위의 효력을 가급적 유지하려는 협의의 하자의 치유와 유사한 면이 있다.

(4) 하자의 치유는 행정행위의 효력의 유지, 직권취소는 행정행위의 효력의 소멸

앞에서도 언급되었지만 하자의 치유는 기존의 처분의 효력을 유지하려는 것이지만, 직권취소는 기존의 처분의 효력을 소멸시키는 행위이다.[30] 취소가 효력의 소멸을 초래하는 것이기 때문이다. 그런데 전부취소와 일부취소 간에는 약간의 차이를 인정할 수 있다. 전부취소는 행정행위의 효력 전체를 더 이상 유지하지 않기 위한 것이지만 일부취소는 행정행위 중 문제가 있는 일부를 제거하여 문제가 없는 나머지는 여전히 효력을 유지할 것을 기도하는 것이다. 이러한 측면은 일부취소가 하자의 치유와 흡사한 외형을 보여준다. 그러나 일부취소 중에서도 쟁송에 의한 일부취소는 하자의 치유보다는 하자의 "시정"의 성격이 강하다고 할 것이다. 하자의 "치유"는 처분청의 관점에서의 어법이다.

또한 다음의 점도 지적할 수 있다. 치유가 되는지 여부는 누가 판

---

30) 직권적 취소는 일반적으로 위법성 회복을 의미하지만 동시에 다른 한편으로는 행정행위의 구체적인 적정성을 확보하고 행정감독을 도모하기 위하여 개개의 구체적인 행정목적의 적극적 실현을 위해 개입하게 되는 행정수단의 일태양이기도 하다. 석종현, "행정행위의 직권취소," 고시계 1981년 8월, 32-33쪽.

단하는가 또는 어떻게 결정되는가이다. 1차적으로는 행정청이 주장하겠
지만 종국적으로는 법원에 의하여 치유여부가 판단될 것이다. 이에 대
해 직권취소는 행정청에 의하여 종국적으로 판단된다고 볼 수 있다. 물
론 직권취소 자체에 또 다른 하자가 있어서 법원에서 다투어지는 것은
별개의 문제이다. 하자의 치유는 처분이 아니므로 하자의 치유에 대한
취소소송은 불가능하다.

Ⅲ. 이 사건 변경허가에 대한 이해방식

이 사건 변경허가에 대한 이해에는 몇 가지의 경우의 수가 제시될
수 있다.

첫째로, 이 사건 변경허가가 이 사건 점용허가와 동일성을 유지하
는 채로 이 사건 점용허가를 대체한다고 이해하는 방법이다. 변경허가
라는 새로운 처분이 내려졌지만 이것에 의하여 당초의 처분은 변경허가
에 흡수되어 소멸한다고 이해하는 것이다.[31] 다만, 이 경우에 (ⅰ)소급
적으로 대체하는 것으로 이해하는 방법과, (ⅱ)변경허가 시점부터 당초
의 처분이 흡수되어 소멸하게 된다고 이해하는 방법이 있을 수 있다.
소급적으로 대체한다고 이해하면 당초의 점용허가는 소멸하고 당초부
터 변경허가가 정상적으로 이루어진 것과 같은 결과가 된다. 이에 대해
소급효는 없다고 한다면, 변경허가가 있기까지는 당초의 점용허가가 유
효하게 존재하는 것이고 그 이후부터는 당초의 점용허가는 소멸하고 변
경허가만이 유효하게 존속하게 된다.

둘째로, 이 사건 변경허가는 이 사건 점용허가와는 전혀 별개의 독

---

31) 대체한다고 이해하고 흡수되어 소멸한다고 이해하므로 당초의 처분시부터이든 중
간의 변경처분시부터이든 어느 시점에서도 행정청의 처분은 단지 1개만이 존재한
다고 이해된다.

자적인 처분으로 이해하는 방법이다. 이 사건 점용허가의 대상에서 이 사건 돌출부분을 배제하는 내용의 새로운 처분이라는 것이다. 이 경우에는 범위가 제한된 당초의 처분과 범위를 제한한(이 사건 돌출부부을 제외시킨) 변경처분이 병존한다.32) 이는 당초의 처분의 효력범위를 제한하는 새로운 처분이다. 다만, 이 경우에 (ⅰ) 그 효력 배제를 당초의 처분 시까지 소급할 것까지 내용으로 하는 경우와 (ⅱ) 이 사건 변경허가를 하는 시점부터 장래에 향해서만 이 사건 돌출부분을 배제하는 내용으로 점용허가를 하는 경우가 있을 것이다.

셋째로, 변경허가를 처분으로 보지 않고 당초의 점용허가가 내용상 수정되었을 뿐이라고 이해하는 방법이다.33) 당초의 점용허가가 내용상 수정되었을 뿐으로 당초의 점용허가의 효력범위를 축소하는 별개의 처분이 발해질 것을 전제로 하지 않는다. 이 경우 내용을 수정함으로써 사실관계에 부합한 결과를 달성하므로 더 이상 하자는 존재하지 않게 되고, 사실관계와 부합하지 않아 발생하는 위법성도 해소된다고 할 수 있다. 여기에는 이른바 하자의 치유와 유사한 측면이 존재하는 것은 아닌가 생각된다.

넷째로, 하자가 있는 행위는 아예 전부 버리고 변경허가는 그것과는 완전히 새로운 처분이라고 이해하는 방법이다.34) 문제는 완전히 새로운 처분이라고 보면, 그 처분이 발해진 시점부터만 효력을 가지게 되

---

32) 이때에는 당초의 처분과 그 효력을 제한하는 새로운 처분(변경허가)의 2개의 처분이 결합하여 제한된 부분에서만 점용을 허가하는 하나의 효력을 결과한다. 다만, 새로운 처분(변경허가)의 효력에 소급효를 대체흡수방식은 하나의 처분만이 존재함에 반하여 이 곳에서는 두 개의 처분이 인식된다.

33) 이러한 이해방식에 의하면 처분은 하나만 존재한다. 그러나 새로운 변경처분에 기존 처분이 흡수되는 형태로 하나가 존재하는 사고방식이 아니라 기존의 처분이 그대로 존재할 뿐이고 그 내용상 약간의 수정이 있는데 불과하다고 생각하는 방식이다.

34) 이에 의하면 기존의 처분은 전부 취소되어 사라지고, 새로운 처분이 기존의 처분과는 전혀 별개로 발해지는 형태가 된다. 이 때 새로운 처분에 기존의 처분이 흡수되어 소멸하는 것이 아니라는 점에서 첫 번째의 흡수소멸의 예와 다르다.

지 그것을 당초의 점용허가가 행해진 과거의 시점으로 거슬러 올라가게
하는 것은 곤란할 것이다. 변경허가를 당초의 점용허가시까지 거슬러
올라가게 할 수 있기 위해서는 당초의 점용허가와의 연결고리를 끊어서
는 아니된다. 어떠한 형태로든 당초의 점용허가와의 연결성을 남겨 두
어야 현재의 처분의 효력을 과거의 처분시까지 소급하게 할 수 있을 것
이라 생각하기 때문이다. 이 연결고리는 당초의 처분과 후의 변경처분간
의 동일성에 있다고 생각해볼 수 있다. 동일성이 있는 한 당초의 처분을
전부취소하는 것이 상대방에게 불측의 손해를 끼치고 신뢰보호나 법적
안정성에 반하는 경우 새로 발해지는 처분의 효력을 전부취소되는 당초
의 처분의 발령시까지 소급하는 것이 가능하다고 주장해볼 수 있다. 이
것은 결과적으로 첫 번째의 이해방식과 동일해진다고 볼 수도 있다.

　　첫 번째 이해방식은 원심(항소심)에서의 피고의 주장이라 할 수 있
다. 피고는 "이 사건 변경허가 및 이 사건 각 처분의 내용을 변경하는
이 사건 각 감액처분을 하였는데, 이는 모두 수익적 행정행위를 일부
취소하는 성격을 지닌 원고에게 불리한 처분이므로 이 사건 변경허가
및 이 사건 각 감액처분에 흡수되어 이미 소멸하였다. 따라서 이 사건
소는 이미 소멸한 처분의 취소를 구하는 것으로서 부적법하다"고 주장
했기 때문이다.35)

　　원심은 "이 사건 소 중 위 감액되고 남은 부분을 초과하는 부분에
대한 취소청구 부분은 이미 소멸하고 없는 처분의 취소를 구하는 것으
로서 소의 이익이 없어 부적법하다"고 설시하므로 감액부분을 초과하는
부분에 대한 점용료부과처분은 일부취소, 즉 감액처분으로 소멸하였음
을 전제하고 있다고 생각된다. 그러므로 감액되어 있는 부분에 대해서

---

35) 원심 판결문 2.가 1)의 기술내용. 사실은 원심이 요약한 이 피고의 주장내용은 잘
　　이해되지 않는다. 수익적 행정행위를 일부취소하면 원고에게 불리하므로 가급적
　　그 효력을 유지시켜야 한다고 설명해야 맞을 텐데, 원고에게 불리하므로 감액처분
　　에 흡수되어 소멸한다고 주장하기 때문이다.

는 여전히 이 사건 소가 유의미하여 원고는 그 취소를 구할 수 있다고 설시한다. 이는 당초의 부과처분이 그 전부가 감액처분에 완전히 흡수소멸되는(대체되는) 것이 아니라 당초의 부과처분 중 감액부분을 초과한 부분만 흡수소멸하는 것이지 감액부분은 당초의 처분이 처음부터 여전히 존재하며 효력을 잃지 않고 있다고 이해하는 것이라 할 수 있다. 따라서 당초의 처분(이 사건 부과처분)의 취소를 구하는 원고의 청구는 여전히 적법하게 존재한다고 이해하는 것이다. 이는 당초의 처분이 새로운 처분(변경처분)에 완전히 흡수되어 소멸한다고 보는 것이 아니므로 첫 번째의 이해방식과는 구별된다.

이러한 원심의 이해는 두 번째의 이해방식에 가깝다고 생각된다. 그에 의하면 당초의 처분과 새로운 처분(변경처분)이 병존하기에 당초의 처분도 그대로 유지되는 것이지만 다만 새로운 처분이 당초의 처분의 효력범위를 일부취소로 제한하였기 때문에 당초의 처분의 취소된 부분만 소멸할 뿐 나머지 부분은 여전히 살아 있다고 보는 것이다. 그러므로 당초의 처분에 대하여 제기했던 소도 당초의 처분의 나머지 부분에서는 여전히 소송을 수행할 이익을 지니고 있다고 보게 된다.

대상판결은 "이 사건 변경처분에 의하여 수익적 행정행위인 이 사건 점용허가에서 이 사건 돌출 부분을 소급적으로 제외함으로써 이를 축소하는 일부 직권취소의 성격을 갖는다"[36]고 설시하며 이 사건 직권취소에 소급효를 인정한다. 그리고 하자의 치유에 관한 법리의 적용은 정면으로 배제한다. 대상판결은 또한 "이러한 일련의 처분이 있었던 이상 당초 처분의 흠은 더 이상 이 사건 각 감액처분으로 감액되고 남은 이 사건 각 처분의 위법사유가 될 수 없다"[37]고 판시한다. 이는 이 사건 변경허가와 감액처분으로 인하여 당초의 처분에서 위법한 부분(감액 부분을 초과하는 부분, 감액되고 남는 부분)이 제거되는 것이므로 이 사건

---

36) 판결문 1. 라. (3) 부분.
37) 판결문 1. 라. 부분.

변경허가와 감액처분이 내려진 후에는 과거의 위법사유(감액처분후 감액되고 남는 부분)는 소멸하여 다툴 이익이 없다고 설시하는 것으로 이해된다. 이것은 당초의 처분과 변경처분 간에 두 개의 처분의 존재를 전제로 변경처분이 당초의 처분 중 하자 있는 부분만을 제거해버리는 처분으로 이해하는 것과 같다. 그 당연한 결과로서 당초의 처분은 단 한 차례도 소멸된 적이 없고 그 성립시부터 유효하게 존속하는 것인데 후의 변경처분으로 당초의 처분 중 일부만이 그 효력을 상실하게 된 것으로 이해하는 것이다. 이러한 이해는 당초의 처분이 변경처분에 흡수되어 소멸한다는 주장과는 다르므로 첫 번째 이해방식과 구별된다. 이것은 두 번째의 이해방식에 가깝다고 할 수 있다.

Ⅳ. 이 사건 감액처분에 대한 이해방식

변경허가에 대해서는 당초의 점용허가처분과 변경허가처분과의 사이에 앞에서 살펴본 바와 같은 관계를 고민하는 의미가 있다. 이에 반해 감액처분의 경우에는 그것이 설령 당초의 이 사건 부과처분에서 그 일부를 직권취소하는 처분이라고 하여도 당초의 부과처분에 있던 하자를 이유로 이 사건 감액처분이 발해진 것이 아니라 당초의 점용허가처분에 하자가 있기 때문에 그것을 시정해야 했고 그로 인하여 이 사건 감액처분에까지 이르게 된 것이다. 이 사건 변경처분을 야기한 것은 이 사건 점용허가의 하자이지만, 이 사건 감액처분을 야기한 것은 이 사건 부과처분의 하자가 아니라고 보는 것이다. 그렇다면 이것을 당초의 부과처분을 직권취소하는 것으로 이해할 수 있을까? 당초의 점용허가처분의 하자가 당초의 부과처분에 승계되어 있다고 해석할 수 있다면 당초의 부과처분이 하자 있는 처분이므로 그것을 시정하는 의미에서의 직권취소라는 구도가 가능하다. 하지만 당초의 점용허가의 하자가 예를 들

립시에 하자가 존재함이 확인된 이상 성립시부터 행정행위로서의 정상적인 효력을 인정하는 것이 곤란하기 때문이다. 이것은 쟁송취소이든 직권취소이든 마찬가지이다. 다만, 일반적으로 쟁송취소의 경우에는 다른 경우를 고려함이 없이 취소의 소급효가 부정되지 않음에 반하여 직권취소의 경우에 그것이 부정 또는 제한되는 이유는 행정행위의 상대방에게 불측의 손해를 줄 수 있기 때문이다.[43] 불측의 손해를 준다는 측면은 법적 안정성과 관련되어 있다. 따라서 수익적 행정행위의 경우에 직권취소가 제한된다는 논리는 법적안정성의 가치와 비례의 원칙이 작용한 결과라고 볼 것이다. 쟁송취소는 취소 자체를, 즉 처음부터 효력이 부정되기를 상대방이 희망한 것이기 때문에 취소의 소급효는 마땅한 것이고 취소의 효력을 소급시키는 데에 상대방에 대한 관점에서는 아무런 제약이 존재하지 않는다.[44]

2. 개별적인 관점

그런데 취소가 전부취소가 아닌 일부취소인 경우에는 몇 가지 요소가 더 요구된다고 할 것이다. 첫째는 일부만 취소가 되기 위하여 행정행위가 일부와 나머지로 분리될 수 있어야 한다는 점이다(가분성). 그리고 이 경우의 가분성은 내용면에서의 가분성을 의미하는 것이지 내용과 형식, 형식과 절차, 주체와 내용 등간의 가분성을 의미하는 것이 아니다. 성질상 가분적이지 않은 행정행위는 그 내용에 하자가 있는 경우 그 전부가 취소될 수밖에 없고, 일부취소의 방법은 채택될 수 없다.

다. 塩野宏 위의 책, 138頁.

43) 단순히 수익적 행정행위이기 때문만이 아니라 그 행정행위를 기초로 하여 사적인 법률관계가 형성되어 있는 경우가 많은 것도 직권취소를 제한하는 요인이 된다. 藤田宙靖, 앞의 책, 230頁.

44) 물론 사정판결이나 사정재결과 같이 취소 자체를 선언하지 않는 경우가 있을 수 있다.

이 사건의 경우는 도로점용면적이 행정행위의 내용을 형성하는데 면적은 물리적으로 그 평면 위를 얼마든지 구획하여 나눌 수 있으므로 가분성을 인정함에 의심의 여지가 없다.45) 조세의 경우에도 부과되는 금액은 분할납부가 가능한 점에서도 알 수 있듯이 여러 금액으로 분할이 가능하다는 점에 의문의 여지가 없다. 이와 같이 일부에 대한 취소가 인정되면 하나의 행정행위는, 취소되는 일부는 처음부터 즉 그 성립시에 소급하여 효력이 존재하지 않은 것과 같이 취급되고, 남아 있는 부분은 그것과 무관하게, 그 영향을 전혀 받지 않은 채 처음부터 온전하게 완전한 효력을 발휘하고 있다고 이해하게 된다.

만일 가분성이 없는 경우라면 하자 있는 행정행위 전부가 직권취소되지 않을 수 없을 것이다. 그렇다면 상대방의 신청이 있었는데 그에 대하여 신청한 대로 허가를 하였다가 후에 그 허가를 전부 직권취소하게 되면, 신청은 있되, 그 신청에 대하여 거부처분을 한 결과가 되거나 그 신청에 대하여 행정청이 아직 아무런 답변을 하지 않은 것이므로, 거부처분을 하거나 다시 신청하지 않더라도 당초의 신청에 대한 응답으로서 새로운 처분을 해야 한다고 이해하는 것이 가능하지 않을까 생각된다. 대상판결이 "점용료 부과처분에 취소사유에 해당하는 흠이 있는 경우 도로관리청으로서는 당초의 처분 자체를 취소하고 흠을 보완46)하여 새로운 부과처분을 하거나, 흠 있는 부분에 해당하는 점용료를 감액하는 처분을 할 수 있다."고 하고 있는 것은 이러한 관점과 유사하다. 다만, 점용료 부과처분은 점용허가의 경우에서와 같이 상대방의 신청을

---

45) 실제에 있어서는 물리적·사실상의 가분성 외에도 법률상의 가분성이 전제되어야 할 것이다.
46) 이 사건에서는 점용허가처분이 다투어진 것이 아니라 점용료부과처분이 다투어진 것이므로 점용허가처분이 일부취소된 것에 대해서는 달리 언급이 없고, 하자 있는 점용료부과처분에 한해서만 하자 있는 처분을 전부취소하고 하자를 보완한 새로운 처분을 하거나 하자 있는 부분만큼을 감액하는 처분(일부취소)을 할 수 있다고 설시한다.

전제로 하는 행정행위가 아니라는 점이 다르다.[47]

둘째로 일부취소는 남은 일부만으로도 행정행위로서 적법하게 효력을 발할 수 있는 요건을 모두 갖추고 있어야 한다. 다른 요건에는 변화 없이 내용적 범위가 축소됨으로 인하여 발해진 일부취소는 행정행위가 당연히 갖추어야 할 내용적 요소를 결하지 않으므로 남은 부분만으로도 행정행위의 효력을 인정하는데 장애가 없을 것이다.

3. 변경허가의 소급효

변경허가에도 신청에 의한 변경허가와 직권에 의한 변경허가를 상정할 수 있다. 신청에 의한 변경허가는 허가 이후 사정의 변경에 의하여 사실관계와 허가사항을 일치시켜야 하여 법에 따라 당초의 허가내용의 변경된 내용으로의 허가를 신청하는 것이다.[48] 이 경우의 변경된 허가의 효력발생시기는 당초의 허가시기로 소급한다고 보기 어렵다. 즉 변경된 허가시점부터 장래에 향하여 변경허가의 효력이 발생한다. 이러한 변경허가는 변경되는 내용이 침익적인지 수익적인지 특별한 의미가 없다. 왜냐하면 변화된 사실관계와 일치시키기 위한 변경신청이고 그에 따른 허가이기 때문이다.

이에 대하여 직권취소의 성질을 띤 변경허가는 직권취소가 취소사유인 하자를 제거하여 당초의 허가를 하자 없는 허가로 유지시키기 (거듭나게 하기) 위한 것이므로 하자 없는 행정행위의 관점에서는 그 효과

---

47) 침익적 행정행위이냐 수익적 행정행위이냐는 상대방의 신청을 전제로 하는지에 따라 구별하는 것이 용이할 수 있다. 침익적 행정행위는 상대방의 신청을 전제로 하지 않는다.

48) 예를 들어 가축분뇨의 관리 및 이용에 관한 법률 제11조제2항 "제1항에 따라 허가를 받은 자가 환경부령으로 정하는 중요 사항을 변경하려는 때에는 변경허가를 받아야 하고, 그 밖의 사항을 변경하려는 때에는 변경신고를 하여야 한다." 관광진흥법 제5조제3항 "제1항과 제2항에 따라 허가받은 사항 중 문화체육관광부령으로 정하는 중요 사항을 변경하려면 변경허가를 받아야 한다." 등.

는 당초에 소급되어야 한다고 할 것이다.

한편, 변경허가도 허가의 한 종류라고 하면 상대방의 신청이 없이 이루어질 수는 없다고 생각할 수도 있다. 이른바 협력을 요하는 행정행위의 문제이다. 그렇다면 원고의 신청이 없이 이루어진 이 사건 변경처분은 변경허가라 보기 어렵다고 생각할 수도 있다. 모든 심급에서 이 사건 변경허가의 성질을 직권취소로 볼 수 있다고 설시하는데, 어쩌면 그 실질은 변경허가가 아니라 그저 직권취소일 뿐일지도 모른다. 변경처분의 성질이 직권취소인 것이 아니라 직권(일부)취소의 결과 당초의 허가의 내용에 변경이 초래되었다고 이해하는 것이 보다 타당할 수 있다는 것이다.

Ⅵ. 맺으며

점용허가처분과 점용료부과처분이 별개의 독립된 효력을 지닌 행정행위라 하더라도, 둘은 일방적이긴 하지만[49] 긴밀하게 연동되어 있어 점용허가 없이는 점용사실도 없고, 점용료부과처분이 불가한 점에 이의는 없을 것이다. 두 행정행위가 긴밀하게 연결되어 있다는 점에서 법적으로 각 행정행위가 독립성을 지닌다고 해도 이 둘이 항상 붙어다닐 수밖에 없다고 한다면 직권취소의 제한법리를 살핌에 있어서 둘 가운데 하나의 행정행위에만 착안하여 보는 것으로는 불충분하고 두 행정행위를 동시에 고려하여 직권취소의 가부 그리고 그 효력의 소급여부를 판단하는 것이 적절하지 않을까 생각해본다. 점용허가처분은 수익적 행정행위이지만 점용료부과처분은 재산적 부담을 지우는 부담적 행정행위

---

49) 일방적이라 표현한 것은 점용허가 없이는 점용료부과처분도 있을 수 없는 관계에 있지만 그 반대가 항상 성립하지는 않을 수도 있다는 점에서 그와 같이 표현하였다.

이다. 따라서 그 한쪽을 제한하면 다른 한쪽이 풀려나는 관계에 있다. 점용허가면적이 줄어들면, 점용료도 줄어든다는 것이다. 전반부에서 수익이 제한되기는 했지만, 후반부에서 부담도 축소되는 것이다. 그렇다면 여기에 수익도 부담도 아닌 중간적인 영역이 있는 것은 아닌지도 생각해볼 수 있다. 중간적인 영역이란 결국 아무런 영향을 끼치지 않는다는 것으로 직권취소를 하여도 반대로 점용면적을 확대 허가하여도 그 소급효가 상대방의 권익에 아무런 영향을 주지 않는다고 이해할 수 있다. 그러하다면 그간의 직권취소의 제한의 법리는 수익과 부담이 동시에 병존하는 복수의 행정행위가 문제되는 경우에는 아무런 힘도 쓰지 못하는 무의미한 법리에 불과하게 될 수도 있지 않을까 생각해본다.

이 사건은 결론에 있어 직권취소의 법리가 주로 다투어져 일견 단순해 보이지만 실제에 있어서는 6건의 처분이 다투어진 것이고 그 중에서도 점용허가와 점용료부과처분, 변경허가와 감액처분은 서로 허가처분을 전제하지 않고는 부과처분이 존속할 수 없는 관계로 상호 얽히고 섥힘으로써 매우 복잡한 양상을 띠고 있다. 하여 여전히 명쾌한 결론을 짓는 데에 어려움이 있으나, 위법사항을 발견하고도 그것을 바로 잡지 않는 것은 행정청의 소임을 방기하는 것이고, 상대방의 권익침해와 법적 안정성에 대한 신중한 고려 후에 처음부터 가급적 하자 없는 행정행위로서 존속될 수 있도록 하는 것이 필요하다는 점에서 보면 대상판결의 결론에는 달리 이의가 없다.

참고문헌

김동희, 행정법 I (제19판), 박영사
김유환, 현대 행정법강의 (제5판), 법문사
김철용, 행정법 I (제9판), 박영사
박균성, 행정법강의(제17판), 박영사
박윤흔외 1인, 최신행정법강의(상)(개정30판), 박영사
정하중, 행정법개론(제5판), 법문사

김용섭, "행정법상 일부취소," 행정법연구 제23호
김충묵, "행정행위의 직권취소권의 한계," 지역발전연구 제7권 제2호,
    101－124쪽
석종현, "행정행위의 직권취소," 고시계 1981년 8월
이광윤, "행정행위 흠의 치유와 취소의 한계," 고시계 1995년 5월
홍준형, "행정행위 하자의 치유," 고시계 2000년 8월
황영묵, "행정행위의 취소와 신뢰보호의 원칙," 법조 40권 12호 (1993)
    81－93쪽

藤田宙靖, 行政法1(総論)(第4版), 青林書院
塩野宏, 行政法1 2版, 有斐閣
遠藤博也, 実定行政法, 有斐閣

국문초록

　　일반인의 통행에 제공되는 도로를 특정한 이익을 위하여 점거하여 사용해야 하는 경우에는 도로관리청의 점용허가를 받아야 한다. 그리고 점용하는 경우에는 대개 법령에 따라 산출된 점용료를 납부하게 된다.

　　사안은 적법하게 점용허가를 받아 점용료를 납부했던 원고가 피고의 점용료 징수가 위법하다고 하여 점용료부과처분의 취소를 구한 사건이다. 그런데 취소소송이 1심에서 다투어지고 있는 동안에 피고가 점용료부과처분의 기초가 된 점용허가처분에 하자를 발견하고 이를 변경한 후, 변경된 점용허가처분에 따라 점용료를 재산정하여 차액을 정산 반환하는 조치를 취하였다.

　　여기서 이를 변경한 조치의 성질이 직권취소인지 하자의 치유인지, 소송수행 중에 그것이 가능한지, 소급효는 있는지 등이 쟁점으로 다투어졌고, 주변적으로 하자의 승계에 관하여 언급되기도 하였다.

　　이에 따라 평석에서는 직권취소론과 하자의 치유론의 차이에 대해 살펴보고 이 사건 변경허가 및 그것에 기초한 감액처분에 대한 검토를 통하여 독자적인 이해방식을 제시해보려 하였다. 단일 행정행위가 아니라 점용허가처분과 점용료부과처분과 같이 거의 필연적으로 함께 붙어다니는 행정행위의 경우 그 중 선행행위에 하자가 있는 경우 단순히 단일 행정행위에 하자가 있어 그것을 직권취소하는 경우와는 구조적으로 달리 볼 여지가 있음을 주장하였다. 그러나 결론에 있어서 대상판결의 판시는 수긍할 수 있다고 보았다.

　　주제어: 행정행위의 하자, 직권취소, 소급효, 하자의 치유, 하자의 승계

Abstract

Revocation of authority in the imposition of road occupancy charges

Chihwan Kim*

Where a road provided for the passage of the general public is to be occupied and used for a specific benefit, An occupancy permit from the Road Management Administration must be obtained. And in case of occupancy, the occupancy fee calculated according to the law is usually paid.

The case is a case in which the plaintiff, who had legally obtained permission to occupy and use and paid the occupancy fee, claimed that the defendant's collection of the occupancy fee was illegal and sought the cancellation of the disposition imposed on the occupancy fee. However, while the cancellation lawsuit was being contested in the first trial, the defendant found a defect in the occupancy permit disposition, which was the basis for the imposition of occupancy fee, and changed it, and then re−calculated the occupancy fee according to the changed occupancy permit disposition and returned the difference.

Issues such as whether the changed measure of authority was ex officio revocation or the healing of defects, whether it was possible during the lawsuit, and whether there was retrospective effects were discussed, and also the theory of the succession of defects were mentioned as a side issue.

---

* Youngsan University

Accordingly, this comment tried to present its own understanding by examining the differences between the theory of revocation of authority and the theory of healing of defects and also by reviewing the changed permission and the disposition of reduction based on it. It was argued that administrative actions that are almost necessarily attached together, such as the disposition of permission for occupancy and the imposition of occupancy fees, rather than a single administrative act, could be regarded as structurally different from those that are simply flawed in a single administrative act. This comment insists that there is a room to see otherwise. However, it came to the conclusion that the judgment was acceptable.

Key words: Defects of administive act, ex officio cancellation, retroactive effect, healing of defects, succession of defects

투고일 2020. 12. 12.
심사일 2020. 12. 25.
게재확정일 2020. 12. 28.

行政의 實效性確保手段

농지법상 이행강제금 부과처분에 대한 불복절차 (황용남)

농지법상 이행강제금 부과처분에 대한 불복절차

황용남*

대상판결: 대법원 2019. 4. 11. 선고 2018두42955 판결

Ⅰ. 대상판결의 개관

1. 사실관계

원고는 고양시 일산동구 풍동에 있는 토지(지목: 전, 이하 '이 사건 토지'라 한다)의 소유자이다. 이 사건 토지는 농림지역에 속하였는데, 이 사

---

* 서울행정법원 판사

건 토지를 포함한 고양시 풍동 국민임대 주택단지 예정지구(이하 '풍동2
지구'라 한다)가 2007. 3. 28. 택지개발예정지구로 지정됨에 따라 도시지
역(세부용도지역 미지정) 및 지구단위계획구역으로 지정된 것으로 간주되
었다가, 2013. 8. 14. 위 지정에서 해제되어 도시지역에서 농림지역으로
환원되었고, 2015. 2. 27. 다시 도시지역(자연녹지지역)으로 변경되었다.

한편, 피고(고양시 일산동구청장)는 2013년 농지이용실태조사를
한 결과 원고가 이 사건 토지를 농업경영에 이용하지 않고 건축자재 야
적 및 사무실 설치 등 타용도로 이용하고 있는 것을 확인하고, 청문절
차를 거쳐 2014. 5. 26. 원고에게 처분의무기간을 같은 날부터 2015. 5.
25.까지로 정하여 농지처분의무가 있음을 통지하였다.

이후 피고는 2015. 7.경 원고가 정당한 사유 없이 이 사건 토지를
농업경영에 이용하지 않고 있음을 재확인하고, 2015. 8. 13. 원고에 대
하여 2015. 8. 14.부터 2016. 2. 13.까지 이 사건 토지를 처분할 것을 명
하는 농지처분명령(이하 '이 사건 농지처분명령'이라 한다)을 하였다.

원고는 2015. 10.경 한국농어촌공사에 농지매수청구를 하였으나,
한국농어촌공사는 2015. 10. 16. 원고에게 '매수 후 농지로 이용하는 것
이 불가능한 농지에 해당된다'는 이유로 매수불가 통지를 하였다. 원고
는 이 사건 농지처분명령의 기한이 만료되기 직전인 2016. 2. 11. 피고
에게 이 사건 토지를 원상회복하였다는 내용의 농지원상회복신고서와
당일 한국농어촌공사에게 재청구한 농지매수청구서를 제출하자, 피고는
농지처분명령을 일시 유예하였다. 그러나 한국농어촌공사는 2016. 3. 3.
원고에게 '매수 후 농지로 이용하는 것이 불가능한 농지에 일부분이 해
당된다'는 이유로 다시 매수불가통지를 하였다.

피고는 2016. 3. 7. 원고에게 이행강제금 부과에 관한 사전통지를
하였고, 2016. 4. 5. 농지법위반을 이유로 하여 148,082,000원의 이행
강제금을 부과하였다(이하 '이 사건 이행강제금 부과처분'이라고 한다). 이
에 원고는 2016. 11. 1. 피고를 상대로 주위적으로는 이 사건 이행강

제금 부과처분의 취소를, 예비적으로는 이 사건 농지처분명령 및 이 사건 이행강제금 부과처분의 무효확인을 각 청구하는 내용의 소송을 제기하였다.[1]

2. 소송의 경과

(1) 제1심 판결
(의정부지방법원 2017. 9. 27. 선고 2016구단6083 판결)

제1심 법원은 '농지법 제62조 제1항의 규정에 의하여 부과된 이행강제금 부과처분의 당부는 최종적으로 비송사건절차법에 의한 절차에 의하여만 판단되어야 한다'는 이유로 이 사건 소 중 이 사건 이행강제금 부과처분의 취소청구(주위적 청구) 및 무효확인청구(예비적 청구 중 일부) 부분이 부적법하다고 판단하였다.

또한, 제1심 법원은 이 사건 토지의 경우에는 농지로서의 현상이 상실된 것으로 볼 여지가 있다고 하더라도 원상복구가 비교적 용이하고 일시적인 것에 불과하므로 농지법의 적용대상인 '농지'에 해당하다고 판단하였다. 그 논거로는 이 사건 토지를 밭으로 복구하는 것이 어렵다고 볼 수 없는 점, 한국농어촌공사가 든 사유('매수 후 농지로 이용하는 것이

---

1) 당해 행정처분에 대한 무효확인청구와 취소청구는 서로 양립할 수 없는 청구로서 주위적·예비적 청구로서 병합이 가능하다(대법원 1970. 5. 12. 선고 69누149 판결, 대법원 1999. 8. 20. 선고 97누6889 판결 등 참조). 그런데 이 사건 농지처분명령과 이 사건 이행강제금 부과처분은 별개의 처분이고, 이 사건 농지처분명령이 무효로 확인되면서 동시에 이 사건 이행강제금 부과처분이 취소될 수도 있기 때문에 이 사건 이행강제금 부과처분의 취소청구와 이 사건 농지처분명령의 무효확인청구는 양립할 수 있다. 따라서 이 사건 농지처분명령의 무효확인청구는 이 사건 이행강제금 부과처분의 취소청구에 대한 관계에서 독립적인 청구에 해당한다. 법원으로서는 이 사건 소가 계속될 당시 원고에 대하여 청구의 병합이 적정한 형태로 이루어졌는지에 관하여 석명을 하거나, 그 형태를 직권으로 정리하는 조치를 취할 필요가 있었던 것으로 보인다.

불가능한 농지에 해당된다')는 원고가 원상복구를 미흡하게 하였다는 의미일 뿐 이 사건 토지가 농지로서의 기능을 완전히 상실하였다는 의미로 볼 수는 없는 점, 원고가 이 사건 토지와 관련된 형사절차에서 농지법 위반죄로 약식명령을 받았고 그 즈음 해당 약식명령이 확정된 점 등이 제시되었다. 그로 인하여 이 사건 농지처분명령이 위법하다는 취지의 원고의 주장은 배척되었다.

결국 제1심 법원은 위와 같은 판단을 전제로, 이 사건 소 중 이 사건 이행강제금 부과처분의 취소청구(주위적 청구) 및 무효확인청구(예비적 청구 중 일부) 부분을 각 각하하고, 원고의 나머지 청구를 기각하는 내용의 판결을 선고하였다. 원고는 2017. 10. 19. 위 판결에 불복하여 항소하였다.

(2) 원심 판결
(서울고등법원 2018. 3. 20. 선고 2017누77987 판결)

원심 법원은 이 사건 소 중 이 사건 이행강제금 부과처분의 취소청구(주위적 청구) 및 무효확인청구(예비적 청구 중 일부) 부분에 관한 제1심 법원의 판단이 정당하다고 인정하였다. 이에 대하여 원고는 피고의 안내에 따라 행정심판을 거쳐 행정소송을 제기하였으므로 이 사건 이행강제금 부과처분과 관련된 소를 모두 각하한 것은 행정소송법 제20조 제1항 단서의 취지나 신뢰보호원칙 등에 비추어 위법하다고 주장하였다. 그러나 원심 법원은 피고의 잘못된 안내만으로 행정처분이 아닌 이 사건 이행강제금 부과처분에 대하여 행정소송으로 그 무효 또는 취소를 구할 수 있다고 볼 수는 없다는 이유로 원고의 주장을 배척하였다.

그리고 원심 법원은 원고가 2016. 2. 11. 이 사건 토지를 원상회복하였다는 농지원상회복신고서를 현장사진과 함께 피고에게 제출한 점, 현황이 잡종지임을 전제로 이 사건 토지에 대한 재산세가 부과되었다는 것이 농지법의 적용을 받는 농지가 아니라는 것을 의미하지는 아닌 점 등을 논거로 추가하면서, 이 사건 토지가 농지법의 적용대상인 '농지'에 해당하여 이 사건 농지처분명령이 위법하다는 제1심 법원의 판단이 정당하다고 인정하였다.

한편, 원고는 ㉠ 이 사건 토지에 관하여 2007. 3. 28. 택지개발예정지구 지정이 이루어져 미리 농림부장관과 농지전용에 관한 협의를 거쳤으므로 이 사건 토지는 농지전용허가의 예외 대상 토지라고 보아야 한다는 주장, ㉡ 이 사건 토지의 용도지역이 2015. 2. 27.자로 농림지역에서 도시지역으로 변경되어 농지전용허가가 불필요해졌으므로, 설령 그 이전에 위법한 농지전용이 이루어졌더라도 이를 불법적인 농지전용이라고 볼 수 없다는 주장, ㉢ 풍동2지구의 경우 약 7년간 택지개발사업이 진행되어 시행자인 한국토지주택공사가 실시계획을 작성하였을 것으로 보이므로, 이 사건 토지는 농지전용허가를 받은 토지에 해당한다는 주장, ㉣ 이 사건 농지처분명령의 근거가 되는 농지법 제10조, 제11조 제1항이 헌법 제23조에 의한 재산권 보장의 원칙에 위배될 뿐 아니라 과잉금지원칙 등에 위배되어 위헌·무효이므로, 위 법률조항들을 근거로 한 이 사건 농지처분명령은 무효라는 주장 등을 개진하였다. 원심 법원은 위 ㉠, ㉡, ㉢ 주장에 관하여는 그 각 주장과 같은 택지개발사업 실시계획 승인신청, 협의 내지 실시계획 작성이 있었다고 볼 만한 자료가 없다거나 법령상 근거가 없다는 이유로, 위 ㉣ 주장에 관하여는 농지법 제10조, 제11조 제1항이 과잉금지원칙에 위반되거나 기본권의 본질적 내용을 침해하는 것으로 보이지 않아 재산권을 침해하지 않는다는 이유로[2] 위 각 주장을 모두 받아들이지 않는다고 판단하였다.

원심 법원은 위와 같은 판단을 전제로 원고의 항소를 기각하는 판

---

[2] 원고는 위 사건 계속 중에 농지법 제11조 제1항, 제2항, 제3항, 제62조 제1항, 농지법 시행령 제75조 제3항에 관한 위헌법률심판제청신청을 제기하였다. 그러나 원심 법원은 위 신청 중 농지법 제11조 제2항, 제3항, 제62조 제1항, 농지법 시행령 제75조 제3항에 대한 부분을 각 각하하고, 농지법 제11조 제1항에 대한 부분을 기각하는 내용의 결정을 하였다(서울고등법원 2018. 3. 20.자 2017아1565 결정).

결을 선고하였다. 원고는 2018. 4. 6. 위 판결에 불복하여 상고하였다.

(3) 대상판결

대법원은 2019. 4. 11. 원고의 상고를 모두 기각하는 판결을 선고
하였다.

3. 대상판결의 요지

(1) 농지법은 농지 처분명령에 대한 이행강제금 부과처분에 불복
하는 자가 그 처분을 고지받은 날부터 30일 이내에 부과권자에게 이의
를 제기할 수 있고, 이의를 받은 부과권자는 지체 없이 관할 법원에 그
사실을 통보하여야 하며, 그 통보를 받은 관할 법원은 비송사건절차법
에 따른 과태료 재판에 준하여 재판을 하도록 정하고 있다(제62조 제1항,
제6항, 제7항). 따라서 농지법 제62조 제1항에 따른 이행강제금 부과처분
에 불복하는 경우에는 비송사건절차법에 따른 재판절차가 적용되어야
하고, 행정소송법상 항고소송의 대상은 될 수 없다. 농지법 제62조 제6
항, 제7항이 위와 같이 이행강제금 부과처분에 대한 불복절차를 분명하
게 규정하고 있으므로, 이와 다른 불복절차를 허용할 수는 없다. 설령
관할청이 이행강제금 부과처분을 하면서 재결청에 행정심판을 청구하
거나 관할 행정법원에 행정소송을 할 수 있다고 잘못 안내하거나 관할
행정심판위원회가 각하재결이 아닌 기각재결을 하면서 관할 법원에 행
정소송을 할 수 있다고 잘못 안내하였다고 하더라도, 그러한 잘못된 안
내로 행정법원의 항고소송 재판관할이 생긴다고 볼 수도 없다.

(2) 농지법 제2조 제1호는 농지에 관한 정의 규정인데, 원칙적 형
태는 "전·답, 과수원, 그 밖에 법적 지목을 불문하고 실제로 농작물 경
작지 또는 다년생식물 재배지로 이용되는 토지"이다[(가)목 전단]. 따라

서 어떤 토지가 이 규정에서 말하는 '농지'인지는 공부상의 지목과 관계 없이 토지의 사실상 현상에 따라 판단하여야 한다. 그런데 농지법은 농지전용허가 등을 받지 않고 농지를 전용하거나 다른 용도로 사용한 경우 관할청이 그 행위를 한 자에게 기간을 정하여 원상회복을 명할 수 있고, 그가 원상회복명령을 이행하지 않으면 관할청이 대집행으로 원상회복을 할 수 있도록 정함으로써(제42조 제1항, 제2항), 농지가 불법 전용된 경우에는 농지로 원상회복되어야 함을 분명히 하고 있다. 농지법상 '농지'였던 토지가 현실적으로 다른 용도로 이용되고 있더라도 그 토지가 농지전용허가 등을 받지 않고 불법 전용된 것이어서 농지로 원상회복되어야 하는 것이라면 그 변경 상태는 일시적인 것이고 여전히 '농지'에 해당한다.

II. 이 사건 이행강제금 부과처분에 대하여 항고소송을 제기할 수 있는지 여부3)

1. 이행강제금 제도에 관한 일반론

(1) 의의 및 적용범위

이행강제금은 일정한 기한까지 의무를 이행하지 않을 때에는 일정한 금전적 부담을 과할 뜻을 미리 계고함으로써 의무자에게 심리적 압박을 주어 장래에 그 의무를 이행하게 하려는 간접적인 강제집행 수단 중 하나이다.4) 이행강제금은 종래 부작위의무나 비대체적 작위의무에

---

3) 대상판결에서는 이 사건 농지처분명령의 무효확인청구와 관련하여 이 사건 토지가 농지법상 농지에 해당하는지 여부도 문제되었다. 대법원은 종전부터 농지법상 농지의 개념에 관하여 현황주의의 원칙을 선언하면서도 농지로서의 현상을 일시적으로 상실한 경우에는 여전히 농지에 해당한다고 평가하고 있는데[대법원 2007. 5. 31. 선고 2006두8235 판결, 대법원 2009. 4. 16. 선고 2007도6703 전원합의체 판결 및 송

대한 강제집행 수단으로 이해되어 왔다. 그러나 이는 이행강제금의 본
질에서 오는 제약은 아니며, 이행강제금은 대체적 작위의무의 위반에
대하여도 부과될 수 있다.[5]

(2) 도입 경과

이행강제금 제도는 1914. 7. 11. 조선총독부제령 제23호로 제정된
구 행정집행령 제5조 제1항 제2호를 통하여 처음 도입되었으나, 구 행
정집행령이 1948. 3. 20. 군정법령 제176호로 폐지됨에 따라 한동안 자
취를 감추었다. 구 행정집행령은 당시 일본에서 시행 중이던 구 행정집
행법 제5, 6조의 내용과 거의 동일한 내용으로 규정되어 있었다.[6]
   1962. 1. 20. 법률 제984호로 제정된 건축법은위반건축물에 관하여
시정명령을 할 수 있도록 규정하면서(제42조 제1항), 시정명령을 위반한

재일, "농지(農地)의 정의에 대한 문제점과 개선방안 － 농지법상 현황주의와 지적
   법상 지목주의를 중심으로 －", 법학논총 제20집 제2－1호 (2013), 388면], 최근에는
   원상회복이 용이한지 여부를 농지법의 입법목적까지 고려하는 규범적 평가의 영역
   으로 바라보고 있다[대법원 2018. 10. 25. 선고 2018두43095 판결, 대법원 2019. 2.
   14. 선고 2017두65357 판결 및 이상덕, "농지법상 '농지'의 개념과 '농지전용허가 의
   제'의   요건으로서의   관계행정청과의   협의",   대법원판례해설   제118호   (2019),
   100~102면]. 대상판결 역시 같은 취지로 판시하고 있다. 이 부분 쟁점에 관해서는
   이미 다수의 선행 연구가 진행된 바 있으므로, 본고에서는 자세한 논의를 생략하기
   로 한다.
4) 대법원 2015. 6. 24. 선고 2011두2170 판결.
5) 헌법재판소 2004. 2. 26. 선고 2001헌바80·84·102·103, 2002헌바26(병합) 전원재
   판부 결정. 다만, 해당 결정에서 재판관 윤영철, 재판관 권성은 심판대상조항이었던
   구 건축법 제83조(2005. 11. 8. 법률 제7696호로 개정되기 전의 것) 제83조 소정의
   이행강제금에 관하여 '대집행에 의하여도 위반상태의 시정이 가능한 경우에도 이행
   강제금을 부과하는 것은 헌법 제37조 제2항의 과잉금지의 원칙에 위반된다'는 취지
   의 반대의견을 밝힌 바 있다.
6) 그 외에도 구 행정집행령은 검속(제1조), 가택출입(제2조), 강제진단·입원·치료 및
   외출금지(제3조 제1항), 거주제한(제3조 제3항), 토지·물건의 사용·처분 및 사용제
   한(제4조), 대집행(제5조 제1항 제1호), 직접강제(제5조 제3항)를 행정상 강제집행
   수단으로 규정하고 있었다.

자는 6월 이하의 징역 또는 50만 환 이하의 벌금에 처하도록 하였다(제
54조). 그러나 시정명령 위반에 관하여 형사처벌을 하는 것은 수많은 전
과자를 양산하는 법 적용상의 경직성과 실효성의 문제가 있었으며, 벌
금을 감수하고서라도 위법을 자청하는 사례가 다수 발생하였다. 이에
따라 1986. 12. 31. 법률 제3899호로 개정된 건축법은 건축법에 위반된
건축물의 건축주 등이 시정명령을 받은 후 시정을 하지 아니할 경우 건
축법 위반행위로 인하여 발생하는 이익에 상응하는 금액의 과태료를 부
과하도록 하였다. 그러나 위 개정 이후에도 여전히 형사처벌과 과태료
를 감수하더라도 불법건축행위를 통하여 경제적 실리를 취하겠다는 심
리가 만연하였으며, 한번 형사처벌을 받거나 과태료 부과처분을 받은
후에는 재차 위반행위에 대하여 제재를 할 수 없는 탓에 위법건축물이
그대로 존치되는 상황도 발생하였다. 이러한 문제점을 보완하기 위하여
1991. 5. 31. 법률 제4381호로 전부 개정된 건축법에 이행강제금 제도
가 도입되었으며, 이를 통해 우리 법질서에서 이행강제금 제도가 부활
하였다.[7]

　　이후 각종 법률에 이행강제금 제도가 도입되었으며, 2020. 11. 26.
현재 총 36개의 법률이 이행강제금 제도에 관한 규정을 두고 있다.[8] 이

---

7) 헌법재판소 2015. 10. 21. 선고 2013헌바248 전원재판부 결정; 홍의표, 이행강제금
　　법제의 현황과 개선방안 연구, 한국법제연구원 (2012), 20면; 정태용, 건축법해설,
　　한국법제연구원 (2006), 408면.
8) 구체적인 목록은 아래와 같다.
　　(1) 가습기살균제 피해구제를 위한 특별법 제47조 제2항, (2) 개발제한구역의 지정
　　및 관리에 관한 특별조치법 제30조의2, (3) 건축법 제80조, (4) 공공주택 특별법 제6
　　조의5 제2항, (5) 공익신고자 보호법 제21조의2, (6) 공항시설법 제70조, (7) 교통약
　　자의 이동편의 증진법 제29조의2, (8) 근로기준법 제33조, (9) 금융산업의 구조개선
　　에 관한 법률 제24조의3, (10) 금융지주회사법 제69조의2, (11) 금융회사의 지배구조
　　에 관한 법률 제39조, (12) 농지법 제62조, (13) 다중이용업소의 안전관리에 관한 특
　　별법 제26조, (14) 도로법 제100조, (15) 독점규제 및 공정거래에 관한 법률 제17조
　　의3, (16) 물류시설의 개발 및 운영에 관한 법률 제50조의3, (17) 부동산 거래신고
　　등에 관한 법률 제18조, (18) 부동산 실권리자명의 등기에 관한 법률 제6조, (19) 부

처럼 이행강제금 제도는 지난 30년 동안 급격히 적용 범위를 넓혀 왔
다. 대집행의 경우 의무위반자와 직접 부딪힘으로써 민원을 유발할 소
지가 있는 것에 반해 이행강제금의 경우 그렇지 않은 측면이 있고, 위
법상태가 해소될 때까지 제한 없이 반복 부과할 수 있어 행정의 편의성
을 도모할 수 있기 때문에 행정부는 다른 행정상 강제집행 수단에 비해
이행강제금 제도를 선호하는 경향을 보인다.9)10) 이행강제금 제도가 급
속히 확대된 배경에는 이와 같은 행정부의 호의적인 태도가 저변에 깔
려 있다.

(3) 집행벌과 이행강제금의 구별

이행강제금과 관련하여서는 종래 '집행벌'이라는 용어가 널리 사용
되었다. 본래 '집행벌(Exekutivstrafe)'이라는 명칭 및 제도는 독일에서 유
래한 것인데, 독일에서는 후술하는 바와 같이 이미 집행벌이 '(이행)강제
금(Zwangsgeld)'이라는 명칭으로 변경되었으며, 대체적 작위의무의 간접

패방지 및 국민권익위원회의 설치와 운영에 관한 법률 제62조의6, (20) 불공정무역
행위 조사 및 산업피해구제에 관한 법률 제13조의2, (21) 산업집적활성화 및 공장설
립에 관한 법률 제43조의3, (22) 상호저축은행법 제38조의8, (23) 소상공인 생계형
적합업종 지정에 관한 특별법 제10조, (24) 시설물의 안전 및 유지관리에 관한 특별
법 제61조의2, (25) 어촌특화발전 지원 특별법 제39조, (26) 연구개발특구의 육성에
관한 특별법 제70조, (27) 영유아보육법 제44조의3, (28) 옥외광고물 등의 관리와 옥
외광고산업 진흥에 관한 법률 제10조의3, (29) 은행법 제65조의9, (30) 자본시장과
금융투자업에 관한 법률 제407조, (31) 장사 등에 관한 법률 제43조, (32) 장애인·
노인·임산부 등의 편의증진 보장에 관한 법률 제24조, (33) 전기통신사업법 제13
조, (34) 주차장법 제32조, (35) 표시·광고의 공정화에 관한 법률 제7조의5, (36) 혁
신도시 조성 및 발전에 관한 특별법 제55조의2.

9) 김영식, "건축법상 이행강제금 부과처분의 실무상 쟁점", 재판자료 제125집 : 행정
재판실무연구Ⅳ, 법원도서관 (2013), 10면.
10) 관련 분야에 종사하는 사람들을 대상으로 한 설문조사에 따르면, 이행강제금은 대
집행에 비해 적용 가능 건수 대비 적용 비율이 상당히 높았을 뿐만 아니라 필요성·
활용도·효율성·이행력의 측면에서 보다 우수하다는 평가를 받았다[이준서·양태건,
행정의 실효성 확보 수단에 관한 법제 정비방안 연구, 한국법제연구원 (2017),
67~77면].

적 강제수단으로도 활용되고 있을 뿐만 아니라 그러한 내용의 이행강제
금 제도가 우리나라에도 정착되어 있다. 집행벌은 행정벌로 오해될 수
있는 용어이므로, 더 이상 사용하지 않는 것이 타당하다.11)12)

(4) 부과요건 및 절차

이행강제금에 대한 일반법은 없으며, 이행강제금의 부과요건 및 절
차는 개별법마다 달리 정하여져 있다.

2. 주요 국가에서의 이행강제금 제도

(1) 독일의 강제금 제도

1) 구조

독일에서는 공법과 사법의 이원적 체계를 구분하는 이념체계에 따
라 민사법의 영역과는 달리 행정이 스스로 행정법상 의무의 실현을 달
성할 수 있다는 사고에 기하여 행정상 강제집행(Verwaltungsvollstreckung)
의 일반적 수단을 법제화하였다.13) 독일은 연방제 국가이기 때문에 행
정법 영역도 연방과 주의 영역으로 나뉘어 있다. 이로 인하여 독일 연방

---

11) 김남진·김연태, 행정법 I (제19판), 법문사 (2017), 532~533면; 전극수, "이행강제금
　도입법에 대한 비판과 개선방안", 공법연구 제37집 제2호 (2008), 315면; 조태제, "행
　정집행제도의 문제점과 그 개선방안", 법조 제577호 (2004), 81면; 하명호, 행정법
　(제2판), 박영사 (2020), 350면.
12) 건축법이 1991. 5. 31. 법률 제4381호로 전부개정될 당시 법제처와 법무부는 독일의
　강제금 제도를 참고·검토하였으며, 원래는 독일과 같이 '강제금'이라는 명칭을 사용
　하려고 하였다가 절충안으로서 현재와 같이 '이행강제금'이라는 명칭을 사용하게 되
　었다[최정일, "이행강제금제도의 몇 가지 쟁점사항에 관한 연구", 법제 제641호
　(2011), 33면]. 위와 같은 절충안은 법제처 주관의 합동심사회의를 거쳐 도출되었는
　데, 해당 회의에서는 집행벌로서의 과태료를 도입하자는 의견과 집행벌적 성격을 갖
　는 다른 용어로 대체하자는 의견이 제시되었으며, 그중 후자의 의견이 채택되었다고
　한다[조정찬, "이행강제금의 현황과 개선방안", 법제 제517호 (2001), 71~72면].
13) 이준서·양태건(주 10), 114~115면.

행정집행법(BVwVG)는 연방정부에만 직접 적용되고, 각 주에서는 주의 입법권에 따라 독자적으로 행정집행법을 제정하고 있다.[14] 독일에서의 강제집행 수단 중에는 강제금(Zwangsgeld) 제도가 존재하는데, 이 역시 독일 연방행정집행법과 각 주의 행정집행법에 별도로 규정되어 있다.

2) 독일 연방행정집행법[15]의 내용

독일 연방행정집행법에 의하면, 강제금은 의무자의 작위와 부작위에 대하여 부과될 수 있으며, 대체적 작위의무의 위반에 있어서도 '대집행이 불가능한 경우 특히 의무자가 타인이 행함으로써 생긴 비용을 부담할 수 없는 경우'에는 부과될 수 있다(제11조). 이때 '대집행이 불가능한 경우(wenn die Ersatzvornahme untunlich ist)'의 개념에 관하여 독일의 행정법원은 '합목적적이지 않거나 적당하지 않은 경우'를 의미한다고 본다.[16] 만약 강제금이 징수되지 못한다면, 집행관청이 직접강제를 행하거나(제12조) 집행관청의 신청에 의하여 행정법원이 대체강제구금을 가할 수 있다(제16조).

3) 바덴-뷔르템베르크 주 행정집행법의 내용

바덴-뷔르템베르크 주 행정집행법은 강제금 제도와 관련하여 별도의 규정을 두고 있다. 그 내용은 독일 연방행정집행법과 대동소이하나, 강제금의 요건은 별도로 명시하지 않는 한편(제23조), 특수한 직접강제 수단으로서 강제퇴거(부동산에 대하여, 제27조), 박탈(동산에 대하여, 제28조)을 두고 있는 등 여러 가지 측면에서 차이를 보이고 있다.[17]

---

14) Hanns Engelhardt · Michael App · Arne Schlatmann, Verwaltungs-Vollstreckungsgesetz, Verwaltungs zuste llungsgesetz, 6. Aufl. München 2004, §125 Rn. 1[홍의표(주 7), 31면에서 재인용].

15) 법제처 세계법제정보센터에 독일 연방행정집행법의 원문본 및 번역본이 등재되어 있어 이를 참조하였다[법제처, "행정집행법(VwVG)", 세계법제정보센터, https://world.moleg.go.kr/web/wli/lgslInfoReadPage.do?searchPageRowCnt=50&A=A&AST_SEQ=1261&searchText=행정&CTS_SEQ=9487&searchType=all&searchNtnl=DE&searchNtnlCls=4&pageIndex=1&ETC=1193& (2020. 11. 26. 확인)].

16) VGH Kassel, BauR 1971, S. 249[홍의표(주 7), 32면에서 재인용].

(2) 일본의 집행벌 제도

1) 구 행정집행법의 태도

1900년에 제정된 구 행정집행법은 타인이 대체하여 이행할 수 있는 의무(대체적 작위의무)에 대해서는 대집행(제5조 제1항 제1호)을, 타인이 대체하여 이행할 수 없는 의무(비대체적 작위의무) 및 부작위의무에 대해서는 강제금으로서의 과료(제5조 제1항 제2호)를 1차적 수단으로 규정하고, 이로써 의무이행이 확보되지 않거나 급박한 사정이 있는 경우에는 2차적 수단으로서 직접강제(제5조 제3항)가 준비되어 있었다.[18] 강력한 행정집행법제의 바탕에는 독일로부터 계수한 공사법 이원론으로부터 기인하는 행정의 자기집행력 이론이 깔려 있었던 것으로 이해되고 있다.[19]

2) 구 행정집행법의 폐지와 그 이후의 논의

구 행정집행법은 직접강제를 2차적 수단으로 규정하고 있었을 뿐만 아니라 비례의 원칙이 적용되어야 함을 문언으로 나타내고 있었다. 그러나 즉시강제의 동원 범위가 지나치게 넓었으며, 직접강제에 대하여 비례의 원칙을 규정하면서도 실제로는 손쉽게 비례의 원칙이 완화됨으로써 2차적 수단이 1차적 수단으로 동원·남용된 사례가 많았다. 이와 같은 인권침해적인 요소가 지적되자, 제2차 세계대전의 종전 이후에 일반법으로서의 구 행정집행법을 폐지하고, 일반법으로서는 행정대집행법만을 제정하였다. 이에 따라 직접강제, 이행강제금은 개별법에 정한 경우에만 인정되었다.[20]

---

17) 이준서·양태건(주 10), 122~124면.
18) 北村喜宣, "行政罰強制金", 磯部力小早川光郎芝池義一, 行政法の新構想 II, 有斐閣, 2008, 133면[이준서·양태건(주 10), 93면에서 재인용].
19) 박상희·김명연, 행정집행법의 제정방향 ‒ 행정상 강제집행제도의 현황과 개선방안 ‒, 한국법제연구원 (1995), 141면[이준서·양태건(주 10), 96면에서 재인용].
20) 曾和俊文, 行政執行システムの理論, 有斐閣, 2011, 2~3면[이준서·양태건(주 10), 97면에서 재인용].

현재 일본에서 이행강제금 제도를 취하는 개별법으로는 사방법 제 36조가 유일하다. 사방법 제36조는 "사인에 있어서 이 법률 또는 이 법률에 기해 발하는 명령에 의한 의무를 해태할 때에는 국토교통대신 또는 도도부현(都道府懸)지사는 일정 기한을 제시하고 기한 내에 이행하지 않을 때 또는 이를 이행했으나 불충분한 때에는 500엔 이내에서 지정한 과료에 처할 것을 예고하고 그 이행을 명할 수 있다."라고 규정[21]하고 있다. 하지만 사방법 자체가 전후 정리누락으로 남아 버린 법률이기 때문에 위 조항은 실제로 전혀 활용되고 있지 않다고 한다.[22] 한편, 최근에 형벌과 달리 상대방이 의무를 이행할 때까지 반복하여 과하여도 이중처벌의 문제가 생기지 않는 점, 이행강제금은 행정청의 판단만으로 부과할 수 있으므로 신속성과 실효성을 갖추고 있는 점 등에 착안하여 행정 규제의 실효성 확보를 위하여 고액의 이행강제금을 재도입하여야 한다는 견해, 이행강제금 제도는 입법정책적으로 폭넓게 사용되어도 좋다는 견해가 제기되었다고 한다.[23]

3. 이행강제금 부과처분에 관한 불복절차

(1) 제도의 변천

1991. 5. 31. 법률 제4381호로 전부개정된 건축법 제83조 제6항은 이행강제금 제도를 신설하는 한편, 그 불복에 관하여 과태료처분에 관한 불복절차를 준용하도록 규정하였다. 이로 인하여 건축법상 이행강제금 부과처분에 대하여는 관할법원이 비송사건절차법에 따라 재판을 하도록 되어 있었다. 이후 2005. 11. 8. 법률 제7696호로 건축법이 개정되면서 이행강제금에 관한 조항의 위치가 제69조의2로 변경되었으며, 위

---

21) 이준서·양태건(주 10), 103면.
22) 宇賀克也, 行政法概說 Ⅰ (第4版), 有斐閣, 2011, 218면[홍의표(주 7), 45면에서 재인용].
23) 홍의표(주 7), 48~49면.

와 같이 개정되기 전의 건축법 제83조 제6항이 삭제됨으로써 이행강제금 부과처분에 대한 불복은 일반적인 행정처분과 같이 행정소송에 의하게 되었다.[24]

이처럼 이행강제금 부과처분에 관한 불복절차는 ㉠ 위와 같이 개정되기 전의 건축법과 같이 과태료처분에 관한 불복절차를 준용하도록 하는 입법례(이하 '제1유형'이라 한다),[25] ㉡ 그와 같은 규정을 두지 않음으로써 일반적인 행정처분과 동일하게 행정소송에 의하도록 하는 입법례(이하 '제2유형'라 한다)로 나뉘고 있었다. 그러다가 제1유형을 취한 법률들에 대하여 차츰 개정이 이루어졌으며, 새롭게 이행강제금 제도를 도입한 법률들은 모두 제2유형에 따랐다.[26] 현재 제1유형에 해당하는 법률은 농지법 제62조만 남게 되었다.

(2) 불복절차에 따른 특성

1) 개관
제2유형의 경우에는 당사자가 행정청을 상대로 이행강제금 부과처

---

24) 헌법재판소 2011. 12. 29.자 2010헌바343 전원재판부 결정.
25) 대표적인 사례로는 농지법 제62조, 구 옥외광고물 등 관리법(2011. 3. 29. 법률 제10466호로 개정되기 전의 것) 제20조의2, 구 장애인·노인·임산부 등의 편의증진 보장에 관한 법률(2015. 1. 28. 법률 제13109호로 개정되기 전의 것) 제28조, 구 다중이용업소의 안전관리에 관한 특별법(2010. 2. 4. 법률 제10015호로 개정되기 전의 것) 제26조 등이 있다.
26) 2015년부터 2019년까지 가습기살균제 피해구제를 위한 특별법, 공공주택 특별법, 공익신고자 보호법, 공항시설법, 금융회사의 지배구조에 관한 법률, 부패방지 및 국민권익위원회의 설치와 운영에 관한 법률, 소상공인 생계형 적합업종 지정에 관한 특별법, 시설물의 안전 및 유지관리에 관한 특별법, 혁신도시 조성 및 발전에 관한 특별법 등에 이행강제금 제도가 새로이 도입되었는데, 위 법률들은 모두 제2유형에 따랐다.
27) 비송사건절차법 제250조 제1항은 "법원은 타당하다고 인정할 때에는 당사자의 진술을 듣지 아니하고 과태료재판을 할 수 있다."라고 규정하고 있으나, 실무상으로는 절차의 효율성·신속성 등을 고려하여 먼저 모든 사건을 약식절차에 의한 뒤 이의신청이 있는 사건만을 정식절차를 거쳐 재판하고 있다[법원실무제요 발간위원

① 농지처분명령(농지법 제11조 제1항, 제12조 제2항)의 불이행

② 문서에 의한 사전통지(농지법 제62조 제2항)

③ 시장·군수 또는 구청장의 이행강제금 부과처분(농지법 제62조 제1, 3항)

④ 당사자의 이의제기(위 처분을 고지받은 날로부터 30일 이내, 농지법 제62조 제6항)

⑤ 행정청의 관할 법원에 대한 이의제기사실 통보(농지법 제62조 제7항)

⑥ 법원의 이행강제금 사건 접수(비송사건절차법 제247조)

⑦ 법원의 약식재판에 따른 이행강제금 부과 또는 미부과 결정(비송사건절차법 제250조 제1항)[27]

⑧ 당사자 또는 검사의 이의신청(재판의 고지를 받은 날로부터 1주일 이내, 비송사건절차법 제250조 제2항)

⑨ 정식재판 절차의 개시

⑩ 당사자 및 검사의 진술 청취(비송사건절차법 제248조 제2항, 제250조 제4항)

⑪ 법원의 정식재판에 따른 이행강제금 부과 또는 미부과 결정(비송사건절차법 제248조 제1항)

⑫ 즉시항고(비송사건절차법 제248조 제3항)

분에 관한 행정심판 내지 행정소송을 제기하는 방법으로 불복하여야 한다. 이에 반해 제1유형의 경우에는 당사자가 이행강제금 부과처분에 불복하기 위하여 비송사건절차법이 정한 절차를 활용하여야 한다. 그중 제1유형(농지법 제62조)에 따른 불복 절차는 다음과 같은 순서에 따라 진행된다.

2) 각 유형 사이의 차이점

제1유형의 경우 이행강제금 부과처분에 대한 이의제기가 적법하게

회, 법원실무제요 비송, 법원행정처 (2014), 275면].

이루어졌다면(④), 행정청의 이행강제금 부과처분은 효력을 상실하며, 법원은 새로이 이행강제금을 부과할 수 있다.[28] 또한, 법원의 약식재판에 따른 이행강제금 부과결정에 대하여 이의신청이 적법하게 이루어졌다면(⑦), 그 약식결정 역시 효력을 상실하며(비송사건절차법 제250조 제3항), 법원은 새로이 이행강제금을 부과할 수 있다. 이때 법원은 이행강제금의 상한 범위 내에서 동기, 위반 정도, 결과 등 여러 인자를 고려하여 재량으로 이행강제금의 액수를 정하거나 이행강제금 자체를 부과하지 않을 수도 있다. 이에 반해 제2유형의 경우 당사자가 이행강제금 부과처분에 관한 행정심판 내지 행정소송을 제기하였다 하더라도, 행정심판위원회나 법원이 이행강제금 부과처분을 심판의 대상으로 삼아 그 당부를 심사하므로 해당 이행강제금 부과처분의 효력은 별도의 집행정지 결정이 없는 한 그대로 유지된다.[29] 법원은 이행강제금 부과처분을 취소하는 것은 별론으로 하고, 재량으로 그 불복절차에서 이행강제금의 액수를 정하거나 이행강제금 자체를 부과하지 않을 수는 없다.[30] 제2유형은 제1유형에 비해 상대적으로 행정청의 재량적 판단을 폭넓게 존중하는 입법이라고 평가할 수 있다.

　제1유형의 경우 당사자의 주소지를 관할하는 법원이 제1심 재판을

---

28) 헌법재판소 1998. 9. 30.자 98헌마18 전원재판부 결정(행정기관의 과태료부과처분에 대하여 그 상대방이 이의를 제기함으로써 비송사건절차법에 의한 과태료의 재판을 하게 되는 경우와 관련된 사안).

29) 이행강제금 부과처분의 집행으로 인한 손해는 재산상의 손해에 해당하므로 금전배상이 가능하다. 따라서 이러한 유형의 손해는 금전보상으로는 사회관념상 행정처분을 받은 당사자가 참고 견딜 수 없거나 참고 견디기가 현저히 곤란하다고 볼 만한 특별한 사정이 없는 한 행정소송법 제23조 제2항에서 말하는 '회복하기 어려운 손해'로 인정될 수 없다(대법원 1995. 3. 30. 자 94두57 결정, 대법원 1999. 12. 20. 자 99무42 결정, 대법원 2011. 4. 21. 자 2010무111 전원합의체 결정 등). 이로 인해 제2유형에 속하는 이행강제금 부과처분에 관하여 집행정지 결정이 이루어지는 사례는 극히 드물 것으로 보인다.

30) 함종식, "건축법상의 이행강제금 － 판례를 중심으로", 재판자료 제120집 : 행정재판실무연구Ⅲ, 법원도서관 (2010), 380~381면.

담당한다(비송사건절차법 제247조). 이에 반해 제2유형의 경우 원칙적으로 피고(행정청)의 소재지를 관할하는 행정법원(행정법원이 설치되어 있지 않은 지역에서는 해당 지방법원 본원 및 춘천지방법원 강릉지원)이 제1심 재판을 담당한다(행정소송법 제9조 제1항).

제1유형의 경우 검사가 상대방으로서 의견을 진술하거나 심문에 참여하는 등 재판에 관여한다(비송사건절차법 제15조, 제248조 제2, 3항, 제250조 제2항). 이에 반해 제2유형의 경우 원칙적으로 이행강제금 부과처분을 한 행정청이 상대방으로서 행정심판 내지 재판에 관여한다(행정심판법 제17조 제1항, 행정소송법 제13조 제1항, 제38조 제1항).

제1유형의 경우 비송사건절차의 일반 원칙인 절대적 진실발견주의, 직권탐지주의가 적용되고31), 증명책임은 인정되지 않는다.32) 이에 반해 제2유형의 경우 원칙적으로 변론주의가 적용되나, 법원이 필요하다고 인정할 때에는 직권증거조사가 이루어지며(행정소송법 제26조 전단, 제38조 제1항), 제재적 행정처분에 관한 증명책임의 일반론에 따라 처분을 행한 행정청이 증명책임을 부담한다.33)

제1유형의 경우 약식재판에서는 당사자의 진술을 듣지 않을 수 있을 뿐만 아니라(비송사건절차법 제250조 제1항) 검사의 의견을 구함이 없이 재판하더라도 위법한 것은 아니며, 정식재판에서는 비공개로 심문절차를 진행하게 된다(비송사건절차법 제13조). 이에 반해 제2유형의 경우 극히 예외적인 사정이 없는 한 공개된 법정에서 재판을 진행하게 된다(헌법 제109조 본문, 법원조직법 제57조 제1항).

제1유형의 경우 법원의 정식재판에 따른 이행강제금 부과결정에 대하여 즉시항고를 할 수 있으며, 즉시항고에는 집행정지의 효력이 있

---

31) 대법원 2004. 7. 5.자 2004마460 결정.
32) 대법원 2009. 9. 28.자 2009마817, 818, 819, 820, 821 결정(과태료 부과처분에 있어 증명책임의 소재가 문제된 사안).
33) 대법원 2011. 11. 10. 선고 2009두22942 판결.

어 불복절차가 종국적으로 종료된 이후에 비로소 이행강제금 부과의 효력이 발생하게 된다(비송사건절차법 제248조 제3항). 이에 반해 제2유형의 경우 이행강제금 부과처분에 관한 판결에 불복하고자 한다면 상소를 제기하여야 하며, 상소에는 집행정지의 효력이 없다. 다시 말해 별도의 집행정지 결정이 없는 한, 상소에도 불구하고 이행강제금 부과처분의 효력은 그대로 유지되는 것이다.

3) 제1유형에 관한 입법론

제1유형이 적절한 입법이라고 보는 견해는 비송사건 절차에 따르더라도 행정청은 검사를 통하여 얼마든지 의견을 개진하고 자료를 제출할 수 있는 점, 당사자의 입장에서는 비송사건 절차가 행정쟁송 절차보다 적은 비용으로 빠른 기간에 구제 절차를 마칠 수 있어 더욱 유리한 점, 행정청으로서도 이행강제금 납부의 시기가 조금 늦어질 뿐 행정목적 실현에 큰 영향이 없는 점 등을 근거로 들면서 이행강제금에 대한 불복절차는 비송사건절차법에 의하는 방향으로 통일되어야 한다는 취지로 주장한다.[34]

반면, 제1유형이 적절하지 못한 입법이라고 보는 견해는 이행강제금의 권리구제절차를 과태료 부과처분과 같이 규율하는 태도는 이행강제금을 과태료의 성격을 갖는 것으로 이해하는 데 기인한 측면이 존재하는 점, 부과를 담당한 행정관청이 자신의 입장을 충분히 개진할 기회를 갖지 못하는 점, 이행강제금은 과태료나 행정벌과는 성격을 달리하고, 그 부과는 행정행위로서의 성격을 가지고 있는 점 등을 근거로 들면서 이행강제금 부과처분에 대한 재판을 비송사건절차법에 의하도록 하는 것은 불합리하다는 취지로 주장한다.[35]

---

34) 전극수(주 11), 333~334면.
35) 김남진·김연태(주 11), 537면; 박현정, "건축법 위반과 이행강제금", 행정판례연구 제17-1집 (2012), 106~108면; 정태용(주 7), 12면; 조정찬(주 12), 84면; 이동찬, "이행강제금에 관한 연구 - 일반법제정을 중심으로 -", 토지공법연구 제69집

4. 대상판결에 관한 검토

이 사건 이행강제금 부과처분의 근거가 되는 농지법 제62조는 앞서 본 바와 같이 제1유형에 해당하는 입법례이다. 농지법 제62조 제5항은 이행강제금 부과처분에 대하여 비송사건절차법에 따른 과태료 재판에 준하여 재판을 받도록 규정하고 있다. 위 농지법 조항에 관하여 '그 문언상 항고소송을 제기할 수 있음이 원칙이고, 여기에 간이한 쟁송방법으로서 과태료 재판에 따른 불복방법을 부가적으로 허용하였다'고 해석하는 견해도 상정해볼 수 있다. 그러나 명문의 근거가 없음에도 행정청의 어떠한 조치에 대하여 해석으로써 수 개의 불복수단을 허용한다면, 불복수단들 사이의 관계가 모호해질 뿐만 아니라 불복절차를 주관하는 기관들 사이에 모순된 결론을 내릴 위험이 있다. 입법자가 위와 같은 문제에 관하여 별도의 장치를 마련해두지 않은 이유는 농지법상 이행강제금 부과처분에 관한 불복수단을 비송사건절차법에 따른 절차에 전속적으로 맡겨두었기 때문으로 이해함이 타당하다. 그러므로 이 사건 이행강제금 부과처분을 항고소송의 대상으로 삼아 행정소송을 제기할 수는 없다.[36] 원고로서는 농지법 제62조 제6항 소정의 이의신청을 통해 불복한 다음 주소지 관할 법원에서 비송사건절차법에 따른 과태료 재판에 준하여 재판을 받을 수 있을 뿐, 이 사건 이행강제금 부과처분을 대상으로 하여 별개의 취소소송을 제기할 수 없는 것이다.

피고는 이 사건 이행강제금 부과처분을 함에 있어 "처분이 있음을 안 날로부터 90일 이내에 재결청에 행정심판을 청구하거나 관할 행정법원에 행정소송을 제기할 수 있다."라고 안내하였으며, 경기도 행정심판위원회 역시 원고의 행정심판 청구에 대하여 각하재결이 아닌 기각재결

(2015), 86면; 정하중, "한국의 행정상 강제집행제도의 개선방향", 행정법의 이론과 실제, 법문사 (2012), 324면; 조태제(주 11), 114면; 홍의표(주 7), 171~173면.

36) 법원실무제요 발간위원회, 법원실무제요 행정, 법원행정처 (2016), 130면.

을 하면서 관할 법원에 행정소송을 제기할 수 있다고 안내하였다. 그러
나 그와 같은 잘못된 안내만으로 곧바로 행정소송을 담당하는 법원에
재판관할이 생긴다고 보는 것은 농지법의 문언을 벗어나는 해석이어서
타당하지 않다.37) 또한, 피고가 소송계속 중 '행정소송을 담당하는 법원
에는 재판관할이 없다'는 본안 전 항변을 한 경우라고 가정하더라도(대
상판결에서는 그와 같은 본안 전 항변이 있었는지 여부가 불분명하다), 재판관
할권의 유무에 관한 문제는 법원의 직권조사사항이며38), 피고의 주장이
없더라도 이를 판단할 수 있으므로, 종전의 안내와 달리 본안 전 항변
을 제기하는 것이 행정절차법 제4조 소정의 신의성실의 원칙에 반한다
고 볼 수 없다.

5. 바람직한 입법 방향

현재 이행강제금 제도에 관한 일반법이 제정되어 있지 않으며, 앞
서 열거한 개별 법률들은 이행강제금 제도에 관하여 각기 상이한 부과
요건을 설정하고 있다. 그런데 이행강제금 부과처분은 행정상 강제집행
수단 중 하나이며, 그로 인해 상대방은 이행강제금을 납부할 의무를 부

---

37) 앞서 본 바와 같이 농지법상 이행강제금 부과처분에 대하여 이의를 제기할 수 있는
   기간은 '그 처분을 고지받은 날부터 30일 이내'로 규정되어 있다(농지법 제62조 제
   6항). 불복절차에 대한 피고와 경기도 행정심판위원회의 고지가 잘못되었고, 원고
   가 그 고지에 맞춰 소송을 제기한 사정을 고려할 때, 원고에게 이 사건 이행강제금
   부과처분의 당부를 다툴 수 있는 기회를 제공할 필요가 있다. 농지법상 이행강제
   금 부과처분에 대한 이의신청은 외견상 행정청을 상대로 하는 신청행위에 해당하
   지만, 행정청을 경유하여 곧바로 소송절차로 나아가게 된다는 측면에서는 소송행
   위에 준하는 성격을 가지고 있다. 사견으로는 이의신청의 특성을 감안하여 비송사
   건절차법 제10조, 민사소송법 제173조를 유추함으로써 특정 시점을 기준으로 이의
   신청의 추후보완을 허용하는 방법을 통해 원고가 정식의 불복절차를 이용할 수 있
   도록 하는 것이 현행 법제 하에서 최선의 구제방안이었다고 생각한다.
38) 대법원 1980. 6. 23. 자 80마242 결정, 대법원 1987. 12. 30.자 87마1010 결정.

담하게 된다. 개별 법률들에서 이행강제금을 부과하는 주체는 예외 없이 행정청으로 규정되어 있으며, 이행강제금을 부과하는 목적은 특정한 공익의 달성에 있다. 이러한 측면을 감안하면, 이행강제금 부과처분은 항고소송의 대상인 '처분'의 개념적 표지를 모두 갖추고 있다고 평가할 수 있다. 이는 제1유형에 속하는 농지법 제62조에서도 마찬가지이다. 앞서 본 바와 같이 이행강제금 부과처분에 대한 불복절차는 두 가지 유형으로 나뉘어져 있으며, 점차 행정소송에 의하도록 하는 입법례로 통합되는 추세를 보이고 있다. 이 사건 이행강제금 부과처분이 노정한 것처럼 유독 농지법 제62조만이 과거에 머물러 있는 모양새를 취하고 있으나, 규범 질서의 정합성을 확보하고 수범자의 혼동을 방지하기 위해서 농지법 제62조 역시 제2유형으로 개정될 필요가 있다고 생각한다.

물론 제1, 2유형에는 나름의 장·단점이 존재하며, 반드시 제2유형이 제1유형에 비해 상대방에게 유리하다고 단언할 수 없다.[39] 다만, 제1유형의 경우에는 과태료 재판 자체가 부수적인 재판 업무로 취급되는 탓에 법원이 구체적인 위법 사유 없이 이행강제금의 액수를 다시 정하거나 이를 부과하지 않을 위험도 존재한다.[40] 반면에 제2유형에 따른다면, 행정청과 상대방은 공개된 법정에서 자신의 입장을 충분히 설명할 수 있는 기회를 부여받을 뿐만 아니라 판결서를 통해 재판의 이유를 구체적으로 확인할 수 있다.[41] 이와 함께 이행강제금에 관한 쟁송이 사실적·법적 측면에서 점차 세밀한 형태로 발전하고 있는 측면[42]을 더하여 볼 때, 이행강제금 부과처분의 당부가 충실하게 심리되기 위해서는 제1유형보다는 제2유형에 따르는 것이 바람직하다고 생각한다. 이와 관련

---

39) 헌법재판소 2011. 12. 29.자 2010헌바343 전원재판부 결정.
40) 박현정(주 35), 15면; 함종식(주 30), 381면.
41) 비송사건절차법 제22조의 반대해석에 따라 법원은 비송사건의 재판에 이유를 붙이지 않을 수 있다[법원실무제요 발간위원회(주 28), 11면]. 실무상 농지법상 이행강제금 부과처분에 대한 재판 절차에서는 결정문이 매우 간이하게 작성되고 있다.
42) 함종식(주 30), 381면.

하여 독일 역시 강제금의 부과에 관하여 행정소송 절차를 통해 불복할
수 있도록 정하고 있다.[43]

III. 결론

　대상판결은 제1유형에 해당하는 입법례에 있어 이행강제금 부과처
분에 관하여 불복하기 위해서는 해당 법률이 정한 절차에 따라야 하며,
설령 행정청이 불복수단을 잘못 안내하였다 하더라도 재판관할의 소재
를 달리 판단할 수 없다고 판시하였다. 이는 법률의 문언 및 종래의 해
석론에 부합하며, 재판관할권의 유무가 법원의 직권조사사항으로서 행
정청의 안내에 따라 변동될 수 없다는 점에서 타당하다. 또한, 대상판결
은 종전과 같이 농지법상 '농지'의 개념에 관하여 현황주의의 원칙을 선
언하되, 그로 인한 단점을 보완하는 방향의 해석론을 전개하였다. 종전
부터 선언되어 온 기본 법리에 기초한 판시로서 '원상회복의 용이성'을
규범적 평가의 문제로 바라보고 있다는 측면에서 의미가 있으며, 같은
취지로 선고된 다른 판결들과 함께 향후 농지법과 관련된 실무에 상당
한 영향을 미칠 것으로 예상된다.
　농지법상 이행강제금 부과처분에 관하여 위와 같은 해석론이 타당
한지 여부와는 별개로, 불복절차에 대해서는 제2유형에 해당하는 입법
례를 따르도록 하는 내용의 입법적 개선이 필요하다. 농지법 제62조가
2005년 이후 세 차례에 걸쳐 개정되었으나, 불복절차에 관한 조항은 형

---

43)　홍의표(주 7), 39면; Wolf‒Rüdiger Schenke (강현호 번역), 행정소송법
　　　(Verwaltungsprozessrecht), 홍진기법률연구재단 (2018), 87면[공법상 금전채권을 이
　　　행하라는 요청 중 이행명령과 결부된 채무자의 지급의무의 법기속적인 확정으로
　　　규명된 것은 행정행위에 일상적인 권리구제 고지가 있거나 결정(Bescheid)으로 표
　　　현되었다면 행정청의 고권적 규율로 확실하게 인정할 수 있다].

태를 그대로 유지했다. 대외에 공개된 자료로는 개정이 없었던 이유를 확인하기 어렵다. 다만, 여태까지 농지법상 이행강제금 제도의 운용에 큰 문제가 발생하지 않았던 점, 이행강제금의 부과·징수 업무는 시장·군수 또는 구청장에게 전적으로 맡겨져 있어 농지법의 소관부처인 농림축산식품부의 고유 기능과는 직접적인 관련이 없는 점, 농림축산식품부는 소관업무의 특성상 상대적으로 행정상 강제집행 수단에 대해서까지 깊은 관심을 쏟기 어려운 점 등이 원인이 되었을 수 있다고 추측해본다. 그러나 이행강제금 부과처분의 특성, 법질서 전체와의 조화, 최근의 입법 동향, 다른 국가의 사례 등을 종합할 때, 농지법 역시 제2유형으로 개정하는 것을 바람직하다고 생각한다. 비록 본고가 분석과 논증의 측면에서 부족하기는 하지만, 농지법상 이행강제금 부과처분에 대한 불복 절차를 다룬 마지막 글이 되기를 소망하며 논의를 마친다.

참고문헌

[단행본]

김남진 · 김연태, 행정법 I (제19판), 법문사 (2017).

박상희·김명연, 행정집행법의 제정방향 － 행정상 강제집행제도의 현황과
　　개선방안 －, 한국법제연구원 (1995).

법원실무제요 발간위원회, 법원실무제요 비송, 법원행정처 (2014).

법원실무제요 발간위원회, 법원실무제요 행정, 법원행정처 (2016).

이준서·양태건, 행정의 실효성 확보 수단에 관한 법제 정비방안 연구, 한
　　국법제연구원 (2017).

정태용, 건축법해설, 한국법제연구원 (2006).

하명호, 행정법(제2판), 박영사 (2020).

홍의표, 이행강제금 법제의 현황과 개선방안 연구,　한국법제연구원
　　(2012).

Hanns Engelhardt·Michael App·Arne Schlatmann,
　　Verwaltungs－Vollstreckunesetz, Verwaltungszuste llungsgesetz, 6.
　　Aufl. München 2004

Wolf－Rüdiger Schenke (강현호 번역), 행정소송법
　　(Verwaltungsprozessrecht), 홍진기법률연구재단 (2018),

曾和俊文, 行政執行システムの理論, 有斐閣, 2011

宇賀克也, 行政法槪說 I (第4版), 有斐閣, 2011

[논문]

김영식, "건축법상 이행강제금 부과처분의 실무상 쟁점", 재판자료 제125
　　집 : 행정재판실무연구Ⅳ, 법원도서관 (2013).

박현정, "건축법 위반과 이행강제금", 행정판례연구 제17－1집 (2012).

이동찬, "이행강제금에 관한 연구 - 일반법제정을 중심으로 -", 토지공법연구 제69집 (2015).

이상덕, "농지법상 '농지'의 개념과 '농지전용허가 의제'의 요건으로서의 관계행정청과의 협의", 대법원판례해설 제118호 (2019).

송재일, "농지(農地)의 정의에 대한 문제점과 개선방안 - 농지법상 현황주의와 지적법상 지목주의를 중심으로 -", 법학논총 제20집 제2-1호 (2013).

전극수, "이행강제금 도입법에 대한 비판과 개선방안", 공법연구 제37집 제2호 (2008).

정하중, "한국의 행정상 강제집행제도의 개선방향", 행정법의 이론과 실제, 법문사 (2012).

조정찬, "이행강제금의 현황과 개선방안", 법제 제517호 (2001).

조태제, "행정집행제도의 문제점과 그 개선방안", 법조 제577호 (2004).

최정일, "이행강제금제도의 몇 가지 쟁점사항에 관한 연구", 법제 제641호 (2011).

함종식, "건축법상의 이행강제금 - 판례를 중심으로", 재판자료 제120집 : 행정재판실무연구 III, 법원도서관 (2010).

北村喜宣, "行政罰强制金", 磯部力小早川光郎芝池義一, 行政法の新構想 II, 有斐閣, 2008.

[디지털 문헌]

법제처, "행정집행법(VwVG)", 세계법제정보센터,
  https://world.moleg.go.kr/web/wli/lgslInfoReadPage.do?searchPageRowCnt=50&A=A&AST_SEQ=1261&searchText=행정&CTS_SEQ=9487&searchType=all&searchNtnl=DE&searchNtnlCls=4&pageIndex=1&ETC=1193& (2020. 11. 26. 확인).

국문초록

이행강제금 제도는 행정상 강제집행의 수단 중 하나로 과거에 한 차례 폐지되었다가 1991. 5. 31. 건축법 제79조로 부활하였다. 현재 총 36개의 법률이 이행강제금 제도에 관한 규정을 두고 있다. 이행강제금 부과처분에 관한 불복절차는 두 가지 유형으로 구별된다. 농지법을 제외한 나머지 법률들은 모두 일반적인 행정처분과 동일하게 행정소송에 의하도록 규정하고 있는 것에 반해, 농지법은 과태료처분에 관한 불복절차를 준용하도록 규정하고 있다.

이 사건에서 원고는 농지법상 이행강제금 부과처분에 관하여 행정청에 이의를 제기하는 방식이 아닌 항고소송을 제기하는 방식으로 불복하였다. 이에 대하여 제1심 법원과 원심 법원은 모두 불복방식이 잘못되었다는 이유로 소 각하 판결을 선고하였다. 대법원도 농지법상 이행강제금 부과처분에 불복하는 경우에는 비송사건절차법에 따른 재판절차가 적용되어야 하고, 행정소송법상 항고소송의 대상이 될 수 없다는 이유로 하급심 법원의 판단을 수긍하였다.

본고는 이행강제금 제도에 관한 일반론을 전제로 우리 법제에서 이행강제금 부과처분에 관한 불복절차가 어떻게 변화하였는지, 각 유형별 차이점은 무엇인지, 입법론적으로 개선의 여지는 없는지 등에 대하여 논의하였다. 이 사건에서 원고가 선택한 불복절차는 농지법에 부합하는 방식으로 볼 수 없으므로, 대상판결의 결론은 타당하다. 하지만 그와 별개로 농지법상 이행강제금 부과처분에 대해서도 행정소송을 통해 불복할 수 있도록 개정 작업이 진행되어야 한다고 생각한다. 향후 적절한 입법적 조치가 이루어지기를 기원한다.

주제어: 농지법, 농지처분의무, 이행강제금, 불복절차

Abstract

The appeal procedure against the infringement penalty under the Farmland Act

Hwang Yongnam*

Infringement penalties are one of the enforcement measures that reestablished in the article 79 of the Building Act on May 31, 1991. Currently, a total of 36 laws have regulations on infringement penalties. The appeal procedure for dissatisfaction with infringement penalties are divided into two types. Except for the Farmland Act, the rest of the laws require administrative litigation. However, the Farmland Act stipulates that the procedures for non–compliance with administrative fines shall apply.

The plaintiff in this case argued for infringement penalty under the Farmland Act by filing a lawsuit, instead of challenging the administration. The court of first instance and the court of appeal dismissed the lawsuit because the choice of the appeal procedure was wrong. The Supreme Court accepted the judgment of the lower courts.

On the premise of general theory, this paper discussed the following: (1) Changes in the appeal procedure for dissatisfaction with infringement penalties, (2) Differences for each type, (3) Whether or not there is a need for improvement legislation. The plaintiff's chosen mean of dissatisfaction in this case didn't conform to the Farmland Act, so the Supreme Court's conclusion is valid under current legislation. However, I

---

* Seoul Administrative Court

think the Farmland Act should be revised in the future.

Key words: the Farmland Act, disposition duty of farmland, infringement penalty, the appeal procedure

투고일 2020. 12. 12.
심사일 2020. 12. 25.
게재확정일 2020. 12. 28.

行政爭訟一般

전교조 법외노조통보처분 취소소송의 법적 쟁점과 문제점
(鄭南哲)

전교조 법외노조통보처분 취소소송의 법적 쟁점과 문제점

鄭南哲*

대상판례: 대법원 2020. 9. 3. 선고 2016두32992 전원합의체 판결

Ⅰ. 사실관계 및 소송경과

(1) 원고는 교원 노동조합이 허용되지 않던 1989. 5. 28. 전국의 국
·공립학교와 사립학교의 교원을 조합원으로 구성되어 설립되
었다. 설립 당시의 A의 규약에는 현직 교원뿐만 아니라 해직
교원도 포함하고 있었다. 이후 교원의 노동기본권을 보장하기
위해 1999. 1. 29. 「교원의 노동조합 설립 및 운영 등에 관한
법률」(이하 '교원노조법'이라 한다)이 제정되어 같은 해 7. 1. 시행
되었고, 교원 노동조합의 설립이 허용되었다.

---

* 숙명여자대학교 법과대학 교수

(2) 교원노조법은 교원의 노동조합에 관한 일부 특례에 관한 규정
이 있지만, 그 밖의 사항은 「노동조합 및 노동관계조정법」(이하
'노동조합법'이라 한다)의 규정에 의하도록 되어 있다(제14조 제1
항). 노동조합법 제2조 제4호 단서(라. 목)에서는 '근로자가 아닌
자의 가입을 허용하는 경우'에는 노동조합으로 보지 아니한다
고 규정하고 있다.

(3) 원고는 1999. 6. 27. 전국대의원대회를 개최하여 규약 제6조에
서 제1항은 기본적으로 유지하고, 제2항은 삭제하기로 의결하
였다. 또한 원고는 1999. 7. 1. 피고(당시에는 '노동부장관'이었으
나, 2010. 6. 4. 법률 제10339호로 정부조직법이 개정되어 '고용노동부
장관'으로 변경됨)에게 설립신고를 하면서 위와 같이 개정된 규약
을 제출하였다. 피고는 원고가 제출한 개정규약을 기초로 원고
가 교원노조법 및 노동조합법상 설립요건에 위배되는 점이 없
다고 판단하여 1999. 7. 2. 설립신고를 수리하고 원고에게 '신고
증'을 교부하였다.

(4) 위 설립신고의 수리 이후 피고는 원고의 규약 부칙 제5조에
"규약 제6조 제1항의 규정에 불구하고 부당 해고된 교원은 조합
원이 될 수 있다"(제1항), "종전 규정에 의거 조합원 자격을 갖고
있던 해직교원 중 복직되지 않은 조합원 및 이 규약 시행일 이
후 부당 해고된 조합원은 규약 제6조 제1항의 규정에 불구하고
조합원 자격을 유지한다"(제2항)라는 조항이 포함되어 있다는 사
실을 확인하였다. 이에 피고는 2010. 2. 12. 서울지방노동위원회
에 원고의 규약 중 노동관계법령에 위반된다고 판단되는 사항에
대하여 시정명령 의결을 요청하였고, 서울지방노동위원회는
2010. 3. 10. 원고의 규약 중 제9조, 부칙 제5조 등이 교원노조

법 제2조에 위반된다고 의결하였다(서울2010의결6호).

(5) 이에 피고는 2010. 3. 31. 원고에 대하여 교원노조법 제14조 제
1항, 노동조합법 제21조 제1항, 제3항에 따라 원고의 규약 중
제55조 제4항과 부칙 제5조 등 일부를 2010. 5. 3.까지 시정할
것을 명하였다(제1차 시정명령). 원고는 2010. 6. 29. 제1차 시정
명령이 위법하다고 주장하면서 그 취소를 구하는 소를 제기하
였으나, 법원은 제1차 시정명령 중 원고의 규약 제55조 제4항
에 관한 부분만 취소하고, 부칙 제5조를 비롯한 나머지 부분에
관한 청구를 기각하는 판결을 선고하였다(서울행정법원 2010. 11.
5. 선고 2010구합27110 판결). 이후 항소와 상고가 모두 기각되어
그대로 확정되었다(서울고등법원 2011. 9. 9. 선고 2010누43725 판
결, 대법원 2012. 1. 12. 자 2011두24231 판결).

(6) 이후 원고는 2010. 8. 14. 규약을 개정하면서 부칙 제5조의 제1
항을 삭제하고, 제2항을 "부당하게 해고된 조합원은 규약 제6
조 제1항의 규정에 불구하고 조합원 자격을 유지한다"라고 개
정하였다(개정된 부칙 제5조를 이하 '이 사건 부칙 조항'이라 한다).
피고는 2012. 8. 3. 서울지방노동위원회에 원고의 규약에 대한
시정명령 의결을 요청하였고, 서울지방노동위원회는 2012. 9.
3. 원고의 규약 중 이 사건 부칙 조항 부분이 교원노조법 제2조
에 위반된다고 의결하였다(서울2012의결7호). 이에 피고는 2012.
9. 17. 원고에 대하여 제1차 시정명령과 같은 이유로 이 사건
부칙조항을 2012. 10. 18. 까지 시정할 것을 명하였다(제2차 시
정명령).

(7) 피고는 2013. 9. 23. 원고에 대하여 '두 차례에 걸쳐 해직자의

조합원 가입을 허용하는 규약을 시정하도록 명하였으나 이행하지 않았고, 실제로 해직자가 조합원으로 가입하여 활동하고 있는 것으로 파악된다'는 이유로 교원노조법 제14조 제1항, 노동조합법 제12조 제3항 제1호, 제2호 제4호 라.목 및 「교원의 노동조합 설립 및 운영 등에 관한 법률 시행령」(이하 '교원노조법 시행령'이라 한다) 제9조 제1항, 「노동조합 및 노동관계조정법 시행령」(이하 '노동조합법 시행령'이라 한다) 제9조 제2항에 의하여 2013. 10. 23.까지 이 사건 부칙 조항을 교원노조법 제2조에 맞게 시정하고 조합원이 될 수 없는 해직자가 가입·활동하지 않도록 조사할 것을 요구하였다(이하 '시정요구'라 한다).

(8) 그러나 원고는 이러한 시정요구에 따른 이행을 하지 않았고, 이에 피고는 2013. 10. 24. 교원노조법 제14조 제1항, 노동조합법 제12조 제3항 제1호, 제2조 제4호 라.목 및 교원노조법 시행령 제9조 제1항, 노동조합법 시행령 제9조 제2항에 근거하여 '교원노조법에 의한 노동조합으로 보지 아니함'을 통보하였다(이하 '이 사건 법외노조 통보'라 한다).

(9) 원고는 이 사건 법외노조 통보가 위법하다고 주장하면서 행정소송을 제기하였으나, 제1심 및 원심은 이 사건 법외노조 통보가 적법하다고 판단하였다. 이에 대해 대법원은 이 사건 시행령 조항이 유효함을 전제로 이에 근거한 이 사건 법외노조 통보를 적법하다고 판단한 원심을 파기하였다.

Ⅱ. 판결요지

(1) 법외노조 통보는 이미 법률에 의하여 법외노조가 된 것을 사후적으로 고지하거나 확인하는 행위가 아니라 그 통보로써 비로소 법외노조가 되도록 하는 형성적 행정처분이다. 이러한 법외노조 통보는 단순히 노동조합에 대한 법률상 보호만을 제거하는 것에 그치지 않고 헌법상 노동3권을 실질적으로 제약한다. 그런데 노동조합법은 법상 설립요건을 갖추지 못한 단체의 노동조합 설립신고서를 반려하도록 규정하면서도, 그보다 더 침익적인 설립 후 활동 중인 노동조합에 대한 법외노조 통보에 관하여는 아무런 규정을 두고 있지 않고, 이를 시행령에 위임하는 명문의 규정도 두고 있지 않다.

(2) 법외노조 통보 제도는 입법자가 반성적 고려에서 폐지한 노동조합 해산명령 제도와 실질적으로 다를 바 없다. 결국 이 사건 시행령 조항은 법률이 정하고 있지 아니한 사항에 관하여, 법률의 구체적이고 명시적인 위임도 없이 헌법이 보장하는 노동3권에 대한 본질적인 제한을 규정한 것으로서 법률유보원칙에 반한다.

피고는 이 사건 시행령 조항이 유효함을 전제로 이에 근거하여 이 사건 법외노조 통보를 하였다. 앞서 본 바와 같이 이 사건 시행령 조항은 헌법상 법률유보원칙에 위반되어 그 자체로 무효이다. 따라서 이 사건 시행령 조항에 기초한 이 사건 법외노조 통보는 그 법적 근거를 상실하여 위법하다고 보아야 한다.

(3) 위와 같은 다수의견에 대하여, (1) 원고에 대한 법외노조 '통보'의 당부를 판단하기에 앞서 원고를 '법외노조'로 보는 것에 잘

못이 있다는 대법관 김재형의 별개의견, (2) 이 사건 법외노조 통보가 위법한 것은 이 사건 시행령 조항이 무효이기 때문이 아니라 원고의 위법사항에 비하여 과도한 것이기 때문이라는 대법관 안철상의 별개의견, (3) 이 사건 법령의 규정은 매우 일 의적이고 명확하므로 다른 해석의 여지는 없고, 따라서 이러한 법령의 규정에 따른 이 사건 법외노조 통보는 적법하다는 대법 관 이기택, 대법관 이동원의 반대의견이 있다. 또한 (4) 다수의 견에 대한 대법관 박정화, 대법관 민유숙, 대법관 노정희, 대법 관 김상환, 대법관 노태악의 보충의견이 있다.

【참고조문】

노동조합 및 노동관계조정법

제2조(정의) 이 법에서 사용하는 용어의 정의는 다음과 같다.
4. "노동조합"이라 함은 근로자가 주체가 되어 자주적으로 단결하여 근 로조건의 유지·개선 기타 근로자의 경제적·사회적 지위의 향상을 도모 함을 목적으로 조직하는 단체 또는 그 연합단체를 말한다. 다만, 다음 각목의 1에 해당하는 경우에는 노동조합으로 보지 아니한다.
　　　라. 근로자가 아닌 자의 가입을 허용하는 경우. 다만, 해고된 자가 노동위원회에 부당노동행위의 구제신청을 한 경우에는 중앙노 동위원회의 재심판정이 있을 때까지는 근로자가 아닌 자로 해 석하여서는 아니된다.
제12조(신고증의 교부) ①고용노동부장관, 특별시장·광역시장·특별자 치시장·도지사·특별자치도지사 또는 시장·군수·구청장(이하 "행정관

청"이라 한다)은 제10조제1항의 규정에 의한 설립신고서를 접수한 때에
는 제2항 전단 및 제3항의 경우를 제외하고는 3일 이내에 신고증을 교
부하여야 한다.

② 행정관청은 설립신고서 또는 규약이 기재사항의 누락 등으로 보완이
필요한 경우에는 대통령령이 정하는 바에 따라 20일 이내의 기간을 정
하여 보완을 요구하여야 한다. 이 경우 보완된 설립신고서 또는 규약을
접수한 때에는 3일 이내에 신고증을 교부하여야 한다.

③ 행정관청은 설립하고자 하는 노동조합이 다음 각호의 1에 해당하는
경우에는 설립신고서를 반려하여야 한다.

1. 제2조제4호 각목의 1에 해당하는 경우
2. 제2항의 규정에 의하여 보완을 요구하였음에도 불구하고 그 기간 내
에 보완을 하지 아니하는 경우

④ 노동조합이 신고증을 교부받은 경우에는 설립신고서가 접수된 때에
설립된 것으로 본다.

노동조합 및 노동관계조정법 시행령

제9조(설립신고서의 보완요구)

② 노동조합이 설립신고증을 교부받은 후 법 제12조제3항제1호에 해당
하는 설립신고서의 반려사유가 발생한 경우에는 행정관청은 30일의 기
간을 정하여 시정을 요구하고 그 기간 내에 이를 이행하지 아니하는 경
우에는 당해 노동조합에 대하여 이 법에 의한 노동조합으로 보지 아니
함을 통보하여야 한다.

III. 평 석

1. 쟁점의 정리

이 사건은 박근혜 정부 당시 고용노동부장관이 해직 교사를 조합원으로 둔 전국교직원노동조합(이하 '전교조'라 한다)에 대해 '법외노조' 통보를 하였고, 이에 대해 전교조가 법외노조 통보의 취소를 구하고 있는 소를 제기한 것이다. 대법원은 전원합의체 판결로 원심판결을 파기하고 원심법원인 서울고등법원으로 환송하였다. 이 판결에는 별개의견(대법관 김재형, 대법관 안철상)과 반대의견(대법관 이기택, 대법관 이동원) 등이 있다. 대상판결에서 몇 가지 쟁점에 대해서는 중요한 견해 대립이 있었다. 이 사건에서 문제되는 쟁점은 노동조합 설립신고의 수리와 반려, 법외노조 통보의 법적 성격, 이 사건 시행령조항의 위헌성 여부, 그리고 위헌 법률에 대한 법원의 해석과 그 한계 등이다.

이 사건의 심판대상과 관련된 법적 근거는 노동조합 및 노동관계조정법(이하 "노동조합법"이라 한다) 제2조 제4호 라목 및 같은 법 시행령 제9조 제2항이다. 노동조합 및 노동관계조정법 제2조 제4호 라목에는 '근로자가 아닌 자의 가입을 허용하는 경우' 등 결격사유가 있는 경우에는 노동조합으로 보지 아니한다고 규정하고 있다(이하 "이 사건 법률 규정"이라 한다). 같은 법 시행령 제9조 제2항에서는 설립신고를 마친 노동조합에 결격사유가 발생한 경우 행정관청은 30일의 기간을 정하여 시정을 요구하되, 시정되지 않는 경우 노동조합법에 의한 노동조합으로 보지 아니함을 통보하여야 한다고 규정하고 있다(이하 "이 사건 시행령 조항"이라 한다). 교원의 노동조합 설립 및 운영에 관한 법률 및 같은 법 시행령은 위와 같은 이 사건 법률 규정 및 이 사건 시행령 조항을 교원 노동조합에도 그대로 적용하도록 규정하고 있다.

이 사건의 다수의견은 이 사건 시행령 조항이 원고(전교조)의 노동

3권에 대한 본질적인 제한을 하고 있으며 법률유보원칙에 위배된고 보고 있다. 이 사건 시행령 조항은 법률이 정하고 있지 아니한 사항에 관하여 법률의 구체적이고 명시적인 위임도 없이 기본권(노동 3권)을 제한한다고 보는 것이다. 이에 대해 별개의견(대법관 김재형)은 "이 사건 시행령 조항은 이 사건 법률 규정에 직접 근거를 두고 법률의 취지와 의미를 구체화하는 것으로 적법·유효하다"고 보고 있다. 근로자가 아닌 자의 가입을 허용하는 경우 노동조합으로 보지 아니 한다는 노동조합법 제2조 제4호 라목에 본질적 문제가 있다고 보고 있으며, 이를 전제로 한 이 사건 법외노조 통보는 위법하다고 보고 있다. 이 별개의견은 다수의견과 달리 시행령 조항이 적법하며, 그 의미도 명백하다고 보고 있다. 또 다른 별개의견(대법관 안철상)은 "이 사건 법외노조 통보가 위법한 것은 이 사건 시행령 조항이 무효이기 때문이 아니라 원고의 위법사항에 비하여 과도한 것 때문"이라고 보고 있다. 이 견해는 법외노조 통보를 수익적 행정처분의 철회로 보고 있다. 이에 대해 반대의견(대법관 이기택, 대법관 이동원)은 이 사건 시행령 조항이 명확하고 일의적인 법령을 달리 해석할 여지가 없고 시정요구를 이행하지 아니한 원고에게 법외노조 통보를 한 것은 적법하다고 보고 있다. 반대의견은 이 사건 시행령 조항뿐만 아니라 이에 근거한 법외노조 통보도 적법하다고 보고 있는 것이다.

　　다수의견은 노동조합법 시행령 제9조 제2항에 의한 '이 사건 법외노조 통보'를 형성적 처분으로 이해하고 있다. 이러한 통보를 행정처분으로 볼 수 있는지, 또한 이를 형성적 처분으로 보는 것이 적정한지 등이 문제된다. 별개의견(대법관 안철상)은 전술한 바 와 같이 이를 "수익적 행정처분(수리처분)의 취소·철회"의 법리로 접근하고 있다. 또 다른 별개의견을 낸 김재형 대법관은 이러한 통보가 단순히 법외노조의 사실을 알려주는 것에 지나지 않아 특별한 형성적 의미가 없고, 이를 확인적 행정행위로 이해하고 있다. 이러한 문제를 이해하기 위해서는 노동

조합 설립신고와 그 반려의 구조와 법적 의미를 전체적으로 검토하여야
한다.

그 밖에 별개의견을 낸 김재형 대법관은 법외노조 통보의 당부를
판단하기에 앞서 원고를 '법외노조'로 보는 것 자체가 잘못이므로 이를
전제로 한 이 사건 법외노조 통보가 위법하다고 판단하고 있다. 이러한
별개의견은 위헌의 의심이 있는 법률에 대해서도 법원이 직접 판단할
수 있다는 것을 전제로 하고 있다. 법외노조로 보는 법률 그 자체가 문
제이며, 이를 근거로 한 법외노조 통보도 위법하다고 보고 있는 것이다.
이 문제는 법원의 해석범위와 한계에 관한 문제로서 중요한 의미를 가
진다.

2. 노동조합 설립신고의 수리와 반려

(1) 노동조합 설립신고의 의의 및 유형

이 사건에서 중요한 의미를 가지는 법외노조 통보의 법적 성질을
검토하기 전에 노동조합 설립신고와 반려에 관한 문제를 살펴보기로 한
다. 노동조합법 시행령 제9조 제2항에 규정된 법외노조 '통보'는 설립신
고증을 교부받은 노동조합이 사후에 노동조합법에서 정한 사유(설립신고
서의 반려사유)로 인해 시정요구를 받고, 이를 소정의 기간 내에 이행하
지 아니하는 경우에 노동조합이 아니라는 내용을 알려주는 것이다. 이
사건에서 노동조합 설립 신고가 '수리를 요하는 신고'에 해당하는지가
문제된다.

노동조합법 제12조 제3항에는 설립신고에 대해 반려를 할 수 있는
법적 근거를 마련하고 있다. 다수의견은 이러한 노동조합 설립신고를
'수리'를 요하는 신고로 파악하고 있다. 다수의견은 "행정관청은 법상
설립요건을 갖추지 못한 단체의 설립신고서를 반려하는데, 이러한 반려

는 설립신고의 수리를 거부하는 것"이라고 보고 있다. 나아가 이러한
수리를 수익적 행정행위로 보고 있다. 즉 "노동조합 설립신고의 수리는
법에서 정한 설립요건을 갖춘 노동조합을 법상 노동조합으로 인정함으
로써 노동조합법이 정한 권리와 혜택을 향유할 수 있는 법적 지위를 부
여하는 것"이라고 보고 있다. 물론 종전에도 대법원은 노동조합설립신
고증 교부(수리)처분 취소사건에서 노동조합의 신고를 수리처분이 필요
한 것으로 본 사례가 있다. 이 사건에서 노동조합의 '수리'처분만으로
원고(사용자)가 이를 다툴 당사자적격은 없다고 판단하고 있다.1) 다만,
신고증을 교부받은 노동조합이 부당노동행위구제신청을 하는 등으로
법이 허용하는 절차에 구체적으로 참가한 경우에는 노동조합의 무자격
을 다툴 수 있다고 보고 있다.

　　노동조합법 제12조 제3항에는 설립신고서의 '반려'에 관한 근거 조
항을 두고 있지만, 이러한 조항만을 근거로 반려의 처분성을 인정하고,
노동조합 설립신고를 '수리를 요하는 신고'로 단정할 수 없다. 수리를
요하지 않는 신고에서도 반려는 인정되고, 그 처분성이 부정될 뿐이다.
근래의 판례에서는 이러한 구분 없이 반려의 처분성을 인정하는 사례도
적지 않다.2) 노동조합법 제12조 제3항에서는 같은 법 제2조 제4호 각
목의 1에 해당하는 경우(노동조합에 해당하지 않는 경우), 제12조 제2항의
규정에 의하여 설립신고서의 누락 등에 대한 보완을 요구하였음에도 그
기간 내에 보완을 하지 아니하는 경우에 설립신고서를 반려하도록 규정
하고 있다. 판례는 이러한 설립신고서의 반려를 처분으로 보고 있다. 특
히 다수의견은 이러한 반려를 "설립신고서의 수리를 거부하는 것이므로
해당 단체의 법적 지위에 직접적인 영향을 미치는 행정처분"으로 이해
하고 있다. 노동조합의 설립에 따른 수혜는 헌법 제33조 및 노동조합법

---

1) 대법원 1997. 10. 14. 선고 96누9829 판결.
2) 대법원 2010. 11. 18. 선고 2008두167 판결; 대법원 2011. 7. 28. 선고 2005두11784
　　판결 등.

의 관계 조항에 의해 발생하는 것이지 이러한 소극적인 신고 수리에 의해 발생한다고 단정하기는 어렵다. 대상판례는 노동조합법 제12조에 의한 설립신고가 '수리를 요하는 신고'에 해당한다고 보고 있다는 전제에서 논의를 전개하고 있지만, 수리를 요하는 신고의 허용에 대하여 근래에 비판적인 견해가 늘고 있다.

(2) 수리를 요하는 신고의 허용 여부

신고제도는 규제완화의 대표적 수단이자, 사인의 공법행위에 해당한다.3) 또한 행정청의 '개시통제' 수단의 주요한 도구이기도 하다. 신고는 대체로 정보제공적 신고, 수리를 요하지 않는 신고(자기완결적 신고), 수리를 요하는 신고(행위요건적 신고)로 구분된다. 정보제공적 신고는 법령에서 그 신고의무의 위반에 대한 제재에 관한 특별한 규정이 없는 한 큰 의미가 없다. 실무에서 문제가 되는 것은 수리를 요하지 않는 신고와 수리를 요하는 신고의 구분이다.4) 후자에 대해서는 실직적 심사를

---

3) 이미 신고에 관한 국내의 선행연구가 적지 않다. 예컨대 김중권, "건축법상의 건축신고의 문제점에 관한 소고", 저스티스 제34권 제3호(2001. 6), 150면 이하; 송동수, "행정법상 신고의 유형과 법적 효과", 토지공법연구 제60집(2013. 2), 285면 이하; 윤기중, "수리를 요하는 신고의 독자성", 공법연구 제43집 제4호(2015. 6), 189면 이하; 정남철, "건축신고와 인인보호: 독일 건축법제와의 비교법적 고찰을 겸하여", 법조 통권 제645호, (2010, 6), 250면 이하; 최계영, "건축신고와 인허가의제", 행정법연구 제25호(2009. 12), 165면 이하; 홍강훈, "소위 자체완성적 신고와 수리를 요하는 신고의 구분가능성 및 신고제의 행정법 Dogmatik을 통한 해결론", 공법연구 제45집 제4호(2017. 6), 93면 이하; 홍준형, "사인의 공법행위로서 신고에 대한 고찰: 자기완결적 신고와 수리를 요하는 신고에 관한 대법원판례를 중심으로", 공법연구 제40집 제4호(2012. 6), 333면 이하 등.

4) 정보제공적 신고와 행위개시통제적 신고로 구분하는 견해도 있다(강현호, "신고의 본질에 대한 법적 고찰", 행정판례연구 제24집 2호(2019. 12), 61−63면). 이 견해는 행위개시통제적 신고가 정보제공적 신고의 의미도 가진다고 보고 있다. 그러나 전술한 바와 같이 정보제공적 신고는 행정법적 의미가 크지 않다. 신고는 전통적으로 허가와 더불어 개시통제의 수단으로 이해될 수는 있지만, 정보제공적 신고와 행위개시통제적 신고가 중첩될 여지는 적다.

할 수 있지만, 후자에 대해서는 형식적 심사만 할 수 있다. 또한 전자의 경우에 반려는 처분성이 없지만, 후자의 경우에 반려는 처분성이 인정된다. 이러한 이론적 구분이 명쾌한 것처럼 보이지만, 형식논리적이며 기계적이다. 실질적 심사와 형식적 심사의 구분도 명확하지 않다.[5] 또한 실무상 수리를 요하는 신고와 수리를 요하지 않는 신고의 구분은 쉽지 않다. 이러한 논란이 계속되던 와중에 대법원은 건축신고의 반려에 대해 종전 판례와 달리 처분으로 인정한 바 있다.[6] 그러나 이 판결에서 해당 건축신고를 '수리를 요하는 신고'로 언급하지는 않았다. 이후 대법원은 인허가의제의 효과를 수반하는 건축신고에 대해 비로소 '수리를 요하는 신고'로 판단하였다.[7] 여기에서 "종전 판례와 달리" 인허가의제의 효과를 수반하는 건축신고에 대해서만 수리를 요하는 신고로 판단함으로써, 건축신고의 법적 성질에 대하여 또 다시 혼란을 준 것이 사실이다. 이러한 판례의 변경에도 불구하고 양자의 구별기준은 아직 명확히 제시되지 못하고 있다.

이에 법제처가 중심이 되어 개별법에 신고의 수리에 대해 '통지의무'를 부과하는 규정이 대폭 도입되었다. 예컨대 건축법 제14조 제3항에서도 "특별자치시장·특별자치도지사 또는 시장·군수·구청장은 제1항에 따른 신고를 받은 날부터 5일 이내에 신고수리 여부 또는 민원처리 관련 법령에 따른 처리기간의 연장 여부를 신고인에게 통지하여야 한다"고 규정하고 있다. 이러한 통지의무를 규정한 신고에 대해서는 '수리를 요하는 신고'로 판단할 수 있다는 것이다. 일응 수리를 요하는 신고와 수리를 요하지 않는 신고의 구별기준을 제시하고, 국민들에게 수리 여부를 알림으로써 국민의 권익구제에 기여하는 측면이 있는 것은

---

5) 수리 여부에 의한 신고의 유형구분에 대한 문제점에 대해서는 정남철, 현대행정의 작용형식, 502면 이하.
6) 대법원 2010. 11. 18. 선고 2008다167 판결.
7) 대법원 2011. 1. 20. 선고 2010두14954 판결.

사실이다. 그러나 이러한 통지의무의 규정이 없는 경우에도 수리를 요하는 것으로 해석할 가능성은 상존하고 있다. 대상판결과 같이 '통지의무'에 관한 규정이 없음에도 불구하고, 수리를 요하는 신고로 인정될 여지는 있다.

한편, 학설 중에는 수리를 요하는 신고의 독자성을 인정하는 견해도 있다.[8] 이 견해는 신고증 교부시에 노동조합이 설립된 것으로 보고 있다.[9] 이러한 신고증 교부는 반드시 수리를 요하는 신고에만 제한되는 것은 아니다. 노동조합법 제12조 제4항에서 규정하고 있는 바와 같이 신고증의 교부시가 아니라 설립신고서가 접수된 때에 설립된 것으로 보고 있다. 이 규정은 수리를 요하는 신고로 보는 견해나 판례에 대해 반론을 제기할 수 있는 근거이기도 하다. 수리를 처분으로 이해하는 경우에는 논리적으로 신고증의 교부시로 보는 것이 타당하다. 이러한 신고증의 교부를 수리의 효과가 발생하는 것으로 볼 수 있기 때문이다. 그러나 헌법상 노동3권의 보장에 따른 노동조합 설립자유의 기본취지에 비추어 설립신고서가 접수된 때에 설립된 것으로 보는 것이다. 이러한 규정이 원칙적으로 신고의 본질에 부합하는 것이다. 사인의 공법행위인 신고에 의해 그 효력이 발생하는 것이 원칙이기 때문이다.

무엇보다 노동조합 설립신고를 이와 같이 신고 본연의 제도에 부합하게 해석할 여지도 있다. 수리를 요하는 신고라고 보지 않고 본래 신고제도의 본질과 기능에 부합하게 규정된 것으로 해석할 수 있다. 노동조합법 제12조에 의하면 노동조합 설립신고를 한 때에는 특별한 경우(제2항, 제3항)를 제외하고 3일 이내에 신고증을 교부하도록 하고 있다. 3일의 기간은 일종의 '숙려(熟廬)기간' 내지 '유예기간'으로 볼 수 있다. 이러한 기간 동안에는 형식적 심사뿐만 아니라 실질적 심사도 유보되어 있다. 물론 반대의견(대법관 이기택, 대법관 이동원)이 주장하는 바와 같이

---

8) 윤기중, 전게논문, 189면 이하 참조.
9) 윤기중, 전게논문, 206면.

노동조합 설립신고가 수리된 이후, 즉 신고의 효력에 의해 노동조합이
설립된 이후에도 이러한 실질적 심사권은 행사될 수 있다. 종전에 대법
원은 이러한 숙려기간을 절대적 기간이 아니라고 본 사례도 있다. 이러
한 접수증 교부기간이 경과한 후에도 설립신고서에 대하여 보완지시 또
는 반려처분을 할 수 있다고 보고 있다.10) 그러나 이러한 해석은 '수리'
를 행정처분으로 이해하는 입장에서는 수긍할 수 있지만, 수리를 단순
히 사실행위로 이해하는 입장에서는 받아들이기 어렵다. 입법자의 의도
는 이러한 기간 내에 명시적으로 거부처분을 하지 않으면, 노동조합의
설립신고는 효력이 발생한다고 보는 것이다. 수리를 요하는 신고를 비
판하는 입장에서는 더욱 그러하다. 노동조합의 설립행위는 헌법 제33조
에서 보장하는 노동3권 중 '단결권'의 핵심적 내용의 하나이기 때문이
다. 이러한 노동조합의 조직 및 설립을 주요한 내용으로 하는 단결권은
국가로부터 부당한 방해나 침해를 받지 아니한다는 의미에서 '자유권'의
성격을 가진다. 근래에는 노동3권을 "사회권적 성격을 띤 자유권"으로
보는 견해가 유력하다.11) 헌법재판소의 입장도 대체로 그러하다.12)

(3) 행정기본법안의 내용 및 문제점

입법예고가 된 행정기본법안에도 수리를 요하는 신고제도를 명문
으로 규정하고 있다. 행정기본법안 제29조 제1항에는 "법령등으로 정하
는 바에 따라 행정청에 일정한 사항을 통지하여야 하는 신고로서 법률

---

10) 대법원 1990. 10. 23. 선고 89누3243 판결.
11) 계희열, 헌법학(중), 신정2판, 786면; 한수웅, 헌법학, 제7판, 1020면. 한편, 근로3권
    을 원칙적으로 생존권적 기본권으로 보면서도 자유권적 측면을 간과할 수 없다고
    보는 견해도 있다(김철수, 헌법학개론, 10전정신판, 847-848면). 그밖에 자유권적
    성질과 생활권적 성질이 혼합된 복합적 성질의 기본권으로 보는 견해가 있다(허영,
    한국헌법론, 전정14판, 560-561면).
12) 헌법재판소도 근로3권을 "사회적 보호기능을 담당하는 자유권" 내지 "사회권적 성
    격을 띤 자유권"이라고 파악하고 있다(헌재 1998. 2. 27. 94헌바13, 판례집 10-1,
    32).

에 신고의 수리가 필요하다고 명시되어 있는 경우(행정기관의 내부 업무
처리절차로서 수리를 규정한 경우는 제외한다)에는 행정청이 수리하여야 효
력이 발생한다"고 규정하고 있다. 수리를 요하는 신고를 판단하는 기준
으로 '통지'를 해야 하는 신고이어야 하고, 또한 신고의 수리가 필요하
다고 명시되어 있는 경우도 제시되고 있다. 이러한 문제점으로 인해 행
정기본법의 제정필요성이 거론된 상황임에도 불구하고, 수리를 요하는
신고를 일반법의 성격을 가지는 행정기본법에 규정하는 것은 재고할 필
요성이 있다. 전술한 바와 같이 '통지의무'가 수리를 요하는 신고의 결
정적 기준은 될 수 없다. 신고의 수리가 필요하다고 명시된 경우에는
당연한 내용이지만, 개별법에 수리가 필요하다고 명시되어 있는 경우는
그리 많지 않다.

건축법 제14조 제3항에는 "특별자치시장·특별자치도지사 또는 시
장·군수·구청장은 제1항에 따른 신고를 받은 날부터 5일 이내에 신고
수리 여부 또는 민원 처리 관련 법령에 따른 처리기간의 연장 여부를
신고인에게 통지하여야 한다"고 규정하고 있다. 종전에는 이러한 건축
신고가 수리를 요하지 아니하는 신고로 보았지만, 개정된 건축법에 의
하면 수리 여부의 통지 대상이 되고 있어 행정기본법에 의하면 수리를
요하는 신고로 보게 된다. 그러나 이러한 규정이 없는 경우에도 법원은
대상판결과 같이 해석에 의해 수리를 요하는 신고로 판단할 수 있다.
행정기본법에 제시된 '통지의무'에 관한 규정이 수리를 요하는 신고를
판단하는 절대적 기준이라고 보기 어렵다. 이러한 기준을 통해 수리를
요하는 신고로 볼 수는 있지만, 이러한 기준이 없더라도 법령의 '해석'
을 통해서도 충분히 수리가 필요한 신고로 판단할 수도 있다. 그러한
이유에서 수리 여부를 기준으로 신고의 유형을 구분하는 것은 적지 않
은 문제점을 노정(露呈)하고 있는 것이다. 건축법 제14조 제3항에서 수
리처분에 의해 신고의 효력이 발생한 것인지, 아니면 통지에 의해 그
효력이 발생한 것인지 여부도 문제된다. 수리거부의 통지에 대해서는

무엇을 대상으로 항고쟁송을 제기해야 하는지도 모호하다. 이러한 입법은 결국 개별법에서 문제된 쟁점을 일반법의 차원에서 통칙 규정을 두는 것 외에는 큰 의미가 없다. 오히려 신고 제도의 본래적 기능을 고려한 입법이 중요하다.

(4) 비판 및 검토

노동조합 설립신고를 '수리를 요하는 신고'로 단정하는 것이 적정한지에 대해서는 의문이다. 수리를 요하는 신고의 독자적 유형을 인정하는 것도 신고제도의 본질에 비추어 타당하지 않다. 행정기본법안의 제정이유나 논리대로라면, 여기에는 수리 여부에 관한 통지 규정도 없다. 종전의 판례에 입장에 따라 '수리를 요하는 신고'로 판단한 것이다. 노동조합법 제12조 제3항에서는 경미한 기재사항의 누락과 같은 설립신고의 형식적 하자에 대해 보완을 요구하였으나 이를 소정의 기간 내에 보완하지 않는 경우, 그리고 같은 법 제2조 제4호 각목의 1에 해당하는 바와 같이 노동조합의 개념에 포섭되지 않는 경우에는 설립신고서를 반려하여야 한다. 이러한 특별한 사유가 없는 한 원칙적으로 노동조합 설립신고를 하는 경우에는 3일의 숙려기간 내에 특별한 사정이 없는 한 그 신고의 효력이 발생하도록 설계되어 있다고 해석할 수도 있다. 이러한 해석은 수리가 필요 없는 본래적 의미의 신고제도로 이해하는 견해에 의한 것이다. 독일의 입법례도 대체로 이러한 방식으로 건축신고를 규정하고 있다.[13] 수리 여부나 통지의무에 관한 명문의 규정도 없는 것이다.

사견으로는 노동조합 설립신고를 수리를 요하는 신고로 이론구성하지 않더라도 신고의 제도적 기능과 취지를 충분히 반영할 수 있는 해석이 가능하다. 수리를 요하는 신고를 인정할 필요적 논거가 되는 것도

---

13) 이에 대해서는 정남철, "건축신고제도의 법적 문제: 간소화제도의 개선방안을 위한 모색을 중심으로", 법제 통권 제657호(2012. 2), 58면 이하 참조.

아니다. 노동조합법상 규정하고 있는 반려사유에 따라 거부처분을 한 것으로 보고, 이에 대해 행정쟁송을 제기할 수 있는 것이다. 노동조합 설립신고를 하는 경우에는 법률에서 정하고 있는 반려사유에 해당하지 않는 한, 이러한 기간이 경과하면 원칙적으로 신고의 효력이 발생하는 것으로 이해할 수 있다. 물론 이러한 해석은 종전의 대법원 판례(대법원 1990. 10. 23. 선고 89누3243 판결)와 다른 입장이다. 노동조합법에는 설립 신고를 접수받고 3일의 숙려기간 동안에 반려사유에 해당하는지 여부를 검토하고, 이에 해당하는 경우에는 반려해야 한다. 그러나 노동조합 법에는 이러한 설립신고를 받아 접수증을 교부한 후에 설립신고서의 반 려사유에 해당하는 경우가 발생하는 것에 대해 아무런 규정을 두고 있 지 않다.

이에 대해서는 노동조합법 시행령 제9조에 규정하고 있다. 이 시행 령 조항의 이해를 위해서는 노동조합 설립신고 제도의 취지나 본질을 검토할 필요가 있다. 대법원은 노동조합 설립신고 제도의 취지에 대해 "소관 행정당국으로 하여금 노동조합에 대한 효율적인 조직체계의 정비 관리를 통하여 보호, 육성 내지 지도, 감독에 철저를 기하게 하기 위한 노동정책적인 고려에서 마련된 것"으로 이해하고 있다.[14] 이러한 관점 은 대체로 노동3권을 생존권적 측면에서 접근한 것으로 볼 수 있지만, 노동조합을 행정청의 감독 내지 관리의 대상으로 파악하는 측면도 있 다. 노동조합법 시행령 제9조의 해석은 노동조합의 설립신고증을 교부 한 후 설립신고서의 반려사유가 있는 경우에 그 시정을 요구하고 이를 이행하지 않는 경우에 법외노조 통보를 하도록 규정하고 있는 것이다.

노동조합 설립신고를 수리를 요하는 신고로 이해하는 것은 사실상 허가제와 같이 운영한다고 볼 수 있어, 이러한 해석 또한 문제가 있다 고 하겠다. 이러한 점은 오히려 다수의견의 보충의견에서 지적되고 있

---

14) 대법원 1993. 2. 12. 선고 91누12028 판결.

다. 노동조합법 제12조 제3항의 '반려'처분은 거부처분의 형식으로 규정
되어 있지만, 그 본질은 노동조합법 제2조 제4호 각목에 해당하는 경우
에 노동조합으로 보지 않는다는 규정에 따라 노동조합 설립행위를 중지
시키는 처분으로 보아야 한다. 후술하는 바와 같이 이러한 통보의 법적
성질은 중요한 쟁점의 하나이다.

　전술한 수리를 요하는 신고의 독자성을 인정하자는 견해는 새로운
주장이 아니라, 종래 국내 학설이 발전시킨 신고의 유형 구분에 기초한
것이다. 근원적으로 수리 여부에 의한 구별기준이 매우 낙후된 것이고,
규제완화의 본질에 비추어 수리를 요하는 신고는 허가의 구별을 상대화
시키고 있다. 이와 관련하여 판례가 수리를 요하는 신고를 "(완화된) 허
가"로 이해하고 있다고 지적하면서, 이러한 신고 유형에 대해 비판적으
로 고찰하는 견해도 있다.15) 허가와 신고의 이원적 구조도 매우 낡은
제도이며, 새로운 형식의 규제완화제도가 도입될 필요가 있다. 허가면
제절차, 허가의제, 집중효 등 새로운 절차간소화 제도를 새로이 검토할
필요가 있다. 신고제도의 본래적 기능을 복원시키는 제도개선이 필요하
다. 수리는 일본의 입법례에서 유래한 것이며, 신고제도의 본질에 부합
하지 않는다. 그 자체는 법적 행위가 아니라 사실행위에 불과하다. 신고
에 의해 법적 효과는 발생하고 수리 여부는 중요하지 않다. 그럼에도
불구하고 신고의 내용이 실체법상 강행규정에 위배되는 경우에는 행정
청의 권한이 중지명령 등을 통해 개입할 수 있도록 하는 것이다. 수리
를 요하는 신고로 이론구성을 하지 않더라도 신고제도의 본래적 기능을
인정하면서 행정의 법률적합성 원칙을 준수하도록 해야 한다. 이러한
행정청의 권한에 대해서는 명확한 근거 규정을 두고 그 위법에 대해서
는 행정쟁송을 통해 다투도록 설계해야 한다. 이러한 과제는 입법의 개
선에 의해 실현되어야 한다. 노동조합법 제12조도 이러한 구조에 기반

---

15) 강현호, "신고의 본질에 대한 법적 고찰", 행정판례연구 제24집 2호(2019. 12), 79면.

하고 있어, 이를 굳이 수리를 요하는 신고로 이론을 구성할 필연적 이유는 없다.

나아가 대상판결의 다수의견은 전술한 바와 같이 노동조합 설립신고의 수리를 "노동조합법이 정한 권리와 혜택을 향유할 수 있는 법적 지위를 부여하는 것"이라고 보아 '설권적' 처분과 같이 이해하고 있다. 대상판결의 반대의견도 노동조합 설립신고를 수익적 행정처분으로 보고 있다. 그러나 수리는 소극적인 성질을 가지므로 특허와 같이 설권적 효력을 인정하는 것은 이론적으로 타당하지 않다. 노동조합법이 정한 권리와 혜택을 향유하는 것은 수리가 아니라 헌법과 법률의 규정에 의한 것이다. 소극적인 수리행위에 의해 허가나 특허와 같은 권리를 부여하거나 설정하는 것은 이론적으로도 타당하지 않다. 이러한 법리적 문제는 노동조합 설립신고를 수리를 요하는 신고를 인정하는 것에서 연유하고 있는 것이다. 신고와 수리 제도를 올바로 자리매김하는 것이 중요하다.

3. 법외노조 통보의 법적 성질

법외노조 통보는 처분인가? 대상판결의 다수의견은 법외노조 통보의 법적 성질에 대해 형성적 (행정)처분으로 보는 견해, 확인적 행정행위로 보는 견해, 수익적 행정행위의 취소·철회로 보는 견해가 대립하고 있다.16) 다수의견은 모두 행정처분으로 보고 있다. 이에 대해 반대의견

---

16) 한편, 교원의 노동조합 설립 및 운영 등에 관한 법률 제2조 위헌확인 등에서 헌법재판소는 "법외노조통보라는 별도의 집행행위를 예정하고 있으므로, 법외노조통보 조항에 대한 헌법소원은 기본권 침해의 직접성이 인정되지 아니한다"라고 결정하였다(헌재 2015. 5. 28. 2013헌마671 등, 판례집 27-1하, 336). 이 결정에서 헌법재판소는 법외노조통보에 대해 "별도의 집행행위"라고만 언급하고, 구체적인 행정작용이나 그 법적 성질을 명확히 언급하지 아니한 채 시행령 조항의 직접성을 부정하고 있다.

의 입장은 명확하지 않다. 다만, 통보를 규정한 시행령 조항이 법외노조
의 법적 효과가 발생하였다는 것을 공식적으로 알려주기 위한 조치의
일환 정도라고 보고 있다. 반대의견은 노동조합에 해당하지 않는다는
효력은 이러한 통보에 의해서가 아니라 이 사건 법률조항의 간주규정에
의해 발생하는 것으로 보고 있다. 즉 노동조합법 제2조 제4호에서 각목
에서 정한 사유에 해당하는 때에는 "노동조합으로 보지 아니한다"라는
간주규정에 의해 법외노조의 효력이 발생한다는 것이다.

　　다수의견은 노동조합 설립신고의 반려를 행정처분으로 보고 있으
며, 법외노조 통보에 대해서도 "형성적 처분"으로 보고 있다. 즉 "노동
조합이 아님을 고권적으로 확정하는 행정처분"으로서 그 통보로써 법외
노조가 되도록 하는 "형성적 행위"로 보고 있는 것이다. 노동조합의 설
립신고의 수리에 의해 노동조합법상 다양한 혜택이 보장된다. 법인격
취득(제6조), 노동쟁의의 조정 및 부당노동행위의 구제신청(제7조 제1항),
노동조합의 명칭사용(제7조 제3항), 조세의 면제(제8조) 등이 그러하다.
다수의견은 이러한 법외노조 통보에 의해 노동조합법에 의해 보장된 권
리나 이익이 박탈된다고 보고 있다. 그러나 통보 그 자체를 형성적 처
분으로 보는 것은 타당하지 않다. 현실적으로 법외노조 통보에 의해 이
러한 불이익이 발생하는 점을 부인할 수는 없다. 그러나 이러한 불이익
은 노동조합법의 규정에 의해 발생하는 것이다. 이러한 법외노조 통보
는 시정 요구와 더불어 일종의 '절차'규정에 해당한다. 반대의견이 적절
히 지적하고 있는 바와 같이 시행령에 규정된 '통지'라는 절차에 의해
헌법상 보장된 노동3권이 제한될 수는 없다. 이러한 노동3권은 헌법에
서 직접 제한하거나, 적어도 법률로 제한해야 한다. 노동조합법은 헌법
제33조에서 보장하는 노동3권의 취지에 부합하게 노동조합의 조직 및
가입 자유를 보장하고 있으며, 노동조합의 설립요건도 허가나 등록의
방식이 아니라 간소화된 '신고'의 방식으로 보장하고 있는 것이다. 이와
같이 헌법상 보장된 노동 3권 중 단결권은 근로자가 노동조합에 조직하

거나 가입하여 활동하는 개인적 단결권뿐만 아니라, 노동조합이 존립하고 활동할 수 있는 집단적 단결권도 포함하는 것이다.[17)

　　노동조합법 시행령 제9조 제2항은 노동조합법 제2조 제4호 라.목에 해당되어 설립신고서의 반려사유에 해당한다는 점과, 이러한 반려사유에 해당하는 경우에는 시정요구를 하고 이에 의하지 아니할 경우에는 법외노조 '통보'를 한다는 절차를 규정한 것에 불과하다. 이러한 통보제도는 종전의 노동조합 해산명령을 폐지한 후 도입된 것이다. 적어도 법률의 규정상 노동조합에 해당하지 않는다는 사실을 행정청이 고지하는 것에 불과하다. 물론 이러한 통지를 남용할 소지가 있다는 주장도 이해할 수 있으나, 노동조합법 제2조 제4호 라.목의 규정은 명확하다. 이와 관련하여 시정요구의 절차를 마련하고, 이 사건에서 행정청은 해당 규약의 개정 기회를 부여한 것이다. 원고가 주장하는 사항은 법률의 위헌 여부를 통해 다투어야 할 사항이다. 입법자는 근로자가 아닌 자의 가입을 허용하는 경우에는 노동조합이 될 수 없음을 원칙적으로 규정하면서도, 해고된 자가 노동위원회에 부당노동행위의 구제신청을 한 경우에는 예외적으로 중앙노동위원회의 재심판정이 있을 때까지 근로자가 아닌 자로 해석하는 유예규정을 두고 있는 것이다. 노동조합의 성립요건에 관한 입법자의 의지는 명확하다.

　　이러한 통보를 형성적 처분으로 보는 경우에는 노동조합법 제9조 제3항의 '통보'를 달리 해석해야 한다는 것을 설명하기가 어려운 점도 있다. 동일한 사실의 '통보'에 해당함에도 불구하고 설립신고증을 교부받은 노동조합에 대해서는 '형성적' 처분으로 보면서, 관할 노동위원회와 당해 사업 또는 사업자의 사용자나 사용자단체에 통보를 동일하게 해석할 수 없는 딜레마에 봉착(逢着)하게 된다. 후자의 경우에는 이론적으로 행정처분으로 보기가 어렵다. 이러한 해석의 모순에 대해 다수의

---

17) 계희열, 전게서(중), 773-774면; 헌재 1999. 11. 25. 95헌마154.

견은 설명하고 있지 않다. 이와 같이 법외노조의 통보는 법령의 해석에 의해 법외노조에 해당한다는 점을 '고지'하는 것이다. 이러한 통보는 법령에 의해 원고가 노동조합에 해당되지 아니한다는 사실을 알려주는 것일 뿐, 결코 '형성적' 처분으로 볼 수 없다. 통상적으로 형성적 처분이 되기 위해서는 '신청'을 요건으로 하고 있다. 형성적 행정행위에 속하는 특허나 인가 등이 그러하다.

이에 대해 별개의견(대법관 안철상)은 이러한 법외노조 통보를 '수익적 행정처분의 취소·철회'의 문제로 보아야 한다고 보고 있다. 이 견해는 노동조합 설립신고의 수리를 수익적 행정행위라고 전제하고, 사후에 그 효력을 존속시킬 수 없는 수리처분의 철회로 파악하고 있는 것이다. 나아가 이 견해는 시행령 조항을 법외노조 통보의 근거 조항이 아니라, 수리처분 철회의 절차 규정으로 파악하고 있다. 이러한 노동조합 설립신고를 '수리를 요하는 신고'로 이해하는 경우에는 '수리처분'에 의해 노동조합의 법적 지위가 부여되고, 또한 수리처분 이후에 노동조합에 결격사유가 발생한 경우에는 이러한 행정처분(수리처분)의 취소·철회로 접근할 수 있다. 그러나 이러한 수리에 의해 상대방에게 법적 효과(노동조합의 설립)가 발생하는 것은 사실이지만, 소극적 성격의 수리를 적극적 성격의 수익적 행정처분으로 보는 것이 적정한지에 대해서는 의문이다. 또한 수익적 행정행위의 철회라는 법리로 접근하는 경우에는 이 별개의견에서 언급한 바와 같이 법령의 근거가 없더라도 일정한 사유에 의해 노동조합의 설립신고의 수리가 철회될 수 있다는 것을 의미한다. 헌법상 보장된 노동3권에 근거하여 법률에 구체화된, 노동조합의 존립은 법적으로 불확실한 상태에 놓일 수도 있다. 철회의 법리를 적용할 경우에는 법령에 명시된 철회사유뿐만 아니라, 또 다른 사유로서 사실관계의 변화 내지 사정변경이나 중대한 공익상의 요청 등에도 수리처분의 철회가 인정되어야 한다. 일반적인 수익적 행정행위의 취소나 철회의 법리를 적용하기 어려운 점이다. 그리고 또 다른 별개의견이 지적하고 있는 바와 같이 통보를 재량행위로 보기 어려운 점도 있다. 노동조합으로 보지는 않는 경우, 즉 법외노조는 노동조합법 제2조 제4호에서 명확히 규정하고 있는 것이다.

또 다른 별개의견(대법관 김재형)은 이러한 법외노조 통보를 '확인적 행정행위'로 보고 있다. 그러나 국내 학설은 이러한 유형구분에 익숙하지 않다. 대체로 법률행위적 행정행위를 명령적 행정행위와 형성적 행정행위로 구분하는 것이 일반적이다. 근래에 준법률행위적 행정행위를 폐지하고, 명령적 행정행위와 형성적 행정행위 외에 '확인적' 행정행위를 별도로 구분하는 견해도 있다. 즉 "그 자체로 수범자에게 현재의 법상황, 즉 현행법상으로 무엇이 통용되는지만을 알려주는" 행위로 보는 견해[18], "사인의 권리 존부나 법적으로 중요한 사실을 확정하는 행위"를 확인적 행정행위로 파악하는 견해 등이 그러하다.[19] 독일에서 확인적 행정행위로 소개되는 행위는 국적의 확인, 선거권의 확인 등이 있다.[20] 그러나 법외노조 통보는 이러한 확인적 행정행위의 성질을 가진다고 보기 어렵다. 국가시험의 합격자결정이나 행정심판의 재결 등이 확인적 행정행위에 속하는데, 이러한 확인적 행정행위도 대부분 신청을 전제로 하는 것이다. 이러한 별개의견에 대해 다수의견은 통보가 사후적으로 법외노조를 고지하거나 확인하는 행위가 아니라고 보고 있다. 즉 "이러한 통보가 적법하게 설립되어 활동 중인 노동조합에 대하여 행정관청이 더 이상 노동조합법상 노동조합이 아님을 고권적으로 확정하는 행정처분"으로 보고 있는 것이다. 그러나 강학상 형성적 행정행위(처분)라 함은 대체로 "행정청이 상대방에게 새로운 권리나 능력 등의 법적 지위를 설정, 변경, 또는 박탈하는 행위"를 말한다.[21] 여기에는 특

---

18) 김중권, 행정법, 제3판, 235면.
19) 정남철, 한국행정법론, 126면.
20) Maurer/Waldhoff, Allgemeines Verwaltungsrecht, 19. Aufl., § 9 Rn. 47. 한편, 포르스트호프(E. Forsthoff)는 확인적 행정행위와 증명적(공증적) 행정행위를 구분하고 있다(Forsthoff, Lehrbuch des Verwaltungsrechts I, 10. Aufl., S. 209 f.).

허, 인가, 대리 등이 속한다. 법외노조의 통지를 이러한 형성적 행위행위에 귀속시킬 수 있는지에 대해서는 의문이다.

다수의견은 법상 노동조합에 결격사유가 발생한 경우에, 이 사건 법률규정에 의하여 곧바로 법외노조가 되는 것이 아니라 이러한 법외노조 통보가 있을 때 비로소 법외노조가 된다고 보고 있다. 그러나 원고는 이미 노동조합 설립신고에 의해 설립되었고, 이후에 법령의 규정에 의해 노동조합의 자격에 결격사유가 발생하여 법외노조가 된 것이다. 입법정책적으로는 이러한 신고의 효력이 발생한 후 결격사유가 사후에 발생한 경우에는 노동조합의 자격을 박탈하거나 정지시키는 행정처분을 명확히 규정하는 것이 바람직하다. 이러한 문제점은 안철상 대법관의 별개의견에서도 적절히 지적되고 있다. 즉 법률에 규정되어 있으면 그에 따라 법외노조 통보가 가능할 수 있다는 것이다. 그러한 문제점을 인식해서 노동조합법 시행령에는 시정요구와 통보의 절차를 마련한 것이다.

결론적으로 이 사건에서 법외노조 통보를 형성적 처분으로 보는 것은 타당하지 않다. 통보에 대해 과도한 의미를 부여하게 되면, 이러한 통보에 의해 법외노조가 되고, 이는 사실상 노동조합 해산명령과 동일한 의미를 가지게 된다. 소관 행정청이 노동조합에 결격사유가 있다는 판단을 하고, 이에 대해 시정명령을 내렸음에도 불구하고 원고가 이를 이행하지 않자 그 사실을 법령의 규정에 따라 원고에게 알려준 것에 불과하다. 해당 규정을 살펴보면 시정명령에도 불구하고 원고가 이를 이행하지 않아 법령에 따라 자동적으로 법외노조에 해당한다는 사실을 통보한 것이다. 일종의 특정한 사실에 대한 '관념의 통지'에 불과하다. 법외노조에 해당하는지 여부는 법령의 해석에 의해 이미 결정되며, 이러한 통지는 단순히 이를 알려주는 것일 뿐이다. 물론 법외노조 통보를

---

21) 김남진/김연태, 행정법 I, 제24판, 259면; 박균성, 행정법론, 제14판, 338면.

종래 '준법률행위적 행정행위'의 하나인 '통지'로 볼 여지도 있다. 예컨대 사업인정의 고시나 대집행의 계고 등이 그러하다.[22] 이러한 준법률행위적 행정행위를 인정하는 것 자체가 문제일 뿐만 아니라, 사업인정 그 자체가 행정처분이며 그 고시는 행정처분에 해당하지 아니한다.[23] 또한 대집행의 계고는 상당한 이행기간을 정해 그 기한까지 행정상 의무(대체적 작위의무)를 이행하라는 명령이다. 이러한 계고를 이행하지 않는 경우에 대집행영장을 통지하는 것이다. 이러한 통지도 준법률행위적 행정행위로 다루고 있는 것이 일반적이다. 그러나 이러한 통지는 대집행을 실행할 시기, 대집행책임자의 성명 및 대집행비용의 개산액 등이 포함된 내용을 알려주는 것에 불과하다.

　　종래 통설은 통지가 모두 준법률행위적 행정행위에 속하는 것은 아니고, 법률에 의하여 일정한 법률적 효과가 발생하는 경우에 한하여 인정된다고 보고 있다.[24] 노동조합법 시행령 제9조 제2항에 의한 통보는 노동조합법 제12조 제3항 제1호의 요건을 충족하지 않는 경우에 30일의 기간을 정하여 시정요구를 하고, 이를 이행하지 않는 경우에 법외노조로 통보하는 것이다. 법외노조의 통지 여부에 대해 해당 행정청은 사실상 선택의 여지를 갖지 못한다. 이러한 법외노조 통보를 행정행위로 이해하는 견해는 재량행위로 보고 있지만, 이러한 해석은 타당하지 않다. 법률의 요건에 대한 해석에 따라 반드시 통보를 해야 하는 것이다. 노동조합법 제12조 제3항 제1호에 해당하는 경우에는 원칙적으로 설립신고서를 반려하여야 한다. 그러나 같은 법 시행령 제9조에는 이에 대한 시정의 기회를 부여하고 있으며, 이를 하지 않는 경우에는 이러한

22) 김남진/김연태, 행정법 I, 제24판, 271-272면.
23) "사업인정이란 공익사업을 토지 등을 수용 또는 사용할 사업으로 결정하는 것으로서 공익사업의 시행자에게 그 후 일정한 절차를 거칠 것을 조건으로 일정한 내용의 수용권을 설정하여 주는 형성행위이다."(대법원 2019. 2. 28. 선고 2017두71031 판결)
24) 김도창, 일반행정법론(상), 제3전정판, 418면.

법령의 규정에 따라 노동조합으로 보지 아니한다고 통보하는 구조로 되어 있다. 이러한 통보에 어떠한 법률적 효과가 부여되어 있다고 보기도 어렵다. 따라서 법외노조 통보를 재량사항으로 보거나, 이를 형성적 처분으로 해석하는 견해는 법문의 해석에 반한다. 이러한 통보는 거부처분을 알려주는 관념의 통지에 불과하다. 통보의 고권적 성격을 인정하게 되면, 시행령 조항의 위헌성이 점차 높아지게 된다. 다수의견은 통보에 대해 형성적 처분으로 보아 고권적 성격을 강하게 보고 있고, 대법관 김재형의 별개의견은 그러한 문제점을 인식해서 '확인적' 행정행위로 파악한 것이다.

4. 이 사건 시행령 조항의 위헌성 여부

법외노조 통보를 규정한 이 사건 시행령 조항이 법률유보원칙에 위배되는지가 문제된다. 다수의견은 법률의 위임 없이 법률이 정하지 아니한 법외노조 통보에 관하여 규정한 이 사건 시행령 조항이 기본권(노동3권)을 본질적으로 제한하고 있으므로 그 자체가 무효라고 보고 있다. 전술한 바와 같이 법외노조 통보를 형성적 처분으로 보고, 이러한 처분에 의해 기본권의 중대한 제한이 발생한다고 보고 있다. 무효인 시행령 조항에 근거한 이 사건 법외노조 통보도 그 법적 근거를 상실하여 위법하다고 보고 있다. 이 사건 시행령 조항이 법률유보원칙에 위배되는지 여부가 쟁점인 것이다.

다수의견에 의하면, 이러한 '통보' 조항의 근거를 법률에 두어야 한다고 볼 수 있다. 그러나 이러한 통보조항을 법률에 규정한다고 하여, 법률유보원칙에 위배되는 것이 해소된다고 볼 수 있는지는 의문이다. 노동조합에 해당하지 아니하는지 여부가 중요한 것이고, 시정요구나 통보는 노동조합에 해당하지 않는다는 사실을 알려주는 절차 내지 통지에 불과하다. 비노동조합 내지 법외노조에 해당하는 경우에 발생하는 불이익은 법률의 규정에 의하고 있다. 이러한 통보에 의해서 기본권(노동3 권)이 침해되는 것은 아니며, 노동조합법 시행령이 이러한 기본권의 내용을 본질적으로 침해하는지가 문제된다. 별개의견이나 반대의견이 적절히 지적하고 있는 바와 같이 '통보'를 법령에 규정한다고 하여, 법외노조가 법내노조로 전환되는 것은 아니다. 근본적인 문제는 여전히 남아 있는 것이다. 이와 관련하여 별개의견을 낸 안철상 대법관도 "다수의견에 따라 이 사건 처분이 취소된다고 하더라도 교원노조법 제2조가 위헌이 아닌 이상 원고의 법률 위반 문제는 해소되지 아니한 채 그대로 남아 있게 된다"고 지적하고 있다.

법률유보원칙에 비추어 보더라도 이러한 절차규정에 해당하는 통보를 반드시 법률에 규정할 이유는 없다. 문제는 해직 해고된 소수의 노조원으로 인해 노동조합으로 보지 않는다는 법률의 규정이 헌법에 위반되는지가 핵심이다. 이러한 문제는 위헌법률심판제청을 통해 판단될수 있다. 하위법령에 대해서는 부수적 규범통제만 허용되므로, 대법원의 심사범위는 매우 제한적이다. 따라서 이 사건의 법외노조 통지를 시행령에 둔 것을 이유로 해당 시행령 조항이 법률유보원칙에 위배된다고 법리를 구성하는 것은 설득력이 약하다. 근본적인 문제는 시행령이 아니라 법률 그 자체에 있다. 이러한 점은 김재형 대법관의 별개의견에서 적절히 지적되고 있다. 다만, 위헌법률에 대한 법원의 해석이 허용되는지가 문제된다.

5. 위헌법률에 대한 법원의 해석과 그 한계

이 사건에서 위헌법률에 대한 법원의 판단이 어느 범위까지 허용되는지가 중요하다. 별개의견 중 김재형 대법관은 이 사건의 어려움이 시행령이 아닌 법률에 있다고 지적하고 있다. 법원노조 통보의 당부가 아니라, 노동조합법상 근로자가 아닌 자의 가입을 허용하는 경우 노동조합으로 보지 아니한다고 규정한 이 사건 법률 규정을 문제의 핵심으로 보고 있는 것이다. 이 견해는 원고를 '법외노조'로 보는 법률 규정 그 자체가 잘못이므로 이를 전제로 한 이 사건 법외노조 통보는 위법하다고 판단하고 있다. 그러나 이러한 법률 그 자체에 대한 위헌판단은 헌법재판소의 관할이다. 헌법 제107조 제1항에는 "법률이 헌법에 위반되는 여부가 재판의 전제가 되는 경우에는 법원은 헌법재판소에 제청하여 그 심판에 의하여 재판한다"고 규정하고 있다. 이 조항은 위헌법률심판 제청의 헌법적 근거이기도 하다. 위 별개의견의 해석은 헌법 제107조 제2항에 반할 수 있다.

이 견해는 법원이 법의 문언을 넘어서는 해석이나 법의 문언에 반하는 정당한 해석도 가능하다는 입장을 밝히고 있다. 이러한 해석이 가능할까? 법률의 위헌 판단을 하지 아니한 채 법원이 스스로 위법으로 전제하고, 이를 근거로 한 처분의 위법을 판단하는 것이 옳은지에 대해 고민할 필요가 있다. 이러한 해석은 교원노조법 제2조에 대해 합헌이라고 결정한 헌법재판소의 선례에 반할 수도 있다. 헌법재판소는 이미 해직 교원을 교원 노동조합의 조합원에서 배제하는 교원노조법 제2조를 합헌이라고 결정하였다.25) 이 사건은 병합사건으로 교직에서 해고된 청구인 등의 전교조 가입·금지하도록 하면서 시정요구나 법외노조 통보를 한 것이다. 이 사건에서도 교원노조법 제2조와 노동조합법 시행령 제9조 제2항, 고용노동부장관의 법외노조통보 등이 심판대상이다. 당시 전교조는 위 통보의 취소소송을 제기하였으나 기각되었고, 항소심에서 위헌법률심판제청을 신청한 것이다.26)

김재형 대법관의 별개의견은 위헌법률에 대한 법원의 해석범위와 관련하여 중대한 문제를 던지고 있다. 이러한 쟁점에 대해서는 많은 논의가 없지만, 법원의 해석범위와 그 한계에 관한 문제로서 중요한 의미

25) 헌재 2015. 5. 28. 2013헌마671 등.
26) 사안의 내용과 쟁점에 대해서는 조용호, 헌법재판의 길, 박영사, 2020, 539-540면.

를 가진다. 법원은 시행령(법규명령)에 대한 부수적 규범통제를 행사할
수 있다. 위 별개의견은 시행령 조항 그 자체가 명확하며, 법률이 규정
한 바를 구체화하고 있으므로 합헌적이고 정당하다고 보고 있다. 그러
나 이 별개의견은 다양한 해석론을 통해서도 불합리와 부당함이 교정되
지 않는 때에는 법의 문언을 넘어서거나 법의 문언에 반하는 정당한 해
석도 가능하다고 보고 있다. 이러한 논거를 통해 이 사건 법률 규정 라.
목이 "노동3권의 실질적인 행사를 위한 근본적 토대를 허물어 버리는
것으로서 노동조합법의 존재이유에 배치된다"고 보고 있다. 그러나 이
러한 해석은 법률에 대한 위헌판단을 전제로 하는 것이다. 그러나 위헌
법률에 대한 심판권은 헌법재판소의 관할이다. 매우 어려운 사건을 해
결하기 위한 고뇌는 충분히 이해할 수 있지만, 이는 법원의 해석범위를
넘어서는 것이다. 별개의견에 주목하는 것은 문제의 본질을 법률 그 자
체에 찾았다는 점이다. 이 사건의 핵심은 바로 '이 사건 법률' 조항 그
자체에 있다.

　　별개의견은 "법률이 구현하고자 하는 입법목적", 즉 목적론적 해석
을 강조하고 있는 것으로 보인다. 이러한 목적론적 해석에 대해서는 입
법목적이 명확한 행정법의 해석론으로 적합하지 않다는 비판적인 견해
도 있다.[27] 법학방법론은 고정되어 있지 아니하고 다양하며, 시대의 상
황에 따라 변천한다. 문법적 해석, 논리적 해석, 역사적 해석 및 체계적
해석으로 구분한 폰 자비니(von Savigny)가 주창한 전통적인 해석론을
필두로 학문분야별로 다양하게 발전되어 온 것이 사실이다.[28] 특히 행
정법 분야에서는 한스 볼프(Hans J. Wolff) 교수가 이러한 폰 자비니의
해석론을 더욱 발전시켜 다양한 해석론을 전개한 바 있다. 볼프는 다양
한 해석론을 소개하면서 목적론적 해석(teleologische Intepretation)을 강

---

27) Möllers, in: Hoffman-Riem/Schmidt-Aßmann/Voßkuhle(Hg.), Grundlagen des
　　Verwaltungsrechts, Bd. I, § 3 Rn. 25.
28) Savigny, F.C.v., System des heutigen Römischen Rechts, 1840, S. 206 ff.

조하였다. 즉 법의 체계나 역사, 입법자의 의지와 역사적으로 변천된 사회적 제도 등을 종합적으로 고려하는 해석이다.29) 본래 목적론적 해석은 법률의 객관적 의도를 중시한다. 이와 같이 근래에 행정법학 분야에서도 다양한 방법론이 연구되고 있다. 독일에서는 법실증주의의 영향을 받아 실정법 해석 중심의 법학방법론이 발전되어 왔고, 이러한 해석법학을 벗어나기 위한 새로운 조류의 신행정법학이 등장하고 있다.30) 그러나 법해석도 권력분립원리나 민주주의원리와 같은 헌법원리에 위배되어서는 아니된다. 법을 선언하는 것에 그치지 아니하고 법을 형성하는 해석은 허용되기 어렵다. 사법기관은 법제정기관이 아니며, 해석을 넘어 법을 창출하여서는 아니 된다.

근래의 대법원 판결 중에는 원고(A)가 운동 틱과 음성 틱 증상이 모두 나타나는 '뚜렛증후군(Tourette's Disorder)' 진단을 받고 10년 넘게 치료를 받아왔으나 증상이 호전되지 않아 장애인복지법 제32조에 따른 장애인등록신청을 하였으나 거부된 사안에서 해당 처분이 위법하다고 판단한 바 있다.31) 나아가 대법원은 관할 군수로서는 위 시행령 조항 중 원고가 가진 장애와 가장 유사한 종류의 장애 유형에 관한 규정을 유추 적용하여 원고의 장애등급을 판정함으로써 원고에게 장애등급을 부여하는 등의 조치를 취하여야 한다고 판단하였다. 이 판결도 법원의 해석을 넘어서는 것이다. 시행령에는 해당 장애에 관한 규정이 없다. 이는 행정입법부작위에 관한 문제이다. 법원이 시행령에 규정되지 아니한 장애를 인정한 사례이다. 취소판결 후에 해당 공무원이 시행령에 없는 장애에 대해 장애등급을 부여할 수 있는지도 문제이다. 이러한 해석에 의할 경우 향후 이와 유사한 장애에 대해 시행령에 규정되지 않더라도

29) Wolff/Bachof, Verwaltungsrecht I, 10. Aufl., § 28 Rn. 60.
30) 이에 대해서는 정남철, "독일 행정법방법론의 발전과 변화", 저스티스 제181호 (2020. 12), 45면 이하 참조.
31) 대법원 2019. 10. 31. 선고 2016두50907 판결.

유추적용의 방식으로 장애등급을 인정할 수 있다는 결론에 이른다. 이러한 접근은 해석의 범위를 넘어선 것이다. 사회보장수급권은 대체로 입법자의 형성적 자유에 맡겨져 있다고 보는 것이 지배적이다. 이러한 문제는 시행령의 개정을 통해 해결되어야 한다. 구체적 타당성을 중시하더라도 당해 사건만 바라볼 것이 아니라 향후 발생할 수 있는 다양한 사례를 충분히 고려해야 한다. 법이론이나 해석방법론이 중요한 이유는 바로 여기에 있다.

Ⅳ. 결 론

대법원은 이 사건 시행령 조항이 법률에서 정하지 아니한 사항을 구체적이고 명시적인 위임도 없이 헌법이 보장하는 노동3권에 대한 본질적인 제한을 규정하여 법률유보원칙에 위배된다고 판단하였다. 그러나 이 사건의 핵심은 법외노조 통보를 규정한 시행령 조항의 위헌성이 아니라 이 사건 법률 조항 그 자체에 있다. 노동조합법 제2조 제4호 라.목의 '근로자가 아닌 자'의 예외 범위는 입법자가 결정한 사항이다. 이와 관련하여 입법자는 해고된 자가 노동위원회에 부당노동행위의 구제신청을 한 경우에 중앙노동위원회의 재심판정이 있을 때까지 근로자가 아닌 자로 보아서는 아니 된다는 예외규정을 두고 있을 뿐이다. 그 밖의 해직 교사나 구직 중인 교사자격 소지자를 이러한 예외에 포함시킬 것인지는 전적으로 입법자의 형성적 자유에 맡겨져 있다. 이 부분은 법원이 직접 판단할 수 있는 사항이 아니라 위헌법률심판제청을 통해 다투어야 할 내용이다. 이 사건 시행령 조항은 법외노조의 판단과 관련된 절차적 규정에 해당한다. 행정청의 시정요구와 법외노조 통보는 그러한 절차의 일환일 뿐이다. 법외노조에 해당하여 받는 불이익은 법률의 규정에 의해 결정되는 것이지, 법외노조 통보에 의한 것이 아니다. 노동조합이 설립신고증을 교부받은 후 이러한 규정의 요건을 충족하는지 여부에 관해서는 행정청이 법외노조 통보 이전에 시정명령이나 시정요구를 내릴 수 있다. 원고는 이러한 시정명령이나 시정요구(명령)에 대해 행정쟁송을 제기하여 충분히 다툴 수 있다.

설립신고를 받은 후 노동조합의 설립요건을 충족하지 못하는 때에는 행정관청이 이러한 신고를 반려하게 된다. 이러한 조항은 법치행정의 원리에 비추어 당연한 것이다. 실체적 강행법규를 위반한 경우에 이를 저지할 수 있는 제도적 장치이다. 법외노조 통보의 처분성을 전제로 접근하는 것은 권리구제의 이유에서 불가피한 점도 있지만, 통보 이전의 단계에서 원고는 시정명령에 대한 행정쟁송을 제기할 수 있었다. 이러한 통보를 고권적 작용으로 보는 것은 지나친 해석이다. 이러한 해석은 노동조합법 제9조 제3항의 '통보'와 비교해 보더라도 타당하지 않다. 향후 취소판결에 의해 해당 법외노조 통보에 관한 내용을 노동조합법에 직접 규정하더라도 근본적인 문제해결은 여전히 남게 된다. 법외노조 통보에 형성적 행정처분을 인정함으로써 오히려 통보라는 방식으로 노동조합의 설립을 제한할 수 있게 될 수 있다. 이 사건 법외노조 통보를 형성적 행정처분으로 보는 것은 타당하지 않다.

대상판결은 노동조합 설립신고를 수리를 요하는 신고를 전제하고 있으나, 이러한 해석이 타당한지는 의문이다. 또한 수리를 요하는 신고의 유형을 행정기본법에 명문으로 인정하는 것은 전술한 바와 같이 여러 가지 문제점을 가져올 수 있다. 신고는 사인의 공법행위이며, 행정청의 수리처분에 의해 신고의 효과가 발생하는 것은 역설적이다. 신고와 허가의 구분을 고려할 경우 이러한 수리처분을 인정하는 것은 이론적으로도 타당하지 않다. 대상판결에서는 노동조합 설립신고의 수리가 강학상 소위 준법률행위적 행정행위로 분류되고, 행정처분으로 판단되고 있다. 그러나 준법률행위적 행정행위로 분류하는 것 그 자체가 매우 낙후된 이론이므로 이를 재구성할 필요가 있다. 노동조합 설립신고는 무리한 해석의 방법이 아니라 헌법 제33조에 보장된 노동기본권의 취지에 적합하게 해석되어야 한다. 노동조합 설립신고는 수리가 필요 없는 본래적 의미의 신고로 해석될 수 있다. 판례가 당연히 인정하고 있는 '수리를 요하는 신고'는 사실상 '허가제'와 큰 차이가 없고, 신고의 수리에 대한 명문의 규정도 없다. 헌법상 보장된 노동3권의 취지 및 법적 성질에 비추어 보면, 노동조합의 설립은 신고제가 아닌 허가제로 운영되어서는 아니된다. 노동조합의 설립요건을 충족하지 못하는 경우에는 행정의 법률적합성 원칙에 비추어 그 설립을 차단 내지 중지시킬 수 있는 규정을 마련할 수 있다. 노동조합법 시행령 제12조 제3항에서는 행정청의 '반려'에 의해 노동조합 설립 개시를 거부하고 있는 것이다. 입법정책적으로는 이러한 반려가 신고의 본질에 부합하게 적극적인 형식으로 규정되고, 이에 대해 권리구제수단을 보장하는 것이 바람직하다. 여기에는 시정명령이나 시정요구 외에 절차적 권리에 관한 규정이 충분히 보장되어야 한다. 신고의 반려는 허가신청에 대한 거부처분과는 구별되어야 한다. 그밖에 법령에 대한 법원의 해석범위도 중요한 문제이다. 법률의 해석과 관련하여 다양한 방법론이 제기될 수 있지만, 헌법의 기본권 규정이나 헌법원리에 위배되는 해석은 허용되기 어렵다.

참고문헌

[국내문헌]

1. 교과서 및 단행본

계희열, 헌법학(중), 신정2판, 박영사, 2007.
김남진/김연태, 행정법 II, 제24판, 법문사, 2020.
김도창, 일반행정법론(상), 제4전정신판, 청운사, 1992.
김중권, 행정법, 제3판, 법문사, 2019.
김철수, 헌법학개론, 제17전정신판, 박영사, 2005.
박균성, 행정법론(상), 제15판, 박영사, 2016.
정남철, 한국행정법론, 법문사, 2020.
_____, 현대행정의 작용형식, 법문사, 2016.
조용호, 헌법재판의 길, 박영사, 2020.
한수웅, 헌법학, 제7판, 박영사, 2017.
허 영, 한국헌법론, 전정14판, 박영사, 2018.

2. 논문

강현호, "신고의 본질에 대한 법적 고찰", 행정판례연구 제24집 2호(2019. 12), 61-63면.
김중권, "건축법상의 건축신고의 문제점에 관한 소고", 저스티스 제34권 제3호(2001. 6), 150-169면.
송동수, "행정법상 신고의 유형과 법적 효과", 토지공법연구 제60집(2013. 2), 285-308면.
윤기중, "수리를 요하는 신고의 독자성", 공법연구 제43집 제4호(2015. 6), 189-222면.
정남철, "건축신고와 인인보호: 독일 건축법제와의 비교법적 고찰을 겸하여", 법조 통권 제645호, (2010, 6), 189-222면.

_____, "건축신고제도의 법적 문제: 간소화제도의 개선방안을 위한 모색을 중심으로", 법제 통권 제657호(2012. 2), 58-81면.

_____, "독일 행정법방법론의 발전과 변화 - 독일 행정법학의 성립부터 신행정법론의 등장까지", 저스티스 제181호(2020. 12), 45-79면.

최계영, "건축신고와 인허가의제", 행정법연구 제25호(2009. 12), 165-194면.

홍강훈, "소위 자체완성적 신고와 수리를 요하는 신고의 구분가능성 및 신고제의 행정법 Dogmatik을 통한 해결론", 공법연구 제45집 제4호(2017. 6), 93-122면.

홍준형, "사인의 공법행위로서 신고에 대한 고찰: 자기완결적 신고와 수리를 요하는 신고에 관한 대법원판례를 중심으로", 공법연구 제40집 제4호(2012. 6), 333-360면.

[독일문헌]

Forsthoff, Lehrbuch des Verwaltungsrechts I, 10. Aufl., München 1973.

Hoffmann-Riem/Schmidt-Aßmann/Voßkuhle(Hg.), Grundlagen des Verwaltungsrechts, Bd. I, München 2006.

Maurer/Waldhoff, Allgemeines Verwaltungsrecht, 19. Aufl., München 2017.

von Savigny, F.C., System des heutigen Römischen Rechts, 1840.

국문초록

대상판결에서는 법외노조 통보를 규정한 이 사건 시행령 조항이 법률유보원칙에 위배된다고 판단하였다. 이 사건의 핵심은 시행령 조항이 아니라 이 사건 법률 조항에 있다. 노동조합법상 '근로자가 아닌 자'의 범위는 입법자가 결정할 사항이다. 이 사건 시행령 조항은 법외노조 판단과 관련된 절차적 규정이다. 또한 행정청의 시정요구와 법외노조 통보는 그러한 절차의 일환일 뿐이다. 원고는 이러한 시정명령에 대해 행정소송을 제기할 수 있다. 법률의 위헌성에 대해서는 위헌법률심판제청의 절차를 통해 다투어야 한다. 대상판결의 다수의견은 전교조 법외노조 통보에 대해 형성적 행정행위로 보고 있지만, 이러한 통보를 고권적 작용으로 보기는 어렵다. 이러한 통보의 처분성을 인정하는 것이 권리구제를 위해 불가피한 점도 있지만, 문언이나 법령의 구조나 체계에 비추어 보더라도 타당하지 않다. 향후 취소판결에 의해 해당 법외노조 통보에 관한 내용을 노동조합법에 직접 규정하더라도 근본적인 문제해결은 여전히 남게 된다. 법외노조 통보에 형성적 행정처분을 인정함으로써 통보라는 방식으로 노동조합의 설립을 제한할 수 있게 될 수 있다. 따라서 이 사건 법외노조 통보를 형성적 행정행위로 판단한 것은 타당하지 않다. 노동조합 설립신고에 대해서는 수리를 요하는 신고로 보고 있다. 그러나 이러한 접근은 신고제도의 본질에 적합하지 아니할 뿐만 아니라, 노동조합 설립을 신고제가 아닌 허가제로 운영할 가능성도 있다. 이러한 형식의 신고제도를 명문으로 인정하는 것은 더 큰 혼란을 초래하는 점도 있다. 이러한 신고제와 더불어 행정의 법률적합성 원칙을 보장하는 것도 중요한 문제이다. 향후 노동조합법에 설립신고증을 교부받은 후 신고서의 반려에 관한 근거 규정을 마련할 필요가 있다. 이 경우 법외노조 판단에 관한 절차적 규정을 신고제의 본질에 맞게 정비할 필요가 있다.

주제어: 전국교직원노동조합(전교조), 법외노조 통보, 신고제, 수리, 노동3권, 노동기본권

Abstract

Legal Issues and Problems in the Lawsuit for Cancellation of Non-Law Union Notification to the Korean Teachers & Education Workers Union Notification

Prof. Dr. Nam-Chul Chung*

The ruling judged that the provisions of the Enforcement Decree of this case, which stipulated notification of non-law labor union, violated the rule of law. The core of this case lies not in the Enforcement Decree clause, but in the provisions of the Trade Union Act in this case. Under the Trade Union Act, the scope of 'non-worker' is up to the lawmaker to decide. The provisions of the Enforcement Decree of this case are procedural regulations related to the judgment of non-law unions. Also, the administration's request for rectification and notification of illegal labor unions are only part of such procedures. The plaintiff may file an administrative litigation against such a correction order. The unconstitutionality of the law should be contested through the process of filing an unconstitutional law trial. The majority of the opinions of the ruling viewed the notification of non-law union to the Korean Teachers and Education Workers Union as a formative administrative action, but it is difficult to see such notification as governmental authority. Acknowledging the administrative disposition of such notifications is also inevitable for the relief of rights, but it is not reasonable in light of the

---

* Sookmyung Women's University College of Law

structure or system of the text or statute. Even if the labor union law directly stipulates the notification of the non—lawful union by the cancellation ruling in the future, fundamental problem—solving will still remain. By recognizing the formation of administrative measures in notification of non—lawful unions, the establishment of labor unions can be restricted in the manner of notification. Therefore, it is not reasonable to judge the notification of non—law union in this case as a formative administrative act. The report on the establishment of a labor union is viewed as a report requiring acceptance. However, this approach is not suitable for the nature of the report system, and there is a possibility that the establishment of trade unions can be operated on a permit system rather than a report system. It is also more confusing to prescribe this type of report system in law. In addition to this report system, it is also an important issue to ensure the rule of law. In the future, it is necessary to prepare grounds for rejection of the report after receiving the certificate of establishment under the Labor Union Act. In this case, it is necessary to reorganize the procedural regulations on the judgment of non—law unions in accordance with the nature of the report system.

Key words: Korean Teachers and Education Workers Union(KTU), notification of non—law union, report system, acceptance, labor' three primary rights, basic labor rights

투고일 2020. 12. 12.
심사일 2020. 12. 25.
게재확정일 2020. 12. 28.

行政訴訟의 審理

행정재량과 주장·증명책임

김창조*

대상판결: 대법원 2019. 1. 10. 선고, 2017두43319, 판결

Ⅰ. 사실관계와 소송의 경과

1. 사실관계

원고는 피고 처분청이 추진하는 천안시 노태공원 민간공원개발사업에 참여하기 위하여 제안서를 제출하였으나 2순위로 탈락하였다. 이에 피고 처분청이 2015. 8. 4. 보조참가인과 한국투자증권 주식회사에게 행한 우선사업대상자선정처분(천안시 노태공원 민간공원 개발사업 우선협상대상자지정처분)에 불복하여 당해 처분의 취소를 구하는 소송을 제기하였다.

---

* 경북대학교 법학전문대학원 교수

2. 소송의 경과

1) 제1심: 대전지방법원 2016. 10. 12., 선고,
2015구합105055, 판결, 청구인용

「피고가 2015. 8. 4. 피고 보조참가인과 한국투자증권 주식회사에 대하여 한 천안시 노태공원 민간공원 개발사업 우선협상대상자지정처분을 취소한다.」

(1) 피고, 참가인의 본안전 항변에 관한 판단

사업의 시행자를 지정하는 행위의 대상적격성 : 관련법령을 종합하여 고려할 때, 「이 사건 사업의 시행자를 지정하는 행위에 관한 법률관계는 단순한 사법적 관계라고 볼 수 없고, 이는 행정청이 우월한 지위에서 공법상의 권리 및 의무를 부과하는 공권력적인 행위라고 보아야 한다. 그런데 피고에 의하여 우선협상대상자로 지정된 사업자는 우선적으로 피고와 협상을 거쳐 사업시행자로 지정될 수 있는 자격을 부여받게 되는 반면, 우선협상대상자로 지정되지 않은 사업자는 협상에서 배제됨으로써 사업시행자로 지정받을 수 있는 지위를 박탈 내지 유보당하게 된다. 따라서 우선협상대상자 지정행위는 사업시행자라는 공법적 지위를 부여받기 위한 전제요건으로 제안서를 제출한 사업자의 실체적 권리관계에 밀접하게 관련되어 있으므로, 항고소송의 대상이 되는 행정처분에 해당한다. 따라서 피고와 참가인의 본안전 항변은 이유 없다.」

(2) 원고의 절차적 하자 주장에 대한 판단

「지방계약법 시행령 제43조 제1항, 제8항 및 지방자치단체 입찰시 낙찰자 결정기준은 지방계약법에 따른 입찰절차에 적용되는 규정이므로, 공원녹지법 제21조의2와 이 사건 지침에 따라 시행되는 이 사건 사업의 시행자를 선정함에 있어서는 적용될 여지가 없다.」

「본 사실관계에 이 사건 지침의 내용을 종합하여 인정되는 다음과 같은 사정들에 비추어 보면, 피고가 이 사건 공고에 제안서에 대한 개략적인 평가기준만을 공표하고, 세부평가항목 및 배점, 배점기준을 제시하지 않았다고 하더라도 원고를 비롯한 제안사들로서는 그 세부평가항목을 충분히 예상할 수 있었을 것으로 보이므로, 이 사건 처분이 행정절차법 제20조 제1항을 위반하여 위법하다고 볼 수 없다.」

(3) 재량권 일탈·남용 여부에 대한 판단

「이 사건 사업의 우선협상대상자를 선정함에 있어서는 앞서 본 바와 같이 피고의 고도의 전문적, 기술적 판단이 필요하므로, 피고의 우선협상대상자에 대한 평가는 가급적 존중되어야 할 것이나, 그 평가결과가 피고 자신이 정한 평가기준에 어긋나는 등 객관적 합리성이나 타당성을 결여한 경우까지 그 평가결과에 기속된다고 할 수 없다.」

「피고로서는 참가인에게 이 사건 평가항목표 중 자금조달능력 항목에 6점을 부여하였어야 함에도 9점을 부여하였고, 원고에게 주관사의 재무구조상태 항목에 10점을 부여하였어야 함에도 9점을 부여하였는바, 이는 피고 자신이 정한 평가기준을 위반한 것으로 객관적 합리성과 타당성을 결여하였다. 이에 따라 원고와 참가인의 점수를 재산정하면 참가인은 총점 83.56점, 원고는 87.33점이 되어 원고가 최고득점자가 되므로, 피고가 최고득점자인 원고가 아닌 참가인을 우선협상대상자로 지정한 이 사건 처분은 재량권을 일탈·남용한 것으로 위법하다.」

2) 제2심: 대전고등법원 2017. 4. 6., 선고,
        2016누12934, 판결, 청구기각

「피고 및 피고 보조참가인의 항소를 모두 기각한다.」

「이 사건 처분은 특정인에게 권리나 이익을 부여하는 수익적 행정행위로서, 피고가 이 사건 지침에 규정된 내용 범위 안에서 구체적으로 평가항목 및 세부평가기준을 정하고, 그 기준에 따라 평가의 방식, 평가

점수의 구체적인 산정 방법 및 기준을 정하여 제안서를 심사하는 것은 피고의 재량에 속한다고 할 것이므로, 피고가 정한 세부평가기준을 해석·적용함에 있어서는 일단 피고가 내린 전문적·기술적 판단을 존중하여야 하고, 피고의 세부평가기준에 대한 해석·적용이 법령의 규정에 반하거나 사실오인 등의 사유로 인하여 객관적인 합리성이나 타당성을 결여한 경우라야 재량권의 일탈·남용으로 위법하게 된다. 위와 같은 기준에 비추어 이 사건 사업에 대한 정량평가 항목 중 원고와 참가인이 다투는 부분에 관하여 그 평가가 객관적 합리성이나 타당성을 결여하였는지에 관하여 차례로 본다.」

「피고로서는 참가인에게 이 사건 평가항목표 중 자금조달능력 항목에 6점을 부여하였어야 함에도 9점을 부여하였고, 원고에게 주관사의 재무구조상태 항목에 8점을 부여하였어야 함에도 9점을 부여하였는바, 이는 피고 자신이 정한 평가기준을 위반한 것으로 객관적 합리성과 타당성을 결여하였다. 이에 따라 원고와 참가인의 점수를 재산정하면 참가인은 총점 83.56점, 원고는 85.33점이 되어 원고가 최고득점자가 되므로, 피고가 최고득점자인 원고가 아닌 참가인을 이 사건 사업의 우선협상대상자로 지정한 이 사건 처분은 재량권을 일탈·남용한 것으로 위법하다.」

「원고의 이 사건 청구는 이유 있어 인용할 것인바, 제1심 판결은 이와 결론을 같이하여 정당하므로 피고 및 참가인의 항소는 이유 없어 이를 모두 기각하기로 하여, 주문과 같이 판결한다.」

3) 대법원 : 대상판결, 파기환송

「도시공원 및 녹지 등에 관한 법률(이하 '공원녹지법'이라 한다) 제16조 제3항, 제4항, 제21조 제1항, 제21조의2 제1항, 제8항, 제12항의 내용과 취지, 공원녹지법령이 공원조성계획 입안 제안에 대한 심사기준 등에 대하여 특별한 규정을 두고 있지 않은 점, 쾌적한 도시환경을 조성하여 건전하고 문화적인 도시생활을 확보하고 공공의 복리를 증진시키는 데 이바지하기 위한 공원녹지법의 목적 등을 종합하여 볼 때, 행정청이 복수의 민간공원추진자로부터 자기의 비용과 책임으로 공원을 조성하는 내용의 공원조성계획 입안 제안을 받은 후 도시·군계획시설사업 시행자지정 및 협약체결 등을 위하여 순위를 정하여 그 제안을 받아들이거나 거부하는 행위 또는 특정 제안자를 우선협상자로 지정하는 행위는 재량행위로 보아야 한다.

그리고 공원조성계획 입안 제안을 받은 행정청이 제안의 수용 여부를 결정하는 데 필요한 심사기준 등을 정하고 그에 따라 우선협상자를 지정하는 것은 원칙적으로 도시공원의 설치·관리권자인 시장 등의 자율적인 정책 판단에 맡겨진 폭넓은 재량에 속하는 사항이므로, 그 설정된 기준이 객관적으로 합리적이지 않다거나 타당하지 않다고 볼 만한 특별한 사정이 없는 이상 행정청의 의사는 가능한 한 존중되어야 하고, 심사기준을 마련한 행정청의 심사기준에 대한 해석 역시 문언의 한계를 벗어나거나, 객관적 합리성을 결여하였다는 등의 특별한 사정이 없는 한 존중되어야 한다.

따라서 법원은 해당 심사기준의 해석에 관한 독자적인 결론을 도출하지 않은 채로 그 기준에 대한 행정청의 해석이 객관적인 합리성을 결여하여 재량권을 일탈·남용하였는지 여부만을 심사하여야 하고, 행정청의 심사기준에 대한 법원의 독자적인 해석을 근거로 그에 관한 행정청의 판단이 위법하다고 쉽사리 단정하여서는 아니 된다. 한편 이러한 재량권 일탈·남용에 관하여는 그 행정행위의 효력을 다투는 사람이 주장·증명책임을 부담한다.」1)

---

1) 대법원 2019. 1. 10., 선고, 2017두43319, 판결

II. 검토과제

이 사건 제1심판결에서는 대상적격성, 절차적 하자와 재량권 일탈·남용 등이 쟁점이 되었다. 제1심 법원은 처분의 대상적격성에 대하여 이를 긍정하고 절차적 하자에 대하여 그 존재를 부정하였다. 재량권 일탈·남용에 대하여는 본건 처분이 고도의 전문적, 기술적 판단이 필요한 재량처분이라는 것을 설시한 후에, 처분의 요건사실 인정과정에서 평가항목표 적용에 하자가 있어서 당해 처분은 재량권을 일탈·남용한 것으로 위법하다고 판시하였다. 이러한 판단은 항소심 법원에서도 그대로 수용되었다.

대상판결에서는 본건 처분이 재량처분에 해당하는 것은 수긍하였지만, 「법원은 해당 심사기준의 해석에 관한 독자적인 결론을 도출하지 않은 채로 그 기준에 대한 행정청의 해석이 객관적인 합리성을 결여하여 재량권을 일탈·남용하였는지 여부만을 심사하여야 하고, 행정청의 심사기준에 대한 법원의 독자적인 해석을 근거로 그에 관한 행정청의 판단이 위법하다고 쉽사리 단정하여서는 아니 된다. 한편 이러한 재량권 일탈·남용에 관하여는 그 행정행위의 효력을 다투는 사람이 주장·증명책임을 부담한다」고 하여 원심판결을 파기하여 환송하였다.

이 사건에서 검토과제 혹은 쟁점사항으로 다음의 점을 지적할 수 있다.

첫째, 행정처분을 행하는 것은 처분의 요건사실 인정부분과 이에 기초한 법적 효과의 결정 혹은 선택과정으로 나눌 수 있다. 이 사건에서 핵심적으로 문제된 사항은 이들 중 처분의 요건사실 인정부분에 관련된 것이다. 처분의 요건사실 인정과정에서 인정되는 행정청의 판단여지 혹은 재량을 법률효과의 선택과 결정과정에 존재하는 재량과 어떻게 구별할 수 있으며, 어떤 기준으로 심리할 것인가가 문제로 제기될 수 있다.

둘째, 판단여지 내지 재량에 대한 사법심리방식과 심리밀도의 문제이다. 이 사건 제1심 법원 및 제2심 법원은 요건사실 인정의 적정성을 심사함에 있어서 전면적 실체적 판단대체방식을 취하고 있다. 이에 반하여 대법원은 처분행정청의 판단을 가능한 존중하면서 사법심사밀도를 제한하여 재량권을 일탈·남용하였는지 여부만을 한정적으로 심사하는 실체적 판단대체방식을 취하고 있다. 효율적인 재량통제 내지 판단여지 통제를 위한 사법심사의 방법은 무엇이며, 판단여지에 대한 심사기준은 무엇인지를 검토할 필요가 있다.

셋째, 대상판결에서는 재량권 일탈·남용에 관하여 그 행정행위의 효력을 다투는 사람이 주장·증명책임을 부담한다고 설시하고 있다. 이러한 대법원의 주장·증명책임분배 기준은 무엇이며 그 타당성은 어디에 존재하는가를 분석할 필요가 있다. 즉, 주장책임과 증명책임의 상호관계 및 행정재량과 주장·증명책임관계를 규명하는 것을 문제로 제기할 수 있다.

III. 행정재량과 판단여지

1. 행정재량과 사법심사

행정청의 행정행위에 대한 권한 행사가 재량의 범위 내에 있으면 당·부당의 문제를 발생시키는 것에 머물고 위법의 문제는 발생시키지 않게 된다. 법원은 적법인가 위법인가 여부를 판단하는 기관이기 때문에 행정행위에 대한 권한행사 재량권 내에 머무는 경우에는 당해 행정청의 선택이 타당한가 여부에 대하여 개입할 수 없게 된다.[2] 행정재량

---

2) 행정재량을 인정하는 것은 행정청의 판단을 법원의 판단에 우선시킨다는 것을 의미하기 때문에 행정재량이 인정되는 경우라고 하더라도 행정기관에 의한 통제에는

이 그 한계를 벗어날 경우, 재량의 일탈이나 남용이 있는 경우에 법원은 당해 행위에 대한 심사를 행하여 위법여부를 판단하게 된다. 이러한 측면에서 행정재량은 법집행과정에서 인정된 행정청과 법원간의 기능분담이라고 할 수 있다. 즉, 행정재량이라 함은 법집행과정에서 사법판단에 대하여 법률의 범위 내에서 행정기관에게 인정된 선택이나 독자적 판단의 여지이다. 행정재량은 행정행위에 한정된 문제가 아니고 행정계획, 행정입법 등 거의 모든 행정작용에서 문제될 수 있다.[3]

행정재량이 인정된다는 것은 당해 행위와 관련하여 소송이 제기된 경우, 법원의 판단보다도 행정청의 판단을 우선한다는 의미이다. 법원의 판단에 맡기는 것보다 행정청의 판단에 맡기는 편이 적절하다고 입법자가 판단한 경우, 법원은 이러한 입법자의 의사에 따라서 행정청의 판단을 우선하여야 한다. 행정재량은 입법자가 어떤 사항에 대하여 법원의 판단보다도 행정청의 판단을 우선시켜야 한다고 판단하여 인정된 사법심사의 한계영역이라고 할 수 있다.

재량행위는 전통적으로 당해 행위에 대한 사법심사가 배제된다는 재량불심리원칙을 전제하여 기속행위와 재량행위를 구별하고, 행정재량의 소재가 어디에 있는가(재량행위의 소재확정)에 관한 판단기준에 대하여 견해가 대립되어 왔다. 그러나 행정소송법 제27조가 명문으로 재량불심리원칙을 부정하고 있다는 점을 고려할 때, 재량소재론 보다는 재량통제의 밀도와 통제방식에 초점을 맞춘 행정재량에 대한 고찰이 요청된다고 보여 진다.

재량사항에 대한 심사가 방해되지 않는다. 행정행위에 의하여 자기의 권리이익을 침해당하였다고 주장하는 자가 행정심판법에 의거하여 행정청에 대하여 행정심판을 제기하는 경우에, 행정심판을 담당하는 행정청인 행정심판위원회는 적법인가 위법인가의 문제에 한정하지 않고, 당·부당의 문제에 대하여도 심사가 가능하다. (행정심판법 제1조)

3) 芝池義一, 「行政法總論講義 第四版 補正版」 (東京: 有斐閣, 2006), 68頁 以下.

2. 행정재량의 판단기준에 관한 제견해[4]

1) 효과재량설

이 학설은 법률효과의 선택 혹은 결정과정에 재량이 있다고 한다. 요건인정에는 조리법이 지배하기 때문에 행정재량이 인정되지 않고, 행정재량은 행정행위를 할 것인가 여부의 판단단계 즉, 법률효과의 선택 혹은 결정과정에서 인정된다고 한다.[5]

이 견해는 다음과 같은 것을 기준으로 재량존부를 판단한다. 첫째, 사인에 대한 수익적 행위는 행정재량에 속한다. 둘째, 침해적 행정행위는 기속행위에 속한다. 셋째, 사인의 권리·의무 등 법적 지위에 영향을 미치지 않는 행위는 재량행위이다. 이러한 재량 3원칙에 따를 경우, 국민의 자유·권리를 제한하는 행위 및 국민에게 이익을 부여하는 행위로서 국민이 그것에 대하여 청구권을 가지는 것에 대하여는 행정재량이 인정되지 아니한다. 그리고 국민에게 이익을 부여하는 행위로서 그것에 대하여 국민이 청구권을 갖지 않는 것과 국민의 권리의무에 영향을 미치지 않는 것은 재량행위에 속한다.

효과재량설은 침해적 행위에 대하여 사법심사 가능성의 기초를 확보하였다는 점에서 적극적 의미가 있다. 침해적 행위는 상대방의 권리의무를 제한하는 것이고 수익적 처분보다도 구제의 필요성이 크다는 것은 분명하기 때문이다. 또한 행정청이 요건이 존재한다고 판단하여 행한 침해적 행위에 대하여 그 요건유무에 대하여 법원의 심리를 가능하게 하였다는 점에서 의미가 있다. 그러나 침해적 행위에 대하여 사법심사가 인정되고 수익적 행위에 대하여 사법심사가 인정되지 않는다는 이

---

4) 김창조, "행정재량에 대한 사법심리방법", 「행정절차와 행정소송」, (서울 : 피앤씨미디어, 2017), 717면 이하.

5) 효과재량설의 핵심은 침해적 행위와 수익적 행위의 구분에 있었기 때문에 실질설로 부르는 경우도 있다. 이에 대비하여 요건재량설을 형식설 혹은 문언설이라고 칭하여지는 경우도 있다.

론적 근거가 명확하지 않다고 할 수 있다. 효과재량설은 재량이 무엇이냐에 대한 문제에 대하여 이론적 해답을 부여하려는 것이 아니고 구제의 필요성이라는 관점에서 침해적 행위에 대하여 사법심사의 가능성을 인정한 견해라고 할 수 있다. 또한 요건인정에 대하여 조리법이 지배하는 것으로서 항상 사법심사의 가능성을 인정하였다.

한편 법률효과에서 행정재량을 인정하면서 행정행위의 성질이 아닌 법령의 규정형식을 고려하여 재량존부를 판별하기도 한다. 이 경우 법문상 명문으로 처분청이 「재량」을 갖는다고 규정하는 경우 혹은 「할 수 있다」, 「가능하다」 등으로 규정된 경우 행정재량이 인정된다고 한다.6)

재량소재론에 맞추어진 이 학설의 성립 배경에는 완전한 사법심사가 인정되는 기속행위와 사법심사가 완전히 인정되지 않는 재량행위의 이분론에 기초한다. 그러나 현실적으로 볼 때, 사법심사로부터 완전히 자유로운 재량행위를 인정하기도 힘들고 항상 기속행위에 대하여서도 완전한 사법심사를 인정하는 것이 적절하지 않은 경우도 있을 수 있다.7) 기속행위와 재량행위는 법적 구속밀도라는 관점에서 볼 때 질적 차이가 아닌 양적 차이라는 점에 착안하여 이 문제를 검토할 필요가 있다.

2) 요건재량설

이 학설은 요건인정 중에 행정재량이 존재한다고 하며, 형식설로 칭하는 경우도 있다. 왜냐하면 이 견해는 법률요건의 규정형식 내지 방식에 따라서 행정재량의 존부를 판단하기 때문이다. 법령이 행정행위의 요건을 규정하지 않은 경우(공백규정)와 「공익을 위하여 필요한 때」라고 규정할 경우 또는 「가능하다」고 요건에 규정되어 있는 경우에는 행정청

---

6) Steffen Detterbeck, Allgemeines Verwaltungsrecht 9.Auf, 2011. S.100.
7) 조용호, "판례의 측면에서 본 재량처분의 취소", 「주석행정소송법」(서울 : 박영사, 2004), 841면 이하.

에게 자유재량이 인정된다고 한다. 이에 반하여 법령이 중간목적8)을 사용하여 요건을 규정한 경우에는 행정재량이 인정되지 않는다고 한다.9)

요건재량설은 입법자의 공익판단이 행하여지지 않은 경우에 행정재량을 인정하고 입법자가 어떤 형태로든 공익판단을 행한 경우에는 행정재량을 부인하고 법원의 심리를 인정하려는 것으로 재량이란 무엇인가에 대하여 일정한 기준을 제시하고 있다. 그리고 입법자에 의한 공익판단이 없다면 사법심사를 인정하지 않는다는 점에서 법원을 입법자에 의하여 정립된 적용기관이라는 이해에 기초한 견해라고 할 수 있다. 그러나 법률이 요건으로서 규정한 「공익상 필요성」의 존부판단이 항상 행정청의 행정재량에 속한다고 것은 불합리하다고 할 수 있다. 그리고 법령이 중간목적을 나타내는 개념을 사용하여 요건을 정하는 경우에도 행정청의 재량의 여지 내지 판단여지를 완전히 배재하는 것은 적절하지 못하다고 할 수 있다. 또한 법률이 어떤 행위에 대하여 「가능하다」고 규정하는 경우에도 모두 재량이 인정되는 것은 아니라고 볼 수 있다.

이러한 문제점 지적 이외에, 근본적으로 법률요건에 관한 사실인정에 있어서 행정재량의 여지를 인정할 가능성을 배제하고 재량과 구별되는 판단여지를 인정할 경우, 요건재량이라는 개념을 사용하는 자체가 적절성을 결한다고 할 수도 있다.

---

8) 예컨대, 「공중위생상 필요한 때」와 같이 불확정개념에 해당하지만 공익개념보다 구체적인 경우가 이에 해당한다. 요건재량설에 따를 경우 법령이 중간목적을 사용하여 요건을 규정한 경우에 행정재량을 인정되지 않지만, 중간목적에 해당하는 불확정법개념을 사용하는 경우에 후술하는 「판단여지」의 개념을 인정할 경우, 사법심리가 제한되는 행정청의 독자적 판단여지가 인정될 수도 있다.
9) 효과재량설과 요건재량설의 대립은 문헌상 설명되고 있지만, 법률효과 면에서 재량을 인정하지 않고 법률요건에 한정하여 재량을 인정하는 학설을 현재는 존재하지 않는 것 같다.

3) 불확정법개념(Unbestimmte Rechtsbegriffe)과 판단여지(Beurteilungsspielraum)

이 견해는 법률요건 인정 부분에 있어서 재량여지를 인정하는 요건 재량의 개념을 부정하고, 법률요건으로 규정된 불확정 법개념의 적용과 정에 존재하는 사법심사한계영역을 사법판단에 대한 행정청의 독자적 판단여지로서 설명한다. 이러한 설명방식은 현재 지배적 학설로 자리 잡고 있다.[10] 이러한 견해의 기본적 전제에는 법집행과정을 사실인정과 법률효과 선정과정으로 나누어 전자에 있어서는 재량여지를 인정하지 않고 후자에 대하여만 재량의 존재를 인정하는 것이다. 다만, 전자의 경우 법률요건이 불확정개념으로 규정되어 있을 때, 그 해석적용과정에서 법원의 판단으로 행정청의 판단을 대체하기 어려운 경우가 있다.[11]

예컨대, 주관식으로 출제된 국립대학의 졸업시험에서 채점과 그 결과에 따라 행하여진 유급결정에 불복하여, 당해 결정에 대한 취소소송이 제기된 경우, 법원은 문제된 과목의 시험을 채점하여 담당과목 교수의 채점결과를 대체하는 것은 어려울 것이다. 만약 이것이 인정되기 위하여 당해 채점이 문제가 있다는 객관적 사실을 명확히 하여야 할 것이나 주관식 시험 평가의 경우 이러한 사실이 확실한 아주 예외적 상황이 아닌 경우에는 그것이 인정되지 않는다고 보아야 할 것이다. 이러한 경우 요건인정과정에서 법원의 판단에 대체하는 행정청의 독자적 판단여지 내지 대체가능성이 존재한다고 한다. 그 인정근거에 대하여는 행정청의 판단여지가 불확정법개념에 내재한다는 견해와 입법자의 수권에 근거한다는 판단수권설이 있으나 후자의 견해가 다수설의 입장이다.[12]

---

10) 박정훈, "불확정개념과 판단여지", 「행정작용법」(서울 : 박영사, 2005), 254면 이하 : 정하중, 「행정법개론」(14판)(서울: 법문사, 2020), 168면 이하.
11) Steffen Detterbeck, S. 111.
12) 정하중, 「행정법개론」(14판), 169면.

이러한 판단여지가 인정되는 영역으로는 공무원의 인사고과의 결정과 같은 비대체적 결정, 청소년의 유해도서판정과 같은 구속적인 가치평가, 환경적 위해평가와 같은 예측결정, 경제정책의 결정과 같은 정책적인 평가 등을 그 예로 들 수 있다.13)

4) 요건재량과 판단여지의 관계

첫째, 처분요건인정에 있어서 재량을 인정할 것인가 여부가 양자의 핵심적 차이점이다. 요건재량을 인정하는 입장에서는 요건인정에 있어서도 행정청에게 부여된 재량이 있을 수 있다고 설명한다. 이에 반하여 처분의 요건인정에는 재량을 부정하고 판단여지를 인정하는 견해는 요건규정이 불확정법개념으로 규정되어 있을 때 당해 규정의 적용과정에서 행정재량과 구별되는 행정청의 판단여지가 인정될 수 있다고 한다.

둘째, 요건재량 혹은 판단여지 중 어느 쪽 개념을 사용하더라도 결국 요건사실인정에 있어서 사법심사의 한계영역을 인정할 수 밖에 없다. 행정청의 판단여지로 설명하는 견해는 행정청과 법원사이에서 법집행을 둘러싼 사법심사과정 중 사실인정에서 사법판단에 대한 행정청의 독자적 판단여지를 인정함으로서 사법심사의 한계영역의 존재를 긍정하는 것이고, 이것을 요건재량으로 설명하는 입장에서는 요건사실 인정과정에서 존재하는 법원판단에 대한 행정청의 독자적 판단여지를 재량의 일종으로 설명하면서 이 부분에서 사법심사의 한계를 인정한다. 결국 양자는 판단여지 또는 요건재량이라는 서로 다른 개념을 매개로 요건인정부분의 행정청의 독자적 판단가능성을 설명하고 있지만, 양자 모두 법률요건에 있어서 사법심사의 한계영역 자체를 인정한다는 점에 있어서는 결론을 같이 한다.

셋째, 요건재량과 판단여지는 그 인정범위에서 차이가 있을 수 있

---

13) 정하중, 「행정법개론」(14판), 170면.

다. 법률요건에서 중간목적으로 규정된 불확정개념의 경우에 요건재량
설에 따를 경우, 재량여지가 부정되지만 판단여지를 인정하는 견해에
따를 경우, 행정청의 독자적 판단여지가 승인될 수도 있다.

3. 행정재량의 판단기준에 관한 판례

1) 판례에 나타난 재량행위 판별기준

(1) 행정행위에 대한 법령상 규정형식과 행정행위의 성질을 종합적으로 고려하여 재량행위 여부를 판별하는 경우

대법원은 건축물 용도변경신청 거부처분 취소소송에서 기속행위와
재량행위의 구분 기준 및 사법심사 방식에 관하여 「행정행위가 그 재량
성의 유무 및 범위와 관련하여 이른바 기속행위 내지 기속재량행위와
재량행위 내지 자유재량행위로 구분된다고 할 때, 그 구분은 당해 행위
의 근거가 된 법규의 체재·형식과 그 문언, 당해 행위가 속하는 행정 분
야의 주된 목적과 특성, 당해 행위 자체의 개별적 성질과 유형 등을 모
두 고려하여 판단하여야 하고, 이렇게 구분되는 양자에 대한 사법심사
는, 전자의 경우 그 법규에 대한 원칙적인 기속성으로 인하여 법원이
사실인정과 관련 법규의 해석·적용을 통하여 일정한 결론을 도출한 후
그 결론에 비추어 행정청이 한 판단의 적법 여부를 독자의 입장에서 판
정하는 방식에 의하게 되나, 후자의 경우 행정청의 재량에 기한 공익판
단의 여지를 감안하여 법원은 독자의 결론을 도출함이 없이 당해 행위
에 재량권의 일탈·남용이 있는지 여부만을 심사하게 되고, 이러한 재량
권의 일탈·남용 여부에 대한 심사는 사실오인, 비례·평등의 원칙 위배,
당해 행위의 목적 위반이나 동기의 부정 유무 등을 그 판단 대상으로
한다」[14]

---

14) 대법원 2001. 2. 9., 선고, 98두17593, 판결

(2) 행정행위의 성질을 고려하여 재량행위 여부를 판별하는 경우

대법원은 주택건설사업계획 승인신청 반려처분 취소소송에서 「주택건설사업계획의 승인은 상대방에게 권리나 이익을 부여하는 효과를 수반하는 이른바 수익적 행정처분으로서 법령에 행정처분의 요건에 관하여 일의적으로 규정되어 있지 아니한 이상 행정청의 재량행위에 속하므로, 이러한 승인을 받으려는 주택건설사업계획이 관계 법령이 정하는 제한에 배치되는 경우는 물론이고 그러한 제한사유가 없는 경우에도 공익상 필요가 있으면 처분권자는 그 승인신청에 대하여 불허가 결정을 할 수 있으며, 여기에서 말하는 '공익상 필요'에는 자연환경보전의 필요도 포함된다. 특히 산림의 훼손은 국토 및 자연의 유지와 수질 등 환경의 보전에 직접적으로 영향을 미치는 행위이므로, 법령이 규정하는 산림훼손 금지 또는 제한 지역에 해당하는 경우는 물론이고 금지 또는 제한 지역에 해당하지 않더라도 허가관청은 산림훼손허가신청 대상토지의 현상과 위치 및 주위의 상황 등을 고려하여 국토 및 자연의 유지와 환경의 보전 등 중대한 공익상 필요가 있다고 인정될 때에는 허가를 거부할 수 있고, 그 경우 법규에 명문의 근거가 없더라도 거부처분을 할 수 있다」[15]고 하여 행정행위 성질을 기준으로 재량행위 여부에 대하여 판단하고 있다.

판례는 재량여부에 대한 판단기준으로 법령상 규정형식과 행정행위의 성질 등을 들고 있다.

2) 법률요건에 있어서 재량인정에 관한 판례의 태도

우리 판례에 있어서 행정처분을 위한 사실인정과정에 인정되는 행정청의 독자적 판단가능성에 대하여 행정청의 재량개념으로 이것을 파악하고 있다.

---

15) 대법원 2005. 4. 15., 선고, 2004두10883, 판결

① 대법원은 감정평가사시험 불합격결정처분 취소소송에서 감정평가사시험의 합격기준 선택이 행정청의 재량에 속하는 것인지 여부에 관하여 「『지가공시 및 토지등의 평가에 관한 법률시행령』 제18조 제1항, 제2항은 감정평가사시험의 합격기준으로 절대평가제 방식을 원칙으로 하되, 행정청이 감정평가사의 수급상 필요하다고 인정할 때에는 상대평가제 방식으로 할 수 있다고 규정하고 있으므로, 감정평가사시험을 실시함에 있어 어떠한 합격기준을 선택할 것인가는 시험실시기관인 행정청의 고유한 정책적인 판단에 맡겨진 것으로서 자유재량에 속한다」[16]고 판시하여 사실인정에 있어서 행정청의 재량을 인정하고 있다.

② 대학수학능력시험과 각 대학별 입학전형에 있어서 출제 및 배점, 채점이나 면접의 방식, 점수의 구체적인 산정 방법 및 기준, 합격자의 선정 등이 시험 시행자 또는 전형절차 주관자의 재량 사항인지 여부가 쟁점이 된 사건에서 대법원은 「법령에 의하여 국가가 그 시행 및 관리를 담당하는 대학수능력시험은 물론 각 대학별 입학전형에 있어서, 출제 및 배점, 정답의 결정, 채점이나 면접의 방식, 점수의 구체적인 산정 방법 및 기준, 합격자의 선정 등은 원칙적으로 시험 시행자의 고유한 정책 판단 또는 전형절차 주관자의 자율적 판단에 맡겨진 것으로서 폭넓은 재량에 속하는 사항이며, 다만 그 방법이나 기준이 헌법이나 법률을 위반하거나 지나치게 합리성이 결여되고 객관적 정당성을 상실한 경우 또는 시험이나 입학전형의 목적, 관계 법령 등의 취지에 비추어 현저하게 불합리하거나 부당하여 재량권을 일탈 내지 남용하였다고 판단되는 경우에 한하여 이를 위법하다고 볼 것이다」[17]라고 하였다.[18]

---

16) 대법원 1996. 9. 20., 선고 96누6882 판결
17) 대법원 2007. 12. 13., 선고, 2005다66770, 판결
18) 이 밖에도 대법원 2000. 10. 27., 선고 99두264 판결은 유적발굴허가신청 불허가처분 취소소송에서 구 문화재보호법 제44조 제1항 단서 제3호의 규정에 의한 '건설공사를 계속하기 위한 고분발굴허가'가 재량행위인지 여부에 대한 판단에서 「구 문화재보호법(1999. 1. 29. 법률 제5719호로 개정되기 전의 것) 제44조 제1항 단서 제3호

판례는 요건사실 인정과정에서 행정청의 독자적 판단여지를 인정하지만, 이를 법률효과부분에서 인정되는 재량과 구별하여 재량개념이 아닌 「판단여지」로서 인정하는 것이 아니라 사법심사한계영역으로서 재량행위의 일종으로서 파악하여 논리를 전개하고 있다.

대상판결에서 문제가 된 우선사업대상자선정처분과정을 나누어 보면 요건사실 충족여부의 평가과정과 우선사업대상자의 선정과정으로 나누어 볼 수 있다. 재판상 주된 쟁점이 된 것은 요건사실 평가에 대한 부분이다. 이 부분에 인정된 행정청의 독자적 판단여지는 요건재량을 인정하는 입장에서는 요건재량의 일부분을 구성한다고 할 수 있지만, 요건부분에 재량을 부정하는 견해에서는 판단여지로 설명될 수 있는 부분이다. 대상판결은 법률요건 인정부분의 사법판단의 한계영역을 판단여지가 아닌 재량으로 파악하고 있다. 대상판결은 이에 관한 종래 판례법의 흐름을 다시 한 번 확인한 판결이라고 할 수 있다.

3) 소결

행정소송법 제27조는 재량행위에 속하는 사항에 대하여서도 법원의 심리가 미친다는 것을 전제하여 행정소송법은 재량처분이 재량권을

의 규정에 의하여 문화체육부장관 또는 그 권한을 위임받은 문화재관리국장 등이 건설공사를 계속하기 위한 발굴허가신청에 대하여 그 공사를 계속하기 위하여 부득이 발굴할 필요가 있는지의 여부를 결정하여 발굴을 허가하거나 이를 허가하지 아니함으로써 원형 그대로 매장되어 있는 상태를 유지하는 조치는 허가권자의 재량행위에 속하는 것이므로, 행정청은 발굴허가가 신청된 고분 등의 역사적 의의와 현상, 주변의 문화적 상황 등을 고려하여 역사적으로 보존되어 온 매장문화재의 현상이 파괴되어 다시는 회복할 수 없게 되거나 관련된 역사문화자료가 멸실되는 것을 방지하고 그 원형을 보존하기 위한 공익상의 필요에 기하여 그로 인한 개인의 재산권 침해 등 불이익이 훨씬 크다고 여겨지는 경우가 아닌 한 발굴을 허가하지 아니할 수 있다 할 것이고, 행정청이 매장문화재의 원형보존이라는 목표를 추구하기 위하여 문화재보호법 등 관계 법령이 정하는 바에 따라 내린 전문적·기술적 판단은 특별히 다른 사정이 없는 한 이를 최대한 존중하여야 한다」고 판시하였다. 이 판결에서도 판단여지라는 개념 대신에 재량이라는 용어를 사용하고 있다.

남용하거나 일탈하였을 경우에는 법원이 그 재량처분을 취소할 수 있다는 취지를 규정하고 있다. 재량행위와 기속행위의 구별은 법적 구속밀도에 관한 질적 차이가 아닌 양적 차이로 관념하는 것이 실질적 법치주의를 전제한 현행 헌법질서에 부합한 접근방법이라고 생각한다. 이러한 관점에서 볼 때, 행정재량은 법집행과정에서 존재하는 법원과 행정청간 기능분담의 하나라고 생각한다. 행정재량에 관하여 행정행위의 성질 및 법령상 규정형태를 모두 고려하여 그 판별기준을 발전시킨 판례법의 발전방향은 재량소재파악과 행정재량에 대한 효율적 사법 통제라는 관점에서 긍정적으로 평가된다.

　　행정재량에 대한 사법심사의 존재방식은 법률의 규정형식, 사법심사의 방식과 기준의 형성상황, 법적 구제의 필요성 정도, 행정의 정책적·전문적 판단의 정도 등을 고려하여 사안별로 개별·구체적인 접근이 필요하다.

　　다만 법률요건에서 인정되는 행정청의 독자적 판단여지는 이를 재량과 구별하여 정립하는 것이 타당한 것 같다. 왜냐하면 판단여지에 대한 적절한 사법심사의 확립이라는 관점에서 사법심사의 방법과 심사기준이 행정재량과 중복되는 경우도 있을 수 있지만 이와 구별하여 적용할 필요가 있는 경우도 있을 수 있기 때문이다. 판단여지에 대한 위법성 존부의 판단기준으로 ① 합의제 행정기관이 적정하게 구성되었는지 여부, ② 법에 규정된 절차의 준수여부, ③ 행정결정이 정확한 사실관계에 기초하고 있는지 여부, ④ 법령상 일반적으로 인정된 평가기준을 준수하였는지 여부, ⑤ 타사고려 등을 들 수 있다.[19]

---

19) 정하중, 「행정법개론」(14판), 171면.

Ⅳ. 행정재량에 대한 사법심사방법과 밀도[20]

1. 행정재량심리방법으로서 실체적 판단대체방식

법원은 재량권 행사의 한계가 쟁점이 된 사안의 심리에 있어서, 사실인정과 법적 효과선택에 관한 모든 판단을 독자적으로 행하여 그 결과를 행정청의 그것과 비교하여 이것이 불일치할 경우에 자신의 판단결과를 행정청의 판단결과에 대체하는 방식을 취할 수 있다. 이러한 실체적 판단대체방식형 재량심리는 법원이 행정재량에 관한 사항을 전면적으로 심사하여 그 결과와 행정청의 판단이 서로 일치하지 않는 경우에는 법원의 판단을 우선 시켜 행정행위를 취소하는 방식을 말한다.[21] 이것은 어떤 경우가 재량권의 일탈·남용에 해당하는가를 판별하는 가장 전통적인 방법으로, 행정청의 재량판단에 사실인정이나 법적 효과를 선택하는데 있어서 일정한 실체적 기준에 위반하는 경우, 재량권의 일탈·남용으로서 위법하게 된다. 즉 법원은 재량권 행사의 결과에 착안하여 당해 재량권 행사가 실체적 기준에 적합한가 여부를 심리하여 재량권행사의 위법여부를 심리하는 방법이다. 이러한 실체적 판단대체방식을 취할 경우, 비례원칙, 평등원칙, 신뢰보호의 원칙 등 재량권 통제를 위하여 학설상 혹은 판례를 통하여 정립된 각종 기준이 재량권의 일탈·남용에 대한 주요 판단기준으로 기능할 수 있다.

---

20) 김창조, "행정재량에 대한 사법심리방법", 713면 이하.
21) 행정재량의 행사는 일정한 실체적 기준에 위반하고 있는 경우에는 일탈·남용으로서 위법이 된다. 법원도 이러한 재량행사의 결과에 초점을 맞추어 그것이 실체적 기준에 적합하는가 여부를 심리하는 것이 일반적이다.

2. 행정재량의 심리방법으로서 절차적 통제

행정기관이 행정활동을 행함에 있어서 일정한 사전절차를 거치는 것이 법적으로 요구될 때에는 법원은 행정청 판단의 실체적 결과의 적부판단과는 별도로 이 절차가 적법하게 행하여졌는가 여부를 심리할 수 있다. 행정청의 재량판단 결과에 대한 심사 이외에 행정절차법 등에 규정된 절차적 규율에 관한 하자가 존재하는가 여부에 대한 심사도 결과적으로는 재량적 행정행위의 통제수단 내지 심리방법의 하나라고 할 수 있다. 행정청의 판단이 형성되는 프로세스에 대한 심사라는 점에서 판단과정적 심사와 유사하지만, 판단과정적 심사가 행정행위를 함에 있어서 행정청의 내부적 판단과정인 행정행위와 관련된 제이익·제사유에 대한 비교형량과정의 심사임에 반하여, 행정절차법 등의 법령이 규정한 절차적 규율을 준수하였는가 여부에 대한 심사는 행정청의 외부적 판단과정의 심사라는 점에서 양자는 차이가 있다고 할 수 있다.

재량적 행정처분의 절차적 하자판단과 관계된 주요 심사사항으로 처분의 사전통지, 의견제출, 청문, 공청회, 심사기준·처분기준, 이유제시 등을 제시할 수 있다.

이 사건 제1심에서는 절차적 하자가 쟁점이 되었지만 제1심법원은 불분명한 처분기준의 공표에도 불구하고 절차적 하자가 없는 것으로 판단하였다. 행정재량에 대한 절차적 통제를 강화하지 않을 경우 대상판결에서 보는 바와 같이 행정청의 폭넓은 재량이 인정되는 경우 이에 대한 사법적 통제가 극히 어렵게 되는 경우를 피하기 힘든 상황이 발생되기 쉽다.

3. 행정재량의 통제방식으로서 판단과정의 심리와 그 기준

1) 계획재량과 판단과정적 심리

재량행사에 대한 법원의 심리는 그 결과나 절차에 대하여서 뿐만 아니라 판단과정에도 미친다. 전통적인 재량통제의 관심은 재량권행사의 결과에 착안하여 처분의 실체법적 적부에 초점이 맞춰졌는데 재량통제기준으로 제시되고 있는 사실오인, 목적위반, 동기위반 비례원칙위반, 평등원칙위반 등의 전통적 재량판단기준은 이러한 사고에 기초한 것이다. 이에 대하여 재량판단과정에 착안하여 그 합리성을 심사하는 수법이 있다. 행정청이 전문기술적 혹은 정책적 판단과정에서 불합리한 점이 있는가 여부의 관점에서 행정청의 판단과정에 간과하기 어려운 과오나 결함이 있는가를 심리하는 방법이다. 재량행사에 법원의 심리는 그 결과에 대하여 뿐만 아니라 판단과정에도 미친다. 판단과정적 심리방식은 독일의 계획행정법 분야에서 발전한 형량명령제도의 영향을 받아 우리나라 학설, 판례에서 전개하고 있는 것으로 특히 계획재량의 한계와 관련하여 항상 언급되고 있다. 폭넓은 재량이 인정되는 계획재량의 경우, 행정결정을 함에 있어서 고려사항의 범위와 대립되는 이익의 비교형량이 핵심적 판단과정을 구성하는데, 법원은 이러한 행정결정의 형성과정의 적정성을 심사함으로써 재량권의 일탈·남용을 통제하는 것이다.[22] 이러한 판단과정적 통제방법은 다기적 이해관계의 대립에 대한

22) Spannowsky/Uechtritz, BauGB Kommentar, 2. Auf, 2014, 79ff. 계획재량의 통제법리로 기능하는 형량명령은 독일의 건설법전에 명문으로 규정된 법원칙으로 동법에는 이익형량과정에서 고려되어야 할 제사항을 규정하고 있다. 형량명령의 구체적 내용은 독일의 연방헌법재판소, 연방재판소 및 연방행정재판소의 판례를 통하여 발전되어 왔다. 형량명령위반에 따른 계획의 위법성의 판단기준으로서 도출된 것으로는 ① 이익형량자체가 전혀 행하여지지 아니한 형량의 해태(Abwägungsausfall), ② 이익형량과정에서 계획의 상황에 비추어 중요하게 고려될 것이 요구되는 이익들이 형량과정에 포함되지 아니한 형량의 흠결(Abwägungsdefizit), ③ 이익형량에 있어 관련된 이익의 의미가 객관적으로 잘못 평가된 경우인 오형량(Abwägungsfehleinschätzung),

조정과 해결로 특징지어지는 현대 행정의 특성을 고려할 때, 계획법적 영역에 한정할 것이 아니라 재량적 행정결정의 일반적 유형에도 사법심사의 한계를 극복할 수 있는 방법으로서 적극적 검토가 필요하다고 할 수 있다.

판단과정적 하자가 존재할 경우 당해 하자를 실체적 하자로 볼 것인가 절차적 하자로 볼 것인가에 대하여 견해가 대립할 수 있으나 독일의 경우 건축법전에서 형량의 하자를 절차적 하자의 일종으로 규정하고 있다.[23]

2) 행정행위재량의 심사방법으로서 판단과정적 심사가능성

행정재량을 심리함에 있어서 계획법적 규율이 행하여지는 분야 이외에도 재량처분이 이루어지는 판단형성과정에 착안하여 그 합리성의 유무를 심리하는 판단과정적 심사가 행하여지는 경우가 있다.

행정행위에 대하여 전면적인 판단과정적 심사를 행하지 않더라도 이와 관련한 기준을 제시하는 판례가 있다. 과징금부과처분 취소소송에서 대법원은 과징금의 임의적 감경규정인 「부동산 실권리자명의 등기에 관한 법률」 시행령 제4조의2 단서의 적용에 관한 행정청의 재량 범위에 관하여 「『부동산 실권리자명의 등기에 관한 법률 시행령』 제4조

---

④ 이익형량의 결과 개별적·구체적 이해관계의 조정이 형평을 잃은 경우인 형량의 불균형(Abwägungsdisproportionalität) 등이 제시되고 있다. 독일에서는 형량명령이 계획행정법 분야에서 발전한 법원칙으로 건설법전 제6조에 규정되어 먼저 건설상 세계획에 관한 법원칙으로 확립되었고, 그 후 영역을 확대하여 계획확정결정이 이루어지는 전문영역으로 적용영역을 확대하였다.

형량명령은 적용영역이 계획행정법분야에 한정할 것이 아니라, 다기적 이해대립이 예견되는 재량적 행정결정에 대한 사법심사방법으로서 일반 행정법에 있어서도 비례원칙을 구체화하는 법원칙으로 해석하여 발전시키는 것이 바람직한 것 같다

23) 2004년 독일 건축법전 개정으로 형량의 부존재 등 중요한 형량에 하자를 수반할 경우, 절차적 위법으로 규정하고 있다. 그 이전까지 형량하자에 대하여 실체적 하자에 해당하는가 혹은 절차적 하자에 해당하는가에 대한 다툼이 있었다. Spannowsky/ Uechtritz, S.1893. BauGB, § 2Ⅲ, § 214Ⅲ2.

의2 단서는 조세를 포탈하거나 법령에 의한 제한을 회피할 목적이 아닌 경우에 과징금의 100분의 50을 감경할 수 있다고 규정하고 있고, 이는 임의적 감경규정임이 명백하므로, 감경사유가 존재하더라도 과징금 부과관청이 감경사유까지 고려하고도 과징금을 감경하지 않은 채 과징금 전액을 부과하는 처분을 한 경우에는 이를 위법하다고 단정할 수는 없으나, 행정행위를 함에 있어 이익형량을 전혀 하지 아니하거나 이익형량의 고려대상에 마땅히 포함시켜야 할 사항을 누락한 경우 또는 이익형량을 하였으나 정당성·객관성이 결여된 경우에는 그 행정행위는 재량권을 일탈·남용한 위법한 처분이라고 할 수밖에 없다」24)고 하였다. 이 판결은 행정처분과정에서도 적절한 형량의 결여나 고려사항의 누락이 재량권의 일탈이나 남용의 판단기준이 될 수 있다고 한다.

행정처분의 위법성을 다투는 소송에서 판단과정적 심사를 통한 위법성 판단을 행한 대표적 예로써 일본 최고재판소 1992년 10월 29일 판결25)을 들 수 있다.

원자력발전소건설을 계획한 시코꾸 전력주식회사는 1982년 5월 「핵원료물질, 핵연료물질 및 원자로규제에 관한 법률」제23조에 의거하여 내각총리에 대하여 원자로설치허가신청을 하고 동년 11월 이 사건 원자로 설치허가를 받았다. 이에 대하여 주변에 거주하는 원고들이 내각총리를 상대로 행정심판을 제기하였으나 기각되었다. 이에 원고 33명은 원자로 안전심사의 실체 및 절차에 위법이 있고, 그 결과 원고들의 생명, 신체, 재산 등이 침해될 위험이 있다고 하여 1983년 8월에 원자로설치허가처분 취소소송을 제기하였다. 제1심 및 제2심에서 원고의 청구가 기각되어 16명이 상고하였다. 상고심에서도 원고들의 청구가 기각되었다. 상고심에 있어서 여러 가지 사항이 쟁점이 되었으나 원자로 설치허가처분이 재량처분인가 여부와 사법심사방법에 대한 판단부분을

---

24) 대법원 2005. 9. 15., 선고, 2005두3257, 판결
25) 最判 1992· 10· 29 民集46卷 7号 1174頁.

살펴보면 다음과 같다.

「원자로설치의 안전성에 관한 심사의 특질을 고려하여 상기 각호 소정의 기준의 적합성에 대하여는 각 전문분야의 전문가들로 구성되는 원자력 위원회의 과학적, 전문기술적 식견에 의거한 견해를 존중하여 행하는 내각총리의 합리적 판단에 위임한다고 해석하는 것이 상당하다 … 원자력시설의 안전성에 관한 판단의 적부가 다투어지는 원자로 설치허가처분의 취소소송에 있어서 법원의 심리판단은 원자력위원회 혹은 원자력 안전전문심사회의 전문기술적인 조사심의 및 판단을 기초로 하여 행하여진 피고 행정청의 판단에 불합리한 점이 있는가 여부의 관점에서 행하여져야 한다. 현재의 과학기술수준에 비추어 이러한 조사심의에 있어서 이용된 구체적 심사기준에 불합리한 점이 있거나 혹은 당해 원자력시설이 이러한 구체적 심사기준에 적합하다고 한 원자력위원회 또는 원자로 안전전문심사회의 조사심의 및 판단과정에 간과하기 어려운 과오, 결함이 있고, 피고 행정청의 판단이 이것에 의거하여 행하여졌다고 인정되는 경우에는 피고 행정청의 상기 판단에는 불합리한 점이 있다고 하여야 한다. 그리고 이러한 판단에 의거한 원자로설치 허가처분은 위법하다고 하여야 할 것이다」라고 판시하였다.

이 판결은 원자로 안전성심사에 있어서 다방면에 걸친 고도의 과학적, 전문기술적 식견에 기초한 종합적 판단이 필요하고 이러한 판단은 각 전문분야의 전문가들을 포함하고 있는 원자력 위원회의 의견을 존중하여 행하는 구조로 되어 있다는 점을 들어 재량성을 인정하고 있다.

그리고 원자로시설의 안전성의 판단에서 실질적인 행정청의 재량을 인정하면서 사법심사의 방식에 관하여 실체적 판단대체방식을 취하지 아니하고, 판단과정적 심사방식을 취하고 있다. 전문가로 구성되는 제3기관의 조사심의의 구체적 심사기준에 불합리한 점이 있는가 여부, 판단과정에 간과하기 어려운 과오, 결함이 있는가 여부 등을 심사하는 것을 통하여 과정적 타당성 내지 합리성의 존부를 확인하고 있다. 그리고 판단과정의 합리성에 대한 판단시점을 「현재의 과학수준에 비추어」 심사하도록 하고 있다.

이 판결 이후 계속하여 일본 최고재판소는 행정재량에 관하여 판단과정적 통제 방식을 통하여 사법심사의 밀도를 높이고 있다.26) 이 경우, 근거법규의 명문으로 규정되어 있는가에 엄격하게 구속받지 않고 해석을 통하여 고려사항을 추출하고 이러한 고려사항에 대하여 행정청의 고려정도가 상당하였는가를 심사하는 방법으로 재량권의 일탈·남용을 심사하고 있다.

우리 행정 판례법의 전개과정에서도 이러한 판단과정적 심사방식이 계획법적 행정영역을 넘어 일반 행정처분과 관련된 행정재량의 통제수단으로서 적극적으로 활용되기를 기대한다.

4. 재량기준과 심사밀도

재량적 처분에 관하여 처분기준이 정립되어 있을 경우, 당해 기준이 법령의 해석기준에 해당할 경우에는 법원은 전면적 심사가 가능하지만, 재량기준인 경우에는 당해 기준이 재량권의 일탈이나 남용에 해당하지 않는 한 당해기준에 따라 행한 재량처분의 사법심리는 제한될 수 있다. 재량권의 일탈이나 남용에 해당하지 않는 재량기준의 경우, 평등원칙을 매개로 하여 간접적으로 대외적 구속력을 갖게 되는 경우도 있을 수 있다.

행정청의 자의적 재량권 행사를 방지하기 위하여 반복적이고 대량적인 재량행위에 대하여는 재량기준을 미리 규정하는 것이 합리적이다. 이 밖에도 다수의 당사자가 관련된 재량처분의 경우, 처분의 공정성확보 행정과정의 투명성과 민주성 확보라는 관점에서 객관적인 기준의 설

---

26) 最判 2006· 2· 7 民集 60卷 2号 401頁.

정과 공표가 요청된다고 보여 진다. 이러한 법적 요청에 따라 정립된 재량기준의 법적 성격은 행정내부적 규범으로서 법원을 구속하지 않는다. 그러나 평등원칙을 매개로 재판규범으로서 기능할 때도 있으며, 당해 기준이 재량권의 일탈이나 남용에 해당하지 않을 때에는 행정행위의 재량기준 적합성이 당해 행위의 법률적합성을 판단하는 중요한 요소가 되기도 한다.

대법원 2010년 1월 28일 판결[27]은 개인택시운송사업 면허대상자 제외 처분취소소송에서 여객자동차 운수사업법에 의한 개인택시운송사업면허의 법적 성질 및 행정청이 면허발급 여부를 심사하면서 이미 설정된 면허기준의 해석상 당해 신청이 명백하게 면허발급 우선순위에 해당함에도 면허거부처분을 한 경우, 재량권을 남용한 위법한 처분인지 여부에 대하여 「여객자동차 운수사업법에 의한 개인택시운송사업면허는 특정인에게 권리나 이익을 부여하는 행정행위로서 법령에 특별한 규정이 없는 한 재량행위이고, 그 면허를 위하여 정하여진 순위 내에서의 운전경력인정방법의 기준설정 역시 행정청의 재량에 속한다 할 것이지만, 행정청이 면허발급 여부를 심사함에 있어서 이미 설정된 면허기준의 해석상 당해 신청이 면허발급의 우선순위에 해당함이 명백함에도 이를 제외시켜 면허거부처분을 하였다면 특별한 사정이 없는 한 그 거부처분은 재량권을 남용한 위법한 처분이 된다」고 하였다.

이 사건 제1심판결과 제2심판결은 평가기준(재량기준)의 타당성을 전제로 전면적인 실체적 판단대체방식에 의한 심리를 진행한데 반하여 대상판결은 「법원은 해당 심사기준의 해석에 관한 독자적인 결론을 도출하지 않은 채로 그 기준에 대한 행정청의 해석이 객관적인 합리성을 결여하여 재량권을 일탈·남용하였는지 여부만을 심사하여야 하고, 행정청의 심사기준에 대한 법원의 독자적인 해석을 근거로 그에 관한 행정

---

27) 대법원 2010. 1. 28., 선고 2009두19137 판결

청의 판단이 위법하다고 쉽사리 단정하여서는 아니 된다」고 하여 실체적 판단대체방식을 취하였지만 재량권을 일탈·남용하였는지 여부만을 한정적으로 심사하여야 한다고 하여 사법심사밀도를 제한하고 있다.

제1심과 제2심법원의 판단은 처분기준이 불분명한 형태로 정립되고 공표되었지만 이에 대한 절차적 통제를 엄격하게 행하지 않고 그대로 그 법적 정당성을 승인하였다. 그리고 처분기준 정립과정과 이에 기초한 평가절차의 과정적 타당성을 엄격하게 검토하지 않고 기준의 합리성을 전제하여 판단하였다. 제1심판결과 제2심판결에서 처분기준에 대한 절차적 정당성과 판단과정적 타당성에 대한 판단부분은 적지 않은 의문의 여지가 있다.

한편 대상판결은 평가기준 내지 처분기준 자체가 일의적이 아닌 형태로 규정되어 해석여지를 포함할 경우, 이러한 평가기준 내지 처분기준에 대한 재량권의 일탈·남용을 증명하는 경우에 한하여 이에 대한 사법심사와 위법성 판단이 가능하다고 한다.

5. 소결

종래에는 판례상 재량통제의 수법으로 행정청의 재량처분 결과에 대하여 실체법적 하자유무를 심사하여 재량권의 일탈·남용를 판별하는 실체법적 판단대체방식에 의한 사법심사가 주를 이루었다. 이러한 처분결과에 대한 관심과는 별개의 차원에서 보다 순수하게 절차적 관점에서 행정재량의 위법성을 심사하는 수법을 채용하는 판례의 발전도 계속되고 있다. 이와 더불어 계획재량의 한계에 대하여 재량처분에 이르게 된 행정청의 판단형성과정의 합리성에 대한 심사수법이 발전되고 있다. 재량에 대한 판단과정적 통제방식은 행정행위재량의 영역에서도 적극적으로 활용할 필요가 있다고 생각한다. 행정청의 전문기술적·정책적 판단이 수반되는 행정결정의 적정성의 심사는 실체적 대체방식에 의한 심사방법으로는 한계가 있을 것이다. 이들 분야에서는 절차적 심사를 강화하고 판단과정적 합리성을 심사하는 수법을 도입하여 재량통제에 대한 사법심사의 한계영역을 줄여나가는 노력이 요구된다.

대상판결에서 법원은 실체적 판단대체방식에 따라서 이 사건의 문제해결을 도모하고 있다. 재량기준의 형성과정 및 공표과정의 타당성이 엄격하게 검증되지 않고, 처분기준에 대한 행정청의 폭넓은 해석여지를 승인하면서 결과에만 초점을 맞추어 재량권의 일탈·남용여부를 판단하고 있다.

Ⅴ. 주장책임과 증명책임[28]

1. 주장책임

1) 행정소송법 제26조와 주장책임

행정소송법은 제26조에 「법원은 필요하다고 인정할 때에는 직권으로 증거조사를 할 수 있고, 당사자가 주장하지 아니한 사실에 대하여도 판단할 수 있다」고 규정하고 있다. 이 조항을 어떻게 해석하느냐 여부에 따라서 주장책임의 인정범위가 달라진다. 주장책임은 변론주의 하에서 자기에게 유리한 법규적용의 기초가 되는 요건사실을 어느 쪽의 당사자도 주장하지 않은 결과, 법원이 당해 사실을 재판의 기초로 할 수 없을 때, 당사자 일방이 받는 불이익을 말한다. 변론주의 하에서 당사자에 의하여 주장되지 않는 사실은 판결의 기초로 할 수 없다. 역으로 생각하면 판결의 기초가 되기 위해서는 당사자 어느 한쪽이 당해 사실을 주장하여야 한다. 일반적으로 민사소송에서는 주장책임을 증명책임의

---

28) 김창조, "항고소송에 있어서 입증책임", 법학논고 제48집, 2014, 48면 이하.

분배와 일치한다고 보는 것 같다.

직권탐지주의에 있어서는 법원이 소송자료의 수집권능과 책임을 가지기 때문에 법원은 당사자의 주장을 기다려서 그것을 전제로 법률효과를 판단할 수 있다는 제약이 없다. 직권탐지주의 하에 있어서는 법원이 독자적 권한으로서 인정한 사실을 재판의 기초로 할 수 있기 때문에 증명책임 이외에 주장책임의 문제는 발생하지 않는다. 직권탐지주의가 취하여지지 않는 경우에는 법원은 당사자가 주장하지 않은 사실에 대하여 판단할 수 없다.[29] 따라서 어떤 사실의 주장이 행하여지지 않으면 법원은 당해 사실이 존재하지 않는 것으로 취급하게 된다. 변론주의 하에서 어떤 사실이 변론에 나타나지 않는 결과 불이익한 판단을 받게 되는 당사자의 위험·불이익을 주장책임이라고 한다.[30]

행정소송법은 제26조가 예견하고 있는 직권탐지주의의 인정범위를 두고 견해가 대립한다. 인정되는 직권탐지주의의 범위에 따라서 주장책임의 범위가 달라진다.

2) 주장책임에 대한 학설

(1) 원칙적 변론주의설[31]

행정소송의 목적과 특수성은 국민의 권리구제와 행정의 적법성 보장에 있으나, 행정소송의 기본적인 성격은 민사소송과 다름이 없고 변론주의에 따라 소송자료의 수집과 제출을 당사자에게 맡기는 것이 진실발견의 합리적인 수단이 될 뿐만 아니라, 분쟁해결, 불의의 타격방지 등에도 도움이 된다는 점을 고려할 때, 행정소송에 있어서도 행정소송법 제8조 제2항에 의하여 민사소송법상에 의한 변론주의가 소송심리상 대

29) 변론주의 하에서 변론에 나타나지 않는 한 법원은 그 사실에 대하여 심리·판단할 수 없기 때문에 자기에게도 유리한 사실이라고 하더라도 당사자가 주장하지 않으면 법원은 그 사실이 없는 것으로 취급하게 된다.
30) 홍정선, 「신행정법특강」 (서울 : 박영사, 2020), 682면.
31) 이상규, 「행정쟁송법」 (서울 : 법문사, 2000), 459면.

원칙으로 적용된다고 한다.

이 학설은 행정소송법 제26조의 직권심리의 범위를 민사소송법 제292조의 보충적 직권조사의 의미와 거의 동일하게 파악하는 견해로서 일본 행정사건소송법 제24조에 대한 일본의 다수설의 입장과 그 내용을 같이하고 있다. 행정소송법 제26조 후단의 「당사자가 주장하지 아니한 사실에 대하여도 판단할 수 있다」는 규정만 가지고 우리 행정소송법이 일본의 경우와 달리 변론주의를 배제하고 직권탐지주의를 원칙으로 하였다고 단정할 수 없다고 한다. 행정처분이 공익실현을 목적으로 한다고 하더라도, 이로 인하여 권리를 침해받은 원고의 입장에서는 사익에 관한 것으로서 원고로서는 승소를 위하여 모든 가능한 소송자료를 제출하며, 행정청의 입장에서도 공익을 위하여 처분의 적법성을 뒷받침할 자료를 적극적으로 제출할 것이므로 소송자료의 수집이 충분하지 않을 염려는 거의 없다고 보아야 한다.

행정소송법 제26조는 민사소송의 변론주의를 보완하는 방법으로 보충적인 직권증거조사와 석명권 및 석명의무(민사소송법 제136조)를 인정하는 정도에 그치고 법원이 새로운 소송자료의 제출을 촉구하는 석명을 하거나 당사자가 주장하지도 않은 주요사실을 인정하는 것은 변론주의에 위반되어 허용되지 않는다고 한다. 행정소송법 제26조는 「당사자가 주장하지 아니한 사실에 대하여도 판단할 수 있다」라는 후단의 규정에도 불구하고, 이것은 당사자의 증명활동이 불충분하여 심증을 얻기 어려운 경우에 직권으로 증거조사를 할 수 있음을 뜻하는 것이라고 한다.

현행 행정소송시스템은 행정소송에서 변론주의가 적용되지만 민사소송보다는 완화되고, 그 부분이 직권탐지주의에 의하여 보완됨으로써 기록상 그 자료가 현출된 이상 법원은 당사자가 주장하지 아니한 사실에 대하여서까지 직권으로 이를 판단할 수 있도록 하고 있다. 이 학설은 이러한 행정소송과 민사소송의 차이점을 너무 간과한 견해라고 평가

되고 있다.[32]

(2) 직권탐지주의 가미설

이 학설은 행정소송법 제26조가 변론주의에 직권탐지주의를 보충 또는 가미하고 있다고 주장한다. 이 견해에 따르면 행정소송법 제26조는 민사소송상 「당사자가 주장한 사실」에 제한되는 의미에서 민사소송상의 보충적 직권증거조사 뿐만 아니라, 「당사자가 주장하지 아니한 사실」에 대하여도 판단한다는 의미에서 직권탐지주의를 가미한다는 것이므로 변론주의에 직권탐지주의가 가미 또는 보충된다고 한다. 행정소송법 제26조 전단만을 볼 때, 민사소송법 제292조의 직권증거조사 규정과 유사하나 후단의 규정과 아울러 고찰한다면 직권탐지주의를 아울러 규정한 것이라고 보아야 한다고 주장한다. 행정소송법 제26조는 행정소송의 목적, 즉 국민의 권리보호와 동시에 행정의 적법성을 보장할 필요성이 있으므로 제한적 범위에서 변론주의에 대한 예외로서 직권탐지주의를 인정하고 있다. 여기에서 직권탐지주의는 변론주의에 대한 예외에 불과하기 때문에 법원은 원고의 청구를 유지하면서 공익상 필요하다고 인정할 때에는 그 범위 안에서 당사자가 주장하지 않은 사실에 대하여도 판단할 수 있다고 한다. 즉, 이 입장은 변론주의가 원칙이고 직권탐지주의는 보충적인 것이 된다. 민사소송에서는 당사자가 주장한 사실에 관한 증거가 불충분하여 심증을 얻을 수 없는 경우에 법원이 직권으로 증거를 조사할 수 있는 반면에 취소소송에서는 더 나아가서 「당사자가 주장하지 않은 사실」에 대하여도 법원이 직권으로 증거를 조사하여 그 사실을 인정하여 판단의 자료로 삼을 수 있다고 한다.[33]

---

32) 정하중, 「행정법의 이론과 실제」 (서울 : 법문사, 2012), 699면.
33) 김남진/김연태, 「행정법Ⅰ」(서울 : 법문사, 2019), 758면 : 박균성, 「행정법강의」(서울 : 박영사, 2019), 846면 : 서태환, 행정소송에서의 직권심리주의의 의미와 범위, 행정판례연구18-2, 155면 이하.

(3) 변론주의와 직권주의 절충설

행정소송법 제26조는 변론주의에 직권탐지주의를 가미시키고 있는 것이 아니라, 변론주의와 직권주의를 절충시키고 있다는 견해이다. 법원의 직권탐지의무를 규정하고 있는 독일 행정소송법 제86조 제1항[34]과는 달리 우리나라 행정소송법 제26조는 「할 수 있고, ……할 수 있다」라는 가능규정의 형식으로 되어 있어 직권탐지주의를 완화하여 적용할 수 있는 근거를 마련하고 있다. 다른 한편 일본 행정사건소송법 제24조[35]와는 달리 우리나라 행정소송법 제26조는 「……당사자가 주장하지 아니한 사실에 대해서도 판단할 수 있다」라는 부분을 갖고 있다. 또한 행정소송법 제26조의 「법원은 필요하다고 인정한 때」라는 부분과 민사소송법 제292조[36] 상의 「법원은 당사자의 신청한 증거에 의하여 심증을 얻을 수 없거나, 그 밖에 필요하다고 인정한 때에는」이라는 규정과 비교하여 보면 법문 상으로 취소소송에서 원칙적인 직권증거조사도 가능하다고 규정하고 있다. 이러한 행정소송법 제26조는 직권탐지주의의 인정범위를 미리 특정하여 상정한 것이 아니고, 공·사익의 조정과정에서 변론주의와 직권탐지주의의 절충을 도모하는 규정으로서, 어느 정도로 직권탐지주의가 인정될 것인가의 기준은 적정한 재판에 대한 공익에 의하여 정하여진다고 주장한다. 적정한 재판에 대한 공익을 인정

---

34) 독일 행정소송법 제86조 제1항 「법원은 직권으로 사실관계를 조사하여야 한다. 이 경우에 관계인을 참여시켜야 한다. 법원은 관계인의 주장과 증거신청에 구속되지 아니한다.」 독일의 경우 취소소송에서 주장책임(Behauptungslast) 혹은 형식적 입증책임(formelle Beweislast)은 문제되지 않고, 입증책임 혹은 실질적 입증책임(materrielle Beweislast) 만이 쟁점이 될 수 있다. Kopp/Schenke, Verwaltungsgerichtsordnung Kommentar 20. Auf, 2009, S.1291.

35) 일본 행정사건소송법 제24조 「재판소는 필요하다고 인정할 때에는 직권으로써 증거조사를 할 수 있다. 다만, 그 증거조사 결과에 대하여 당사자의 의견을 들어야 한다.」

36) 민사소송법 제292조 「법원은 당사자가 신청한 증거에 의하여 심증을 얻을 수 없거나, 그 밖에 요하다고 인정한 때에는 직권으로 증거조사를 할 수 있다.」

한다는 것은 행정소송의 특수성을 의미하는 것이기 때문에, 이 문제에 관하여는 행정소송법 제8조 제2항이 아니라 행정소송의 목적을 규정한 제1조가 우선적으로 고려되어야 한다. 공·사익의 적절한 조정과 이러한 조정을 위하여 변론주의와 직권탐지주의간의 적절한 절충을 이루는 심리원칙을 도모한다는 점에서 행정소송법 제26조는 개인의 권리구제를 주로 하고 그 한도 내에서 적법성통제를 목적으로 하는 우리 행정소송과 조화를 이룬다고 한다.[37]

(4) 원칙적 직권탐지주의설

행정소송법 제26조가 원칙적으로 직권탐지주의를 취하고 있다는 입장이다.[38] 민사법관계와는 달리 행정법관계에 있어서는 사적 자치의 원칙이 허용되지 않고 대부분의 규정들이 강행법규로서 사익상호간의 충돌을 조정하기보다 행정권과 국민의 관계를 규율하고 있으며, 행정소송의 목적도 국민의 권리보호와 행정작용의 적정성을 보장하는데 있다. 그리고 행정소송의 결과도 직접적으로 국가와 일반국민의 이해에 관계되어 공공복리에 영향을 미친다. 더욱이 처분을 취소하는 확정판결은 당사자뿐만 아니라 제3자에게도 효력을 미치는 바, 변론주의에 따라 판결내용을 당사자의 처분에 맡기는 경우에는 그 소송에 관여할 기회가 없는 제3자의 이익을 해할 우려가 있게 된다. 이에 따라 법원은 민사소송처럼 당사자에게만 소송의 운명을 맡길 것이 아니라 적극적으로 소송에 개입하여 재판의 적정성을 도모하여야 한다.[39] 다만 직권증거조사는 법원의 자유심증에 의하여 그 필요성을 인정한 경우에만 행하여지는 것

---

37) 홍정선, 「신행정법특강」 680면 : 최선웅, "행정소송법 제26조의 해석에 관한 일고찰", 행정법연구 10호, 249면.
38) 정하중, 「행정법개론」(14판), 768면.
39) 이 견해는 우리법제와 유사한 일본 행정사건소송법 제24조와 이에 해당하는 우리 행정소송법 제26조를 비교하면서 동조항의 후단에 「당사자가 주장하지 아니한 사실에 대하여도 판단할 수 있다」고 규정하고 있다는 점을 제시하면서 우리 법 규정은 일본의 동규정과 달리 해석되어야 한다고 한다.

이고, 항상 법원이 직권으로 증거를 조사하여야 하는 것은 아니다. 직권 탐지주의가 적용되는 사항에서는 당사자의 주장과 관계없이 증거자료에 의하여 인정되는 사실을 당연히 재판의 기초로 할 수 있는 것이므로 그 한도에서 주장책임이 발생하지 않는다. 이 견해에 따를 경우에도 무한정의 직권탐지주의를 취할 경우 법원이 실체적 진실발견을 위하여 담당하여야 할 부담감이 너무 크고 현실적으로 당사자의 도움 없이는 이를 수행하기 어려우므로 독일의 다수설이나 판례와 같이 제한적 직권탐지주의 입장에서 소송을 운영하고 해석한다면 큰 무리가 없을 것이라고 한다.[40]

3) 주장책임에 대한 판례의 태도

① 대법원은 양도소득세 등 부과처분 취소소송에서 행정소송에 있어서 직권심리의 범위에 대하여 「행정소송법 제26조가 법원은 필요하다고 인정할 때에는 직권으로 증거조사를 할 수 있고, 당사자가 주장하지 아니한 사실에 대하여도 판단할 수 있다고 규정하고 있지만, 이는 행정소송의 특수성에 연유하는 당사자주의, 변론주의에 대한 일부 예외 규정일 뿐 법원이 아무런 제한 없이 당사자가 주장하지 아니한 사실을 판단할 수 있는 것은 아니고, 일건 기록에 현출되어 있는 사항에 관하여서만 직권으로 증거 조사를 하고 이를 기초로 하여 판단할 수 있을 따름이고, 그것도 법원이 필요하다고 인정할 때에 한하여 청구의 범위 내에서 증거조사를 하고 판단할 수 있을 뿐이다」[41]라고 판시하여 변론주의를 원칙으로 하면서 직권주의가 가미 내지는 보충된 것에 불과하다는 입장을 취하고 있는 것 같다.

② 대법원은 양도소득세등부과처분 취소소송에서 행정소송에서의 주장·입증책임에 관하여「행정소송에 있어서 특단의 사정이 있는 경우

---

40) 정하중, 「행정법의 이론과 실제」(서울 : 법문사, 2012), 697면.
41) 대법원 1994. 10. 11, 선고., 94누4820, 판결

를 제외하면 당해 행정처분의 적법성에 관하여는 당해 처분청이 이를
주장·입증하여야 할 것이나, 행정소송에 있어서 직권주의가 가미되어
있다고 하여도 여전히 당사자주의, 변론주의를 그 기본 구조로 하는 이
상 행정처분의 위법을 들어 그 취소를 청구함에 있어서는 직권조사사항
을 제외하고는 그 위법된 구체적인 사실을 먼저 주장하여야 한다」42)고
하여 직권조사 사항을 제외하고는 위법한 구체적 사실을 먼저 주장하여
야 한다고 판시하였다.

③ 복구설계승인신청 불승인처분 취소소송에서 직권심리의 범위와
관련하여 대법원은 「행정소송에서 기록상 자료가 나타나 있다면 당사
자가 주장하지 않았더라도 판단할 수 있고, 당사자가 제출한 소송자료
에 의하여 법원이 처분의 적법 여부에 관한 합리적인 의심을 품을 수
있음에도 단지 구체적 사실에 관한 주장을 하지 아니하였다는 이유만으
로 당사자에게 석명을 하거나 직권으로 심리·판단하지 아니함으로써 구
체적 타당성이 없는 판결을 하는 것은 행정소송법 제26조의 규정과 행
정소송의 특수성에 반하므로 허용될 수 없다」43)고 판시하였다.

판례는 「일건 기록에 현출되어 있는 사항」 또는 「당사자가 제출한
소송자료에 의하여 법원이 처분의 적법 여부에 관한 합리적인 의심을
품을 수 있음에도」라는 기준을 제시하면서 직권심리의 범위를 점차적
으로 확장시키고 있다.

4) 소결

전술한 바와 같이 취소소송에 있어서 주장책임에 관하여 여러 가
지 견해가 대립된다. 행정소송법 제26조는 최소한으로 민사소송법 제
292조에 규정된 보충적 직권증거조사로, 최대한으로 독일 행정소송법
제86조 제1항에 규정된 원칙적인 직권탐지주의로 해석할 수 있다. 행정

---

42) 대법원 2000. 5. 30, 선고., 98두20162, 판결
43) 대법원 2010. 2. 11, 선고., 2009두18035, 판결

소송의 구조적 특성과 행정소송과 민사소송과의 관계를 고려할 때, 행정소송법은 기본적으로 변론주의를 인정하면서 동법 제26조 후단에 규정된 「당사자가 주장하지 아니한 사실에 대하여도 판단할 수 있다」는 의미에서, 직권탐지주의가 절충적으로 인정된다는 것을 의미한다고 할 수 있다. 앞에서 언급한 판례도 기본적으로 변론주의와 직권탐지주의 간의 절충적인 입장을 취하면서, 그 구체적인 기준으로 행정소송법 제26조의 직권심리범위에 관하여 「일건 기록에 현출된 사항」, 「당사자가 제출한 소송자료에 의하여 법원이 처분의 적법 여부에 관한 합리적인 의심을 품을 수 있는 경우」라는 기준을 제시하고 있다.

대상 판결은 주장책임과 증명책임의 분배를 구별하지 않고 사용하고 있다. 행정소송법 제26조의 규정과 민사소송에 대비되는 취소소송의 특수성을 고려할 때, 주장책임의 범위에 대한 보다 구체적인 기준과 근거가 향후 판례법상 형성되기를 기대한다.

2. 증명책임

소송에서 주요사실이 진위불명(non liquet)인 경우에 그것을 이유로 재판을 거부할 수 없다. 이러한 경우에도 일정한 결론을 도출하여 재판을 가능하게 하는 법기술이 필요한데 이것이 증명책임이다. 소송과정에서 제출된 증거의 취급과 평가에는 자유심증주의가 지배한다. 심리를 행하는 법관의 심증이 처분의 요건사실에 대한 증명도에 도달하지 못하고 처분의 요건사실이 진위불명이 되는 경우가 있을 수 있다. 이러한 경우에 재판거부를 방지하기 위하여 당해 사실은 없는 것으로 간주하게 된다. 이것으로부터 발생하는 불이익을 일방 당사자에게 부담시켜서 재판을 행하게 하는데 이것을 증명책임이라고 한다.[44]

---

44) 법원은 사실존부 여부를 판단할 수 없는 경우, 즉 심증형성이 될 수 없는 경우에도 판단하여야 하는데, 이 경우 결국 당사자 일방의 불이익을 과하여야 한다. 취소소

증명책임은 자유심증주의가 다한 시점부터 그 기능이 시작된다고 할 수 있다. 증명책임은 반드시 당사자 일방이 부담하며, 당사자 쌍방이 동일사실에 대하여 동시에 부담하지 않으며 또한 소송경과에 의하여 변동하지도 않는다. 증명책임제도는 법원에게는 소송지휘의 지표로서 당사자에게는 소송수행의 지표로서 현실적 역할을 수행한다. 취소소송에 있어서 증명책임분배에 관한 학설은 다음과 같다.

1) 증명책임분배에 관한 학설

(1) 법률요건분류설

독일의 규범수익이론(Normenbegünstigungstheorie)의 영향을 받아 제창된 이론으로 이 견해에 따르면 증명책임의 분배는 실체법규에 의하여 결정된다고 한다. 실체법규에 규정된 권리발생요건, 권리장애요건, 권리소멸요건에 해당하는 구체적 사실이 무엇인가, 이것을 당사자 어느 쪽이 증명하여야 하는가에 대하여 법률요건의 성격에 따라서 결정할 수 있다는 입장이다.[45] 즉 법률요건을 규정하는 행정법규를 증거법을 규율하는 재판규범으로 파악하는 입장이다. 기본적으로 이 학설은 민사소송에서 주장되고 있는 법률요건분류설을 행정소송에 적용하는 견해이다.[46]

송에서 인정되는 직권탐지 또는 직권에 의한 증거조사를 하더라도 심증이 형성되지 않는 경우가 발생하므로 이러한 경우에는 증명책임의 문제가 발생하게 된다.

45) 정하중, 「행정법의 이론과 실제」(서울 : 법문사, 2012), 691면.

46) 이 학설는 다음의 사항에 기초한 견해이다. 첫째, 법관이 법률요건의 존재가 증명되고, 그 존재를 확신한 경우에만 당해 법규가 적용되고, 부존재뿐만 아니라 진위불명의 경우에는 당해 법규가 적용되지 않는다는 법규불적용의 원칙을 전제한다. 둘째, 당사자는 자기에게 유리한 법률효과를 규정하는 법률요건 해당사실의 입증책임을 진다. 실체법을 그 법률효과에 따라서 권리근거규정, 권리장애규정, 권리소멸규정, 권리저지규정의 4가지로 분류하고 조문구조와 법률요건의 규정형태 등을 고려하여 입증책임을 분배하는 것이 법률요건분류설이다. 이 학설에 대하여 조문의 문언을 기준으로 사용하기 때문에 구별기준의 명확성과 사고경제에 기여하는 장점이 있다고 한다.

실체법인 행정법의 제규정을 권한행사규정과 권한불행사규정으로 이분하여 전자의 요건사실의 존재는 처분권한의 행사를 주장하는 측에 증명책임이 있고, 후자에 대하여는 처분권한의 불행사를 주장하는 측에 증명책임이 있다고 한다. 취소소송에서는 소송물이 형성요건의 존부가 아니고, 행정처분의 위법성이다. 이에 대한 증명책임은 권한행사규정과 권한불행사규정에 따라서 달라진다. 행정처분은 「……인 경우에……처분을 한다」라는 형식의 권한행사규정에 근거하여 행하여진다. 이 경우 피고 행정청은 적극적 처분에 대하여는 당해 행정처분이 권한행사규정에 따른 적법한 것이라는 것에 대한 증명책임을 부담한다. 그리고 행정청의 거부처분에 관한 취소소송에서는 권한행사를 하여야 할 것을 주장하는 원고가 증명책임을 부담한다. 그리고 행정처분의 절차적 요건은 권한행사규정의 일부를 구성하는 것이기 때문에 그 준수에 관하여는 행정청이 증명책임을 부담한다고 한다.47)

권한불행사규정은 「……경우에는……처분을 할 수 없다」라고 규정된다. 이 규정에 따라서 행정처분이 행하여진 경우에는, 처분권한의 불행사를 주장하는 원고가 증명책임을 부담한다. 그리고 행정처분이 거부된 경우에는 역으로 피고인 행정청이 증명책임을 부담한다.

민법 등의 실체적 사법규정은 사인의 분쟁을 해결하는 재판규범으로서 오랜 전통 하에서 이를 배려하여 입법한 것이다.48) 이에 비하여 행정법규는 재판규범보다는 행정기관의 행위규범으로서 입법된 것으로 증명책임을 고려하여 만들어진 것이라고 하기 어렵다. 행정처분의 근거

---

47) 김철용, 「행정법」(서울: 고시계사, 2020), 605면.
48) 민사소송법의 통설인 법률요건분류설은 법률효과를 권리발생, 권리장해, 권리소멸로 나누어 법률효과가 자기에게 유리하게 작용하는 당사자가 당해 법률효과를 기초지우는 요건사실에 대하여 입증책임을 진다고 한다. 권리를 주장하는 자는 권리발생사실에 대하여 입증책임을 지고, 그 상대방은 권리발생사실에 기초한 법률효과의 발생을 방해하는 권리장애사실과 발생한 법률효과를 이후에 부정하는 권리소멸사실에 대하여 입증책임을 진다.

인 행정법규는 당사자 간의 권리의무를 실체적으로 규정한 것이 아니고, 행정청의 권한행사의 요건을 규정한 것이다. 따라서 권리행사규정, 권리불행사규정, 적극적 처분, 소극적 처분의 분류만으로 증명책임의 분배를 결정하는 것이 합리적인가라는 의문이 이 학설에 대해서 제기된다. 이 학설은 행정소송도 민사소송의 한 형태라는 기본적 발상이 배후에 존재한다. 그리고 민사소송에서와 같이 취소소송에 있어서도 법률규정을 근거로 증명책임의 분배를 결정하려고 한다. 증명책임의 분배기준에 대하여 안정적인 기준을 제공한다고 평가되지만, 법률규정의 비일관성, 또한 기준으로서 형식성 때문에 이 기준으로 모든 경우를 나눌 수 있는가에 대하여 의문이 제기되고 있고, 법에 의거하여 공익을 추구할 입장에 있는 행정청의 특질을 충분히 반영하고 있지 않다는 비판이 가해지고 있다.49)

이 견해는 행정처분의 요건을 행정실체법이 규정하는 이상, 그 증명책임도 행정실체법이 규정하고 있다는 것을 전제하고 있다. 그러나 행정실체법은 행정주체와 국민의 권리의무를 규정하는 것이 아니고, 행정청이 어떠한 경우에, 권한행사를 하는가 또는 할 수 있는가라는 관점에서 규정되어 있다. 이러한 규정들이 행정청의 권한행사에 관한 쟁송절차에 있어서 어떠한 기능을 행하는가라는 점은 그다지 의식하지 않고 구성되어 있다고 할 수 있다. 민사법은 전통적으로 재판규범으로서 발달하여 왔고, 그 내용과 법조문의 체재가 소송에 있어서 주장·증명책임을 의식하여 만들어졌기 때문에 그 체재에 착안하여 규정을 분류하는 것이 용이하다. 이에 비하여 대부분의 행정실체법은 제1차적으로 행정청에 향하여진 행위규범으로써 소송에 있어서 증명책임을 의식하여 입법된 것이 아니기 때문에 규범내용으로서 증명책임분배를 포함하는가 여부가 의문스럽기 때문에 법조문의 구조를 기준으로 분류하여 증명책

---

49) 박균성, 「행정법강의」, 875면.

임의 소재를 정하는 것은 용이하지 않다고 한다.[50]

법률요건분류설의 기본은 각 당사자가 자기에게 유리한 법률효과를 미치는 요건에 대하여 증명책임을 지는 것에 있다. 이러한 것은 각 당사자가 대등한 입장에서 자기의 사적 이익을 추구하는 민사소송의 성질을 전제한 것이다. 이것에 대하여 취소소송의 피고인 행정청은 법에 의거하여 공익을 추구하기 때문에 자기 권리·이익을 추구하는 원고와 입장을 달리한다. 따라서 양당사자를 대등하게 취급하여 당사자 각자가 자기에게 유리한 소송활동을 하면 모든 문제가 해결된다는 발상자체가 문제가 있다고 할 수 있다.[51]

(2) 개별구체설

취소소송에서 증명책임의 분배에 대하여 당사자의 공평, 사안의 성질, 입증의 어려움 등을 고려하여 사안별로 개별·구체적으로 결정하고자 하는 견해이다. 이 설에 따를 경우, 문제가 된 사안이 당사자 중에서 어느 쪽의 지배영역에 속하는가, 증거가 당사자 중 어느 쪽에 가까이 있는가가 증명책임분배의 결정기준이 된다. 증명책임을 분배하는데 있어서 입증이 용이한 측이 아닌, 입증이 곤란한 측에 그 책임을 분배하는 것만으로 소송의 결과가 좌우될 수 있다. 따라서 증명책임의 귀속을 결정함에 있어서 이러한 고려를 하는 것은 입증과 관련한 사안의 성질상 필요하다고 한다.[52]

이러한 설명에 대하여 증명책임을 판단함에 있어서 고려요소를 제시하고 있지만, 그 기준으로서 구체성을 결하고 있다는 지적이 있다. 이러한 점을 감안하여, 기본적으로 이 학설을 취하면서 취소소송에서 이익상황을 고려하여 일반화할 필요가 있다고 한다. 예컨대 신청처분에 대하여는 원고의 지위를 고려하여 판단한다. 즉 당해 신청제도가 자유

---

50) 박균성, 「행정법강의」, 875면.
51) 김철용, 「행정법 」, 605면.
52) 芝池義一, 「行政救濟法講義」(東京, 有斐閣, 2006), 91頁.

의 회복이나, 사회보장청구권의 충족일 경우에는 피고인 행정청이 증명
책임을 지고, 자금교부청구일 경우에는 원고인 사인이 증명책임을 진다
고 한다.[53]

　이 견해는 증명책임분배에 관한 통일적인 기준을 설정하지 않고
당사자의 공평, 사안의 성질, 증명의 어려움 등을 고려하여 개개의 사안
별로 어느 쪽 일방 당사자의 불이익으로 판단하는가를 결정하는 접근방
식이다. 증명책임분배에 관하여 통일적인 기준을 설정하지 않고 개별구
체적으로 해결하는 것은 소송진행에 불필요한 혼란을 초래할 수 있다고
한다.[54]

(3) 행정행위의 내용에 의한 분류설(헌법질서설)

　이 학설은 국민의 권리와 관련하여 행정처분을 분류하여 국민의
권리·자유를 제한하는 행정처분의 취소소송에 있어서는 행정청이 그
행위의 증명책임을 부담하고, 국민이 국가에 대하여 자기의 권리영역을
확장하는 것을 요구하는 청구의 거부처분의 취소소송에서는 원고가 청
구권의 기초가 되는 사실의 증명책임을 진다고 하는 견해이다.[55]

　이러한 견해에 대하여 자유권적 기본권을 핵심으로 하는 시민적
법치국가 체제에 적합한 것이라고 평가 되지만, 현대적 급부국가에 있
어서는, 예컨대 사회보장신청거부처분에 대하여 일률적으로 원고에게
증명책임을 부담시키는 것에 의문을 제시하는 견해가 있으며, 이중효과
적 행정처분의 경우에 증명책임배분기준이 명확하지 않다는 비판도 제
시되고 있다.[56]

　이에 비판에 대하여 기본적으로 이 학설의 입장을 취하면서, 제1차

---

53) 塩野宏, 「行政法Ⅱ」(東京, 有斐閣, 2019), 174頁.
54) 정하중, 「행정법개론」(14판), 771면.
55) 구욱서, "행정소송에서의 입증책임", 「주석행정소송법」(서울 : 박영사, 2004), 756면
　 :최세영, "행정소송에서의 입증책임", (논집12집, 1981), 488면, 재인용 구욱서 전게
　 논문, 756면.
56) 塩野宏, 「行政法Ⅱ」, 173頁.

적으로 헌법질서57)에 따라서 하자있는 행정처분이 행하여진 경우에는 행정청이 처분의 적법성에 대하여 증명책임을 진다고 하면서, 이에 따라서 결론을 얻을 수 없는 경우에는 제2차적으로 소송상 조리에 의거하여 처분 전후의 권리상태를 비교하여, 처분상태의 변동을 도모한 측에 증명책임을 부담하게 하는 2단계 고찰을 주장하는 학설이 등장하고 있다.58)

(4) 조사의무반영설59)

행정청은 행정처분을 행하는데 있어서 성실하게 집행할 의무를 지는데, 그 구체적 내용의 하나로서 행정청은 행정처분을 행하는데 조사의무를 진다. 그리고 이러한 조사의무 범위 내에서 피고인 행정청이 증

---

57) 법률보다도 상위규범인 헌법에 해결기준을 구하는 것은 법률가로서 당연히 취하여야 할 태도라고 한다. 헌법규정은 국민의 기본권의 보장을 전제하여 존재하여야 할 권리상태를 상정하고 있다. 이것과 다른 권리상태를 만드는 입증책임론은 채용할 수 없다고 한다. 예컨대 영업자유는 직업선택의 자유의 일부로서 공공의 복리에 반하지 않는 한, 보장하는 것이 헌법이 상정하는 권리상태이다. 특정한 영업에 대하여 허가제를 채용하는 경찰법규는 공공복리의 내용을 정식화한 것이기 때문에 불허가처분취소소송에 있어서 입증책임을 원고에게 부담시키면, 공공복리에 반하는지 여부가 명확하지 않음에도 불구하고 영업의 자유가 제한되는 결과를 초래하기 쉽게 되어 헌법이 상정하는 권리상태에 반하는 결과를 초래할 수 있다. 이러한 결과를 피하기 위하여는 피고에게 입증책임을 부담하게 하여야 하고, 그 결과로서 객관적으로는 공공복리에 반하는 상태가 초래될 가능성은 있으나 그 반대의 상황이 발생하는 것을 헌법이 허용하지 않는 이상, 원칙적으로 이러한 입장을 취하는 것은 부득이 하다고 한다. 藤山雅行, "行政訴訟の審理のあり方と立證責任",「新裁判實務大系25 行政爭訟」(東京 : 靑林書院, 2012), 400頁.

58) 藤山雅行, "行政訴訟の審理のあり方と立證責任", 400-402頁. 잘못된 행정처분이 행하여지더라도 그 결과가 헌법상 보장된 권리를 침해하는 것이 아닌 경우에는, 헌법질서는 입증책임의 소재를 결정하는데 있어서 지침이 되는 것을 제공하지 않는다. 따라서 만약 헌법이나 법률에서 증명책임에 관한 기준을 찾기 어렵다면 소송법상 조리에 의하여야 한다. 이 경우에는 처분 전후의 권리상태를 비교하여 처분에 의하여 그 변동을 의도하는 자에게 입증책임이 있다고 하여야 할 것이다.

59) 小早川光郎, "調査·處分證明",「行政法の諸問題(中)雄川一郎先生獻呈論集」(東京 : 有斐閣, 1990), 273頁.

명책임을 진다. 이 학설은 처분을 행함에 있어서 필요한 조사의 정도는
그 처분의 근거가 되는 법의 취지에 의하여 결정되고, 이것은 처분에
의하여 제한되는 가치와 이익의 헌법적 보장정도에 따라서 서로 다르기
때문에 행정청은 당해 처분을 행함에 있어서 요구되는 조사의무의 정도
에 따라서 당해 처분의 주요 사실이 그 정도의 조사범위 내에서 합리적
으로 인정가능하다는 것을 제시하여야 한다. 그리고 피고 측의 증명책
임에 관한 부담가중은 증명도의 조작에 의하여 완화할 수 있다고 한다.
이 견해는 각각의 취소소송에서 행정청의 증명책임은 근거법규가 행정
청에 과하고 있는 조사의무의 정도에 따라서 차이가 있을 수 있다는 것
을 전제로 하고 있다.

　행정실무에서 모든 행정처분에 대하여 행정청에 대하여 객관적으
로 처분요건의 존부를 규명하여야 한다고 하는 것이 현실적이지 않는
경우도 있을 수 있다. 통상적으로 처분의 성질 등에 비추어 합리적 범
위에서 조사하고 처분을 행하는 것이 일반적이다. 경우에 따라서는 상
황적 제약으로 어쩔 수 없이 제한적 조사를 전제로 처분을 행하는 경우
도 있을 수 있다. 그러나 이것이 당해 행정청의 공무원법상의 책임이나
행정주체의 국가배상책임을 추궁하지 않는 이유는 될 수 있지만, 객관
적으로 처분요건을 갖추지 않는 행정처분의 효력을 유지하여야 할 이유
는 되지 않는다. 행정처분이 처분요건을 갖추고 있는지 여부가 객관적
으로 보아서 불명확한 경우에 당해 처분을 취소할 것인가 여부에 대하
여는 취소되어야 할 처분이 유지되는 경우의 불법과 유지되어야 할 처
분이 취소되는 불법 사이의 이익형량문제를 발생시킨다. 일정한 경우에
는 당해 처분의 필요가 없다는 것의 적극적 증명이 없는 한, 처분의 효
력이 유지될 수도 있다. 당해 행정처분을 행하는 공익상 필요성이 높은
것에 비하여, 이것에 의하여 제한되는 자유·권리가 비교적 경미한 경우
가 이에 해당한다고 한다.

　이 학설에 대하여는 행정청의 조사의무와 증명책임을 연결시켜 문

제해결을 도모하는 점에서 새로운 의미를 부여할 수도 있지만, 실체적 처분요건의 규정방식에 의하여 해결하여야 할 문제를 소송절차 내에 증명책임의 문제로 포착하는 것에 문제가 있다고 할 수 있다.

(5) 피고부담설(법치주의 근거설)

법치주의의 원칙에서 증명책임의 분배를 파악하려는 견해로서, 행정청은 행정처분의 적법성을 지켜야 할 책임이 있기 때문에 행정처분의 위법성이 다투어지는 경우에 당해 행정청은 이것을 적극적으로 입증하여야 한다. 이 학설에 따르면 원고는 당해 행정처분의 위법성을 주장하는 것만으로 충분하고 행정처분의 적법성을 구성하는 개개의 구체적 사실에 대한 증명책임은 피고인 행정청이 부담한다고 한다.[60]

이 학설에 대하여는 법치주의 원칙은 행정실체법의 원칙이기 때문에, 이것과 증명책임분배를 직접적으로 연결하는 것은 타당하지 않다는 비판을 가할 수 있다. 행정실체법원칙에서 보면 법이 규정하는 요건을 충족하지 않은 경우에 행정처분을 위법하다고 생각할 수 있고, 이와 반대로 법이 규정하는 요건을 모두 충족할 경우에만, 당해 처분이 적법하다고 할 수 있다. 후자의 입장을 중심으로 보면 처분을 행한 처분청이 처분요건사실을 입증해야 한다고 볼 수 있다. 그러나 전자의 입장에서 보면 모든 사안에 대하여 처분청에게 증명책임이 있다고 보아서 항상 처분청에게 증명책임을 부과하는 것이 적절하지 않는 경우도 있을 수 있다.

(6) 원고책임설(공정력 근거설)

이 학설은 행정처분은 공정력을 수반하기 때문에, 당연 무효인 경우를 제외하고, 법률상 적법성을 추정받기 때문에 사인이 취소소송을 제기하여 이에 불복할 경우에 스스로 위법사유의 증명책임을 부담하여야 한다는 견해이다. 이 견해에서 원고가 증명책임을 부담한다는 근거

---

60) 김성수, 「일반행정법」 (서울 : 홍문사, 2012), 900면.

로서 다음의 점을 들 수 있다. 첫째, 행정처분은 법률에 의하여 행하여
진다. 둘째, 행정청은 엄격한 감독을 받기 때문에 처분의 상대방인 사인
에 비하여 과오가 적다. 셋째, 행정청이 적법성에 대하여 증명책임을 진
다고 한다면, 제소기간이 경과하여 형식적으로 확정된 행정처분과 소송
으로 다투어지는 행정처분간에는 불균형이 발생한다. 넷째, 소송에서
다투어지는 행정처분의 적법성추정이 부정되면 행정처분의 집행이 불
가능하게 되어 효과적인 행정활동을 하는데 지장이 발생한다.61)

　종전에는 행정처분이 적법성추정을 받는다는 것을 전제로 하여 원
고인 사인에게 증명책임을 부담한다는 학설이 존재하였지만, 행정처분
이 원칙적으로 적법성을 추정받는다는 것 자체가 오늘날에는 지지받지
못하고 있다.62) 그리고 전기의 이유를 근거로 하여 모든 경우에 증명
책임을 원고에게 과하는 것은 원고에게 부당하게 과도한 부담을 지우
게 한다는 비판이 가하여 지고 있으며 현재에는 지지자가 거의 없다.
공정력은 취소소송의 배타적 관할의 반사적 효과로서 발생하는 것이기
때문에 처분내용의 적법성과 관계가 없다. 따라서 소송단계에서 행정
처분의 공정력을 이유로 하여 행정처분의 적법성이 추정된다는 설명은
타당성을 결여하고 있다고 할 수 있다. 오늘날 이 학설을 지지하는 학
자는 없다.

2) 판례상 나타난 행정재량에 대한 증명책임

① 시정명령 및 과징금 납부명령 취소소송에서 대법원은 증명책임

---

61) 초기의 판례(1961. 3. 27. 대판 4291행상45)에는 이러한 입장을 취한 경우도 있었으
　나 그 후 견해를 바꾸어 행정소송에서의 입증책임문제는 공정력과 관계없음을 명
　백히 하였다(대법원 1964. 5. 26., 선고, 63누142, 판결).
62) 구욱서, "행정소송에서의 입증책임", 754면. 행정처분에 일반적으로 공정력의 존재
　를 긍정하더라도, 그 내용의 하자있는 행정처분의 경우에도 일정한 절차에 의하여
　취소될 때까지는 유효한 것으로서 취급하는 것에 지나지 않고, 그 적법성을 추정
　하는 것이 아니기 때문에 이 학설은 그 전제를 결하고 있다고 할 수 있다.

분배의 원칙 및 항고소송의 경우 처분의 적법성에 관한 증명책임의 소재에 관하여 「민사소송법 규정이 준용되는 행정소송에서의 증명책임은 원칙적으로 민사소송 일반원칙에 따라 당사자 간에 분배되고, 항고소송의 경우에는 그 특성에 따라 처분의 적법성을 주장하는 피고에게 적법사유에 대한 증명책임이 있다. 피고가 주장하는 일정한 처분의 적법성에 관하여 합리적으로 수긍할 수 있는 일응의 증명이 있는 경우에 처분은 정당하며, 이와 상반되는 주장과 증명은 상대방인 원고에게 책임이 돌아간다」하였다.63)

② 건축허가신청 불허가처분 취소소송에서 재량행위에 대한 사법심사의 대상, 판단 기준 및 재량권 일탈·남용에 관한 주장·증명책임의 소재에 관하여 「국토의 계획 및 이용에 관한 법률(이하 '국토계획법'이라고 한다) 제56조에 따른 개발행위허가와 농지법 제34조에 따른 농지전용허가·협의는 금지요건·허가기준 등이 불확정개념으로 규정된 부분이 많아 그 요건·기준에 부합하는지의 판단에 관하여 행정청에 재량권이 부여되어 있으므로, 그 요건에 해당하는지 여부는 행정청의 재량판단의 영역에 속한다. 나아가 국토계획법이 정한 용도지역 안에서 토지의 형질변경행위·농지전용행위를 수반하는 건축허가는 건축법 제11조 제1항에 의한 건축허가와 위와 같은 개발행위허가 및 농지전용허가의 성질을 아울러 갖게 되므로 이 역시 재량행위에 해당하고, 그에 대한 사법심사는 행정청의 공익판단에 관한 재량의 여지를 감안하여 원칙적으로 재량권의 일탈이나 남용이 있는지 여부만을 대상으로 하는데, 판단 기준은 사실오인과 비례·평등의 원칙 위반 여부 등이 된다. 이러한 재량권 일탈·남용에 관하여는 행정행위의 효력을 다투는 사람이 주장·증명책임을 부담한다」고 하였다.64)

---

63) 대법원 2016. 10. 27., 선고, 2015두42817, 판결
64) 대법원 2017. 10. 12., 선고, 2017두48956, 판결

3) 재량처분의 증명책임

취소소송은 법질서의 적정한 실현을 통한 권리구제와 적법성확보를 의도하기 때문에 증명책임은 당사자에게 적정하게 배분되어야 한다. 증명책임은 소송당사자에 대하여 증명책임을 배경으로 입증을 다할 것을 지시하고 당사자도 입증활동을 통하여 그 주체성을 실현할 수 있는 기회를 얻을 수 있기 때문에 증명책임의 분배는 당사자의 공평성과 대등성을 전제하여야 한다. 그러나 일반적으로 민사소송에 대비하여 취소소송에는 전문정보의 비대칭성, 정보수집능력의 격차, 높은 공익관련성 등이 존재한다. 따라서 이러한 것을 반영한 증명책임론의 구축이 필요하다. 또한 소송심리와 소송절차의 동적 프로세스를 고려하면, 증명책임은 당사자 및 법원의 행동기준이 되기 때문에 그 기준을 명확히 할 필요가 있다. 이러한 점을 감안하여 재량처분 취소소송의 증명책임의 분배과정에는 입증의 난이성, 권리구제의 긴급성, 공평성, 행정청의 조사의무범위와 설명책임 등이 고려사항으로서 반영되어야 할 것이다. 이것을 바탕으로 재량처분에 관한 각각의 사안에서 구체적 타당성을 갖는 증명책임의 분배기준을 발전시킬 필요가 있다.

전술한 1992년 10월 29일 일본 최고재판소 판결[65]은 재량처분의 주장·증명책임에 관하여 다음과 같이 설시하였다. 즉, 「이러한 판단에 불합리한 점이 있다는 것의 주장·증명책임은 원칙적으로 원고가 부담하여야 한다」 그러나 「당해 원자로 시설의 안전심사에 관한 자료를 모두 피고 행정청이 보유하고 있다는 점을 고려하면, 피고 행정청에 있어서 우선 그가 의거한 전기의 구체적 심사기준, 조사심의 및 판단에 불합리한 점이 없다는 것을 그에 상응한 근거와 자료에 근거하여 주장·증명할 필요가 있다. 피고 행정청이 이러한 주장·증명을 다하지 않는 경우에는

---

65) 전기 最判 1992·10·29 民集46卷 7号 1174頁.

피고 행정청이 행한 전기의 판단에 불합리한 점이 있다는 것이 사실상 추인된다」고 하였다. 이 판결은 재량권행사의 불합리성에 관한 주장·증명책임은 원고에게 있다는 점을 긍정하고 있다. 그러나 증거와 거리, 입증의 난이성 등을 고려하고 사안의 특수성을 감안하여 피고 행정청에게 심사기준과 판단과정에 대한 합리성을 주장·증명하도록 하고 있다.66)

   대상판결은 행정재량에 관한 종래의 판례 태도를 답습하고 있다. 즉 행정재량에서 증명책임의 분배에 관한 구체적 기준과 이유를 설명하지 않고 결론만을 제시하고 있다.67) 이러한 논리전개 방식은 향후 증거법에 관한 판례법의 발전을 위하여 적절한 보완이 필요한 것 같다. 전제된 논리를 생략한 채, 결론만을 제시하는 것은 당해 결론이 구체적 타당성을 수반하는가에 의문을 가질 수 밖에 없다. 그리고 행정재량과 관련된 증명책임도 사안마다 그 내용이 항상 같은 것은 아니다. 각각의 사안별로 그 공통점과 차이점을 동시에 고려한 문제해결의 접근방식이 요구된다고 생각된다.

---

66) 재량처분은 재량권의 남용·일탈에 의하여 당해 처분은 위법하게 된다. 이와 관련하여 위법사유 존부에 대한 증명책임의 문제가 제기된다. 일반적인 경우에는 재량권 행사에 대하여 재량범위 내에서 재량권이 행사했다는 점에 대하여는 피고행정청의 증명책임을 부담하고, 재량권 행사가 재량범위를 벗어나서 재량권의 남용·일탈이 된 경우에 대한 주장은 원고가 부담하는 것이 타당할 것이다. 그러나 이 경우에도 절차적 하자의 존부와 판단과정적 하자의 존부에 대하여는 처분상대방에 대한 절차적 권리보장과 공정절차준수가 재량통제에 중요한 의미를 가지기 때문에 행정청이 증명책임을 부담하는 것이 타당할 것이다

67) 재량판단의 적절성에 대한 판단은 처분 시에 존재하는 객관적 사실을 인정하여, 이러한 사실관계를 전제하여 행정청이 행한 재량권행사가 법령과 법의 일반원칙, 조리에 반하는가 여부를 심사하는 것이다. 진위불명의 사태가 발생하는 것은 사실인정과정에 발생할 가능성이 높다. 법률효과를 결정하는 재량권 행사는 확정된 사실관계를 바탕으로 법적가치판단을 표명하는 과정이므로 상대적으로 진위불명의 사태가 발생할 가능성이 낮다고 할 수 있다.

VI. 맺음말

이상에서 검토한 주된 쟁점사항에 대하여 다음과 같이 정리할 수 있다.

첫째, 법률사실인정과 관련하여 대상 판례는 행정청의 독자적 판단 여지를 인정하지만, 이를 법률효과부분에서 인정되는 재량과 구별하여 재량개념이 아닌 「판단여지」로서 인정하는 것이 아니라 사법심사한계 영역으로서 재량행위의 일종으로서 파악하여 논리를 전개하고 있다. 사법심사의 방법과 심사기준이 판단여지와 행정재량은 중복되는 경우도 있을 수 있지만 이와 구별하여 적용할 필요가 있는 경우도 있을 수 있다. 따라서 법률요건에서 인정되는 행정청의 독자적 판단여지는 이를 재량과 구별하여 정립하는 것이 타당한 것 같다.

둘째, 대상판결에서 법원은 실체적 판단대체방식에 따라서 이 사건의 문제해결을 도모하고 있다. 대상판결에서도 재량기준의 형성과정 및 공표과정의 타당성이 엄격하게 검증되지 않고, 처분기준에 대한 행정청의 폭넓은 해석여지를 승인하고 있다. 행정재량의 심리방식으로 실체적 판단대체방식에는 한계가 있다. 국민의 권리·이익의 보호범위의 확장이라는 관점에서 실체적 판단대체방식 이외에 절차적 통제와 판단과정적 통제를 강화시켜 행정재량에 대한 사법심사밀도를 강화할 필요가 있다.

셋째, 대상 판결은 주장책임과 증명책임의 분배를 구별하지 않고 사용하고 있다. 행정소송법 제26조의 규정과 민사소송에 대비되는 취소소송의 특수성을 고려할 때, 주장책임의 범위에 대한 보다 구체적인 기준과 근거가 향후 판례법상 형성·발전되기를 기대한다.

넷째, 대상판결은 행정재량에 있어서 증명책임에 대하여 종래의 판례 태도를 답습하고 있다. 즉 행정재량의 증명책임의 분배에 관한 구체적 기준과 이유를 설명하지 않고 결론만을 제시하고 있다. 이러한 논리전개 방식은 향후 증거법에 관한 판례법의 발전을 위하여 적절한 수정이 필요한 것 같다. 전제된 논리를 생략한 채, 결론만을 제시하는 것은 당해 결론이 구체적 타당성을 수반하는가에 의문을 가질 수밖에 없다. 그리고 행정재량과 관련된 증명책임도 사안마다 그 내용이 항상 같은 것은 아니다. 각각의 사안별로 그 공통점과 차이점을 동시에 고려한 문제해결의 접근방식이 요구된다고 생각된다.

참고문헌

최선웅, "행정소송법 제26조의 해석에 관한 일고찰", 행정법연구 10호, 2003, 207 - 250면.

구욱서, "행정소송에서의 입증책임",「주석행정소송법」(서울: 박영사, 2004), 745 - 776면.

조용호, "판례의 측면에서 본 재량처분의 취소",「주석행정소송법」(서울: 박영사, 2005), 841 - 893면.

박정훈, "불확정개념과 판단여지", 「행정작용법」(서울: 박영사, 2005), 250 - 270면.

서태환, "행정소송에서의 직권심리주의의 의미와 범위", 행정판례연구 18 - 2, 박영사, 2013, 123 - 170면.

김창조, "항고소송에 있어서 입증책임", 법학논고 제48집, 2014, 48 - 78면.

김창조, "행정재량에 대한 사법심리방법", 「행정절차와 행정소송」(서울: 피앤씨미디어, 2017), 713 - 745면.

이상규, 「행정쟁송법」(서울: 법문사, 2000)

정하중, 「행정법의 이론과 실제」(서울: 법문사, 2012)

김성수, 「일반행정법」(서울: 홍문사, 2012)

김남진/김연태, 「행정법Ⅰ」(서울: 법문사, 2019)

박균성,「행정법강의」(16판)(서울: 박영사, 2020)

김철용, 「행정법 」(서울: 고시계사, 2020)

정하중, 「행정법개론」(14판)(서울: 법문사, 2020)

홍정선, 「신행정법특강」(서울: 박영사, 2020)

小早川光郎,"調査·處分·證明", 行政法の諸問題(中)雄川一郎先生獻呈論集(東京, 有斐閣, 1990).

274 - 301頁.

藤山雅行, "行政訴訟の審理のあり方と立證責任", 「新裁判實務大系25 行政
　　爭訟」(東京 : 靑林 書院, 2012), 297-321頁.
芝池義一, 「行政法總論講義 第四版 補正版」(東京: 有斐閣, 2006)
芝池義一, 「行政救濟法講義」(東京, 有斐閣, 2006).
塩野宏, 「行政法Ⅱ」(東京, 有斐閣, 2019).
Steffen Detterbeck, Allgemeines Verwaltungsrecht 9.Auf, 2011.
Kothe/Redeker, Beweisantrag und Amtsermittlung im
　　Verwaltungsprozess 1.Auf, 2012.
Spannowsky/Uechtritz, BauGB Kommentar, 2.Auf, 2014.
Kopp/Schenke, Verwaltungsgerichtsordnung Kommentar 20.Auf, 2014.

국문초록

　대상판결을 소재로 검토한 행정재량과 주장·증명책임에 관한 쟁점사항에 대하여 다음과 같이 정리할 수 있다.

　첫째, 법률사실인정과 관련하여 대상 판례는 행정청의 독자적 판단여지를 인정하지만, 이를 법률효과부분에서 인정되는 재량과 구별하여 재량개념이 아닌 「판단여지」로서 인정하는 것이 아니라 사법심사한계영역으로서 재량행위의 일종으로서 파악하여 논리를 전개하고 있다. 사법심사의 방법과 심사기준이 판단여지와 행정재량은 중복되는 경우도 있을 수 있지만 이와 구별하여 적용할 필요가 있는 경우도 있을 수 있다. 따라서 법률요건에서 인정되는 행정청의 독자적 판단여지는 이를 재량과 구별하여 정립하는 것이 타당한 것 같다.

　둘째, 대상판결에서 법원은 실체적 판단대체방식에 따라서 이 사건의 문제해결을 도모하고 있다. 대상판결에서도 재량기준의 형성과정 및 공표과정의 타당성이 엄격하게 검증되지 않고, 처분기준에 대한 행정청의 폭넓은 해석여지를 승인하고 있다. 행정재량의 심리방식으로 실체적 판단대체방식에는 한계가 있다. 국민의 권리·이익의 보호범위의 확장이라는 관점에서 실체적 판단대체방식 이외에 절차적 통제와 판단과정적 통제를 강화시켜 행정재량에 대한 사법심사밀도를 강화할 필요가 있다.

　셋째, 대상 판결은 주장책임과 증명책임의 분배를 구별하지 않고 사용하고 있다. 행정소송법 제26조의 규정과 민사소송에 대비되는 취소소송의 특수성을 고려할 때, 주장책임의 범위에 대한 보다 구체적인 기준과 근거가 향후 판례법상 형성·발전되기를 기대한다.

　넷째, 대상판결은 행정재량에 있어서 증명책임에 대하여 종래의 판례 태도를 답습하고 있다. 즉 행정재량의 증명책임의 분배에 관한 구체적 기준과 이유를 설명하지 않고 결론만을 제시하고 있다. 이러한 논리전개 방식은 향후 증거법에 관한 판례법의 발전을 위하여 적절한 수정이 필요한 것 같다. 전

제된 논리를 생략한 채, 결론만을 제시하는 것은 당해 결론이 구체적 타당성
을 수반하는가에 의문을 가질 수밖에 없다. 그리고 행정재량과 관련된 증명
책임도 사안마다 그 내용이 항상 같은 것은 아니다. 각각의 사안별로 그 공통
점과 차이점을 동시에 고려한 문제해결의 접근방식이 요구된다고 생각된다.

주제어: 행정재량, 판단여지, 사법심사밀도, 주장책임, 증명책임

Abstract

The Relationship between the Discretion of the Administrative Agency and the Burden of Proof in Administrative Litigation

Kim, chang jo*

This thesis analyzes the relationship between the discretion of the administrative agency and the burden of proof in Administrative Litigation. The research methods employed in this thesis include examining the development of legal systems, case laws and theories related to this problem in Korea, Germany and Japan.

It is desirable for proper judicial control of a discretionary disposition issued by an administrative agency that the judicial review scope of the administrative discretion should be decided in the view point of the distributing function between a administrative agency and a court in the process of the law application. The administrative discretion in the legal consequences must be distinguished from that of facts admitting for strengthening the juridical review of the administrative discretion.

To intensify the density of juridical review for the administrative discretion, besides juridical review based on the substantive examination, juridical reviews by procedural screening and by screening the process of interest evaluation in the administrative decision are required to develop as a method of juridical review in the trial process.

The Administrative Litigation Law Article 26 regulates ex officio examination. It relates with problems of the separation between the

---

* Professor, Law School, Kyungpook National University

burden of proof in administrative litigation and the burden of assertion. Within the scope to admit inquisitorial procedure in Administrative Litigation, problems related to the burden of assertion can not be raised.

The features of evidence law in administrative litigation related with administrative discretion come from maldistribution of evidence and information to the administrative agency, technically specialized evidence, the high necessity of protecting public interests. These kind of features of law in administrative litigation should be reflected in the process at a convincing level to admit as evidences.

Key words : administrative discretion, the administrative discretion of the facts admitting, the juridical review density, the burden of proof in Administrative Litigation, the burden of assertion,

투고일 2020. 12. 12.
심사일 2020. 12. 25.
게재확정일 2020. 12. 28.

방송의 공정성과 법의 포기*

朴在胤**

대법원 2019. 11. 21. 선고 2015두49474 전원합의체 판결

Ⅰ. 쟁점과 논의의 차원

　　대상판결은 2013년 박근혜 정부시절 재단법인 시민방송이라는 케이블 방송채널에서 방송한 소위 '백년전쟁'이라는 이름의 2개의 다큐멘터리 방송프로그램(이하 '이 사건 방송'이라 한다)에 대한 방송통신위원회의 제재조치를 다룬 것이다. 이 사건 방송은 민족문제연구소에서 이승만, 박정희 두 전 대통령을 매우 부정적으로 평가하여 제작한 것으로 피고 방송통신위원회는 그 내용이 구 방송심의에 관한 규정(2014. 1. 15. 방송통신심의위원회규칙 제100호로 개정되기 전의 것, 이하 '심의규정'이라고 한다) 중 공정성과 객관성에 관한 제9조 제1항, 제2항, 제14조 및 명예훼손 금지에 관한 제20조 제2항을 위반하였다는 이유로 방송법 제100조

---

* 이 연구는 2020학년도 한국외국어대학교 교내학술연구비의 지원에 의하여 이루어진 것임.
** 한국외국어대학교 교수, 법학박사, 변호사

제1항 제3호, 제4호, 제4항에 따라 관계자에 대한 징계 및 경고명령 및 고지방송명령의 각 제재조치를 취하였다. 제1심판결 및 원심판결은 원고의 취소청구를 모두 기각하였다. 이때까지만 해도 이 사건은 언론의 큰 관심을 끌지 못하고 평범한 행정청의 재량처분의 하자를 다투는 사건에 불과하였다.1)

그 후 대법원 전원합의체는 2019년 11월 이 사건 방송이 심의규정상 객관성·공정성·균형성 유지의무를 위반하였다거나 사자 명예훼손을 하였다고 볼 수 없으므로, 피고가 제재조치를 할 수 없다는 이유로 원심판결을 파기하고, 환송하였다. 그러자 이 사건은 매우 정치적인 논란이 있는 것으로 언론의 집중적인 관심을 받으며, 급기야 대법원의 역사관 및 대법관의 이념적 성향에 대한 논란으로 번지게 되었다.2) 이러한 논란의 배경에는 2017년 대통령 탄핵결정과 정권교체, 2018년 소위 사법농단 사태라고 불리는 일련의 수사 및 재판과정, 현 정권하에서 대법원의 사법개혁 논의와 대법관 임명에 관한 논란 등이 복합적으로 작용하였다고 볼 수 있다. 거기에 현 정부 들어 강화되어 온 친일파 청산의 역사관 논쟁3)이 그 핵심인 이승만, 박정희라는 두 전직 대통령에 대한 역사적 평가를 다루면서, (전 정권 기각에서 현 정권 파기로 바뀐 결론으로) 한국 사회의 대표적인 아킬레스건을 건드린 셈이 되었다.

이러한 논란에도 불구하고, 이 논문이 제재의 대상이 된 방송의 내

---

1) 중앙일보, 법원 "이승만·박정희 비판다큐 '백년전쟁' 방통위 제재 정당", 2014. 8. 28. <https://news.joins.com/article/15671586> 참조.

2) 이용우, 대법원은 대한민국 건국의 정당성을 의심하고 있는가, 법률신문 2019. 12. 12. <https://www.lawtimes.co.kr/Legal-Opinion/Legal-Opinion-View?serial=157816>; 조선일보, '백년전쟁 판결' 뒤집은 대법관 7명 중 6명, 文정부서 임명, 2019. 11. 21. <http://news.chosun.com/site/data/html_dir/2019/11/21/2019112102592.html> 참조.

3) 최근 광복회장의 광복절 기념식사는 친일파 논쟁의 정치적 성격을 극명하게 보여준다. 한국일보, 김원웅 광복회장 발언에 재조명되는 "친일 이승만, 친나치 안익태", 2020. 8. 17. <https://www.hankookilbo.com/News/Read/A2020081714040000036> 참조.

용에 대한 역사적 평가 자체를 다루는 것은 법학의 범위를 넘어선 것이라고 생각한다. 반대로, 대법원의 역사관이나 이념적 성향에 관한 논란도 이를 재판의 공정성이라는 학문적 개념에 비추어 보더라도, 아직까지 국내에 이를 객관적으로 다룰만한 학문적인 성과나 방법론이 성립되지 않았다는 점에서 공정한 연구의 대상이라고 보기 어렵다.[4] 즉, 이 논문은 기존의 법학연구의 방법론을 유지하는 차원에서 대상판결에 대한 분석과 평가를 시도하려는 것이다.[5]

한편, 기존에 언론학자들이 연구한 방송의 공정성 및 방송심의제도에 관한 연구를 원용하는 것도 대상판결을 이해하는 하나의 방편이 될 수 있을 것이다. 그러나 이러한 다른 학문분과의 논의들은 다양한 방송현실에 대한 이해 및 향후의 제도적 변화를 염두에 둔 것이지, 이 사건처럼 바로 법개념으로 적용하는 경우에는 그 활용성에 한계가 있을 수밖에 없다. 또 헌법학과 관련된 표현의 자유나 방송의 다양성과 같은 논의들도 제도론적인 관점에서 규범의 위헌성이나 입법론을 다루는 데에는 의미가 있을 수 있지만, 당장 대상판결에 사용된 법개념의 분석과는 차원이 다른 측면이 있다. 따라서 필자는 대판판결에서 다룬 공정성이나 객관성, 균형성과 같은 개념이 불확정개념의 적용 및 재량의 문제라는 행정법 고유의 법문제와 연결된다고 보아 분석한다. 다만, 대상판

---

4) 가령, 미국의 경우에는 대법원의 정치적 중립성에 관하여 다양한 방식으로 실증적 연구를 하는 것으로 보인다. 이러한 작업은 방대한 데이터와 사회과학적 연구방법론을 활용해야 하지만, 법원의 기능이나 역할을 이해하는데 필수적인 측면이 있다고 본다. Neil Devins, Lawrence Baum, The Company They Keep -How Partisan Divisions Came to the Supreme Court, 2019 참조.
5) 칼슈미트는 "한 결정의 심리적 성립을 분석한다고 해서 그 결정의 올바름에 대한 판단기준을 얻을 수 없다"고 하여, 올바른 판결과 법관의 동기를 연결하는 것을 부정적으로 보았다. 그는 "결정이 내려지자마자 -그것이 어떻게 성립되었든 관계없이- 결정은 그 논증과 함께 구체적 결정의 개별적 또는 사회심리(학)적 성립 또는 그에 대한 지배적 생각과 전혀 무관하고 전혀 다른 영역에 속하는 특별한 규범들의 지배를 받게 된다"고 한다. 칼슈미트, 홍성방 역, 법률과 판결 -법실무의 문제에 대한 연구, 2014, 36-38면 참조.

결은 기존 심의규정상의 공정성에 관한 하급심 판결들을 정리하면서, 사실상 그 개념을 최초로 제시한 대법원 판결(선례)에 해당한다는 점에서 기존 연구를 검토할 것이다.

정리해보면, 대상판결을 분석하는 차원에는, 방송 자체의 역사적 사실에 관한 1차원, 행정청이 대상 방송의 내용을 조사하여 처분을 하는 법적용 및 재량권 행사의 2차원, 법원이 관련 법령을 해석하여 행정청의 재량을 통제하는 3차원 및 더 나아가 판사가 현실 세계의 정치사회적 영향에 따라 법을 해석하는 데 어떠한 차이가 생겨나는지에 관한 메타차원이 있다고 본다면,[6] 본 논문은 1차원과 메타차원을 가능한 배제하고, 2차원 내지 3차원적인 측면에서 주로 분석하려고 하는 것이다.[7] 여기에 필자는 이하에서 보는 바와 같이 법원의 재량권 통제방식이라는 3차원에 있어서 최근 판례가 법의 해석과 적용에서 엄격성을 잃어가고 점차 논증을 소홀히 하는 측면이 있다는 점에서 비판이 가능하다고 생각한다. 이를 필자는 미국에서 논의되는 행정국가에 대한 법원의 존중(deference)과 관련된 애드리안 베뮬 교수의 주장을 원용하면서 일종의 법의 포기(Law's Abnegation)현상으로 설명할 수 있다고 본다.[8]

---

6) 물론, 판례가 전제하는 현실 제도에 대한 이해를 위해서는 이런 부분에 대한 개괄적이고 가설적인 검토는 불가피할 수 있다. 가령, 행정청의 방송심의 자체가 정파적이라는 관점도 메타차원의 연구라고 볼 수 있는데, 법원이 행정청의 재량판단을 불신하는 것은 이러한 배경이 있을 수 있다. 김재영, 이승선, 방송심의의 정파성에 대한 시론적 검증 -지상파와 종편의 뉴스시사보도 프로그램 심의 사례 분석, 방송과 커뮤니케이션 제16권 4호, 2015. 12 참조.

7) 대상판결인 대법원 2019. 11. 21. 선고 2015두49474 전원합의체 판결은 다수의견, 반대의견, 다수의견에 대한 보충의견 및 반대의견에 대한 보충의견 등 35면 분량에 달한다. 원심판결(서울고등법원 2015. 7. 15. 선고 2014누61394 판결)이 인용하는 제1심판결(서울행정법원 2014. 8. 28. 선고 2013구합28954 판결)은 해당 방송의 내용에 관한 별지를 포함하여 73면에 달한다. 따라서 본 논문은 판결내용을 먼저 개괄적으로 나열하는 기존 판례평석의 방식을 취하지 않고, 관련 쟁점에 대한 논의를 진행하면서 관련 부분에서 가능한 압축적으로 그 내용을 소개하고자 한다.

8) Abnegation은 사전상 거절, 거부, 포기, 기권, 자제 등의 뜻을 갖는다고 한다. 본 논문에서는 법원이 행정에 대하여 엄격한 법의 적용을 포기하게 된다는 의미에서 '포

Ⅱ. 공정성의 개념

1. 기존 논의의 검토

방송심의의 기준과 관련하여 언론학자들을 중심으로 그 핵심인 공정성 개념에 관한 논의가 다양하게 전개되고 있다. 이러한 논의는 일정 부분 대상판결에 영향을 미쳤다고 보이므로, 이를 일별할 필요가 있다. 윤석민 교수의 연구에 따르면, 기존 논의들은 아래와 같이 크게 다섯 가지 입장으로 정리된다고 한다.9)

첫째로, 미디어 공정성이란 한쪽으로 치우치지 않고 비편향적이고 균형적인 태도로 보는 것이다. 즉, 언론인이 자신의 개인적 관점을 배제한 채 사안과 관련된 당사자 모두의 의견을 편향적이지 않고 균형적으로 보도하는 것을 공정하다거나, 특정 이슈나 사건의 이해당사자를 다룬 횟수는 물론 적절성, 중요도를 포함하여 양적 균형과 질적 균형을 함께 고려해야 한다는 견해가 이에 속한다. 여기에 주관의 배제나, 양적, 질적인 균형을 넘어서 롤즈의 정의론을 원용하여 가치 판단을 개입한 적극적 균형으로 해석한 견해도 있다고 한다. 이 견해는 이론적으로 검증과 평가, 수행의 측면에서 가장 실현가능성이 높은 개념이어서 불가피하게 채택되는 측면이 있다고 한다.10)

둘째로, 공정성을 객관성이나 혹은 그 하위개념으로 보는 입장이다. 미국에서 19세기 말 이후 신문의 보급방식이 대중지 체제로 변하면

기'라고 번역하였다. 다만, 법원이 스스로 합리적인 선택을 한다는 점에서는 '자제'라는 표현도 가능할 것이다. 네이버 영어사전 참조. 이하 베뮬 교수의 견해는 Adrian Vermeule, Law's Abnegation–From Law's Empire to the Administrative State, 2016 에서 관련된 부분을 인용하며 설명한다.

9) 이하의 논의는 주로 윤석민, 미디어 공정성 연구, 2015, 26면 이하를 정리한 것이다. 언론학 분야에서는 이에 대하여 매우 광범위한 선행연구가 있다. 법학적인 분석을 기초로 하는 본 연구에서 이러한 논의를 모두 참조하지 못하는 점에 양해를 구한다.

10) 윤석민, 위의 책, 27-29면 참조.

서 보다 많은 독자를 확보하기 위하여 특정 정파로부터 독립하여 중립적 입장에서 정보를 제공하는 보도관행이 강조되었고, 이때부터 객관성을 실현하기 위한 하위개념으로 공정성이 유래되었다고 한다. 여기에 국내에서 가장 많이 인용되는 웨스터슈탈의 견해에 의하면, 객관성의 하위개념으로 사실성(factuality)과 불편부당성(impartiality)을 두고, 불편부당성을 다시 균형성(balance)과 중립성(neutrality)로 구분하는데, 불편부당성이 바로 공정성에 해당한다는 것이다.11)

셋째로, 공정성을 다양성의 보장으로 파악하는 입장이다. 이는 공정성이 단순히 양적 균형을 의미하는 것보다는 더욱 광범위한 의견을 제시하는 것을 뜻한다. 여기에 다양한 입장을 가능한 넓게 그리고 정밀하게 전달하여 편향성을 최소화하려 노력하는 것이 공정성의 핵심이라는 견해도 속한다.12)

넷째로, 공정성은 하나의 실체가 아닌 역사적, 사회적 맥락이 반영된 개념이라는 입장이다. 이는 앞의 입장들과 구별되기보다 이를 바탕으로 개념을 파악하면서도, 이러한 기준들을 적용하는 엄격성의 정도가 상황적 맥락에 따라 달라진다는 것이다. 가령, 2004년 탄핵방송 논란 당시에 일부 견해는 노무현 대통령 탄핵 국면은 국민 대다수가 반대하는 사태였기 때문에 균형적으로 찬반 의견을 반영해야 하는 것이 아니라 오히려 지배적 여론을 반영한 보도가 공정하였다고 한 것도 이에 속한다. 즉, 공정성 판단의 중요한 기준으로 지배적 여론 여부를 포함해야 한다는 것이다. 반면에, 상대주의적 관점의 반대축으로 공정성 개념을 아예 무용한 것으로 보는 견해도 있다고 한다.13)

다섯째는, 공정성을 단일한 의미를 내포하는 개념이 아닌 다양한 개념의 복합으로 이해하는 것으로, 가령 영국 BBC는 '적절한 불편부당

---

11) 윤석민, 위의 책, 30-32면 참조.
12) 윤석민, 위의 책, 32-33면 참조.
13) 윤석민, 위의 책, 34-38면 참조.

성'(Due Impartiality)라는 개념을 저널리즘에 요구되는 거의 모든 개념을 망라한 것으로 설명한다는 것이다.[14)

한편, 법학자들은 주로 외국의 입법례 혹은 판례를 분석하면서 공정성의 개념을 제시하는 경향이 있다. 가령, 고민수 교수는 미국법상의 공정성 원칙과 '인신공격 규칙'(personal attack rule) 및 '정치사설 규칙'(political editorial rule)의 성질을 분석하면서, 공정성 원칙은 잠정적 당위로서 원리(principle)에 해당하지만, 나머지 두 개는 확정적 당위로서 규칙(rule)에 해당한다고 본다. 그리고 연방통신위원회가 공정성 원칙의 폐지를 선언하였지만, 여전히 미국 판례법상의 선례로서 그 원칙이 부정된 것은 아니라고 한다.[15) 즉, 위 세 번째 입장과 유사한 취지라고 이해된다.

문재완 교수는 공정성은 방송프로그램의 내용에 있어서 요구되는 공익성의 한 측면으로서, 방송 주파수의 제한이라는 기술적 한계로 인하여 부득이하게 방송사업 허가를 받은 소수의 사업자는 자신의 이익이 아니라 공공의 이익을 위하여 방송을 해야 하는 공익성 의무를 부담하며, 이 의무에서 나온 구체적인 명령이 공정성 원칙이라고 한다.[16)

황성기 교수는 방송의 공정성 테제는 행위규범인 동시에 통제규범으로서 이원적 성격을 갖는다는 점을 강조한다. 행위규범의 경우 방송현업에 종사하는 기자나 방송사 등은 최대한 준수해야 하는 행위지침으

---

14) 윤석민, 위의 책, 38-39면 참조.
15) 그는 공정성 규범이 "방송과 관련해 표현의 자유는 방송사업자의 언론의 자유를 보장함을 목적으로 하는 것이 아니라, 청취자 내지 시청자가 현명한 유권자와 시민으로 행동하는데 필요한 정보를 얻도록 보장함에 그 의의가 있다는 헌법적 해석에 기초해, 의견형성의 다양성 보장을 통해 토론의 활성화라는 공익 실현에 기여함을 목적으로 한다"고 본다. 고민수, 방송사업자의 공정성의무에 관한 헌법적 고찰 — 미국에서의 공정성 규범에 관한 논의와 이에 대한 비판적 분석을 중심으로—, 공법연구 제37집 제4호, 2009. 6, 120-132면 참조.
16) 다만, 미국에서 발전한 이 원칙은 방송의 특수성이 사라지면 강행규범으로서 의미를 잃은 것이 되고 미국에서는 그렇게 중시되지 않는다고 본다. 문재완, 방송의 공공성과 구조규제에 대한 비판적 검토, 공법연구 제46집 제4호, 2018. 6, 223면 참조.

로, 통제규범의 경우 규제기관에 대하서 최소한의 판단기준으로 기능한 다는 것이다. 더 나아가 공정성은 다차원적인 하위개념들을 포괄하는 복합적 개념이고, 시대에 따라 그 의미가 변화하는 가변적 개념이므로, 방송의 공정성에 대한 내용 및 판단기준을 실체적으로 정립하는 것이 쉽지 않다고 보면서, 공정성에 대한 절차적 접근방법을 제안한다. 명예 훼손에서 상당성 요건과 유사한 요건을 방송의 공정성의 내용 및 판단 기준에 포함시키는 것이다. 즉, 방송프로그램 제작시 공정성을 확보하 기 위해 필요한 조사 및 확인절차를 거쳤는지를 판단기준으로 삼자는 것이다. 여기에 심의제도를 ADR 방식이나 자율규제 방식 등으로 개선 하는 것을 추가적으로 주장하는 것이다. 이러한 주장은 규범적인 의미 에서의 공정성 개념을 유지하면서도, 위에서 본 상대주의적 관점에 대 한 비판을 일부 수용한 것이라 평가할 수 있겠다.17)

이상의 논의를 살펴보면, 공정성 개념은 그 규범화를 위하여 부득 이하게 균형성을 중심으로 파악하게 되지만, 객관성이나 다양성, 상황 적 맥락 등이 그 심의를 위해서 모두 고려되어야 한다는 점을 알 수 있 다. 법학적인 논의가 적극적이고 실체적인 개념화를 완화하려고 하는 것도 이러한 고려 때문이라고 할 것이다. 그러나 여전히 그 실제적인 내용은 정확하게 파악하기 어려운 모호한 성격이 있다는 점을 부인하기 어렵다. 이 점에서 그 규범의 원리적 성격을 지적하는 견해는 적절하다 고 볼 수 있다. 이러한 개념의 성격은 미국법의 논의에서 영향을 받은 그 폐지와 옹호론으로 심화된다. 다만, 이 개념을 통한 심의제도의 정당 성을 부정적으로 보더라도, 대상판결은 실정법의 개념으로서 공정성을 사용하여 어찌됐든 방송심의를 해야 한다는 당위적 전제를 인정해야 한

---

17) 다만, 실제 실무적으로 활용되는 공정성의 규제에서도 상대주의적인 관점에서 매체
별, 프로그램별 질적 혹은 양적인 차이를 인정하고 있으므로, 굳이 균형성을 중심
으로 개념화하는 것 외에 독자적인 개념이라고 볼 필요는 없을 것 같다. 황성기,
방송의 공정성 확보를 위한 제도적 개선방안에 관한 연구, 법학논총 제31집 제1호,
2014. 3, 98-103면 참조.

다는 점이다. 그 점에서 개괄적인 형태로라도 공정성 개념을 긍정하고 그 실천적 적용방안을 찾아야 하는 것이다.[18] 제도적 개혁론과 실정법 해석론은 엄연한 차이가 있다.

2. 법령 및 판례 검토

방송법은 방송규제의 다양한 측면에서 공정성 개념을 활용하고 있다. 방송법 제6조는 방송의 공정성과 공익성 의무에 대하여 규정하고 있다. 그러나 이 규정은 공정성과 공익성의 다양한 측면을 예시적으로 나열하고 있어서 공정성 자체의 개념을 파악하기는 어렵다.[19] 동법 제10조는 "방송의 공적책임·공정성·공익성의 실현 가능성"을 방송사업자의 사업허가 내지 승인시에 심사하도록 하고 있다. 동법 제15조의2 최다액출자자 등 변경승인, 제78조의2 외국방송사업자의 국내 재송신 승인시에도 마찬가지이다.

동법 제32조는 방송통신심의위원회(이하 '심의위원회'라 한다)가 방송의 내용이 공정성과 공공성을 유지하고 있는지 여부를 방송 후 심의하도록 하고, 이 경우 매체별·채널별 특성을 고려하도록 규정한다. 또 제33조에 따라 심의위원회가 방송의 공정성 및 공공성을 심의하기 위하여 방송심의에 관한 규정을 제정·공표하도록 하는데, 이 심의규정에는 '보도·논평의 공정성·공공성에 관한 사항' 및 '방송광고 내용의 공정성·공익성에 관한 사항'이 포함되어야 한다. 그밖에 한국방송공사의 공적책임(제44조), 방송사업자의 편성의무(제69조) 등에서 공정성 준수의무를 규정하고 있다.

---

18) 이러한 추상적 개념의 한계는 행정법 해석론에서 문제되는 불확정 개념의 공통된 문제라고도 할 수 있다. 문제를 심각하게 보면 심각한 것이지만, 비교·가능한 수준에서 개념을 다루는 것을 포기할 이유는 없다.

19) 제6조(방송의 공정성과 공익성) ① 방송에 의한 보도는 공정하고 객관적이어야 한다. (이하 생략)

　　심의규정 제9조는 공정성,[20] 제14조는 객관성,[21] 제20조는 명예훼손 금지[22]에 관한 준수의무를 규정하고 있다. 그러나 이러한 규정들도 공정성 자체에 대한 완결된 개념정의를 제공하기보다는 단편적인 의무를 예시적으로 서술한 것으로 보인다.[23]

　　한편, 기존 대법원 판례에서 공정성의 개념이나 그 심사방식을 체계적으로 제시한 것은 찾기 어렵다. 다만 하급심 판결례에 대한 선행연구에 따르면,[24] 보도프로그램 외에도 시사에 관한 교양프로그램이나 PD저널리즘에 관한 프로그램이 많이 문제되면서, "공정성 내지 균형성이란 기본적으로 사회적 쟁점 사안에 관하여 공정한 접근을 전제로 위 쟁점에 관련된 갈등당사자에게는 물론이고 갈등당사자를 지지하는 진영과 반대하는 진영에 공정한 발언의 기회를 제공하는 것을 의미한다. 이러한 공정성·균형성을 단편적인 양적 균형의 문제로 파악한다면 모든

---

20) 제9조(공정성) ①방송은 진실을 왜곡하지 아니하고 객관적으로 다루어야 한다.
　　② 방송은 사회적 쟁점이나 이해관계가 첨예하게 대립된 사안을 다룰 때에는 공정성과 균형성을 유지하여야 하고 관련 당사자의 의견을 균형있게 반영하여야 한다.
　　③ 방송은 제작기술 또는 편집기술 등을 이용하는 방법으로 대립되고 있는 사안에 대해 특정인이나 특정단체에 유리하게 하거나 사실을 오인하게 하여서는 아니된다.
　　④ 방송은 당해 사업자 또는 그 종사자가 직접적인 이해당사자가 되는 사안에 대하여 일방의 주장을 전달함으로써 시청자를 오도하여서는 아니된다.
　　⑤ 방송은 성별·연령·직업·종교·신념·계층·지역·인종 등을 이유로 방송편성에 차별을 두어서는 아니된다. 다만, 종교의 선교에 관한 전문편성을 행하는 방송사업자가 그 방송분야의 범위 안에서 방송을 하는 경우에는 그러하지 아니하다.
21) 제14조(객관성) 방송은 사실을 정확하고 객관적인 방법으로 다루어야 하며, 불명확한 내용을 사실인 것으로 방송하여 시청자를 혼동케 하여서는 아니된다.
22) 제20조(명예훼손 금지) ① 방송은 타인(자연인과 법인, 기타 단체를 포함한다)의 명예를 훼손하여서는 아니된다.
　　② 방송은 사자(死者)의 명예도 존중하여야 한다.
　　③ 제1항 및 제2항에 해당하는 경우에 그 내용이 진실한 사실로서 오로지 공공의 이익에 관한 때에는 예외로 한다.
23) 황성기, 앞의 글, 102면 참조.
24) 윤성옥, 방송심의 제재와 방송의 자유 보호에 관한 법원 판결 분석, 언론과 법 제14권 제3호, 2015, 130－137면 참조.

방송은 산술평균적 입장에 따른 양시양비론으로 수렴할 수밖에 없고, 방송이 모든 견해에 대해 균등한 시간을 할애하여 모든 논쟁을 표현하는 것은 현실적으로 불가능에 가까우므로 공정성 및 균형성을 정량적으로 접근하여 판단하는 것은 헌법이 정하고 있는 방송의 자유를 과도하게 제한할 우려가 크므로 지양되어야 한다"고 하여 양적 균형보다는 실질적인 균형을 중시하는 입장을 취한 것이 많았다.25) 반면, 보도프로그램에 관한 판단에서 반드시 기계적 균형성을 요구하지 않더라도 양적 균형성이 고려의 대상이 될 수 있다는 판시도 있다.26)

기존 하급심 판결에는 심의방식에 있어서 보도프로그램에 비하여 시사교양프로그램이나 탐사보도 프로그램의 경우에는 완화된 심사기준을 보여야 한다고 판시한 것이 있다. 가령, "방송은 매체별·채널별로 다른 특징을 가지고 있고 따라서 방송법 제32조는 방송통신심의위원회가 매체별·채널별 특성을 고려하여 방송의 공정성과 공공성을 심의하도록 정하고 있다. 그러나 같은 매체 또는 채널이라고 하더라도 개별 프로그램의 성격에 따라 다양한 형태로 정보나 의견을 교환하므로 방송의 공정성·균형성과 객관성은 매체별·채널별뿐만 아니라 프로그램의 성격에 따라서도 그 준수 여부에 관한 심사의 강도가 달라진다고 봄이 타당하다. 심의규정 제10조가 사실 보도와 해설·논평 등을 구별하고 있는 점도 이와 같은 취지를 반영한 것으로 보인다"라고 근거를 제시하는 것이다.27) 다만, 위 사안은 생방송 인터뷰의 특성을 반영하여야 한다는 것

---

25) 서울고등법원 2015. 2. 10. 선고, 2014누5912 판결(대법원 대법원 2015. 7. 9. 자 2015두1632 심리불속행) ; 서울행정법원 2015. 6. 5. 선고 2014구합11021 판결(서울고법 항소기각되어 대법원 2016. 2. 18. 자 2015두57161 심리불속행) 등. 논문 심사 의견에 따라 이하 하급심 판결을 원용한 것은 대부분 대법원에서 심리불속행으로 기각된 사안을 밝힘.

26) 서울행정법원 2015. 2. 5. 선고 2014구합64940 판결(서울고법 2015. 11. 19. 선고 2015누37442 판결에서 1심과 마찬가지로 원고 패소로 확정됨); 윤성옥, 앞의 글, 130-131면 참조.

27) 서울행정법원 2015. 1. 22. 선고 2014구합62449 판결(서울고법 항소기각되어 대법원

이고, 그 인터뷰에 이어 다른 견해를 담은 여야 국회의원의 의견을 듣는 시간을 편성하여 실질적인 반박이 이루어졌다는 점이 고려되었다고 봐야 한다. 마찬가지로 천안함 사건을 다룬 프로그램에 대한 사건에서도 "이 사건 방송은 드러난 쟁점의 이면을 적극적으로 파헤치고자 하는 탐사보도 프로그램에 해당하므로, 양적균등이 강하게 요구되는 선거방송이나 객관적 사실의 보도에 중점을 두는 뉴스보도 또는 대립되는 견해를 대등하게 논의하는 토론방송 등과 동일한 기준에서 공정성과 균형성을 요구할 수는 없다"고 보면서도, 반대견해에 해당하는 합동조사단 측의 입장도 충실히 반영하였다는 점을 고려하여 판단하고 있다. 즉, 이러한 판시들은 매체별, 채널별, 혹은 프로그램별로 체계적으로 구별되는 다른 심의방식을 도입해야 한다고 판단한다기보다, 프로그램 성격에 맞추어 융통성 있고 실질적인 균형을 맞추면 된다는 원론적인 기준을 제시한 것으로 보인다. 더 나아가 하급심 판례 중에는 지상파방송과 종편채널의 심사에 있어서 달리 판단할 수 없다는 판결도 있다.[28]

대상판결은 심의규정상 공정성 개념과 관련하여 다음과 같이 판결하였다. 이러한 개념은 사실상 공정성을 비편향성과 균형으로 파악하는 첫 번째 견해를 기반으로 하는 것으로 이해된다.

위 각 조항의 입법 취지, 문언적 의미 등을 종합하여 보면, '객관성'이란 사실을 왜곡하지 않고 증명 가능한 객관적 사실에 기초하여 있는 그대로 가능한 한 정확하게 사실을 다루어야 한다는 것을 의미하고, '공정성'이란 사회적 쟁점이나 이해관계가 첨예하게 대립된 사안에 대해 다양한 관점과 의견을 전달함에 있어 편향적으로 다루지 않는 것을 의미

2015. 12. 23.자 2015두51804 심리불속행).

28) 이는 통합진보당 해산심판청구에 관한 보도프로그램을 다룬 사건이다. 서울행정법원 2014. 9. 18. 선고 2014구합9257 판결(서울고등 항소기각되어 대법원 2015. 5. 19. 선고 2015두40040 상고이유서부제출 기각).

하며, '균형성'이란 각각의 입장에 대하여 시간과 비중을 균등하게 할애해야 한다는 양적 균형이 아니라 관련 당사자나 방송 대상의 사회적 영향력, 사안의 속성, 프로그램의 성격 등을 고려하여 실질적으로 균등한 기회를 제공함으로써 공평하게 다루는 것을 의미한다. 여기에서 '사회적 쟁점이나 이해관계가 첨예하게 대립된 사안'이란, 사회 구성원의 입장이나 해석이 우열을 가릴 수 없을 정도로 나뉘어 사회적으로 크게 부각된 사안이나 다양한 사회적 이해관계가 충돌하는 사안을 의미한다.

더 나아가 대상판결은 일단 "방송법은 방송통신심의위원회에 방송분야 전반에 대하여 공정성과 공공성을 심의하도록 위임하였고, 이에 따라 심의규정은 방송분야 전반에 대하여 공정성과 객관성을 요구하며 이를 심의기준으로 채택하고 있으므로, 심의대상이 되는 프로그램이 보도 프로그램으로 한정된다고 볼 수 없다"고 하여, 다큐멘터리에 해당하는 이 사건 방송도 심의대상에 해당함을 인정하였다. 결국, 다수의견과 반대의견이 갈라진 핵심적인 지점은 기존 하급심 판례가 종종 원용하였던 것처럼 매체별, 채널별, 프로그램별 특성을 고려하여 완화된 심사를 하여야 한다는 것을 어떻게 이해할 것인지에 관한 것이다. 이는 아래에서 보는 바와 같이 방송심의제도 자체에 관한 비판론과 옹호론의 논쟁과 관련이 있다.

3. 비판론과 옹호론

실정법상의 제도임에도 불구하고, 공정성 개념에 의한 방송심의에 대한 강력한 비판론이 언론학자들은 물론 법학자들 사이에서도 지속적으로 제기되고 있다. 그 대표적인 학자인 박경신 교수는 공정거래법적인 근거와 방송매체의 다양성이라는 측면에서 방송법상의 소유규제에는 찬성하는 입장을 보인다. 그러나 미국의 논의를 원용하면서 IPTV와 같은 대체매체가 나타나 전파의 희소성이라는 논거가 약화되는 지금의 시점에서는 현행법상의 공정성 심의를 다른 방식으로 개념화할 필요가 있다고 본다. 그는 방송심의위원회라는 행정기관이 국가에서 추진하고 있는 사안에 대해 언론의 정치적 중립성을 강요할 수 없고, 공정성 심의를 정부가 자신의 견해를 관철시키기 위해 공정성 심의를 하여서는 안 된다고 주장하고 있다.29)30) 현행법상 방송심의가 사전검열과 유사한 문제가 있고, 방송통신심의위원회에 구성에 정치적 영향력이 미치는 문제가 있으므로, 자율적인 방송심의 체제로 전환하고, 매체 특성에 따른 규제를 법제화하여야 한다는 견해도 맥락을 같이한다고 본다.31)

반면, 문재완 교수는 방송의 자유라는 기본권의 주관적 권리성을 중시하여 소유규제는 완화되어야 한다고 보면서도,32) 방송의 공적 책임이라는 측면에서 공정성 심의를 긍정하는 입장을 취하고 있다. 즉, 방송의 자유의 헌법적 정당성이 국민의 알권리와 의견 및 여론형성에 기여하는 데 있다고 한다면, 공정하고 객관적인 내용의 방송은 헌법적 요청이라고 보는 것이다. 다만, 방송사의 자율성을 보장한다는 측면에서 민영방송사 대하여는 기본적인 최저수준에서의 다양성과 공정성만 요구

---

29) 박경신 교수는 그 논거로 매체가 늘어난 상황에서 다른 매체에서 용납되지 않는 공정성 심의를 방송에 대해서만 용압할 이유가 줄어들고 있고, 매체의 양적 팽창과 관계없이 방송의 내용규제가 강력하면 방송의 다양성은 줄어들 수밖에 없다고 한다. 박경신, 공정성 심의의 정치적 중립성, 한국언론정보학회 토론회, 2009, 8-14면 참조.

30) 그는 후속 논문에서 ① 공정성 심의를 넓은 의미의 행정기관에 의한 검열이므로 공정성 심의를 폐지하거나, ② 유지하더라도 심의를 개별 프로그램별로 하는 것이 아니라 방송사의 모든 프로그램별로 통합하여 심사하는 것, ③ 혹은 공정성 심의를 정부에 대한 불균형성을 이유로 제재를 하면 '견해 차에 따른 차별'이 될 수 있으므로 국가정책에 대한 프로그램은 공정성 심의대상에서 아예 배제하는 방안을 대안으로 제시하고 있다. 박경신, 방송 공정성 심의의 헌법적 한계: '견해 차에 따른 차별' 금지의 원리, 민주법학 제48호, 2012. 3, 270면.

31) 최우정, 헌법상 방송의 자유보장을 위한 현행 방송심의제도의 문제점과 개선방향, 공법학연구 제14권 제2호, 2013. 5, 16-25면 참조.

32) 문재완, 앞의 글, 236면.

할 수 있다는 입장을 취한다.[33]

고민수 교수는 방송의 자유는 방송사업자에게 부여된 천부적 권리가 아니라 그 규제도 기본권 실현을 위한 규범정립작용으로 평가해야 한다면서, 다매체, 다채널로 대표되는 방송환경의 변화가 있더라도 주파수의 희소성이론이 무력화되는 것은 아니고, 이 이론은 방송국의 수가 신문의 수보다 적다는 사실에 기초한 것이 아니라 방송용으로 할당된 주파수가 방송을 하기를 원하는 사람보다 항상 적다는 점에 기초하므로 정당화될 수 있다고 본다. 그는 공정성 개념의 모호성은 개선되어야 하더라도 적어도 방송사업자의 '편향된 의견' 또는 '인신공격성 논증'과 관련해 의사형성에 있어서 논리적 오류를 바로 잡을 수 있는 수단을 마련하는 것은 국가의 헌법적 과제라고 한다.[34][35] 유사한 맥락에서 황성기 교수도, 방송의 역사성, 언론자유의 양면성, 정보와 견해의 다양성 보장, 입법자의 입법재량 등을 이유로 공정성 심의제도의 헌법적 정당성은 인정된다고 본다.[36]

이러한 비판론과 옹호론은 대상판결의 다수의견과 반대의견의 논쟁과정에서도 그 영향을 발견할 수 있다. 다음과 같은 김재형 대법관의 다수의견에 대한 보충의견은 특히 위에서 본 비판론에 근거한 것으로 보인다.

방송심의제도 자체가 위헌이라고 볼 수는 없으나, 방송심의에 관한 규

---

33) 문재완, 방송의 공적 책임과 방송편성권의 주체, 공법연구 제39집 제1호, 2010. 10, 209면, 212면 참조.
34) 고민수, 앞의 글, 134-139면 참조.
35) 시청자인 국민이 공적 토론장인 방송에 자유롭게 접근하는 원칙으로서 공정성 원칙은 그 기본정신이 여전히 유효하고 고귀한 목표라는 견해로는 이춘구, 미국 Red Lion 사건과 Syracuse 사건에 대한 연구 - 방송의 공정성 원칙의 헌법 논쟁을 중심으로, 동북아법연구 제8권 제3호, 2015, 412면 참조.
36) 방송규제가 과거의 정당화 근거였던 전파의 희소성 등의 논거는 설득력을 잃어가더라도, 이러한 근거들을 바탕으로 방송이 다른 매체에서는 볼 수 없는 규제를 받았다는 역사 자체는 분명하다고 한다. 황성기, 앞의 글, 95-98면 참조.

정들을 새로운 유형의 방송매체에 그대로 적용할 경우 위헌적 결과가
발생한다면 그것을 최대한 제거하는 방향으로 헌법합치적 해석을 해야
한다. 현행 방송심의제도는 행정기관인 방송통신위원회가 방송내용이
심의기준에 어긋난다는 이유로 행정제재 등 공권력을 행사함으로써 방
송사업자의 기본권을 제한하는 방식으로 운용되고 있다. 그러나 민주주
의 사회에서 표현행위, 특히 그 내용에 대하여 행정제재를 하는 것은
표현의 자유를 침해할 우려가 있으므로 가급적 억제되어야 하고, 궁극
적으로는 정치적 영향력에서 자유로운 자율심의체계로 나아가는 것이
바람직하다.

      이처럼 대상판결의 다수의견은 표현의 자유에 대한 행정기관의 검
열에 유사한 제한이라는 비판론의 입장을 배경으로 하고 있다. 그러나
방송심의를 담당하는 심의위원회가 행정기관이라는 점은 방송심의가
제재조치라는 강제력과 연결되기 위해서는 민주적 정당성이라는 헌법
적 연결고리가 인정되어야 하고, 이를 소송법적으로 행정청으로 보아야
권리구제를 인정할 수 있다는 법정책적인 관점에서 이해하여야 한다.
그리고 심의위원회의 구성에 있어서는 각 정당의 의사와 협의에 따라
위촉하게 하는 등 표현의 자유와 그 다양성을 고려하여 일반적인 행정
기관의 구성과는 다른 측면이 많다.37) 따라서 방송심의제도 자체의 위
헌성을 직접 다루는 것이 아닌 대상판결에서 심의기관의 행정기관성을
강조하는 것은 과도한 측면이 있다. 헌재도 방송의 사회적 기능과 책임
을 보장하기 위하여 방송심의제도 자체의 필요성을 인정하고 있다.38)
      더 나아가 다음과 같은 다수의견 및 김선수, 김상환 대법관의 보충
의견에서 보인 퍼블릭 액세스 채널에서의 공정성에 대한 심사기준은 박

---

37) 방송통신위원회 설치 및 운영에 관한 법률 제18조 이하 참조.
38) 다만, 헌재는 사과명령제도를 규정한 것은 방송사업자의 인격권을 침해한다고 보았
    다. 헌재 2012. 8. 23. 2009헌가27결정 참조.

경신 교수가 주장한 방송사 모든 프로그램에 대한 통합심사와 유사한 것으로 보인다.

하나의 방송프로그램 안에 다양한 관점을 모두 소개하여야만 한다면 주류적 관점에 대한 여러 가지 의문을 방송에서 다루는 것은 현실적으로 불가능하게 된다. 제작자의 관점과 다른 관점을 가진 관련 당사자의 의견을 모두 반영한 역사 다큐멘터리는 역사적 관점에 대한 단순한 나열에 그칠 수 있기 때문이다. 이승만, 박정희 대통령의 업적에 대한 긍정적인 평가는 이미 주류적 지위를 점하고 있으므로, 이 사건 각 방송에서 이에 관한 내용을 소개해 주는 것이 반드시 필요하였다고 보기도 어렵다.
원고는 개인과 단체 등 시청자들이 제작에 참여한 프로그램이라면 장르와 형식을 가리지 않고 편성해 주는 것을 원칙으로 하고 있는 것으로 보이므로, 이 사건 각 방송과 다른 의견을 가진 시청자가 제작한 프로그램의 방송을 요구하는 경우 원고로서는 이를 거절하기 어려울 것으로 보인다. 나아가 이들 시청자는 방송법령상 보장된 시청자 참여프로그램 편성의무 제도를 활용할 수도 있다. 따라서 원고에게 그러한 프로그램의 방송을 요구하는 시청자가 없었다는 사정만으로 다수의견이 공허한 근거에 바탕하였다는 반대의견의 지적은 타당하지 않다.

이제 채널별, 프로그램별 특성을 강조하는 다수의견의 견해에 따르면, 방송프로그램을 제작하고 방송하면서 동시에 공정성을 엄격하게 유지해야 할 필요성은 거의 사라지게 될 우려가 있다. 즉, 공정성이라는 개념이 채널이나 프로그램의 성격에 따라 거의 무용하게 해체될 수 있는 것이다.39) 이에 대해 공정성 개념에 관한 입장 중에서 가장 큰 문제

---

39) 가령, 다수의견은 참여의 기회가 보장되는 것을 중시하고 있고, 이승만, 박정희 대통령에 대한 긍정적 평가가 주류적 관점이라고 하고 있으나, 이에 대한 역사적 평

는 상황론적 관점이 극단적으로 흐르는 경우에 발생한다는 평가를 주목할 필요가 있다. 정파적 시각, 상대주의적 시각, 무용론적 시각으로 분류되는 극단적인 입장은 그 자체에 민주주의를 앞세우지만 정작 민주주의의 기본원리를 부정하는 등의 문제가 있다는 것이다.[40]

사실 비판론의 시각은 실천적으로 살펴보면 지난 보수정권에서 많이 문제되었던 광우병 사태, 천안함 사건, 세월호 사건 등에관한 이른바 PD저널리즘에 의한 방송에서 주로 문제되었던 것이다. 이에 대하여 진보성향의 언론학자들이 'PD수첩'류의 PD저널리즘에 대한 과도한 규제를 문제삼았던 것이다.[41] 그러나 일반적으로 이러한 상대주의 입장을 취할 경우 공정성 원칙 자체가 '공정성' 논란에 휩싸이면서 그 논란은 더욱 확대될 수밖에 없다는 지적이 있다.[42] 이러한 기존의 논의들은 다시 대상판결에서 퍼블릭 액세스 채널에서의 다큐멘터리 프로그램에 대한 심사방식이라는 문제로 진화되고 있다고 평가할 수 있다.

가가 오랫동안 정치적 논란이 되고 있어서 주류적 관점이라고 볼 만한 것이 있는지 의문이다. 또, 이 프로그램을 반박하기 위해서 소위 주류적 관점을 가진 다큐멘터리를 다시 제작하여야 한다면, 이는 그 자체로 불공정하다고 생각한다. 논란을 야기한 것이 이 사건 방송 프로그램인데 이에 대한 반박을 반대 당사자가 해야 한다는 의미이므로, 현행 방송심의의 틀과는 차이가 있다.

40) 윤석민, 앞의 책, 43-46면 참조. 특히, 그는 공정성 원칙은 사회적 소통이 성립하기 위한 기본적이고 필수적인 조건으로, 표현의 자유와 상충하지 않고 그에 비례에 강화되며, 표현의 자유를 적극적으로 지켜주고 확장시키는 수단으로서 정당화된다고 본다. 앞의 책, 84면 참조.

41) 이창현, 공정성 관련 방송심의를 둘러싼 사회적 갈등 분석 -PD수첩과 촛불시위 관련 프로그램의 심의를 중심으로, 방송통신연구, 2008. 11, 64면 참조.

42) 윤석민, 앞의 책, 45면 참조. 이번 정권 들어서는 소위 조국사태와 관련하여 언론의 불공정성을 주장하는 경우가 있어서 사실 방송심의에 대한 정치적 입장이 달라질 가능성이 있다. 결국, 상대주의적 입장은 규범의 적용양태를 상대적으로 파악하는 논거로 인하여 스스로 약점이 있다고 생각한다.

Ⅲ. 행정국가와 법의 포기

1. 미국법상 행정국가의 경향

대상판결의 쟁점에 들어가기에 앞서 필자는 이 사건은 행정의 재량결정에 대한 법원의 심사방식 내지 심사강도를 다루면서, 결과적으로 법원이 완화된 심사방식을 취하여야 한다는 점에 주목한다. 그에 따라 비교법적인 검토로서, 먼저 미국법상 나타난 행정국가의 경향에 관한 논의를 소개하려고 한다.

행정국가란, '특권적'이라고 알려진 권한, 즉 구속적인 규칙을 법이 없이, 법의 밖에서, 혹은 법에 반하여 만들 수 있는 권한을 선출된 입법부가 아닌 누군가가 행사하는 특징을 갖는 국가를 말한다고 한다.[43] 행정국가가 헌법에 반한다고 보는 개리 로슨(Gary Lawson)에 의하면, 행정국가가 갖는 다음과 같은 다섯 가지 특징이 미국 제헌 헌법에 반한다고 한다. 즉, 행정국가는 (1) 헌법 제1장, 특히 통상 조항에 근거하여 광범위하게 연방정부의 권한의 범위가 증가하고, (2) 의회로부터 대통령과 관료에게로 광범위한 위임이, 사실상 입법권한을 입법부가 아닌 공직자에게 이전하며, (3) 헌법 제2장에 근거한 '단일한 행정부'와 일치하지 않는 독립행정청이 창설되고, (4) 집행기관에 재결권한을 부여하여, 헌법 제3장에 의한 판사에 의한 존중적 심사만 받으며, (5) 행정청에 입법적(규칙제정), 집행적, 재결적 기능을 통합한다는 것이다. 이에 대해 베뮬은 이러한 행정국가의 헌법위반이 뉴딜 시기를 거치면서 치유되었다고 보고, 행정국가에 대한 미국법상의 논란에 대하여 반론을 펼치면서 미

---

43) Michael S. Greve, The Administrative State, Once More: What's Law But a Second-Hand Devotion?, Law & Liberty. February 11, 2013. <https://lawliberty.org/the-administrative-state-once-more-whats-law-but-a-second-hand-devotion/> 참조.

국법상 법원이 행정국가를 존중하는 방향으로 법의 포기현상이 발생하였다고 주장하는 것이다.[44]

2. 베뮬의 법의 포기이론

베뮬은 법의 포기를 법원의 다수의 판례를 분석하면서 이론화하고 있다. 그는 전통적인 법률주의와 현대적인 행정국가의 타협으로서 균형상태를 만든 사건으로 1932년의 *Crowell v. Benson*을 지적하면서, 이것이 행정절차법의 기초가 되었다고 한다.[45] *Crowell* 사건은 근로자의 보상청구를 재결한 행정심판소(administrative tribunal)의 합헌성과 관련이 있는데, 휴즈 대법원장(Charles Evans Hughes)이 작성한 판결법리의 개요는 다음과 같다.[46]

(1) 법원은 모든 '법'의 문제를 새로(de novo) 결정한다.

(2) 정부 공무원과 시민 사이에서 '공권'(public right)과 관련된 사건에서는, 행정심판소에게 의회에 의해 '사실'의 문제를 결정할 전속적인 권한이 부여될 수 있다.

(3) 보통법의 핵심 영역인 시민과 시민 사이의 '사권'(private right)과 관련된 사건에서는 행정청(administrative agency)에게 사실을 결정할 권한이 주어질 수 있는데, 이는 '유력한 증거'(substantial evidence)에 관한 어느 정도 존중적인 사법 심사만 받는다.

(4) 법원은 다음과 같은 하부범주의 사건에서는 새로(de novo) 사실을 결정한다.

(a) '관할 사실'(jurisdictional fact)에 관한 사건: 그 사실의 존재여

---

44) Vermeule, op. cit. p.38 참조.
45) Vermeule, op. cit. p.24.
46) Vermeule, op. cit. p.25-26.

부가 행정기관의 법률상 관할권의 해당 여부를 보여준다.

(b) '헌법적 사실'(constitutional fact)에 관한 사건: 그 사실의 존
재여부가 행정기관의 관할권을 우선 부여하는 의회의 헌법
상 권한의 해당 여부를 보여준다. 대표적인 예는 해사법 사
건과 주간 통상에 관한 의회의 권한이다.

이러한 휴즈가 제시한 *Crowell* 법리는 사실발견, 법의 해석, 정책
결정 등에 대한 분명한 구분이 어렵다는 점에서 불안한 통합으로 평가
된다.47) 베뮬에 의하면 이러한 법리는 (1) 법의 문제에 있어서도 행정
청의 결정을 존중해야 한다는 1984년의 *Chevron U.S.A., Inc v.
Natural Resources Defense Council, Inc.* 판결에 의하여 균열된다. (2),
(3)의 행정심판소의 권한은 지속적으로 확장되고, (4)의 관할 사실 및
헌법적 사실에 관한 기준은 남아 있어도 그렇게 견고하지 않게 된다.
더 나아가 최근 2013년 *City of Arlington v. FCC* 사건에서는 셰브론 법
리가 행정기관의 관할에 관한 해석에도 적용될 것인지가 다루어졌다.
여기서 스칼리아 대법관은 셰브론 판결에 대하여 '관할'이 예외가 된다
는 것을 명백히 거부하였다. 행정청의 조직규범에는 행정기관이 위임된
권한을 행사하기 위하여 충족해야 하는 일련의 법적 조건과 전제요건이
있는데, 이는 동일한 기초를 이루는 것이지, 어느 일부만을 관할이라고
표시할 근거는 없다는 것이다. 베뮬은 이 판결로서 법의 포기가 최종적
인 단계에 이르게 되었다고 평가하고 있다.48)

베뮬은 법의 포기를 드워킨(Ronald Dworkin)의 법의 제국과 비교하
면서,49) 법의 포기를 아직 완성되지 않은 과정으로 과거에서부터 미래
에 걸친 아크현상으로 묘사한다.50) 결론적으로 그의 주장의 핵심은 법

---

47) Vermeule, op. cit. p.28.
48) Vermeule, op. cit. p.28-36 참조.
49) Vermeule, op. cit. p.3-6 참조.
50) Vermeule, op. cit. p.12-13 참조.

의 제국으로부터 행정국가로 가는 법의 포기현상은, 법이 외부의 힘에 의하여 행정국가에 굴복한 것이 아니라 이성에 의하여 자발적으로 존중하게 된 결과라는 것이다. 즉, 법률가들이 행정에 굴복한 것이 아니라 법률가들의 이성적이고 일관된 논리적 귀결이 법의 포기(자제, Abnegation)라는 설명이다.[51]

3. 우리 판례의 경향

행정청의 결정에 대한 존중, 사법심사의 포기 내지 자제와 같은 경향이 우리 법에서도 발견될 수 있는지가 문제된다. 이에 대한 분석은 광범위한 판례의 조사 및 이론적 검토가 필요하지만, 이 글에서는 시론적인 분석으로 만족할 수밖에 없다. 지금까지 우리 판례의 발전상을 '통일성으로서의 법'이라는 드워킨의 이론을 원용하여 긍정적으로 평가하는 견해가 유력하였다.[52] 그러나 베뮬은 드워킨의 이론에서 행정국가에 대하여 무시하고, 법원을 지나치게 낭만화하고 있다는 점을 지적하면서, 통합성으로서의 법이라는 이론이 합리적인 행정의 결정에 대한 존중이라는 원칙으로 수정되어야 한다는 것이다.[53] 즉, 원리에 의한 법해석이라는 드워킨의 이상은 행정에 있어서는 재량의 존중으로 나타나게 되는 것이다.

---

51) 이처럼 이성적인 결과로서의 법의 포기는 사법심사의 합리적인 '자제'라고 해석할 수 있다. Vermeule, op. cit. p.1, 24 참조. 심사의견에서 독일에서의 관련 논의가 없는가라는 지적이 있었으나, 독일은 재량권에 따른 일반이론이 비견될 수 있을 뿐이지만 이 논의는 단순한 재량권이 문제라기보다 미국법상 행정국가에 관한 독창적인 시각을 반영한 것이므로 독일법과 비교하는 것은 적절하지 않아 보인다.

52) 김도균 교수는 최근 대법원 판결이 법해석론의 차원에서 결론에 도달하게 되는 논거들과 추론과정을 분명하게 제시하고, 반론과 재반론을 통한 변증적 논의의 모습을 뚜렷하게 보여주고 있다는 점에서 종전의 판결들과 확연히 다르다고 평가한다. 김도균, 우리 대법원 법해석론의 전환: 로널드 드워킨의 눈으로 읽기 -법의 통일성(Law's Integrity)을 향하여-, 법철학연구 제13권 제1호, 2010, 89-90면 참조.

53) Vermeule, op. cit. p.3-8 참조.

우선 판례상 행정에 대한 존중은 요건판단에 대한 재량의 법리로
나타난다. 대법원은 독일법과는 달리 지속적으로 요건부분의 불확정개
념 판단에 관한 행정청의 재량을 인정하고 있다. 가령, 판례는 "국토계
획법이 정한 용도지역 안에서의 건축허가는 건축법 제11조 제1항에 의
한 건축허가와 국토계획법 제56조 제1항의 개발행위허가의 성질을 아
울러 갖는 것으로 보아야 할 것인데, 개발행위허가는 허가기준 및 금지
요건이 불확정개념으로 규정된 부분이 많아 그 요건에 해당하는지 여부
는 행정청의 재량판단의 영역에 속한다. 그러므로 그에 대한 사법심사
는 행정청의 공익판단에 관한 재량의 여지를 감안하여 원칙적으로 재량
권의 일탈이나 남용이 있는지 여부만을 대상으로 하고, 사실오인과 비
례·평등의 원칙 위반 여부 등이 그 판단 기준이 된다고 할 것이다"고 한
다.54) 또한 "'자연환경·생활환경에 미치는 영향'과 같이 장래에 발생할
불확실한 상황과 파급효과에 대한 예측이 필요한 요건에 관한 행정청의
재량적 판단은 그 내용이 현저히 합리적이지 않다거나 상반되는 이익이
나 가치를 대비해 볼 때 형평이나 비례의 원칙에 뚜렷하게 배치되는 등
의 사정이 없는 한 폭넓게 존중될 필요가 있다. 이러한 사항은 적합 여
부 결정에 관한 재량권의 일탈·남용 여부를 심사하여 판단할 때에도 고
려하여야 한다"고 하여 행정청의 요건재량에 관한 판단을 법원이 폭넓
게 존중해야 한다고 본다.55)56)

물론, 법원이 이러한 행정재량에 대한 심사를 포기하는 것은 아니
다. 가령, "필요한 기준을 정하는 것도 역시 행정청의 재량에 속하는 것
이므로 그에 관하여 내부적으로 설정한 기준이 객관적으로 합리적이 아

54) 대법원 2017. 3. 15. 선고 2016두55490 판결.
55) 대법원 2017. 10. 31. 선고 2017두46783 판결.
56) 이러한 행정재량에 대한 존중은 반대로 사법심사가 제한된다는 의미여서 하급심과
    대법원의 권한배분을 통한 보완책이 논의되기도 한다. 임성훈 교수는 이러한 최근
    판례의 경향을 '예측적 성격'을 가지는 요건에 대한 폭넓은 존중으로 묘사한다. 임
    성훈, 행정에 대한 폭넓은 존중과 사법심사기준, 행정법연구 제52호, 2018. 2. 참조.

니라거나 타당하지 않다고 볼 만한 다른 특별한 사정이 없는 이상 행정
청의 의사는 가능한 한 존중하여야 한다. 그러나 설정된 기준이 그 자
체로 객관적으로 합리적이지 않거나 타당하지 않음에도 행정청이 만연
히 그에 따라 처분한 경우 또는 기준을 설정하였던 때와 처분 당시를
비교하여 수송 수요와 공급상황이 달라졌는지 등을 전혀 고려하지 않은
채 설정된 기준만을 기계적으로 적용함으로써 휴업을 허가할 것인지를
결정하기 위하여 마땅히 고려하여야 할 사항을 제대로 살피지 아니한
경우 등에까지 단지 행정청의 재량에 속하는 사항이라는 이유만으로 행
정청의 의사를 존중하여야 하는 것은 아니며, 이러한 경우의 처분은 재
량권을 남용하거나 그 범위를 일탈한 조치로서 위법하다"고 하여, 존중
의 한계를 설정하고 있는 것이다.57) 필자는 이러한 판결의 경향이 드워
킨과 베뮬의 생각을 연결하는 일종의 이중의 합리성의 장치라고 생각하
여 긍정적으로 평가한다.58)

　　한편, 최근 판례는 행정절차법상의 규정을 해석하면서 매우 폭넓은
예외를 인정하고 있다. 즉, 행정절차법 제20조 제1항의 처분기준의 설
정·공표의무의 범위 및 동조 제2항의 예외의 기준을 판단하면서, 공증
인법 제15조의2에 따른 법무부장관의 공증인가처분의 기준과 관련하여
"처분의 성질상 처분기준을 미리 공표하는 경우 행정목적을 달성할 수
없게 되거나 행정청에 일정한 범위 내에서 재량권을 부여함으로써 구체
적인 사안에서 개별적인 사정을 고려하여 탄력적으로 처분이 이루어지
도록 하는 것이 오히려 공공의 안전 또는 복리에 더 적합한 경우도 있
다. 그러한 경우에는 행정절차법 제20조 제2항에 따라 처분기준을 따로
공표하지 않거나 개략적으로만 공표할 수도 있다"고 판시하고, 원심이

---

57) 대법원 2018. 2. 28. 선고 2017두51501 판결.
58) 행정이 자신의 책임하에 합리적인 기준을 설정하고 판단한다면, 법원은 자신이 전
　　면에 등장하여 자의성을 드러내는 대신 행정의 합리성만을 평가한다는 의미에서
　　이중의 합리성이라는 표현을 사용하였다. 이는 긍정적인 의미에서의 법의 자제라
　　고 볼 수 있다.

공증인법 제15조의2에 따른 공증인가는 지역별 사정과 공증수요를 고
려하여 결정하여야 하므로 성질상 처분기준을 공표하는 것이 현저히 곤
란한 경우에 해당한다고 판단한 것을 그대로 인정하였다.[59] 이러한 사
안은 공증인가를 발급하는 수가 지극히 적은 실정을 고려한 것으로 보
이나, 행정청 입장에서 재량권의 인정된다는 일방적인 주장을 다른 예
외조항과 비교할 때 긴급한 사정과 같은 별다른 근거없이 예외로 인정
하는 점에서 엄격한 법의 적용을 회피한다고 볼 수 있다.[60]

　　이처럼 법원의 엄격한 심사를 포기하게 되는 계기는 사실인정이나
요건에 대한 포섭(요건재량)을 넘어서 법률에 관한 해석이 얼마나 예외
를 인정할 것인지와 관련이 된다. 가령, 어떤 개념이나 요건규정의 해석
을 매우 엄격하게 하면, 그에 대한 사실인정과 포섭이 모두 엄격하게
되어 행정에 대한 통제가 자연스럽게 강화될 수 있다. 그러나 개념이나
요건을 그 기존 실무의 일반적 이해보다 지나치게 광범위하고 예측할
수 없는 방법으로 해석해 버리면, 그 기준을 가지고 엄격한 심사를 하
는 것은 불가능해질 수 있는 것이다. 이러한 경향은 표현의 자유 등과
관련된 소위 정치적 사안에서 주로 나타나고 있다.

　　가령, 최근 군법무관인 원고가 국방부장관의 '군 내 불온서적 차단
대책 강구'라는 지시에 대해 지휘계통을 통한 건의 절차를 거치지 않고
이 사건 지시에 대한 헌법소원을 제기하여 군 기강을 문란케 하였다는
등의 사유로 징계처분을 받은 사안에서, 대법원은 "군인이 상관의 지시
나 명령에 대하여 재판청구권을 행사하는 경우에 그것이 위법·위헌인
지시와 명령을 시정하려는 데 그 목적이 있을 뿐, 군 내부의 상명하복

---

59) 대법원 2019. 12. 13. 선고 2018두41907 판결.
60) 학설은 처분기준의 설정의무를 대부분 매우 엄격하게 해석하고 있다. 일본법의 해
　　석으로도 이 의무의 예외는 "국가 안전을 해칠 우려, 다른 나라 혹은 국제 기관과
　　의 신뢰관계가 훼손될 우려 또는 외교 협상상 불이익을 당할 우려가 있는 것"과 같
　　이 엄격한 경우를 상정하고 있다. 박재윤, 처분기준의 설정·공표와 신뢰보호, 행정
　　법연구 제59호, 2019. 11, 119면, 123면 참조.

관계를 파괴하고 명령불복종 수단으로서 재판청구권의 외형만을 빌리거나 그 밖에 다른 불순한 의도가 있지 않다면, 정당한 기본권의 행사라 할 것이므로 군인의 복종의무를 위반하였다고 볼 수 없다"고 판시하고 있다.[61] 이러한 판시는 일응 재판청구권의 행사를 유형적으로 복종의무의 범위에서 제한함으로써 이 사건의 구체적 타당성을 일거에 해결하는 장점이 있다. 그러나 결과적으로 행위의 의미나 목적에 대하여 구체적으로 형량하는 과정을 생략함으로써 법의 공백상태를 만들고 향후 유사한 사안에서 엄격한 법의 적용을 불가능하게 하는 단점이 있다. 즉, 일종의 개념조작으로 엄격한 심사를 불가능하게 하는 것이다. 또 최근 경기도지사의 공직선거법위반 사건,[62] 전교조 법외노조 통보사건[63] 등의 판시에서도 이러한 경향이 드러나고 있다.

최근의 일련의 전원합의체 판결들에서 대법원은 외견상 일응 엄격한 심사를 한 것으로 보인다. 그러나 실상은 재량권에 대한 통제기준을 무력화시키는 다른 의미에서의 '법의 포기'라고 볼 수 있다. 또, 전원합의체에서 매우 분열된 견해를 파편화하여 제시함으로써 행정청이나 하급 법원에 어떠한 기준을 제시하기 어렵다는 문제가 있다. 이러한 판시는 대법원의 일관된 판례라기보다 현재의 대법관 다수의 일시적인 결론

---

61) 대법원 2018. 3. 22. 선고 2012두26401 전원합의체 판결.
62) 대법원 2020. 7. 16. 선고 2019도13328 판결. 이 판결에서 대법원은 허위사실공표죄의 판단에 있어서 '공표'의 개념을 제한적으로 해석함으로써, "후보자등이 후보자 토론회에 참여하여 질문·답변을 하거나 주장·반론을 하는 것은, 그것이 토론회의 주제나 맥락과 관련 없이 일방적으로 허위의 사실을 드러내어 알리려는 의도에서 적극적으로 허위사실을 표명한 것이라는 등의 특별한 사정이 없는 한 이 사건 조항에 의하여 허위사실공표죄로 처벌할 수 없다"고 보았다. 이는 표현의 자유를 근거로 한 것이나 결과적으로 사실상 토론회에서의 발언을 유형적으로 법적용에서 제외하는 결과를 갖는다는 점에서 대상판결과도 유사한 논리구조를 갖는다.
63) 대법원 2020. 9. 3. 선고 2016두32992 전원합의체 판결. 이 판결에서 다수의견은 전형적인 수익적 행정행위의 직권취소 내지 철회라는 전형적인 행정법 문제로 볼 수 있는 사안을 일반론에 변화없이 독자적인 별개의 침익적 처분으로 파악하여 법률유보의 문제로 접근한다.

의 합치에 불과할 것이기 때문이다. 드워킨의 법해석의 이상은 재량에 대하여 원리(principle)에 따라 각각의 형량요소를 엄밀하게 제시하고 균형잡힌 비교·교량을 해야 하는 행정법의 방법론으로 완성된다고 본다면, 오히려 일련의 판결들이 이러한 이상을 퇴색시키고 있다고 본다.

결과적으로 법의 해석에 있어서의 구체적인 기준을 마련하여 예측가능성을 높이는 것이, 사법심사를 엄격하게 하는 관건이 된다. 이러한 기준이 없으면, 법의 적용은 완화될 것이며, 이는 다시 행정이 자의적으로 재량권을 행사하는 계기가 될 수밖에 없다. 우리 판례의 경향도 이제 조심스럽지만, (부정적인 의미에서) 베룰의 법의 포기현상에 가까워지는 것으로 의심할 수 있다. 대상판결은 이러한 경향의 대표적인 판례라고 생각된다.

Ⅳ. 쟁점별 검토

1. 이른바 매체별, 채널별, 프로그램별 심사기준

대상판결은 일단 방송분야 전반에서 공정성과 객관성의 심의가 인정된다고 보면서도, 방송법 제32조 및 심의규정 제5조 제1항을 근거로 방송내용의 공정성을 심사할 때 매체별, 채널별, 프로그램별 특성을 모두 고려하여야 한다고 본다. 특성을 고려한다는 의미는 아래와 같이 프로그램 등의 영향력에 따라 방송의 객관성·공정성·균형성에 관한 심사기준을 완화하는 것으로 파악한다.

방송통신심의위원회는 방송의 객관성·공정성·균형성을 심사할 때 해당 방송프로그램을 방영한 방송매체나 채널이 국민의 생활이나 정서 및 여론형성 등에 미치는 영향력의 정도나 범위를 충분히 고려하여, 방송

매체나 채널의 자율성, 전문성, 다양성이 침해되지 않도록 주의하여야
한다. 그리고 해당 방송프로그램을 방영한 방송매체나 채널이 국민의
생활이나 정서 및 여론형성 등에 미치는 영향력의 정도나 범위가 크지
않은 한편 다양한 정보와 견해의 교환을 가능하게 하는 데에 주로 기여
하는 것이라면 방송의 객관성·공정성·균형성에 관한 심사기준을 완화함
이 타당하다. 여기에서 심사기준을 완화한다는 것은 방송통신심의위원
회가 방송내용이 심의규정상의 객관성·공정성·균형성을 준수하였는지
를 심사하는 기준을 완화한다는 것으로서, 이는 결국 방송내용의 심의
규정상의 객관성·공정성·균형성 유지의무 위반은 엄격하게 인정해야
한다는 의미이다. 이를 통해 해당 방송프로그램의 자율성, 전문성, 다양
성을 최대한 존중함으로써 궁극적으로 방송과 언론의 자유 보장을 강화
하는 데 그 목적이 있다.

　더 나아가 다수의견은 뉴스 등 보도 프로그램은 공정성 등이 더 강
하게 요구되는 반면, 다큐멘터리 등의 교양프로그램이나 드라마 등 오
락프로그램은 차별화된 심사기준, 즉 완화된 심사기준을 적용하여야 하
고, 이 사건 방송과 같은 시청자 제작 방송프로그램도 심사기준을 완화
하여야 한다고 본다.

시청자 제작 방송프로그램은 소수의 이해와 관점을 반영하여 다양한 사
회적 의견을 형성하는 방송의 공적 역할을 위하여 도입된 것으로, 시청
자가 제작한다는 점에서 기술이나 자본, 접근 가능한 정보의 양에 한계
가 있고 그 결과 전문성이나 대중성이 부족할 수밖에 없는데, 이와 같
은 한계는 각각의 다른 의견을 가진 시청자가 각자의 관점으로 방송프
로그램을 제작하여 방송하는 방법으로 해결할 수 있다는 점에 그 특성
이 있다. 따라서 시청자가 제작한 방송프로그램은 방송내용의 진실성과
신뢰도에 대한 기대의 정도나 사회적 영향력의 측면에서 방송사업자가

직접 제작한 방송프로그램과 다를 수밖에 없다. 그러므로 방송통신심의위원회가 시청자가 제작한 방송프로그램의 객관성·공정성·균형성 심사를 할 때는 방송사업자가 직접 제작한 프로그램에 비하여 그 심사기준을 완화할 필요가 있다.

우선 지적한 것은 방송법은 매체별, 채널별로 "특성을 고려하여야 한다"[64]거나 "창의성, 자율성, 독립성을 존중하여야 한다"[65]고 규정하고 있지 프로그램별 차이를 언급하고 있지는 않다. 더불어 이 특성의 고려가 공정성 기준의 원리적 성격에서 발생하는 사안별 차이를 언급하는 것일 수는 있지만, 매체나 채널, 더 나아가 프로그램을 유형화해서 심사의 방식이나 강도를 체계적으로 다르게 한다는 기준설정의 의미를 포함하는 것인지는 분명하지 않다. 다만, 기존 하급심 판결에서 보는 것처럼 완화된 심사기준이 구체적인 판단에 있어서 형식적인 양적 균형을 기계적으로 적용하지 않고 상황에 맞게 실질적인 균형을 추구하라는 당연한 의미를 갖는 것으로 선해할 수 있을 것이다. 문제는 다수의견에서 일응 구분하고 있는 보도와 교양, 시청자 제작 프로그램이라는 유형구분이 적절한지에 있다.

선행연구에서는 보도, 교양, 오락이라는 프로그램 장르 구분이 명확한 것이 아니고, 장르융합의 추세에 맞지도 않아 프로그램 장르란 편성의 가이드라인으로서나 가능하지 법적 규제기준으로는 적합하지 않다는 견해가 있다. 이 견해는 문제가 되는 방송내용이 '사실을 전달하는 보도'에 해당하는지 '의견이나 논평인지'로 구분하여 공정성 여부를 판단할 것을 제안한다.[66] 사실, 실제 방송현장의 사례를 보면, 시사교양에

64) 방송법 제32조
65) 심의규정 제5조 ① 위원회는 방송매체와 방송채널별 창의성, 자율성, 독립성을 존중하여야 한다.
66) 윤성옥, 앞의 글, 141면 참조.

일응 속하는 PD저널리즘의 탐사보도 프로그램이 뉴스보도 프로그램 못
지않게 문제가 되고 있음을 알 수 있으며, 심지어는 탐사보도프로그램
의 내용을 PD가 감독이 되어 영화로 제작한 경우도 있다.[67] 또 예능이
나 드라마의 경우에도 정치인이 등장하거나, 정치적 편향성을 드러내는
경우에는 공정성이 문제되는 경우가 있다.[68] 심지어 최근에는 이른바
미디어 비평 프로그램이라는 새로운 장르가 시도되면서 그 자체의 공정
성 논란도 발생한다.[69] 이런 관점에서 보면 이 사건 방송은 일응 교양
프로그램인 다큐멘터리에 해당하더라도, 단순한 역사교양이 아니라 적
어도 현재의 시사문제와 밀접한 관련이 있다는 점에서 탐사보도 프로그
램과 유사하다고 보인다.

이른바 시청률과 관련된 방송의 영향력을 차별된 심사기준의 근거
로 삼는 것도 그다지 설득력이 없다. 영향력이라는 것이 매우 추상적이
고 다의적인 개념일 뿐만 아니라 우연한 사정에 근거할 수밖에 없다.
사실 잘 만든 프로그램일수록 영향력이 높다고도 볼 수 있는데, 심사기
준을 강화하여 제재하는 것이 정당화될 것인지도 의문이다.

여기에 다수의견이 강조하고 있는 시청자 제작 방송프로그램이라
는 특성도 함부로 기준을 차별화할 수 있는지 문제이다. 원고는 이른바
퍼블릭 액세스 전문채널을 운영하는 사업자인데, 이러한 사업자는 사실
상 원고가 유일하지만 이것이 법상 인정한 채널의 특성이라고 보기 어
렵다. 즉, 원고는 방송법상 일반적인 방송채널사용사업자(Program

---

67) 이른바 다큐멘터리 영화 다이빙벨 논란이다. 미디어워치, 부산국제영화제 '다이빙
   벨' 논란 … 편향 방송한 SBS 라디오 '권고', 2016. 4. 20. <http://www.mediawatch.
   kr/mobile/ article.html?no=250082> 참조.
68) 예능이나 드라마의 경우에는 적어도 시청자가 그 내용을 사실로 믿을 여지는 적기
   때문에 방송 전후의 자막 정도로 공정성이나 객관성의 문제를 해결할 수 있을 것
   이다.
69) 조선일보, "언론개혁이 최강욱 위한건가" KBS 옴부즈맨도 KBS 비판, 2020. 6.
   14. <http://news.chosun.com/site/data/html_dir/2020/06/14/2020061401194.html>
   참조.

Provider)와 동등한 지위를 갖는 것이고 퍼블릭 액세스 전문이라는 것은 원고가 임의로 선택한 프로그램 편성 및 제작방식에 불과한 것이다. 방송법상 방송의 공적주체 및 제재조치 상대방은 방송사업자로 규정되어 있다(제4조, 제100조). 시청자 참여도 방송사업자의 책임하에 참여하는 것이므로, 시청자 참여프로그램이라는 이유로 심사기준이 완화된다는 것은 설득력이 없다. 민사법적인 도급이나 위임의 법리와 같은 사고가 공법적인 책임에 적용될 것은 아니다. 오히려 시청자의 제작역량이 약하다는 점을 고려한다면 퍼블릭 액세스 채널에서의 방송사업자는 더욱 신중하게 프로그램을 선정하고 그에 대한 책임을 검토할 의무가 있다고 보아야 할 것이다. 다만, 반대의견에서 지적한 것처럼 제재처분의 수위를 정하면서 매체별, 채널별, 프로그램별 특성을 반영한다는 것은 가능하고, 직관적으로도 이해하기 쉬운 방법이 될 것이다.

다수의견이 법률의 규정을 유형화해서 매체별, 채널별, 프로그램별로 준수해야 할 의무의 내용을 다르게 하는 것으로 가정해볼 수 있다. 그러나 이는 일종의 입법자의 역할을 법원이 하는 것으로서 헌법재판소에 위헌법률심판제청을 통하여 해결해야 할 방안이라고 보인다. 다만, 현행법상으로는 심의규정의 제정권한이 심의위원회에 있으므로, 사안별로 체계적으로 다른 기준을 규정하는 별도의 규정을 마련하는 것은 가능할 것이다. 이미 심의위원회는 방송법 제33조에 근거하여 심의규정 외에도「방송광고심의에 관한 규정」, 「상품소개 및 판매방송 심의에 관한 규정」, 「선거방송 심의에 관한 특별규정」을 마련하고 있다. 이 각 규정들에서 공정성에 관한 내용은 다르게 규정되어 있다.[70] 결국, 대상판결의 다수의견이 언급하는 매체별, 채널별, 프로그램별로 심사기준을 완화한다는 것은 현행법상 행정청 자체의 권한을 법원이 행사하는 문제

---

70) 방송광고심의에 관한 규정 제5조는 "방송광고는 기업간의 공정한 경쟁을 도모하고 국민의 소비생활에 편익을 주는데 기여할 수 있도록 하여야 한다."고 하여 공정성을 경쟁의 공정성으로 파악하고 있다.

가 있다고 본다.71)

2. 완화된 심사기준의 의미

　　다수의견이 제시하는 '심사하는 기준의 완화' 혹은 '완화된 심사기준'이라는 것이 행정청의 공정성 심의기준의 적용과정에서 의미하는 바가 무엇인지 명확하게 검토될 필요가 있다. 다수의견은 이는 "결국 방송내용의 심의규정상의 객관성·공정성·균형성 유지의무 위반은 엄격하게 인정해야 한다는 의미"라고 설명하고 있으나, 그것만으로는 일반적인 행정법 및 행정소송의 이론상 의미가 분명히 부각되지 않는다. 반대의견은 결국 다수의견이 사용하는 "'상대적으로 완화된 심사기준'이라는 용어의 의미가 객관성·공정성·균형성 유지의무 위반을 엄격하게 인정해야 한다는 것이라면, 침익적 행정처분의 근거 법령에 관한 엄격해석의 원칙이라는 확립된 대법원의 법리를 동어반복한 것에 지나지 않는다고 보인다. 행정청의 처분의 적부를 논하는 이 사건에서 다수의견이 주장하는 '완화된 심사기준'의 실천적인 의미는 결국 처분사유의 존재에 관한 피고의 증명책임의 정도를 강화하거나 제재처분의 수위를 결정할 때 재량권 행사에 감안하라는 것일 수밖에 없다. 따라서 굳이 '완화된 심사기준'이라는 개념을 새로이 상정하지 않더라도 취소소송의 확립된

---

71) 프로그램별, 매체별로 공정성 기준이 달라져야 하고 방심위가 이렇게 하지 않으면 법원이 방치해서는 안 된다는 논문 심사평이 있었다. 필자는 굳이 입법론적으로 보도프로그램과 오락이나 다큐멘터리 프로그램이 심사기준이 동일해야 한다고 주장하는 것은 아니다. 이러한 권한을 입법자나 행정부가 아닌 법원이 행사하는 것에 문제를 제기하는 것이다. 이는 심의규정에 관한 입법자의 명백한 수권규정에서 드러난다. 바람직한 심사기준이 무엇인가는 이 논문의 연구범위를 벗어난다. 하지만, 대상판결과 같이 법리적으로 선례가 없는 불명확한 방식을 사용하는 것에 찬성하기 어렵다. 또 일응 이러한 체계적인 심사기준이 먼저 정립되지 않더라도 공정성의 원리적 성격에 의하여 불확정개념하에서도 사안에 따라 완화된 판단을 하는 것은 가능하다고 본다.

법리 안에서 충분히 그 취지가 반영될 수 있다"고 보았던 것이다. 심지어 "다수의견을 통해 우리가 알 수 있는 명확한 기준은 위성방송 및 종합유선방송 중 접근성이 낮은 채널에서 방영되는 시청자 참여 방식의 방송이 신문기사나 외국 국가기관이 작성한 자료를 근거로 제시하는 내용의 역사 다큐멘터리라면 방송법 제5조, 제6조에 위반되더라도 제재하지 말고 너그럽게 용인하라는 것 하나밖에 없다"고 비난하고 있다.

　　다수의견이 이런 비난을 받을 만큼 이해하기 어려운 이유는 완화된 심사기준이라는 용례가 기존의 우리 판례나 법제에서 사용되는 것과 다른 점에서 찾을 수 있다. 가령, 헌재는 평등권의 심사기준으로서 엄격한 심사척도로서 비례성 원칙에 의한 심사와 완화된 심사척도로서 자의금지 원칙에 의한 심사기준을 구별하고 있다.[72] 또 기속행위와 재량행위에 따른 심사방식의 구분, 기속재량행위, 계획재량에 대한 형량명령 등의 행정행위의 성질론은 일종의 심사의 강도의 차이로 연결된다고 볼 수 있다.[73] 그러나 이 사건처럼 방송내용이라는 사실이 이미 확정되어 있고, 이를 공정성이라는 불확정개념에 포섭하는 과정을 완화하거나 강화하는 기준이라는 것은 사실 기존 법학의 용례상 생각하기 어렵다. 즉, 포섭되면 위법하고, 포섭이 되지 않으면 적법하다는 단순한 구조라는 것이 심사기준의 문제가 아닌가 하는 것이다.

　　물론 구체적인 경우에 a라는 편향된 의견이 있으면, a'라는 반론적 의견을 어느 정도 분량으로, 어느 시간에, 어떻게 방송하는 것이 공정성이나 균형성을 맞출 수 있는가의 정도가 다를 수 있어서, 이러한 양적 기준을 가능한 좀 더 완화하는 방식으로, 즉 노력을 덜 기울여도 의무를 이행하는 것으로 파악하라고 지시할 수 있을 것이다.[74] 어찌 보면

---

72) 헌재 1999. 12. 23. 98헌마363 결정 등 참조.
73) 임성훈, 앞의 글, 참조. 즉, 기존 용례는 규범의 해석과 관련이 있다.
74) 가령, 드라마 방송과 같이 시청자가 제작한 프로그램의 전후에 방송사업자가 자막 등으로 "방송사의 입장과 다르고, 공정성에 이견이 있을 수 있다"는 멘트를 삽입하고 방송하는 방법을 생각해볼 수 있다(일종의 거리두기 전략). 그러나 이 사건 방

이는 공정성 규범의 원리적 성격에 비추어 당연한 것일 수 있다. 그러나 이렇게 선해하더라도 역시 반대의견이 지적하는 바와 같이 구체적으로 행정청이 어떻게 적용하라는 것인지 지침이 될 수 없어서 선례로서의 의미는 반감될 수밖에 없다. 다수의견에서 제시한 이 사건 방송에 대한 구체적인 기준이 될 만한 것은 다음과 같다.

이 사건 각 방송은 이미 많은 사람들에게 충분히 알려져 사실상 주류적인 지위를 점하고 있는 역사적 사실과 해석에 대해 의문을 제기함으로써 다양한 여론의 장을 마련하고자 한 것이므로, 그 자체로 다른 해석의 가능성을 전제하고 있음은 분명하다. 또한 역사 다큐멘터리의 경우에는 방송의 균형성을 선거방송이나 보도방송과 같이 한 프로그램 내에서 다양한 의견이나 관점에 대해 각각 동등한 정도의 기회를 기계적으로 제공해야 하는 것으로 이해하여서는 아니 되며, 이 사건 각 방송이 시청자 제작 프로그램인 점을 감안하면 다른 의견을 가진 시청자에게 접근 가능한 방송 기회가 보장되는 것으로 충분하다. 이 사건 각 방송과 관련 있는 당사자에게도 원고와 같은 시청자 제작 영상물 방송 전문 채널을 통한 방송뿐 아니라 방송법 제69조 제7항이나 제70조 제7항 등에서 규정하고 있는 바와 같이 시청자 제작 프로그램에의 참여 등을 통해 여러 상반되는 의견을 제시할 기회가 열려 있다.

　문제는 대상판결이 중시하는 방송 기회 보장이라는 특성은 구체적인 방송내용에 대한 판단과는 무관하게 다큐멘터리면서 시청자 참여프로그램이라는 성질로부터 특별한 사정이 없는 한, 확정적으로 정해진다는 것이다. 그러나 방송법 제32조에 따라 심의위원회가 심의하는 것은 '방송의 내용'이 공정성과 공공성을 유지하고 있는지 여부이지, 채널이

　송은 이러한 최소한의 노력도 기울인 것으로 보이진 않는다.

나 사업자의 성질로 바로 정해지는 것이라고 볼 수 있는지 의문이다. 즉, 실제 방송 내용에 반영되지 않았음에도, 장래에 혹시 모를 불확실한 기회로 인하여 내용이 공정하다고 평가할 수는 없어 보인다. 설사 기회 보장이라는 요소를 질적으로 일부 고려하더라도, 방송법 제69조 제7항이나 제70조 제7항은 원고가 아닌 KBS나 종합유선방송사업자 등에 관한 조항이어서, 다른 방송사업자가 제공하는 시청자 참여 프로그램의 기회가 원고의 의무를 면제한다는 논리가 되는 것이다.[75] 더 나아가 공정성 심의가 단지 편향적인 취급에 의해 피해를 입은 피해자를 구제하기 위한 제도라면 이러한 구제기회가 있다는 것이 의미가 있을 것이나,[76] 방송심의는 개별적 피해자 구제가 목적이 아니라 그야말로 방송 자체의 공정성이 방송사업자가 적극적으로 지켜야 할 공익적 책임이라는 취지에서 마련한 것이므로, 다수의견에 찬성하기 어렵다.

3. 재량존중의 문제

대상판결은 이 사건 방송이 심의규정상의 객관성·공정성·균형성 유지의무 위반 여부를 행정청의 요건재량에 관한 판단의 문제로 보지 않고, 사실상 이 사건 방송의 내용에 대한 심사를 직접 한 것으로 볼 수 있다. 이는 반대의견이나 보충의견에서 이 사건 방송에서 구체적으로 문제가 된 방송의 자막이나 내레이션을 검토하고 있다는 점에서 분명하게 드러난다. 즉, 대법원이 사후심이 아닌 일종의 복심(覆審)으로서 심사

---

75) 이러한 논리의 문제점은 현재의 다채널 다매체의 상황에서 사실 다큐멘터리가 아니라 보도의 경우에 더욱 기회의 보장이라는 전제를 충족하기가 쉽다는 점이다. 즉, 대상판결의 논리는 사실상 보도를 포함한 전체 방송프로그램의 방어논리로 원용될 수 있어서 방송심의 자체를 무너뜨리는 계기가 될 수 있다고 본다.

76) 논문 심사의견 중 판례의 취지를 반론이 있는 시청자의 참여기회를 보장한 것으로 선해할 수 있다는 지적도 있었으나, 방송법 규정은 언론중재위원회와 같이 반론의 기회를 보장하는 제도와는 그 취지와 규제의 설계가 다르므로 찬성하기 어렵다.

한 것이 된다.[77]

　　대법원이 심의규정 위반여부를 재량의 문제로 보지 않은 이유는 알기 어렵다.[78] 필자가 보기에 방송법 제33조는 심의위원회에게 방송심의에 관한 규정을 제정할 권한을 수권하면서 여기에 불확정개념인 공정성 등의 개념을 구체화할 권한도 같이 부여한 것으로 보인다. 이러한 기준설정의 권한이 있는 이상 행정청에게는 요건의 판단에 관한 광범위한 재량도 인정된다고 보는 것이 합리적일 것이기 때문이다. 오히려 이러한 요건재량을 인정함으로써 대상판결이 보여준 기준의 모호성이나 전원합의체의 의견분열이라는 약점은 쉽게 해결될 수 있었을 것이다. 즉, 행정청이 자신의 판단으로 요건인정여부를 결정하면, 법원은 이를 존중하여 그 결정이 재량권의 일탈·남용이 있는지만을 판단하면 되는 것이다. 이 과정에서 일종의 이중의 합리성이 작용하게 됨으로써 행정청은 자신의 책임성이 강화되면서도 다시 한 번 검토의 기회를 갖게 되고, 법원도 자신의 자의성을 드러내지 않으면서도 비합리적인 기준설정과 자의적 판단을 배제하는 심사방식의 공정성을 확보할 수 있는 것이다. 이것이 베뮬이 행정국가를 긍정적으로 평가할 수 있는 배경이고, 우리 행정법의 이념형에 가까운 것이라고 생각한다. 이런 관점에서 반대의견의 아래와 같은 비판은 일종의 재량에 대한 사법심사방식을 설명한 것으로서 설득력이 있다.

백보 양보하여 완화된 심사기준을 채용하여 상고심에서 원심의 사실인정을 통한 불확정개념에 대한 포섭이 잘못되었다는 이유로 원심판결을 파기함이 타당하다 하더라도, 이를 위해서는 상고심이 원심에서 인정된

---

77) 대법원과 하급심의 역할분배 등에 대하여 임성훈, 앞의 글, 면 참조.
78) 가령, 표현의 자유를 제한하는 침익적 규정이라는 점 때문에 요건규정의 불확정개념에도 불구하고 이를 법원이 직접 심사한 것일 수도 있다. 그러나 표현의 자유라는 점 때문에 위원회가 완화된 형태로 심의제도를 운영하고 있다고 생각한다면 이러한 논거도 충분하다고 보기 어렵다.

사실을 원심과 다르게 포섭·해석하는 논거를 제시하여야 한다. 이 사건 각 방송의 내용이 진실에 부합하거나 혹은 진실에 부합한다고 믿을만한 이유가 있는지 여부에 관하여 원심이 인정한 사실과 달리 인정하는 이유를 사실심 심리 중에 드러난 여러 사실과 사정을 들어 설명하여야 한다. 그러나 다수의견은 이 사건 각 방송이 어떻게 객관성·공정성·균형성을 유지하였고 사자 명예존중 의무를 다하였는지 여부를 사실을 통해 설명하는 대신, 완화된 심사기준이 원고가 방송한 역사 다큐멘터리에 적용되어야 한다고만 선언한 다음 완화된 심사기준에 따르면 이 사건 각 방송이 구 심의규정의 의무를 준수한 것이라는 결론을 도출하였을 뿐이다. 이는 순환논법에 다름 아니다.

대상판결은 일응 원심이 인정한 행정청의 결정을 폐기하는 결론에 이르렀으므로, 외관상으로는 행정청의 재량을 엄격하게 심사하거나 통제한 것으로 파악될 수도 있다. 그러나 판시내용을 통하여 행정청이 요건재량을 행사하거나 사실을 포섭할 때의 구체적인 기준을 발견할 수 없다는 점에서 오히려 일종의 법의 공백상태를 형성한 것으로 평가하는 것이 타당하다고 본다. 이러한 공백상태에서 행정청이 심사기준을 완화하였다는 명제만으로 모든 다큐멘터리나 시청자 참여프로그램에서 향후 심의규정 위반의 제재조치를 취하지 않으리라는 것도 기대하기 어렵다. 결국, 행정으로서는 나름대로의 재량판단을 할 것이고, 사후 행정절차법 제20조에 따라 일종의 처분기준을 설정하는 방식으로 대처할 수 있을 것이다. 다수의견의 의미가 향후 제재조치를 전혀 취하지 말라는 공정성 원칙의 무용론에 해당하는 것이 아니라면,79) 결국 법원이 포기한 요건에 대한 사법심사는 다시 행정청의 재량을 존중하는 형태로 귀결될 수밖에 없다. 이는 구체적인 기준을 제시하지 않더라도 법원이 재

---

79) 이러한 것이 진정한 의도라면, 위헌제청을 하는 방식을 정면으로 취했어야 할 것이다.

량권을 심사할 수 있는 제재수준(효과재량)의 문제와는 다르다.

V. 결 론

칼슈미트는 법실무의 관점에서 어떤 결정이 올바른 결정으로 간주될 수 있는가의 문제를 다루면서, "오늘날 어떤 결정은 다른 법관도 마찬가지로 결정할 것이라고 가정될 수 있다면 올바르다. 여기서 다른 법관이란 현대의 법률에 정통한 법률가의 경험적 유형을 뜻한다"고 설명한다. 그는 일반적인 '법적 확정성'을 중요시하여, 결정이 예견 가능한 것이 되어야 하고 전체 법실무에 연관을 가져야 한다고 강조한다.[80] 이러한 관점에서 살펴보면, 대상판결은 그동안 실무가 결정해왔던 사례들과 무관한 '완화된 심사'와 같은 이례적 이론에 경도되어서 실무적으로 안정적인 기준을 제시하지 못한다는 점에서 비판받을 수 있을 것이다.

물론 공정성을 기준으로 하는 방송심의에 대하여 많은 학자들이 지적하는 것처럼 제도개선의 여지가 많은 것은 사실이다. 입법론으로는 대상판결이 지적한 것처럼 궁극적으로 일정한 매체나 채널, 방송프로그램을 자율규제로 전환해야 할 필요성도 있을 것이다. 그럼에도 불구하고 다수의견은 입법론과 제도에 대한 비판론을 의식한 나머지 무리하게 법해석을 전개하였다는 지적을 받을 수 있다고 생각한다. 더구나 이러한 태도가 우리 대법원 판례에 최근 경향적으로 나타나는 법의 포기현상이라는 점에서 우려를 금할 수 없다.

다수의견의 보충의견은 "이 사건 각 방송이 불필요한 갈등과 분열만을 초래할 위험이 있다고 하나, 이러한 문제는 방송의 자유를 폭넓게 허용하여 우리 사회가 활발한 토론을 통해 사상의 자유시장에서 해결하

---

80) 칼슈미트, 앞의 책, 107, 110면 참조.

도록 하는 것이 근본적인 해결책이 될 수 있을 것이다"라고 낙관하고 있다. 그러나 대상판결 이후 이 사건 방송이 불러온 파장은 지속적으로 확대되었고, 현재의 친일파 논란과 같은 정치적 대립상황에까지 영향을 미치고 있다. 오히려 다수의견이 염원한 근본적 해결책은 대법원 자체의 정치적 성향에 대한 논란으로 확대된 것은 아닌지 성찰해 볼 필요가 있다.

참고문헌

윤석민, 미디어 공정성 연구, 2015.

칼슈미트, 홍성방 역, 법률과 판결 -법실무의 문제에 대한 연구, 2014.

고민수, 방송사업자의 공정성의무에 관한 헌법적 고찰 -미국에서의 공정
　　성 규범에 관한 논의와 이에 대한 비판적 분석을 중심으로-, 공법연
　　구 제37집 제4호, 2009. 6.

김도균, 우리 대법원 법해석론의 전환: 로널드 드워킨의 눈으로 읽기 -법
　　의 통일성(Law's Integrity)을 향하여-, 법철학연구 제13권 제1호,
　　2010.

김재영, 이승선, 방송심의의 정파성에 대한 시론적 검증 -지상파와 종편
　　의 뉴스시사보도 프로그램 심의 사례 분석, 방송과 커뮤니케이션 제
　　16권 4호, 2015. 12.

문재완, 방송의 공공성과 구조규제에 대한 비판적 검토, 공법연구 제46집
　　제4호, 2018. 6.

박경신, 공정성 심의의 정치적 중립성, 한국언론정보학회 토론회, 2009.

박경신, 방송 공정성 심의의 헌법적 한계: '견해 차에 따른 차별' 금지의
　　원리, 민주법학 제48호, 2012. 3.

박재윤, 처분기준의 설정·공표와 신뢰보호, 행정법연구 제59호, 2019. 11.

윤성옥, 방송심의 제재와 방송의 자유 보호에 관한 법원 판결 분석, 언론
　　과 법 제14권 제3호, 2015.

이창현, 공정성 관련 방송심의를 둘러싼 사회적 갈등 분석 -PD수첩과
　　촛불시위 관련 프로그램의 심의를 중심으로, 방송통신연구, 2008. 11.

이춘구, 미국 Red Lion 사건과 Syracuse 사건에 대한 연구 - 방송의 공
　　정성 원칙의 헌법 논쟁을 중심으로, 동북아법연구 제8권 제3호,
　　2015.

임성훈, 행정에 대한 폭넓은 존중과 사법심사기준, 행정법연구 제52호, 2018. 2.

최우정, 헌법상 방송의 자유보장을 위한 현행 방송심의제도의 문제점과 개선방향, 공법학연구 제14권 제2호, 2013. 5.

황성기, 방송의 공정성 확보를 위한 제도적 개선방안에 관한 연구, 법학논총 제31집 제1호, 2014. 3.

Adrian Vermeule, Law's Abnegation-From Law's Empire to the Administrative State, 2016.

Neil Devins, Lawrence Baum, The Company They Keep -How Partisan Divisions Came to the Supreme Court, 2019.

국문초록

　　대상판결은 시민방송이라는 퍼블릭 액세스 채널에서 방송한 '백년전쟁'이라는 다큐멘터리 방송 프로그램에 대한 방송통신위원회의 제재조치를 다룬 것이다. 이 다큐멘터리는 민족문제연구소에서 이승만, 박정희 전 대통령을 매우 부정적으로 평가하여 제작한 것이다. 방송통신위원회는 그 내용이 구 방송심의에 관한 규정 중 공정성과 객관성, 명예훼손 금지에 관한 조항을 위반하였다는 이유로 제재하였다. 원심판결에서 원고는 패소하였으나, 대법원에서 공정성 유지의무를 위반하였다고 볼 수 없다는 등의 이유로 원심을 파기하였다. 그에 따라 이 사건은 매우 정치적인 논란의 대상이 되어 언론의 관심을 받게 되었다.

　　공정성에 기반한 방송심의제도에 대하여는 강력한 비판이 제기된다. 이 견해는 공정성 심의는 일종의 행정기관에 의한 검열이므로 폐지되거나, 유지하더라도 방송사의 모든 프로그램에 대하여 통합심사하거나, 국가정책에 대한 프로그램은 심사대상에서 제외되어야 한다고 주장한다. 대상판결은 이러한 비판론에 영향을 받았다고 볼 수 있다. 반면, 법학자들은 방송의 공적 책임, 방송과 신문의 차이, 역사성 등에 기초하여 방송심의의 정당성을 인정하고 있다.

　　미국법상 행정국가의 경향은 대상판결의 분석에 유용하다. 베뮬은 휴즈가 제시한 미국법상 법의 문제와 사실의 문제를 구분하는 법리가 행정의 결정을 존중하는 방향으로 변화되었다고 분석한다. 법률가들의 이성적이고 논리적 귀결로서 법의 제국으로부터 행정국가로 가는 법의 포기현상이 발생하였다는 것이다.

　　우리 판례상 행정에 대한 존중은 요건판단에 대한 재량의 법리로 나타난다. 대법원은 지속적으로 요건부분의 불확정개념 판단에 관한 행정청의 재량과 이에 대한 존중을 인정하고 있다. 그러나 행정이 설정한 기준의 합리성이 인정되지 않으면 법원이 다시 개입하는 방식으로 '이중의 합리성'의 장치를 마련하고 있다. 반면, 최근의 일련의 전원합의체 판결들에서 대법원은 외견상 일응 엄격한 심사를 한 것으로 보이면서도, 실상은 재량권에 대한 통제기준을 무력화시키는 다른 의미에서의 '법의 포기'의 경향을 보이고 있다.

대상판결의 다수의견은 이른바 매체별, 채널별 혹은 프로그램별로 심사 기준을 달리하여야 한다고 본다. 시청자 제작 프로그램인 다큐멘터리의 경우 뉴스 등 보도 프로그램보다 완화된 심사기준을 사용해야 한다는 것이다. 본 논문은 대상판결의 논리를 비판적으로 검토한다. 더 나아가 이 사건 방송에 대한 심의규정 위반여부는 일종의 행정청의 재량의 행사로서 재량의 존중의 문제로 접근해야 한다는 점을 지적한다.

공정성을 기준으로 하는 방송심의에 대하여 제도적으로 개선의 여지가 많은 것은 사실이다. 그러나 대상판결은 비판론을 의식한 나머지 무리한 법 해석을 전개하였다는 비난을 받을 수 있다. 이러한 태도는 최근 대법원의 일련의 경향을 드러낸다는 점에서 우려된다.

주제어: 방송의 공정성, 다큐멘터리, 방송심의, 행정국가, 재량의 존중

Abstract

The fairness of Broadcasting and Law's abnegation*
−Supreme Court Decision 2015DU49474 Decided November 21, 2019−

Park, Jae−Yoon**

The related decision is dealing with the Korea Communications Commission's sanctions against a documentary broadcast program called "Hundred Years' War in Korea" which was broadcasted on a public access channel called Citizens' Broadcasting(RTV). The documentary was produced by the Institute for National Studies, which described former Presidents Syngman Rhee and Park Chung−hee very negatively. Korea Communications Commission(KCC) imposed sanctions on the grounds that the contents violated the provisions concerning fairness, objectivity and prohibition of defamation under Broadcasting Deliberation Regulation. In the ruling of Seoul High Court the plaintiff lost the case, but the Supreme Court overturned the original ruling on the grounds that it can not be regarded as a violation of its duty to maintain fairness. As a result, the case has become a subject of intense political controversy and has drawn media attention.

The broadcasting review system based on fairness doctrine has met with strong criticism. This view argues that fairness review is a kind of

* This work was supported by Hankuk University of Foreign Studies Research Fund of 2020.
** Assistant Professor, Ph.D. in Law, Hankuk University of Foreign Studies Law School.

censorship by an administrative agency, therefore it should be abolished or integrated into all programs of a broadcaster even if maintained, or such programs on national policy should be excluded from the review. It can be said that the decision was influenced by this criticism. On the other hand, jurists recognize the legitimacy of broadcasting review on the ground of the public responsibility of broadcasting, the difference between broadcasting and newspapers, and the historicity of broadcasting review system, etc.

Under U.S. law, the tendency of an administrative state is useful in analyzing our case. Adrian Vermeule analyzes that American case law theory presented by former chief Justice Charles Evans Hughes that distinguishes between the matter of law and facts, has changed to deference decisions of administration. As a rational and logical consequence of the lawyers, phenomena of law's abnegation from law's empire to administrative state occur.

In our case, deference to administration appears as the administrative discretion in confirming requirements of statute provisions. The Supreme Court continues to recognize the discretionary power of administration and the judicial deference to the decision on uncertain concepts in the requirements. However, if the rationality of the standards set by administration is not approved, there will be re−intervention by the court based on the mechanism of 'double rationality'. On the other hand, in a recent series of en banc decisions, the Supreme Court seems to have done hard look reviews, but in reality tends to 'law's abnegation' in other ways that could dismantle the control standards for administrative discretion.

The majority opinion in the decision deem that different criteria should be applied to broadcast review according to so−called media, channel, or program. It is said that a more relaxed review standard than news programs should be used for viewer−generated documentaries.

This study reviews the logic of the decision critically. Furthermore, it points out that the matter of the violation of regulations on broadcasting review should be approached as a matter of deference to administrative discretion by agency.

It is true that there is much room for institutional improvement in broadcasting review system based on fairness. However, the decision could be criticized for an excessive legal interpretation affected by the strong criticism above mentioned. This attitude is worrisome in that it reveals a recent tendency of Supreme Court's decisions.

Key words: fairness of Broadcasting, documentary, broadcasting review system, administrative state, deference to administrative discretion

투고일 2020. 12. 12.
심사일 2020. 12. 25.
게재확정일 2020. 12. 28.

추가·변경된 처분사유로서
기속사유와 재량사유의 구분

이용우*

대상판결: 대법원 2019. 10. 31. 선고 2017두74320 판결
[건축신고반려처분취소]

Ⅰ. 대상판결의 개요

1. 사실관계 및 대법원에 이르기까지의 진행경과

가. 원고는 2004. 8. 10. 서울 동대문구 제기동 소재 토지(이하 '이 사건 토지'라고 한다)의 1/2 지분을, 2009. 11. 3. 이 사건 토지의 7/22 지분을, 2014. 6. 16. 이 사건 토지의 4/22 지분을 각 매수하여 이 사건 토

---

* 대법원 재판연구관실

지 전부에 대한 소유권을 취득하였다.

나. 원고는 2016. 8. 4. 이 사건 토지 지상에 2층 주택을 신축하기 위하여 피고(동대문구청장)에게 건축신고를 하였다.

다. 피고는 2016. 8. 19. 원고에게 <u>이 사건 토지는 건축법상 도로이 므로 신축이 불가능하다는 이유로 위 건축신고를 반려하는 이 사건 처 분</u>을 하였다.

라. 이에 원고는 피고를 상대로 이 사건 처분의 취소를 구하는 항 고소송을 제기하면서 피고가 당초 제시하였던 처분사유의 부존재를 주 장하였고, 피고 역시 위와 같은 당초의 처분사유가 존재한다는 점에 주 력하여, 과연 이 사건 토지가 건축법상 도로인지를 놓고 당사자 사이에 주된 공방이 이루어졌다.

이에 따라 1심은, 피고가 처분사유로 제시한 바와 달리 이 사건 토 지는 건축법상 도로로 볼 수 없다는 이유로 이 사건 처분은 위법하여 취소되어야 한다고 판단하였다(서울행정법원 2017. 5. 18. 선고 2016구합 78271 판결).

마. 피고는 1심판결에 불복하여 항소를 제기하였으나, 항소심 역시 1심과 동일하게 이 사건 토지는 건축법상 도로로 볼 수 없고, 따라서 피고가 한 이 사건 처분은 처분근거가 흠결된 것으로서 위법하다고 보 아, 피고 항소를 기각하였다(서울고등법원 2017. 11. 15. 선고 2017누54618 판결).

그런데, 항소심에서 피고는 이 사건 토지는 건축법상 도로에 해당 한다는 기존 주장 외에, '<u>이 사건 토지는 1975년 분필 당시 토지소유자 가 배타적 사용수익권을 포기[1]하고 인근 주민의 통행에 제공한 토지인</u>

---

1) 대법원은 '사실상의 도로'로서 '일반 공중의 통행'에 제공되고 있는 사유지에 관하여 토지소유자의 배타적 사용수익권의 '포기'를 긍정함으로써 토지소유자의 부당이득 반환청구를 배척한 것을 시작으로, 이러한 법리의 적용범위를 토지소유자의 특정 승계인인 경우 및 청구권원이 '토지인도 등 물권적 청구권'인 경우에 대해서까지 점차 확장하여 왔는데, 이를 이른바 '배타적 사용수익권의 포기' 이론이라 한다.

데 이를 수인하여야 할 원고가 이 사건 토지에서 주택을 신축한다며 건
축신고를 하거나 이 사건 소를 제기한 것은 사회 공동체 및 인근 주민

최근 대법원은 이러한 '배타적 사용수익권의 포기' 이론을 종전과 같이 유지하는
전원합의체 판결을 선고하였는데, 이 중 다수의견의 요지 중 핵심 부분은 아래와
같다.

• **대법원 2019. 1. 24. 선고 2016다26455 전원합의체 판결**

『(가) 대법원 판례를 통하여 토지 소유자 스스로 그 소유의 토지를 일반 공중을 위
한 용도로 제공한 경우에 그 토지에 대한 소유자의 독점적이고 배타적인 사용수익
권의 행사가 제한되는 법리가 확립되었고, 대법원은 그러한 법률관계에 관하여 판
시하기 위하여 '사용수익권의 포기', '배타적 사용수익권의 포기', '독점적·배타적인
사용수익권의 포기', '무상으로 통행할 권한의 부여' 등의 표현을 사용하여 왔다.
이러한 법리는 대법원이 오랜 시간에 걸쳐 발전시켜 온 것으로서, 현재에도 여전히
그 타당성을 인정할 수 있다. 다만 토지 소유자의 독점적이고 배타적인 사용수익권
행사의 제한 여부를 판단하기 위해서는 토지 소유자의 소유권 보장과 공공의 이익
사이의 비교형량을 하여야 하고, 원소유자의 독점적·배타적인 사용수익권 행사가
제한되는 경우에도 특별한 사정이 있다면 특정승계인의 독점적·배타적인 사용수익
권 행사가 허용될 수 있다. 또한, 토지 소유자의 독점적·배타적인 사용수익권 행사
가 제한되는 경우에도 일정한 요건을 갖춘 때에는 사정변경의 원칙이 적용되어 소
유자가 다시 독점적·배타적인 사용수익권을 행사할 수 있다고 보아야 한다.
(나) 토지 소유자가 그 소유의 토지를 도로, 수도시설의 매설 부지 등 일반 공중을
위한 용도로 제공한 경우에, 소유자가 토지를 소유하게 된 경위와 보유기간, 소유
자가 토지를 공공의 사용에 제공한 경위와 그 규모, 토지의 제공에 따른 소유자의
이익 또는 편익의 유무, 해당 토지 부분의 위치나 형태, 인근의 다른 토지들과의
관계, 주위 환경 등 여러 사정을 종합적으로 고찰하고, 토지 소유자의 소유권 보장
과 공공의 이익 사이의 비교형량을 한 결과, 소유자가 그 토지에 대한 독점적·배타
적인 사용수익권을 포기한 것으로 볼 수 있다면, 타인[사인(私人)뿐만 아니라 국
가, 지방자치단체도 이에 해당할 수 있다, 이하 같다]이 그 토지를 점유·사용하고
있다 하더라도 특별한 사정이 없는 한 그로 인해 토지 소유자에게 어떤 손해가 생
긴다고 볼 수 없으므로, 토지 소유자는 그 타인을 상대로 부당이득반환을 청구할
수 없고, 토지의 인도 등을 구할 수도 없다. 다만 소유권의 핵심적 권능에 속하는
사용·수익 권능의 대세적·영구적인 포기는 물권법정주의에 반하여 허용할 수 없으
므로, 토지 소유자의 독점적·배타적인 사용수익권의 행사가 제한되는 것으로 보
는 경우에도, 일반 공중의 무상 이용이라는 토지이용현황과 양립 또는 병존하기
어려운 토지 소유자의 독점적이고 배타적인 사용수익만이 제한될 뿐이고, 토지 소
유자는 일반 공중의 통행 등 이용을 방해하지 않는 범위 내에서는 그 토지를 처분
하거나 사용수익할 권능을 상실하지 않는다.』

의 이익을 배려하지도 않고 형평에 어긋나며 신뢰를 저버리는 처사일 뿐 아니라 신의성실의 원칙에서 파생되는 권리남용 금지의 원칙에 위반되는 행위로서, 원고가 제기한 이 사건 소는 허용될 수 없고 이 사건 처분은 공공의 목적에 부합하여 적법하다'는 주장을 추가하였다.

항소심은 피고의 위와 같은 주장을 단지 소권남용 취지의 본안전 항변으로 파악하여, 피고가 제출한 증거들만으로는 원고가 이 사건 토지에 관한 독점적이고 배타적인 사용·수익권을 포기하였다고 인정하기 어렵다는 등의 이유를 들어 배척하였다.

바. 피고는 이에 불복하여 상고를 제기하면서, 위 항소심판결에는 배타적 사용·수익권의 포기 및 건축법상 도로에 관한 법리를 오해한 잘못이 있다고 주장하였다.

2. 관계법령

이 사건에 적용된 관계 법령은 다음과 같다.

■ **건축법**

제2조(정의)

① 이 법에서 사용하는 용어의 뜻은 다음과 같다.

11. "도로"란 보행과 자동차 통행이 가능한 너비 4미터 이상의 도로(지형적으로 자동차 통행이 불가능한 경우와 막다른 도로의 경우에는 대통령령으로 정하는 구조와 너비의 도로)로서 다음 각 목의 어느 하나에 해당하는 도로나 그 예정도로를 말한다.

가. 「국토의 계획 및 이용에 관한 법률」, 「도로법」, 「사도법」, 그 밖의 관계 법령에 따라 신설 또는 변경에 관한 고시가 된 도로

나. 건축허가 또는 신고 시에 특별시장·광역시장·특별자치시장·도지사·특별자치도지사(이하 "시·도지사"라 한다) 또는 시장·군수·구청

장(자치구의 구청장을 말한다. 이하 같다)이 위치를 지정하여 공고한
도로

제11조(건축허가)

① 건축물을 건축하거나 대수선하려는 자는 특별자치시장 · 특별자치도지사
또는 시장 · 군수 · 구청장의 허가를 받아야 한다. (단서 생략)

③ 제1항에 따라 허가를 받으려는 자는 허가신청서에 국토교통부령으로 정
하는 설계도서와 제5항 각 호에 따른 허가 등을 받거나 신고를 하기 위
하여 관계 법령에서 제출하도록 의무화하고 있는 신청서 및 구비서류를
첨부하여 허가권자에게 제출하여야 한다. (단서 생략)

제14조(건축신고)

① 제11조에 해당하는 허가 대상 건축물이라 하더라도 다음 각 호의 어느
하나에 해당하는 경우에는 미리 특별자치시장 · 특별자치도지사 또는 시
장 · 군수 · 구청장에게 국토교통부령으로 정하는 바에 따라 신고를 하면
건축허가를 받은 것으로 본다. (각호 생략)

제44조(대지와 도로의 관계)

① 건축물의 대지는 2미터 이상이 도로(자동차만의 통행에 사용되는 도로
는 제외한다)에 접하여야 한다. (단서 및 각호 생략)

제46조(건축선의 지정)

① 도로와 접한 부분에 건축물을 건축할 수 있는 선[이하 "건축선(건축선)"
이라 한다]은 대지와 도로의 경계선으로 한다. (단서 생략)

■ 건축법 시행령

제3조의3(지형적 조건 등에 따른 도로의 구조와 너비)

법 제2조 제1항 제11호 각 목 외의 부분에서 "대통령령으로 정하는 구조
와 너비의 도로"란 다음 각 호의 어느 하나에 해당하는 도로를 말한다.

1. 특별자치시장 · 특별자치도지사 또는 시장 · 군수 · 구청장이 지형적 조건

으로 인하여 차량 통행을 위한 도로의 설치가 곤란하다고 인정하여 그
위치를 지정 · 공고하는 구간의 너비 3미터 이상(길이가 10미터 미만인
막다른 도로인 경우에는 너비 2미터 미상)인 도로

2. 제1호에 해당하지 아니하는 막다른 도로로서 그 도로의 너비가 그 길이
에 따라 각각 다음 표에 정하는 기준 이상인 도로

막다른 도로의 길이	도로의 너비
10미터 미만	2미터
10미터 이상 35미터 미만	3미터
35미터 이상	6미터(도시지역이 아닌 읍·면지역은 4미터)

제9조(건축허가 등의 신청)[2])

① 법 제11조 제1항에 따라 건축물의 건축 또는 대수선의 허가를 받으려는
자는 국토교통부령으로 정하는 바에 따라 허가신청서에 관계 서류를 첨
부하여 허가권자에게 제출하여야 한다. (단서 생략)

제11조(건축신고)

④ 법 제14조에 따른 건축신고에 관하여는 제9조 제1항을 준용한다.

- ■ 건축법 시행규칙[3])
제6조(건축허가 등의 신청)

① 법 제11조 제1항 · 제3항, 제20조 제1항, 영 제9조 제1항 및 제15조
제8항에 따라 건축물의 건축 · 대수선 허가 또는 가설건축물의 건축허가

---

2) 이 사건 처분이 이루어진 2016. 8. 19. 당시에는, 2018. 9. 4. 대통령령 제29136호로
개정되기 전의 구 건축법 시행령 제9조 제1항이 적용되었으나 그 내용은 실질적으
로 현행 건축법 시행령 제9조 제1항과 동일하므로, 현행 시행령 조항만을 옮긴다.
3) 이 사건 처분이 이루어진 2016. 8. 19. 당시에는, 2017. 1. 19. 국토교통부령 제390호
로 개정되기 전의 구 건축법 시행규칙 제6조 제1항이 적용되었으나 그 내용은 실
질적으로 현행 건축법 시행규칙 제6조 제1항과 크게 다르지 아니하므로, 편의상
현행 시행규칙 조항을 그대로 옮긴다.

를 받으려는 자는 별지 제1호의4서식의 건축·대수선·용도변경(變更) 허가 신청서에 다음 각 호의 서류를 첨부하여 허가권자에게 제출(전자문서로 제출하는 것을 포함한다)해야 한다. 이 경우 허가권자는 「전자정부법」 제36조 제1항에 따른 행정정보의 공동이용(이하 "행정정보의 공동이용"이라 한다)을 통해 제1호의2의 서류 중 토지등기사항증명서를 확인해야 한다.

1. 건축할 대지의 범위에 관한 서류
1의2. 건축할 대지의 소유에 관한 권리를 증명하는 서류(단서 및 각호 생략)

■ **구 건축법(1975. 12. 31. 법률 제2852호로 개정되기 전의 것)**
제2조(용어의 정의)
이 법에서 사용하는 용어의 정의는 다음과 같다.

15. 도로라 함은 폭 4미터 이상의 도로와 다음에 게기하는 것의 하나에 해당하는 예정도로로서 폭4미터 이상의 것을 말한다. 폭 4미터 미만의 도로로서 시장(서울특별시장·부산시장을 포함한다, 이하 같다)·군수가 지정한 도로도 또한 같다.

가. 도시계획법·도로법 기타 관계법령의 규정에 의하여 신설 또는 변경에 관한 고시가 되었거나 시장·군수가 지정한 도로

나. 건축허가를 할 때에 시장·군수가 그 위치를 지정한 도로

3. 대법원의 판단

가. 먼저 대법원은, 이 사건 토지가 건축법상 도로에 해당한다는 이 사건 처분의 종전 처분사유와 관련하여, 원심이 이 사건 토지가 현행 건축법상으로나 구 건축법상의 도로로 볼 수 없다고 판단한 것은 타당하다고 판단하였다.

　　원심은, 서울 동대문구 제기동 158-19 대 126㎡(이하 '이 사건 토지'라고 한다)가 비록 1975년 이전부터 인근 주민들의 통행로로 이용하여 왔던 '사실상 도로'에 해당하기는 하지만, 1975. 12. 31. 법률 제2852호로 개정된 건축법의 시행일인 1976. 2. 1. 이전에 폭 4m 이상인 도로이었다거나 시장·군수가 그 위치를 지정하였다고 인정할 증거가 없으므로, 이 사건 토지가 '건축법상 도로'에는 해당하지 않는다고 판단하였다.

　　이러한 원심 판단은 앞서 본 법리에 따른 것으로서, 거기에 건축법상의 도로에 관한 법리를 오해하는 등으로 판결에 영향을 미친 잘못이 없다.

　　나. 그런 다음, 대법원은 피고가 항소심에서 언급한 배타적 사용·수익권의 포기 관련 주장을, 피고가 처분사유를 추가한 것으로 선해한 다음, 항소심이 피고가 한 처분사유의 추가 주장에 관하여 아무런 판단을 하지 아니한 것은 심리를 미진하게 한 잘못을 저지른 것이라면서, 이를 이유로 항소심판결을 파기환송하였다. 이에 관한 대법원판결 부분을 옮기면 아래와 같다.

　　제1심법원이 이 사건 토지를 건축법상 도로에 해당하지 않는다는 이유로 원고의 청구를 인용하는 판결을 선고하자, 피고는 항소하여 '이 사건 토지는 1975년 분필된 후로 인근 주민들의 통행에 제공된 사실상의 도로인데, 원고가 이 사건 토지에 주택을 건축하여 인근 주민들의 통행을 막는 것은 사회공동체와 인근 주민들의 이익에 반하므로 원고의 주택 건축은 허용되어서는 안 되며, 따라서 이 사건 처분은 공익에 부합하는 적법한 처분이라고 보아야 하고, 원고의 건축신고나 이 사건 행정소송 제기는 권리남용이라고 보아야 한다'는 주장을 추가하였다. (…)

　　이 사건 처분의 당초 처분사유와 피고가 이 사건 소송에서 추가로 주장한 처분사유는 이 사건 토지상의 사실상 도로의 법적 성질에 관한 평가를 다소 달리하는 것일 뿐, 모두 이 사건 토지의 이용현황이 '도로'이므로 거기에 주택을 신축하는 것은 허용될 수 없다는 것이므로, 기본적 사실관계의 동일성이 인정된다.

이 사건 토지에 건물이 신축됨으로써 인근 주민들의 통행을 막지 않도록 하여야 할 중대한 공익상 필요가 인정되고, 이러한 공익적 요청이 원고의 재산권 행사보다 훨씬 중요하므로, 피고가 원심에서 추가한 처분사유는 정당하여 결과적으로 이 사건 처분은 적법한 것으로 볼 여지가 있다.

그럼에도 원심은, 피고가 원심에서 추가한 주장을 단순히 소권남용을 주장하는 본안전 항변이라고 단정하여 본안전 항변이 이유 없다고 배척하였고, 본안 판단에서 추가된 처분사유의 당부에 관해서는 판단하지 않았다. 이러한 원심 판단에는 처분사유 추가·변경의 허용기준 및 중대한 공익상의 필요에 관한 법리를 오해하여 필요한 심리를 다하지 않음으로써 판결에 영향을 미친 잘못이 있다. 이 점을 지적하는 상고이유 주장은 이유 있다.

II. 대상판결에 대한 평석

1. 대상판결의 쟁점

대상판결로부터는 아래와 같이 두 가지 쟁점이 도출된다.

첫째는 피고가 당초 이 사건 처분의 근거로 삼았던, 이 사건 토지가 건축법상 도로에 해당하는지 여부이고, 둘째는 피고가 항소심에 이르러 새롭게 개진한 바 있는, 이 사건 토지가 인근 주민의 통행에 제공되고 있는 사실상의 도로임을 내세워 이 사건 처분이 공익에 부합한다는 것이 당초의 처분사유와 동일성을 갖는지, 이에 따라 항소심에서 개진한 위의 새로운 주장이 처분사유의 추가·변경으로서 허용되는지 여부이다.

대상판결은 이러한 두 가지 쟁점에 관하여 각각 법리를 설시하며 판단하고 있는데, 이러한 과정을 되짚어 보고 이러한 판단내용이 타당한지를 순차적으로 살펴보기로 한다.

2. 대상판결의 첫 번째 쟁점
　　: 이 사건 토지는 건축법상 도로에 해당하는가?

　　대상판결의 1심과 항소심이 인정한 바와 같이, 이 사건 토지는 1975년 이전부터 주민들의 통행로로 이용되어 왔다고는 하지만 그 너비가 4m에 채 이르지 못할 뿐 아니라 행정관청으로부터 도로로 지정받은 적도 없어서, 현행 건축법이나 구 건축법(1975. 12. 31. 법률 제2852호로 개정되기 전의 것)의 정의규정상 '도로'라고는 도저히 인정하기 어려웠다.

구 건축법(1975. 12. 31. 법률 제2852호로 개정되기 전의 것)상 정의규정	현행 건축법상 정의규정
제2조(용어의 정의) 이 법에서 사용하는 용어의 정의는 다음과 같다. 15. 도로라 함은 폭 4미터 이상의 도로와 다음에 게기하는 것의 하나에 해당하는 예정도로로서 폭 4미터 이상의 것을 말한다. 폭 4미터 미만의 도로로서 시장(서울특별시장·부산시장을 포함한다. 이하 같다)·군수가 지정한 도로도 또한 같다. 가. 도시계획법·도로법 기타 관계법령의 규정에 의하여 신설 또는 변경에 관한 고시가 되었거나 시장·군수가 지정한 도로 나. 건축허가를 할 때에 시장·군수가 그 위치를 지정한 도로	제2조(정의) ① 이 법에서 사용하는 용어의 뜻은 다음과 같다. 11. "도로"란 보행과 자동차 통행이 가능한 너비 4미터 이상의 도로(…)로서 다음 각 목의 어느 하나에 해당하는 도로나 그 예정도로를 말한다. 가. 「국토의 계획 및 이용에 관한 법률」, 「도로법」, 「사도법」, 그 밖의 관계 법령에 따라 신설 또는 변경에 관한 고시가 된 도로 나. 건축허가 또는 신고 시에 특별시장·광역시장·특별자치시장·도지사·특별자치도지사(이하 "시·도지사"라 한다) 또는 시장·군수·구청장(자치구의 구청장을 말한다. 이하 같다)이 위치를 지정하여 공고한 도로

바로 위 비교표에서 나타나는 바와 같이, '도로'에 해당하기 위해서는 원칙적으로 그 너비가 4m에 이르거나 행정관청으로부터 지정을 받아야 하는데, 이 사건 토지는 위 두 가지 요건 중 어느 하나도 충족하였다고 보기 어렵기 때문이다.

이에 따라 1심과 항소심은 일치하여 이 사건 토지는 건축법상의 '도로'가 아니라는 판단에 이르렀고, 대법원도 1심과 항소심의 이러한 판단이 옳다고 보아 이 사건 토지가 건축법상 '도로'라는 점을 내세운 피고의 당초 처분사유는 타당하지 않다고 판단하였던 것이다.

다만, 대법원은 위와 같이 1심과 항소심의 판단을 수긍하는 것만으로 충분하였을 것임에도, 이 사건 토지가 4m 이상의 너비를 갖추었을 경우에 보다 적합하였을 내용을 대상판결에 부가하였다.[4] 즉 앞서 본 구 건축법상의 정의규정은 너비가 4m 이상이기만 하면 행정관청의 지정을 따로 받지 않았더라도 '도로'로 보도록 규정하고 있는데(위 노란색 음영 부분 참조), 이러한 구법의 정의규정에 따라 과거에 '도로'의 법적 성격을 지니게 되면 나중에 개정된 건축법에서 '도로'를 다르게 정의하더라도(즉 행정관청의 지정을 따로 요하지 않도록 정해진 것에서 행정관청의 지정을 요하는 것으로 바뀌더라도) 종전에 이미 부여받은 '도로'로서의 법적 지위가 그대로 유지되는지에 관하여 상세하게 설시하고 있다. 대상판결

---

4) 이와 같이 법적 분쟁을 해결하기 위한 '도구'로서 활용되거나 직접 적용되지도 않는 법리를 대상판결이 상당한 분량을 들이면서까지 설시한 것은 다소 의외라는 느낌을 가질 수도 있을 것이다. 상고심에서는 물론이고 1심과 항소심에서도 당사자 사이에 공방이 벌어진 쟁점에 관한 법리라고 보이지 않기 때문이다. 다만, 어느 사안에 직접적으로 적용되지 않는 법리라 할지라도 대법원이 그 중요성을 강조하거나 해당 법리의 존재를 상기시키기 위하여 일부러 언급하였을 가능성을 배제할 수 없고, 이는 반드시 잘못이라고 볼 수 없을 것이다. 대법원은 대상판결의 사안에 적용되는 '법의 발견'을 단지 적극적으로 하였을 뿐이라고 선해할 수 있기에 그러하다. '사실을 말하라. 그러면 법을 줄 것이다'라는 격언과 같이, 주어진 사건의 해결에 필요한 법의 발견은 법원 본연의 역할에 해당하고 특히 대법원이 관할하는 상고심은 법률심에 해당하는 것이기에, 대법원은 법의 발견에 있어 보다 막중한 책무를 지는 것이다.

중 해당 부분을 그대로 옮기면 아래와 같다.

　　1975. 12. 31. 법률 제2852호로 개정된 건축법 제2조 제15호는, '도로' 라 함은 '보행 및 자동차통행이 가능한 폭 4m 이상의 도로'로서 '도시계획법·도로법·사도법 기타 관계법령의 규정에 의하여 신설 또는 변경에 관한 고시가 된 것' 또는 '건축허가시 시장·군수가 그 위치를 지정한 도로' 중 하나에 해당하는 도로를 말한다고 규정하고, 그 부칙 제2항(이하 '종전 부칙 제2항'이라고 한다)은, "이 법 시행 당시 종전의 규정에 의한 도로로서 제2조 제15호의 규정에 적합하지 아니한 것은 동 규정에 불구하고 이를 도로로 본다."라고 규정하고 있다. 그리고 1967. 3. 30. 법률 제1942호로 개정된 건축법 제2조 제15호는, "도로라 함은 폭 4m 이상의 도로와 다음에 게기하는 것의 하나에 해당하는 예정도로로서 폭 4m 이상의 것을 말한다. 폭 4m 미만의 도로로서 시장·군수가 지정한 도로도 또한 같다."라고 규정하고 있다. 따라서 폭 4m 이상으로서 위 법률 제2852호로 개정된 건축법 시행일인 1976. 2. 1. 이전에 이미 주민들의 통행로로 이용되고 있던 도로의 경우에는 폭 4m 미만의 도로와 달리 시장·군수가 도로로 지정하지 않았더라도 '건축법상의 도로'에 해당하였다. 그런데 건축법이 1991. 5. 31. 법률 제4381호로 전부 개정이 되면서 '건축법상의 도로'를 보행 및 자동차통행이 가능한 너비 4m 이상의 도로로서 도시계획법 등 관계 법령에 의하여 신설 또는 변경에 관한 고시가 되었거나 건축허가 또는 신고 시 시장·군수 등이 그 위치를 지정한 도로 또는 그 예정도로라고 정의하면서도, 종전 부칙 제2항과 같은 조항을 두지는 아니하였다.

　　개정 법률이 전부 개정인 경우에는 기존 법률을 폐지하고 새로운 법률을 제정하는 것과 마찬가지여서 원칙적으로 종전 법률의 본문 규정은 물론 부칙 규정도 모두 효력이 소멸되는 것으로 보아야 하므로 종전 법률 부칙의 경과규정도 실효되지만, 특별한 사정이 있는 경우에는 그 효력이 상실되지 않는다고 보아야 한다. 여기에서 말하는 '특별한 사정'은 전부 개정된 법률에서 종전 법률 부칙의 경과규정에 관하여 계속 적용한다는 별도의 규정을 둔 경우뿐만 아니라, 그러한 규정을 두지 않았다고 하더라도 종전의 경과규정이 실효되지 않고 계속 적용된다고 보아야 할 만한 예외적인 사정이 있는 경우도 포함한다. 이 경우 예외적인 '특별한 사정'이 있는지는 종전 경과규정의 입법경위·취지, 전부 개정된 법령의 입법 취지 및 전반적 체계, 종전 경과규정이 실효된다고 볼 경우 법률상 공백상태가 발생하는지 여부, 기타 제반 사정 등을 종합적으로 고려하여 개별적·구체적으로 판단하여야 한다.

위 법리를 토대로 앞서 본 건축법의 도로에 관한 규정을 살펴보면, 건축법이 1991. 5. 31. 법률 제4381호로 전부 개정되면서 종전 부칙 제2항과 같은 경과규정을 두지 않은 것은 당시 대부분의 도로가 시장·군수 등의 도로 지정을 받게 됨으로써 종전 부칙 제2항과 같은 경과규정을 존치시킬 필요성이 줄어든 상황을 반영한 것일 뿐, 이미 건축법상의 도로가 된 사실상의 도로를 다시 건축법상의 도로가 아닌 것으로 변경하려고 한 취지는 아니라고 보이는 점, 종전 부칙 제2항이 효력을 상실한다고 보면 같은 규정에 의하여 이미 확정적으로 건축법상의 도로가 된 사실상의 도로들에 관하여 법률상 공백상태가 발생하게 되고 그 도로의 이해관계인들, 특히 그 도로를 통행로로 이용하는 인근 토지 및 건축물 소유자의 신뢰보호 및 법적 안정성 측면에도 문제가 생기는 점 등의 제반 사정을 종합해 볼 때, 종전 부칙 제2항은 1991. 5. 31. 법률 제4381호로 전부 개정된 건축법의 시행에도 불구하고, 여전히 실효되지 않았다고 볼 '특별한 사정'이 있다고 보아야 한다(대법원 2012. 3. 15. 선고 2011두27322 판결 등 참조).

대상판결의 위 부분을 요약하면 다음과 같다. 건축법이 1975. 12. 31. 법률 제2852호로 개정되면서부터는 너비가 4m 이상인 경우에도 행정관청의 지정을 받아야만 법적인 '도로'가 될 수 있도록 바뀌었고, 그 후 1991. 5. 31. 법률 제4381호로 건축법의 전부 개정이 이루어졌다. 위 전부 개정 당시 종전 규정에 의해 과거에 건축법상 '도로'로 인정되었던 경우 전부 개정 후에도 여전히 '도로'로 취급해 주겠다는 내용의 경과규정은 따로 마련되지 않았다. 그럼에도 법적 안정성 유지 및 혼란방지 등을 위하여 마치 이러한 내용의 경과규정이 존재하는 것처럼 해석함으로써, 위 전부 개정 이후에도 건축법상 '도로'인 상태를 종전처럼 유지할 수 있도록 해 주겠다는 취지이다.

이는 인용판례로 거시된 대법원 2012. 3. 15. 선고 2011두27322 판결의 법리를 그대로 다시 확인한 것으로서, 타당하다고 생각한다. 위 법리는, 어느 대상이 종전 규정에 의하여 일정한 법적 지위 내지는 자격을 부여받고 이를 토대로 장기간에 걸쳐 법률관계가 형성, 축적되어 왔다면, 위 대상을 규율하는 조항이 여러 번에 걸쳐 개정되는 과정에서 종전 지위 내지 자격을 보장한다는 경과규정이 따로 명시되지 않더라도, 가급적 종전 지위를 존중해 주어야 한다거나 적어도 종전 지위를 단번에 뒤집기 이전에 그 번복으로 인해 생길 파급효과 등 제반 사정들을 종합적으로 고려해 보아야 한다는 취지로서, 법해석의 기본에 부합한다고 볼 수 있기 때문이다. 상기 법리는 법원이 경과규정의 흠결을 법해석에 의하여 보충하면서 실질적으로 법형성적 기능을 발휘한 산물로 볼 수 있다.[5]

---

[5] 이와 관련하여 얼마 전에 선고된 이른바 '전교조 법외노조 통보 사건'인 대법원 2020. 9. 3. 선고 2016두32992 전원합의체 판결 중 김재형 대법관의 별개 의견은 법원이 실질적인 법형성적 기능을 발휘해야 할 당위성을 압축적으로 보여준다. 해당 부분을 그대로 옮기면 아래와 같다.

『법률은 법률규정의 문언에 충실하게 해석하는 것이 원칙이나, 그 예외를 인정해야 하는 경우가 있다. 법률 제정 당시에 입법자가 전혀 예상하지 못했기 때문에 법률로 규정되지 않았거나 불충분하게 규정된 경우도 있고, 법률에 명문의 규정이 있지만 시대가 바뀌고 사회가 달라짐에 따라 법률과 실제 생활 사이에 불가피하게 간격이 생기는 경우도 있다. 만일 명문규정의 엄격한 적용만을 고집한다면 법적 안정성이 유지될 수는 있어도 사회의 변화와 발전에 대한 적응성이 떨어지는 문제가 생길 수 있으므로 이를 실제 생활에 부합하게 해석할 필요가 있다. 이러한 경우 법원은 형식적인 자구해석에 얽매일 것이 아니라 법률이 구현하고자 하는 입법목적이 무엇인가를 헤아려서 입법목적을 실현하는 방법으로 법의 의미를 부여해야 하고, 그 실현을 위하여 필요한 한도에서 명문규정의 의미를 확대하거나 축소·제한하는 해석을 함으로써 실질적인 법형성적 기능을 발휘해야 한다. 법규정의 의미와 본질을 바꾸는 정도가 아닌 한도에서 이를 합리적으로 해석함으로써 뒤쳐진 법

3. 대상판결의 두 번째 쟁점: 피고가 항소심에서 새로운 주장을 개진한 것이 처분사유의 추가·변경으로서 허용되는가?

가. 앞에서 본 바와 같이 피고가 이 사건 처분을 하면서 당초 내세웠던 처분사유는, 이 사건 토지가 건축법상의 '도로'에 해당하여 원고가 한 건축신고는 처음부터 수리될 수도, 수리되어서도 아니 된다는 것이었다. 그러다가 피고는 항소심에 이르러 이 사건 토지가 과연 건축법상의 '도로'가 맞는지를 놓고 패색이 점차 짙어지자(1심에서 이 사건 토지가 건축법상 '도로'가 아니라는 판단이 이미 내려졌다), 이 사건 토지는 건축법상 '도로'가 설령 아닐지라도 사실상의 도로에는 여전히 해당하는데 만약 건축신고가 이대로 수리될 경우 이 사건 토지를 통행하는 인근 주민의 이익을 해치게 될 것이고, 이 사건 처분은 이러한 부정적 결과를 막기 위한 것으로서 공공의 목적에 부합한다는 취지의 주장을 추가하기에 이르렀다.

이에 대해 항소심은 피고가 추가한 위 주장을 원고의 이 사건 소 제기가 소권남용에 해당한다는 본안전 항변인 것으로 파악하고는 판시와 같은 이유로 위 주장을 배척하였다. 그러나 대법원은, 피고가 항소심

률을 앞서가는 사회현상에 적응시키는 것이 필요하고, 그 뒤쳐진 법규정의 전통적 해석·적용이 부당한 결과를 초래한다는 것을 알면서도 법률 개정이라는 입법기관의 조치가 있을 때까지는 이를 그대로 따를 수밖에 없다고 체념해서는 안 된다(대법원 1978. 4. 25. 선고 78도246 전원합의체 판결, 대법원 1998. 4. 23. 선고 95다36466 전원합의체 판결 등 참조).

법규범이 현실적으로 일어나는 모든 사안을 완벽하게 규율할 수는 없다. 법은 그 일반적·추상적 성격으로 말미암아 본질적으로 흠결을 내포할 수밖에 없다. 따라서 법률의 해석은 단순히 존재하는 법률을 인식·발견하는 것에 그치는 것이 아니다. 일정한 경우 유추나 목적론적 축소를 통하여 법률의 적용범위를 명확히 함으로써 적극적으로 법을 형성할 필요가 있다. 이것이 실질적 법치주의의 요청이다. 법원은 '법률'이 아닌 '법'을 선언해야 한다.」

에서 추가한 주장은 '이 사건 토지에 건물이 신축됨으로써 인근 주민들의 통행을 막지 않도록 하여야 할 중대한 공익상 필요가 있다'는 것으로서 처분사유를 정식으로 추가, 변경한다는 취지로 보아야 하고, 피고가 추가한 사유는 당초의 처분사유와 비교할 때 기본적 사실관계의 동일성이 인정될 뿐더러 심지어 그 내용과 같이 '중대한 공익상 필요성'이 인정된다고까지 판단한 다음, 항소심이 이와 같이 추가, 변경된 처분사유에 대하여 제대로 살피지 아니한 것은 심리미진 등의 잘못을 저지른 것이므로 파기사유에 해당한다고 판단하였다.

나. 일단 대법원이 정립한 처분사유의 추가, 변경이 허용되기 위한 기준은 대상판결이 아래와 같이 밝히고 있는 바이고, 예나 지금이나 변화가 없다.

행정처분의 취소를 구하는 항고소송에서 처분청이 당초 처분의 근거로 삼은 사유가 아닌 별개의 사실을 들어 처분사유로 주장함은 허용되지 아니하나, 당초 처분의 근거로 삼은 사유와 기본적 사실관계에 동일성이 있다고 인정되는 한도 내에서는 다른 사유를 추가하거나 변경할 수 있고, 여기서 기본적 사실관계의 동일성 유무는 처분사유를 법률적으로 평가하기 이전의 구체적인 사실에 착안하여 그 기초가 되는 사회적 사실관계가 기본적인 점에서 동일한지 여부에 따라 결정된다(대법원 2011. 9. 28. 선고 2000두8684 판결 등 참조).

그리고 대상판결은 피고가 이 사건 처분을 하면서 당초 내세웠던 처분사유(이 사건 토지는 건축법상 '도로'에 해당한다)와 항소심에서 나중에 추가한 처분사유(이 사건 토지는 사실상의 도로에 해당하여 그 위에 신축이 이루어질 경우 인근 주민들의 통행을 저해하고 이로써 공익에 반하는 결과가 초래된다) 사이에 기본적 사실관계의 동일성이 인정된다고 보았는데, 이는 아래의 유사선례에서 기본적 사실관계의 동일성을 긍정하였던 것과 기본적인 논리흐름은 일맥상통해 보인다. 따라서 대상판결이 위와 같이 기본적 사실관계의 동일성이 인정된다고 판단한 것 자체에 선례에 정면으로 저촉되는 문제는 없다고 볼 수 있다.

■ 대법원 2004. 11. 26. 선고 2004두4482 판결 [산림형질변경불허가처분취소]

　원심은, 피고가 당초 이 사건 거부처분의 근거와 이유로 삼은 준농림지역에서의 행위제한에 추가하여 자연경관 및 생태계의 교란, 국토 및 자연의 유지와 환경보전 등 중대한 공익상의 필요를 들고 있으나, 당초 이 사건 거부처분의 근거로 삼은 사유 외에 추가된 사유들은 당초의 사유와 기본적 사실관계에 있어서 동일성이 있다고 인정되지 아니하는 별개의 처분사유라는 이유로 이 사건 거부처분의 적법성의 근거로 삼을 수 없다고 판단하였다.

　그러나 원심의 이러한 판단은 수긍하기 어렵다. (…) 기록에 의하면, 피고가 당초 이 사건 거부처분의 근거와 이유로 삼은 사유는 <u>이 사건 신청이 법 제15조 제1항 제4호 및 법시행령 제14조 제1항 제3의2호의 규정에 의한 준농림지역에서의 행위 제한사항에 해당한다는 것</u>[6)]이고, 피고가 이 사건 소송에서 추가로 주장한 사유는 <u>준농림지역의 경우 원칙적으로 일정 규모 이상의 토지이용행위를 제한하여 환경의 보전을 도모하는 지역으로서 부지면적 30,000㎡ 미만의 개발은 허용된다고 하더라도 환경오염의 우려가 있거나 자연환경의 보전 및 토지의 합리적인 이용이라는 법의 입법 취지에 부합하는 한도 내에서만 허용된다고 할 것인데, 원고들이 추진하고자 하는 사업은 비교적 대규모의 전원주택의 부지조성사업으로서 위와 같은 법의 취지에 반하여 이를 허용할 수 없다는 것</u>이므로, 그 내용이 모두 이 사건 임야가 준농림지역에 위치하고 있다는 점을 공통으로 하고 있을 뿐 아니라 그 취지 또한 자연환경의 보전을 위하여 개발행위를 제한할 필요가 있어서 산림형질변경을 불허한다는 것으로서 기본적 사실관계의 동일성이 인정된다고 할 것이다.

　따라서 원심으로서는 피고가 이 사건 소송에서 추가로 주장한 사유에 관하여 심리하여 이 사건 거부처분의 위법 여부를 판단하였어야 함에도 불구하고, 위 사유가 당초 이 사건 거부처분의 근거와 이유로 삼은 사유와 기본적 사실관계에 있어서 동일성이 인정되지 않는다는 이유로 그에 대한 판단을 생략한 채 이 사건 거부처분이 위법하다고 판단하였으니, 원심판결에는 처분사유의 추가변경에 관한 법리를 오해하여 심리를 다하지 아니한 위법이 있다고 할 것이다.

다만 아래와 같은 의문은 가져봄직하다. 이 사건 처분의 당초 처분사유는 이 사건 토지가 건축법상 '도로'에 해당한다는 것인 반면, 피고가 항소심에서 추가한 주장은 아래의 판례들로부터 응용, 파생된 것으로서 한마디로 말해 '중대한 공익상 필요가 있다'는 것 자체일 뿐이다. 즉, '이 사건 토지가 사실상 도로로서 인근 주민의 통행에 활용되고 있다'는 사정은 소송법적으로는 '중대한 공익상 필요성'을 뒷받침하는 일개 간접사실[7]에 불과하고 실체법적으로는 재량결정에 영향을 미치거나 재량권 행사의 적법성을 뒷받침하는 근거인 재량고려요소에 속한다.

---

6) 위 밑줄 부분 중에서 '이 사건 신청'은 원고들이 피고(제주 북제주군 구좌읍장)에게 자신들 소유의 총 34필지의 임야 면적 합계 42,249㎡ 중 필지별로 330㎡씩 합계 11,220㎡에 대하여 주택신축을 위한 산림형질변경허가를 신청한 것이었다. 이에 대하여 당시 처분청인 피고는, 구 국토이용관리법(2002. 2. 4. 법률 제6656호로 폐지되기 전의 것) 제15조 및 같은 법 시행령(2002. 12. 26. 대통령령 제17816호로 폐지되기 전의 것) 제14조 제1항 제3의2호의 준농림지역 안에서 할 수 없는 토지이용행위인 부지면적 30,000㎡ 이상인 시설·건축물 기타 공작물의 설치에 해당한다는 점을 당초의 처분사유로 삼아 '이 사건 신청'을 거부하는 처분을 내렸던 것이다.

7) 민사소송에서 문제되는 여러 가지 사실은 주요사실·간접사실 및 보조사실로 나누어지는데 이 가운데 주요사실(Haupttatsachen, unmittelbar erhebliche Tatsachen)은 권리의 발생·변경·소멸이라는 법률효과의 판단에 직접 필요한 사실을 말한다. 그러므로 이를 직접사실이라고도 하고, 또 법률효과를 정하고 있는 법규의 구성요건(Tatbestandsmerkmal)에 해당하는 사실이기에 요건사실이라고도 불러왔다. 가령 민법 제598조에 의한 대여금반환청구권의 발생을 주장하는 경우, 甲이 乙과 사이에 2020. 5. 5. 소비대차 약정을 체결하고, 같은 날 甲이 乙에게 1,000만 원을 교부하였다고 하는 사실은 주요사실(또는 직접사실)에 해당한다. 반면 간접사실 (mittelbar erhebliche Tatsachen)은 주요사실의 존재 여부를 추인하는 데에 이바지하는 사실을 말한다. 예컨대 피고가 금전적으로 매우 곤궁한 상태에 있었는데, 원고가 금전을 대여해 주었다고 주장하는 일시부터 갑자기 피고의 곤궁상태가 해소되었다는 사실은 원고 주장의 소비대차계약의 존재를 간접적으로 추인하게 만드는 간접사실에 해당한다. 정동윤·유병현, 민사소송법, 법문사, 309~310면 참조.

■ **대법원 2009. 9. 24. 선고 2009두8946 판결**

건축허가권자는 건축허가신청이 건축법 등 관계 법규에서 정하는 어떠한 제한에 배치되지 않는 이상 당연히 같은 법조에서 정하는 건축허가를 하여야 하고, 중대한 공익상의 필요가 없는데도 관계 법령에서 정하는 제한사유 이외의 사유를 들어 요건을 갖춘 자에 대한 허가를 거부할 수는 없다(대법원 2003. 4. 25. 선고 2002두3201 판결, 대법원 2006. 11. 9. 선고 2006두1227 판결 등 참조).

■ **대법원 2012. 3. 15. 선고 2011두27322 판결**

수익적 행정처분을 취소 또는 철회하거나 중지시키는 경우에는 이미 부여된 국민의 기득권을 침해하는 것이 되므로, 비록 취소 등의 사유가 있다고 하더라도 그 취소권 등의 행사는 기득권의 침해를 정당화할 만한 중대한 공익상의 필요 또는 제3자의 이익보호의 필요가 있고, 이를 상대방이 받는 불이익과 비교·교량하여 볼 때 공익상의 필요 등이 상대방이 입을 불이익을 정당화할 만큼 강한 경우에 한하여 허용될 수 있다(대법원 1993. 8. 24. 선고 92누17723 판결, 대법원 2004. 7. 22. 선고 2003두7606 판결 등 참조).

원심은, 제1심판결 이유를 인용하여 이 사건 토지가 1914년경 고촌면사무소가 생긴 이래 지역주민들이 고촌면사무소 진입로 및 통행로로 사용해 온 도로로서 수십년 이상 일반 공중의 교통 또는 통행에 제공되고 있는 점, 원고는 2003. 1. 17. 이 사건 토지가 사실상의 도로로 사용되고 있는 사정을 알면서 이 사건 토지를 취득한 것으로 보이는 점, 이 사건 토지 위에 건물이 신축될 경우 인근 토지들은 맹지가 되거나 이 사건 토지를 향해 설치된 유일한 출입문을 폐쇄하고 다른 쪽의 담을 허물어 새로 출입문을 설치해야 하는 점 등의 사정을 종합하여 보면, 이 사건 토지에 건물이 신축됨으로써 통행을 막지 않도록 하여야 할 공익상 필요가 인정되고 이러한 공익적 요청이 원고의 기득권, 신뢰, 법적 안정성의 보호보다 훨씬 중요하다고 판단되므로, 원고의 건축수리신고를 철회한 이 사건 처분이 적법하다고 판단하였다.

앞서 본 법리와 기록에 비추어 살펴보면, 원심의 위와 같은 사실인정과 판단은 모두 정당한 것으로 수긍이 되고, 거기에 상고이유로 주장하는 바와 같이 논리와 경험의 법칙을 위반하여 자유심증주의의 한계를 벗어나는 사실인정을 하거나 수익적 행정처분의 철회·취소에 있어서의 재량권의 한계에 관한 법리를 오해하는 등으로 판결에 영향을 미친 위법은 없다.

　　이렇게 본다면, '중대한 공익상 필요성'을 뒷받침하는 일개 간접사실 내지 재량고려요소에 불과한 사정(이 사건 토지가 사실상의 도로에 해당한다)을 가져다가 당초의 처분사유(이 사건 토지는 건축법상 '도로'에 해당한다)와 비교하는 것은, 애당초 서로 위상이 달라 비교대상이 될 수 없는 것들을 같은 반열에 놓는 우를 범하는 것이 아닌가, 라는 느낌을 지우기 어렵다. 일반적·추상적 내용 및 속성을 지닌 처분사유에 관한 간접사실(재량고려요소)들까지 기본적 사실관계의 동일성을 판단하기 위한 비교대상으로 삼게 되면, 피고가 추가로 제시하는 '중대한 공익상 필요성'이 매우 일반적이면서 추상적인 내용을 지니고 있는 점8)과 맞물려, 자칫 처분사유의 추가, 변경이 허용되는 범위가 지나치게 확대될 위험이 있기 때문이다. 이로써 처분사유의 추가, 변경에 관한 사법심사가 사실상 포기되는 지경에 이르거나 매우 완화된 기준에 따르는 명목적인 것에 그치는 현상이 벌어질 수 있다.

　　특히 대상판결의 사안에서, 피고가 '중대한 공익상 필요성'을 항소심에 이르러 주장하게 된 것은, 당초의 처분사유만 가지고는 승소할 가망이 없어 보이자 뒤늦게 일반적·추상적 내용의 처분사유로 눈길을 돌

---

8) 박균성 교수도 기속재량행위에 있어서 거부처분의 적법요건으로 '허가 등을 거부할 중대한 공익상 필요가 있을 것'이라는 요건은 추상적이고 모호함을 지적하고 있다. 이에 따라 국민의 예측가능성을 보장하면서 적법 판단의 객관성과 공정성을 기하기 위해서는 기속재량인 거부처분의 적법요건을 보다 구체적이고 명확하게 할 필요가 있다고 한다. 그러면서 기속재량인 거부처분의 적법요건으로 다음과 같은 기준을 제시하고 있다. ① 공익의 보호 상황이 다양한 분야이어서 허가 등의 요건을 유형화하는 것이 어려워야 한다. 달리 말하면 비정형적인 고려사항이 많아 이들을 모두 허가 등의 요건으로 유형화하여 정하는 것이 어려워야 한다. ② 구체적 사례에서 공익을 보호할 예상할 수 없는 상황이 있어야 한다. ③ 보호하고자 하는 거부사유가 되는 공익이 근거법령의 입법목적에 들어가야 한다. ④ 거부할 공익상 필요가 거부로 상대방이 받을 불이익 보다 월등히 우월하여야 한다. 달리 말하면 법령상의 허가요건을 충족하였더라도 허가 등을 거부할 심히 중대한 공익상의 필요가 있어야 한다. ⑤ 비례의 원칙상 보호하고자 하는 공익의 보호를 위해 거부이외에 다른 방법이 없어야 한다. 박균성, 행정법(상)(제17판), 박영사(2018), 320~321면 참조.

렸기 때문이라고 추측된다. 그런데 피고가 당초의 처분사유에서 쓰인 용어(건축법상 도로)와 유사한 어휘(사실상의 도로)를 구사하며 그러한 간접사실 내지 재량고려요소의 존재를 주장한다고 해서, 처분사유의 추가·변경이 적법하게 이루어진 것으로 보아도 좋을지는 여전히 의문이다. 처분사유의 추가변경이 허용되는 범위가 자칫 과도하게 확대되어, 행정처분 상대방의 방어권을 보장하고 실질적 법치주의를 구현함으로써 행정처분 상대방인 국민에 대한 신뢰를 보호하여야 한다는 본래 취지에 반하게 될 것이기에 그러하다.

■ 대법원 2003. 12. 11. 선고 2001두8827 판결

행정처분의 취소를 구하는 항고소송에 있어서, 처분청은 당초 처분의 근거로 삼은 사유와 기본적 사실관계가 동일성이 있다고 인정되는 한도 내에서만 다른 사유를 추가하거나 변경할 수 있고, 여기서 기본적 사실관계의 동일성 유무는 처분사유를 법률적으로 평가하기 이전의 구체적인 사실에 착안하여 그 기초인 사회적 사실관계가 기본적인 점에서 동일한지 여부에 따라 결정되며 이와 같이 기본적 사실관계와 동일성이 인정되지 않는 별개의 사실을 들어 처분사유로 주장하는 것이 허용되지 않는다고 해석하는 이유는 행정처분의 상대방의 방어권을 보장함으로써 실질적 법치주의를 구현하고 행정처분의 상대방에 대한 신뢰를 보호하고자 함에 그 취지가 있고, 추가 또는 변경된 사유가 당초의 처분시 그 사유를 명기하지 않았을 뿐 처분시에 이미 존재하고 있었고 당사자도 그 사실을 알고 있었다 하여 당초의 처분사유와 동일성이 있는 것이라 할 수 없다.

나아가 피고가 당초 처분사유로 제시하였던, 이 사건 토지가 건축법상 도로에 해당한다는 사유는 이 사건 토지가 실제로 도로의 용도로 쓰이고 있는지, 인근 주민들이 통행하기 위한 용도로 이 사건 토지를 사용·수익하여 왔는지 등과 같은 사실관계를 전혀 묻지도, 따지지도 않

는 성질의 것이었다. 즉 이 사건 토지가 법적으로 건축법상의 도로에
해당하기만 하면 이 사건 처분은 그 자체로 처분사유를 적법하게 구비
하게 되는 것이지, 이 사건 토지가 실제로 도로 용도로 쓰이고 있는지,
인근 주민들이 얼마나 자주 이 사건 토지를 통행하는지 등과 같은 사실
관계는 살펴볼 필요조차 없었다. 이에 따라 대상판결의 1심은 물론이고
항소심에서도 이 사건 토지의 실제 쓰임새에 관한 사실관계에 대해서는
당사자 사이에 별다른 공방이 이루어지지 않았던 것으로 보인다.

　　반면 피고가 항소심에 이르러 추가, 변경하고자 한 처분사유는 당
초의 처분사유와는 정반대로, 이 사건 토지가 법적으로 건축법상의 도
로인지를 불문하는 대신에 이 사건 토지가 인근 주민들이 통행하는 용
도로 실제 쓰이고 있다는 사실관계에 깊이 뿌리내린 것이었다. 이렇게
본다면, 이 사건 처분에 관한 당초의 처분사유와 피고가 나중에 제시한
처분사유는 각기 층위(層位)가 달라(즉 당초의 처분사유는 '법적인 도로'라는
규범적인 평가에 기초한 것인 반면, 나중에 추가된 사유는 '사실상의 도로'라는
사실관계에 기초한 것이었으므로) 기본적 사실관계의 동일성을 서로 비교,
판단할 수 있을 만큼의 호환성을 애당초 지녔는지 의문이다.

　　다. 피고가 내세운 당초의 처분사유는 이 사건 처분이 기속행위의
속성을 가지도록 만드는 반면 항소심에서 주장한 사유는 재량행위의 속
성을 갖게 만든다는 점에서도 대상판결에 대한 비판이 가능하다. 대상
판결이 이에 대해 별다른 고민 없이 처분사유가 적법하게 추가, 변경될
수 있다고 판단하였을 뿐더러, 심지어 이와 같이 추가, 변경된 처분사유
의 당부에 관한 본안판단에 돌입하여 행정청이 1차적으로 내렸어야 할
재량판단(실제로는 이 사건 처분이 이루어지는 과정에서 행정청이 하지도 않았
던)을 직접 내리고 있기 때문이다.

　　먼저 피고가 내세운 당초의 처분사유, 즉 이 사건 토지가 건축법상
도로라는 점은 아래의 대법원 판례에서 나타나듯 이 사건 처분이 기속

행위의 성격을 지니고 있음을 보여준다. 앞서 본 바와 같이 건축물의 대지는 폭 2미터 이상이 도로에 접하여야 하고(건축법 제44조 제1항), 도로는 건축물을 지을 수 있는 선(건축선)을 정하는 기준이 되는데(제46조 제1항), 이는 도로 위에는 건축물을 지을 수 없음을 당연한 전제로 한다고 볼 수 있다.[9]

> ■ 대법원 2020. 7. 23. 선고 2019두31839 판결
> 건축물의 건축은 건축주가 그 부지를 적법하게 확보한 경우에만 허용될 수 있다. 여기에서 '부지 확보'란 건축주가 건축물을 건축할 토지의 소유권이나 그 밖의 사용권원을 확보하여야 한다는 점 외에도 해당 토지가 관계법령상 건축물의 건축이 허용되는 법적 성질을 지니고 있어야 한다는 점을 포함한다.

반면, 피고가 항소심에 이르러 주장한 '중대한 공익상 필요'라는 사유는, 해당 요건을 충족하였는지 여부 자체는 물론이고, 건축신고의 수리거부에 앞서 상대방이 입게 될 불이익과 비교·형량하여야 한다는 측

---

9) 건축선의 지정에 관한 건축법 제46조를 위반한 경우, 해당 건축신고 내지 허가는 받아들여져서는 아니 된다는 점은 아래의 하급심판결이 같은 취지로 밝힌 바 있다.
■ 서울행정법원 2017. 12. 15. 선고 2016구합86098 판결
건축법 제46조에 따라 건축선에 의한 건축제한이 적용되는 도로는 건축법 제2조 제11호에서 정의하는 도로, 즉 너비 4m 이상의 도로(지형적으로 자동차 통행이 불가능한 경우와 막다른 도로의 경우에는 대통령령으로 정하는 구조와 너비의 도로)로서 관계 법령에 따라 신설 또는 변경에 관한 고시가 된 도로나 건축허가 또는 신고 시에 시·도지사 또는 시장·군수·구청장이 위치를 지정하여 공고한 도로, 또는 그 예정도로를 가리킨다. 다만, 1999. 5. 9. 전에 건축허가 또는 신고시 시장·군수·구청장이 그 위치를 지정한 도로 또는 그 예정도로(1999. 2. 8. 법률 제5895호 부칙 제4조), 1976. 2. 1. 전에 폭 4m 이상의 도로, 관계법령의 규정에 의하여 또는 건축허가를 할 때에 시장·군수가 그 위치를 지정한 폭 4m 이상의 예정도로, 시장·군수가 지정한 폭 4m 미만의 도로(1975. 12. 31. 법률 제2852호 부칙 제2항)는 건축선에 의한 건축제한이 적용되는 도로에 포함된다.

면에서 행정관청의 재량판단을 요한다.10)

■ 대법원 1997. 9. 12. 선고 97누1228 판결

산림훼손행위는 국토의 유지와 환경의 보전에 직접적으로 영향을 미치는 행위이므로 법령이 규정하는 산림훼손 금지 또는 제한지역에 해당하는 경우는 물론 금지 또는 제한지역에 해당하지 않더라도 허가관청은 산림훼손허가신청 대상토지의 현상과 위치 및 주위의 상황 등을 고려하여 국토 및 자연의 유지와 환경의 보전 등 중대한 공익상 필요가 있다고 인정될 때에는 허가를 거부할 수 있고, 그 경우 법규에 명문의 근거가 없더라도 거부처분을 할 수 있으며, 산림훼손허가를 함에 있어서 고려하여야 할 공익침해의 정도 예컨대 자연경관훼손정도, 소음·분진의 정도, 수질오염의 정도 등에 관하여 반드시 수치에 근거한 일정한 기준을 정하여 놓고 허가·불허가 여부를 결정하여야 하는 것은 아니고, 산림훼손을 필요로 하는 사업계획에 나타난 사업의 내용, 규모, 방법과 그것이 환경에 미치는 영향 등 제반 사정을 종합하여 사회관념상 공익침해의 우려가 현저하다고 인정되는 경우에는 불허가할 수 있는 것이다(대법원 1993. 5. 27. 선고 93누4854 판결, 1995. 9. 15. 선고 95누6113 판결 등 참조).

---

10) 박균성 교수는 원칙적으로는 기속행위이지만 예외적으로 중대한 공익을 이유로 인허가 또는 신고수리를 거부할 수 있는 행위, 즉 기속재량행위를 판례가 인정하고 있다면서, 구 약사법상 의약품제조업허가사항변경허가(대법원 1985. 12. 10. 선고 85누674 판결), 채광계획인가(대법원 1997. 6. 13. 선고 96누12269 판결, 대법원 2002. 10. 11. 선고 2001두151 판결), 불법전용산림신고지산림형질변경허가처분(대법원 1998. 9. 25. 선고 97누19564 판결), 사설납골당설치허가(대법원 1994. 9. 13. 선고 94누3544 판결), 납골당설치신고(대법원 2010. 9. 9. 선고 2008두22631 판결), 주유소등록(대법원 1998. 9. 24. 선고 987두7503 판결), 건축허가(대법원 2009. 9. 24. 선고 2009두8946 판결) 등을 그 예로 들고 있다. 박균성, 앞의 책(주9), 317면 참조.

■ **대법원 2008. 9. 11. 선고 2006두7577 판결**

구 광업법 소정의 채광계획인가나 변경인가는 행정청의 재량행위에 속한다고 할 것이고, 채광계획의 내용의 합리성과 사업성 및 안정성의 측면이나 당해 채광계획이 수반할 수 있는 수질과 토양의 오염, 지하수의 고갈 등 환경 보전의 측면에서 중대한 공익상 필요가 인정될 때에는 이를 거부할 수 있으며, 이는 당해 채광계획에서 나타난 사업의 내용, 규모, 방법과 그것이 환경에 미치는 영향 등 제반 사정을 종합하여 사회 관념상 공익 침해의 우려가 현저한지 여부에 의하여 판단할 수 있다(대법원 2000. 4. 25. 선고 98두6555 판결 등 참조).

■ **대법원 2009. 6. 11. 선고 2009두4487 판결**

산림 내에서의 토석채취는 국토 및 자연의 유지와 환경의 보전에 직접적으로 영향을 미치는 행위이므로 법령이 규정하는 토석채취의 제한지역에 해당하는 경우는 물론이거니와 그러한 제한지역에 해당하지 않더라도 허가관청은 토석채취허가신청 대상 토지의 현상과 위치 등 그 주위의 상황 등을 고려하여 국토 및 자연의 유지와 환경보전 등 중대한 공익상 필요가 있다고 인정될 때에는 그 허가를 거부할 수 있다고 할 것인데(대법원 1994. 8. 12. 선고 94누5489 판결, 대법원 2005. 4. 28. 선고 2004두13547 판결 등 참조), 중대한 공익상 필요가 있는지 여부는 토석채취로 예상되는 산림과 자연경관의 훼손 정도, 주변의 문화재나 관광자원을 보호할 필요성, 토석채취 후 쉽사리 원상복구가 가능한지 여부, 토석채취로 인하여 농업용수·식수로 사용되는 하천 등이 오염될 가능성이 잇는지 여부, 토석채취 과정에서 발생하는 비석, 분진, 소음, 진동 등으로 인근주민들이 겪을 생활상의 고통의 정도 및 이를 예방하기 위한 구체적인 조치의 내용 등을 종합하여 판단하여야 한다.

■ 대법원 2020. 4. 29. 선고 2017두31064 판결

처분청은 비록 그 처분 당시에 별다른 하자가 없었고, 또 그 처분 후에 이를 철회할 별도의 법적 근거가 없다 하더라도 원래의 처분을 존속시킬 필요가 없게 된 사정변경이 생겼거나 또는 <u>중대한 공익상의 필요가 발생한 경우</u>에는 그 효력을 상실케 하는 별개의 처분으로 이를 철회할 수 있다. 다만 수익적 처분을 취소 또는 철회하는 경우에는 이미 부여된 그 국민의 기득권을 침해하는 것이 되므로, 비록 취소 등의 사유가 있다고 하더라도 그 취소권 등의 행사는 기득권의 침해를 정당화할 만한 중대한 공익상의 필요 또는 제3자의 이익보호의 필요가 있는 때에 한하여 <u>상대방이 받는 불이익과 비교·형량하여 결정하여야 하고, 그 처분으로 인하여 공익상의 필요보다 상대방이 받게 되는 불이익 등이 막대한 경우에는 재량권의 한계를 일탈한 것으로서 허용되지 않는다</u>(대법원 2009. 11. 12. 선고 2009두12648 판결 등 참조).

■ 대법원 2020. 7. 23. 선고 2019두31839 판결

처분청은 행정처분에 하자가 있는 경우에는 별도의 법적 근거가 없더라도 <u>스스로</u> 이를 취소할 수 있고, 다만 수익적 행정처분을 취소할 때에는 이를 취소하여야 할 중대한 공익상 필요와 그 취소로 인하여 <u>처분상대방이 입게 될 기득권과 법적 안정성에 대한 침해정도 등 불이익을 비교·교량한 후 공익상 필요가 처분상대방이 입을 불이익을 정당화할 만큼 강한 경우에 한하여</u> 취소할 수 있다.

그렇다면, 피고가 항소심에서 주장한 '중대한 공익상 필요'가 처분사유로 적법하게 추가, 변경되었다고 보더라도, 후속으로 과연 피고가 '중대한 공익상 필요'와 관련하여 제대로 재량판단을 하였는지에 관한 심리·판단이 이루어졌어야 할 것이다. 만일 피고가 겉으로 표방하는 바

와 다르게 이 사건 처분을 할 당시 '중대한 공익상 필요'에 관한 재량판
단을 제대로 하지 않았다면(즉 실제로는 피고가 당초의 처분사유만 고려하여
이 사건 처분으로 나아갔던 것이라면), 이 사건 처분은 아래의 대법원 판례
법리에 따라 재량권을 일탈·남용한 것으로서 위법함을 면하기 어려울
것이다.

■ **대법원 2019. 7. 11. 선고 2017두38874 판결**

처분의 근거 법령이 행정청에 처분의 요건과 효과 판단에 일정한 재량
을 부여하였는데도, 행정청이 자신에게 재량권이 없다고 오인한 나머지
처분으로 달성하려는 공익과 그로써 처분상대방이 입게 되는 불이익의 내
용과 정도를 비교형량하지 않은 채 처분을 하였다면, 이는 재량권 불행사
로서 그 자체로 재량권 일탈·남용으로 해당 처분을 취소하여야 할 위법
사유가 된다(대법원 2016. 8. 29. 선고 2014두45956 판결, 대법원
2017. 8. 29. 선고 2014두10691 판결 등 참조).

■ **대법원 2018. 6. 28. 선고 2018두35490, 35506 판결**

행정주체가 노외주차장의 필요성과 그 구체적인 내용을 결정하는 것에
관한 형성의 재량은 무제한적인 것이 아니라, 관련되는 제반 공익과 사익을
비교·형량하여 노외주차장을 설치하여 달성하려는 공익이 그로써 제한받는
다른 공익이나 침해받는 사익보다 우월한 경우에 한하여 그 주차장 설치계
획이 정당하다고 볼 수 있다. 특히 노후·불량주택 자체를 효율적으로 개량
하기 위한 목적이 아닌 공익사업을 시행하는 과정에서 다수의 기존 주택을
철거하여야 하는 경우에는 단순히 재산권 제한에 그치는 것이 아니라 매우
중요한 기본권인 '주거권'이 집단적으로 제한될 수 있으므로, 이를 정당화
하려면 그 공익사업에 중대한 공익상 필요가 분명하게 인정되어야 한다. 이러
한 중대한 공익상 필요는 신뢰할 수 있는 자료를 기초로 앞서 본 제반 사정
을 종합하여 신중하게 판단하여야 한다. 나아가 설치하려는 주차장 자체의

경제성·효율성과 주차장을 설치한 후 운영하는 과정에서 발생하게 될 인근 주민의 불편이나 해당 지역의 교통에 미칠 영향 등을 함께 비교·형량하여야 한다. 행정주체가 주차장 설치계획을 입안·결정할 때 이러한 이익형량을 전혀 하지 아니하거나 이익형량의 고려 대상에 마땅히 포함시켜야 할 사항을 누락한 경우, 또는 이익형량을 하였으나 정당성·객관성이 결여된 경우에는 그 주차장 설치계획 결정은 재량권을 일탈·남용한 것으로 위법하다고 보아야 한다(대법원 2006. 4. 28. 선고 2003두11056 판결 등 참조).

■ 대법원 2016. 8. 29. 선고 2014두45956 판결

행정청이 건설산업기본법 및 구 건설산업기본법 시행령(2016. 2. 11. 대통령령 제26979호로 개정되기 전의 것, 이하 '시행령'이라 한다) 규정에 따라 건설업자에 대하여 영업정지 처분을 할 때 건설업자에게 영업정지 기간의 감경에 관한 참작 사유가 존재하는 경우, 행정청이 그 사유까지 고려하고도 영업정지 기간을 감경하지 아니한 채 시행령 제80조 제1항 [별표 6] '2. 개별기준'이 정한 영업정지 기간 대로 영업정지 처분을 한 때에는 이를 위법하다고 단정할 수 없으나, 위와 같은 사유가 있음에도 이를 전혀 고려하지 않거나 그 사유에 해당하지 않는다고 오인한 나머지 영업정지 기간을 감경하기 아니하였다면 영업정지 처분은 재량권을 일탈 · 남용한 위법한 처분이다.

그런데, 대상판결은 당초의 처분사유(이 사건 토지는 건축법상의 도로에 해당한다는)가 기속행위의 속성을 지닌 반면 항소심에 이르러 추가한 사유(중대한 공익상 필요)는 재량행위의 속성을 가지고 있다는, 양자 간의 중요한 차이를 놓친 것이 아닌가싶다. 만일 이 점을 제대로 포착하였더라면, 설령 당초의 처분사유와 항소심에서 추가된 사유 사이에 기본적 사실관계의 동일성이 인정된다는 입장을 취하였더라도, '중대한 공익상 필요'와 관련하여 피고가 올바르게 재량판단을 하였는지를 추가로 심리, 판단해보라는 지침을 내리는 선에서 멈추었어야 할 것인데, 대상판결은 아래와 같이 '중대한 공익상 필요'가 인정된다고까지 스스로 단정해버리고 말았기 때문이다.

위와 같은 사실관계를 앞서 본 법리에 비추어 살펴보면, 다음과 같이 판단할 수 있다.

(1) 이 사건 처분은 당초 처분사유와 피고가 이 사건 소송에서 추가로 주장한 처분사유는 이 사건 토지상의 사실상 도로의 법적 성질에 관한 평가를 다소 달리하는 것일 뿐, 모두 이 사건 토지의 이용현황이 '도로'이므로 거기에 주택을 신축하는 것은 허용될 수 없다는 것이므로, 기본적 사실관계의 동일성이 인정된다.

(2) 이 사건 토지에 건물이 신축됨으로써 인근 주민들의 통행을 막지 않도록 하여야 할 중대한 공익상 필요가 인정되고, 이러한 공익적 요청이 원고의 재산권 행사보다 훨씬 중요하므로, 피고가 원심에서 추가한 처분사유는 정당하여 결과적으로 이 사건 처분은 적법한 것으로 볼 여지가 있다.

그럼에도 원심은, 피고가 원심에서 추가한 주장을 단순히 소권남용을 주장하는 본안전항변이라고 단정하여 본안전항변이 이유 없다고 배척하였고, 본안에서 추가된 처분사유의 당부에 관해서는 판단하지 않았다. 이러한 원심판단에는 처분사유 추가·변경의 허용기준 및 중대한 공익상의 필요에 관한 법리를 오해하여 필요한 심리를 다하지 않음으로써 판결에 영향을 미친 잘못이 있다. 이 점을 지적하는 상고이유 주장은 이유 있다.

먼저 대상판결의 이러한 판단이 그저 단순한 군더더기 내지 가벼운 코멘트에 불과한 것이 아니라면, 앞서 본 판례, 즉 처분청이 재량심사 자체를 아예 하지 아니한 경우 이는 곧바로 재량권을 일탈·남용한 것에 해당한다는 법리와 모순저촉될 소지가 커 보인다. 대상판결의 사안에서 피고가 이 사건 처분에 앞서 '중대한 공익상 필요'에 관하여 재량판단을 거쳤다고는 도저히 보기 어렵고[앞서 본 바와 같이 원고는 2016. 8. 4. 이 사건 토지에 2층 규모의 주택을 신축하겠다는 내용의 건축신고서를 제출하였고, 그로부터 불과 보름 뒤인 2016. 8. 19. 피고는 '이 사건 토지는 건축법상 도로로서 건축신고(신축) 불가함'이라는 매우 간결한 이유를 들어 건축신고를 반려하였을 뿐이다] 대상판결이 상당한 분량을 할애하여 설시하고 있는 사정들11)에 비추어 보더라도 마찬가지

---

11) 대상판결에 설시된 구체적인 사정은 아래와 같으나, 이를 가지고 피고가 이 사건 처분을 내리기에 앞서 중대한 공익상 필요에 관하여 검토하거나 판단 요소 중의 하나로 삼았다고는 도저히 보기 어렵다. 대상판결은 "이에 피고는 2016. 8. 19. 원고에 대하여 '이 사건 토지는 건축법상 도로에 해당하여 건축을 허용할 수 없다'는 사유로 건축신고수리 거부처분을 하였다(이하 '이 사건 처분'이라고 한다)."라고 하여, 마치 피고가 중대한 공익상 필요에 관한 검토 내지 고려 끝에 이 사건 처분을 내린 것과 같은 뉘앙스를 남기고 있으나, 이는 실제 사실관계에 맞지 아니하는 잘못된 표현임이 분명하다.

『나. 원심판결 이유 및 기록에 의하면, 다음과 같은 사정들을 알 수 있다.
 (1) 분할 전 서울 동대문구 제기동 158-3 대 566㎡ 토지는 원래 동일인이 소유하였는데, 1975. 3. 21. ① 제기동 158-3 대 132㎡, ② 제기동 158-18 대 136㎡, ③ 제기동 158-19 대 126㎡(이 사건 토지), ④ 제기동 158-20 대 172㎡로 분할되었고, 그 무렵 ①, ②, ④토지는 양도되어, 양수인이 각자 건축허가를 받아 그 지상에 단독주택을 건축하였으며, 그 무렵부터 이 사건 토지는 '사실상 도로'로서 인근 주민들의 통행로로 이용되어 왔으며, 이 사건 토지의 지하에는 하수관로가 매설되어 있다.
 (2) 원고는 이러한 이 사건 토지의 이용상황을 알면서도 이 사건 토지를 매수한 다음, 2016. 8. 4. 이 사건 토지에 2층 규모의 주택을 신축하겠다는 내용의 건축신고서를 제출하였다.
 (3) 이 사건 토지에 원고의 건축계획대로 주택을 건축하는 경우 ② 토지는 공로로 출입할 수 있는 통행로가 사라져 맹지(盲地)가 되고, ① 토지는 맹지가 되는 것은 아니지만 그 지상 주차장으로 자동차가 출입할 수 없게 되며, ④ 토지는 맹지가 되는 것은 아니지만 그 지상 건물의 보조출입문을 출입할 수 없게 된다.
 (4) 이에 피고는 2016. 8. 19. 원고에 대하여 '이 사건 토지는 건축법상 도로에 해당하여 건축을 허용할 수 없다'는 사유로 건축신고수리 거부처분을 하였다(이하 '이 사건 처분'이라고 한다).

이기 때문이다.

　나아가 아래의 대법원판결이 밝힌 바와 같이 사법부는 처분청이 1차적으로 내린 재량판단의 위법 여부를 사후적으로 판단할 수 있을 뿐 처분청이 내려야 할 재량판단을 사법부가 직접 대신하여 내려서는 아니 되므로[12] 대상판결 중 이 사건 처분과 관련하여 중대한 공익상 필요가 있다고까지 단정한 것도 그 타당성이 의문이다.

---

(5) 제1심법원이 이 사건 토지를 건축법상 도로에 해당하지 않는다는 이유로 원고의 청구를 인용하는 판결을 선고하자, 피고는 항소하여 '이 사건 토지는 1975년 분필된 후로 인근 주민들의 통행에 제공된 사실상의 도로인데, 원고가 이 사건 토지에 주택을 건축하여 인근 주민들의 통행을 막는 것은 사회공동체와 인근 주민들의 이익에 반하므로 원고의 주택 건축은 허용되어서는 안 되며, 따라서 이 사건 처분은 공익에 부합하는 적법한 처분이라고 보아야 하고, 원고의 건축신고나 이 사건 행정소송 제기는 권리남용이라고 보아야 한다'는 주장을 추가하였다.』

12) 이를 권력분립에서 생기는 행정소송의 한계라는 관점에서 설명한 박균성, 앞의 책 (주9), 1175~1176면의 내용을 발췌하면 아래와 같다.

　『권력분립하에서도 행정사건은 사법(재판)의 대상이 된다. 사법은 법적 분쟁에 대하여 법을 적용하여 분쟁을 해결하는 작용이므로 행정법상의 법적 분쟁이 사법권에 의한 재판의 대상이 되는 것은 권력분립에 반하는 것은 아니며 오히려 사법의 본질상 인정되는 것이다.

　그러나, 권력분립의 원칙상 행정소송에는 일정한 한계가 있다는 것이 일반적 견해이다. 보다 정확히 말하면 권력분립의 원칙상 행정청의 제1차적 판단권이 존중되어야 하며 이것이 행정권에 대한 사법심사의 한계가 된다고 본다. 행정청이 행정권을 행사할 것인가 하지 않을 것인가 또는 행정권을 행사하는 경우에 어느 시점에 어떻게 행사할 것인가는 원칙상 행정권의 책임하에 판단되어야 하며 사법권이 이러한 행정권의 판단을 대체하는 것은 권력분립의 원칙상 인정되지 않는다고 본다. 그리하여 종래 행정권의 예방적 금지, 행정권의 행사를 구하는 소송은 인정되지 않는다고 보았다.

　현행 행정소송법도 예방적 금지소송 및 의무이행소송은 명문상으로는 인정하고 있지 않은데, 전술한 바와 같이 의무이행소송이나 예방적 금지소송의 인정은 권력분립의 원칙에 반하는 것은 아니며 입법정책의 문제에 속한다고 보는 것이 타당하다. 사법은 개인의 권익의 구제를 본질적 기능으로 하며 국민에게는 헌법상 재판을 받을 권리가 있다는 점을 고려할 때 예방적 금지소송이나 의무이행소송을 부인하는 것은 타당하지 않다. 행정권의 제1차적 판단권의 존중의 원칙과 국민의 권익구제의 요청을 조절하는 것이 필요하다.』

■ 대법원 2001. 2. 9. 선고 98두17593 판결

행정행위가 그 재량성의 유무 및 범위와 관련하여 이른바 기속행위 내지 기속재량행위와 재량행위 내지 자유재량행위로 구분된다고 할 때, 그 구분은 당해 행위의 근거가 된 법규의 체재·형식과 그 문언, 당해 행위가 속하는 행정 분야의 주된 목적과 특성, 당해 행위 자체의 개별적 성질과 유형 등을 모두 고려하여 판단하여야 하고, 이렇게 구분되는 양자에 대한 사법심사는, 전자의 경우 그 법규에 대한 원칙적인 기속성으로 인하여 법원이 사실인정과 관련 법규의 해석·적용을 통하여 일정한 결론을 도출한 후 그 결론에 비추어 행정청이 한 판단의 적법 여부를 독자의 입장에서 판정하는 방식에 의하게 되나, 후자의 경우 행정청의 재량에 기한 공익판단의 여지를 감안하여 법원은 독자의 결론을 도출함이 없이 당해 행위에 재량권의 일탈·남용이 있는지 여부만을 심사하게 되고, 이러한 재량권의 일탈·남용 여부에 대한 심사는 사실오인, 비례·평등의 원칙 위배, 당해 행위의 목적 위반이나 동기의 부정 유무 등을 그 판단 대상으로 한다.

■ 대법원 2020. 10. 15. 선고 2019두45739 판결

행정행위가 그 재량성의 유무 및 범위와 관련하여 이른바 기속행위와 재량행위로 구분된다고 할 때, 그 구분은 해당 행위의 근거가 된 법규의 체재·형식과 그 문언, 해당 행위가 속하는 행정 분야의 주된 목적과 특성, 해당 행위 자체의 개별적 성질과 유형 등을 모도 고려하여 판단하여야 한다. 이렇게 구분되는 양자에 대한 사법심사는, 전자의 경우 그 법규에 대한 원칙적인 기속성으로 인하여 법원이 사실인정과 관련 법규의 해석·적용을 통하여 일정한 결론을 도출한 후 그 결론에 비추어 행정청이 한 판단의 적법 여부를 독자의 입장에서 판정하는 방식에 의하게 되나, 후자의 경우 행정청의 재량에 기한 공익판단의 여지를 고려하여 법원은 독자의 결론을 도출함이 없이 해당 행위에 재량권의 일탈·남용이 있는지 여부만을 심사하게 된다.

'중대한 공익상 필요'라는 사유와 관련하여 법원이 행정청이 내린 판단의 적법 여부를 독자의 입장에서 판정할 수 있는 것인지, 아니면

여느 재량행위의 경우와 마찬가지로 법원이 독자의 결론을 도출함이 없이 '중대한 공익상 필요'에 관한 행정청의 판단에 재량권의 일탈·남용이 있는지 여부만을 심사할 수 있는 것인지에 관하여는 대법원이 아직 명시적으로 법리를 선언한 바가 없는 것으로 보인다. 그러나 수익적 행정행위의 철회·취소 국면에 관한 아래의 판례법리들에 비추어 볼 때 대법원은 '중대한 공익상 필요'라는 사유와 관련해서도 행정청이 이러한 처분사유를 내세워 행정처분을 하기에 앞서 이에 관한 재량심사를 거쳐야 함이 원칙이라는 입장을 취하는 것으로 보인다. 특히 아래 대법원 2019두31839 판결의 밑줄 부분을 반대로 해석하여 보면, 처분상대방의 사실은폐나 그 밖의 부정한 방법이 개재된 경우가 아니라면 행정청은 중대한 공익상 필요에 관한 사유를 행정처분을 내리기 이전에 충분히 고려했어야 한다는 결론이 도출된다. 그러므로 대법원이 밝힌 재량행위에 관한 사법심사 방식은 중대한 공익상 필요를 사유로 한 행정처분에 대한 사법심사에 있어서도 기본적으로 동일하게 적용되어야 할 것으로 생각한다. 행정소송법 제28조에서 사정판결에 관하여 별도의 규정을 두고 있다는 점에 비추어 보더라도 그러하다.

■ 대법원 2011. 6. 10. 선고 2010두28007 판결

이른바 수익적 행정행위를 철회하는 경우에는 이미 상대방에게 부여된 기득권을 침해하는 것이 되므로, 비록 행정행위의 부관으로 철회권이 유보되어 있는 등 철회의 사유가 있다고 하더라도, 그 철회권의 행사는 상대방의 기득권과 행정행위에 대한 신뢰 및 법률생활의 안정성 침해를 정당화할 만한 중대한 공익상의 필요 또는 제3자의 이익을 보호할 필요가 있는 때에 한하여 허용된다 할 것이고, 그와 같은 공익상의 필요 등이 인정되지 않는다면 철회권의 행사는 재량권의 한계를 일탈한 것으로서 위법하다.

■ 대법원 2020. 7. 23. 선고 2019두31839 판결

처분청은 행정처분에 하자가 있는 경우에는 별도의 법적 근거가 없더라도 스스로 이를 취소할 수 있고, 다만 수익적 행정처분을 취소할 때에는 이를 취소하여야 할 중대한 공익상 필요와 그 취소로 인하여 처분상대방이 입게 될 기득권과 법적 안정성에 대한 침해 정도 등 불이익을 비교·교량한 후 공익상 필요가 처분상대방이 입을 불이익을 정당화할 만큼 강한 경우에 한하여 취소할 수 있다. 수익적 행정처분의 하자가 처분상대방의 사실은폐나 그 밖의 부정한 방법에 의한 신청행위에 기한 것이라면 처분상대방은 행정처분에 의한 이익을 위법하게 취득하였음을 스스로 알아 취소가능성도 예상하고 있었다고 보아야 하므로, 그 자신이 행정처분에 관한 신뢰이익을 원용할 수 없음은 물론이고, 행정처분이 이를 고려하지 아니하였다고 하여도 재량권 일탈·남용에는 해당하지 않는다.

라. 대상판결 이후의 환송심에서는 앞서 본 대상판결 내용을 거의 그대로 좇아 원고의 청구를 기각하였고(서울고등법원 2020. 7. 16. 선고 2019누63814 판결), 이는 추가로 상고가 제기됨이 없이 그대로 확정되었다. 심지어 민사사건의 경우에도 배타적 사용·수익권의 포기 여부를 놓고 당사자 간에 치열한 법정 공방이 벌어지는 것이 통상인데, 환송후 항소심 판결문에는 원고 소유의 이 사건 토지에 관해 배타적 사용·수익권이 포기되었는지에 관한 내용이 전혀 담기지 아니한 것은 물론이고 중대한 공익상 필요를 뒷받침하는 사정(간접사실 또는 재량고려사유)도 대상판결에 이미 언급된 것들(각주 11)을 그대로 옮기는 외에는 추가로 설시된 바가 없다.

이와 같이 환송후 항소심 판결은 이 사건 토지가 사실상 도로로 쓰이고 있는지, 소유자인 원고가 도리어 이 사건 토지를 적법한 권원 없

이 사용·수익하고 있는 인근 주민들을 상대로 민법 제214조[13])에 기한 방해배제를 청구할 수 있었던 것은 아닌지, 배타적 사용·수익권의 포기에 관한 대법원 판례법리(각주 1 참조)가 과연 적용되는지, 중대한 공익상 필요가 있는 것이 맞는지 등의 연이은 의문점에 관하여 별다른 심리나 판단 자체를 하지 않았다는 느낌을 지우기 어렵다. 설령 이 사건 토지가 당시 사실상의 도로로 쓰이고 있는 것이 맞는다 하더라도 인근 주민들이 무단으로 이 사건 토지 위를 통행하는 것에 불과하였다면, 원고는 해당 주민들을 상대로 방해배제를 청구할 수 있는 지위에 있으므로, 여기에서 더 나아가 '인근 주민들의 통행을 막지 않도록 하여야 할 중대한 공익상 필요'가 있다고 보기는 어려울 것이다. 이렇게 본다면 이 사건 토지가 사실상 도로로 이용되고 있다는 피고 주장에 기초하여 '중대한 공익상 필요'를 그대로 인정해버리고 만 것은 심리미진에 해당하거나 논리비약이라 생각한다.

　특히 환송후 항소심은, 피고가 이 사건 처분을 할 당시 '중대한 공익상 필요'에 관한 재량판단을 실제로 하였는지에 관해서는 아무런 언급을 하지 않은 채 피고가 뒤늦게 내세운 '중대한 공익상 필요'라는 사유가 실제 존재한다고 스스로 판단해버리고 말았다. 이로써 앞서 본 대법원 2017두38874 판결 및 대법원 98두17593 판결의 법리가 전혀 적용되지 않거나 완전히 망각된 셈이다.

---

13) **제214조(소유물방해제거, 방해예방청구권)**
　소유자는 소유권을 방해하는 자에 대하여 방해의 제거를 청구할 수 있고 소유권을 방해할 염려있는 행위를 하는 자에 대하여 그 예방이나 손해배상의 담보를 청구할 수 있다.

III. 맺으며

우리나라 법전에는 '행정법'이라는 이름을 가진 법률이 실제로 존재하지 아니하고, 오직 각각의 분야별로 행정과 관련된 법령들만이 개별적으로 존재할 뿐이다. 따라서 이러한 개별적인 법령의 규정 및 내용을 일관성 있게 만드는 행정법총론은 행정법학자들의 탐구 및 이를 토대로 집적된 판례의 몫이라고 볼 수 있다. 그런데, 판례가 구체적·개별적 사안을 통해 하나씩 순차적으로 생성, 축적되는 과정에서 각각의 판시 법리가 서로 모순상충될 위험이 상존하는데, 대상판결은 안타깝게도 지금까지 밝힌 바와 같은 이유로 이러한 예에 속한다고 생각한다. 즉, ① 처분사유의 추가·변경이 허용되는 범위(기본적 사실관계의 동일성), ② 재량행위에 대한 사법심사의 방식(법원은 독자의 결론을 내려서는 아니 되고 행정청이 한 재량판단에 재량권의 일탈·남용이 있었는지를 살펴야 함), ③ 재량권의 일탈·남용 여부를 판단하는 기준(행정청이 자신에게 재량권이 없다고 오인한 나머지 처분으로 달성하려는 공익과 처분상대방이 입게 되는 불이익의 내용과 정도를 비교형량하지 않은 채 처분을 하였다면, 이는 재량권의 불행사로서 그 자체로 재량권의 일탈·남용이 됨)에 관해 판례가 각기 확고하게 정립된 상태라고는 하지만, 대상판결은 위 ①에 관한 법리에 주력한 나머지 위 ②, ③에 관한 법리는 간과하거나 심지어 정면으로 모순·저촉되는 결과를 야기하였다고 볼 수 있다.

뿐만 아니라 대상판결이 위 ①의 법리를 해당 사안에 구체적으로 적용한 방식 내지 그에 따른 결론의 도출이 타당하였는지도 의문이다. 피고가 환송전 항소심에서 추가하였던 사유(이 사건 토지는 사실상의 토지로서 중대한 공익상 필요가 있음)에 관해 기본적 사실관계의 동일성이 없다고 보아 처분사유의 추가·변경을 인정하지 않았더라도, 피고로서는 당초의 처분사유(이 사건 토지는 법적으로 건축법상의 도로라는)와 관련된 원고 승소(피고 패소)의 판결이 확정된 다음 이 사건 토지가 사실상의 도로로 쓰이고 있다는 '중대한 공익상 필요'를 들어서 다시금 원고의 건축신고 수리를 거부하거나 이를 반려할 수 있었을 것이다. 위와 같이 구체적 타당성이 있는 결론을 이끌어내는 것이 가능하였고, 기본적 사실관계의 동일성을 대폭 완화하여 적용하는 무리수를 굳이 둘 필요가 없었던 사안이라는 점에서, 대상판결은 아쉬움이 남는다 할 것이다.

　　마지막으로, 처분사유의 추가변경에 관해서는 지금까지 우리나라에서 상당한 연구가 이미 이루어진 상태인바[14] 그럼에도 불구하고 본 글은 이러한 문헌들에 관한 깊이 있는 분석·검토를 선행적으로 거치거나 새로운 대안을 제시하는 수준에는 전혀 이르지 못하고 단지 대상판결이 지닌 논리적인 문제점 내지는 다른 판례법리들과의 충돌현상을 집중적으로 파고들면서 의문을 제기하는 수준에 그쳤음을 고백하고자 한다. 그렇지만 본 글에서 제기한 여러 가지 의문점들이 향후 처분사유의 추가변경에 관한 후속 연구에 일말이라도 도움이 되기를 소망하는 바이다.

---

14) 대표적으로, 박정훈, "처분사유의 추가변경과 행정행위의 전환", 행정소송의 구조와 기능, 박영사(2004), 471~555면, 하명호, "처분사유의 추가변경에 관한 판례의 평가와 보완점", 고려법학 제58호, 2010. 9. 1., 1~40면, 이은상, "처분 근거법령 추가변경의 허용범위: 기속규정에서 재량규정으로 추가변경된 사안을 중심으로", 아주법학 제14호, 2020, 3~25면이 특히 참조할 만 하다고 새인적으로 생각한다.

참고문헌

박정훈, "처분사유의 추가·변경과 행정행위의 전환", 행정소송의 구조와
　　기능, 박영사(2004), 471~555면
박균성, 행정법(상)(제17판), 박영사(2018)
하명호, "처분사유의 추가·변경에 관한 판례의 평가와 보완점", 고려법학
　　제58호, 2010. 9. 1., 1~40면
이은상, "처분 근거법령 추가·변경의 허용범위: 기속규정에서 재량규정으
　　로 추가·변경된 사안을 중심으로", 아주법학 제14호, 2020, 3~25면

국문초록

　　행정법총론과 관련된 판례는 구체적 · 개별적 사안을 통하여 하나씩 순차
적으로 생성, 축적되기 마련이다. 다만 이 과정에서 각각의 판시 법리가 서로
모순상충될 위험이 상존하는데, 대상판결(대법원 2019. 10. 31. 선고 2017두
74320 판결)은 안타깝게도 이러한 예에 속한다고 생각한다. 즉, ① 처분사유
의 추가변경이 허용되는 범위(기본적 사실관계의 동일성)에 관해서는 대법원
2011. 9. 28. 선고 2000두8684 판결 등이, ② 재량행위에 대한 사법심사의 방
식(법원은 독자의 결론을 내려서는 아니 되고 행정청이 한 재량판단에 재량
권의 일탈·남용이 있었는지를 살펴야 함)에 관해서는 대법원 2001. 2. 9. 선고
98두17593 판결 등이, ③ 재량권의 일탈·남용 여부를 판단하는 기준(행정청
이 자신에게 재량권이 없다고 오인한 나머지 처분으로 달성하려는 공익과 처
분상대방이 입게 되는 불이익의 내용과 정도를 비교형량하지 않은 채 처분을
하였다면, 이는 재량권의 불행사로서 그 자체로 재량권의 일탈·남용이 됨)에
관해서는 대법원 2019. 7. 11. 선고 2017두38874 판결 등이 각각 확고하게
정립된 상태라고 하지만, 대상판결은 위 ①에 관한 법리에 주력한 나머지 위
②, ③에 관한 법리는 간과하거나 심지어 정면으로 모순저촉되는 결과를 야
기하였다고 볼 수 있다.

　　뿐만 아니라 대상판결이 위 ①의 법리를 해당 사안에 구체적으로 적용한
방식 내지 그에 따른 결론의 도출이 타당하였는지도 의문이고, 기본적 사실
관계의 동일성을 대폭 완화하여 적용하는 무리수를 굳이 둘 필요가 없었던
사안이라는 점에서, 대상판결은 상당한 아쉬움이 남는다 할 것이다.

　　주제어: 처분사유의 추가변경, 기본적 사실관계의 동일성, 재량행위, 기
속행위, 재량권의 일탈·남용

Abstract

Distinction between binding and discretionary reasons as additional or changed grounds for the administrative disposition

Lee Yongwoo*

Cases related to general administrative law are created and accumulated one by one through specific and individual issues. However, in this process, there is always a risk of contradicting or conflicting with each other's legal principle, and unfortunately, this judgment(Supreme Court Decision 2017Du74320 Decided October 31, 2019) belongs to this regretful case. In other words, ⅰ) the judgment on the extent to which the reason for the administrative disposition is allowed to be added or changed(Supreme Court Decision 2000Du8684 Decided September 28, 2011), ⅱ) the judgment on the method of judicial review for discretionary acts(Supreme Court Decision 98Du17593 Decided February 9, 2001), and ⅲ) the judgment on the criteria for judging whether the discretionary power is deviated or abused(Supreme Court Decision 2017Du38874 Decided July 11, 2019) is firmly established. However, it can be seen that this judgment focused on the first legal principle above, and the second and third legal principles above were overlooked or even led to contradictions.

In addition, it is also questionable how this judgment specifically applied the first legal principle or whether the conclusions made

* Research Division, Supreme Court

accordingly were valid. This judgment remains regretful in that it was not necessary to loosen the criterion for the identity of basic facts unreasonably.

Key words: addition or change of the reasons for administrative disposition, identity of basic facts, discretionary acts, acts of binding, deviation or abuse of discretionary power

투고일 2020. 12. 12.
심사일 2020. 12. 25.
게재확정일 2020. 12. 28.

효력발생 이전의
행정행위에 대한 제소기간*

김후신**

대상판결: 대법원 2019. 8. 9. 선고 2019두38656 판결

Ⅰ. 판례개요

1. 사실관계

(1) 원고의 장애 발생

원고는 ○○지방경찰청에서 근무하던 자로, 2003.경 퇴근 후 같은 아파트에 사는 친구 집에 저녁식사 초대를 받아 식사를 하던 중 갑자기 신체에 마비증세가 나타나 병원으로 이송되어 '뇌출혈' 진단 하에 치료

---

* 이 글은 2020. 9. 18. 사단법인 한국행정판례연구회 제359차 월례발표회에서 발표한 글을 수정·보완한 것이다. 이 지면을 빌려 발표회에서 귀중한 조언을 해주신 분들 및 심사를 통해 세심한 지적을 해주신 익명의 심사위원 분들께 감사의 말씀을 올린다.
** 공익법무관(산업통상자원부 파견)

를 받다 만성신부전증이 발견되어 함께 치료를 받았고, 만성신부전증에 관하여 2012. 1. 30. 장애가 확정되었다.

(2) 제1차 장애등급결정 및 취소

원고는 2012. 4. 30. 명예퇴직한 후 공무원연금공단(이하 '피고'라 한다)에 장해연금을 청구하였고, 피고는 2014. 7. 17. 원고의 장애등급이 제7급 제5호[1])에 해당한다는 내용의 처분을 하였다. 이에 원고는 공무원연금급여재심위원회에 심사를 청구하였으나, 기각되었다. 원고는 피고를 상대로 하여 상기 처분의 취소를 구하는 소를 제기하였고, 항소심에서 원고 승소 판결이 선고, 확정되었다.

(3) 제2차 장애등급결정('이 사건 처분') 및 쟁송

피고는 2017. 6. 29. 원고의 장애등급이 제5급 제3호[2])에 해당한다는 처분(이하 '이 사건 처분'이라 한다)을 하고, 그 무렵 피고의 인터넷 홈페이지에 그 결정 내용을 게시하였다.

원고는 2017. 8. 21. 중앙행정심판위원회에 이 사건 처분의 취소를 구하는 행정심판을 청구하였다. 이때 원고는 행정심판법 시행규칙 [별지 제30호 서식] 행정심판 청구서의 '처분이 있음을 안 날'란에 "2017. 7. 10."이라고 기재하고, '처분청의 불복절차 고지 유무'란에 "유"라고 기재하였다.

중앙행정심판위원회는 2018. 3. 26. 원고에게 '행정심판청구서를 공무원연금급여재심위원회로 이송하였다'고 통보하고, 원고가 제출한 행정심판청구서 등 관련 자료를 공무원연금급여재심위원회가 설치된 인사혁신처로 보냈다. 인사혁신처장은 2018. 3. 28. 피고에게 중앙행정

---

1) 흉복부장기의 기능에 뚜렷한 장애가 남아 손쉬운 노무 외에는 종사하지 못하는 사람.
2) 흉복부장기의 기능에 뚜렷한 장애가 남아 특별히 손쉬운 노무 외에는 종사하지 못하는 사람.

심판위원회로부터 받은 원고의 행정심판청구서 등 관련 자료를 보냈고, 피고는 2018. 3. 30. 이를 받았다.

　원고는 2018. 4. 4. 피고에게 심사청구서를 제출하였고, 피고는 2018. 4. 13. 공무원연금급여 재심위원회에 원고의 심사청구서 등 관련 자료를 보냈다. 공무원연금급여 재심위원회는 2018. 6. 21. 이 사건 심사청구가 구 공무원연금법 제80조 제2항 본문 후단에서 심사청구기간으로 정한 '급여에 관한 결정이 있음을 안 날로부터 90일'이 도과한 후에 이루어졌다는 이유로 각하 결정을 하였다.

(4) 이 사건 소의 제기

　원고는 상기 공무원연금급여 재심위원회의 각하 결정을 송달받은 날부터 90일 이내인 2018. 7. 3. 이 사건 처분의 취소를 구하는 소를 제기하였다. 원고는 법원에 장애등급결정서를 증거서류로 제출하였는데, 위 장애등급결정서에는 "공단의 결정(제외상병, 승인기간, 중과실 적용 등)에 대하여 이의가 있을 경우에는 공무원연금법 제80조에 따라 이 결정을 안 날(통보받은 날)로부터 90일, 이 결정이 있었던 날로부터 180일 이내에 우리 공단을 거쳐 공무원연금급여재심위원회에 심사청구를 하거나 행정소송법 제20조에 따라 이 결정을 안 날(통보받은 날)로부터 90일, 이 결정이 있었던 날로부터 1년 이내에 행정소송을 제기할 수 있습니다."라고 심사청구절차가 기재된 장해급여결정안내문이 첨부되어 있었다. 원고는 자신이 2017. 7. 10. 피고의 인터넷 홈페이지에 접속하여 피고가 게시해 둔 처분 내용을 알게 되었고, 그날을 행정심판청구서에 '처분이 있음을 안 날'로 기재하였을 뿐 피고로부터 처분서를 송달받지 못했다고 주장하였다.

2. 소송경과

(1) 제1심3)

제1심은 행정심판청구서의 기재 및 장애등급결정서의 기재 및 제1차 처분 당시 공무원연금급여 재심위원회에 적법하게 심사청구를 했던 사정에 비추어, 피고가 이 사건 처분을 하면서 원고에게 심사청구절차를 알려주었고, 원고는 2017. 7. 10. 이 사건 처분이 있었던 사실과 그 불복절차를 알고 있었다고 판단하였다. 이에 원고가 처분이 있음을 안 날로부터 90일, 처분이 있은 날로부터 180일이 지나 공무원연금급여 재심위원회에 심사청구를 하였고, 이 사건 소가 이 사건 처분이 있은 날로부터 1년이 지나 제기되어 부적법하다고 판단하였다. 더불어 피고가 원고에게 심사청구절차를 적법하게 알렸으므로, 행정심판법 제23조 제2항 및 제4항에 따라 중앙행정심판위원회에 행정심판을 청구한 시점을 구 공무원연금법상 심사청구 시점으로 볼 수 없다고 판단하였다. 이에 각하판결을 하였다.

(2) 원심4)

원심은 원고가 장애등급결정서를 피고의 홈페이지로부터 내려 받았을 뿐이고, 그 과정에서 이 사건 처분에 관한 불복절차에 관한 안내가 기재된 장해급여결정안내문은 확인하지 못하였다고 주장한 점에 관하여 보충판단을 하였다. 원심은 장애등급결정서와 더불어 심사청구 절차에 관한 기재가 포함된 장해급여결정안내문을 피고의 홈페이지에서 다운 받고, 중앙행정심판위원회에 행정심판청구 시 '처분이 있음을 안 날'을 "2017. 7. 10."로 기재하고, '처분청의 불복절차 고지 유무'란에 "유"라고 표시한 다음 위 장해급여결정안내문이 첨부된 장애등급결정서

---

3) 서울행정법원 2018. 10. 19. 선고 2018구단65753 판결.
4) 서울고등법원 2019. 4. 3. 선고 2018누70501 판결.

를 증거로 제출한 사실을 인정하였다. 이에 원고가 2017. 7. 10. 무렵
이 사건 처분이 있었던 사실과 그 불복절차를 알고 있었다고 봄이 타당
하다고 판단하여 원고의 주장이 이유 없다고 판단하였다. 이에 항소기
각 판결을 하였다.

(3) 대상판결

대상판결은 아래 '3. 판결요지'와 같은 이유로 원심판결을 파기, 제
1심판결을 취소하고, 서울행정법원에 사건을 환송하였다.

(4) 파기환송 후 제1심[5]

파기환송 후 제1심은 대상판결의 법리에 따라 제소기간 도과를 부
정하면서도, 실체적 하자가 없다는 취지에서 원고의 청구를 기각하였
다.[6] 현재 원고가 항소하여 소송계속 중이다.

3. 판결요지

대상판결은 구 공무원연금법에 따른 공무원연금급여 재심위원회에
의한 심사청구 제도는 행정심판법 제4조 제1항에 정한 특별행정심판이
라고 판단하였다. 그 근거로 공무원연금급여 재심위원회에 의한 심사청
구 제도의 입법 취지와 심사청구기간, 행정심판법에 따른 일반행정심판
의 적용 배제, 구 공무원연금법 제80조 제3항의 위임에 따라 구 공무원
연금법 시행령(2018. 9. 18. 대통령령 제29181호로 전부 개정되기 전의 것) 제
84조 내지 제95조의2에서 정한 공무원연금급여 재심위원회의 조직, 운

---

5) 서울행정법원 2020. 7. 22. 선고 2019구단66302 판결.
6) 파기환송 후 제1심은 대상판결에서 지적한 송달 부재가 위법사유를 구성하는지에
　 대하여 별도로 검토하지 않았다. 송달이 있었다는 사실관계도 인정사실에 포함된
　 것이 없다. 이 점에서 약간 의문이 있으나, 이 글이 대상판결에 대한 평석을 목적
　 으로 하는 이상 상론하지는 않는다.

영, 심사절차에 관한 사항 등을 제시하였다.

한편, 이 사건 처분이 상대방 있는 행정처분에 해당하고, 행정절차법 제14조에서 정한 바에 따라 송달하는 등의 방법으로 고지하여야 비로소 효력이 발생하며, 피고가 인터넷 홈페이지에 이 사건 처분의 결정 내용을 게시한 것만으로는 그러한 송달이 이루어졌다고 볼 수 없어 효력이 발생하지 않았다고 판단하였다.

행정소송법 제20조 제1항이 정한 '처분이 있음을 안 날'은 유효한 행정처분이 있음을 안 날을, 같은 조 제2항이 정한 '처분 등이 있은 날'은 행정처분의 효력이 발생한 날을 의미하고, 이는 행정심판의 청구기간에 관하여도 마찬가지이므로, 효력이 발생하지 않은 이 사건 처분에 관하여 구 공무원연금법 제80조 제2항에 정한 심사청구기간이나 행정소송법 제20조 제1항, 제2항에 정한 취소소송의 제소기간이 진행한다고 볼 수 없다고 판단하였다. 판결을 일부 소개하자면 다음과 같다.

"상대방 있는 행정처분은 특별한 규정이 없는 한 의사표시에 관한 일반법리에 따라 상대방에게 고지되어야 효력이 발생하고, 상대방 있는 행정처분이 상대방에게 고지되지 아니한 경우에는 상대방이 다른 경로를 통해 행정처분의 내용을 알게 되었다 하더라도 행정처분의 효력이 발생한다고 볼 수 없다.

취소소송의 제소기간 기산점으로 행정소송법 제20조 제1항이 정한 '처분 등이 있음을 안 날'은 <u>유효한 행정처분이 있음을 안 날</u>을, 같은 조 제2항이 정한 '처분 등이 있은 날'은 그 <u>행정처분의 효력이 발생한 날</u>을 각 의미한다. 이러한 법리는 행정심판의 청구기간에 관해서도 마찬가지로 적용된다. [···]

그런데 피고가 인터넷 홈페이지에 이 사건 처분의 결정 내용을 게시한 것만으로는 행정절차법 제14조에서 정한 바에 따라 송달이 이루어졌다고 볼 수 없고, 원고가 그 홈페이지에 접속하여 결정 내용을 확인하여 알게 되었다고 하더라도 마찬가지이다. 또한 피고가 이 사건 처분서를 행정절차법 제14조 제1항에 따라 원고 또는 그 대리인의 주소·거소(거소)·영업소·사무소로 송달하였다거나 같은 조 제3항 또는 제4항에서 정한 요건을 갖추어 정보통신망을 이용하거나 혹은 관보, 공보, 게시판, 일간신문 중 하나 이상에 공고하고 인터넷에도 공고하는 방법으로 송달하였다는 점에 관한 주장·증명도 없다.

　　따라서 이 사건 처분은 상대방인 <u>원고에게 고지되어 효력이 발생하였다고 볼 수 없으므로</u>, 이에 관하여 구 공무원연금법 제80조 제2항에서 정한 심사청구기간이나 행정소송법 제20조 제1항, 제2항에서 정한 취소소송의 제소기간이 진행한다고 볼 수 없다."
(밑줄: 필자)

Ⅱ. 평석

1. 쟁점

대상판결을 해체해보면 여러 가지 판단이 결합되어있는데, 그 중 하나는 구 공무원연금법에 따른 공무원연금급여 재심위원회에 의한 심사청구제도가 행정심판법에 정한 특별행정심판이라는 점이다. 특별행정심판 여부에 대한 판단 시 고려요소는 그 자체로 하나의 연구주제에 속하고,[7] 또한 행정소송법 제20조 제1항 단서의 적용 여부와 관련하여 매우 중요한 문제이지만, 대상판결의 맥락에서는 독자적인 의미가 아주

---

7) 대표적인 종합연구로, 사단법인 한국행정판례연구회, "특별한 행정불복 절차 및 행정심판 절차 특례 설치요건 등에 관한 연구", 국민권익위원회 연구용역 최종보고서(발간등록번호: 11-1140100-000121-01, 연구책임자: 최계영), 2014, 34-54면.

크지는 않다. 이 사안은 취소소송의 제소기간과 행정심판의 청구기간의 기산과 계산이 대체로 유사하다는 관념에 입각하여, '처분등이 있음을 안 날'의 의미를 일원화시킨 경우이기 때문이다. '처분등이 있은 날'의 의미 역시 일원화된다. 구 공무원연금법의 규정에 따라 행정심판법에 따른 행정심판청구가 불가능함에도 이 심사청구제도가 특별행정심판에 해당하지 않는다면, 행정소송법 제20조 제1항 단서의 적용 문제가 없게 된다.[8] 그리고 행정소송법 제20조의 '처분등이 있음을 안 날'과 '처분등이 있은 날'의 의미가 무엇인지의 의미로 문제가 귀결된다. 대상판결과 같이 공무원연금법의 규정에 따른 심사청구제도가 특별행정심판에 해당한다고 본다면, 행정심판에서 '처분이 있음을 안 날'과 '처분이 있은 날'이 추가로 문제된다.[9] 그리고 대상판결은 취소소송에서의 제소기간에 관한 법리가 "행정심판의 청구기간에 관해서도 마찬가지로 적용된다"고 한다.

결국 대상판결에서 보다 본질적인 쟁점은 제소기간의 진행요건으로서 '유효한 행정처분의 있음'이 가지는 의미가 무엇인지이다. 행정소송법 제20조 제1항의 문언은 '처분등이 있음을 안 날'이지 '유효한 처분등이 있음을 안 날'이 아니다. 대법원이 '유효한'을 넣고, 마치 행정절차법에 의한 적법한 송달을 제소기간 기산의 전제로 삼은 판시를 한 의도에 대한 검토가 요구된다. 이는 행정처분의 유효성과 행정처분의 성립의 구별가능성에 입각할 때 특히 그렇다. 제소기간의 기산점으로서 처분의 존재 문제는 행정실체법과 행정쟁송법의 접합지점이라고 볼 수 있다. 비록 기술적인 부분으로서 논의의 확장성이 약할 수는 있지만, 가장 기초적인 개념에 관한 고찰은 행정법의 바탕을 보다 견고하게 만들 것

---

8) 그 정당성과는 별론으로, 행정소송법 제20조 제1항에 정한 행정심판은 행정심판법에 따른 일반행정심판과 특별행정심판(행정심판법 제4조)에 해당한다는 대법원 2014. 4. 24. 선고 2013두10809 판결에 따른 결론이다.
9) 구 공무원연금법(2018. 3. 20. 법률 제15523호로 전부 개정되기 전의 것) 제80조 제2항(현행 제87조 제2항 참고). 행정심판 일반의 경우에는 행정심판법 제27조.

이다. 이 점에 착안하여 논의를 진행하여 본다. 더불어, 이하에서는 논의의 초점을 좁히기 위하여 그 대상을 상대방 있는 행정행위에 국한하여 본다.

2. 통지와 행정행위의 성립·발효

(1) 무효와 부존재

대상판결이 사용한 '유효한 행정처분이 있음'이라는 말의 의미를 음미하기 위하여 '유효하지 않은 행정처분이 있음'의 입론이 가능한지 살펴보자. 이는 그 구별이 애매한 상태로 남아있는 무효와 부존재의 문제로 이어진다.[10] 그 애매함은 무효인 행정처분은 처음부터 효력이 없다는 인식으로부터 비롯되는데, 바로 이 점에 착안하여 한국 행정법 교과서들이 무효와 부존재의 구별에 관하여 일부 공간을 할애하고 있다.[11] 무효와 부존재의 구별실익에 관하여는 비판적인 입장이 있지만,[12] 이 글에서는 행정행위의 성립요건과 적법요건의 구별을 전제로 출발하여 부존재와 무효를 나누어 살핀다.[13]

행정행위의 부존재는 "행정행위적 성격이 결여되어 외관상으로 처음부터 어떤 관점에서도 고권주체에게 그 책임을 귀속시킬 수 없는 경우"라는 점에서 무효인 행정행위와 구별된다.[14] 부존재에 해당하는 예로, ① 행정기관이 아닌 것이 명백한 사인의 행위, ② 행정기관의 행위일지라도 행정권발동으로 볼 수 없는 행위, ③ 행정기관 내부의 의사결

---

10) 무효와 부존재 사이의 애매한 구분에 관하여는, 김종보, "무효인 행정행위의 법적 효과", 행정법연구, 제62호, 2020, 5−6면.
11) 김동희, 행정법 I, 제22판, 박영사, 2019, 344−346면; 김철용, 행정법, 전면개정 제9판, 고시계사, 2020, 255−256면; 김중권, 행정법, 제2판, 법문사, 2016, 285−286면.
12) 김동희, 앞의 책, 345−346면.
13) 김철용, 앞의 책, 256면, 각주 3은 "행정행위의 성립요건과 적법요건을 구별하는 견해에 의하면 행정행위의 부존재와 무효인 행정행위의 구별은 당연하다"고 설명한다.
14) 김중권, 앞의 책, 285면.

정이 있었을 뿐이고, 행정행위로서 외부에 표시되지 않은 경우 및 ④ 행정행위가 해제조건의 성취 및 취소·철회·실효 등에 의하여 행정행위가 소멸된 경우 등을 든다. 그리고 ①, ②를 비행정행위로, ③, ④를 협의의 부존재로 설명한다.[15] 대상판결과 관련 있는 것은 ③이다.

(2) 행정행위의 효력발생요건으로서 통지

행정행위의 발생과 관련하여 국내 문헌들은 성립요건과 효력발생요건을 나누어 살펴보면서, 성립요건으로서 '외부적 표시'와 효력발생요건으로서 '통지'를 동일시하는 경우도 있고 그렇지 않은 경우도 있다.[16] 전자의 예로는 "행정행위의 개념적 징표가 충족됨으로써 행정행위는 완성되고, 통지하여 도달함으로써 성립되며, － 중대명백한 하자가 없는 한 － 그 효력을 발생시킨다"는 설명을 들 수 있다.[17] 한편 후자의 예로는 "행정행위는 […] 그것이 외부에 표시되어야 비로소 성립한다. 행정행위가 일응 성립하면 그 행위가 아직 상대방에게 도달되지 아니한 경우에도, 행정청은 이유 없이 그것을 취소·변경할 수 없는 구속을 받게 된다. 여기에서 행정행위의 성립시기를 효력발생시기와 구별하여 따로 인정할 실익이 있다"는 설명을 참고할 수 있다.[18]

독일 문헌의 설명을 참고하자면, 통지(Bekanntgabe)는 행정행위가 존재하기 위한 요건(성립요건)이자 동시에 효력발생요건으로 이해된다. 전자에 관하여는 '통지가 없으면 행정행위 역시 없다'는 관념에 입각하여, 통지를 행정행위의 존재요건으로 본다.[19] 한편, 후자와 관련하여서

---

15) 김철용, 앞의 책, 256면.
16) 이 평석에서는 고시나 공고에 의하여 효력이 발생하는 행정행위에 관하여는 따로 살펴보지 않는다.
17) 김중권, 앞의 책, 281면.
18) 박윤흔·정형근, 최신행정법강의(상), 개정30판, 박영사, 2009, 356면.
19) Hartmut Maurer/Christian Waldhoff, Allgemeines Verwaltungsrecht, 19. Aufl, 2017, §9, Rn.71, 78.

는 행정행위의 적법성과 효력을 구별하는 부분에서, 행정절차법
(VwVfG) 제43조 제1항에 따라 행정행위는 원칙적으로 통지 시에 발효
한다고 한다. 예외는 행정절차법 제44조에 따라 무효가 되는 경우이다.
따라서 행정행위의 효력발생요건은 '통지'와 '무효에 이르는 하자가 없
는 것'이다.

  통지와 제소기간에 관한 독일 행정소송법(역자에 따라서는 행정법원
법, VwGO) 해석에 관한 서술도 발견된다. 행정심판[20]은 행정행위가 통
지된 날부터 1월 이내에 제기하여야 하고(독일 행정소송법 제70조 제1항
제1문), 취소소송은 행정심판 재결서가 송달된 날부터 1월 이내에 제기
하여야 한다(제74조 제1항 제1문). 통지의 효력발생시점에 관하여는 행정
절차법 제41조 제2항에서 정하고 있다. 통지 이전의 행정심판청구는 부
적법한데, 그 이유는 제소기간 때문이 아니라 심판청구의 대상이 되는
행정행위가 없기 때문이라고 설명된다.[21] 이 점에서 통지에 의한 행정
행위의 성립과 제소기간의 기산은 동일시점으로 맞춰진다. 이러한 독일
문헌의 설명은 한국 문헌 중 통지와 그 도달을 성립요건이자 효력발생
요건으로 보는 입장에 가깝다.

  대상판결 외에도, 대법원이 통지의 의미를 성립요건과 구별되는 효
력발생요건으로 이해하고 있는 것으로 읽힐 여지가 있는 경향이 관찰된
다. 오래 전의 판결이기는 하지만 대법원 1976. 6. 8. 선고 75누63 판결
의 판시를 그 예로 들 수 있다.

  "행정처분이 유효하게 성립하기 위해서는 […] 또 외부에 대
  하여 표시되어야만 할 것이고 이렇게 성립된 행정처분은 <u>통상 그</u>

---

20) 행정행위를 다투기로 하는 경우 제소기간은 행정행위의 통지부터 진행하는데, 한국
   의 경우와는 달리 독일은 행정심판전치주의를 따르고 있으므로, 행정심판 청구기
   간과 취소소송 제기기간 중 보다 중요한 의미를 가지는 것은 전자이다.
21) Fridehelm Hufen, Verwaltungsprozessrecht, 11. Aufl, 2019, §6, Rn.12, 29.

성립과 동시에 그 효력을 발생하지만 상대방에게 고지를 요하는
행정행위에 있어서는 이를 고지함으로써 비로소 그 효력이 발생하
고 그 고지는 상대방이 양지할 수 있는 상태에 둠으로써 족하고
[…]"(밑줄: 필자)

위의 판시와 같이 대법원이 성립과 효력을 대조적인 뉘앙스로 설
명한 경우는 후속 판결에서 쉽게 발견되지 않는다. 이는 아마 상대방
있는 행정행위에 있어서 '대외적 표시'는 거의 항상 개별적 통지의 방식
으로 하였고, 그 통지 자체의 문제가 직접적으로 표면화된 경우가 없어
성립과 효력을 나누어 볼 실익 자체가 없는 경우가 대부분이기 때문이
었을 것으로 추측된다. 다만 통상 상대방 있는 행정처분의 '고지'는 '효
력발생'의 개념과 어울렸고, '성립' 혹은 '존재'의 개념과 어울리지는 않
았다는 점은 확인이 된다.22) 반면에 판례가 명시적으로 통지를 성립요
건으로서 판시한 예는, 적어도 대상판결 이전의 판결 중에는 쉽게 발견
되지 않는다.23)

다만, 대상판결 선고 이후에 선고된 대법원 2020. 2. 27. 선고 2016
두60898 판결은 외부적 성립요건으로서 대외적 표시의 의미를 구체화
하면서, 통지를 성립요건으로 본 것이 있다. 이 사안은 납세의무자가 제
출한 기한후과세표준신고서에 대하여 양도소득세 과세표준과 세액이
기존에 자진으로 납부한 금액과 동일하므로 별도로 고지할 세액이 없다
는 신고시인결정을 한 경우에 관한 것이다. 대법원은 "처분의 외부적

22) 예컨대, 대법원 1998. 6. 12. 선고 98두5118 판결(자동차운전면허취소처분의 통지와
그 발효를 인정한 사안), 대법원 2009. 11. 12. 선고 2009두11706 판결(통지 등의 절
차를 통하여 고지되지 않은 임관무효처분이 효력이 없다고 판단한 사안).
23) 다만, 대법원 1999. 8. 20. 선고 97누6889 판결은 환지처분의 공고 및 서면에 의한
개별통지 사실을 환지처분의 존재근거로 판시하였다. 하지만 이 판결은 외부적 성
립을 인정한 경우에 해당하여 그것이 대외적 표시의 유일한 방법인지에 관해서 아
주 선명하게 드러나진 않는다.

성립 여부는 행정청에 의하여 당해 처분에 관한 행정의사가 <u>법령 등에</u> <u>서 정하는 공식적인 방법으로 외부에 표시되었는지를 기준으로 판단하</u> 여야 한다"고 하였다. 그리고 신고시인결정을 내부적으로 하였다고 하더라도 이를 납세의무자에게 공식적으로 통지하지 않은 경우에는 그 결정이 외부적으로 성립하였다고 볼 수 없다고 하였다. 더불어 소송계속 과정에서 행정청이 문제된 신고시인결정에 관련된 사실관계에 관한 주장을 양도소득세 결정의결서와 같이 제출한 것을 외부적 성립요건으로서 대외적 표시라고 볼 수 없다고 판단하였다. 이 판결은 항고소송의 대상이 되는 처분의 존재 자체를 부정하는 결론에 이른다. 이는 적법한 통지를 성립요건이자 효력발생요건으로 보는 태도에 입각한 것인데, 이는 행정행위의 성립 자체를 극단적으로 엄격하게 보는 태도이다.

민법상 의사표시에 관한 법리를 유추하자면, '도달함으로써 성립하고 또한 효력이 발생한다'는 관념에 따라 통지의 도달을 행정행위의 성립요건이자 발효요건으로 생각할 수도 있을 것이다. 대법원은 여기서 나아가 행정처분에 관하여 '의사표시의 방법이 위법하지 않을 것이 의사표시의 존재요건'이라는 담론까지 쌓아가고 있다. 하지만 이러한 입장에 선뜻 동의하기 어렵다. 기능적인 측면에서 행정청이 자신의 명의로 '법령에 정해진 방식이 아닌 방식으로 한 외부적 표시'에 관하여 행정행위의 성립 자체를 부정하는 것이 결코 처분상대방의 권리구제에 항상 유리하지는 않다. 위 대법원 2020. 2. 27. 선고 2016두60898 판결의 사안에 한정하여 보자면, 원심이 처분의 존재를 인정하면서 무효확인청구를 기각하였다는 점에서 대법원의 판단이 원고의 구제에는 유리하게 작용하였을 수도 있다. 하지만 경우를 달리하여 (제소기간 내에) 취소소송을 제기한 경우에도 그와 같이 처분의 존재를 엄격하게 판단한다면, 침익적 처분이 문제되는 경우에는 부존재확인소송, 신청 사건의 경우에는 부작위위법확인소송의 길을 강제하는 결과에 이를 수도 있다. 외부적 성립의 인정요건으로서 외부적 표시의 적법성을 쟁송 유형을 결정하기 이전에 충분히 검토할 것을 기대하기도 어렵다. 그간 쟁송법적 관점에서 대상적격을 확대하여온 취지를 고려하였을 때, 대상의 존재 자체를 부정하는 것이 타당한지도 재고가 필요하다. 더불어 실무적 고려를 제하고 순수이론적인 관점에서만 보자면, 만약 '법령에 정한 방식의 통지 = 대외적 성립요건 = 효력발생요건'이라는 도식을 관철하는 경우 대상판결 역시 제소기간의 문제가 아니라 처분의 존재 문제로 사안을 풀었어야 한다. 이 점에서 현재 판례가 명확한 상태라고 보기는 어렵다.

이와 같은 취지에서, 이 글은 행정행위의 성립요건과 효력발생요건은 구별되는 것이 바람직하며, 외부적 성립요건으로서 대외적 표시가 반드시 적법한 통지일 필요는 없다는 전제 위에서 논의를 진행한다. 이는 아래에서도 살펴볼 대법원 1998. 9. 8. 선고 98두9653 판결의 맥락과도 일치한다.

3. 통지의 적법성과 쟁송

(1) 통지의 적법성의 체계상 위치

국내 행정법 교과서들은 행정행위의 효력발생요건으로서 통지를 설명하면서, 이에 관련한 행정절차법 규정들을 소개하고 있다.[24] 이는 통지가 적법하기 위한 요건을 설명하는 것으로 읽힌다. 그런데 통지가 법의 규정을 준수하지 않은 경우에도 통지의 존재를 인정하여 행정행위의 성립을 인정할 것인지의 문제가 남는데, 이에 관하여 명확한 설명이 쉽게 발견되지는 않는다. 연구논문 중에는 제소기간의 기산점에 관하여, 통지에 관한 일반적인 규정은 없고 행정절차법에서 '통지의 한 방식으로 송달을 규정하고 있을 뿐'이라는 점을 지적한 것이 있다. 그리하여 "반드시 행정절차법의 송달 규정에 따라 통지를 하여야 하는 것은 아니

---

24) 김동희, 앞의 책, 328-329면; 김철용, 앞의 책, 242면; 김남진·김연태, 행정법Ⅰ, 제22판, 법문사, 2018, 288-290면.

고 "상대방이 인식할 수 있는 상태에 둠으로써 족하고, 객관적으로 보아서 행정처분으로 인식할 수 있도록 고지"하면 된다"고 한다.[25] 다만 그 참고판례로 삼은 대법원 2003. 7. 22. 선고 2003두513 판결은 통지의 적법성을 인정한 사례라서, 행정절차법의 규정에 따르지 않은 경우라도 (개별법령에 따라) 통지가 적법할 수 있다는 취지의 설명인지, 아니면 위법한 통지도 제소기간의 기산점으로서 통지로 삼을 수 있다는 설명인지에 관해서 아주 뚜렷하지는 않다. 이 문제는 통지의 하자가 통지효력의 완전한 부정으로 이어져 '행정행위의 불성립-부존재'라는 틀로 이해되는지, 아니면 '행정행위의 성립-하자'의 틀에서 이해하는지의 문제로 이어진다.

독일 문헌에는 이 부분에 관한 서술이 일부 발견된다. 즉 통지의 형식적 요건에 관한 행정절차법(VwVfG) 제37조를 설명하면서, 형식적 요건들의 위반은 행정행위를 위법한 것으로 만들지만, 원칙적으로 행정행위의 존재요건으로서 통지의 존재 자체가 문제되지는 않는다는 부분이다(예: 서면에 의한 통지를 하여야 하는 행정행위에 관하여 구두로만 통지한 경우).[26]

(2) 통지의 핵심적 개념징표의 추출

만약에 (대상판결의 맥락과는 달리) 통지의 적법성이 통지 자체의 부존재로 이어지지 않는다는 입장을 정립하면, '통지가 있다'고 하기 위해서는 어떤 개념징표를 만족하여야 하는지의 의문이 이어진다. 특히 대외적 표시와 통지의 구별에 입각하였을 때 이 의문이 두드러진다. 대상판결에서, 피고가 홈페이지에 처분서를 게시한 행위가 처분의 외부적 성립요건으로서 대외적 표시에는 해당한다고 판단될 가능성을 열어둔다면,[27] 이것이 '통지'에 해당하지 않는다고 정당화할 만한 근거가 필요

25) 최계영, "행정소송의 제소기간에 관한 연구", 서울대학교 박사학위논문, 2008, 84면.
26) Maurer/Waldhoff, a.a.O., §9, Rn.73.

하다. 대상판결은 행정절차법 제14조 제1항에 정한 방법에 의한 송달이 없었다는 점을 '처분의 유효한 성립'의 부정 논거로 삼았지만, 후술하듯이 이는 개념적으로 보았을 때 행정행위의 발효요건으로서 '통지 존부'의 문제가 아니라 '통지의 하자로 인한 행정행위의 하자' 문제로 인식하는 것이 타당하다.

일반적으로 행정행위의 통지는 행정청이 처분의 관계당사자에게 행정행위의 존재 및 그 내용을 인식할 수 있도록 직무상 알리는 행위라고 설명한다.[28] 그런데 이러한 개념정의만으로는 행정행위의 내용을 '어느 정도로 처분당사자의 인식 범위에 가깝게 하여야 하는지'의 기준 정립까지 도출되지는 않는다.

개념적으로 해체했을 때 행정행위 통지의 운명은 '발송[29] → (발송목적지) 도달[30] → 접수 → 내용확인'의 단계를 거친다. 행정행위의 효력발생요건으로서 '통지'의 존부는 행정청이 의욕한 발송목적지가 통상적으로 처분당사자의 인식을 기대할 수 있는 곳인지, 그리고 실제로 그 목적지에 도달하였는지에 따라 판단하여야 한다고 생각된다. 이는 개별적 검토사항이다. 이를 가장 쉽게 인정할 수 있는 예로는 우편함이나 이메일이 있다.[31] 주소불명으로 인한 공고도 취지상 통지의 존재를 인

---

27) 구 국토의 계획 및 이용에 관한 법률에 따른 도시계획시설사업 시행자 지정 처분이 담양군 홈페이지에 게시된 것을 외부적 표시로 인정한 예로, 대법원 2017. 7. 11. 선고 2016두35120 판결 참고.

28) 김용섭, "행정행위의 효력발생요건으로서의 통지", 행정법연구, 제5호, 1999, 231면.

29) 대외적 의사표시는 통상 공적인 발송으로 인정될 것이다. 행정부 등에서 중요한 사안에 관한 전자공문서에 대해 내부결재가 완료된 이후 발송 직전에 다시 한번 확인하는 실무는 이를 되돌릴 수 없다는 점(대법원 2019. 7. 11. 선고 2017두38874 판결의 표현에 의하면, "자유롭게 취소·철회할 수 없는 구속")으로 인한 숙고로부터 나온다. 상기 판결은 법무부장관의 특정인에 대한 입국금지결정이 출입국관리정보시스템에 입력되고 공식적으로 대외적 표시가 이루어지지 않아 처분의 성립을 부정한 사례이다.

30) 이 시점에 이르러야 비로소 통지를 하였다고 볼 수 있다.

31) 비교법적으로, 독일 행정절차법 제41조 제2항은 서면에 의한 행정행위가 독일 내의 주소로 송달된 경우 그 날로부터 3일 이후에 통지된 것으로 보고, 독일 또는 외국

정할 것이다.[32] 발송목적지가 처분당사자의 인식영역에 있지 않으면, 단순히 정처 없이 어딘가에서 떠돌아다니는 행정행위에 불과하게 된다. 이는 통지의 외형을 갖춘 경우라고 볼 수 없다. 이렇게 떠돌아다니는 행정행위를 모종의 비공식적인 방식으로 당사자가 알게 되었다고 하더라도, 이는 우연히 알게 된 것으로서 통지된 행정행위로 전환되지는 않는다.

(3) 대외적 표시와 통지의 이분적 구조

한편, 독일적 방법과 달리 성립의 대외적 표시와 발효의 통지를 이분적으로 가져가는 경우 행정행위의 성립시점과 발효시점, 제소기간의 기산시점 일치라는 간명한 결론은 채택하기 어렵게 된다. 이 점에서 경우의 수를 나누어 살펴볼 필요가 있다.

첫째는 대외적 표시가 없는 경우이다. 이는 행정행위가 성립하지 않은 경우이므로 부존재 상태이다. 행정행위는 당연히 효력이 없으며, 제소기간도 진행할 것이 없다. 이례적으로 이러한 '(침익적인) 부존재 행정행위'를 다툴 법률상 이익이 있는 경우, 실무상 나타날 가능성은 극히 낮지만, 부존재확인소송으로 다툴 수 있을 것이다(행정소송법 제4조 제2호). 수익적 행정행위의 신청에 대하여 대외적 표시가 없는 경우에는 부작위위법확인소송으로 다툴 수 있다.

둘째는 대외적 표시는 있지만 통지가 없는 경우이다. 이 경우 행정

에 전자적으로 발송한 행정행위의 경우에는 발송일로부터 3일 이후에 통지된 것으로 본다. 다만, 행정행위가 수신되지 않았거나 그 이후에 수신된 경우에는 그렇지 않다고 하면서, 의심스러울 경우에는 행정청이 행정행위의 수신자 및 수신일을 입증하여야 한다고 규정하고 있다.

32) 적법하지 않은 공시송달에 의한 처분이 무효라고 판단한 대법원 1984. 5. 9. 선고 82누332 판결에 관하여, 상대방 있는 처분에 있어서 처분서를 송달(공시송달 포함)하였으나 그 송달이 부적법한 경우는 외부적 표시가 없는 경우와는 달리 그 효력발생요건에 흠이 있는 무효의 처분이라고 보아야 하고, 처분이 존재하지 않는다고 할 수 없다고 설명하는 문헌으로 김철용, 앞의 책, 242면.

행위는 성립하였지만 효력이 발생하지 않은 상태이다. 이는 부존재가 아니라 무효인 상태인데, 이 경우에는 무효확인소송을 통하여 쟁송이 가능할 것이다. 무효임이 명확하므로, 결론의 차원에서는 제소기간의 문제에 집착할 필요는 없다. 하지만 무효확인소송을 제기할지 취소소송을 제기할지는 원고의 선택사항이므로, 공식적인 방법으로 표시된 행정행위에 관하여 대외적 표시 시점을 제소기간의 객관적 기산점으로 인정할 수 있는지, 공식적으로 표시된 행정행위를 알게 되었을 때를 주관적 기산점으로 인정할 수 있는지의 문제가 남아있는 것도 사실이다.

셋째이자 마지막으로는 대외적 표시와 통지의 존재가 모두 인정되나, 통지가 위법한 경우이다. 통지의 위법성을 야기할 수 있는 사유는 다양하다. 우편으로 하여야 할 통지를 이메일로 하는 경우도 있을 것이고, 공고를 통하여 통지할 사항이 아닌 경우임에도 공고로 통지한 사안도 있을 수 있다. 대상판결의 사안에서 대법원은 통지의 존재 자체를 부정하는 것으로 보이나, 후술하는 바와 같이 사견으로는 통지의 존재를 인정할 가능성이 전무라고 보긴 어렵다. 이 경우에는 통지의 외형을 인정하면서, 효력발생요건 자체를 부정하는 것이 아니라 성립된 행정행위의 하자의 문제로 접근하는 것이 타당하다고 사료된다. 물론 불이익한 행정행위의 직접상대방에 대하여 단기의 제소기간이 정당화되는 이유는 결정 이전에 사전통지, 청문 등 일정한 행정절차를 거쳐 이미 절차의 당사자가 되어 있다는 점과 더불어 결정을 통지받을 권리가 보장된다는 데에 있다.[33] 이 점에서 통지라고 볼만한 외형이 있었으나 통지의 적법성이 문제되는 경우에는, 그 위법의 정도에 따라서 다를 수는 있겠지만, 제소기간에 따른 사실상 차단을 부인하기 위하여 실체법적 무효를 인정할 여지가 크다.

결국 문제는 두 번째 또는 세 번째의 유형에 관하여 취소소송을 제

---

33) 최계영, 앞의 논문, 8면.

기한 경우, 그 제소기간의 진행을 부정할 것인지에 있다. 이는 언뜻 보면 간단해 보이지만 사실 까다로운 문제이다. 무효를 선언하는 의미의 취소소송 역시 형식상 취소소송에 속하므로 제소기간의 제한을 적용받기 때문이다.[34] 달리 말하면 원칙적으로 무효인 처분도 이를 다투기 위하여 취소소송이라는 장치를 사용하였을 때 제소기간은 진행된다고 인식되어왔다. 이는 처분의 무효는 성립된 처분의 중대·명백한 위법에 의하여 인정되는데, 취소소송에서 처분의 위법성은 본안에 관한 사항으로 소의 적법요건 준수 여부를 확인한 이후에 검토될 사항이라는 인식에 따른 결론이라고 볼 수도 있다. 즉 취소소송에서 처분의 유무효는 제소기간 준수 여부를 확인한 이후에야 검토할 사항이다. 따라서 제소기간의 진행 자체를 부정하기 위해서는 통지의 부존재 혹은 위법과 다른 무효사유의 위법 사이에 구별이 있음을 전제하여야 한다.

　　이 문제가 표면화되는 사례로 대법원 1998. 9. 8. 선고 98두9653 판결을 들 수 있다. 이 사안은 피고가 원고에 대하여 운전면허 취소처분을 함에 있어서, 구 도로교통법령에 정한 통지방법에 따라 통지서를 송달하여야 했는데 공고를 통한 부적법한 통지를 하여 처분의 효력 발생을 부정한 사안이라는 점에서 대상판결과 유사점을 가진다. 이 사건에서 원고의 청구에는 무효선언을 구하는 의미의 취소청구도 포함되어 있었는데, 대법원은 운전면허 취소처분이 적법한 통지가 없어서 무효라고 판단한 다음 원고의 청구에 따라 그 확인의 의미로서의 취소를 인용하였어야 한다고 판시하였다. 그런데 이 판결을 대상판결과 결합하여보면 통지가 적법하지 않은 경우 무효확인의 의미로서 취소판결이 가능한 상태이면서 취소소송의 제소기간은 흐르지 않는 상황이 발생한다. 이는 다른 무효사유와 구별되는 무효사유로서 통지의 하자를 인정하는 것이다. 제소기간 기산 부정을 정당화하는 것은 부존재와 무효의 구별에 더

---

34) 대법원 1984. 5. 29. 선고 84누175 판결.

하여, 그 가운데 형태로서 일종의 '불발효'를 인정하는 이론구성으로 나아간다. 성립요건의 충족으로서 행정행위의 존재를 인정하는 이상 그것을 취소소송의 대상으로 삼지 못할 근거는 없다. 그것이 발효되지 않은 상태라고 하더라도 (이를 무효와 동일하게 본다면) 마찬가지이다. 그런데 이때 대상성을 인정하면서 제소기간의 진행을 부정하는 것은, 그 목적론적인 이유는 존재하지만, 기술적인 측면에서는 어색함이 존재한다.

　　이 어색함을 타개하거나 완화하는 방법으로 몇 가지를 생각해볼 수 있다. 하나는 독일적 방법론으로 돌아가서 효력발생요건으로서 통지를 성립요건에도 포함시키는 것이다. 이에 대한 반대는 앞서 간략하게 지적하였다. 둘째는 2단계 테스트(통지라고 볼만한 것이 있는가? → 그 통지가 적법한가?)에서 차등을 두는 것이다. 통지라고 볼만한 것 자체가 없는 경우에는 제소기간의 진행을 부정할 목적론적 이유가 매우 강하므로 그 진행을 부정하고, 통지가 존재하기는 하나 그 방식에 하자가 있는 경우에는 제소기간의 진행을 인정하되 적극적으로 실체법적 무효를 인정하는 것이다.[35] 셋째는 두 경우 모두에 대하여 취소소송의 제소기간 진행을 인정하되, 주관적 기산점의 요건으로서 '앎'의 인정을 엄격하게 하고, 객관적 기간의 예외로서 행정소송법 제20조 제2항 단서의 '정당한 사유'를 상대적으로 용이하게 인정하는 한편, 실체법적으로는 무효의 가능성을 열어두어 문제를 해결하는 것이다. 마지막 방법은 쟁송기회의 실질적 보장이라는 취지에 입각해 이 어색함을 전적으로 직면하고, 그대로 수용하여 둘 모두에 대하여 제소기간 진행을 부정하는 것이다.

　　여기서는 세 번째 방법론에 대한 지지 이유를 초보적인 스케치 수

---

[35] 다만 대상판결과 관련하여 한 가지 지적할 점은, 송달방법으로서 행정절차법을 인용한 취지상 2단계 테스트는 존재하지 않고, 1단계로 통합된다는 점이다. 이에 따르면 적법하지 않은 통지는 법효과 측면에서 존재하지 않는 것과 마찬가지가 된다. 이 지점은 송달하자의 치유 문제와도 관련이 있는데, 여기서 상론하지는 않는다. 송달하자의 치유를 인정하는 간략한 설명으로는 홍준형, 행정법원론(상), 제26판, 박영사, 2018, 417면.

준에서 언급해보는 것으로 논의를 정리해보고자 한다. 우선 통지가 절차법에 정한 방식을 그대로 따르지 않았더라도 그것이 존재한다고 평가할 수 있는 경우에 관하여 살펴본다. 우선 불발효라는 개념같이, 통상적으로 우리가 생각하여왔던 무효의 종류를 이분함으로써 개념적 혼란이 발생한다.36) 처분의 유무효를 소의 적법요건에서 검토하게 된다는 체계상의 문제도 발생한다. 더불어 단기의 제소기간이 정당성이 없는 경우는 처분에 대한 인식을 기대하기 어려운 경우의 문제이다. 인식이 기대 가능한 상태에 놓인 경우('통지') 제소기간의 객관적 기간의 진행을 인정하고, 실제로 이를 인식하였다면('있음을 안 날') 주관적 기간의 진행을 인정해 제소기간이 추구하는 법적 안정성을 달성하는 것이 정당화 불가능한지는 의문이다.

하지만 통지라고 볼만한 것이 없는 경우를 살펴보자. 처분에 대한 인식을 기대할 수 없을 때까지 제소기간의 진행을 인정하는 것은 재판청구권 침해의 문제를 발생시킬 수 있음은 사실이다. 이것이 보통 문제되는 맥락은 처분의 직접상대방이 아닌 제3자에 관해서였다. 그런데 객관적 기간에 관하여 행정소송법 제20조 제2항 단서는 이미 탈출구를 만들어놓고 있다. 대법원은 이미 이 지점에 관하여 처분의 직접상대방 아닌 제3자의 경우에는 원칙적으로 '정당한 사유'를 인정하는 판례군을 형성하여 왔다.37) 통지 없는 경우에 이러한 판례를 처분의 직접상대방에 대하여도 적용할 수 있을 것이다. 한편 주관적 기간의 경우에는 어차피 처분상대방이 알았다는 사실에 관한 입증이 없으면 그 진행이 인정되지 않으므로, 재판청구권 침해의 문제가 발생한다고 보기는 어렵다.

---

36) 실체법적 무효와 쟁송법적 무효를 구별하는 방법도 생각해볼 수 있을 것인데, 이에 관한 고찰은 추후의 과제로 남긴다.
37) 최계영, 앞의 논문, 98-100면.

4. 대상판결의 검토

이상의 논의를 대상판결의 사안에 적용하여 보도록 한다. 대상판결의 사안에서 피고 홈페이지에, 원고가 다운로드 가능한 형태로 처분서를 게시하는 것을 통지라고 볼 수 있는지 우선 살펴보자. 만약 그 게시를 통지로 볼 수 없다면, 이 사건 장애등급결정은 효력발생요건이 갖추어지지 않은 무효의 처분이 된다. 이때 만약 그 게시를 통지로 본다면, 통지방법에 하자가 있다는 점에 관하여는 이견이 성립하기 어렵다. 이 경우 위법한 통지를 통지의 부존재와 동일시할 것인지 처분의 하자로 관념화할 것인지 문제가 발생한다.

피고는 원고가 다운로드 받을 수 있는 형태로 처분서를 피고의 홈페이지에 게시하였다. '외부적 표시의 존재요건으로서 외부적 표시의 법령적합성' 담론을 폐기하면, 이것을 처분의 성립요건으로서 공식적인 대외적 표시에 해당한다고 볼 수 있다. 바로 이러한 고려에서 대상판결이 처분의 성립을 인정할만한 대외적 표시조차 없었다는 길로 나아가지는 않은 것으로 추측된다.[38)]

문제는 통지의 외형이다. 대상판결은 적법한 송달이 없으므로 통지를 없는 것과 마찬가지로 판단하였다. 하지만 사견으로는 피고의 홈페이지가 원고의 지배영역 내라고 보기 어려움에도 불구하고 원고의 인식을 기대할 수 있는 영역 내에 있는 곳인지가 문제점이다. 이는 공무원연금 실무에 관한 고찰이 필요한 지점으로 사료되어 판결상의 사실관계만으로 결론을 단언하기는 어렵다. 다만 고려하여야 할 요소로는 공무원연금 실무상 신청인들의 홈페이지 이용이 강력하게 유도되는지, 홈페이지상 처분결과 확인방법에 대한 안내를 확인하기 용이한지 등이 있을 것이라는 점을 언급하도록 한다. 이 경우 통지에 해당하는지 여부는 객

---

38) 물론 실질적 쟁송기회의 보장이라는 고려사항도 있었을 것이다.

관적으로 판단되어야 하므로, 과거에 신청절차 및 쟁송을 거쳤던 원고의 개인적인 사정은 고려대상에 포함하여서는 안 된다.

이때 성립된 처분에 대한 취소소송의 객관적 기간은 진행한다. 그리고 원고는 다운로드를 통하여 이 처분이 있음을 알게 되는데,[39] 이때부터 주관적 기간은 진행된다고 볼 수 있다. 다만 통지의 존재를 부정하는 경우에는 그로 인한, 통지의 존재를 인정하는 경우에는 그 하자로 인한 처분의 유무효 또는 하자 문제가 남는다. 원심과 제1심의 생각을 감히 추측해보자면, 비슷한 취지에서 제소기간 도과를 인정한 것으로 사료된다.

5. 판결의 의미와 전망

제소기간의 기산과 관련하여 대상판결이 참조판례로 삼은 대법원 1977. 11. 22. 선고 77누195 판결과 대법원 1998. 6. 12. 선고 98두5118 판결을 살펴보자. 전자는 소원법 시기의 판결로, 건축허가처분과 같이 상대방이 있는 행정처분에 있어서는 달리 특별한 규정이 없는 한 그 처분을 하였음을 상대방에게 고지하여야 그 효력이 발생한다고 하였다. 그리고 소원법에 정한 '행정처분이 있은 날'이라 함은 행정처분의 효력이 발생한 날을 말하는 것이며, '행정처분이 있은 것을 안 날'이라 함은 그와 같은 유효한 행정처분이 있음을 안 날을 의미한다고 보았다. 그리하여 처분상대방에게 처분이 언제 고지되었는지를 기준으로 제소기간을 산정하라고 하여 원심을 파기하였다. 후자는 행정심판법상 청구기간에 관한 판결로, 자동차운전면허취소처분을 통지한 날을 기준으로 청구기간을 기산하여 그 기간이 도과하지 않았음을 인정하였다.

---

39) 만약에 통지의 존재를 인정한다면, 이는 접수에 해당한다. 우편과 비교하였을 때 우체통에서 서신을 접수하는 것과 피고의 홈페이지에 접근하여 다운로드를 받는 것이 유비된다.

두 사건 모두 제소기간의 기산점을 언제로 삼아야 하는지에 관한 판결이다. 그리고 실제로 기산점을 정하였거나, 정하라고 한 취지의 판결이다. 그런데 대상판결은 적법한 송달이 없는 경우에 통지 자체를 부정하여, 성립된 행정행위를 제소기간에서 자유롭게 하였다. '통지 없는 행정행위'[40]에 관하여 그 제소기간의 진행을 부정한 선례라는 점에서 참조판결에서 한 발자국 더 나아간 것이다.

행정절차법 제14조가 적용되는 사안에 있어서 제14조를 준수한 송달만이 행정행위의 효력발생요건으로서 통지에 해당할 수 있다는 입론은 상당한 확장성을 가지고 있다. 예컨대 판례는 행정절차법 제24조의 문서주의를 위반하여 구술로 통지한 사안을 중대·명백한 하자로 의율하고 있는데,[41] 이러한 경우 대부분은 문서를 송달하지 않은 경우이다. 대상판결에 따르면 문서를 송달하여야 하는 경우로서 구술로만 통지를 하였다면 그 통지는 위법하여 존재하지 않는 것과 마찬가지로 평가되고, 따라서 이 경우에도 제소기간은 진행할 수 없다는 귀결에 이를 여지가 높다.

이 접근법이 적법한 통지를 받을 권리를 받을 처분당사자의 쟁송기회 보장이라는 관점에서는 단연 탁월하다. 하지만 이러한 방법론이, 불발효의 떠돌아다니는 처분들의 존재가능성을 높여 조속한 공법관계의 정리에는 그렇게까지 이롭다고 보긴 어려울 것이다. 혹자에 따라서는 개념적 혼란의 축이 하나 추가되었다고도 할 수도 있다. 하지만 이러한 점에도 불구하고, 행정법을 공부하는 사람으로서, 이미 대외적 표시가 된 대상판결이 향후 행정청의 행정절차 준수에 상당한 기여를 할 수 있기를 소망한다.

---

40) 통지를 성립요건으로 보는 경우 이는 형용모순적 표현이 된다.
41) 대법원 2011. 11. 10. 선고 2011도11109 판결, 대법원 2019. 5. 30. 선고 2016두49808 판결.

참고문헌

[국문]
단행본
김남진·김연태, 행정법 I , 제22판, 법문사, 2018.
김동희, 행정법 I , 제22판, 박영사, 2019.
김중권, 행정법, 제2판, 법문사, 2016.
김철용, 행정법, 전면개정 제9판, 고시계사, 2020.
박윤흔·정형근, 최신행정법강의(상), 개정30판, 박영사, 2009.
홍준형, 행정법원론(상), 제26판, 박영사, 2018.

논문
김용섭, "행정행위의 효력발생요건으로서의 통지", 행정법연구 제5호,
　　　1999.
김종보, "무효인 행정행위의 법적 효과", 행정법연구 제62호, 2020.
최계영, "행정소송의 제소기간에 관한 연구", 서울대학교 박사학위논문,
　　　2008.

연구보고서
사단법인 한국행정판례연구회, "특별한 행정불복 절차 및 행정심판 절차
　　　특례 설치요건 등에 관한 연구", 국민권익위원회 연구용역 최종보고
　　　서(발간등록번호: 11-1140100-000121-01, 연구책임자: 최계영),
　　　2014.

[독문]
Maurer, Hartmut/Christian Waldhoff, Allgemeines Verwaltungsrecht, 19.
　　　Aufl, 2017.
Hufen, Fridehelm, Verwaltungsprozessrecht, 11. Aufl, 2019.

국문초록

대상판결은 통지 없이 행정처분의 효력이 발생할 수 없다고 판단하여, 기존의 판례 법리를 재확인하였다. 대상판결은 여기에서 더 나아가, 적법한 통지가 없는 경우 제소기간이 진행할 수 없다고 판시하여 기존의 법리에서 한 발자국 더 나아갔다. 행정소송법은 취소소송을 처분등이 있음을 안 날로부터 90일 이내, 처분등이 있은 날로부터 1년 이내에 제기할 것을 원칙으로 하고 있다. 대상판결의 취지에 따르면 통지는 행정절차법 제14조의 송달 규정에 따라 이루어져야 한다. 그리고 행정절차법의 요건을 충족하지 않은 통지는 무효로 관념화된다.

대상판결에서 원고는 자신의 장애등급에 관한 결정이 포함된 행정행위의 존재를 피고가 운영하는 홈페이지를 통해 알게 된다. 홈페이지에 업로드된 전자문서에는 결정 내용과 더불어 불복절차에 관한 안내가 모두 포함되었다. 제1심과 원심은 원고가 행정행위를 알게 된 시점부터 취소소송의 주관적 제소기간이 진행된다고 보았다. 그리하여 원고가 제기한 소가 각하되어야 한다는 결론에 이르게 된다. 하지만 대법원은 그와 같은 전자문서 업로드가 행정절차법에 따른 통지에 해당하지 않는다고 보아, 적법한 통지가 없다고 보았다. 제소기간이 진행할 수 없으므로 제소의 지연에 따라 각하하여서는 안 된다는 결론은 삼단논법적으로 도출된다.

이 평석은 대상판결에 대한 비판적 분석을 시도한다. 첫째, 이 평석은 행정행위의 성립요건(존재요건)과 효력요건의 구별을 기초로 한다. 행정행위는 그 무효에도 불구하고 존재할 수 있다. 대상판결이 "유효한 행정처분이 있음"과 같은 표현으로 그 경계를 모호하게 하지만, 통지는 성립요건이 아니라 효력요건으로 보아야 한다. 이 점에서 한국의 행정행위는, 통지를 존재요건으로 삼는 독일 행정법의 행정행위와 구별된다. 이러한 구별의 시작점은 한국 판례에서 발견할 수 있다. 그간 대법원은, 비록 명확하지는 않았지만, 성립요건으로서 '대외적 표시'를 통지와 구별하였기 때문이다. 둘째, 이 평석은 통지가 송달에 관한 법령규정에 부합하지 않더라도 형식적으로 존재할 수 있다는 점을 전제로 한다. 대상판결 사안의 경우처럼 행정절차법에 부합하지 않더라도, 통지는 존재할 수 있는 것이다. 이러한 점에 입각하면, 적법하지 않은 통지는 행정행위의 취소사유가 될 수 있겠지만 행정행위의 부존재의 근거가 될 수는 없으며, 취소소송의 제소기간 미기산의 근거 역시 되기 어렵다. 셋째, 이러한 방법론을 따르는 경우 발생할 수 있는 부작용은 행정소송법 제20조 제1항 본문 및 제2항 단서의 해석을 통하여 완화할 수 있다. 그로써 한정적 제소기간을 정하여 달성하고자 한 실용과 행정행위의 상대방에 대한 절차적 보호 사이의 균형을 이룰 수 있을 것이다.

주제어: 행정행위, 제소기간, 대외적 표시, 통지, 송달, 무효와 부존재

Abstract

Period of Filing a Revocation Action against an Administrative Act not yet in Force

Hooshin Kim*

The South Korean Supreme Court declared: without a lawful notification, an administrative act (*Verwaltungsakt,* "VA") does not fulfill its requirements of valid existence. This follows suit of *jurisprudence constante.* Further, based on this proposition, the Court took a step further from its own jurisprudence, by declaring that the period of filing an action against a VA without notification cannot proceed due to lack of such notification. The Administrative Litigation Act (ALA) requires, in principle, an action for revocation against a VA to be instituted within 90 days from the date that the existence of the VA is known, and within one year from the date the VA is made. According to the Court, notifications, in principle, shall be made pursuant to the article 14 of the Administrative Procedures Act (APA), which stipulates means of service. Notifications that do not meet the requirements of service requirements of APA, shall be deemed null and void.

In the examined case of this paper, the plaintiff came to recognize the existence of the VA, which included a decision of his degree of disability, via the web−site operated by the defendant, Government Employees Pension Service. The electronic document up−loaded included all relevant information about the content of the decision as

---

* Public Legal Officer of the Ministry of Trade, Industry and Energy

well as the aftermath procedures for appeals. The court of first instance and the appellate court both considered that the period of filing an action against the VA started to proceed since the plaintiff came into notice of the VA. Both courts thereby dismissed the application. However, the Court deemed that such upload cannot be construed as a notification pursuant to APA, and thus no legal notification was made. The result is derived syllogistically: since there is no legal notification, the limited period of filing a revocation suit cannot proceed, and thus the lower courts should not have dismissed the case on the basis of belated application.

This paper provides with a critical analysis of the Court's judgement. Firstly, it calls for distinction between requirements of existence and requirements of validity. A VA may exist notwithstanding its nullity. While the Court blurs the distinction by using the term "valid existence" of a VA, notification should be construed as a requirement of validity rather than a requirement of existence. In this regard the Korean concept of VA departs from the concept of VA in German administrative law, which considers notification (*Bekanntgabe*) as a requirement of existence. Such departure starts from the Court's own jurisprudence, which distinguished, though not obviously, "external manifestation" as a requirement of existence, and "notification." Secondly, this paper argues that notification may exist formally even if it is made inconsistent with the laws and regulations dealing with servicing VAs, in particular the APA in the present case. Based on this point of view, illegality of notification may be asserted as grounds of revocation, but not as grounds of non−existence or non−commencement of the period of filing a revocation action. Thirdly, concerns arising from such basis may be alleviated by relying on interpretation of ALA article 20(1)(body) and (2)(proviso), thus balancing the pragmatics of giving limited periods and needs of guaranteeing procedural rights of people subject to VA.

Key words: administrative act, period of filing a revocation action, external manifestation, notification, service, non-existence and nullity

투고일 2020. 11. 17.
심사일 2020. 12. 25.
게재확정일 2020. 12. 28.

損害塡補

공익사업으로 인한 환경피해에 대한 손실보상과 손해배상

박균성*

대상판결: 대법원 2019. 11. 28. 선고 2018두227 판결

Ⅰ. 사건의 개요

1) 원고는 호남고속철도(오송~광주송정)가 통과하는 ㅁㅁ ~ ◇◇ 구간(이하 '이 사건 노선'이라 한다) 중 6공구로부터 최소 25m부터 최대 45m 지점에 위치한 원고 소유의 김제시 (주소 생략) 목장용지 4,365㎡ (이하 '이 사건 토지'라 한다) 지상에서 '☆☆잠업사'(이하 '이 사건 잠업사'라

---

* 경희대학교 법학전문대학원 교수

한다)라는 상호로 양잠업을 하고 있는 사람이다.

2) 국토해양부장관은 2009. 4. 16. 국토해양부고시 제2009-185호로 충청북도 청원군, 충청남도 연기군, 공주시, 논산시, 전라북도 익산시, 김제시, 정읍시, 전라남도 장성군, 광주광역시 광산구 일원 7,765,426㎡에 구 한국철도시설공단(현 국가철도공단, 이하 '피고 공단'이라 한다)을 사업시행자로 하여 고속철도를 건설하는 내용의 '호남고속철도 건설사업(오송~광주송정)'(이하 '이 사건 사업'이라 한다)에 대한 실시계획을 승인하고 이를 고시하였다. 이 사건 토지는 이 사건 사업의 사업구역에 포함되지 아니하였다.

3) 피고 공단은 2009. 12. 4.부터 2014. 9.경까지 노반, 궤도, 전차선 공사 등 이 사건 노선의 주요 구조물 시공을 완료하였고, 2014. 9. 1. 부터 2014 9. 30.까지 사전 점검을 하였으며, 2014. 11. 10.부터 2015. 1. 23.까지 시설물 검증을, 2015. 1. 26.부터 2015. 2. 28.까지 영업시운전을 마친 뒤 2015. 4. 2. 호남고속철도를 개통하였다.

4) 한국철도공사(이하 '피고 공사'라 한다)는 2015. 4. 2.부터 현재까지 피고 공단에게 철도시설 사용료를 납부하면서 이 사건 노선에서 고속철도 열차를 1일 약 44편(주말 48편) 운행하고 있다.

5) 원고는 2009. 12. 4. 이 사건 사업의 공사가 시작되자 2010. 3. 31. 피고 공단을 상대로 대전지방법원 2010구합1387호로 이 사건 사업으로 인한 손실보상을 행정소송으로 청구하였다. 이에 대해 피고 공단이 토지수용위원회의 보상재결절차를 거치지 않았다는 본안전항변을 하자 원고는 이 사건 소송을 민사소송으로 진행하겠다는 취지의 이송신청서를 제출하였고, 그에 따라 이 사건은 대전지방법원 2010가단53218호로 재배당되었다.

6) 이후 원고는 중앙토지수용위원회에 피고 공단을 상대로 이 사건 잠업사의 이전비 및 영업손실의 보상을 구하는 손실보상재결을 신청한 후 다시 이 사건을 행정부로 이송하여 달라는 이송신청서를 제출하

였고, 이 사건은 2013. 5. 17. 대전지방법원 행정부로 이송되었다. 위 손
실보상재결 신청은 2013. 7. 18. 기각되었다(12손실0036호).

7) 원고는 이 사건이 대전지방법원 행정부로 이송된 후 이 사건 사
업의 시행으로 인한 손실보상을 주장하다가 2015. 4. 2.경 호남고속철도
가 운행을 시작하자 2015. 6. 2. 한국철도공사를 피고로 추가하여 줄 것
을 신청하였고, 한국철도공사가 피고로 추가된 후에는 피고 공단의 호
남고속철도 공사와 피고 공사의 호남고속철도 운행으로 인한 손실보상
및 손해배상을 주장하였다.

8) 1심에서는 원고의 피고 공단에 대한 청구가 일부 인용되고, 피
고 공사에 대한 청구는 모두 기각되었는데, 원고는 피고 공단에 대해서
만 항소하였다.

9) 원심은 손실보상청구에 대해 공익사업을 위한 토지 등의 취득
및 보상에 관한 법률(이하 '토지보상법'이라 한다)은 공익사업의 시행 결과
발생한 손실보상에 관한 규정을 두고 있지는 않지만, 그 손실의 보상에
관하여 토지보상법 관련 규정 등을 유추적용할 수 있다고 해석하면서
원고의 손실보상 청구 중 이 사건 입목 중 뽕나무 및 이 사건 설비의
이전비용 합계 30,950,000원(=1,750,000원+29,200,000원)의 손실보상을
인정하였다. 이 사건 잠업사의 이전에 소요되는 기간의 영업이익 및 고
정적 비용은 원고가 청구하지 않아 그 보상이 인정되지 않았다. 원심은
손해배상청구에 대해서는 피고 공단이 이 사건 노선을 완공하여 개통한
후, 철도공사로 하여금 이 사건 노선에서 고속열차를 운행하도록 하였
으므로 피고 공단을 호남고속철도의 열차 운행으로 인한 소음·진동·전
자파의 원인자로 보고 피고 공단에게 위 소음·진동·전자파의 환경오
염으로 인하여 원고가 입은 손해를 배상할 책임이 있다고 하였다.

10) 대법원은 다음과 같이 상고를 기각하였다. 즉, 대법원은 공익
사업의 시행 결과 발생한 손실보상도 토지보상법 제79조 제2항,[1] 동법
시행규칙 제64조 제1항[2] 제2호에 직접 근거하여 인정된다고 보고, 원

심이 원고의 손실보상청구권이 토지보상법 관련 규정의 유추적용에 의
하여 인정된다고 본 것은 잘못이라고 하였지만, 이 사건 사업의 시행으
로 인하여 원고의 손실보상청구권이 성립하였고 그에 관한 쟁송은 공법
상 당사자소송 절차에 의하여야 한다고 판단한 결론은 정당하므로 간접
손실에 관한 보상청구권의 법적 성질과 그 소송형태에 관한 법리를 오
해하여 판결 결과에 영향을 미친 잘못이 없다고 하면서 상고이유 주장
을 배척하였다. 원심이 이 사건 입목 중 뽕나무 및 이 사건 설비의 이전
비용 합계 30,950,000원을 피고 공단이 원고에게 보상하여야 할 이 사
건 잠업사의 영업손실로 판단한 것도 잘못이 없다고 하였다. 그리고, 원
심이 호남고속철도 열차 운행으로 인한 소음·진동·전자파의 원인자인
피고 공단이 위 소음·진동·전자파의 환경오염으로 인하여 원고에게 발
생한 손해를 배상할 책임이 있다고 판단하고, 손해배상책임의 범위에
대하여 휴업기간의 일실수입, 잠종위탁관리비용 합계 40,395,040원을
피고 공단이 원고에게 배상하여야 할 이 사건 잠업사의 손해로 판단한
것도 잘못이 없다고 하였다.

---

1) 공익사업이 시행되는 지역 밖에 있는 토지등이 공익사업의 시행으로 인하여 본래
   의 기능을 다할 수 없게 되는 경우에는 국토교통부령으로 정하는 바에 따라 그 손
   실을 보상하여야 한다.
2) 공익사업시행지구밖에서 제45조에 따른 영업손실의 보상대상이 되는 영업을 하고
   있는 자가 공익사업의 시행으로 인하여 다음 각 호의 어느 하나에 해당하는 경우
   에는 그 영업자의 청구에 의하여 당해 영업을 공익사업시행지구에 편입되는 것으
   로 보아 보상하여야 한다. 1. 배후지의 3분의 2 이상이 상실되어 그 장소에서 영업
   을 계속할 수 없는 경우, 2. 진출입로의 단절, 그 밖의 부득이한 사유로 인하여 일
   정한 기간 동안 휴업하는 것이 불가피한 경우.

II. 판결의 요지

1. 1심판결요지

1) 이 사건 잠업사는 이 사건 사업인정고시일 전부터 이 사건 건물, 입목, 설비를 갖추고 계속적으로 행하고 있던 영업으로서 원고는 이 사건 사업의 시행으로 인한 소음·진동·전자파로 인하여 이 사건 잠업사를 이전하는 것이 불가피하다고 할 것인바, 피고 공단은 토지보상법령에 따라 원고의 영업손실을 보상하여야 할 책임이 있다.

2) 피고 공단이 이 사건 노선을 완공하여 개통한 후, 피고 공사로 하여금 이 사건 노선에서 고속열차를 운행하도록 함으로써 발생한 소음·진동·전자파로 인하여 이 사건 잠업사에서 생산하는 누에씨의 품질 저하, 위 누에씨를 공급받는 전라북도 농업기술원 종자사업소의 누에씨 수령거부, 잠업농가의 누에씨 수령거부 등의 피해가 발생하였다고 봄이 상당하므로, 호남고속철도의 열차 운행으로 인한 소음·진동·전자파의 원인자인 피고 공단은 위 소음·진동·전자파의 환경오염으로 인하여 원고가 입은 손해를 배상할 책임이 있다.

3) 피고 공사는 피고 공단과 사이에 피고 공단이 설치 및 관리하는 선로를 사용하여 열차를 운행하기로 하는 사용계약을 체결하고, 이 사건 노선에서 고속철도 열차를 운행하고 있는 것에 불과하므로, 위 고속철도 시설에서 발생하는 소음·진동의 원인자는 이 사건 노선을 개통하고, 이에 대한 사용료를 징수하는 피고 공단이라 할 것이고, 이 사건 노선의 이용자에 불과한 피고 공사가 위 소음·진동의 원인자에 해당한다고 볼 수는 없다. 다만, 피고 공사가 운행하는 고속열차의 기능적·구조적 문제 등이 원인이 되어 수인한도를 넘는 소음·진동·전자파가 발생하였다면 이러한 경우에는 피고 공사가 손해배상책임을 부담할 여지도 있으나{대법원 2011. 11. 10. 선고 2010다98863, 2010다98870(병합) 판결

참조}, 피고 공사가 운행하는 고속열차의 기능적·구조적 문제 등이 원인이 되어 이 사건 잠업사에 수인한도를 넘는 소음·진동이 발생하였음을 인정할 아무런 증거가 없다. 따라서 피고 공사가 위 고속철도의 열차 운행에 따른 소음·진동·전자파로 인한 손해방지의무를 부담한다고 보기 어렵고, 피고 공사가 이 사건 노선을 이용하여 열차를 운행한 것이 원고에 대하여 어떠한 위법성이 있는 행위라고 볼 수도 없다. 따라서 원고의 피고 공사에 대한 손해배상청구는 이유 없다.

2. 원심판결요지

1) 토지보상법은 공익사업의 시행 결과 발생한 손실보상에 관한 규정을 두고 있지는 않다. 그러나 공익사업의 시행 결과 그로 인하여 공익사업이 시행되는 지역 밖에 미치는 간접손실에 관하여 피해자와 사업시행자 사이에 협의가 이루어지지 아니하고 그 보상에 관한 명문의 근거 법령이 없는 경우라고 하더라도, 공익사업의 시행으로 인하여 손실이 발생하리라는 것을 쉽게 예견할 수 있고 그 손실의 범위도 구체적으로 특정할 수 있는 경우라면, 그 손실의 보상에 관하여 토지보상법 관련 규정 등을 유추적용할 수 있다고 해석함이 상당하다(2002. 2. 4. 법률 제6656호로 폐지된 공공용지의 취득 및 손실보상에 관한 특례법 및 관련 규정에 관한 대법원 2002. 11. 26. 선고 2001다44352 판결등 참조).

2) 토지보상법 관련 규정의 유추적용에 기한 손실보상청구가 민사소송절차에 의하여야 한다는 견해가 있으나, 공공사업의 시행에 따른 손실보상청구권은 적법한 공익사업에 따라 필연적으로 발생하는 손실에 대한 보상을 구하는 권리로써 국가배상법에 따른 손해배상청구권이나 민법상 채무불이행 또는 불법행위로 인한 손해배상청구권 등과 같은 사법상의 권리와는 그 성질을 달리하는 것으로, 그에 관한 소송의 법적 성질은 민사소송이 아니라 행정소송법 제3조 제2호에서 정하고 있는 공

법상 당사자 소송에 해당한다. 한편 토지보상법은 토지보상법 제79조 제2항등의 유추적용에 따른 손실보상청구절차에 대해 별도로 정하고 있지 않으므로, 토지보상법 제79조 제2항의 유추적용에 따른 손실보상을 청구하는 자가 손실보상청구를 하기 전에 재결절차를 거치지 않았다고 하여 그 손실보상청구를 부적법하다고 볼 수 없다.

3) 피고가 이 사건 노선을 완공하여 개통한 후, 한국철도공사로 하여금 이 사건 노선에서 고속열차를 운행하도록 함으로써 발생한 소음·진동·전자파로 인하여 이 사건 잠업사에서 생산하는 누에씨의 품질 저하, 위 누에씨를 공급받는 전라북도 농업기술원 종자사업소의 누에씨 수령 거부, 잠업농가의 누에씨 수령 거부 등의 피해가 발생하였다고 봄이 타당하므로, 호남고속철도 열차 운행으로 인한 소음·진동·전자파의 원인자인 피고 공단이 열차 운행으로 인한 소음·진동·전자파의 환경오염으로 인하여 원고 양잠업자에게 발생한 손해를 배상할 책임이 있다.

3. 대법원판결요지

1) 공익사업시행지구 밖 영업손실보상의 특성과 헌법이 정한 '정당한 보상의 원칙'에 비추어 보면, 공익사업시행지구 밖 영업손실보상의 요건인 '공익사업의 시행으로 인한 그 밖의 부득이한 사유로 일정 기간 동안 휴업이 불가피한 경우'란 공익사업의 시행 또는 시행 당시 발생한 사유로 휴업이 불가피한 경우만을 의미하는 것이 아니라 공익사업의 시행 결과, 즉 그 공익사업의 시행으로 설치되는 시설의 형태·구조·사용 등에 기인하여 휴업이 불가피한 경우도 포함된다고 해석함이 타당하다.

2) 토지보상법 제79조 제2항(그 밖의 토지에 관한 비용보상 등)에 따른 손실보상과 환경정책기본법 제44조 제1항(환경오염의 피해에 대한 무과실책임)[3])에 따른 손해배상은 근거 규정과 요건·효과를 달리하는 것으로

서, 각 요건이 충족되면 성립하는 별개의 청구권이다. 다만 손실보상청
구권에는 이미 '손해 전보'라는 요소가 포함되어 있어 실질적으로 같은
내용의 손해에 관하여 양자의 청구권을 동시에 행사할 수 있다고 본다
면 이중배상의 문제가 발생하므로, 실질적으로 같은 내용의 손해에 관
하여 양자의 청구권이 동시에 성립하더라도 영업자는 어느 하나만을 선
택적으로 행사할 수 있을 뿐이고, 양자의 청구권을 동시에 행사할 수는
없다. 또한 '해당 사업의 공사완료일로부터 1년'이라는 손실보상 청구기
간(토지보상법 제79조 제5항, 제73조 제2항)이 도과하여 손실보상청구권을
더 이상 행사할 수 없는 경우에도 손해배상의 요건이 충족되는 이상 여
전히 손해배상청구는 가능하다.

　　3) 토지보상법 제26조, 제28조, 제30조, 제34조, 제50조, 제61조,
제79조, 제80조, 제83조내지 제85조의 규정 내용과 입법 취지 등을 종
합하면, 공익사업으로 인하여 공익사업시행지구 밖에서 영업을 휴업하
는 자가 사업시행자로부터 공익사업을 위한 토지 등의 취득 및 보상에
관한 법률 시행규칙 제47조 제1항에 따라 영업손실에 대한 보상을 받기
위해서는, 토지보상법 제34조, 제50조등에 규정된 재결절차를 거친 다
음 그 재결에 대하여 불복이 있는 때에 비로소 토지보상법 제83조내지
제85조에 따라 권리구제를 받을 수 있을 뿐이다. 이러한 재결절차를 거
치지 않은 채 곧바로 사업시행자를 상대로 손실보상을 청구하는 것은
허용되지 않는다.

　　4) 어떤 보상항목이 공익사업을 위한 토지 등의 취득 및 보상에 관
한 법령상 손실보상대상에 해당함에도 관할 토지수용위원회가 사실을
오인하거나 법리를 오해함으로써 손실보상대상에 해당하지 않는다고
잘못된 내용의 재결을 한 경우에는, 피보상자는 관할 토지수용위원회를
상대로 그 재결에 대한 취소소송을 제기할 것이 아니라, 사업시행자를

---

3) 환경오염 또는 환경훼손으로 피해가 발생한 경우에는 해당 환경오염 또는 환경훼
　손의 원인자가 그 피해를 배상하여야 한다.

상대로 공익사업을 위한 토지 등의 취득 및 보상에 관한 법률 제85조 제2항에 따른 보상금증감소송을 제기하여야 한다.

Ⅲ. 평석

1. 쟁점의 정리

이 사건에서의 주요 쟁점은 아래와 같다.

1) 공익사업인 호남고속철도 건설사업으로 인하여 설치된 호남고속철도의 운행으로 인한 소음·진동 등으로 인해 사업시행지 밖에 있는 인근 잠업사에 대해 가해진 손해[4]에 대해 토지보상법 시행규칙 제64조 제1항 제2호를 적용 또는 유추적용하여 손실보상(간접손실보상)을 할 수 있는지 여부가 다투어졌다. 간접손실보상청구가 인정되는 경우 청구절차는 어떠한지 즉, 민사소송을 제기하여야 하는지, 공법상 당사자소송을 제기하여야 하는지, 토지수용위원회의 재결절차를 거쳐야 하는지가 문제되었다.

2) 호남고속철도 열차의 운행으로 인한 소음·진동 등의 환경오염으로 인한 손해에 대해 손해배상청구가 가능한지 여부 및 근거 그리고 손해배상책임의 주체가 피고 공단과 피고 공사 중 누구인지가 다투어졌다.

3) 호남고속철도 열차의 운행으로 인한 손해에 대해 간접손실보상과 손해배상이 동시에 인정되는 경우 손실보상과 손해배상의 관계가 문제되었다. 특히 손실보상과 손해배상이 경합적으로 청구될 수 있는지

---

4) 공익사업의 시행으로 인한 환경피해 및 그에 대한 손해전보의 실태에 대해서는 허강무·김태훈, 공익사업시행지구 밖 환경피해 구제의 한계, 환경법연구 제35권 1호, 한국환경법학회, 2013 참조.

아니면 손실보상을 우선하고 손해배상은 추가적으로만 인정되는지가 문제되었다.

이 글에서는 현행 법령의 해석론상 공익사업으로 인해 설치된 시설의 운영으로 인한 손해에 대해서 간접손실보상을 인정할 수 있는지, 인정한다면 그 법적 근거는 무엇인지, 그리고 이 사건 호남고속철도 열차의 운행으로 인한 손해에 대한 손해배상책임의 주체 및 법적 근거 그리고 이 사건 손실보상과 손해배상의 관계를 중점적으로 검토하기로 한다. 그 이외에 간접손실보상청구절차 등은 마지막에 기타 쟁점으로 간단히 고찰하기로 한다.

2. 고속철도의 운행으로 인한 간접손실보상의 법적 근거 등

손실보상의 주체는 사업시행자이고, 이 사건 호남고속철도건설의 사업시행자는 피고 공단이므로 이 사건 손실보상의 주체는 사업시행자인 피고 공단이다. 피고 공사는 이 사건 사업의 사업시행자가 아닌 이 사건 사업으로 인하여 건설된 호남고속철도에서 고속열차를 운행하는 주체에 불과하므로, 토지보상법에 의한 손실보상의무를 부담하지 않는다.

이 사건에서 주된 쟁점 중의 하나는 공익사업인 호남고속철도 건설사업으로 인하여 설치된 호남고속철도의 운행으로 인한 소음·진동 등에 따라 인근 잠업사에 가해진 손해에 대해 토지보상법 시행규칙 제64조 제2호를 적용 또는 유추적용하여 손실보상(간접손실보상)을 할 수 있는지 여부이다. 원심은 현행 토지보상법령은 "공익사업의 시행 결과 발생한 손실보상에 관한 규정을 두고 있지는 않다."고 보고, 종전 대법원 판례에 따라 간접손실에 관하여 명문의 근거 법령이 없는 경우에는 토지보상법 관련 규정 등을 유추적용하여 보상하여야 하는 것으로 보면서 이 사건 잠업사의 이전으로 인한 손실에 대해 토지보상법 제79조 제

2항 및 동법 시행규칙 제64조 제2호를 유추적용하여 보상을 인정하는
것으로 판결하였다. 이에 대하여 대법원은 토지보상법 시행규칙 제64조
제2호의 공익사업시행지구 밖 영업손실보상의 요건인 '공익사업의 시행
으로 인한 그 밖의 부득이한 사유로 일정 기간 동안 휴업이 불가피한
경우'란 공익사업의 시행 또는 시행 당시 발생한 사유로 휴업이 불가피
한 경우만을 의미하는 것이 아니라 공익사업의 시행 결과, 즉 그 공익
사업의 시행으로 설치되는 시설의 형태·구조·사용 등에 기인하여 휴업
이 불가피한 경우도 포함된다고 해석함이 타당하다고 하면서 토지보상
법 시행규칙 제64조 제2호를 직접 적용하여 손실보상을 해주는 것으로
판결하였다. 원심과 대법원의 이와 같이 서로 다른 입장을 법이론적 관
점에서 검토해보기로 한다.

　　토지보상법 제79조 제2항은 다음과 같이 간접손실보상의 보상원칙
을 선언하면서 보상의 범위는 국토교통부령에 위임하고 있다: "공익사
업이 시행되는 지역 밖에 있는 토지등이 공익사업의 시행으로 인하여
본래의 기능을 다할 수 없게 되는 경우에는 국토교통부령으로 정하는
바에 따라 그 손실을 보상하여야 한다." 그리고 동법 시행규칙 제59조
내지 제65조는 간접손실보상의 종류와 범위를 구체적으로 규정하고 있
다. 이 사건에서 그 적용여부가 문제된 규정은 제64조 제1항의 공익사
업시행지구밖의 영업손실에 대한 보상규정이다. 이 사건에서 쟁점이 된
것 중의 하나는 공익사업의 시행으로 설치된 시설인 고속철도의 소음·
진동으로 양잠업을 이전함으로써 발생한 손실이 동법 시행규칙 제64조
제1항 제2호의 "그 밖의 부득이한 사유로 인하여 일정한 기간 동안 휴
업하는 것이 불가피한 경우"에 해당하는지 하는 것이었다.

　　종래 판례는 간접손실이 헌법 제23조 제3항의 손실보상의 대상이
되는 손실에 포함되는 것으로 보았다.[5] 그리고, 평석대상 판결 이전에

---

5) 대법원 1999. 11. 15. 선고 99다27231 판결 등.

는 공익사업의 시행으로 설치되는 시설로 인한 손해를 간접손실로 보는
판례는 없었다. 종래 판례는 토지보상법 시행규칙의 간접손실보상규정
을 문언에 충실하게 해석하면서 간접손실을 보상하는 명문의 규정이 없
는 경우에는 간접손실보상을 인정하는 관련법령을 유추적용하여 보상
하려는 경향이 있었다. 즉, 간접손실에 대한 보상규정을 두지 않고 있던
구 토지수용법과 간접손실보상에 관한 규정을 두고 있던 구「공공용지
의 취득 및 손실보상에 관한 특례법」(이하 '구 공특법'이라 한다)이 적용되
던 구법하에서 대법원은 간접손실에 대한 보상규정이 없는 토지수용의
경우 기존의 구 공특법상의 간접손실보상규정을 유추적용하여 간접손
실을 보상할 수 있다고 보았다.6) 구 토지수용법과 구 공특법을 통합하
여 토지수용으로 인한 손실보상과 협의에 의한 손실보상을 통합적으로
규율한 현행 토지보상법하에서도 보상규정이 결여된 경우 간접손실에
대하여 헌법 제23조 제3항 및 토지보상법령상의 간접손실보상에 관한
규정을 유추적용하여 그 손실보상을 해줄 수 있다고 보고 있다.7) 그런
데 '실정법규정유추적용설'의 문제는 유추적용할 법규정이 없는 경우에
는 유추적용에 의한 간접손실보상이 불가능하다는 것이다.8)

---

6) 대법원 1999. 11. 15. 선고 99다27231 판결: 공유수면매립사업으로 인하여 수산업협
동조합이 관계 법령에 의하여 대상지역에서의 독점적 지위가 부여되어 있던 위탁
판매사업을 중단하게 된 경우, 그로 인한 위탁판매수수료 수입상실에 대하여 공공
용지의취득및손실보상에관한특례법시행규칙을 유추적용하여 손실보상을 하여야
한다고 한 사례 ; 대법원 1999. 11. 23. 선고 98다11529 판결: 적법한 어업허가를 받
고 허가어업에 종사하던 중 공유수면매립사업의 시행으로 피해를 입게 되는 어민
들이 있는 경우 그 공유수면매립사업의 시행자로 서는 위 구 공공용지의취득및손
실보상에관한특례법시행규칙 제25조의2의 규정을 유추적용하여 위와 같은 어민들
에게 손실보상을 하여 줄 의무가 있다고 한 사례.
7) 대법원 2002. 11. 26. 선고 2001다44352 판결 등 참조.
8) 면허를 받아 도선사업을 영위하던 甲 농협협동조합이 연륙교 건설 때문에 항로권을
상실하였다며 연륙교 건설사업을 시행한 지방자치단체를 상대로 구 공공용지의 취
득 및 손실보상에 관한 특례법 시행규칙(2002. 12. 31. 건설교통부령 제344호 공익
사업을 위한 토지 등의 취득 및 보상에 관한 법률 시행규칙 부칙 제2조로 폐지) 제
23조, 제23조의6 등을 유추적용하여 손실보상할 것을 구한 사안에서, 항로권은 구

평석 대상 판결의 의의 중 하나는 '공익사업의 시행 또는 시행 당시 발생한 사유로 휴업이 불가피한 경우'뿐만 아니라 '공익사업의 시행 결과, 즉 그 공익사업의 시행으로 설치되는 시설의 형태·구조·사용 등에 기인하여 휴업이 불가피한 경우'도 토지보상법 시행규칙 제64조 제1항의 공익사업시행지구 밖 영업손실보상의 범위에 포함하는 것으로 간접영업손실보상의 범위를 확대한 점이다. 그런데, 평석 대상 판결 이전에 잔여지 가격하락이 "그 수용 또는 사용 목적 사업의 시행으로 설치되는 시설의 형태·구조·사용 등에 기인하여 발생하는 경우"도 잔여지손실에 포함되는 것으로 보는 판례9)가 있었다. 평석 대상 판결은 이러한 잔여지손실보상 판례의 논리를 간접영업손실보상에 준용하여 적용한 것으로 볼 수 있다. 그렇지만, 평석 대상 판결이 공익사업으로 설치된 시설로 인한 간접영업손실도 토지보상법 시행규칙 제64조 제1항의 공익사업시행지구 밖 영업손실보상의 범위에 포함되는 것으로 본 최초의 판례라는 점은 부인할 수 없다.

판례에 따르더라도 토지보상법 시행규칙상 간접손실보상규정을 확대적용 또는 유추적용할 수 없는 간접손실이 있을 수 있고,10) 이 경우

공공용지의 취득 및 손실보상에 관한 특례법(2002. 2. 4. 법률 제6656호 공익사업을 위한 토지 등의 취득 및 보상에 관한 법률 부칙 제2조로 폐지) 등 관계 법령에서 간접손실의 대상으로 규정하고 있지 않고, 항로권의 간접손실에 대해 유추적용할 만한 규정도 찾아볼 수 없으므로, 위 항로권은 도선사업의 영업권 범위에 포함하여 손실보상 여부를 논할 수 있을 뿐 이를 손실보상의 대상이 되는 별도의 권리라고 할 수 없다고 한 사례(대법원 2013. 06. 14. 선고 2010다9658 판결).

9) 대법원 2000. 12. 22. 선고 99두10315 판결: 토지수용법 제47조에서 동일한 토지소유자에 속하는 일단의 토지의 일부를 수용 또는 사용함으로 인하여 잔여지의 가격이 감소된 때에 그 손실을 보상하도록 규정하고 있는 것은 그 잔여지의 가격 감소가 토지 일부의 수용 또는 사용으로 인하여 그 획지조건이나 접근조건 등의 가격형성요인이 변동됨에 따라 발생하는 경우뿐만 아니라 그 수용 또는 사용 목적 사업의 시행으로 설치되는 시설의 형태·구조·사용 등에 기인하여 발생하는 경우도 포함한다.

10) 박균성, 간접손실보상의 재검토, 토지보상법연구 제8집, 한국토지보상법연구회, 2008.2, 13-17면 참조.

에는 헌법 제23조 제3항 및 토지보상법 제79조 제2항의 취지상 손실보
상을 해주어야 함에도 손실보상의 근거가 되는 실정법령이 없는 문제가
있다. 따라서, 특별희생에 해당하는 간접손실을 빠짐없이 보상해주기
위해서는 헌법 제23조 제3항 또는 토지보상법 제79조 제2항의 직접효
력을 인정할 필요가 있다. 헌법 제23조 제3항의 직접효력에 관하여는
기존에 논의가 많이 행해져있으므로11) 여기에서는 토지보상법 제79조
제2항의 직접효력을 인정할 수 있는지만을 논하기로 한다.

토지보상법 제79조 제2항은 "공익사업이 시행되는 지역 밖에 있는
토지등이 공익사업의 시행으로 인하여 본래의 기능을 다할 수 없게 되
는 경우에는 국토교통부령으로 정하는 바에 따라 그 손실을 보상하여야
한다."라고 규정하고 있다. 여기에서 "본래의 기능을 다할 수 없게 되는
경우"라 함은 특별한 희생에 해당하는 손실이 있는 경우를 의미하는 것
으로 볼 수 있다. 토지보상법 제79조 제2항은 특별한 희생에 해당하는
간접손실에 대한 보상원칙을 규정하면서 구체적인 사항은 국토교통부
령으로 정하도록 위임한 것으로 해석하는 것이 타당하다. 간접손실보상
을 열거하여 규정하고 있는 토지보상법 시행규칙 제59조 내지 65조는
간접손실보상을 한정적으로 열거한 것이 아니라 예시적으로 열거한 것
으로 보아야 한다.12) 토지보상법 시행규칙에 열거되지 않은 간접손실도
공익사업의 시행으로 인해 필연적으로 발생하는 손실이고, 해당 간접손
실의 범위를 객관적으로 확정할 수 있으므로 토지보상법 시행규칙에서
간접손실의 범위를 규정하지 않더라도 법원은 간접손실보상액을 객관
적으로 산정할 수 있다. 만일 그렇지 않고 토지보상법 제79조 제2항을
간접손실보상의 단순한 일반원칙만을 선언한 것이고 국토교통부령으로

11) 김동희, 행정법 I, 박영사, 2020, 617-618; 박균성, 행정법론(상), 박영사, 2020, 961-967면 등.
12) 김용춘·박상희, 어업의 간접손실보상에 관한 연구, 해사법연구 제24권 제1호, 2012. 3, 77면.

정하는 경우에 한하여 간접손실을 보상할 수 있는 것으로 규정한 것이
라고 해석한다면 토지보상법 제79조 제2항은 간접손실이 특별한 희생
에 해당하면 정당한 보상을 해주어야 한다는 헌법 제23조 제3항에 반하
는 위헌적인 규정이 된다. 따라서, 헌법합치적 법률해석을 하여야 한다
는 점에서도 토지보상법 제79조 제2항을 공익사업에 따른 간접손실보
상의 일반근거조항으로 보고 토지보상법 시행규칙에 간접손실보상에
관한 명시적인 규정이 없는 경우에는 토지보상법 제79조 제2항에 직접
근거하여 간접손실보상을 청구할 수 있다고 보는 것이 타당하다.

입법론상 바람직한 것은 제79조 제2항을 간접손실보상의 일반적·
직접적 효력규정으로 명확하게 규정하는 것이다.[13] 간접손실보상에 관
한 토지보상법 시행규칙의 규정이 예시적 열거라는 점도 명확히 하여야
한다.

3. 철도운행상 소음·진동으로 인한 손해에 대한 손해배상

(1) 배상책임자

공공시설로부터의 공해로 인한 손해에 대한 손해배상책임은 공공
시설의 관리자가 진다. 철도시설의 관리자는 철도시설관리공단이고, 고
속철도사업자는 한국철도공사이다. 고속열차도 공공시설에 속하는데,
그 관리자는 한국철도공사이다.

고속철도의 운행으로 인한 진동·소음은 철도시설이 원인일 수도
있고, 고속열차의 운행이 원인일 수도 있다. 그런데 평석 대상 판결의 1

---

13) 간접손실보상의 흠결에 대한 입법론상 해결방안에 대해서는 김학수, 사업손실보상
    의 재검토, 법학논고 제49집, 경북대학교 법학연구원, 2015.2, 89-119면 ; 허강무·
    김태훈, 앞의 논문 ; 방동희, 간접손실에 대한 보상의 이론과 실제, 그 개선에 관한
    소고 - 안골마을 사례의 해결과정과 연계하여-, 법학연구 제24권 제3호, 연세대
    학교 법학연구원, 2014.9, 143-173면 등 참조.

심법원은 한국철도공사는 '공단과 사이에 공단이 설치 및 관리하는 선로를 사용하여 열차를 운행하기로 하는 사용계약을 체결하고, 2015. 4. 2.부터 현재까지 이 사건 노선에서 고속철도 열차를 운행하고 있는 것에 불과하므로', '위 고속철도 시설에서 발생하는 소음·진동의 원인자'는 이 사건 노선을 개통하고, 이에 대한 사용료를 징수하는 피고 공단이라 할 것이고, 이 사건 노선의 이용자에 불과한 피고 공사가 위 소음·진동의 원인자에 해당한다고 볼 수는 없다고 하였다. 그리고, 피고 공사가 운행하는 '고속열차의 기능적·구조적 문제 등이 원인이 되어 수인한도를 넘는 소음·진동·전자파가 발생하였다면' 이러한 경우에는 피고 공사가 손해배상책임을 부담할 여지도 있으나(대법원 2011. 11. 10. 선고 2010다98863, 2010다98870(병합) 판결참조), 피고 공사가 운행하는 고속열차의 기능적·구조적 문제 등이 원인이 되어 이 사건 잠업사에 수인한도를 넘는 소음·진동이 발생하였음을 인정할 아무런 증거가 없고, 따라서 피고 공사가 위 고속철도의 열차 운행에 따른 소음·진동·전자파로 인한 손해방지의무를 부담한다고 보기 어렵고, 피고 공사가 이 사건 노선을 이용하여 열차를 운행한 것이 원고에 대하여 어떠한 위법성이 있는 행위라고 볼 수도 없다.'고 하면서 원고의 피고 공사에 대한 손해배상청구는 이유 없다고 하였다. 이 사건에서 원고는 1심 판결에 대해 항소하면서 피고 공사에 대한 손해배상책임이 부인된 부분은 항소하지 않아 원심이나 상고심에서는 피고 공사의 손해배상책임은 다투어지지 않았다. 그러나, 이 사건 고속철도의 운행으로 인한 소음·진동은 철로시설과 열차운행의 공동 원인에 의한 것으로 보고 피고 공단과 피고 공사의 공동 불법행위책임을 인정하는 것이 타당하므로 1심 법원이 피고 공사의 배상책임을 부인한 것은 문제가 있다. 오히려 소음·진동의 직접 원인은 열차운행이므로 철로의 설치·관리상 하자로 인한 손해는 피고 공단이 책임을 지고, 철로의 이용상 하자로 인한 손해는 피고 공사가 지는 것으로 하는 것이 타당할 수도 있다.

또한, 1심 판결에서 공사의 손해배상책임을 부인한 것은 다음과 같
은 점에서 문제가 있다. 첫째, 1심판결이 '고속열차의 기능적·구조적 문
제 등이 원인이 될 것'을 손해배상책임의 요건으로 든 것은 타당하지 않
다. 1심판결이 인용하고 있는 '대법원 2011. 11. 10. 선고 2010다98863,
2010다98870(병합) 판결'도 그러한 요구를 명시적으로 하고 있지 않다.
고속열차의 운행으로 인한 소음·진동으로 인한 손해에 대한 배상은 해
당 손해가 수인한도를 넘는 것인지 여부에 따라 그 인정 여부를 결정하
여야 한다.14) 둘째, '피고 공사가 위 고속철도의 열차 운행에 따른 소음·
진동·전자파로 인한 손해방지의무를 부담한다고 보기 어렵고, 피고 공
사가 이 사건 노선을 이용하여 열차를 운행한 것이 원고에 대하여 어떠
한 위법성이 있는 행위라고 볼 수도 없다.'고 한 것도 타당하지 않다.
그것은 일반적으로 누구든지 타인에게 주의를 기울여 손해를 방지할 의
무가 있고, 환경피해에 대한 손해배상에서의 위법 여부는 피해자의 수
인한도를 기준으로 판단하여야 하기 때문이다.15) 결론적으로 말하면 이
사건에서 1심 법원이 피고 공사의 손해배상을 주장하는 피해가 수인한
도를 넘는 것인지에 대한 구체적인 심리없이 피고 공사의 손해배상책임
을 부인한 것은 잘못이라고 보아야 한다.16)

(2) 손해배상의 법적 근거 및 인정기준

철도시설은 공공시설로서 국가배상법 제5조의 영조물에 해당하고,
철도시설의 관리는 공행정작용으로 볼 수 있다. 그러나, 고속철도의 운
행사업은 사경제적 작용이다. 국가배상법은 국가와 지방자치단체의 배

14) 부산고등법원 2012.5.8. 선고 2011나9457, 2011나9464(병합) 판결; 대법원 2012.8.17.
    선고 2012다48534, 2012다48541(병합) 판결.
15) 박균성·함태성, 환경법 박영사, 2019, 145-152면.
16) 대법원 2011. 11. 10. 선고 2010다98863, 2010다98870(병합) 판결 ; 부산고등법원
    2012.5.8. 선고 2011나9457, 2011나9464(병합) 판결 ; 대법원 2012.8.17. 선고 2012다
    48534, 2012다48541(병합) 판결 참조.

상책임에만 적용되고, 국가배상법은 행정주체의 공행정작용에만 적용되고 사경제적 작용에는 적용되지 않는다는 것이 판례의 입장이므로 판례의 입장에 따르는 한 철도시설의 관리상 하자로 인한 손해배상책임이든 고속철도 운행상의 불법행위로 인한 손해배상책임이든 배상책임자가되는 철도시설의 관리주체인 철도시설공단이나 고속철도운행사업자인 한국철도공사는 공공단체로서 국가나 지방자치단체가 아니므로 국가배상법의 적용대상이 아니다. 판례는 기본적으로 공무집행상 불법행위로 인한 공공단체의 손해배상책임의 경우 민법 제750조의 불법행위로 인한 손해배상책임을, 영조물의 설치·관리상 하자로 인한 공공단체의 손해배상책임의 경우 민법 제758조의 공작물 점유자의 배상책임을 인정하고 있다.[17] 다만, 예외적으로 공공단체의 공행정작용으로 인한 손해배상책임에서 국가배상책임을 인정한 판례도 있다.[18] 공공단체의 공행정작용으로 인한 손해배상책임에 대해 민법상 불법행위책임과 국가배상책임을 둘 다 인정한 판례도 없지는 않다.[19]

---

[17] 대법원 2001. 02. 09. 선고 99다55434 판결 ; 대법원 1996. 10. 11. 선고 95다56552 판결 ; 대법원 2008. 03. 13. 선고 2007다29287 판결 등.

[18] 대법원 2001. 04. 24. 선고 2000다57856 판결 ; 대법원 2003. 11. 14. 선고 2002다55304 판결 ; 대법원 2002.08. 23. 선고 2002다9158 판결 등.

[19] 대법원 2011.11.10. 선고 2010다98863,2010다98870(병합) 판결: "철도를 설치하고 보존·관리하는 자는 그 설치 또는 보존·관리의 하자로 인하여 피해가 발생한 경우 민법 제758조 제1항 (공작물 등의 점유자, 소유자의 책임) 또는 국가배상법 제5조 제1항 (공공시설 등의 하자로 인한 책임)에 따라 이를 배상할 의무가 있으며, 민법 제758조 제1항 또는 국가배상법 제5조 제1항 이 규정하고 있는 공작물·공공영조물의 설치 또는 보존·관리의 하자라 함은 해당 공작물이 그 용도에 따라 갖추어야 할 안전성을 갖추지 못한 상태에 있음을 말하고, 여기서 안전성을 갖추지 못한 상태, 즉 타인에게 위해를 끼칠 위험성이 있는 상태라 함은 당해 공작물을 구성하는 물적 시설 그 자체에 있는 물리적, 외형적 흠결이나 불비로 인하여 그 이용자에게 위해를 끼칠 위험성이 있는 경우뿐만 아니라, 그 공작물이 본래의 목적 등에 이용됨에 있어 그 이용 상태 및 정도가 일정한 한도를 초과하여 제3자에게 사회통념상 수인할 것이 기대되는 한도를 넘는 피해를 입히는 경우까지 포함된다(대법원 2005. 1. 27. 선고 2003다49566 판결 , 대법원 2007.6.15. 선고 2004다37904, 37911

평석 대상 판결에서도 1심 및 원심판결과 같이 철도로부터의 소음
· 진동으로 인한 손해에 대한 배상책임을 민사상 불법행위책임으로 보
고, 환경정책기본법 제44조 제1항의 무과실책임의 문제로 보고 있다.
그러나, 평석 대상 판결이 철도로부터의 소음·진동으로 인한 손해에 대
한 배상책임을 환경정책기본법 제44조 제1항의 무과실책임으로만 본
것은 잘못된 것이라고 할 수는 없지만, 정확한 것은 아니다. 환경정책기
본법 제44조 제1항의 무과실책임규정은 민법 제750조의 과실책임규정
에 대한 특별규정으로서 민법 제750조와 결합하여 적용되는 것으로 보
는 것이 타당하고, 환경정책기본법 제44조 제1항이 민법 제750조의 적
용을 배제하는 규정으로 보는 것은 타당하지 않다. 종래 판례는 환경피
해에 대한 손해배상책임에 있어서 원고가 손해방지의무를 게을리 한 부
작위로 인한 손해배상책임을 주장한 경우에는 민법 제750조 및 환경정
책기본법 제44조 제1항에 근거하여 손해배상책임을 인정하고, 원고가
공작물의 이용상 하자로 인한 손해배상책임을 주장하는 경우 민법 제
780조 및 환경정책기본법 제44조 제1항에 근거하여 손해배상책임을 인
정하였다고 보는 것이 타당하다. 즉, 환경정책기본법 제44조 제1항은
민법 제750조 및 제758조 전부에 대한 특별규정이 아니라 특히 민법 제
750조에 근거한 불법행위책임 중 과실요건부분에 대한 특칙으로 무과
실책임을 인정한 것으로 보는 것이 타당하다. 따라서, 환경피해로 인한
손해배상책임에 있어서 환경정책기본법 제44조 제1항이 적용되는 경우
에도 부작위에 대한 손해배상청구에서는 가해행위가 위법[20]하여야 하

판결 등 참조)." 그러나, 국가배상책임이 민법불법행위책임에 대해 특별책임이므로
국가배상책임이 인정된다면 민법불법행위책임을 부인하는 것이 타당함에도 국가
배상책임과 민법불법행위책임이 경합적으로 인정된다고 한 것은 타당하지 않다.
다만, 판례에 따르면 민법 제758조의 공작물책임에서의 하자와 국가배상법 제5조
의 영조물책임에서의 하자는 동일한 개념이므로 철도시설의 관리의 하자로 인한
환경피해에 대한 손해배상책임을 민법상 공작물책임으로 인정하든 국가배상법상
영조물책임을 인정하든 책임요건에서는 차이가 없다.

고, 민법 제758조의 공작물책임에서는 설치·보존상의 하자[21]가 있어야
한다. 따라서, 환경피해로 인한 불법행위책임에서는 해당 피해가 수인
한도를 넘어야 한다는 것이 중요한 책임요건이 된다.

4. 공익사업의 시행 결과 설치된 시설로부터의 공해로
   인한 손해의 전보에 있어서 손실보상과 손해배상의 관계

(1) 손실보상과 손해배상의 구별

전통적으로는 가해행위가 위법행위인가 적법행위인가에 따라 손해
배상과 손실보상을 구별하고 있다. 행정상 손해배상은 위법한 행정작용
즉 불법행위로 야기된 상당인과관계있는 손해의 전보인 반면에, 행정상
손실보상은 적법한, 즉 법에 의해 허용되고 예측된 손실의 보상이다. 오

---

20) 손해배상책임에서 가해행위의 위법은 수인한도를 기준으로 판단된다. 즉, "불법행
   위 성립요건으로서의 위법성은 관련 행위 전체를 일체로만 판단하여 결정하여야
   하는 것은 아니고, 문제가 되는 행위마다 개별적·상대적으로 판단하여야 할 것이므
   로 어느 시설을 적법하게 가동하거나 공용에 제공하는 경우에도 그로부터 발생하
   는 유해배출물로 인하여 제3자가 손해를 입은 경우에는 그 위법성을 별도로 판단
   하여야 하고, 이러한 경우의 판단 기준은 그 유해의 정도가 사회생활상 통상의 수
   인한도를 넘는 것인지 여부라고 할 것이다."(대법원 2001. 2. 9. 선고 99다55434 판
   결 등).

21) 공작물의 이용상 공해로 인한 피해에 대한 민법 제758조의 손해배상책임에서 공작
   물의 설치·보존상 하자는 그 환경피해가 수인한도를 넘는 것을 말한다. 즉, "철도
   를 설치하고 보존·관리하는 자는 설치 또는 보존·관리의 하자로 인하여 피해가 발
   생한 경우 민법 제758조 제1항에 따라 이를 배상할 의무가 있다. 공작물의 설치 또
   는 보존의 하자는 해당 공작물이 용도에 따라 갖추어야 할 안전성을 갖추지 못한
   상태에 있다는 것을 의미한다. 여기에서 안전성을 갖추지 못한 상태, 즉 타인에게
   위해를 끼칠 위험성이 있는 상태라 함은 해당 공작물을 구성하는 물적 시설 자체
   에 물리적·외형적 결함이 있거나 필요한 물적 시설이 갖추어져 있지 않아 이용자에
   게 위해를 끼칠 위험성이 있는 경우뿐만 아니라, 공작물을 본래의 목적 등으로 이
   용하는 과정에서 일정한 한도를 초과하여 제3자에게 사회통념상 일반적으로 참아
   내야 할 정도(이하 '참을 한도'라고 한다)를 넘는 피해를 입히는 경우까지 포함된다
   (대법원 2017. 2. 15. 선고 2015다23321 판결).

늘날 통설도 행정상 손해전보제도를 통일적으로 고찰할 필요를 인정하면서도 가해행위의 적법과 위법을 기준으로 손실보상과 손해배상을 구별하고 있다. 다만, 피해자 구제라는 관점에서 손해배상과 손실보상의 구별은 상대화하고 있다고 본다.[22] 현행 법령도 행정상 손해배상과 행정상 손실보상을 구분하고 있다. 즉, 헌법 제23조 제3항은 적법한 공용수용·사용·제한에 대한 손실보상을 규정하고 있고, 헌법 제29조 제1항은 불법행위로 인한 국가배상책임을 규정하고 있다. 그리고, 토지보상법은 토지 등의 적법한 수용 또는 사용에 대한 손실보상을 규정하고 있고, 국가배상법은 불법행위로 인한 국가배상책임을 규정하고 있다. 헌법재판소도 이러한 입장을 취하고 있다.[23] 따라서, 현행 법령상 손실보상의 요건과 손해배상의 요건은 다음과 같이 구별하는 것이 타당하다. 본래 손실보상은 적법한 공권력행사로 필연적으로 발생하는(또는 예견되는) 손실일 것을 요건으로 한다. 이에 반하여 손해배상은 불법행위로 인하여 손해가 발생하였고, 불법행위와 손해 사이에 상당인과관계가 있을 것을 요한다. 원심 및 대법원 판례는 손실보상을 적법한 공익사업에 따라 "필연적으로 발생하는 손실"에 대한 보상으로 보고 있다. 즉, 원심은 '공공사업의 시행에 따른 손실보상청구권은 적법한 공익사업에 따라 필연적으로 발생하는 손실에 대한 보상을 구하는 권리로서 국가배상법에 따른 손해배상청구권이나 민법상 채무불이행 또는 불법행위로 인한 손해배상청구권 등과 같은 사법상의 권리와는 그 성질을 달리하는 것'으로 보고 있는데, 평석 대상 판결인 상고심 판결도 이를 인정하고 있다.

---

22) 김동희, 앞의 책, 556–557면 ; 박균성, 앞의 책, 799–807면.

23) 헌재 1997. 03. 27, 96헌바21: "公權力의 작용에 의한 損失(損害)塡補制度를 損失報償과 國家賠償으로 나누고 있는 우리 憲法 아래에서는 不法使用의 경우에는 國家賠償 등을 통하여 문제를 해결할 것으로 예정되어 있고 기존 침해상태의 維持를 전제로 報償請求나 收用請求를 함으로써 문제를 해결하도록 예정되어 있지는 않으므로 土地收用法 제48조 제2항 中 "使用" 부분이 不法使用의 경우를 포함하지 않는다고 하더라도 憲法에 위반되지 아니한다."

손실보상의 대상인 필연적(예견되는) 손실과 손해배상의 대상인 상당인 과관계있는 손해는 개념상 다르다. 그러므로 공익사업의 시행으로 인한 손해에 대한 간접손실보상의 범위를 정함에 있어서도 해당 손해가 공익 사업으로 인하여 필연적으로 발생하는 것이면 손실보상의 대상으로 보고, 사고 등 불법행위로 우연히 발생한 것이면 손해배상의 대상으로 보는 것이 타당하다.[24]

그런데, 판례 중에는 손실보상에 있어서 공익사업과 그로 인한 손실 사이에 '상당인과관계'를 요구하는 판례[25]가 있다. 그리고, 손실보상의 대상이 되는 손실은 특별한 손해(희생)이어야 하는데, 특별한 손해(희생)인지 여부는 손실보상을 하지 않는 것이 가혹한 것인지 여부(비례원칙에 반하는지 여부)에 의한다.[26] 그리고 전술한 바와 같이 판례에 따르면 불법행위로 인한 환경피해에 대한 손해배상책임에 있어서는 해당 손해가 수인한도를 넘어야 한다는 것이 손해배상의 중요한 기준이다. 이러한 판례에 따르면 공익사업으로 인한 손실에 대한 손실보상이나 손해에 대한 손해배상을 판단함에 있어 실제적으로는 손실보상과 손해배상 사이에 큰 차이가 없게 된다.

(2) 간접손실보상과 손해배상의 관계

공익사업의 시행으로 인한 손해에 대해 간접손실보상과 불법행위로 인한 손해배상이 동시에 인정될 수 있는 경우에 해당 손실보상과 손해배상이 어떠한 관계에 있는 것으로 볼 것인지가 문제된다. 이 사건에서도 공익사업인 고속철도 건설사업 시행 후 설치된 시설인 고속철도의 운행에 따른 소음·진동 등으로 인하여 고속철도 인근에서 양잠업을 영

---

24) 동지 나채준, 간접손실보상과 영국의 공익사업의 시행으로 인한 침해적 영향에 대한 손실보상의 비교법적 고찰, 공법연구 제38집 제2호, 2009.12, 471면.
25) 대법원 2009.6.23. 선고 2009두2672 판결 등.
26) 헌재 2003.4.24., 99헌바110, 2000헌바46(병합).

위하던 원고에게 발생한 영업손실 등에 대한 손실보상과 손해배상이 주
장되고 있다.

    종래 판례는 공익사업의 시행으로 인해 설치된 시설의 운영으로
인해 인근 주민에게 수인한도를 넘는 피해를 발생시킨 경우 손해배상으
로 손해전보를 해주고 있었다. 해당 시설이 공물에 해당하고 배상주체
가 국가 또는 지방자치단체인 경우에는 국가배상법 제5조의 영조물의
설치·관리상 하자로 인한 손해배상책임을 인정하고[27], 해당 시설이 공
물이 아니거나[28] 공물이어도 배상주체가 국가나 지방자치단체가 아닌
경우[29]에 민법 제758조의 공작물의 설치·보존상의 하자로 인한 손해배
상책임을 인정하였다. 그리고, 해당 시설로 인한 피해가 불법행위로 인
한 것이고 그 피해가 환경피해에 해당하는 경우에는 환경정책기본법 제
44조 제1항의 무과실책임을 인정한다.[30]

    그런데, 평석 대상 판결은 전술한 바와 같이 공익사업으로 설치된

---

27) 군사격장소음, 항공기소음으로 인한 피해에 대해 국가배상책임을 인정한 사례(대법
    원 2004. 03. 12. 선고 2002다14242 판결 ; 대법원 2010. 11.25. 선고 2007다20112
    판결) 등 참조.
28) 원자력발전소에서의 온배수 배출행위와 해수온도의 상승이라는 자연력이 복합적으
    로 작용하여 온배수 배출구 인근 양식장의 어류가 집단폐사한 것에 대해 민법상
    손해배상책임을 인정한 사례(대법원 2003.06. 27. 선고 2001다734 판결).
29) 고속도로의 확장으로 인하여 소음·진동이 증가하여 인근 양돈업자가 양돈업을 폐
    업하게 된 사안에서, 양돈업에 대한 침해의 정도가 사회통념상 일반적으로 수인할
    정도를 넘어선 것으로 보아 한국도로공사의 손해배상책임을 인정한 사례(대법원
    2001. 02. 09. 선고 99다55434 판결).
30) 양식장 운영자가 원자력발전소의 온배수를 이용하기 위하여 온배수 영향권 내에 육
    상수조식양식장을 설치하였는데 원자력발전소에서 배출된 온배수가 이상고온으로
    평소보다 온도가 높아진 상태에서 자연해수와 혼합되어 위 양식장의 어류가 집단
    폐사한 경우, 양식장 운영자가 원자력발전소의 온배수를 이용하기 위하여 온배수
    영향권 내에 육상수조식양식장을 설치하였는데 원자력발전소에서 배출된 온배수가
    이상고온으로 평소보다 온도가 높아진 상태에서 자연해수와 혼합되어 위 양식장의
    어류가 집단 폐사한 경우, 불법행위로 인한 손해배상책임을 인정한 사례. 다만, 손
    해배상을 인정하면서 원자력발전소 운영자의 과실에 비하여 양식장 운영자의 과실
    이 훨씬 중대하다고 판단하였다(대법원 2003. 6. 27. 선고 2001다734판결).

시설의 운영상 소음·진동 등으로 인한 환경피해가 간접손실보상의 요건에 해당하는 경우에는 토지보상법 시행규칙 제64조 제1항 제2호의 간접영업손실보상의 대상이 되는 것으로 보았다. 이 판결에 따라 공익사업으로 설치된 시설의 운영상 소음·진동 등으로 인한 환경피해에 대해서는 손실보상과 손해배상이 중첩적으로 인정되게 되었다. 그리고, 평석대상 판결은 공익사업으로 인한 간접손실보상과 공공시설의 운영으로 인한 손해배상을 별개의 청구권으로 보면서 경합하여 인정되는 것으로 보는 입장을 취하고 있다. 다만 같은 내용의 손해에 관하여 양자의 청구권을 동시에 행사할 수 있다고 본다면 이중배상의 문제가 발생하므로, 어느 하나만을 선택적으로 행사할 수 있을 뿐이고, 양자의 청구권을 동시에 행사할 수는 없다고 본다. 즉, 대법원은 토지보상법 제79조 제2항에 따른 간접손실보상과 환경정책기본법 제44조 제1항에 따른 손해배상은 "근거 규정과 요건·효과를 달리하는 것으로서, 각 요건이 충족되면 성립하는 별개의 청구권으로 보고, 다만 손실보상청구권에는 이미 '손해 전보'라는 요소가 포함되어 있어 실질적으로 같은 내용의 손해에 관하여 양자의 청구권을 동시에 행사할 수 있다고 본다면 이중배상의 문제가 발생하므로, 실질적으로 같은 내용의 손해에 관하여 양자의 청구권이 동시에 성립하더라도 영업자는 어느 하나만을 선택적으로 행사할 수 있을 뿐이고, 양자의 청구권을 동시에 행사할 수는 없다"고 판시하였다.

　　판례에 따르면 환경피해로 인한 손해배상에서의 위법은 가해행위 자체의 위법이 아니라 피해의 수인한도를 기준으로 판단하므로 가해행위가 공법상 적법하여도 불법행위법상 위법하거나 공작물의 설치·보존상 하자가 성립할 수 있다. 따라서, 이러한 판례의 입장에 서는 한 평석대상 판결이 손실보상과 손해배상이 경합적으로 인정될 수 있다고 본 것은 논리적이라 할 수도 있다. 그리고 평석대상 판결이 같은 내용의 손해에 대하여는[31] 이중배상의 문제가 발생하므로, 양자의 청구권을 동시에 행사할 수는 없다고 본 것도 타당하다. 물론 손해의 내용이 다른 경우에는 당연히 손실보상과 손해배상이 중첩적으로 인정될 수 있다.

그러나, 평석대상 판결이 간접손실보상과 불법행위로 인한 손해배상청구를 경합관계로 본 것은 이론상 문제가 없지 않다.[32] 왜냐하면 간접손실은 적법한 공익사업으로 인해 필연적으로 발생한 손실이므로 이론상 손해배상의 대상으로 보는 것은 타당하지 않다.[33] 또한 현행 법령상 특별희생에 해당하는 간접손실에 대해 손실보상이 인정되는 경우에는 해당 손실에 대해 손실보상이 인정되므로 이론상 피해자에게 불법행위로 인한 손해배상의 한 요건이 되는 '손해'가 발생하였다고 볼 수도 없다. 따라서, 간접손실보상이 인정되는 경우에는 우선적으로 손실보상을 청구하여야 하는 것으로 보는 것이 타당하다. 종전 판결 중에도 법이론상 손실보상은 적법한 공용침해로 인한 손실의 보상을 의미하므로 손실보상이 인정되면 손해배상은 인정되지 않는다는 취지의 판결도 있었다.[34] 물론, 손실보상이 인정되는 손실을 넘어 손해가 발생하였고, 그러한 손해가 수인한도를 넘는 등 손해배상의 요건을 충족하는 경우에는 손해배상이 추가로 인정될 수 있다.[35] 실제로 이 사건에서 1심 및 원심

---

31) 손해의 내용이 동일한 경우라 함은 손실보상액이 손해배상액이 되는 경우를 말한다.

32) 대상 판결이 같은 내용의 손해에 대하여 손실보상과 손해배상 중 어느 하나를 '선택적으로' 행사할 수 있다고 본 것도 문제다.

33) 손실보상에서는 원칙상 침해행위가 적법할 것을 요건으로 하고, 손해배상에서는 가해행위가 위법할 것을 요건으로 하므로 엄밀히 말하면 손실보상과 손해배상은 양립할 수 없는 것으로 볼 수도 있다. 평석대상 판결도 토지보상법령상 손실보상은 "적법한 공권력의 행사로 발생한 재산상 특별한 희생"에 대하여 보상하여 주는 것으로 보고 있다. 이에 대하여 피해자의 입장에서는 손실보상과 손해배상을 구별할 필요가 없고, 손실보상과 손해배상의 융화현상에 비추어 침해행위의 적법과 위법을 기준으로 손실보상과 손해배상을 구별하는 것은 타당하지 않다는 견해로는 정기상, 토지보상법상 사전보상 절차 없이 공사에 착수한 사업시행자의 손해배상책임. 저스티스, 2015.8, 258-259면 참조.

34) 광주고법 2010.12.24, 2010나5624. 이 판결은 대법원 2011.5.23, 2011다9440 판결로 심리불속행 기각되어 확정되었다.

35) 이승민, 원전 온배수 관련 어업피해보상의 법적 쟁점, 행정법연구 제61호, 2020.5,

도 손실보상이외에 손해가 있는 경우 손해배상을 인정하고 있다. 즉. "원고의 피고에 대한 손해배상청구 중 위 손실보상청구에서 인정되지 아니한 부분을 기준으로 피고의 손해배상책임 범위를 살펴본다."고 판시하고 있다. 그러므로 손실보상이 가능한 경우에는 우선 손실보상을 청구하고, 손실보상의 대상이 되지 않는 손해가 있는 경우에는 해당 손해에 대해 추가적으로 손해배상을 청구하여야 하는 것으로 손실보상과 손해배상의 관계를 정립하는 것이 타당하다. 통상 손실보상의 범위와 손해배상의 범위는 동일하지 않으므로 손실보상과 손해배상이 중첩적으로 인정될 수 있는 가능성이 크다. 손실보상의 범위는 법령에 정해진 것으로 한정된다. 또한, 위자료는 손실보상의 대상이 되지 않는다. 이에 반하여 손해배상의 범위는 상당인과관계있는 손해 전부를 포함하고, 위자료도 손해배상의 대상이 된다. 또한, 손실보상에서는 과실상계가 인정되지 않지만, 손해배상에서는 과실상계가 인정된다.

또한, 나아가 법이론상 공익사업의 시행으로 인해 설치된 시설의 적법한(정상적인) 운영으로 인한 수인한도를 넘는 손해에 대해 손해배상을 인정하는 것은 손실보상과 손해배상을 구분하는 현행 법체계에 비추어 타당하지 않다. 현행 법령에 비추어 적법한 공권력 행사로 필연적 발생하는 손해는 공용침해로 인한 손실로 보아 손실보상의 대상으로 보고, 불법행위로 우연히 발생하는 손해는 손해배상의 대상으로 보는 것이 타당하므로 공익사업의 시행으로 인해 설치된 시설의 정상적인 운영으로 인해 인근 주민에게 필연적으로 발생한 수인한도를 넘는 피해는 이론상 간접손실로 볼 수 있으므로 법이론상 손해배상이 아니라 손실보상의 대상으로 보는 것이 타당하다. 다만, 이러한 해결이 이론상 타당하지만, 현행 대법원 판례에 따르면 적법한 공권력 행사로 특별한 희생이 발생하여 손실보상을 해주어야 함에도 적용 또는 유추적용할 손실보상

126-127면.

규정이 없으면 손실보상을 해줄 수 없으므로 이러한 경우 손실보상을 해줄 수 없는 문제가 있다. 이에 반하여 공익사업의 시행으로 인해 설치된 시설의 운영으로 인해 인근 주민에게 발생한 수인한도를 넘는 피해에 대해 손해배상을 인정하는 경우 손해배상으로 인한 구제가 가능하다는 현실적인 이익이 있다.

그리고, 토지보상법 제79조 제5항 및 제73조 제2항에 따르면 손실보상(간접손실보상 포함)은 해당 사업의 공사완료일부터 1년이 지난 후에는 청구할 수 없다. 따라서, 피해자인 토지소유자 등은 공익사업의 공사완료일부터 1년이 지난 경우에는 손실보상은 청구할 수 없고 손해배상청구만 가능하다. 대법원도 '해당 사업의 공사완료일로부터 1년'이라는 손실보상 청구기간(토지보상법 제79조 제5항, 제73조 제2항)이 도과하여 손실보상청구권을 더 이상 행사할 수 없는 경우에도 손해배상의 요건이 충족되는 이상 여전히 손해배상청구는 가능하다.'고 판시하였다. 또한, 판례는 손실보상규정이 있어 보상의무가 있음에도 보상없이 수용을 하거나 공사를 시행한 행위는 불법행위가 되므로 손해배상청구가 가능한 것으로 본다.[36]

5. 기타 쟁점: 간접손실보상청구절차

이 사건 공공사업의 시행에 따른 손실보상청구에 관하여 토지보상법 제79조 제2항의 유추적용에 의한 손실보상을 인정하는 원심은 공공사업의 시행에 따른 손실보상청구권을 공권으로 보고 그에 관한 소송의 법적 성질을 민사소송이 아니라 행정소송법 제3조 제2호에서 정하고 있는 공법상 당사자 소송에 해당하는 것으로 보고, 한편 토지보상법은 토

---

[36] 공유수면매립사업 시행자가 손실보상의무를 이행하지 아니한 채 공사를 시행하여 신고어업자나 허가어업자에게 실질적이고 현실적인 침해를 가한 경우, 불법행위가 성립하고 손해배상의 범위는 손실보상금 상당액이라고 한 사례(대법원 2000. 05. 26. 선고 99다37382 판결).

지보상법 제79조 제2항등의 유추적용에 따른 손실보상청구절차에 대해 별도로 정하고 있지 않으므로 토지보상법 제79조 제2항의 유추적용에 따른 손실보상을 청구하는 자가 손실보상청구를 하기 전에 재결절차를 거치지 않았다고 하여 그 손실보상청구를 부적법하다고 볼 수 없다고 하였다.

그러나, 기존의 판례는 손실보상 관련 법령의 유추적용에 의한 손실보상청구권을 사권으로 보고 사업시행자를 상대로 한 민사소송의 방법에 의하여 행사하여야 한다고 하고 있었다.[37]

평석 대상 판결은 이 사건 공공사업의 시행에 따른 손실보상을 토지보상법 시행규칙 제64조 제1항의 간접영업손실보상에 포함되는 것으로 보면서 공익사업으로 인하여 공익사업시행지구 밖에서 영업을 휴업하는 자가 사업시행자로부터 공익사업을 위한 토지 등의 취득 및 보상에 관한 법률 시행규칙 제47조 제1항에 따라 영업손실에 대한 보상을 받기 위해서는, 토지보상법 제34조, 제50조 등에 규정된 재결절차 즉, 토지수용위원회의 수용재결절차를 거친 다음 그 재결에 대하여 불복이 있는 때에 비로소 토지보상법 제83조 내지 제85조에 따라 권리구제를 받을 수 있을 뿐이고, 이러한 수용재결절차를 거치지 않은 채 곧바로 사업시행자를 상대로 손실보상을 청구하는 것은 허용되지 않는다고 하면서 토지보상법령상 손실보상대상에 해당함에도 관할 토지수용위원회가 사실을 오인하거나 법리를 오해함으로써 손실보상대상에 해당하지 않는다고 잘못된 내용의 재결을 한 경우에는, 피보상자는 관할 토지수용위원회를 상대로 그 재결에 대한 취소소송을 제기할 것이 아니라, 사업시행자를 상대로 토지보상법 제85조 제2항에 따른 보상금증감소송을 제기하여야 한다고 하였다.

---

37) 대법원 2001. 6. 29. 선고 99다56468 ; 대법원 2014. 5. 29. 선고 2013두12478 판결 등.

Ⅳ. 맺음말

평석 대상 판결은 공익사업으로 설치된 시설로 인한 간접영업손실도 토지보상법 시행규칙 제64조 제1항의 공익사업시행지구 밖 영업손실에 대한 보상의 범위에 포함되는 것으로 본 최초의 판례라는 점에서 의의가 크다. 그러나, 판례에 따르더라도 토지보상법 시행규칙상 간접손실보상규정을 확대적용 또는 유추적용할 수 없는 간접손실이 있을 수 있다. 이 경우에는 헌법 제23조 제3항 또는 토지보상법 제79조 제2항의 직접효력을 인정하여 적용 또는 유추적용할 보상규정이 없어 손실보상을 해줄 수 없는 간접손실을 보상해주는 것이 타당하다. 입법론상 바람직한 것은 제79조 제2항을 간접손실보상의 직접적인 일반근거규정으로 명확하게 규정하고, 간접손실보상에 관한 토지보상법 시행규칙이 예시적 열거라는 점도 명확히 하여야 한다.

종래 판례는 공익사업의 시행으로 인해 설치된 시설의 운영으로 인해 인근 주민에게 수인한도를 넘는 피해를 발생시킨 경우 손해배상의 방식으로 손해전보를 해주고 있었다. 그런데, 평석 대상 판결은 공익사업으로 설치된 시설의 운영상 소음·진동 등으로 인한 환경피해가 토지보상법 시행규칙상 간접손실보상의 요건에 해당하는 경우에 간접손실보상의 대상이 되는 것으로 보고, 공익사업으로 인한 간접손실보상과 공공시설의 운영으로 인한 손해에 대한 배상을 별개의 청구권으로 보면서 경합하여 인정되는 것으로 보는 입장을 취하였다. 다만, 같은 내용의 손해에 관하여 양자의 청구권을 동시에 행사할 수 있다고 본다면 이중배상의 문제가 발생하므로, 어느 하나만을 선택적으로 행사할 수 있을 뿐이고, 양자의 청구권을 동시에 행사할 수는 없다고 본다. 그러나, 이론상 간접손실보상이 인정되는 경우에는 우선적으로 손실보상을 청구하여야 하는 것으로 보고, 손실보상이 인정되는 손실을 넘어 손해가 발생한 경우에 한하여 손해배상을 추가로 인정해주는 것이 타당하다.

참고문헌

김동희, 행정법 I, 박영사, 2020.

김용춘·박상희, 어업의 간접손실보상에 관한 연구, 해사법연구 제24권 제1호, 2012.3.

김학수, 사업손실보상의 재검토, 법학논고 제49집, 경북대학교 법학연구원, 2015.2.

나채준, 간접손실보상과 영국의 공익사업의 시행으로 인한 침해적 영향에 대한 손실보상의 비교법적 고찰, 공법연구 제38집 제2호, 2009.12.

박균성, 행정법론(상), 박영사, 2020.

박균성, 간접손실보상의 재검토, 토지보상법연구 제8집, 한국토지보상법연구회, 2008.2.

박균성·함태성, 환경법 박영사, 2019.

방동희, 간접손실에 대한 보상의 이론과 실제, 그 개선에 관한 소고 - 안골마을 사례의 해결과정과 연계하여-, 법학연구 제24권 제3호, 연세대학교 법학연구원, 2014.9.

이승민, 원전 온배수 관련 어업피해보상의 법적 쟁점, 행정법연구 제61호, 2020.5.

허강무·김태훈, 공익사업시행지구 밖 환경피해 구제의 한계, 환경법연구 제35권 1호, 한국환경법학회, 2013.

국문초록

이 논문은 대법원 2019. 11. 28. 선고 2018두227 판결을 평석한 논문이다. 현행 법령의 해석론상 공익사업으로 인해 설치된 시설의 운영으로 인한 손해에 대해서 간접손실보상을 인정할 수 있는지, 인정한다면 그 법적 근거는 무엇인지, 그리고 이 사건 호남고속철도 열차의 운행으로 인한 손해에 대한 손해배상책임의 주체 및 법적 근거 그리고 이 사건 손실보상과 손해배상의 관계를 중점적으로 검토하였다.

대상 판결은 공익사업으로 설치된 시설로 인한 간접영업손실도 토지보상법 시행규칙 제64조 제1항의 공익사업시행지구 밖 영업손실에 대한 보상의 범위에 포함되는 것으로 본 최초의 판례라는 점에서 의의가 크다. 그러나, 판례에 따르더라도 토지보상법 시행규칙상 간접손실보상규정을 확대적용 또는 유추적용할 수 없는 간접손실이 있을 수 있다. 이 경우에는 헌법 제23조 제3항 또는 토지보상법 제79조 제2항의 직접효력을 인정하여 적용 또는 유추적용할 보상규정이 없어 손실보상을 해줄 수 없는 간접손실을 보상해주는 것이 타당하다. 입법론상 바람직한 것은 제79조 제2항을 간접손실보상의 직접적인 일반근거규정으로 명확하게 규정하고, 간접손실보상에 관한 토지보상법 시행규칙이 예시적 열거라는 점도 명확히 하여야 한다.

종래 판례는 공익사업의 시행으로 인해 설치된 시설의 운영으로 인해 인근 주민에게 수인한도를 넘는 피해를 발생시킨 경우 손해배상의 방식으로 손해전보를 해주고 있었다. 그런데, 평석 대상 판결은 공익사업으로 설치된 시설의 운영상 소음·진동 등으로 인한 환경피해가 토지보상법 시행규칙상 간접손실보상의 요건에 해당하는 경우에 간접손실보상의 대상이 되는 것으로 보고, 공익사업으로 인한 간접손실보상과 공공시설의 운영으로 인한 손해에 대한 배상을 별개의 청구권으로 보면서 경합하여 인정되는 것으로 보는 입장을 취하였다. 다만, 같은 내용의 손해에 관하여 양자의 청구권을 동시에 행사할 수 있다고 본다면 이중배상의 문제가 발생하므로, 어느 하나만을 선택적으로 행사할 수 있을 뿐이고, 양자의 청구권을 동시에 행사할 수는 없다고 본다. 그러나, 이론상 간접손실보상이 인정되는 경우에는 우선적으로 손실보상을 청구하여야 하는 것으로 보고, 손실보상이 인정되는 손실을 넘어 손해가 발생한 경우에 한하여 손해배상을 추가로 인정해주는 것이 타당하다.

주제어: 손실보상, 간접손실보상, 환경침해보상, 환경침해배상, 손실보상과 손해배상

Abstract

Compensation and Liability for Environmental Damage Caused by Public Service

Park Kyun Sung*

The judgment subject to the commentary is significant in that it is the first precedent as operating losses by public services is included in the scope of compensation for business losses outside the public service enforcement district under Article 64, Paragraph 1 of the Enforcement Rule of the Act on Acquisition of and Competition for Land, Etc., Public Services(hereafter refer Act on Acquisition of and Competition for Land, Etc., Public Services as the Land Compensation Act). However, even according to precedents, there may be indirect losses that cannot be applied extensively or by analogy under the Enforcement Rule of the Land Compensation Act. In this case, it is reasonable to recognize the direct effect of Article 23, Paragraph 3 of the Constitution or Article 79, Paragraph 2 of the Land Compensation Act to compensate for indirect losses without explicit compensation provisions. What is desirable in legislative theory should be clearly stipulated in Article 79, Paragraph 2 as a direct rule of indirect loss compensation, and should also clarify that the Enforcement Rules of the Land Compensation Act on indirect loss compensation are exemplary enumerations.

Conventional precedents have conceded compensation for damages in cases where damages exceeding the allowable limit are caused to

---

* Professor of Kyung-Hee University Law school

nearby residents due to the operation of facilities installed for the implementation of public services. However, the judgment subject to the commentary has considered environmental damage caused by noise or vibration in the operation of a facility installed for the requirements under the Enforcement Rules of the Land Compensation Act, as a public service compensation. And it decided that the claims for indirect compensation of loss caused by public services and liability for damage caused by operating pubic utilities are separated, and are admitted after competing each other. However, if it is considered that both claims for damages of the same content can be exercised at the same time, the problem of double compensation arises, so only one can be selectively exercised, and both claims cannot be exercised at the same time. But, if indirect loss compensation is admitted in theory, it is reasonable to consider that the loss compensation should be requested first, and to allow additional liability for damage only when the damage has occurred beyond the allowable loss compensation.

Key words: compensation, indirect loss compensation, compensation for environmental damage, liability for environmental damage, compensation and liability

투고일 2020. 12. 12.
심사일 2020. 12. 25.
게재확정일 2020. 12. 28.

미국 연방대법원의 연방공무원 손해배상책임에 관한 최근 판결례

The U.S. Supreme Court's recent case related to Bivens claim: Hernández v. Mesa

대상판결: 미국 연방대법원 2020. 2. 25. 선고 140 S. Ct. 735 (2020) 판결

I. 들어가며   III. 평석
II. 사례의 분석   IV. 맺으며

I. 들어가며

2020년 11월 4일(미국 현지 시간) 제46대 미국 대통령 선거가 있었고 잠정적으로는 조 바이든 민주당 후보가 당선된 것으로 나타나고 있지만 아직 혼란이 거듭되고 있는 상황이다. 이러한 미국 대선이 진행되는 과정에서 미국 연방대법원에도 중대한 변화가 일어났다. 그것은 연방대법원에서 진보의 아이콘으로 불리던 긴스버거 대법관의 사망과 그에 이은 에이미 코너 배럿(Amy Coney Barrett) 제7연방항소법원 판사의 연방대법관 취임일 것이다.[1] 그녀가 특히 1972년 출생으로 만 48세이

---

* 경북대학교 법학전문대학원 교수, 법학박사(S.J.D.)
1) https://www.pressian.com/pages/articles/2020091909590669058?utm_source=naver&u

며 보수주의자로 유명한 연방판사였다는 점을 감안해보면 긴스버거 대법관 재임 시에 보수:진보를 5:4로 보았다면 이제는 6:3으로 그 구도가 바꾸어지는 것은 아닌가하는 분석이 있다.

이러한 연방대법원의 보수화에 관한 우려는 사실상 최근의 일이 아니라고 할 것이며 긴스버그 대법관의 재임 시에도 꾸준히 제기되었던 문제라고 할 것이다. 특히 트럼프 대통령 재임 시에 고어시 대법관(Justice Neil Gorsuch), 카바나 대법관(Justice Brett Kavanaugh)에 이어 에이미 코너 배럿 대법관(Justice Amy Coney Barrett)이 2020년 10월 27일에 취임함으로써 보수화의 경향이 더욱 짙어졌다고 할 것이다.

미국 연방대법원의 보수화 경향은 미국은 물론 다른 나라에서도 관심의 대상이 아닐 수 없다. 특히 최근에는 코로나-19의 영향으로 우리나라 국민의 미국 방문이나 여행에 많은 제약이 따르고 있지만 미국을 자유롭게 방문하거나 여행할 수 있게 되면 미국에 입국심사를 받는 출입국절차에서부터 미국 연방공무원과 접촉하게 되고 우리 국민도 언제든지 연방공무원 불법행위에 노출될 수 있고 이런 경우 과연 우리나라 국민이 연방공무원 개인에 대하여 손해배상소송을 제기할 수 있는가 하는 법적 문제에 직면할 수 있기 때문이다.

미국 연방대법원은 연방공무원의 고의에 의한 헌법적 불법행위로 연방헌법에서 보장된 기본권에 침해를 받은 경우에 연방공무원 개인을 대상으로 손해배상을 청구할 수 있는 비벤스 청구(Bivens claim)에 관하여 2020년 2월에 Hernández v. Mesa 판결[2]을 하였는데 이에 대해 분석해보고자 한다.

---

tm_medium=search 2020년 11월 27일 방문.
2) 140 S. Ct. 735 (2020).

Ⅱ. 사례의 분석

1. 사건의 개요

이 사건의 원고 Hernández는 사건 발생 당시 멕시코 국적의 15세였던 소년 Sergio Adrián Hernández Güereca의 부모이다. 2010년 6월 7일 Sergio Hernández는 그의 친구들과 함께 미국 텍사스 엘파소(El Paso, Texas)시와 멕시코 큐다드휴레즈(Ciudad Juárez, Mexico)시를 가로지르는 암거에서 놀이를 하고 있었다. 그들의 놀이는 미국 영토에 있는 구거의 둑을 달려서 미국 측에 있는 울타리를 손으로 만지고 국경을 넘어 멕시코 영토로 되돌아가는 것이었다. 그들이 놀이를 하고 있는 동안 미국 국경경비대원 Jesus Mesa, Jr.가 접근하여 미국 국경 쪽에서 Sergio Hernández의 친구 한명을 붙잡았는데 Sergio Hernández는 멕시코 국경 쪽으로 달아나려고 시도하였다. 이를 본 미국 국경경비대원(Border Patrol Agent) Jesus Mesa가 총을 발사하였고 그가 쏜 총알은 멕시코 국경 내에 있는 Sergio Hernández의 얼굴에 맞았고 사망하였다. 미국 법무부(the Department of Justice)에서 이 사건을 조사하였지만 경비대원 Mesa의 총격이 미국의 국경경비대의 내부규정에 위배되지 않았다고 결론이 나서 결과적으로 경비대원 Mesa에 대한 어떤 형사소추나 다른 공식적 징계가 진행되지 않았다.

이에 망자의 부모인 Hernández가 텍사스 서부 연방제1심법원(the United States District Court for the Western District of Texas)에 경비대원 Mesa와 미국 연방정부가 Hernández의 미국 연방수정헌법 제4와 제5조에서 보장하고 있는 기본권을 침해하였다는 이유로 이른바 비벤스 청구(Bivens claim)에 근거하여 연방공무원 Mesa 개인과 미국연방정부를 상대로 손해배상소송을 제기하였다.

연방제1심법원(the United States District Court for the Western District of Texas)은 원고의 청구를 각하해달라는 피고 주장을 받아들여 각하판결을 하였다.3) 연방제5항소법원(the Fifth Circuit)은 연방제1심법원의 연방수정헌법 제4조 위반에 대한 각하판결은 인용했지만 Mesa에 대한 연방수정헌법 제5조 위반 사항은 진행되어야 한다고 결정하였다.4) 그 후 전원합의체 재심사를 거쳐 연방제5항소법원(the Fifth Circuit)은 연방제1심법원의 각하판결을 인용하는 판결을 하였다. 이 판결에서 연방제5항소법원은 Hernández는 멕시코인이므로 연방수정헌법 제4조의 보호를 받지 못하고 연방공무원 Mesa의 연방수정헌법 제5조 위반 혐의에 대해서는 조건부 면책(qualified immunity)을 받는다고 하였다.5) 이 판결에서 조건부 면책(qualified immunity)에 대해서는 논의했지만 Hernández가 연방헌법규정의 위반에 근거해서 제기한 비벤스 청구(Bivens claim)에 대해서는 구체적으로 다루지는 않았다.6)

미국 연방대법원 전원합의체 판결에서 연방항소법원의 판결을 파기·환송하였다.7) 이 판결에서 연방대법원은 연방수정헌법 제4조의 문제는 매우 민감한 사안이므로 연방제5항소법원은 비벤스 청구(Bivens

---

3) Hernández v. United States, 802 F. Supp. 2d 834, 838 (W.D. Tex. 2011).

4) Hernández v. United States, 757 F.3d 249, 280 (5th Cir. 2014).

5) Hernández v. United States, 785 F.3d 117, 119 (5th Cir. 2015)(en banc)(per curiam).

6) 조건부 면책(qualified immunity)이란 연방불법행위청구법(the Federal Tort Claims Act)에 의한 연방공무원불법행위에 대한 손해배상소송에서 당연면책(absolute immunity)을 받는 경우를 제외하고 집행부 공무원들이 자신의 직무범위 내에서 행위하는 경우, 조건부 면책에 의하여 손해배상책임으로부터 보호되는 것을 의미한다. Kipps v. Caillier, 197 F.2d 765, 768(5th Cir.) "public officials acting within the scope of their official duties are shield from civil liability by the qualified immunity doctrine." 정하명, 미국연방공무원개인의 손해배상책임에 관한 최근 판결례, 공법학연구 제12권 2호, 2011. 5, 한국비교공법학회, 351면 참조.

7) Hernández v. Mesa, 137 S. Ct. 2003, 2006 (2017)(per curiam). 이것을 본 논문에서 소개하는 2020년의 동일 당사자들 사이의 연방대법원 판결과 구별해서 Hernández Ⅰ이라고 부르기도 하고 2020년 판결을 Hernández Ⅱ라고 부르기도 한다. Fatma E. Marouf, Extraterritorial Rights in Border Enforcement, 77 Wash & Lee L. Rev. 751, 827-828 (2020).

claim)에 대해 우선적으로 다루어야 한다고 하였다. 연방수정헌법 제5조 위반 혐의에 대해 조건부 면책(qualified immunity)을 Mesa에게 인정한 것에 대해서도 총격 사건이 일어났을 당시에는 Hernández의 국적이나 미국과의 관련이 없다는 사실이 경비대원 Mesa에게 알려지지 않았기 때문에 연방제5항소법원은 그 판단에 잘못이 있다고 설시하였다.8)

환송심 전원합의체 판결에서 연방제5항소법원은 Hernández에게 비벤스 구제(Bivens remedy)를 인정할 수 없다고 판결하였다.9) 연방판사 존스(Judge Jones)는 이 사건은 과도한 공권력행사에 관한 사안이 아니고 국경에서 일어난 총격 사건에 관련된 연방헌법의 국외 적용에 관한 사안으로 연방헌법을 국경 밖에서 사망한 외국인에게 적용할 것인가라는 새로운 문제를 다루어야 하는 점, 국가안전보장에 잠재적으로 관여할 수 있는 가능성이 있는 점, 민감한 외교사안에 관련되어 있는 점, 사안 자체가 다른 나라인 멕시코에서 일어난 사안이라는 점 등이 비벤스 구제(Bivens remedy)를 확장하여 Hernández에게 적용할 수 없게 하는 요소에 해당한다고 하였다.10)

연방대법원에 상고되었는데 연방대법원은 사건이송명령을 발한 후에 이 사건을 심리하여 연방제5항소법원의 판결을 인용하는 판결을 하였다.11)

2. 판례의 요지

Bivens 판결의 판지사항은 국경총격에 의해 일어난 손해배상청구에 확대하여 적용할 수 없다.

---

8) Hernández v. Mesa, 137 S. Ct. 2003, 2007 (2017)(per curiam).
9) Hernández v. Mesa, 885 F. 3d 811, 823 (5th Cir, 2018)(en banc).
10) Hernández v. Mesa, 885 F. 3d 811, 821 (5th Cir, 2018)(en banc).
11) Hernández v. Mesa, 140 S. Ct. 735 (2020).

이 판결은 5대4로 다수의견과 소수의견이 나누어진 것으로 다수의
견은 엘리트 대법관(Justice Alito)이 작성하였고 소수의견은 긴스버그 대
법관(Justice Ginsburg)이 작성하였고 브레이어 대법관(Justice Breyer), 소
토마이어 대법관(Justice Sotomayor), 케이건 대법관(Justice Kagan)이 함께
했다.

1) 다수의견의 요지

엘리트 대법관(Justice Alito)은 Bivens 판결과 Davis v. Passman 판
결[12], Carlson v. Green판결[13]은 "연방대법원이 통상적으로 소인을 부
여하는 시대에 결정된 사안들이다."라고 먼저 평가하고 있다.[14] 하지만
이제는 대법원은 이러한 관행과 헌법상 입법권과 사법권을 분리하고 있
는 것의 긴장관계를 보다 완전히 평가하게 되었는데 연방의회가 헌법상
불법행위(Constitutional torts)에 책임이 있는 연방공무원에 손해배상책임
을 부과할지 여부를 결정할 수 있는 가장 합당한 위치에 있으므로 비벤
스 청구(Bivens claim)을 확대하는 것은 선호되지 않는 사법활동
("'disfavored' judicial activity")이라는 것이다.[15]

엘리트 대법관(Justice Alito)은 또한 국경에서의 총격 사건이 그 핵
심적 쟁점인데 이것은 뉴욕 주에서 영장없는 불법체포가 문제되었던
Bivens 판결에서 다루었던 사안과는 완전히 다른 것이고 남녀차별이 문
제되었던 Davis 판결의 사안과도 완전히 다른 사안이라는 것이다. 이렇
게 새로운 사안(a new context)이라는 것은 특별한 요소들에 대한 심사
를 필요하게 한다는 것이다.[16]

---

12) 442 U.S. 228 (1979).
13) 486 U.S. 14 (1980).
14) "an era when the Court routinely inferred 'cause of action'.", Hernández v. Mesa, 140 S. Ct. 735, 741 (2020).
15) Id. 742.
16) Id. 744.

다수의 특별 요소들(multiple special factors)이 Bivens 판결의 확대 적용에 반대하고 있다는 것이다. 대법원은 외교관계에 책임이 있는 의회가 담당하는 분야에 비벤스 구제(Bivens remedy)를 도입하는 것에 매우 부정적인 견해를 취하고 있다. 비벤스 청구가 잠재적으로 가능할 것이라는 것은 불법입국과 밀수를 막아야 하는 책무가 있는 국경경비대원에 관한 것으로 국가안보의 문제를 야기할 수 있다는 것이다.17) 연방의회는 다른 법률들에서 미국 밖에서 겪은 손해에 대해 미국 연방법원에서 손해배상소송을 제기하는 것을 거부하는 연방법률들이 이미 제정되어 있다고 하면서 이러한 연방의회의 입법 경향이 이 사건에 Bivens 법리를 확대 적용하는 것을 망설이게 하고 있다고 판시했다.18)

이러한 모든 우려는 결국 삼권분립의 존중("respect for the separation of powers")에 관한 것으로 연방법원은 외교정책이나 국가안보 문제를 다루기에는 적합하지 않기 때문에 비벤스 청구를 해당 사안에 적용할 수 없다고 한 제5항소법원을 인용한다고 하였다.19)

2) 동조의견의 요지

동조의견(concurring opinion)은 토마스 대법관(Justice Thomas)에 의해 작성되었다. 이에 고어쉬 대법관(Justice Gorsuch)이 함께 하였다. 그는 다수의견이 이 사안에서 비벤스 청구를 허용하지 않는 것에 찬성하면서도 한발 더 나아가 비벤스 청구를 모두 폐지해야 한다고 했다.20) 그의 견해에 의하면 연방대법원은 비벤스 청구의 확대를 이미 계속적으로 거부해 왔으므로 "비벤스 법리의 기초를 폐지하여 왔고 이것을 파기할 때가 왔다."는 것이다.21)

---

17) Id. 746.
18) "[t]his pattern of congressional action . . . give us further reason to hesitate about extending Bivens in this case." Id. 749.
19) Id. 750.
20) Id. 752.

3) 반대의견의 요지

반대의견(dissenting opinion)은 긴스버그 대법관(Justice Ginsburg)에 의해 작성되었다.[22] 그녀의 견해에 의하면 이 사건은 자체가 비벤스 판결의 상황과 매우 유사한 측면이 있다는 것이다. 비벤스 판결의 목적이 연방공무원의 불법행위를 억제하자는 것이기 때문에 이 사안에서 총격이 발생할 당시 Hernández가 어디에 있었느냐가 중요한 것이 아니고 불법행위자인 Mesa가 미국 영토 내에 있었던 연방공무원이라는 사실이 중요하다는 것이다.[23] 이 사안과 같은 Hernández의 죽음은 국경 경비대원의 잘못에 의해 일어나는 드문 사례가 아니고 이러한 잘못이 차후에 기소되어 처벌을 받는다거나 징계의 대상이 되는 경우도 드물어서 비벤스 법리를 적용할 것인가는 피해자의 입장에서 보면 전부 아니면 전무의 상태에 처하게 된다는 것이다.[24]

3. 사례의 쟁점

본 사례에서 쟁점은 연방공무원이 연방헌법에서 보장하고 있는 기본권조항을 위반하여 손해를 가한 경우에 헌법적 권리(Constitutional Rights)가 침해되었다는 것을 근거로 연방공무원 개인에 대하여 연방법원에 손해배상소송청구를 할 수 있는 이른바 비벤스 청구(the Bivens claim)를 국경총격사건에 의해 외국인이 사망한 사안에도 적용할 수 있

---

21) "we have already repudiated the foundation of the Bivens doctrine; nothing is left to do but overrule it." Id. 750.

22) Id. 756.

23) "[t]he purpose of Bivens is to deter the officer" Id. 756.

24) "it is all too apparent that to redress injuries like the one suffered here, it is Bivens or nothing . . . I resist the conclusion that 'nothing' is the answer required in this case." Id. 760.

는가하는 것이라고 할 것이다.

Ⅲ. 평석

1. 미국 연방공무원 개인의 손해배상책임

미국에서 1946년 연방불법행위청구법(Federal Tort Claims Act, 이하 'FTCA')[25]이 시행되기 이전에는 『주권은 스스로 동의하지 아니하는 한 소추되지 아니한다(the sovereignty can not be sued without its consent)』에 의하여 연방공무원의 불법행위에 대해 연방정부를 상대로 소송을 제기 하는 것은 허용되지 않았고 연방공무원의 불법행위로 손해를 입은 경우 에는 연방의회에 청원을 제기하여 연방의회에서 특별법을 제정하는 경 우에만 그 손해가 구제되었다. 하지만 1946년 연방불법행위청구법 (FTCA)의 제정으로 연방공무원의 잘못으로 손해를 입은 국민은 연방정 부를 상대로 손해배상청구소송을 제기할 수 있게 되었고 연방정부는 더 이상 주권면책을 주장할 수 없게 되었다. 연방불법행위청구법(FTCA)의 입법 내용을 살펴보면 연방공무원의 불법행위 중 주로 과실인 경우를 그 대상으로 하고 불법행위지에 해당하는 개별 주에서 과실에 의한 손 해배상책임이 확립되는 경우에만 연방정부가 손해배상책임을 부담하게 되고 연방정부가 패소한 경우에는 손해배상은 연방자금(federal treasury) 에서 이루어진다고 할 것이다.[26]

연방불법행위청구법(FTCA)에 의해 연방정부는 연방공무원의 불법 행위에 대하여 대위책임(vicarious liability)을 지는 것이지만 연방공무원

---

25) 28 U.S.C. §2671 (1982).
26) 정하명, 미국연방공무원개인의 손해배상책임에 관한 최근 판결례, 공법학연구 제12 권 2호, 한국비교공법학회 2011. 5., 344면 참조.

불법행위의 성립여부는 개별주의 불법행위법에서 정한 바에 따라가고 주로 연방공무원의 과실에 의한 불법행위(negligence)가 그 대상이다.27)

연방불법행위청구법(FTCA)에서는 협박, 폭행, 불법감금, 불법체포 등 여러 고의에 의한 불법행위에 대해서는 해당법률을 적용하지 않는다고 애초에 규정하고 있었다.28) 연방불법행위청구법(FTCA)에서 연방공무원의 고의에 의한 불법행위에 대해서는 연방정부의 대위책임(vicarious liability)을 인정하고 있지 않기 때문에 연방공무원의 고의에 의한 불법행위로 피해는 입더라도 피해자는 연방정부를 상대로 손해배상소송을 제기하여 구제받을 수 없는 상황에 직면하게 되고 이러한 경우에는 불법행위책임이 있는 연방공무원을 개인에게 직접적으로 손해배상을 청구하는 방법 밖에 없다고 할 것이다.29)

---

27) James E. Pfander, Alexander A. Reinert & Joanna C. Schwartz, The Myth of Personal Liability: Who Pays When Bivens Claims Succeed, 72 Stan. L. Rev. 561, 572-3 (2020).

28) Federal Tort Claims Act § 421(h), 60 Stat. 846 (FTCA is inapplicable to claims arising out of "assault, battery, false imprisonment, false arrest, malicious prosecution, abuse of process, libel, slander, misrepresentation, deceit, or interference with contract rights").

29) 면책조항은 다음과 같이 규정하고 있다. 28 U.S.C. §2680 (1982) The provisions of this chapter and section 1346(b) of this title shall not apply to—

(a) Any claim based upon an act or omission of an employee of the Government, exercising due care, in the execution of a statute or regulation, whether or not such statute or regulation be valid, or based upon the exercise or performance or the failure to exercise or perform a discretionary function or duty on the part of a federal agency or an employee of the Government, whether or not the discretion involved be abused.

(b) Any claim arising out of the loss, miscarriage, or negligent transmission of letters or postal matter.

© Any claim arising in respect of the assessment or collection of any tax or customs duty, or the detention of any goods, merchandise, or other property by any officer of customs or excise or any other law enforcement officer, except that the provisions of this chapter and section 1346(b) of this title apply to any claim based on injury or loss of goods, merchandise, or other property, while in the

이러한 상황에서 연방대법원이 인정한 것이 비벤스청구(Bivens Claim)라고 할 것이다. 미국 연방마약국 소속의 6명이었던 수사관들이 연방수정헌법 제4조를 위반하여 적법한 수색영장을 발급받지 않은 채로 비벤스(Bivens)의 주거지를 수색하여 비벤스(Bivens)를 불법적으로 체

---

possession of any officer of customs or excise or any other law enforcement officer, if—

(1) the property was seized for the purpose of forfeiture under any provision of Federal law providing for the forfeiture of property other than as a sentence imposed upon conviction of a criminal offense;

(2) the interest of the claimant was not forfeited;

(3) the interest of the claimant was not remitted or mitigated (if the property was subject to forfeiture); and

(4) the claimant was not convicted of a crime for which the interest of the claimant in the property was subject to forfeiture under a Federal criminal forfeiture law..[1]

(d) Any claim for which a remedy is provided by chapter 309 or 311 of title 46 relating to claims or suits in admiralty against the United States.

(e) Any claim arising out of an act or omission of any employee of the Government in administering the provisions of sections 1-31 of Title 50, Appendix.[2]

(f) Any claim for damages caused by the imposition or establishment of a quarantine by the United States.

[(g)Repealed. Sept. 26, 1950, ch. 1049, § 13 (5), 64 Stat. 1043.]

(h) Any claim arising out of assault, battery, false imprisonment, false arrest, malicious prosecution, abuse of process, libel, slander, misrepresentation, deceit, or interference with contract rights:이를 직역할 수는 없지만 참고로 번역하면 연방불법행위청구법(FTCA)에서 규정하고 있는 면책 사항, (a) 법률이나 규칙의 적용여부를 불문하고 공무원이 주의의무(duty of care)를 다하여 집행한 경우, 또는 연방행정청이나 그 직원의 재량적 권한 행사(재량권의 남용여부는 불문)로 인한 손해, (b) 우편물의 분실, 배달착오, 미전달 등으로 인한 손해, (c) 국세·관세의 산정이나 징수, 세무공무원·세관공무원 기타 법집행공무원에 의한 물건의 압류로 인한 손해, (d) 미합중국에 대한 해상소송에 규정하고 있는 권리구제에 관한 청구, (e) 전쟁과 국방에 관한 업무에 종사하는 공무원들의 작위나 부작위에 기인하는 청구, (f) 미합중국의 검역활동으로 인해 야기된 손해, (h) 공무원의 폭행·상해·불법감금·불법체포·악의적 기소·소송절차의 남용·명예훼손·비방·기망·계약상권리방해 등의 행위로 인한 손해, ... 이일세, 한·미 국가배상제도의 비교연구, 토지공법연구 제17권, 2003년 한국토지공법학회, 103-8면 참조.

포한 사건에 관한 것으로 이러한 마약수사관의 행위는 연방불법행위청
구법(FTCA) 제2680(h)에 의하여 연방정부에 의한 손해배상책임이 배제
되어 비벤스(Bivens)가 불법행위를 자행한 연방공무원들 개개인을 상대
로 손해배상을 청구한 사건이다. 이것은 연방대법원에서 연방공무원이
연방헌법상 보장된 기본권조항을 위반하여 국민에게 구체적 손해를 입
힌 경우에는 연방헌법 침해를 근거해서 해당 연방공무원 개인에 대해
직접적 손해배상청구가 가능하도록 하여할 필요성을 인정한 판결이었
다.[30]

　　비벤스 청구(Bivens Claim)는 미국 연방헌법을 보호하는데 핵심적
역할을 담당하였다. 연방법률이나 주정부 법률에 의하여 연방헌법 위반
에 관한 구제수단을 인정하고 있지 않은 경우, 연방대법원이 비벤스 청
구(Bivens Claim)를 인정하여 피해자의 권리구제가 이루어지도록 했다고
할 것이다. 비벤스 청구(Bivens Claim)는 또한 연방공무원들에 의한 헌법
위반을 저지하는 효과도 발휘하였다. 비벤스 청구(Bivens Claim)가 인정
되지 않았다면 연방공무원들에 의해 연방헌법상 인정된 기본권이 침해
되더라도 적절한 구제방법을 찾기 어려웠을 것이다.[31]

　　1971년 연방대법원에서 비벤스 청구(Bivens Claim)를 인정한 이후
에 연방불법행위청구법(FTCA)의 면책조항에 단서조항을 추가하는 개정
이 있었다. 주요 내용은 "단, 미국 정부의 수사관 또는 법 집행관의 행
위 또는 부작위와 관련하여 해당 조항과 제1346 (b)조항은 해당 날짜
이후에 발생하는 모든 청구에 적용된다. 폭행, 구타, 허위 구금, 허위 체
포, 절차 남용 또는 악의적 인 기소에 의한 단서 조항의 제정. 이 하위
조항에서 "수사관 또는 법집행관"은 법에 의해 수색, 증거 압류 또는 연

---

30) Bivens v. Six Unknown Named Agents of Federal Bureau of Narcotics, 403 U.S. 388
　　(1971).
31) Daniel Blair, One Step Away: How Hernandes II Signals the Elimination of Bivens,
　　64 St. Louis L.J. 711, 711 (2020).

방법 위반으로 체포할 권한이 있는 미국의 모든 연방공무원을 의미한 다"이다.[32]

따라서 현재는 연방법집행공무원의 고의에 의한 불법행위로 손해 를 입은 경우에는 비벤스청구(Bivens Claim)에 의하여 연방공무원에 대한 손해배상청구 소송의 제기와 더불어 연방불법행위청구법(FTCA)에 의하 여 연방정부를 대상으로 손해배상소송의 제기가 가능하게 되었다.[33]

비벤스 청구(Bivens Claim)와 연방불법행위청구법(FTCA)에 의한 손 해배상소송을 비교해볼 때 비벤스 청구(Bivens Claim)는 연방공무원을 직 접 상대로 해서 제기하는 소송으로 연방공무원에 대한 억제효과가 매우 강한 측면이 있고 징벌적 손해배상(punitive damages)이 가능하여 피해자 가 직접 받을 수 있는 손해배상금에서도 많은 차이를 보이고 있다는 특 징이 있다. 그러한 측면에서 보상적 손해배상(compensatory damages)을 규정하고 있는 연방불법행위청구법(FTCA)과 차이가 있고 배심원 재판 (the jury trial)이 적용된다는 측면에서도 비벤스 청구(Bivens Claim)가 원 고에게는 유리한 측면으로 보기도 한다.

이렇게 연방대법원은 1971년 연방수정헌법 제4조를 위반한 연방공 무원 개인을 대상으로 하는 손해배상소송을 인정하고 난 후에 연방수정

---

32) Provided, That, with regard to acts or omissions of investigative or law enforcement officers of the United States Government, the provisions of this chapter and section 1346(b) of this title shall apply to any claim arising, on or after the date of the enactment of this proviso, out of assault, battery, false imprisonment, false arrest, abuse of process, or malicious prosecution. For the purpose of this subsection, "investigative or law enforcement officer" means any officer of the United States who is empowered by law to execute searches, to seize evidence, or to make arrests for violations of Federal law. "다만, 법집행공무원의 폭행·상해·불법감금· 불법체포·악의적 기소·소송절차의 남용·명예훼손·비방·기망·계약상권리방행 등의 행위로 인한 손해는 제외한다." 이일세, 한·미 국가배상제도의 비교연구, 토지 공법연구 제17권, 한국토지공법학회 2003년, 103-108면 참조.

33) James E. Pfander, Alexander A. Reinert & Joanna C. Schwartz, The Myth of Personal Liability: Who Pays When Bivens Claims Succeed, 72 Stan. L. Rev. 561, 574 (2020).

헌법 제5조의 적법절차원칙을 위반하여 평등보호를 위반한 남녀 차별의 경우에도 비벤스청구(Bivens claims)가 가능하다고 판결하였다.[34] 고용에 있어서 남녀 차별이 문제되었던 사안이었다. 연방대법원은 1980년에는 연방수정헌법 제8조의 잔혹처벌금지원칙(the Cruel and Unusual Punishment Clause of the Eight Amendment)을 근거로 해서 연방교도소 교도관이 재소자에 대한 적정한 의료서비스를 제공하지 않아 재소자가 결국 사망한 사건에 기하여 피해재소자의 부모가 교도관을 상대로 제기한 손해배상소송에서 비벤스 청구(Bivens claims)가 가능하다고 판결하였다.[35]

2. 보수화된 비벤스청구(Bivens claims) 관련 연방대법원 판결

1) Ashcroft v. Iqbal 판결[36]

이 사건의 당사자인 Iqbal은 파키스탄계 미국인으로 9.11 테러가 발생한 이후 뉴욕시 근처에서 연방수사국(FBI) 요원에 의해 2001년 11월 체포된 이슬람교도였다. Iqbal은 뉴욕에서 재판 전에 구치소(the Metropolitan Detention Center in Brooklyn)에 구금된 상태로 조사를 받았다. 신분증위조와 관련하여 Iqbal은 다른 사람의 사회보장번호를 사용했다는 혐의를 인정하고 2003년 1월 15일까지 복역하고 난 후에 본국인 파키스탄으로 송환되었다.

본국으로 송환되고 난 뒤에 Iqbal은 재판전 구금상태에서 조사를 받을 당시에 자신의 인종, 종교 등에 의해 부당한 차별을 받았다는 것을 이유로 법무부 장관 Ashcroft와 연방수사국(FBI) 국장 Mueller 등 34

---

34) Davis v. Passman, 442 U.S. 228, 248-249 (1979).
35) Carlson v. Green, 446 U.S. 14, 16-18 (1980).
36) 129 S. Ct. 1937 (2009).

명을 대상으로 비벤스청구(Bivens claims)을 제기하였다. Iqbal은 연방공무원들이 연방수정헌법 제1조, 제4조, 제5조, 제6조, 제8조에서 보장하고 있는 기본권을 침해하였다는 이유로 비벤스청구(Bivens claims)를 제기한 것이었다. Iqbal은 연방교도관과 연방수사요원들이 수용자들을 차별적 기준에 따라 분류하여 부당한 대우를 자행하였고 수사에서 차별적 대우를 하였는데 이것은 법무부 장관 Ashcroft와 연방수사국(FBI) 국장 Mueller 등이 감독자로서 알고 있었거나 묵인하였기 때문이라고 하면서 Ashcroft와 Mueller 개인을 피고로 하여 비벤스 청구(Bivens claims)를 제기한 것이다.

이에 대해 연방대법원은 "대위책임이 허용되지 않는 경우에는 지위고하를 막론하고 모든 연방공무원은 오직 자신의 위법행위에 대해서만 스스로 손해배상책임을 진다."라고 판시하여 개인책임주의를 명확히 하였다.[37] 케네디 대법관(Justice Kennedy)에 의해 판결문이 작성되었는데 핵심적인 내용은 비벤스 청구(Bivens claims)에서 연방공무원 개개인이 어떤 헌법조항을 위반하였는지가 명확히 주장되어야 하며 단지 다른 하위직 공무원에 대한 지휘·감독을 잘못했다는 것만으로는 고위직 연방공무원 개인의 손해배상책임을 인정하기는 어렵다는 것이다.[38]

이러한 연방대법원의 Iqbal 판결에 대하여 국가안전보장(National Security)이라는 새로운 요소가 비벤스 청구(Bivens claims)를 부정하는 요소로 등장했다고 보면서 이와 관련된 사안에서는 비벤스 청구(Bivens claims)를 인정하기 곤란할 것이라는 평가가 있다.[39]

---

37) Id. 1949.
"Absent vicarious liability, each Government official, his or her title notwithstanding, is only liable for his or her own misconduct."
38) Id. 1948.
39) Stephen I. Vladeck, National Security and Bivens After Iqbal, 14 Lewis & Clark L. Rev. 255, 257 (2010).

2) Hui v. Castaneda 판결[40]

이 사건의 당사자인 Francisco Castaneda는 연방이민관세국(U.S. Immigration and Customs Enforcement 이하 "ICE")에 구금되었던 사람이다. 연방이민관세국(ICE)에 구금되어 있을 때 Castaneda는 자신의 몸에 음경병변(penile lesion)이 생겨서 출혈이 계속되는 것을 발견하고 적절한 치료조치를 해줄 것을 거듭 요구하였다. 연방공중위행국(U.S. Public Health Service 이하 "PHS") 소속의 보조의사와 외부 전문가들이 해당 음경병변(penile lesion)에 대한 암조직검사를 실시할 것을 추천했지만 연방이민관세국(ICE)을 관장하는 연방공중위생국(PHS)의 의사는 암조직검사는 선택사항에 해당한다고 하면서 이를 거부하였다. Castaneda가 석방된 뒤에 외부에서 암조직검사를 실시하여 전이(轉移)성 암(metastatic cancer)을 앓고 있다는 것을 발견하고 연방정부를 대상으로는 연방불법행위청구법(FTCA)에 근거한 손해배상소송을 제기하고 Hui 등을 대상으로는 비벤스청구(Bivens claims)를 제기하게 된다. 소송이 계속되는 중에 Castaneda는 사망하였고 그의 상속인과 대리인에 의해 당사자가 교체되어 소송은 계속 진행되었다.

소토마이어 대법관(Justice Sotomayor)이 판결문을 썼다. 판결의 요지는 연방위생국(PHS)의 공무원의 불법행위책임을 규정하고 있는 공중보건법(the Public Health Service Act)[41]에서 공중보건국(PHS) 소속 공무원들에 대해 비벤스 청구(Bivens Claim)를 금지하고 있으므로 파기·환송한다는 것이다.

이러한 연방대법원의 판결에 의해서 Castaneda에게는 연방공무원의 개인을 대상으로 하는 권리구제는 허용되지 않고 연방정부를 대상으로 하는 연방불법행위청구법(FTCA)에 의한 권리구제 방법만 남게 되

---

40) 130 S. Ct. 1845 (2010).
41) 42 U.S.C.A. § 233(a).

었다.

공중보건법(the Public Health Service Act)[42])에서 명문으로 연방공중위생국(PHS) 직원에 대한 비벤스 청구(Bivens claims)를 허용하지 않는다는 사실만 제외한다면 이 판결에서 문제가 되었던 사안들은 Carlson v. Green 판결[43])과 매우 유사한 측면이 있다고 할 것이다.

연방대법원의 Castaneda 판결을 비판하면서 이러한 사건이 발생한 것은 몇몇 연방공무원들의 강압적 공권력 행사에 의한 것이라기보다는 이민자 구치소(immigration detention)의 열악한 의료체계에 기인한 것이라고 비판하는 견해도 있다. Castaneda와 같은 구금자에게 비벤스 청구(Bivens claim)를 인정해주어야 할 뿐만 아니라 구금자를 위한 의료체계를 개선하여 그들의 헌법상 인권이 보장받을 수 있도록 해야 한다고 주장하고 있다.[44])

3) Ziglar v. Abbasi 판결[45])

이 사건의 당사자인 Abbasi는 911테러 이후 미국당국이 미국에 불법적으로 체류하고 있던 외국인을 대대적으로 체포하여 국가안보에 높은 이해관계가 있는 사람은 본국으로 송환하지 않고 연방수사국(FBI)에 의해서 그 혐의가 명백히 조사될 때까지 구치소(the Metropolitan Detention Center in Brooklyn)에 구금하였는데 그들 중 한사람이다. 애초에 체포된 762명의 불법체류외국인들 중, 84명이 최종적으로 혐의없음

---

42) 42 U.S.C.A. § 233(a).

43) 446 U.S. 14 (1980).

44) Matthew Allen Woodward, Current Public Law and Policy Issues: License to Violate the Constitution: How the Supreme Court's Decision in Hui v. Castaneda Exposes the Dangers of Constitutional Immunity and Revives the Debate over Widespread Constitutional Abuses in our Immigration Detention Facilities, 32 Hamline J. Pub. L. & Pol'y 449, 456 (2011).

45) 137 S. Ct. 1843 (2017).

이 밝혀질 때까지 구금되어 있었다.

2002년 4월 17일에 Abbasi 등이 연방제1심법원(the United States District for the Eastern District of New York)에 구금 당시 미국이민국 (Immigration and Naturalization Service 이하 "INS")의 장을 맡고 있던 Ziglar 등을 상대로 열악한 구치소의 구금환경이 자신들의 연방수정헌법상 평등보호조항(Equal Protection Clause)과 적법절차(Due Process Clause)를 위반했다는 것을 근거로 비벤스 청구(Bivens Claim)에 의한 손해배상소송을 제기한 것이었다. 그 후 여러 절차를 거치고 난 후, 소송이 제기된 지 약 15년 만인 2017년 6월 19일에 연방대법원에서 이 판결을 하게 된 것이다.

이 판결은 케네디 대법관(Justice Kennedy)에 의해 다수 의견이 작성되었고 로버트 대법원장(Chief Justice Robert), 엘리트 대법관(Samuel Alito), 토마스 대법관(Justice Thomas)이 찬성하였다. 이에 대한 소수 의견은 브라이어 대법관(Justice Breyer)이 작성하였고 이에 긴스버그 대법관(Justice Ginsburg)이 찬성하였다. 소토마이어 대법관(Justice Sotomayor), 케이건 대법관(Justice Kagan), 고어쉬 대법관(Justice Gorsuch)은 판결에 참여하지 않았다.

연방대법원은 해당 판결에서 비벤스 청구(Bivens Claim)는 1971년 확립된 이래 1979년 성차별 사건과 1980년 잔혹처벌금지원칙의 경우에만 그 적용범위를 확대하여 왔고 이렇게 다른 사안에 비벤스 청구(Bivens Claim)를 확대하여 적용할 것인지 여부는 입법기관인 연방의회(the Congress)가 정하는 것이 보다 합당하다고 밝히고 있다. 한마디로 911테러 이후 혹독한 환경에서 구금생활을 했던 피해자들은 이에 대해 책임이 있는 고위직 연방공무원을 상대로 비벤스 청구(Bivens Claim)에 의한 손해배상소송을 제기할 수 없다는 것이다.[46]

---

46) Constitutional Remedies - Bivens Actions - Ziglar v. Abbasi, 131 Harv. L. Rev. 313, 313 (2017).

이 판결에서 논의되었던 사안도 Carlson v. Green 판결[47])에서 다루었던 사안들과 매우 유사한 측면이 있다. 다만 Green 판결의 경우는 유죄가 확정되어 수용되어 있는 재소자가 제기한 소송이고 Abbasi 판결의 경우는 아직 범죄혐의가 확정되어 유죄의 판결을 받은 사람이 아닌 범죄 혐의자가 구금되어 있었던 것이라는 신분상 차이가 있다고 할 것이다. 무죄추정의 원칙에 의하면 이미 유죄로 확정된 재소자보다는 범죄의 혐의만 있는 사람들의 인권이 더욱 보호되어야 마땅함에도 불구하고 국가안전보장(national security)과 관련된 사안이라는 이유로 비벤스 청구(Bivens Claim)를 부정하였다고 할 것이다. .

Abbasi 판결은 비벤스 청구(Bivens Claim)가 처음으로 인정되었던 연방수정헌법 제4조를 제외한 다른 기본권 조항에서는 거의 인정되기 어렵다는 것을 보여준 판결이라고 평가하기도 한다.[48])

IV. 맺으며

미국 연방대법원은 2020년 2월 25일 Hernández v. Mesa판결[49])을 하였는데 이것은 약 40년 전에 있었던 Carlson v. Green판결[50])에서 비벤스 청구(Bivens claim)를 인정한 이래 계속적으로 부정해온 비벤스 청구(Bivens claim)를 또다시 부정한 것이라고 할 수 있다. 이 판결에서 문제된 사건이 2010년에 발생한 것이라는 것을 감안하면 사건 발생 후 10년 동안 두 차례에 걸쳐 연방대법원에서 다루었음에도 불구하고 미국 연방공무원의 총격으로 사망한 15세 멕시코 소년 Hernández의 유족에

---

47) 446 U.S. 14 (1980).
48) Katherine Mims Crocker, Qualified Immunity and Constitutional Structure, 117 Mich. L. Rev. 1405, 1426—1427 (2019).
49) 140 S. Ct. 735 (2020).
50) 446 U.S. 14, 17—18 (1980).

게 어떠한 법적 권리구제도 해주지 않는 것으로 결론이 난 것이다.[51]

　　이것은 2017년 Ziglar v. Abbasi 판결[52]에서 불법감금 외국인에게 비벤스 청구(Bivens claim)를 인정해주지 않은 것과 같이 Hernández에게도 비벤스 청구(Bivens claim)를 부정해서 피해자가 불법행위를 행한 연방공무원 개인에게 손해배상을 청구하는 것을 허용하지 않은 것으로 결론이 난 것이다. Hernández 판결은 비벤스 청구(Bivens claim) 분야에서 미국 연방대법원이 최근까지 보여준 보수화 경향을 잘 반영한 것이라고 평가할 수 있을 것이다. Hernández 판결에서 연방대법원은 비벤스 청구(Bivens claim)를 부정함으로써 불법적 공권력 행사자들에 대한 적절한 통제장치를 인정할 수 있는 기회를 놓쳤다고 할 것이다.[53]

　　사실 Hernández 사안과 Bivens 사안에는 많은 유사성이 있다. 연방공무원이 직접적으로 불법행위를 자행했다는 점, 헌법상 기본권이 문제되었다는 점, 공무행위의 일반성이나 특수성과 관련이 있다는 점 등 여러 사항들에서 유사성을 보이고 있는 점에도 불구하고 다수 의견은 새로운 상황이 존재한다는 것이 너무 명확하다고 보았다. Hernández 사안이 국경총격 사건이라는 것을 강조하면서 비벤스 청구(Bivens claim)를 부정하여 불법행위를 행한 연방공무원 개인에 대한 손해배상청구권을 부정하고 있다.[54]

　　Hernández 판결로 비벤스 청구(Bivens claims)는 매우 위험한 상태에 놓이게 되었으며 토마스 대법관(Justice Thomas)의 동조의견(concurring

---

51) 문헌상으로 명확히 알 수는 없지만 각주 29에서 규정하고 있는 면책 조항(e)가 국가방위업무에 종사하는 공무원의 공무행위에 대한 예외조항이라는 점을 감안한다면 이 사안의 경우 Hernández는 연방불법행위청구법(FTCA)에 의한 손해배상청구도 어려울 것으로 보이고 남은 구제수단은 멕스코 정부와 미국정부의 외교적 협상을 통한 구제가 거의 유일한 것으로 보인다.

52) 137 S. Ct. 1843 (2017).

53) The Supreme Court — Leading Cases, 134 Harv. Law Rev. 410, 555 (2020).

54) The Supreme Court — Leading Cases, 134 Harv. Law Rev. 410, 557 (2020).

opinion)에 의하면 폐지되기 직전에 있는 상황이라 평가된다.[55] 이 판결에서 반대의견을 피력하였던 긴스버그 대법관(Justice Ginsburg)이 사망하고 그 자리에 보수파로 알려진 배럿 대법관(Justice Barrett)이 취임함으로써 연방대법원은 앞으로 더욱 보수적 판결을 할 것으로 예상된다. Hernández 판결에서는 보수성향의 연방대법관 5명이 다수의견에 찬성하고 진보성향의 연방대법관 4인이 소수의견에 찬성하여 보수와 진보가 5:4라는 것을 극명히 보여주었지만 2020년 12월 현재 미국 연방대법원 구도는 6:4로 변화했다고 할 수 있다. 이러한 연방대법원의 구도 변화는 미국에서 낙태권, 동성혼, 총기규제 등에서 많은 판례 변화가 있을 것이라 추측하기도 한다. 연방헌법상 보장된 기본권을 고의적으로 침해한 연방공무원 개인에 대해 금전적 손해배상청구를 인정하는 비벤스 청구(Bivens claim)에도 많은 변화가 있을 것이라고 예상된다. 앞으로 연방수정헌법 제4조 이외의 다른 영역에서 비벤스 청구(Bivens claim)는 거의 인정되기 어려울 것으로 보인다.

---

55) Daniel Blair, One Step Away: How Hernandes Ⅱ Signals the Elimination of Bivens, 64 St. Louis L.J. 711, 729 (2020).

참고문헌

이일세, 한·미 국가배상제도의 비교연구, 토지공법연구 제17권, 한국토지
　　공법학회 2003년

정하명, 미국연방공무원개인의 손해배상책임에 관한 최근 판결례, 공법학
　　연구 제12권 2호, 한국비교공법학회 2011. 5.

Constitutional Remedies - Bivens Actions - Ziglar v. Abbasi, 131 Harv.
　　L. Rev. 313 (2017)

Daniel Blair, One Step Away: How Hernandes Ⅱ Signals the
　　Elimination of Bivens, 64 St. Louis L.J. 711 (2020)

Fatma E. Marouf, Extraterritorial Rights in Border Enforcement, 77
　　Wash & Lee L. Rev. 751 (2020)

James E. Pfander, Alexander A. Reinert & Joanna C. Schwartz, The
　　Myth of Personal Liability: Who Pays When Bivens Claims
　　Succeed, 72 Stan. L. Rev. 561 (2020)

Katherine Mims Crocker, Qualified Immunity and Constitutional
　　Structure, 117 Mich. L. Rev. 1405 (2019)

Matthew Allen Woodward, Current Public Law and Policy Issues:
　　License to Violate the Constitution: How the Supreme Court's
　　Decision in Hui v. Castaneda Exposes the Dangers of
　　Constitutional Immunity and Revives the Debate over Widespread
　　Constitutional Abuses in our Immigration Detention Facilities, 32
　　Hamline J. Pub. L. & Pol'y 449 (2011)

Stephen I. Vladeck, National Security and Bivens After Iqbal, 14 Lewis
　　& Clark L. Rev. 255 (2010)

The Supreme Court — Leading Cases, 134 Harv. Law Rev. 410 (2020)

외 미국 연방법원의 판례

국문초록

미국 연방대법원은 2020년 2월 25일 Hernández v. Mesa판결(140 S. Ct. 735 (2020))을 하였는데 이것은 약 40년 전에 있었던 Carlson v. Green판결 (446 U.S. 14 (1980))에서 비벤스 청구(Bivens claim)를 인정한 것을 마지막으로 계속적으로 부정해온 비벤스 청구(Bivens claim)를 여전히 허용하지 않는 것이다. 이 판결에 의하여 2010년 미국과 멕시코 국경에서 국경경비대원의 총격에 무고하게 사망한 당시 15세 멕시코 소년 Hernández의 유족에게 어떠한 법적 권리구제도 인정되지 않게 되었다.

이 판결은 2017년 Ziglar v. Abbasi 판결(137 S. Ct. 1843 (2017)에서 불법감금 외국인에게 비벤스 청구(Bivens claim)를 인정해주지 않은 것과 같이 Hernández에게도 비벤스 청구(Bivens claim)를 부정해서 피해자가 불법행위를 행한 연방공무원 개인에게 손해배상을 청구하는 것을 인정하지 않은 것으로 결론이 난 것이다.

Hernández 판결은 비벤스 청구(Bivens claim) 분야에서 미국 연방대법원이 최근까지 보여준 보수화 경향을 잘 반영한 것이라고 평가할 수 있을 것이다. Hernández 판결에서 연방대법원은 비벤스 청구(Bivens claim)를 부정함으로써 불법적 공권력 행사자들에 대한 적절한 통제장치를 인정할 수 있는 기회를 놓쳤다고 할 것이다.

Hernández 판결로 비벤스 청구(Bivens claims)는 매우 위험한 상태에 놓이게 되었으며 이 판결에서 반대의견을 피력하였던 긴스버그 대법관 (Justice Ginsburg)이 사망하고 그 자리에 보수파로 알려진 배럿 대법관 (Justice Barrett)이 취임하였기 때문에 연방대법원은 앞으로 더욱 보수적 판결을 할 것으로 예상된다. 연방헌법상 보장된 기본권을 고의적으로 침해한 연방공무원 개인에 대해 금전적 손해배상청구를 인정하는 비벤스청구(Bivens claim)에 많은 변화가 있을 것이라고 예상되고 연방수정헌법 제4조 이외의 다른 영역에서 비벤스 청구(Bivens claim)는 거의 인정되기 어려울 것으로 보인다.

주제어: 비벤스 청구, 헌법적 불법행위, 연방공무원, 공무원에 대한 손해배상청구, 국가안전보장

Abstract

The U.S. Supreme Court's recent case related to Bivens claim: Hernández v. Mesa

Jeong, Ha Myoung[*]

On February 25, 2020, the U.S. Supreme Court ruled Hernández v. Mesa case (140 S. Ct. 735 (2020)), which refused to allow the Bivens claim for the border shooting victim. The U.S. Supreme Court allowed the Bivens claim in Carlson v. Green(446 U.S. 14 (1980)) about 40 years ago, and then still has refused to allow the Bivens claim at constitutional torts cases. The ruling made no legal claim to the bereaved family of 15－year－old Mexican boy, Hernández, who died innocently by border guards at the border between the United States and Mexico in 2010.

The U.S. Supreme Court did not grant a Bivens claim to an illegally incarcerated person in Ziglar v. Abbasi (137 S. Ct. 1843 (2017). With these rulings, the federal officials who committed intentional misconducts were not subject to the Bivens claim.

The Hernández ruling would be evaluated as a reflection of the recent trend toward conservatism in the United States Supreme Court in the field of Bivens claims. In Hernández's ruling, the Supreme Court might miss the opportunity to set appropriate controls over rogue federal officials.

The Hernández ruling puts Bivens claim in a very dangerous state, and Justice Ginsburg, who opposed the ruling, passed away, and Justice

---

[*] Professor, Kyungpook National University Law School

Barrett, known as the conservative, took office on October 27, 2020. It is anticipated that many changes will be made to the Bivens claim, which recognizes a claim for monetary damages against individuals of federal officials who deliberately infringed the constitutional fundamental rights.

Key words: Bivens claims, Constitutional Torts, Federal Officials, Damages Against the Official, National Security

투고일 2020. 12. 12.
심사일 2020. 12. 25.
게재확정일 2020. 12. 28.

行政組織法

국가임무수행주체의 변화와 행정조직법의 관계 (우미형)

국가임무수행주체의
변화와 법률관계의 해석

우미형*

대상판결: 대법원 2020. 2. 17. 선고 2017두42149 판결

Ⅰ. 대상판결의 개요와 쟁점1)

---

* 법학박사, 대법원 재판연구관

1) 대상판결과 거의 유사한 논리로 원고의 청구를 기각한 판결이 대법원 2019. 9. 10. 선고 2016두49051 판결이다. 사안의 개요는 다음과 같다. 원고는 한국도로공사이고 피고들은 홍천, 인제, 순천 등 각 지방산림청 관리소장이다. 원고는 이 사건 고속도로 건설과정에서 피고들이 관할하는 이 사건 각 국유림의 지하를 통과하는 터널들을 건설하기 위해 피고들에게 국유림사용허가를 신청하였다. 피고들은 이 사건 국유림의 지하 부분에 대해 기존에는 무상사용허가를 해주다가 2013년 6월 경소급하여 유상허가로 전환하고 국유림 사용료를 부과하는 이 사건 처분을 하였다. 이 사건 처분은 구 국유림법에 근거하고 있었는데 구국유림법 제21조 제1항 제1호에서는 국가가 공공용으로 사용하고자 하는 경우에는 제23조 제3항 제1호에 따라 국유림사용료가 면제될 수 있다고 규정하고 있었다. 또한 도로법 제112조 제2항에서는 원고가 국토교통부장관의 권한을 대행하는 경우 도로관리청으로 보도록 간주된다고 규정하고 있다, 원고는, 원고가 도로관리청인 국토교통부장관의 권한을

1. 사실관계

원고(한국철도시설공단)[2]는 철도시설의 건설 및 관리 그 밖에 이와 관련되는 사업을 효율적으로 시행하도록 함으로써 국민의 교통편의를 증진하고 국민경제의 건전한 발전에 이바지함을 목적으로 한국철도시설공단법에 의하여 2004. 1. 1. 설립되었다. 이 사건 각 무선국 중 일부는(이하 '원고 승계 무선국'이라 한다) 철도청이 개설하여 준공한 무선국으로서 2005. 1. 2. 철도청에서 한국철도공사로 시설자의 지위승계가 이루어졌고, 2005. 3. 2. 내지 2005. 3. 3. 다시 한국철도공사에서 원고로 시설자의 지위승계가 이루어졌다. 이 사건 각 무선국 중 원고 승계 무선국을 제외한 나머지 165개 무선국(이하 '원고 개설 무선국'이라 한다)은 원고가 미래창조과학부장관으로부터 무선국의 개설허가를 받고 이를 개설한 무선국이다.

원고는 이 사건 각 무선국에 원고의 직원을 무선종사자로 배치하여 무선국을 운용하고 있다. 부산전파관리소장등(이하 '피고들'이라 한다)은 전파법 제67조에 의거하여, 해당 무선국이 사용하는 주파수 대역 등을 산정기준으로 하여 이 사건 각 무선국 중 원고 승계 무선국에 대하여는 원고의 승계시부터, 원고 개설 무선국에 대하여는 개설시부터 전

대행하는 지위에서 이 사건 고속도로를 건설·관리하는 것이므로 그 범위에서 원고는 곧 국가로 볼 수 있으므로 국유림 사용료가 면제되어야 한다고 주장하였다. 원심(서울고등법원 2016. 7. 26. 선고 2016누30929 판결)에서는 대상판결의 원심과 마찬가지로 원고는 독립적 법인격을 가지므로 구 국유림법상 국가로 볼 수 없고 사용료 면제 대상이 아니라고 판단하였다. 대상판결과 대법원 2016두49051 판결은 쟁점, 관련 법령 규정 등이 매우 유사하므로, 대상판결과 같은 관점에서 비판가능하다.

2) 한국철도시설공단은 2020. 6. 9. 법률 제17460호로 한국철도시설공단법 개정에 따라 국가철도공단으로 명칭이 변경되었다. 대상판결과 관련하여 개정된 사항은 없으므로 이글에서는 대상 판결에 적용되었던 법률인 한국철도시설공단법을 그대로 인용한다.

파사용료를 부과, 징수해 왔으며, 2015. 5. 18. 원고에 대하여 2015년분 전파사용료를 부과하는 이 사건 각 처분을 하였다.

전파법 제67조 제1항 제1호(이하 '이 사건 조항'이라 한다)에서는 아래와 같이 국가나 지방자치단체(이하 '국가등'이라 한다)가 개설한 무선국 시설자에 대해서는 전파사용료를 면제한다고 규정하고 있고, 철도산업발전기본법은 철도의 관리청은 국토교통부장관이지만, 국토교통부장관이 철도시설공단에 철도시설의 건설 및 관리 등에 관한 업무의 일부를 대행하게 할 수 있다고 규정한다. 그리고 철도산업발전기본법은 그 대행의 범위 안에서 철도시설공단은 철도의 관리청으로 본다는 간주규정을 함께 두고 있다.

전파법

제67조(전파사용료) ① 미래창조과학부장관 또는 방송통신위원회는 시설자(수신전용의 무선국을 개설한 자는 제외한다)에게 해당 무선국이 사용하는 전파에 대한 사용료(이하 "전파사용료"라 한다)를 부과·징수할 수 있다. 다만, **제1호부터 제3호까지의 무선국 시설자에게는 전부를 면제**하고, 제4호부터 제7호까지의 무선국 시설자에게는 대통령령으로 정하는 바에 따라 전부나 일부를 감면할 수 있다.

1. **국가나 지방자치단체가 개설한 무선국**

철도산업발전기본법

제19조(관리청) ① **철도의 관리청은 국토교통부장관**으로 한다.

② 국토교통부장관은 이 법과 그 밖의 철도에 관한 법률에 규정된 철도시설의 건설 및 관리 등에 관한 그의 업무의 일부를 대통령령이 정하는 바에 의하여 제20조 제3항의 규정에 의하여 설립되는 **한국철도시설공단으로 하여금 대행하게 할 수 있다**. 이 경우 대행하는 업무의 범위·권한의 내용 등에 관하여 필요한 사항은 대통령령으로 정한다.

---

③ 제20조제3항의 규정에 의하여 설립되는 한국철도시설공단은 제2항의 규정에 의하여 국토교통부장관의 업무를 대행하는 경우에 그 <u>대행하는 범위 안에서 이 법과 그 밖의 철도에 관한 법률의 적용에 있어서는 그 철도의 관리청으로 본다.</u>

원고(이하 '공단'이라 한다)는 자신이 설치·관리하는 무선국은 국가가 개설한 무선국과 마찬가지로 볼 수 있으므로 전파법 제67조에 따라 위와 같은 전파사용료 부과가 위법하다고 주장하면서 이 사건 각 처분의 취소를 구하는 이 사건 소송을 제기하였다.

2. 대상판결이 수긍한 원심판결의 요지

대상판결은 별도의 법리판시 없이 원심 판단을 간단히 수긍하였다. 원심 판결인 부산고등법원 2017. 3. 31. 선고 2016누24236 판결의 주된 내용은 다음과 같다.

전파법 제67조 제1항 제1호의 '국가 등이 개설한 무선국'은 전파사용료 부과 당시에 '국가 등이 시설자인 무선국'을 의미한다고 보아야 한다. 이 사건 각 무선국은 원래 국가가 개설하였다가 원고가 승계 받은 원고 승계 무선국이든, 원고가 개설한 원고 개설 무선국이든 구분 없이 이 사건 전파사용료 부과 당시 원고가 시설자인 무선국에 해당하므로 원고에게 그 전파사용료를 부과한 이 사건 각 처분은 적법하다.

① <u>원고는</u> 철도시설의 건설 및 관리와 그 밖에 이와 관련된 사업을 효율적으로 시행하기 위해 철도산업발전기본법 제20조 제3항, 한국철도시설공단법에 근거해 설립된 공공기관으로 <u>국가와 별개의 독립된 공법인</u>이다.

② 철도건설법은 철도건설사업의 시행자로 국가, 지방자치단체와 별도로 원고를 규정하고 있을 뿐만 아니라(제8조 제1항), 원고가 철도건

설사업을 하는 경우 국토교통부장관으로부터 실시계획의 승인을 받아야 하고(제9조), 그 지시·감독에 따르도록 규정하는 등(제24조, 제25조) 국가와 철도건설사업의 시행자로서의 원고의 지위를 준별하고 있다.

③ 원고가 철도산업발전기본법 제19조에 따라 국토교통부장관의 철도시설 건설 및 관리에 관한 업무를 대행하는 경우 원고는 그 대행하는 범위 안에서 철도산업발전기본법과 그 밖의 철도에 관한 법률의 적용에 있어서 철도의 관리청으로 간주되나, 이는 원고가 철도시설 관리청의 지위에서 철도시설 건설사업을 집행하고 철도시설의 사용 허가나 사용료 징수, 철도시설의 안전 및 관리업무 등(철도산업발전기본법 시행령 제28조)의 권한을 행사할 수 있다는 것에 불과하고 전파법은 위 간주규정이 적용되는 전제인 철도에 관한 법률에 해당한다고 보기도 어렵다.

④ 전파법 제67조 제1항 제1호에서 규정하는 '국가가 개설한 무선국'에 해당하는지 여부는 전파법상의 시설자가 누구인지에 따라 판단하여야 하고 무선국 시설의 소유권 귀속 여부와는 무관하다.

⑤ 철도산업발전기본법, 철도건설법, 한국철도시설공단법 등 철도에 관한 법률과 전파법은 그 규율대상과 목적을 달리하므로 전파사용료 부과대상 내지 면제대상인 무선국의 시설자는 전파법 규정에 따라 미래창조과학부장관의 인가 등을 기준으로 명확히 정해져야 하는 점 등에 비추어 보면, 이 사건 각 무선국의 시설자를 국가로 볼 수는 없다.

대상판결의 원심판결은 원고의 면제 주장을 배척하는 가장 주된 이유로 원고가 국가와 별개의 독립된 공법인이라는 점을 들고 있다(①). ④는 이 사건 각 무선국의 시설자는 국가가 아닌 원고이기 때문에 면제되지 않는다는 것으로 ① 논거를 반복하는 내용에 불과하다. 그 이하의 논거는 다음과 같이 이 사건 각 처분의 적법성을 근거지우기에 부적절하거나 타당하지 않다. ②는 동일한 법규정에 의해 공법인인 원고 뿐 아니라 지방자치단체에게도 그대로 적용된다는 점에서 국가뿐 아니라 지방자치단체에게도 전파사용료를 면제하고 있는 이 사건 조항의 적용 여부에 대한 적절한 논거가 될 수 없다. ③과 관련하여, 이 사건 각 무선국이 원고가 관리하는 철도시설의 운영을 위한 시설이라는 점에 대해서는 아무런 다툼이 없다. 그렇다면, 원고는 이 사건 각 무선국의 관리자 또는 시설자라는 이유로 이 사건 각 처분의 상대방이 된 것이다. 전파법이 철도에 관한 법률인지는 이 사건의 해결을 위해 전혀 중요하지 않다. 원고가 설치목적에 부합하게 철도 관리를 위해 이 사건 각 무선국의 시설자의 지위를 가진다는 점이 위와 같이 분명하므로 ③도 타당하지 않다. ⑤는 기껏해야 ①이나 ③을 반복하는 논거이며 전파법을 해석할 때에도 그 처분의 상대방에 따라서는 처분의 상대방에게 적용되는 법령을 체계적으로 해석해야 마땅하다는 점에서도 ⑤는 타당한 논거로 보기 어렵다.

위 사건의 1심 판결인 부산지방법원 2016. 11. 24. 선고 2015구합22685 판결은 원심 판결과 이유제시에 있어 약간 다른 측면이 있기는 하지만, 원고가 국가와 별개의 독립된 공법인이라는 점을 주된 이유로 원고의 청구를 기각하였다.

3. 대상판결의 쟁점과 이글의 논점

대상판결이 인용한 원심판결에서는 이 사건 각 처분이 적법하다고 하면서 원고의 면제 주장을 배척하는 논거를 상세하게 제시하고 있지만, 핵심은 원고가 국가와는 다른 별개의 독립된 공법인이라는 점이다. 별개의 공법인의 개념에 대한 추가적 법리 판시 없이 독립적 공법인이라면 당연히 원고를 국가로 볼 수는 없다는 형식적 조직법 논리를 제시하면서 원고의 청구를 기각하고 있다.

지금까지 조직법 논리를 적극적 논거로 내세운 판례는 많지는 않으며, 주로 원고의 청구를 기각하기 위하여 조직법 법리를 이유로 제시하였다. 예를 들어, 판례는 항고소송의 대상적격 여부가 직접적인 쟁점인 사안에서 국가등 이외의 주체가 공적임무의 주체로 충분히 인정될 수 있음에도 처분성을 부정하기 위한 근거로 국가등 이외의 주체가 공법인이 아닌 사법인이라는 이유를 제시했다.3) 대상판결은 처분성이 문제되는 사안에 대한 것이 아니며 원고가 공법인이라는 점에 별다른 의문도 제기되기 어렵다. 원고가 공임무를 수행하는 공법인라는 점을 당연한 전제로,'국가와 별개의 독립된 공법인'이라는 이유로 원고가 국가 대신 수행하는 국가의 임무의 성격을 고려하지 않은 채 이 사건 처분의 적법성을 판단하는 것이 타당한지에 대한 것이다. 이는 작용법적 관계의 해석에 조직법 법리가 독자적으로 적용될 수 있는지의 문제라고 볼 수 있다.

　　행정의 작용법과 행정의 조직법은 긴밀하게 연결되어 있고 구체적 행정임무 수행 국면에서 개별적 법해석과 판단이 요구됨에도 불구하고 판례는 평소에는 큰 관심을 기울이지 않아 온 행정조직법 논거를 정면에 내세우며 행정작용법적 문제인 공적임무의 성격에 대한 고려를 회피해나 가려는 일련의 경향을 보여준다. 항고소송의 대상으로서의 처분성을 부정하기 위해 국가 또는 지방자치단체의 기관 이외의 공공단체의 행정주체성을 소홀히 하거나 사법인으로 보려는 판례 또한 같은 맥락이다.

　　지금까지 행정법의 주된 연구대상은 국가등과 그 이외의 행정주체가 수행하는 공적임무를 둘러싼 법관계로 행정작용법 또는 그와 직결되는 행정소송법이었고 행정조직법에 대한 연구는 상대적으로 소홀했다.4) 이하에서는 행정소송과정에서 행정조직법 논리가 잘 못 이해되고

---

3) 상세한 내용은 송시강, "공법상 법인에 관한 연구", 『홍익법학』제20권 제1호, 2019, 581–584면 참조

4) 공법인과 사법인의 구별에 대한 연구는 다수 있다. 그러나 대다수의 연구는 공법인이 행정상대방에 대해 국가임무를 수행하는 과정에서 항고소송으로 다툴 수 있는지와 관련하여 이루어졌고, 대상판결과 같이 공법인 스스로가 대외적 권한행사를

적용되는 문제를 다루고자 한다. 행정작용법적 관계를 고려하지 않은 채 공법인 또는 공공단체가 독립된 법인이라는 형식적인 조직법 논리를 주된 이유로 원고의 청구를 기각하여 사안을 손쉽게 해결하려는 판례의 태도가 수긍가능한지에 대한 문제이다.

II. 관련 판례와 학설의 견해

1. 문제점

국가등의 임무를 독립된 법인격을 가지는 다양한 공사단체에게 맡겨 대신 수행토록 하는 경우 다양한 법관계에 대한 정확하고 예측가능한 해석이 요구된다. 행정법 학계에서는 이러한 임무수행주체의 변화가 수반하는 법적 문제에 대해 오래전부터 분명히 인식하고 있었으나, 기존의 연구는 국가등 이외의 임무수행주체, 이른바 간접행정주체들이 수행하는 임무에 대해 행정소송으로 다툴 수 있는지 여부, 대표적으로 공법인이 국가등의 위임을 받아 고권적 성격의 대외적 권한을 행사한 경우 공법인을 행정청으로 보아 그러한 작용을 행정소송으로 다툴 수 있는지 등에 초점을 맞추었다. 이처럼 간접행정주체와 행정의 상대방 사이의 외부법관계가 주된 연구대상이었을 뿐 간접행정주체가 행정임무를 수행하면서 동시에 행정의 상대방이 되는 법관계에 대해서는 진지한 고민이 적었다. 최근 간접행정주체가 행정임무를 수행하는 비중이 높아지는 추세이므로 간접행정주체와 직접행정주체 상호간, 또는 간접행정주체 상호간 분쟁이 발생할 개연성이 적지 않다. 그 법관계의 실질을 작용법적 측면에서 조금만 살펴보면 많은 경우 직접행정주체와 행정상

한다고 보기 어려운 사안에서 법인격의 독립성의 의미를 분석한 연구는 찾아보기 어렵다.

대방으로서의 직접행정주체의 관계는 직접행정주체와 행정상대방으로
서의 간접행정주체의 관계와 다르게 볼 합리적 이유를 찾기 어렵다. 판
례는 행정주체의 작용을 행정소송으로 다툴 수 있는지 여부와 관련하여
임무의 공적 성격보다는 공법인이 아니라는 조직법 논리를 내세우며 작
용법적 논리를 조직법 논리로 치환했다는 비판을 받기도 했는데5) 공적
임무를 수행하는 간접행정주체가 일정한 행정작용의 상대방이 되는 경
우에도 판례는 대상판결과 같이 그 법관계의 실질보다는 간접행정주체
가 별도의 법인격을 가졌기 때문에 당연히 직접행정주체가 행정의 상대
방인 경우와 달리 이해해야 한다는 입장이며, 이는 비판적으로 검토되
어야 할 것이다.

2. 간접행정주체의 행정임무 수행에 대한
   법령과 연구의 현재

우리나라 통설은 행정주체로서의 국가법인을 '행정권의 권한 의무
및 책임의 주체'로서 행정작용 효과의 귀속주체로 이해한다. 그런데 국
가는 스스로 행정권한을 행사할 수 없기 때문에 기관이 필요하며, 국가
에 속한 국가기관, 특히 국가등 행정주체의 행정에 관한 의사를 결정하
고 이를 외부에 대하여 표시하는 권한을 가진 기관인 행정청은 자신의
이름으로 권한을 수행하면서 자신이 속한 조직을 대리하여 관할권을 수
행한다. 기관은 결국 타인의 사무를 대리하는 것이기 때문에 사무 주체
의 이익(국가 소속 행정청은 국가이익)을 위해 사무를 수행해야 한다.

한편, 어떤 임무가 일반행정으로부터 제외되어 공법적 형태의 조직
이나 단체, 예컨대 공법상의 영조물에게 이전되고, 이로 인해 임무이행
과정에서 종전에 비해 경제적 원리에 기초하여 행위할 것이 기대되는

---

5) 이원우, "항고소송의 대상인 처분의 개념요소로서 행정청", 『저스티스』통권 제68호,
   2002

경우, 이를 公社化(Corporatization)라 한다. 공사는 일반적으로 설치법에 의해 설립되고 독립적인 법인격을 가지며, 공공주체에 의해 소유된다.6) 대상판결의 원고는 전형적인 공사화된 조직이며, 공공기관의 운영에 관한 법률에 따른 공공기관의 대부분도 이러한 공사화된 조직에 해당한다. 공사화는 종래 행정의 일부였던 임무영역이 공법상의 조직으로 독립성 내지 독자성을 취득하는 것을 의미하며,7) 탈관료화(Entburokratisierung)의 한 수단이다.8)9) 기존 논의에 따르면 대체로 공법상 사단, 재단, 영조물법인이 여기에 속한다. 보통 공사화된 조직의 설치법에서는 민법상 사단 혹은 재단의 규정을 준용한다고 규정하고 있다. 이 사건의 경우 한국철도시설공단법 제37조에서 민법상 재단법인 규정의 준용을 규정하고 있다.

1) 독립된 법인에 의한 국가임무 수행의 배경

독립행정이란 일정한 행정활동이 전통적인 행정의 위계구조에서 벗어나 일정한 자율성이 부여되어 있는 조직단위에 의해 수행되는 것으로 대체로 분업화, 전문화, 효율성의 추구나 권력분립 등을 배경으로 한다.10) 행정이 실제 누리는 독립성과 법인격과는 필연적 관계가 있다고 볼 수는 없으나, 국가의 직접행정기관이 공사화될 때 거의 예외 없이

6) 이원우, "민영화에 대한 법적 논의의 기초", 『한림법학 FORUM』 제6호, 1998
7) 이원우, 위의 글, Grabbe, Verfassungsrechtliche Grenzen der Privatisierung kommunaler Aufgaben, 1979, S.195ff.;Puttner, Verwaltungslehre, 2.Aufl., 1989, S.44;Stober, Kommunalrecht, 3.Aufl., 1996, S.344.
8) 이원우, 위의 글, Baum, in; Baum et al, Privatisierung—Gewinn fur wen?, 1980, S.19. 탈관료화의 개념에 대하여는 Stober, Wirtschaftsverwaltungsrecht, 10.Aufl., 1996, §2 VIII 2. 참조.
9) 어떤 임무가 일반행정으로부터 제외되어, 공공주체의 지배를 받는 사법적 형태의 기업, 예컨대 주식회사 형태의 공기업에 이전되는 경우 조직민영화라고 불린다. 이원우, 독일이 체신업무 민영화, 법과 사회, 제11호(1995년 상반기), 187-192면 참조.
10) 이상덕, "영조물의 개념과 이론", 서울대학교 법학연구소 법학연구총서, 2010. 5., 198-201

독립성의 확대를 이유로 법인격이 부여되어 온 것도 현실이다. 대상판결의 원고인 공단도 2004년 한국철도시설공단법(법률 제6956호)에 의거하여 철도시설의 건설 및 관리와 그밖에 이와 관련되는 사업을 효율적으로 시행하도록 함으로써 국민의 교통편의를 증진하고 국민경제의 건전한 발전에 이바지한다는 목적 하에 국가 직속 행정청이었던 철도청의 건설분야와 한국고속철도건설공단이 하나로 출범하였다. 그리고, 어김없이 한국철도시설공단법에는 한국철도시설공단을 법인으로 한다는 규정이 만들어졌다(제3조).

공사화의 주된 배경에는 국가임무의 지속적 확대도 포함된다. 국가임무의 확대에 비례하여 국가의 직접행정조직을 확대하는 것은 정부실패 또는 신자유주의에 기초한 작은 정부를 이유로 불가능했다. 동시에 국가의 관점에서도 직접행정조직을 늘려 의회의 통제를 받는 것보다 별도의 법인격을 가진 조직에 국가의 임무를 맡겨 자율적으로 임무를 수행한다는 외양아래 자유롭게 국가의 행정을 펼치는 것이 더 유리했을 것이다. 결과적으로 폭발적으로 증가되어 온 국가임무는 좁은 의미의 국가행정조직의 비대화로 이어지기보다는, 다양한 행정임무주체의 확대로 이어졌다. 국가의 임무를 수행하는 주체가 모두 좁은 의미의 국가행정조직은 아니며, 2020년 정부 예산안 대비 공공기관 정부지원 예산안의 비중은 17.2퍼센트이며 점증하는 추세에 있다는 점에서도 이를 확인할 수 있다.11)

한편, 국가가 수행하는 모든 임무가 국가의 공적임무가 아니듯이 국가 또는 지방자치단체(이하 '국가등')와 특별법에 의해 설치되는 기타 공법인의 경우에도 반드시 국가가 위임 또는 위탁한 공적 임무만 수행하는 것은 아니다. 이처럼 조직과 임무가 필연적인 대응관계를 형성하는 것은 아니다.

---

11) 2020년 정부 총지출은 513.5조원이고, 공공기관 정부지원 예산안의 총규모는 88.3조이다. 국회예산정책처, "2020년도 공공기관 예산안 분석I"(2019. 10.), 5면

2) 간접행정주체에 대한 입법의 불완전성

헌법 제96조는 정부조직법률주의를 선언하고 있고, 동 조항에 근거하여 정부조직법이 제정되어 있으며, 정부조직법 제6조 제1항에서는 행정기관이 법령으로 정하는 바에 따라 그 소관사무의 일부를 보조기관 또는 하급행정기관에 위임하거나 다른 행정기관, 지방자치단체 또는 그 기관에 위탁 또는 위임할 수 있다고 규정한다. 동법 제6조 제3항에서는 행정기관은 법령으로 정하는 바에 따라 그 소관사무 중 국민의 권리 의무와 직접 관계되지 아니하는 사무를 지방자치단체가 아닌 법인 단체 또는 그 기관이나 개인에게 위탁할 수 있다고 규정한다. 그 위임에 따라 대통령령인 행정권한의 위임 및 위탁에 관한 규정 제2조에서는 위임과 위탁 그리고 민간위탁 개념에 대한 정의규정을 두고 있다. 위임은 행정기관의 권한의 일부를 보조기관 또는 하급행정기관의 장, 지방자치단체의 장에게 맡기는 것이고, 위탁은 다른 행정기관의 장에게 맡기는 것이며, 민간위탁이란 지방자치단체가 아닌 법인 단체 또는 그 기관이나 개인에게 맡겨 그의 명의로 그의 책임 아래 행사하도록 하는 것을 의미한다.

이처럼 우리 법령은 위임과 위탁을 좁은 의미의 행정기관이 역시 좁은 의미의 행정기관에게 국가임무를 맡겨 수행하도록 하는 것으로 보면서, 그 밖의 임무수행주체의 변경은 모두 민간위탁에 포함되는 것으로 규정하고 있다. 정부조직법 제6조 제3항의 '지방자치단체가 아닌 법인·단체 또는 개인'에는 광범위하고 다양한 유형의 조직형태가 포함될 수 있다. 문언상 여기에는 공법인과 사법인이 모두 포함될 수 있으므로, 동 조항에서는 국가등 이외의 행정임무수행주체를 통틀어 '민간'이라고 규정한 것이다. 현실적으로 이와 같은 '민간'에 포섭될 수 있는 조직은 대체로 행정조직법상 공공단체로 평가될 수 있다는 점과[12] 우리나라 법질서가 공사법을 구별한다는 점에서도 '민간위탁'의 개념을 폭넓게 정의하는 위 규정은 법해석에 혼란을 야기한다고 보인다.

한편, 행정소송법 제2조 제2항의 행정청에는 법령에 의하여 행정
권한의 위임 또는 위탁을 받은 행정기관, 공공단체 및 그 기관 또는 사
인이 포함된다고 규정하고 있어 행정권한의 수임자 또는 수탁자로서의
공공단체를 규정하고 있다. 여기에서 행정기관은 국가 또는 지방자치단
체에 속한 좁은 의미의 직접 행정기관을 의미한다. 또한 특별법에 의해
설립된 공법인 등 공공단체가 행정권한을 위임 또는 위탁을 받은 경우
에는 구체적·개별적 권한 위임이 필요한 '사인'과는 달리 단체설립법의
목적에 근거한 고유임무를 위임받는 것도 포함될 것이다.13) 다만, 공공
단체의 고유사무라는 개념을 인정한다고 하더라도 헌법상 보장되는 지
방자치권에 근거한 자치사무와는 달리 공공단체의 고유사무의 성격은
기본적으로 국가사무임을 부인하기 어렵고 원칙적으로 공공단체의 고
유사무에 대해서는 지방자치단체 사무에 대한 국가의 감독권보다 강한
감독권이 인정될 수 있을 것이다.

3) 간접행정주체에 대한 강학상 이해

자치행정은 국가로부터 독립된 인격을 가진 법인을 설립하고 그에
대해 일정한 사항에 관한 행정권을 부여하여 스스로 행정을 하게 하는
것으로 공공단체라고 불린다. 그 중 일정한 지역을 기초로 하는 지역단
체가 행하는 행정을 지방자치라고 부르며, 지방자치단체를 제외한 공공
단체를 공법상 사단, 재단, 영조물법인으로 나누는 것이 다수설이다.14)
다만 지방자치단체를 제외한 공공단체의 분류는 공공단체의 설립과정

---

12) 필자는 특별법에 의해 설립된 법인은 모두 공법인이라고 보아야 한다는 이원우 교
  수의 견해를 따른다. 이원우, 항고소송의 대상인 처분의 개념요소로서의 행정청,
  다만, 이 글에서의 논의 대상은 민사법상 형식을 취한 공법인을 제외한다.
13) 기능적 자치행정주체의 고유사무가 존재한다는 것이야말로 당해 공법인의 존립근
  거이자 설치목적이다. 이원우, 위의 글, 195면
14) 박균성, 「행정법론(상)」, 제16판, 2017, 95−96면

에서 단체의 내부 의사결정구조를 정할 때나 이미 설립된 단체에 대한 설명적 의의를 가지는 것 외에 행정작용법이 적용되는 국면에서는 특별한 실익이 없다. 따라서 이글에서는 추가적인 서술을 생략한다.

일반적으로 간접행정주체가 행정권한을 행사할 때에 스스로 행정청의 지위를 가지는데, 그 이유에 대해서는 특별한 해석을 찾아보기 어렵다. 아마도 일차적으로는 설치법령에서 행정권한의 행사주체로 해당 법인 자체를 명시하고 있는 자연스러운 결과로 볼 수도 있을 것이다. 행정의 민주성 관점에서도 간접행정주체는 스스로 아무런 입법권을 가지지 못하며(부령, 조례, 규칙 등) 단지 행정권의 위임 또는 위탁에 따라 행정권한을 행사하는 조직일 뿐이다. 따라서 좁은 의미의 국가 또는 지방자치단체 소속 행정청과 마찬가지로 국가등의 임무를 국가등을 위해 대신 수행하는 관계에서는 간접행정주체도 단지 행정청에 지나지 않으며 법인격이라는 성질이 어떤 의미를 가지는 지는 개별 구체적인 법관계에서 관련 법규정의 해석에 따라야 할 것이다.

3. 국가임무의 유형

1) 헌법 제96조에 따른 국가의 임무는 크게 국가의 직접행정기관이 수행하는 국가사무, 지방자치단체가 수행하는 자치사무, 기타 공공단체가 설치법에 근거해 수행하는 고유사무로 나뉘고, 국가 또는 지방자치단체는 자신의 사무를 하급지방자치단체나 기타 공공단체에 위임 또는 위탁하여 수행할 수 있다.[15]

헌법 제117조는 지방자치단체가 주민의 복리에 관한 사무를 처리

---

15) 행정조직형태를 결정하는데 있어 행정임무가 먼저 확정된다고 하면서 행정조직과 행정임무의 밀접한 관련성을 강조하는 글로는 박재윤, "행정조직형태에 관한 법정책적 접근 -독일 조종이론적 관점에서-", 『행정법연구』, 제26호, 2010. 4. 274-278면 참조

한다고 규정하고 있으나, 구체적 직무의 범위는 역시 법률에 의해 구체화된다. 판례에서는 주로 국가(기관위임사무)와 지방자치단체 사무의 구별이 문제되는 경우가 많이 있다. 대개는 법령이 모호하게 규정하고 있어서 국가와 지방자치단체 사무의 구별은 구체적인 사안에서 적극적인 법해석에 기초해야 한다. 판례는 지방자치법 제9조 제2항의 지방자치사무의 예로 규정된 사무로 포섭될 수 있는 사무에 대해서도 전국적 통일적 처리의 필요성 등을 이유로 국가사무로 판단하기도 한다.

　공공단체의 경우는 어떠할까. 이 글에서는 공공단체가 수행할 수 있는 임무의 범위를 확정하기 위한 것은 아니지만, 공공단체가 수행하는 임무의 성격을 먼저 이해할 필요성은 있다. 예를 들면 공단은 설치 법률인 한국철도시설공단법상 철도시설의 건설 및 관리와 그 밖에 이와 관련되는 사업을 시행하는 것을 목적으로 한다. 그렇다면 설치법률의 목적에 따라 공단이 수행하는 임무는 지방자치단체의 자치사무와 같이 공공단체의 고유의 사무로 볼 수 있을까. 형식적으로는 국가가 별개의 법인을 설치하여 특정한 범위의 임무를 수행하도록 하였으므로 그 범위 내에서 공공단체의 고유사무로 볼 수 있다.16) 그러나 공공단체의 고유사무를 지방자치단체의 자치사무와 동일하게 보기는 어렵다. 자치사무는 헌법이 보장하는 지방자치단체의 자치권에 근거한다. 반면 기타 공공단체의 고유사무는 특별법에 의해 단체를 설립하면서 비로소 인정된 것으로 헌법적 정당성은 인정되기 어렵고 필요에 따라 언제든지 국가는 다시 이들 공공단체의 임무를 회수해올 수 있다.

　2) 국가의 행정각부 등 국가법인에 속한 행정청이 자신의 임무를 수행하는 것과 공공단체가 고유사무를 수행하는 경우를 비교해 볼 수 있다. 행정권한을 대외적으로 수행하는 관계에서 국가에 속한 행정청이

---

16) 이원우, 항고소송의 대상인 처분의 개념요소로서의 행정청, 195-6면 참조

나 공공단체 모두 행정청이다. 일반적으로 행정청은 독립적 권한 수행에 더하여 국가 또는 그밖에 다른 행정주체의 구성부분이라는 개념징표를 가진다고 설명된다. 직접행정에 있어서 행정기관은 국가나 지방자치단체의 구성부분임이 분명한데, 공법상 사단, 재단 등 간접행정주체가 임무를 수행하는 경우 이들 간접행정주체는 행정청이면서 동시에 스스로가 법인격을 가지는 행정주체이다. 이때 중요한 사실은 행정권한을 행사하는 1차적 주체는 국가에 속한 행정청인지 아니면 법인격이 독립된 행정주체인지 여부와 관계없이 '행정청'이라는 점이다.

    3) 대상판결 사안에서 국가등에 대해 전파사용료를 면제할 수 있도록 규정한 입법자의 취지는 '국가등의 임무가 적법한 위임근거규정에 따라 독립된 공법인에게 위탁이 되어 수행된다고 하더라도 결과적으로 독립된 공법인은 국가와 법인격을 달리하므로 위 면제규정의 적용 대상이 아니'라고 보는 것인가. 법원은 국가의 공적임무의 수행주체의 조직법적 성격, 독립적 법인격에 주목하여 '국가의 임무가 국가의 늘어진 팔에 의해 수행'된다는 점을 간과하였다. 특히나 대상판결에서 독립된 공법인인 원고가 국가의 임무를 대행하여 수행하는 범위에서는 관계 법령상 철도관리청으로 간주된다(철도산업발전기본법 제19조 제3항). 설령 철도관리청으로 간주된다는 규정이 없더라도 특별법에 의해 설치된 공법인이 국가의 임무임이 명백한 임무를 수행한다면 최소한 이 사건 전파사용료 부과 처분이 이러한 국가임무 수행의 법관계에서 발생하였는지 여부와 그러한 고려에도 불구하고 조직법적 논리에 따라 면제가 불가한지 여부에 대한 판단이 필요했다고 생각된다. 국가임무 수행주체의 다양화가 국가의 임무 감소로 이어지는 것이 아니며 국가의 임무가 국가를 벗어나는 순간부터 당해 임무를 둘러싼 법률관계나 문제상황이 당연히 조직법적 문제로 치환되는 것이 아니기 때문이다.

이 글의 문제의식은 공공단체가 행정청으로 등장하는 법률관계에서 갑자기 형식적인 조직법적 논리가 정면에 등장하는 것이 타당한지에 대한 것이다. 국가는 공공단체를 설립하면서 국가로부터 형식적으로 분리된 주체에 의한 임무 수행을 통해 일정한 효과를 기대할 것이지만, 과연 법인 설립의 결과 전체적으로 효율적인 행정사무의 수행과는 관련 없이 오로지 행정비용만을 발생하는 것 또한 국가가 애당초 법인화의 기대효과인지는 의문이다. 공공단체가 행정청이자 행정주체라면 이를 구별하여 법률관계를 해석해야 한다. 이하에서는 대상 판례가 편의적이고 형식적으로 인용한 '법인격' 논리의 문제점을 검토한다.

III. 비교법적 검토 - 독일의 논의를 중심으로

독일의 논의를 중심으로 소개하는 이유는[17] 법인격을 기준으로 조직의 성격을 구분하는 논의자체가 조직법 논리가 일관된 도그마틱에 따라 명확하게 구별되고 설명되어야 한다는 독일법적 시각을 기초로 하고 있기 때문이다. 이하에서 확인할 수 있는 바와 같이 법논리의 완결성과 체계성을 추구하는 독일에서도 공법인의 법인격은 상대적으로 구체적 법률관계에 따라 다르게 해석되고 적용되어야 하는 개념에 불과하며 작용법 관계에 대한 구체적 고려 없이 법인격 개념을 독립적인 법적판단의 근거로 인정하기 어렵다고 이해된다.[18]

---

17) 우리나라 행정법이론에서 공법인의 조직형식론이 독일의 이론을 수용하였다. 이원우, "항고소송의 대상인 처분의 개념요소로서 행정청", 『저스티스』통권 제68호, 2002, 191면
18) 이원우, 위의 글, 171면에는 "조직형식과 작용형식은 별개의 문제"라고 쓰고 있는데 기능적 자치행정주체의 대외적 행정임무 수행을 처분으로 봐야 한다는 내용으로 행정기관과 행정기관 상호간의 법률관계를 다루는 이글과는 다소 목적을 달리한다.

1. 행정조직의 단일성(Einheit)과 다양성(Vielfalt)

1) 단일해 보이는 행정조직

법이 적용되어 실현되려면 당연한 전제로 조직이 필요하다. 오늘날 행정은 법치행정이고 행정권한을 수행하는 조직도 법에 근거한다. 헌법을 최정점으로 하여 국가행정권한과 조직이 국가의 법질서 내에서 구체화된다.[19] 행정을 규범적으로 단일하게 이해해야 하는 정당성은 주로 헌법상 민주주의 원칙, 법치국가 원칙에서 찾을 수 있다.[20] 공단이 기관(행정청)으로 행하는 임무도 마찬가지로 단일한 국가조직에 귀속되고 귀속되어야 한다.[21]

2) 행정조직의 다양성

행정권한을 수행하는 주체 내지 기관은 수도 많고 다양하다. 공법인을 공법상 사단, 재단, 영조물로 구분하곤 하지만, 이들 구별은 민사법상 조직형태와 달리 실정법상 구별도 아니고 행정법학에서 도그마틱적으로 유용한 구별개념도 되지 않는다. 구체적인 경우 그 구별이 용이하지도 않아 법에서조차 이들 사이의 구별을 어느 정도 포기하였다(Konturenlosigkeit).[22] 공법상 특정 조직형태를 선택해야하는 강제도 없다. 따라서 입법자는 기본적으로 광범위한 조직형성의 자유를 전제로 다양한 조직형태를 혼합해서 조직을 만들 자유를 가진다. 이른바 조직법형성자의 선택자유이다.[23]

---

19) Matthias Jestaedt, §14 Grundbegriffe des Verwaltungsorganisationsrechts, in: Hoffmann-Riem/Schmidt-Aßmann/Voßkuhle(Hrsg.), Grundlagen des Verwaltungsrechts Bd. I, München 2006, S. 955.

20) Jestaedt, a.a.o., S. 997.

21) 우미형, "Hans J. Wolff의 행정조직법 이론에 관한 연구 - 공법상 '법인' 및 '기관'이론을 중심으로", 서울대학교 박사학위 논문(2016), 107면 참조

22) Jestaedt, a.a.o., S. 976.

행정법 실무 관점에서 보면 다수의 권한행사주체의 다양성, 다층성 보다 이들 행정 조직 상호간의 법적 관계가 훨씬 더 복잡다단하다. 당연히 행정조직 상호간의 조종과 조정이 필요하고 관련 규율이 필수적이다. 복잡하고 다양한 행정조직 그리고 더 복잡한 행정조직 상호간의 관계에 대해서 일반적이고 추상적인 이론을 구축하는 것은 한계가 있다. 그러므로 개별적이고 구체적인 법률관계의 해석을 통해 이해해야한다.[24)]

2. 행정조직과 임무

조직을 만들어 나가는 과정에서 조직이 담당할 기능과 임무에 적합한 조직이 필요하다. 행정주체는 권능(Kompetenz)을 가지고, 행정주체의 임무를 실제 수행할 수 있는 행정청에게는 관할권(Zuständigkeit)이 분배된다. 관할권은 다시 주로 법률을 통해 권한(Befugnis)으로 구체화된다.[25)] 다만 국가나 행정청은 그 임무를 누구에게 분배하고 맡길 것인지를 미리 예정하고 있지 않다.[26)] 국가임무의 수행주체를 정하는 일은 결국 국가임무에 대한 조직권을 행사하는 것으로 국가기관에 대해 법인격을 부여하는 것 또한 국가 조직권 행사의 결과이다.[27)]

조직개념을 기능과 제도로 나누어 설명할 수도 있다.[28)] 조직법상 개념은 필연적인 법제도적 개념(Rechtswesensbegriff)이 아니라 실정법의

---

23) Jestaedt, a.a.o., S. 976.

24) Jestaedt, a.a.o., S. 997

25) Jestaedt, a.a.o., S. 986

26) Jestaedt, a.a.o., S. 995–6

27) Thomas Groß, §13 Die Verwaltungsorganisation als Teil organisierter Staatlichkeit, in: Hoffmann–Riem/Schmidt–Aßmann/Voßkuhle(Hrsg.),Grundlagen des Verwaltungsrechts Bd. I, München 2006, S. 907.

28) Jestaedt,967–968

구체적 입법적 결단에 따른 개념이다(Rechtsinhaltsbegriff).[29] 행정기관도 제도적 의미의 기관과 기능적 의미의 기관[30]으로 나뉜다. 20세기 독일의 대표적 행정법학자 한스 율리우스 볼프는 제도적 관점이 아닌 기능적 의미에서 기관을 이해했다.[31] 기능적 의미의 기관은 구체적 외부 권한에 따라 달라지고, 그러므로 행정청 개념은 기능적 차원에서 이해되어야 한다. 동일한 행정청도 법률관계에 따라 그 임무수행이 귀속되는 행정주체가 바뀔 수 있다.

3) 국가임무 수행의 주체의 확대

법상 국가의 임무를 부여받은 행정청이나 행정주체가 직접 임무를 수행하지 않고 다른 행정주체나 사인에게 임무를 위임 또는 위탁할 수 있다. 국가임무의 확대에 따라 국가의 직접행정조직을 확대하지 않는 한 위임 또는 위탁을 통해 수행되는 임무는 증가될 수밖에 없다. 위탁(Delegation)은 외부 법주체에게 권한을 넘기는 것인데 수탁자의 이름으로 임무를 수행하며, 위임(Mandat)도 외부 법주체에게 권한을 이전하는 것이지만 대외적으로 수임자가 아닌 위임자의 이름으로 임무를 수행한다.[32] 기관위임(Organleihe)은 권한의 이전이 아니라 단지 인적·물적 행정자원의 이전으로, 문자 그대로 원래 행정주체가 타 기관을 차용하는 것이다. 기능적으로 기관위임은 원래의 권한주체의 기관으로[33] 개별 사건뿐 아니라 모든 임무 영역에서 오랜 기간 이용되어왔다.[34]

직접행정은 스스로는 법인이 아닌 기관으로서 임무를 수행하면서

---

29) Jestaedt,968
30) 제도적 의미의 기관은 사무배분적 관점에서의 기관, 기능적 의미의 기관은 행정작용법적 기관과 대응관계를 이루는 것으로 이해된다.
31) Jestaedt, a.a.o., S. 982
32) Jestaedt, a.a.o., S. 992
33) Jestaedt, a.a.o., S. 992
34) Jestaedt, a.a.o., S. 993

그 임무수행의 결과가 직접 주된 행정주체에 귀속되는 경우이고, 간접 행정은 주된 행정주체에게 임무수행의 효과가 직접 귀속되지 않는 경우를 말한다.[35] 기능적 측면에서는 국가의 행정청 뿐 아니라 법인격이 있는 공법상 사단 등도 직접 행정이다.[36] 전형적인 자치행정은 공법상 법인격을 가지는 경우가 많지만 법인격이 필수적인 것은 아니다.[37]

4) 행정조직의 경계

행정조직은 내부적 관계와 외부적 관계로 나뉜다. 그 기준을 어디로 정하는지에 따라 달라질 수 있으나 제도적으로 보아 국가라는 행정주체 내부의 관계를 내부적이라고 본다면, 외부적 관계는 국가 등 행정주체와 국가가 아닌 법주체 상호간의 관계가 된다.[38] 기능적 의미에서는 국가가 설치한 공법상 사단, 영조물 재단도 외부가 아닌 내부적 관계에 포함된다.[39] 또한 일정한 행정단위가 권한 위반을 하여 다른 행정단위가 소송을 하는 경우 이는 형식적으로는 외부적이지만 실질은 내부적 관계이다.[40]

3. 법인격 개념의 상대성

1) 민사법상 완전한 법인격의 의미

흔히 민사법상 법인은 완전한 권리능력을 부여받았다고 이해되곤 한다. 그러나 이들 민사법상 법인 또한 공법영역에서는 단지 공법규범이 부여하는 권리와 의무 범위 내에서 권리능력을 인정받을 뿐이다. 따

---

35) Jestaedt, a.a.o., S. 980—981
36) Jestaedt, a.a.o., S. 984—985
37) Jestaedt, a.a.o., S. 985—986
38) Jestaedt, a.a.o., S. 956
39) Jestaedt, a.a.o., S. 988
40) Jestaedt, a.a.o., S. 997

라서 일정한 법인이 있을 때 이들 법인에 대해 권리능력을 부여하는 구체적 법규에 기초하여 법인성격을 판단하는 것이 타당하다. 다시 말해, 공법상 작동하고 그 영역에서 법규의 수범자인 경우에 한해 공법인이다.[41]

2) 행정주체와 법인격

행정주체(Träger)라는 개념은 고리타분한 개념처럼 보이지만, 행정조직 상호간을 구별하는 시작이자 법관계의 최종적 귀속을 의미하므로 여전히 유의미한 개념이다.[42] 행정주체는 법인격을 가지는데 개별법의 내용에 따라 법인격은 다양한 스펙트럼을 이룬다. 법인은 법질서가 법적 성격을 부여한 피조물로 오로지 법질서 안에서 그리고 법질서에 따라 의미를 가질 뿐이다. 즉 법인격이나 법주체성은 절대적이고 추상적인 차원이 아니라 구체적이고 상대적인 차원에서 설명되므로, 특정 법규와 관련하여 그리고 특정 법관계 안에서 이해해야 한다.

3) 완전한 권리능력의 허구성

법인격과 항상 붙어다니는 권리능력 개념도 법인격과 마찬가지로 상대적 개념이다. 따라서 공사법을 불문하고 법인의 권리능력이 단일하거나 완전하다고 말하기 어렵다. 완전한 권리능력과 부분적 권리능력의 구분은 질적 개념이 아니라 단지 권리능력의 양적 차이일 뿐이다. 최종적 귀속주체를 의미하는 권리능력 또한 구체적이고 상대적이며 구체적 법관계에 의존한다.[43] 어떤 행정단위가 행정주체로 인정되기 때문에 당연히 특정 법적 성격이나 능력이 수반되는 것이 아니다. 오히려 그 반대이다. 특정 행정단위가 실정법상 그러한 성격을 부여받았기 때문에

---

41) Jestaedt, a.a.o., S. 975
42) Jestaedt, a.a.o., S. 969
43) Jestaedt, a.a.o., S. 971-972

행정주체가 되고 특정 법규의 귀속최종주체가 된다는 것이다. 형식적인 법인격은 임무수행에 있어 실질적인 독립성의 범위와 형식에 있어 약한 간접증거기능만을 가진다.44)

  민사법과 달리 법인격에 대한 논의가 일천한 공법관계에서는 더더욱 주의해야 한다. 공법관계에서는 공법인의 역사가 길지도 않고 공법관계의 공행정권을 행사하는 국가와 시민 사이의 법관계의 당사자는 형식적으로 국가와 시민이지만, 실질적인 행정권한의 주체는 국가가 아닌 국가에 속한 행정청이다. 그런데, 이제 설치법에 의해 법인격을 부여받은 독립적 행정주체들이 행정청의 지위에서 국가로부터 위임받은 임무를 수행하면서 마치 행정관계의 당사자가 행정청과 국민에서 법인격을 가진 행정주체와 국민의 관계로 수정된 것처럼 보인다. 이들 법관계에 사법상 법인격 법리를 그대로 대입시키는 것은 문제해결에 도움이 되지 않을 뿐 아니라 의도치 않은 부작용을 발생시킬 우려가 적지 않다. 공 '법인'이라는 프리즘을 통과하면 마치 모든 법률관계에서 완전한 법인격을 당연히 부여받는 것처럼 오해되서는 안 된다. 법인격은 해당 주체가 관련되는 모든 법관계의 최종적 귀속주체 자체라는 의미가 아니고 법인격은 단지 법규의 해석상 최종적귀속주체가 인정되는 경우에 한하여 말할 수 있다.45)

  법인격 개념을 단순화하여 받아들이는 것은 지금까지의 전통적 법인격 개념이 여전히 조직법 관계의 해석에 영향을 미치고 있다는 의미이다. 가령 국가를 법인으로 보고 그 안에 법이 침투할 수 없다는 불침투성 이론은 극복된 것처럼 보이지만, 공법관계를 인격을 기준으로 내부법과 외부법으로 구별하는 것도 불침투성 이론의 유산이다. 나아가 실정법상 의미나 도그마틱적 제도적 설명력이 높지 않음에도 권리능력 있는 행정주체와 그렇지 않은 기타 행정단위 상호간 구별도 여전하다.

---

44) Jestaedt, a.a.o., S. 973-974
45) Gross, a.a.o., S. S. 971

이른바 공법상 경로의존성이 여전하다.46) 현재 행정조직법의 기본개념으로 이해되고 있는 개념들이 한계에 직면하고 있음에도 이들 개념을 대체할 것으로 보이는 논의는 잘 보이지 않는다.47)

4. 행정조직법의 다층적 체계

조직법관계의 다양성과 이질성으로 인해 통일적이고 체계적인 조직법 도그마틱의 구축은 쉬운 일이 아니다. 행정조직법 개념은 상호 중첩적인 경우도 적지 않다. 대상판결에서 주된 논거로 든 법인격이나 권리능력은 공적 조직의 형식적 독립성과 관련된다. 다른 한편, 운영의 자율성, 상부 조직 지시로부터의 자유 등 조직의 실질적 독립성을 구분 짓는 징표 또한 생각해 볼 수 있다. 구체적 사안에서 법인격과 같은 형식적 개념은 오히려 조직의 정확한 이해에 방해가 되기도 한다. 결과적으로 형식적이고 체계적 기준이 실체적인 기준과 구분되고 동일한 형식적 지표를 공유하더라도 실체적으로는 동일한 분류에 속하지 않는 경우도 있다.48)

행정조직법학의 구별개념이 일견 절대적인 기준으로 보이지만, 자세히 보면 상황에 따라 법관계에 따라 다르게 해석된다. 즉, 조직법상 개념은 특정한 구체적 관계에서만 그 특징이 적용되는 관계개념 (Relationsbegriff)이다. 내부법과 외부법의 구별, 행정청이나 기관 개념도 마찬가지로 관계에 따라 다르다. 권리능력이라는 개념까지도 관계적 개념이다.49) 내부와 외부의 구별이 상대화되는 국면에서는 전체와 부분의 관계도 상대화된다. 전체 국가는 국제법 관계에서 스스로 법인으로 이

---

46) Jestaedt, a.a.o., S. 964-964
47) Jestaedt, a.a.o., S. 969
48) Jestaedt a.a.o., S. 964-966
49) Jestaedt,966

해되지만 연방국가 차원에서 연방과 주는 동등한 영토사단일 뿐이다.
마찬가지로 특정 행정단위를 행정주체라고 하거나 기관으로 부를 때에
도 맥락의존적이다.50)

　행정조직은 그 자체로 합목적이지도 않고 독립하여 작동하는 것
이 아니라 행정 실체법을 실현하는 과정에서 비로소 존재의의를 부여받
는다. 즉, 조직법은 그 조직을 통해 수행될 임무와의 연관성상에서 이해
되어야 한다. 법적용 과정에서 어느 시점에 어느 범위에서 조직학적 인
식이 고려되어야 하는지는 법이 정한다.51) 즉, 조직과 조직법은 도구적
성격을 가지는,52) 즉 임무수행 또는 작용을 위한 법이라고 할 수 있
다.53)

5. 시사점

　(1) 행정현실에서 행정조직은 여러 유형으로 다수 존재하지만, 그
행정조직이 수행하는 임무와 연결해서 생각해보면 행정조직이 규범적
으로 단일하다는 점을 받아들여야 한다.
　(2) 조직법관계의 다양성과 이질성으로 인해 통일적인 조직법 도
그마틱을 발전시키는 것은 쉽지 않다. 조직법 도그마틱을 적용할 때에
는 구체적 법관계의 맥락을 먼저 잘 이해해야 한다.
　(3) 일반적으로 인정되는 행정조직법 도그마틱이 드문 상태에서,
법인격 기준은 겉으로는 매우 명확하고 타당하게 보일 수 있다. 그러나
법인격 개념 자체가 상대적이므로, 개별 법령에 따른 구체적 법관계나
맥락에 따라 법인격 인정 여부 및 범위가 달라질 수 있다.

---

50) Jestaedt,967
51) Jestaedt, 958
52) Wolff, Verwaltungsrecht II, 7. Auflage., 207면; Jestaet, in: GVwR, Bd. I, § Rdnr. 4.
53) 우미형, 위의 글, 1면 참조

(4) 요컨대, 조직법 개념은 그 개념을 형성하고 발전시킨 독일에서도 일반적이고 추상적인 차원의 개념이라고 보기 어렵다. '법인격' 개념 또한 그 기본적인 개념징표를 전제로 개념이 사용되는 구체적인 법관계의 내용과 성질을 잘 파악하여 해석해야 한다. 특히 조직의 임무를 떠나서 조직법을 논할 실익은 크지 않다.

Ⅳ. 이 사건의 해결

1. 쟁점 정리 및 검토 순서

공단의 독립적 법인격은 원고와 피고의 법관계를 해석하기 위한 하나의 단초에 불과할 뿐 그 자체로 하나의 주된 논거가 될 수 없다. 공단의 법인격은 공단이 당사자가 되는 법관계에서 최종귀속주체가 되는 경우에 의미가 있는데 이는 개별 구체적 법관계를 규율하는 관련 법규정의 해석을 통해 비로소 알 수 있다. 공단 설치법에서 공단을 법인으로 한다는 의미가 모든 법관계에서 공단이 법인으로 등장하고 적용되는 것이 아니기 때문이다. 공단은 설립자인 국가의 임무를 위탁받거나 대행하여 수행할 때에는 국가 행정청의 지위를 가질 수도 있다. 국가조직론을 고찰할 때에는 법인격으로 해체된 개별 주체를 그 법인격에 기대어 미시적으로 고찰하는 것은 전혀 타당하지 않다. 국가의 관할규범을 체계적, 종합적으로 고찰해야 한다.

이하에서는 원고의 법적 지위, 원고가 수행하는 임무의 유형, 그리고 그 임무 수행관계의 유형 그리고, 그 관계에서 원고의 지위 등을 차례로 고찰하고 대상판결의 타당성을 살펴본다. 국가등과 공공단체 관련 입법론도 간단히 제시해 본다. 결론을 먼저 말하자면 대상판결에서 공단이 국가행정임무를 대행할 때 전파사용료가 정기적으로 부과되는 법

관계에서는 공단을 국가의 직속 행정청인 국토교통부장관과 다르게 볼
이유가 없다.

2. 원고의 지위

원고는 철도시설 관련업무를 체계적이고 효율적으로 추진하기 위
하여 그 집행조직으로서2004. 1. 1. 국가가 철도청 건설분야와 한국고속
철도건설공단의 관련조직을 통·폐합하여 특별법인 한국철도시설공단
법에 의해 설립한 국토교통부 산하기관으로(철도산업기본법 제20조 제3항)
공공기관의 운영에 관한 법률에 따른 위탁집행형 준정부기관이다. 우리
나라 철도산업은 국가가 기간시설로서의 철도망과 역무(운영)를 직접 책
임지는 철도청 체제로 오랜기간 지속되다가 2003년 철도청을 시설부분
과 운영부분으로 분리하고 철도시설은 국가가 소유하면서 철도시설공
단에서 관리하고 철도운영은 한국철도공사를 설립하여 운영하는 방안
으로 바뀌었다.

원고는 민법 재단법인의 형식으로 설립되지는 않았으나(조직민영화
에는 해당하지 않음) 민법 중 재단법인에 관한 규정을 준용하는(한국철도시
설공단법) 공법인54)으로, 강학상 공법상 재단에 속한다.55) 공법상 재단
이란 특정한 공익목적을 위해 제공된 물적 결합체로서 법인격이 부여된

---

54) 철도시설공단은 철도산업발전기본법 및 한국철도시설공단법에 의하여 철도시설의
건설 및 관리 등을 목적으로 2003. 12. 31. 설립된 공법인이다(대법원 2011. 11. 10.
선고 2009두8045 판결).
55) 공법상 재단과 영조물 사이에는 역사적 기원이나 기능에 차이가 있을 뿐이고 법도
그마틱적 차이는 존재하지 않으며 양자를 엄밀하게 구분하는 것은 곤란하다는 취
지에서 공법인을 공법상 단체와 재단의 2유형으로 구분하는 것이 타당하다는 견해
가 있다(이상덕, "영조물에 관한 연구", 행정법연구 제26호(2010), 292-293면). 설
득력 있는 견해라고 사료되지만, 아직 우리나라 행정법학계에서 일반적으로 승인
되는 견해는 아니며, 이 사건 원고는 공법상 재단이므로 이 사건 해결과는 직접 관
계도 없다.

것인데, 구성원이 없으므로 공사와 같은 자율적 의사결정은 보장되기 어렵고 정관 등에 의한 목적만을 위해 활동한다. 영리추구가 금지되므로 기업성이 강한 사업수행에는 부적법하지만, 특정한 공익목적을 위한 통제장치가 보장되므로 공공성이 특히 강한 급부를 지속적으로 제공하기 위한 조직법형식이다.[56]

3. 무선국 시설자로서 원고의 임무와 지위

(1) 철도공단의 임무

원고는 국가가 철도시설 관련업무의 추진을 위해 설립한 법인격을 가진 집행조직으로(한국철도시설공단법 제3조) 그 임무는 형식적으로는 다음과 같이 크게 원고의 고유업무, 대행업무, 위탁업무로 나뉠 수 있다.[57]

고유업무는 한국철도시설공단법 제7조에 규정되어 있는데, 여기에는 ① 철도시설의 건설 및 관리, ② 외국철도 건설과 남북 연결 철도망 및 동북아 철도망의 건설, ③ 철도시설에 관한 기술의 개발·관리 및 지원, ④ 철도시설 건설 및 관리에 따른 철도의 역세권, 철도 부근 지역 및 「철도의 건설 및 철도시설 유지관리에 관한 법률」 제23조의2에 따라 국토교통부장관이 점용허가한 철도 관련 국유재산의 개발·운영, ⑤ 건널목 입체화 등 철도 횡단시설사업, ⑥ 철도의 안전관리 및 재해 대책의 집행과 이들 사업에 딸린 사업, 이들 사업을 위한 부동산의 취득, 공급 및 관리가 포함된다.

---

56) 이원우, "공기업의 의의와 공법적 통제의 법적 과제", 공법연구 제45집 제3호 (2017.2.), 287면

57) 철도공단의 임무는 국토교통부 직제상 국토교통부 철도국 권한과 중첩됨. 예를 들어 국토교통부와 그 소속기관 직제 제18조에 따르면 한국철도시설공단법에 따른 한국철도시설공단에 관한 사항(제3조 제4호), 철도시설의 개량·유지관리 및 운영에 관한 사항(제3조 제24호) 등은 국토교통부 철도국 관할이다.

또한 국토교통부장관은 한국철도시설공단법 제7조 제7호 및 철도
산업발전기본법 제38, 12조, 법시행령 제50조, 법 시행규칙 제12조 제1
항 등에 따라 철도산업정보센터의 설치 및 운영업무를 철도공단에 위탁
한다.

한편, 철도산업발전기본법에 따라 국토교통부장관은 철도공단에게
① 국가가 추진하는 철도시설 건설사업의 집행, ② 국가 소유의 철도시
설에 대한 사용료 징수 등 관리업무의 집행, ③ 철도시설의 안전유지,
철도시설과 이를 이용하는 철도차량간의 종합적인 성능검증·안전상태
점검 등 철도시설의 안전을 위하여 국토교통부장관이 정하는 업무, ④
그 밖에 국토교통부장관이 철도시설의 효율적인 관리를 위하여 필요하
다고 인정한 업무를 대행하게 할 수 있다(법 제19조 제2항, 법시행령 제28
조). 국가철도공단은 국토교통부장관의 업무를 대행하는 경우에 그 대
행하는 범위 안에서 이 법과 그 밖의 철도에 관한 법률을 적용할 때에
는 그 철도의 관리청으로 간주된다(법 제19조 제3항).

이때 위탁업무를 제외한 대행업무인 철도시설의 관리, 운영은
기본적으로 국토교통부장관의 관할이고, 철도시설공단 설치법성 공
단의 당연 고유임무 범위에도 포함된다.

(2) 무선국 시설자로서 수행하는 임무

전파법 제2조 제8호에 따르면 시설자란 무선국을 개설한 자이고
동법 제2조 제6호에 따르면 무선국이란 무선설비와 무선설비를 조작하
는 자의 총체이다. 강학상 영조물이란 특별한 공적 목적에 지속적으로
기여하도록 정해져 있는 인적 수단들과 물적 수단들의 결합체인데, 이
런 의미에서 무선국을 영조물로 볼 수 있다. 다시 말해 무선국은 설치
만 하면 임무가 종료되는 무선설비에 국한되는 것이 아니라 설치된 무
선설비를 관리, 운영하는 자까지 포함되는 개념으로 개설의 개념에도
설비 뿐 아니라 관리와 운영까지 포함된다고 해석할 수 있다. 무선국의

개설조건에 관한 전파법 제20조의2 또한 개설이 무선국의 관리 등을 포함함을 전제로 하고 있고, 무선국 개설허가에 관한 전파법 제21조에서도 개설허가신청을 받은 행정청이 무선설비의 설치뿐 아니라 운용 적합성도 심사해야 하고 무선설비의 설치 후에 무선종사자의 배치계획까지 심사하도록 규정하고 있다(제2항 제2, 3호). 한편, 무선설비로서의 무선국은 철도산업발전기본법 제3조 제2호 다목의 철도의 정보통신설비에 해당하는 것으로 해석된다.

(3) 무선국 시설자의 임무를 대행한다는 의미

1) 행정권한의 위임, 위탁과 대행

행정권한의 위임이나 위탁은 행정권한 법정주의에 근거하여 행정관청이 법률에 따라 특정한 권한을 다른 행정관청이나 공법인 등에 이전하여 수임관청 또는 수탁관청의 권한으로 행사하도록 하는 것이어서 권한의 법적인 귀속을 변경하는 것이므로 법률이 위임이나 위탁을 허용하고 있는 경우에 한하여 인정된다(대법원 1992. 4. 24. 선고 91누5792 판결). 권한이 위임되면 권한을 위임받은 수임관청은 권한의 위임관청이 되고 위임관청은 사무처리의 권한을 잃는다. 기관위임의 경우도 마찬가지이다(대법원 1996. 11. 8. 선고 96다21331 판결).

한편 강학상 행정권한의 대행이란 일정한 사정에 의거하여 행정청의 권한의 전부 또는 일부를 다른 행정기관(주로 하급행정청)으로 하여금 행사하게 하는 경우로서 대리관청은 피대리관청을 위한 것임을 표시하여 대리관청 자신의 이름으로 그 권한을 행사하고 그것이 피대리관청의 행위로서의 효력을 발생하게 하는 제도이다. 위임이나 위탁과는 달리 법상의 처분권한이 대행기관으로 이전되는 것은 아니다.[58] 물론 법에서 '대행'이라고 규정하더라도 이에 얽매이지 말고 법의 체계적 해석 및 그

---

58) 박균성, 「행정법론(하)」, 제16판(2018), 43면

실질에 따라 판단해야 한다.

2) 공단이 국토교통부장관의 업무를 대행하는 경우 철도관리청으로 간주된다는 의미

철도산업발전기본법은 한국철도시설공단이 국토교통부장관의 업무를 대행하는 경우 그 대행하는 범위 안에서 철도산업발전기본법과 그 밖의 철도에 관한 법률의 적용에 있어서 그 철도의 관리청으로 본다는 규정을 두고 있다(제19조 제3항). 이 조항과 같이 공공기관등이 행정청의 권한을 대행하거나 위탁받은 경우 그 범위 내에서 관리청으로 간주하는 규정59)이 있지만, 그 규정의 의미에 대해 해석한 판례는 찾아보기 어렵

---

59) **용산공원 조성 특별법**
제20조(용산공원의 관리청)
① 용산공원의 관리청은 국토교통부장관이 된다.
② 국토교통부장관은 용산공원조성지구 안에 설치한 시설의 적정한 관리를 위하여 필요한 경우에는 대통령령으로 정하는 바에 따라 관계 행정기관의 장에게 그 관리를 위탁할 수 있다.
③ 국토교통부장관은 이 법에 따른 용산공원 및 용산공원시설의 유지·관리 및 운영 등에 관한 업무의 일부를 대통령령으로 정하는 바에 따라 제31조에 따라 설립되는 용산공원관리센터에 위탁할 수 있다.
④ 제31조에 따라 설립되는 **용산공원관리센터가 제3항에 따라 용산공원을 유지·관리 및 운영하는 경우에는 위탁된 업무의 범위 안에서 이 법 및 「도시공원 및 녹지 등에 관한 법률」, 그 밖의 법률의 적용 또는 준용에 있어서는 용산공원의 관리청으로 본다.**
도로법
제112조(고속국도에 관한 도로관리청의 업무 대행) ① 국토교통부장관은 이 법과 그 밖에 도로에 관한 법률에 규정된 고속국도에 관한 권한의 일부를 대통령령으로 정하는 바에 따라 한국도로공사로 하여금 대행하게 할 수 있다.
② 한국도로공사는 제1항에 따라 **고속국도에 관한 국토교통부장관의 권한을 대행하는 경우에 그 대행하는 범위에서 이 법과 그 밖에 도로에 관한 법률을 적용할 때에는 해당 고속국도의 도로관리청으로 본다.**
항만공사법
제31조(장기체류화물의 처리)
(장기체류화물의 처리) 공사가 항만에서 장기체류화물의 처리에 관한 업무를 수행하는 경우에는 「항만법」 제74조에 따른 관리청으로 본다.

다. 대행의 강학상 개념과 행정실무 및 소송실무상의 편의를 함께 고려
해 보면, 대행자인 원고가 실질적으로는 국토교통부장관의 권한을 대행
하는 것임에도 대행의 범위 안에서 철도의 관리청으로 간주하여 2가지
도그마틱적 효과가 발생할 수 있다. 첫째, 강학상 대행과 달리 피대리관
청을 현명하지 않고 철도시설의 관리에 관하여 원고는 수탁자와 마찬가
지로 자신의 명의로 거래를 하거나 처분권한을 행사할 수 있다. 둘째,
철도시설의 관리와 관련하여 취소소송 및 토지수용 등 손실보상금 관련
당사자소송에서 원고가 피고가 된다. 이는 관련 소송에서 국토교통부장
관이나 대한민국이 피고가 되지 않으려는 의도로 만든 규정에 불과하
며60), 철도시설 관리에 관한 국가 및 국토교통부장관의 포괄적 권한과
책임을 제한하거나 부정하려는 의도로 만들어진 규정이라고 보기는 어
렵다. 특히 국토교통부장관은 철도의 관리에 관한 자신의 포괄적 권한
중 철도시설의 일상적인 관리·운영에 관한 권한(사실행위 및 집행행위)만
을 원고 공단에게 대행하게 할 뿐으로, 원고의 대행행위에 따른 법적
책임은 원칙적으로 국토교통부장관에게 귀속된다고 보는 것이 체계적
해석상 타당하다. 그렇다면, 철도관리청으로 간주되는 대행의 의미는
강학상 대행과 위탁의 중간개념으로 강학상 대행과 마찬가지로 권한 자
체가 이전된다고 보기는 어렵지만 임무수행과 소송수행의 편의를 위해
위탁과 마찬가지로 공단을 행정청으로 직접 인정한 것이라고 이해할 수
있다.

　　참고로 국세징수법 제61조 제5항은 세무서장이 압류한 재산의 공
매에 전문 지식이 필요하거나 그 밖에 특수한 사정이 있어 직접 공매하

---

60) 행정소송법 제13조 제1항에서는 취소소송은 다른 법률에 특별한 규정이 없는 한 그
　　처분등을 한 행정청을 피고로 한다고 규정한다. 이 조항에 대해 다수설은 원래 피
　　고는 법인격이 있는 행정주체가 되어야 하지만 소송수행의 편의를 위해 행정청을
　　피고로 규정한 것이라고 해석한다. 필자는 이러한 해석에 찬성하는 것은 아니지만,
　　위와 같은 다수설에 따르면 대상판결의 철도청간주 규정에 있어 국가의 책임을 부
　　인하기는 어려워 보인다.

기가 적당하지 아니하다고 인정할 때에는 대통령령으로 정하는 바에 따라 한국자산공사로 하여금 공매를 대행하게 할 수 있으며 이 경우 공매는 세무서장이 한 것으로 본다는 규정을 두고 있다. 관련하여 판례는 세무서장이 한국자산관리공사에게 공매대행을 의뢰하여 공매처분이 다투어진 사건에서 행정소송의 피고는 세무서장이 아닌 한국자산관리공사라고 보았다(대법원 2013. 6. 28. 선고 2011두18304 판결, 대법원 2001. 11. 27. 선고 2001두6746 판결 등).

4. 대상판결의 타당성

(1) 참조판례

참조판례로 세 가지 정도의 판례를 살펴볼 수 있다.

① 대법원 2012. 5. 10. 선고 2010두11474 판결

구 개발제한구역의 지정 및 관리에 관한 특별법은 개발제한구역 훼손부담금을 감면할 수 있는 경우로 국가 또는 지방자치단체가 사업시행자가 되어 직접 설치하는 시설을 감면 대상으로 규정하고 있었다. 대법원은 관계 규정의 문언, 부담금에 관한 법률해석의 원칙 등에 따라 감면규정은 국가 또는 지방자치단체가 직접 사업시행자가 되어 설치하는 것으로 한정하여야 한다고 보았다. 그에 따라 한국철도시설공단이 국토해양부장관을 대행하여 철도건설사업을 시행한 경우 국가가 직접 설치한 것이 아니므로 감면 대상이 아니라고 하여 원심 판결을 파기환송하였다. 판결 이유에는 분명하게 드러나지 않지만 철도시설공단이 국가등과 별개의 공법인이라는 점이 고려되었을 것으로 이해되며, 이 점에 더해 감면규정의 엄격해석원칙을 고려하였다. 엄격해석 원칙을 대상판결에 적용할 수 있는지에 대해서는 아래에서 다시 살펴본다.

② 대법원 2014. 7. 10. 선고 2012두23358 판결

대상판결과 유사하게 한국철도시설공단이 철도기본법령상 국가 소유의 철도시설에 대한 사용료 징수 등 관리업무의 집행을 대행하는 지위이자, 철도자산의 관리를 위탁받는 국가와의 별도의 관리위탁 계약을 기초로 변상금 징수 업무를 수행하였다. 변상금 권한행사의 귀속주체가 쟁점이었고, 대법원은 공단이 행정재산인 이 사건 토지들에 관한 관리청인 국토해양부장관의 변상금 부과권한을 위탁받아 그 권한이 공단으로 이전되었으므로 변상금 부과 처분이 권한 있는 자에 의한 처분으로 적법하다고 보았다.

공단이 처분청으로 변상금 부과처분을 하였으니 그 취소소송의 피고는 공단이고 나아가 공단은 적법한 권한을 가진다고 본 것이다. 철도기본법에서 대행과 위탁을 다른 조항에서 쓰고 있음에도 변상금 부과처분은 국토교통부장관의 대행이자 위탁이라는 다소 이해하기 어려운 판시를 하면서 공단의 처분권한을 인정하였다. 이 판결은 관리청으로 간주되는 대행과 위탁을 동일한 개념으로 이해한 잘못이 있다. 동일한 법률에서 대행과 위탁을 병렬적으로 규정하고 있다면 이들 두 개의 제도를 완전히 동일한 제도로 이해하기는 어렵기 때문이다. 그러나 판례가 대행과 위탁을 동일하게 이해하고자 한 취지도 전혀 이해하지 못 할 바는 아니다. 강학상 대행의 경우 처분권한이 이전되는 것이 아니므로 대행이라는 개념만으로는 공단이 변상금처분권한을 가진다는 점을 설명하는데 한계가 있다고 보아 사안에서 공단이 국가와의 위탁계약을 한 것을 이유로 들어 여기에서의 대행은 곧 위탁이라고 하면서 처분권을 인정한 것으로 보인다. 그러나 이는 강학상 대행과 위탁의 중간 개념으로 볼 수 있는 철도기본법상 철도관리청으로 간주되는 대행 규정의 의미를 제대로 규명하지 못한 것이다. 다만, 철도관리청으로 간주되는 대행개념을 바로 적용해보더라도 행정상대방에게 적극적으로 행정권을

행사하는 관계에서 변상금부과처분을 하는 주체와 그로 인한 불복절차
의 상대방으로서의 행정청은 공단으로 보는 것이 적절하므로 공단이 변
상금부과처분권을 부여받았다고 본 결론에 있어서 위 판결은 타당하다
고 볼 수 있다.

③ 대법원 2019. 9. 10. 선고 2016두49051 판결

이 판결은 대상판결과 그 사안의 쟁점 및 근거 법령의 구조가 매우
유사하다. 한국도로공사가 관리하는 고속국도가 국유림을 통과하는 것
을 '국가가 공공용으로 국유림을 사용하는 것'에 해당하는지가 쟁점이었
다. 이때, 한국도로공사를 '국가'로 볼 수 있으려면 도로법 제112조 제1,
2항에 따라 해당 고속국도의 도로관리청으로 간주된다는 조항이 적용
된다는 것을 전제로 하였다. 2심(서울고등법원 2016. 7. 26. 선고 2016누
30929 판결) 법원은 1심(서울행정법원 2015. 12. 17. 2015구합68796)을 그대
로 인용하면서 원고는 국가와는 다른 독립된 공법인이며, 이 사건 각
고속도로의 일부인 이 사건 터널들을 설치하고 유지·관리하는 것은 도
로법상 대행의 대상이 아니라 원고에게 위탁된 임무이므로 '대행'과 '관
리청으로의 간주'규정의 적용대상이 아닌 것으로 보았다.

참조판례를 간단히 살펴보면, ①과 ③ 판결에서는 문제된 법률관
계의 당사자를 살펴보면, 일방은 개발부담금을 부과 또는 면제하는 행
정청이고 그 상대편 당사자는 행정상대방이지만 동시에 행정권한을 행
사하는 행정청으로서의 공단 혹은 공사이다. 반면, ②의 법률관계에서
의 당사자는 행정청이자 대행 주체인 공단과 행정권한의 행사와는 무관
한 행정상대방이다. 다른 한편, ①과 ②는 그 법률관계가 반복되거나
지속되기 보다는 1회성 관계인반면 ③은 정기적으로, 일정주기마다 반
복적으로 부과, 납부되어야 하는 사용료 부과에 대한 것이다. 또한 ②에
서의 변상금 부과처분은 공단관리재산을 무단점유하는 자로부터 그 사

용료 또는 대부료에 해당하는 부당이득을 환수하고 그에 덧붙여 징벌적 으로 추가 금액을 징수하는 행정상 제재에 해당[61]하여 그 처분상대방 의 책임을 추궁하는 성격도 가지고 있으나 ①과 ③에서 처분상대방인 행정청은 법을 적법 타당하게 수행하는 과정에서 발생하는 법률관계와 관련된 판례로 책임부담과는 무관하다.

(2) 대상판결의 해설

대상판결에서 공단은 국가 행정청인 국토교통부장관의 임무를 대행하는 범위 내에 속하는 철도시설 관리 임무를 수행하면서 이 사건 각 처분의 상대방이 되었다. 이 사건 각 처분의 위법성 여부를 판단할 때 그 법인격을 주된 이유로 제시하는 것은 다음과 같이 전 혀 적절하지 않다.

첫째, 공단은 원래 국토교통부장관이 수행했어야 할 임무를 국가 행정청을 대신하여 적법하게 수행하는 과정에서 이 사건 각 처분의 대 상이 되었다. 공단이 이 사건 각 처분과 관련한 철도시설의 운영, 관리 임무를 대행하는 것이 국가의 임무라는 점은 의문이 없다. 판례는 한국 철도시설공단이 국토교통부장관의 고속철도 건설사업 실시계획승인처 분에 기하여 고속철도사업을 시행하지만, 내부기관의 구성, 재정의 유 지 등의 실질에서 볼 때 그 설립목적행위로서 대규모 국책사업인 고속 철도건설사업을 시행함에 있어서는 국가 기관과 마찬가지의 기능을 수 행한다고 할 수 있다(대법원 2006. 6. 2.자 2004마1148,1149 결정 참조)고 하 였다. 헌법재판소 2000. 11. 30. 선고 98헌바103 결정에서도 현행 전파 법 제67조 제1항 제1호 "국가 또는 지방자치단체가 개설한 무선국"에 대하여 전파사용료를 면제하고 있는 점에 대해 전파를 사용하는 무선통 신은 도입 초기부터 국민의 생명과 안전, 재산보호를 위한 중요한 수단

---

61) 헌법재판소 2017. 7. 27. 선고 2016헌바374 전원재판부 결정, 대법원 2019. 9. 9. 선 고 2018두48298 판결 등 참조

이었고, 이러한 공적 과제의 수행은 헌법상 국가와 지방자치단체의 의무에 속하고(헌법 제10조 제2문 , 제117조 제1항). 국가 또는 지방자치단체가 개설한 무선국은 국가안전보장, 질서유지 및 공공복리의 증진을 위한 것이라고 보아 국가의 임무로 보았다.

둘째, 별개의 공법인을 설치하는 주된 이유는 임무수행의 자율성을 높여 효율성을 향상시키기 위함이다.[62] 공법인이 법률관계의 당사자일 때 이러한 효율성도 고려해야 할 것이다. 효율성과 공익의 관계가 상호 배치되는 관념이라는 견해도 가능하지만, 효율성은 분명 공익판단의 중요한 요소이다. 자원의 희소성을 고려할 때 공익에 봉사해야 하는 국가는 자신에게 주어진 자원을 낭비하면 안 된다. 자원을 비합리적으로 낭비하는 것 자체가 공익에 반한다.[63]

원고가 공단이고 공단의 재원은 국가예산에서 대부분 충당되므로, 어차피 이 사건 전파사용료가 부과되어도 결국 국고로 돌아오기 때문에 문제가 없다는 주장이 있을 수 있다. 대상판결도 이렇게 단정한 채 판단했을 수 있다. 그러나, 국가예산으로 지원되고 그 지원금이 전파사용료로 지급되어 결국 국고로 다시 복귀하므로 문제가 없다는 주장은 큰 허점을 안고 있다. 바로 행정비용 낭비라는 중요한 고려를 간과했다는

---

62) 이 논문의 심사위원 한분께서 행정의 효율성은 행정이 준수해야 할 법원칙일 수는 있으나 법관의 법해석의 준칙이라고 보기는 어렵다는 견해를 전해주셨다. 그러나, 효율성을 공익의 주요 요소라는 점을 인정할 수 있다면 법관 또한 공익을 고려한 해석을 할 수 있고 해야 한다는 생각이다. 목적론적 법해석도 관련 입법이 지향하는 공익적 가치를 고려하는 해석이고 이 사건 조항의 입법목적에는 효율성도 포함된다고 해석할 수 있다. 헌법재판소 2000. 11. 30. 선고 98헌바103 결정에서도 현행 전파법 제67조 제1항 제1호 "국가 또는 지방자치단체가 개설한 무선국"에 대하여 전파사용료를 면제하고 있는 점과 관련하여 이들에 대해 전파사용료를 부과한다면, 그것은 전파를 사용하지 않는 일반 국민이나 주민의 부담으로 전가되는 것으로 국가 또는 지방자치단체가 개설한 무선국에 대하여 전파사용료를 면제하는 것은 이들이 수행하는 공적 과제와 종국적으로 국민이나 주민에게 돌아가는 경제적 부담을 경감하기 위한 것이라고 판단하였다.

63) 이원우, "경제규제와 공익",『법학』제47권 3호(2006.9.)

것이다. 2020년은 코로나바이러스감염증 - 19(COVID - 19)이 사회기능을 마비시킨 한해로 기억될 것이다. 침체된 경제 회복을 위해 정부는 수차례 재난지원금을 지급했고 1차 재난지원금이 지급된 2020년 4월 즈음 지원 대상자를 선별하는 대신 전국민에게 재난기본소득 100만원이 지급되었다. 주된 이유는 대상자를 선별하는 데 소요되는 시간과 행정비용을 절약하기 위함이었다. 전파사용료를 부과하고, 납입하는 절차뿐 아니라 이를 위해 기본예산으로 편성되어야 하는 공단예산 관리 비용까지 행정비용이 발생한다. 공익을 위해 무선국을 관리하는 행정청에게 이러한 비용발생, 즉 효율성을 희생하고서라도 얻고자 하는 공익 요소는 찾아보기 어렵다. 더군다나 전파법에서 국가가 개설한 무선국에 대하여 전파사용료를 면제하는 것이 그 공적 과제와 종국적으로 국민이나 주민에게 돌아가는 경제적 부담을 경감하기 위한 것이라는 점을 다시한번 상기해 보면 형식적 법인격 개념에 매몰되어 전파사용료 부과가 적법하다고 판단한 것은 납득하기 어렵다.

나아가 철도시설공단이 국가와 별개의 공법인이므로 당연히 공공용 목적을 위한 전파사용에 대해서도 사용료를 부담해야 한다는 논리는 독립된 법인격을 가지는 원고가 효율적인 운영을 통해 비용을 절감하여 공익에 기여한다는 것을 전제로 하지만 이는 타당하지 않다. 원고의 주요사업은 국민에 대한 직접적인 서비스 제공을 목적으로 하는 것이 아니라 철도 및 철도관련시설 건설 및 유지보수이다. 따라서 전파사용료는 시설유지보수 비용으로 계상될 것으로 보이는데 안전관리 등 공공용 목적을 위한 무선국의 운영, 관리에 있어 필요 없거나 절약되어야 하는 전파사용이라는 개념 자체를 상정하기 쉽지 않다. 공단의 수입·지출 현황을 보더라도 2019년 수입중 약 8조 3천억의 수입 중 2/3정도가 정부지원수입이고 1/3은 차입금이며, 지출은 사업비(철도건설비용), 차입상환금이 대부분을 차지한다.[64]

마지막으로 전파 사용료의 도입 배경을 살펴보아도 마찬가지이다.

전파사용료는 수신전용의 경우를 제외한 모든 무선국의 시설자에게 해당 무선국이 사용하는 전파에 대해 부과하는 공법상 금전급부의무(제67조 제1항)이다. 현행 전파사용료제도는 1990년대부터 이동통신기기 등 전파이용이 급증하면서 전파관리의 행정비용이 증가하고 이용가능한 주파수의 부족현상이 발생함에 따라 전파관리에 필요한 경비의 충당과 희소한 국가자원인 주파수의 효율적인 분배와 사용 및 새로운 주파수의 개발에 필요한 경비를 조달하고자 1993년에 도입되었다.[65]

　　전파법 개정을 논한 제156회 제10차 교통체신위원회 회의록에 따르면, 전파사용료를 도입한 이유는 전파관리에 필요한 행정경비와 전파자원 및 기술의 개발등 전파진흥 재원을 확보하기 위한 제도의 도입으로, 전파진흥의 필요성과 전파관리비용의 대부분을 우정세입으로 충당하고 있는 정부재정 사정을 감안한 것이다. 이처럼 전파진흥을 위한 재원조달의 필요성이 부각되면서 전파사용료에 대한 수익자부담 원칙을 구현하고 그동안 전파(정확하게는 주파수)의 무료사용으로 인한 낭비와 비효율을 막고자 했다. 요컨대, 정부의 재정을 효율적이고 건전하게 운영하기 위하여 도입된 전파사용료 부과 사안인 대상판결에서, 행정비용만 낭비될 뿐 임무 수행의 효율성이나 재정건전성 도모를 전혀 기대할 수 없음에도 형식적 조직법 논리를 이유로 원고의 청구를 기각한 것은 이해하기 어렵다. 국가의 임무를 수행하는 간접행정주체인 공단에게 그 임무를 효율적으로 관리하도록 동기를 부여하기 위한 목적으로 국가의 재정이 낭비되어야 한다는 주장은 본말이 전도된 주장일 뿐이다.

---

64) 철도시설공단 홈페이지 경영공시 목록 중 주요사업 부문과 수입 및 지출현황 참조
65) 1991. 12. 14. 법률 제4441호로 개정된 전파법에서 전파사용료가 처음 도입되었으나, 부칙 조항에 의해 1993. 1. 1.부터 시행됨
　　전파법
　　부칙 < 제4441호,1991.12.14 >
　　제1조 (시행일) 이 법은 1992년 7월 1일부터 시행한다. 다만, 제74조의5의 개정규정
　　(☜ 전파사용료 관련 규정)은 1993년 1월 1일부터 시행한다.

셋째, 대상판결의 해결과 감면규정의 엄격해석은 직접적인 관계가 없다. 감면규정의 엄격해석은 조세법률주의와 조세 공평부담의 원리 등에 따라 조세법 분야에서 발전되어온 확립된 법리로 부담금 감면이 문제가 된 대법원 2007. 10. 26. 선고 2007두9884 판결에서도 인용된 바 있다. 그러나 공단을 이 사건 조항의 국가로 포섭하는 것이 이 사건 조항을 확대 또는 유추해석한 것으로 보기 어렵다. 오히려 앞서 반복적으로 밝힌 바와 같이 이 사건 조항의 '국가'는 조직적 의미에서 국가라는 공법인을 협의로 해석하는 대상이 아니라, '국가의 임무를 수행하는 의미에서의 국가', 즉 작용법적 국가의 의미로 보아야 하고 그렇게 볼 경우 아무리 엄격하게 해석해도 공단이 국가의 임무를 수행하는 점에 대해서 의문이 없기 때문이다.

넷째, 법인으로서 국가와 형식적으로 독립적 지위에서 국가의 권한을 대행하거나 위탁받아 수행할 경우 그 임무수행에 상응하는 크기만큼 공법인의 법적 책임도 인정되어야 할 것이다. 그런데, 대상판결의 사안은 법적 책임과는 무관하며 설령 책임을 부담하는 미래에 더 나은 임무수행 또는 좋은 행정을 기대할 수 있다고 보기도 어렵다.

한편, 위와 같이 이 사건 조항을 이 사건 법관계에 구체적으로 적용하여 해석할 수 있는 여러 근거에도 불구하고 이러한 해석방법의 일반화 가능성이나 법관의 법해석권한의 지나친 확대를 우려하는 견해가 가능하다. 우선 법관의 법해석권한과 관련하여, 최종적 법해석 권한을 가지는 사법부는 사건의 구체적인 타당한 해결을 위해 문언에 반하는 해석까지 하고 있다. 이 사건 조항에 대해 형식적 조직법 법리의 적용만을 고려하지 말고 구체적 법관계의 실질을 고려하자는 이글의 주장은 법문언의 체계적 해석으로 충분히 가능하다. 또한 이글은 이 사건 조항의 해석을 사용료등 금전지급의무와 관련된 국가와 국가임무의 위탁을 받은 기관 상호간의 모든 법관계에 대해 일반적으로 적용할 수 있다는 점을 주장하는 것은 아니다. 단지, 행정조직법 개념은 행정작용법 또는 여타 행정실체법과 마찬가지로 개별 구체적인 법해석에 기초하여야 하고 공법관계에서 법인격을 너무 편의적이고 형식적으로 적용하여서는 안 되기 때문에 관련 법조항의 해석의 가능한 범위 내에서 개별 구체적 법관계를 해석하자는 것이다.

요컨대, 공법영역에서 공행정활동을 수행하는 법주체의 조직형식의 변화가 작용법 영역에 그대로 반영된다고 보기는 어렵고, 문제되는 공행정작용에 대한 개별적인 고찰이 필요하다.66) 시설자산에 해당하는 무선국의 관리는 오로지 공적 목적을 위해서만 이루어진다고 할 것이며 전파사용료 부과를 통해 공단의 책임감이 강화되어 무선국 관리비용을 절감할 수 있는 성질의 사안도 아니다. 즉 원고의 청구를 인용할 만한 구체적 사정이 충분히 존재함에도 불구하고 대상판결이 간단히 청구를 배척하기 위해'법인격'을 이유로 든 것으로밖에 이해되지 않으며 수긍하기 어렵다. 다만 대상판결의 배경에는 행정조직의 법인격에 대해 풍부한 연구결과가 축적되지 않았다는 점에서 학계의 책임도 적지 않을 것이고 애당초 입법을 할 때 간접행정주체나 수행임무의 성격에 대한 충분한 인식이나 이해가 없이 입법이 이루어진 점에서 입법자의 책임도 크다고 생각된다. 관련 연구의 축적을 기대한다.

---

66) 이상덕, "영조물에 관한 연구", 행정법연구 제29호(2010), 338면 참조

참고문헌

박균성, 「행정법론(하)」, 제16판(2018)

김광수, "공기업에 대한 국가의 감독과 통제", 『서강법률논총』제1권 제1호, 2010

김대인, "공기업 개념에 대한 재고찰", 『행정법연구』제33호, 2012. 8.

김유환, "민간의 참여와 협력에 의한 행정과 국가의 보장책임", 『행정법학』제7호, 2014

김형섭, "공공주체의 기업활동의 조직형식에 관한 고찰", 『한양법학』제22권 제3집, 2011

김형섭, "공기업의 국가임무수행에 관한 법리적 고찰-한국토지공사를 중심으로-".『토지공법연구』제54집, 2011

박재윤, "철도산업에서의 국가책임 - 철도민영화의 공법적 문제와 관련하여-", 『행정법학』제7호, 2014

박재윤, "행정조직형태에 관한 법정책적 접근 -독일 조종이론적 관점에서-", 『행정법연구』, 제26호, 2010. 4.

송시강, "공법상 법인에 관한 연구", 『홍익법학』제20권 제1호, 2019

우미형, "Hans J. Wolff의 행정조직법 이론에 관한 연구 - 공법상 '법인' 및 '기관'이론을 중심으로", 서울대학교 박사학위 논문(2016)

이상덕, "영조물의 개념과 이론", 서울대학교 법학연구소 법학연구총서, 2010. 5.

이원우, "항고소송의 대상인 처분의 개념요소로서 행정청", 『저스티스』통권 제68호, 2002

이원우, "독일의 체신업무 민영화-제2차 우편개혁을 중심으로-", 『법과사회』제11호, 1995

이원우, "민영화에 대한 법적 논의의 기초", 『한림법학 FORUM』 제6호, 1998

이원우, "경제규제와 공익", 『법학』 제47권 3호(2006.9.)

이원우, "공공주체의 영리적 경제활동에 대한 법적 고찰", 『공법연구』제
29집 제4호,

이원우, "공기업의 의의와 공법적 통제의 법적 과제", 『공법연구』제45집
제3호, 2017. 2.

최영규, "행정주체 및 공공단체의 개념과 범위 - 공공단체의 개념과 행정
주체성을 중심으로-", 『한국비교공법학회』, 2004

Thomas Groß, §13 Die Verwaltungsorganisation als Teil organisierter
Staatlichkeit, in: Hoffmann—Riem/Schmidt—Aßmann/Voßkuhle(Hrsg.),
Grundlagen des Verwaltungsrechts Bd. I, München 2006

Matthias Jestaedt, §14 Grundbegriffe des Verwaltungsorganisationsrechts,
in: Hoffmann—Riem/Schmidt—Aßmann/Voßkuhle(Hrsg.), Grundlagen
des Verwaltungsrechts Bd. I, München 2006

Wolff/Bachof/Stober/Kluth, Verwaltungsrecht II, 7. Aufl., 2010

국문초록

대상판결은 원고가 국가와 독립된 법인격이라는 점을 주된 근거로 이 사건 조항에 근거하여 원고의 전파사용료 지급 의무를 인정하였다. 조직법 관점에서 대상판결의 원고가 설치법상 독립된 법인격을 부여받았고 피고는 좁은 의미의 국가행정청이라는 점에 의문의 여지가 없다. 작용법적으로 보면 원고는 원래 관리청인 국토교통부장관이 수행했어야 할 국가의 임무인 무선국을 설치·관리하고 있으며, 이를 이유로 피고는 원고에게 전파사용료를 부과했다. 형식적 조직법논리에 기초해 보면 국가와 원고는 별개의 법인격 주체이므로 설령 원고가 국가의 임무를 수행한다고 해도 원고에 대한 전파사용료 부과는 당연한 것처럼 보일 수 있다. 그러나 논의의 국면을 달리하여 원고가 아니라 관리청인 국토교통부장관이 무선국의 시설자였다면 피고가 국토교통부장관에 대해 전파사용료를 부과했을 것인가. 당연히 부과하지 않았을 것이다. 그 이유를 법인격 논리에 따라 살펴보면 국가라는 단일한 법인격 주체 안에서 전파사용료를 부과하고 납부하는 것은 아무 실익 없이 그저 오른쪽 주머니에서 왼쪽 주머니로 돈을 옮겨 넣는 것과 다르지 않게 보이기 때문이다.

게다가 원고인 한국철도시설공단은 대상판결에서 철도시설의 관리라는 국가의 임무를 대행하여 수행하면서 관할청으로 간주된다. 원고가 국가의 임무를 대행할 때 국가의 관할청으로 간주되므로 당연히 최종 책임이 국가로 귀속되는 것이 타당하다. 나아가 원고가 대행하는 임무가 국가의 임무임이 분명하다면 관리청 간주규정과 관계없이 공단은 독립적 행정주체가 아닌 국가의 행정청으로서의 지위로 이해되어야 한다. 원고가 간접행정주체라는 이유로 행정청임과 동시에 행정주체이고 따라서 행정청으로서의 공단의 행위가 별도의 법인격을 가지는 공단으로 귀속된다는 것은 오로지 형식적 논리에 근거한 것으로 타당하지 않다. 원고의 임무가 국가의 임무라는 점 외에도 이 사건 각 처분이 적법하다고 보는 것은 공익의 중요한 요소인 효율성 측면에서

도 받아들이기 어렵다. 이 사건 각 처분은 행정비용만을 발생시킬 뿐으로 국
가의 임무를 수행하는 간접행정주체인 공단에게 그 임무를 효율적으로 관리
하도록 동기를 부여하기 위한 목적으로 국가의 재정이 낭비되어야 한다는 주
장은 본말이 전도된 주장일 뿐이다. 기타 대상판결은 감면규정의 엄격해석
원칙이나 공법인의 책임 문제와도 무관하다.

  행정조직법 개념은 행정작용법 또는 여타 행정실체법과 마찬가지로 개
별 구체적인 법해석에 기초하여야 한다. 행정조직법에 대한 충실한 이해에
기초한 입법이 있다고 보기 어려울 뿐 아니라 행정조직법에 대한 연구 또한
아직 충분히 성숙하지 않은 상태에서 사건의 손쉬운 해결을 위해 행정조직법
개념을 섣부르게 이해하고 해결하는 것은 타당하지 않다. 향후 행정임무를
수행하는 행정조직은 더욱 다양하게 개편될 것이고, 그 과정에서 여러 유형
의 조직형태가 나올 수 있는데 지금까지처럼 법인격의 유무라는 단순한 법논
리에 기대어 사건을 해결한다면 조직권 행사과정에서 전혀 예상하지 못했고
결과적으로 법질서 전체적으로 바람직하다고 보기 어려운 방향으로 법해석과
적용이 계속될 우려가 있다. 향후 관련 연구와 입법의 개선을 기대한다.

  주제어: 공법인, 대행, 간접행정주체, 별개의 법인격, 국가임무

Abstract

The relationship between the change in the subject of national mission and the interpretation of legal relations

Woo Meehyung*

From the perspective of the administrative organization law, there is no question that the plaintiff is granted an independent legal personality under its establishment law, and the defendant is the national administrative agency in a narrow sense. In terms of operating law, the plaintiff is setting up and managing radio stations, which are within the national duties that belong to the Minister of Land, Infrastructure and Transport, the original management agency. And for this reason, the defendant levied a radio wave using fee on the plaintiff. Based on the formal legal organizational logic, the state and the plaintiff are separate juridical entities, so even if the plaintiff performs the state's duties, it may seem natural to impose radio fees on the plaintiff. However, in a different aspect of the discussion, if the Minister of Land, Infrastructure and Transport, the management agency, not the plaintiff, was the facility operator of the radio station, would the defendant have levied a radio wave using fee to the Minister? Of course not. The reason is that if we look at the reason according to the legal personality logic, charging and paying the radio wave using fee within a single legal entity of the state does not seem to be different from simply transferring money from the right pocket to the left pocket without any benefit.

* Ph.D. in Law

The plaintiff is regarded as the competent authority while acting on behalf of the state's task of managing railroad facilities in the grand judgment. When the plaintiff acts on behalf of the state, it is regarded as the competent authority of the state, so of course it is reasonable that the final responsibility belongs to the state. Furthermore, if it is clear that the duty of the plaintiff is the duty of the state, The plaintiff should be understood as the state's administrative agency, not as an independent administrative entity, regardless of the regulations about being considered as the competent authority.

It is not valid that the plaintiff's actions as an administrative agency belong to the plaintiff with a separate legal personality. In addition to the fact that the plaintiff's duty is that of the state, it is difficult to accept that each disposition in this case is legitimate in terms of efficiency, an important element of the public interest. Each disposition in this case only incurs administrative costs Other judgments are irrelevant to the principle of strict interpretation of the reduction and exemption regulations or the liability of public corporations.

The concept of administrative organization law, like the administrative action law, should be based on individual specific legal interpretation. Not only is it difficult to see that there is a legislative based on a faithful understanding of the administrative organization law, and it is not reasonable to prematurely understand and solve the concept of administrative organization law for easy resolution of cases while the research on administrative organization law is not yet mature enough. In the future, administrative organizations carrying out administrative duties will be reorganized in more diverse ways, and in the process, various types of organization types may emerge. If the case is resolved by leaning on the simple legal logic of the existence or absence of a legal person as so far, the interpretation and application of the law will continue in a direction that is not expected and is not desirable as a

whole. I look forward to the improvement of related research and better legislation

Key words: public entity, performance as agent, indirect administrative entity, separate legal entity, state duty

투고일 2020. 12. 12.
심사일 2020. 12. 25.
게재확정일 2020. 12. 28.

建築行政法

도시계획시설사업시행자 지정에 있어 동의요건의 의미
(이희준)

도시계획시설사업시행자 지정에 있어 동의요건의 의미*

이희준**

대법원 2018. 7. 24. 선고 2016두48416 판결

[사안의 개요]

1. 사건의 경위

　가. 피고보조참가인(이하 '참가인')은 피고 광양시장과 협의하여, 약 66,000㎡ 규모의 프리미엄 패션 아울렛 건립사업을 진행하고, 피고 광양시장은 토지 소유자로부터 동의서를 징구하고, 용도지역을 준주거지

---

* 이 글은 2020. 5. 22. 개최된 행정판례연구회 제356차 월례발표회에서 발표한 내용을 수정·보완한 것이다.
** 서울중앙지방법원 판사, 서울대학교 법과대학 박사과정 수료(행정법 전공)

역으로 변경하며, 기반시설로서 대규모점포의 설치를 위한 도시계획시설을 배치하는 것으로 지구단위계획을 변경한다는 '보상업무 위·수탁계약'을 체결하였다.

나. 피고 광양시장은 위·수탁계약에 따라 2013. 12. 30.부터 2014. 6. 17.까지 7차례에 걸쳐 '대규모점포 투자유치를 위한 토지 소유자 서한문 발송'이라는 제목으로 위 사업이 진행되리라 예상되는 토지의 소유자들에게 "소유자들의 토지가 소재된 ○○지구단위계획의 일정 면적에 국내 메이저급 유통시설을 유치하여 우선 개발하는 사업을 추진 중이므로, 첨부된 서한문과 동의서 양식 및 사업시행자 지정 동의서 작성요령을 참고하여 동의서 및 인감증명서를 제출하여 달라"는 공문을 발송하였다. 그 동의서 양식 중 동의내용 항목에는 '도시계획시설사업 동의용'이라고 기재되어 있었고, 도시계획시설 사업시행자 또는 시행예정자 항목에는 '광양시장이 지정하는 아래 도시계획시설 사업시행자 또는 시행예정자'라고 기재되어 있었으며, 그 아래 주소, 성명, 주민등록번호(법인등록번호), 전화번호는 공란이었다.

다. 피고 광양시장은 2014. 6. 3.부터 2014. 6. 17.까지 광양 도시관리계획(○○지구 지구단위계획) 결정(변경)안을 공람·공고하였고, 2014. 6. 12. 주민설명회를 개최하였다. 피고 광양시장은 위 사업 예정지 토지 소유자의 75%로부터 동의서를 받고, 2014. 8. 28. 제2종 일반주거지역 94,127㎡를 준주거지역으로 변경하고, 기반시설인 시장(대규모점포, 78,184㎡), 공공공지(4,303㎡), 경관녹지(3,344㎡), 도로(이하 '이 사건 도시계획시설')를 설치한다는 광양 도시관리계획(지구단위계획)변경을 결정·고시하며(이하 '이 사건 도시계획변경결정'), 그 지형도면을 승인·고시하였다.

라. 피고 광양시장은 2014. 9. 2. 이 사건 도시계획시설을 설치하는

사업(이하 '이 사건 도시계획시설사업')의 대상 토지 소유자들에게 감정평가 결과를 첨부하여 '보상협의 요청서'를 발송하였고, 이에 응한 토지 소유자들의 토지를 매수하여 이 사건 도시계획시설사업 대상 토지 내 사유지 87,384㎡ 중 58,286㎡(66.7%)에 관하여 참가인 앞으로 소유권이전등기를 마쳐주었다.

　　마. 참가인은 2014. 10. 21. 피고 광양시장에게 이 사건 도시계획시설사업에 대한 사업시행자 지정신청을 하자, 피고 광양시장은 2014. 10. 30. 참가인이 이 사건 도시계획시설사업 대상 토지의 2/3 이상을 소유하고, 토지 소유자 총수의 1/2 이상(토지를 매도하지 않은 토지 소유자 112명 중 79명이 동의서 양식에 따라 동의서를 발송하였다)의 동의를 얻어 사업시행자 지정 요건을 갖추었다고 판단하고, 참가인을 이 사건 도시계획시설사업의 시행자로 지정·고시하였다(이하 '이 사건 사업시행자 지정').

　　바. 참가인은 2014. 11. 6. 사업시행자 지정신청변경 및 실시계획 인가신청을 하자, 피고 광양시장은 2014. 11. 10. 위 실시계획을 공람·공고하고, 2014. 11. 18. 관계 행정기관의 장에게 협의를 요청한 다음 2014. 12. 18. 광양 도시계획시설(시장, 도로, 공공공지, 경관녹지) 사업시행자 지정 변경을 결정·고시하고, 그 실시계획을 인가·고시하였다(이하 '이 사건 실시계획인가').

　　사. 피고 광양시장은 보상계획을 통지하고, 3차례에 걸쳐 이 사건 도시계획시설사업 대상 토지 소유자들에게 보상협의를 요청한 후 2015. 2. 6. 피고 전라남도토지수용위원회에 재결을 신청하였다. 이에 피고 전라남도토지수용위원회는 2015. 3. 24. 이 사건 실시계획인가에 따라 토지보상법에 따른 사업인정이 의제된다는 이유로 원고들 소유 부동산에 관하여 수용재결(이하 '이 사건 수용재결')을 하였다.

2. 원고들의 주장

가. 원고들은 이 사건 도시계획변경결정, 이 사건 사업시행자 지정, 이 사건 실시계획인가, 이 사건 수용재결은 위법하다고 주장하였다.1)

나. 이 사건 사업시행자 지정과 관련하여 원고들은 ① 이 사건 도시계획시설사업 대상 토지의 용도지역을 2종 주거지역에서 준주거지역으로 상향하는 것에 대하여 동의를 하였을 뿐 참가인을 사업시행자로 지정하는 것에 대하여 동의를 한 사실이 없고,2) ② 동의서에서 사업시행자가 구체적으로 특정되지 않았으며,3) ③ 동의서 작성 이후에 이 사건 도시계획변경결정이 있었으므로 이를 이 사건 도시계획변경결정 및 이에 따른 사업시행자 지정에 대한 동의로 볼 수 없다고 주장하였다.4)

---

1) 제2심에서는 이 사건 도시계획변경결정, 제3심에서는 이 사건 도시계획변경결정, 이 사건 수용재결의 위법성을 구체적으로 다투지 않은 것으로 보인다.
2) 제1심에서는 동의서 양식에 비추어 그 동의의 대상이 용도지역을 2종 주거지역에서 준주거지역으로 상향하는 데 필요한 동의인지, 이 사건 도시계획시설사업을 추진하는 데 필요한 동의인지 불분명하다고 주장하였다가 제2심에서 위와 같이 주장을 구체화하였다.
3) 제2심에서는 참가인이 사업시행자 또는 사업시행예정자 항목에 임의로 참가인의 주소·성명·법인등록번호·전화번호를 기재하여 사문서를 변조하고 이를 부정행사하였다고까지 주장하였다.
4) 원고들은 제1·2심에서 ① 피고 광양시장이 동의서를 징구한 행위는 근거규정이 없어 무효인 대리행위이고, ② 피고 광양시장이 공인중개사나 변호사가 아니면서 참가인으로부터 일정한 보수를 받고 이 사건 도시계획시설사업 대상 토지의 매매를 알선하여「공인중개사법」또는「변호사법」을 위반하였으며, ③ 私人 간의 매매계약에 불과한 참가인과의 매매계약을 알선하면서 "보상", "토지보상법에 의거"라는 용어를 사용하여 마치「공익사업을 위한 토지 등의 취득 및 보상에 관한 법률」에서 정하는 보상에 의한 취득인 것처럼 가장하여 기망하였고, ④ 겁을 주거나 회유하는 등 적극적으로 토지 소유자들로 하여금 토지의 매각 또는 동의서 작성 등의 의무 없는 일을 하게 하거나 매매계약의 체결 또는 동의서 작성 등의 자유로운 권리행사를 방해한 것으로 공무원의 직권을 남용한 것이라고도 주장하였다. 또한, 제1심에서는 동의서를 받기 전에 민간기업이 사업시행자로 지정되어 실시계획인가를 받는 경

다. 이 사건 실시계획인가와 관련하여 원고들은 ① 「국토의 계획 및 이용에 관한 법률」(이하 '국토계획법')에 따른 실시계획인가를 하기 위해서는 「공익사업을 위한 토지 등의 취득 및 보상에 관한 법률」(이하 '토지보상법')을 준용하여 공용수용을 허용할 수 있는 공익성을 가져야 하는데, 이 사건 도시계획시설사업은 참가인의 독점적이고 배타적인 영리 목적의 판매를 위한 각종 시설의 설치를 내용으로 하여 공익성을 인정할 수 없고, ② 국토계획법 제2조 제6호는 공용수용권이 행사될 수 있는 '기반시설' 중 하나로 '유통·공급시설'을 규정하면서도, 그 구체적인 내용을 아무런 제한 없이 대통령령에 위임하고 있어 포괄위임금지원칙에 위반되며, ③ 「도시·군계획시설의 결정·구조 및 설치기준에 관한 규칙」 제82조 제1호는 기반시설 중 하나인 '시장'에 「유통산업발전법」 제2조 제3호 및 제5호에 따른 대규모점포'를 포함시키고 있는데, 이는 상위법령에서 위임한 범위를 넘어서 당연무효이고, 이에 근거한 이 사건 실시계획인가 역시 무효라고 주장하였다.

3. 관계 법령

국토계획법

제2조(정의)

이 법에서 사용하는 용어의 뜻은 다음과 같다.

6. "기반시설"이란 다음 각 목의 시설로서 대통령령으로 정하는 시설을 말한다.

다. 유통업무설비, 수도·전기·가스공급설비, 방송·통신시설, 공동구 등 유통·공급시설

우 토지가 수용될 수 있고, 동의 후에도 사업시행자 지정 전까지 철회할 수 있음을 알려줄 의무가 있음에도 이를 알리지 않았으므로 그 동의는 효력이 없다고도 주장하였다.

제86조(도시 · 군계획시설사업의 시행자)

⑤ 제1항부터 제4항까지의 규정에 따라 시행자가 될 수 있는 자 외의 자는 대통령령으로 정하는 바에 따라 국토교통부장관, 시 · 도지사, 시장 또는 군수로부터 시행자로 지정을 받아 도시 · 군계획시설사업을 시행할 수 있다.

⑦ 다음 각 호에 해당하지 아니하는 자가 제5항에 따라 도시 · 군계획시설사업의 시행자로 지정을 받으려면 도시 · 군계획시설사업의 대상인 토지(국공유지는 제외한다)의 소유 면적 및 토지소유자의 동의 비율에 관하여 대통령령으로 정하는 요건을 갖추어야 한다.

제88조(실시계획의 작성 및 인가 등)

② 도시 · 군계획시설사업의 시행자(국토교통부장관, 시 · 도지사와 대도시 시장은 제외한다. 이하 제3항에서 같다)는 제1항에 따라 실시계획을 작성하면 대통령령으로 정하는 바에 따라 국토교통부장관, 시 · 도지사 또는 대도시 시장의 인가를 받아야 한다. …

제95조(토지 등의 수용 및 사용)

① 도시 · 군계획시설사업의 시행자는 도시 · 군계획시설사업에 필요한 다음 각 호의 물건 또는 권리를 수용하거나 사용할 수 있다.

1. 토지 · 건축물 또는 그 토지에 정착된 물건

제96조(「공익사업을 위한 토지 등의 취득 및 보상에 관한 법률」의 준용)

① 제95조에 따른 수용 및 사용에 관하여는 이 법에 특별한 규정이 있는 경우 외에는 「공익사업을 위한 토지 등의 취득 및 보상에 관한 법률」을 준용한다.

② 제1항에 따라 「공익사업을 위한 토지 등의 취득 및 보상에 관한 법률」을 준용할 때에 제91조에 따른 실시계획을 고시한 경우에는 같은 법 제20조 제1항과 제22조에 따른 사업인정 및 그 고시가 있었던 것으로 본다. …

국토계획법 시행령

제2조(기반시설)

① 「국토의 계획 및 이용에 관한 법률」(이하 "법"이라 한다) 제2조 제6호 각 목 외의 부분에서 "대통령령으로 정하는 시설"이란 다음 각 호의 시설(당해 시설 그 자체의 기능발휘와 이용을 위하여 필요한 부대시설 및 편익시설을 포함한다)을 말한다.

3. 유통 · 공급시설 : 유통업무설비, 수도 · 전기 · 가스 · 열공급설비, 방송 · 통신시설, 공동구 · 시장, 유류저장 및 송유설비

③ 제1항 및 제2항의 규정에 의한 기반시설의 추가적인 세분 및 구체적인 범위는 국토교통부령으로 정한다.

제96조(시행자의 지정)

① 법 제86조 제5항의 규정에 의하여 도시 · 군계획시설사업의 시행자로 지정받고자 하는 자는 다음 각호의 사항을 기재한 신청서를 국토교통부장관, 시 · 도지사 또는 시장 · 군수에게 제출하여야 한다.

1. 사업의 종류 및 명칭

2. 사업시행자의 성명 및 주소(법인인 경우에는 법인의 명칭 및 소재지와 대표자의 성명 및 주소)

3. 토지 또는 건물의 소재지 · 지번 · 지목 및 면적, 소유권과 소유권외의 권리의 명세 및 그 소유자 · 권리자의 성명 · 주소

4. 사업의 착수예정일 및 준공예정일

5. 자금조달계획

② 법 제86조 제7항 각 호외의 부분 중 "대통령령으로 정하는 요건"이란 도시계획시설사업의 대상인 토지(국 · 공유지를 제외한다. 이하 이 항에서 같다)면적의 3분의 2 이상에 해당하는 토지를 소유하고, 토지소유자 총수의 2분의 1 이상에 해당하는 자의 동의를 얻는 것을 말한다.

도시·군계획시설의 결정·구조 및 설치기준에 관한 규칙 제82조(시장) 이 절에서 "시장"이란 다음 각 호의 시설을 말한다.
1. 「유통산업발전법」 제2조 제3호 및 제5호의 규정에 의한 대규모점포 및 임시시장

[판결의 요지]

1. 제1심판결(광주지방법원 2015. 11. 26. 선고 2015구합10773 판결)의 요지

제1심법원은 이 사건 사업시행자 지정과 관련하여, 토지 소유자들 동의의 내용(동의의 상대방이 누구인지, 동의의 대상이 되는 도시계획시설이 무엇인지)과 그 동의의 진정성(그 동의서가 토지 소유자의 진정한 의사로 작성되었는지)을 확인해야 함을 전제로, 도시계획변경결정 전에 이루어진 토지 소유자들의 동의는 동의의 대상을 특정할 수 없으므로 원칙적으로 효력이 없지만, 도시계획변경결정에 준하는 정도로 도시계획시설의 방법으로 설치될 시설에 관한 계획, 즉 국토계획법 제43조 제1항에서 말하는 시설의 종류·명칭·위치·규모가 제공되고, 사업시행자로 지정받으려고 하는 자는 동의 후에 이루어진 도시계획변경결정이 원래 계획과 달리 결정된 경우 그 동의를 철회할 수 있다는 취지를 토지 소유자들에게 고지한 경우에 한하여 예외적으로 동의의 효력을 인정할 수 있다고 판시하였다. 이 사건의 경우 동의서에 그러한 기재가 없으므로, 도시계획시설 사업시행자 지정에 필요한 동의요건을 충족하지 못하였고, 이러한 위법은 중대·명백하므로 이 사건 사업시행자 지정은 무효이며, 이에 근거한 이 사건 실시계획인가, 이 사건 수용재결이 무효라고 선고하였다.

2. 제2심판결(광주고등법원 2016. 7. 21. 선고 2015누7509 판결)의 요지

가. 이 사건 사업시행자 지정에 관하여

제2심법원은 동의서에 본인 소유의 토지에 대하여 도시계획시설사업 시행자 또는 시행예정자가 동의내용대로 도시계획시설사업을 하는 것에 대하여 동의한다는 기재가 있고 '사업시행자 지정 동의서 작성요령'이라는 제목의 서면을 함께 첨부하였으므로, 그 동의서가 용도지역을 2종 주거지역에서 준주거지역으로의 상향에 한정되는 것이라고 볼 수는 없다고 판시하였다. 토지 소유자들이 '피고 광양시장이 지정하는 아래 도시계획시설 사업시행자 또는 시행예정자'가 공란으로 되어 있음을 확인하고도 서명을 한 것은 피고 광양시장이 동의의 상대방인 '시행자로 지정을 받으려는 자'를 보충하는 것을 위임한 것이고, 피고 광양시장은 사업시행자란이 공란으로 되어 있는 동의서를 참가인에게 교부하고 참가인이 동의서 중 사업시행자란을 보충한 것은 위임된 보충권을 행사한 것으로서 적법하다고 판시하였다.

제2심법원은 제1심법원과 마찬가지로 시설의 종류·명칭·위치·규모가 제공되고, 사업시행자로 지정받으려고 하는 자는 동의 후에 이루어진 도시계획변경결정이 원래 계획과 달리 결정된 경우 그 동의를 철회할 수 있다는 취지를 토지 소유자들에게 고지한 경우에 한하여 예외적으로 도시계획변경결정 전 동의의 효력을 인정할 수 있다고 하면서, 이 사건의 경우 동의서 등에 그러한 기재가 없으므로 도시계획시설 사업시행자 지정에 필요한 동의요건을 충족하지 못하였고, 도시계획변경결정 이후에 그러한 하자가 치유되었다고 볼 수는 없지만, 이에 관하여 해석상 다툼의 여지가 있을 수 있었고, 참가인이 이 사건 도시계획시설사업의 대상 토지의 동의요건은 충족하였으며, 토지 소유자들에게 이 사건 동의서를 징구할 당시 '메이저급 유통시설'을 유치할 계획임을 밝히고, 주민설명회를 개최하거나 전화 상담을 하여 이 사건 도시계획변경결정에 관한 정보를 제공한 점 등을 종합하여 그 위법성이 명백하다고 볼 수 없어, 이 사건 사업시행자 지정이 당연 무효라고 할 수 없다고 판시하였다.

나. 이 사건 실시계획인가에 관하여

제2심법원은 이 사건 도시계획시설사업의 공익성과 관련하여, 이 사건 도시계획시설사업에 따라 건립될 아울렛은 '대규모점포'에 해당하고, 그 규모나 기능 등이 「도시·군계획시설의 결정·구조 및 설치기준에 관한 규칙」제83조에서 정한 결정기준에도 부합하며, 국민들의 행복한 삶의 추구에 보탬이 되는 기반시설로서의 가치 및 그로부터 파생되는 공공성의 요청이 충족되는 이상 그 시설의 설치 및 운영에 사업시행자의 영리 목적이 포함되었다는 이유만으로 이를 기반시설이 아니라고 보기 어렵고, 그 시설은 불특정 다수인에게 이용 가능성이 열려있으며, 대량의 일자리창출과 주변 관광상품의 활성화, 유통산업 발달로 인한 세입증대 등 직·간접적으로 국민들의 삶의 질 향상이 예측된다는 이유로 이 사건 실시계획인가는 적법하다고 판시하였다.

나아가 제2심법원은 국토계획법 제2조 제6호 다목에서 '유통·공급시설'의 예시로 공동구, 유통업무설비, 수도·전기·가스공급설비, 방송·통신시설을 함께 규정하고 있어 대통령령에 규정될 내용을 예측할 수 있고, '유통·공급시설'의 종류와 규모는 시대가 변화해감에 따라 변동할 수 있어 이를 하위법령에 위임하는 것이 입법기술상 더 타당할 수 있는 점 등을 이유로 국토계획법 제2조 제6호의 '유통·공급시설'이 포괄위임

금지원칙에 위반되지 않고, 시장이라 함은 '수요자와 공급자 사이에 재화와 서비스의 거래가 이루어지는 일정한 장소'를 의미하고, 「유통산업발전법」상 대규모점포가 이에 해당함은 규정의 문언상 명백하며, 그 시설 및 규모에서 파생되는 영향력을 고려할 때 더욱 공익성을 가진다고 할 것이어서 대기업이 영리목적으로 설치하였다는 사정만으로는 「도시·군계획시설의 결정·구조 및 설치기준에 관한 규칙」이 '대규모점포'를 '유통·공급시설'과 '시장'으로 규정한 것을 상위법령에서 위임받은 범위를 넘었다고 볼 수 없다고 하였다.

결국 제2심법원은 제1심판결 중 피고들 패소 부분을 취소하고 이 사건 도시계획변경결정, 이 사건 사업시행자 지정, 이 사건 실시계획인가, 이 사건 수용재결의 무효를 구하는 원고들의 청구를 기각하였다.

3. 대법원판결의 요지

가. 이 사건 사업시행자 지정에 관하여

대법원은 도시계획시설 사업시행자 지정에 있어 동의요건을 둔 취지를 설명하면서 사업시행자 지정에 있어 동의의 유효요건에 관하여 다음과 같이 판시하였다.

"… 국토계획법이 민간사업자가 도시·군계획시설(이하 법령을 인용하는 경우를 제외하고는 모두 '도시계획시설'이라고 한다)사업의 시행자로 지정받기 위한 동의 요건을 둔 취지는 민간사업자가 시행하는 **도시계획시설사업의 공공성을 보완하고 민간사업자에 의한 일방적인 수용을 제어**하기 위한 것이다(대법원 2017. 7. 11. 선고 2016두

35120 판결 등 참조). 이러한 입법 취지에 비추어 보면, 사업시행자 지정에 관한 토지소유자의 동의가 유효하기 위해서는 동의를 받기 전에, **그 동의가 사업시행자 지정을 위한 것이라는 동의 목적, 그 동의에 따라 지정될 사업시행자, 그 동의에 따라 시행될 동의 대상 사업 등이 특정되고 그 정보가 토지소유자에게 제공**되어야 한다. ..."

이에 대법원은 이러한 법리에 비추어 이 사건의 경우에도 동의 목적과 동의 대상 사업시행자가 특정되었다고 판단하였다.

다만 대법원은 사업시행자 지정에 관한 동의의 시기에 관하여는 원칙적으로 도시계획변경결정 이후에 받는 것이 원칙이라고 하면서도, 그 예외에 관하여는 제1·2심판결과 약간 달리 판시하였다.

"... 사업시행자 지정을 위한 동의를 받기 위하여 토지소유자에게 제공되어야 할 동의 대상 사업에 관한 정보는, 해당 도시계획시설의 종류·명칭·위치·규모 등이고, 이러한 정보는 일반적으로 도시계획시설결정 및 그 고시를 통해 제공되므로 토지소유자의 동의는 도시계획시설결정 이후에 받는 것이 원칙이라고 할 수 있다.

그런데 국토계획법령은 동의 요건에 관하여 그 동의 비율만을 규정하고 있을 뿐, 동의 시기 등에 관하여는 명문의 규정을 두고 있지 않다. 또한 재정상황을 고려하여 지방자치단체 등이 민간사업자 참여에 대한 토지소유자의 동의 여부를 미리 확인한 뒤 그 동의 여부에 따라 사업 진행 여부를 결정하는 것이 불합리하다고 볼 수도 없다. 이러한 점을 고려하면, **도시계획시설결정 이전에 받은 동의라고 하더라도, 동의를 받을 당시 앞으로 설치될 도시계획시설의 종류·명칭·위치·규모 등에 관한 정보가 토지소유자에게 제공**

되었고, 이후의 도시계획시설결정 내용이 사전에 제공된 정보와 중요한 부분에서 동일성을 상실하였다고 볼 정도로 달라진 경우가 아닌 이상, 도시계획시설결정 이전에 받은 사업시행자 지정에 관한 동의라고 하여 무효라고 볼 수는 없다."

대법원은 이러한 법리에 비추어 이 사건의 경우 토지 소유자들에게 서한문, 주민설명회, 전화상담 등의 방법으로 향후 설치될 도시계획시설에 대한 기본적인 정보가 제공되었고, 이후 도시계획시설결정이 동일성을 달리할 정도로 변경되었다고 보기 어려우므로, 이 사건 사업시행자 지정에 하자가 인정된다고 볼 수 없다고 판단하였다.

나. 이 사건 실시계획인가에 관하여

대법원은 '대규모점포'가 기반시설에 포함될 수 있는지에 관하여 다음과 판시하면서, '대규모점포' 역시 공공필요성이 인정되는 기반시설에 해당한다고 판단하였다.

"… 국토계획법상 기반시설은 도시 공동생활을 위해 기본적으로 공급되어야 하지만 공공성이나 외부경제성이 크기 때문에 시설의 입지 결정, 설치 및 관리 등에 공공의 개입이 필요한 시설을 의미한다.

기반시설을 조성하는 행정계획 영역에서 행정주체가 가지는 광범위한 재량, 현대 도시생활의 복잡·다양성과 그 질적 수준 향상의 정도 등을 고려하면, 어떤 시설이 국토계획법령이 정하고 있는 기반시설에 형식적으로 해당할 뿐 아니라, 그 시설이 다수 일반 시민들이 행복한 삶을 추구하는 데 보탬이 되는 기반시설로서의 가치가 있고 그 시설에 대한 일반 시민의 자유로운 접근 및 이용이

보장되는 등 공공필요성의 요청이 충족되는 이상, 그 시설이 영리
목적으로 운영된다는 이유만으로 기반시설에 해당되지 않는다고
볼 것은 아니다."

나아가 대법원은 "행정주체가 기반시설을 조성하기 위하여 도시계
획시설결정을 하거나 실시계획인가처분을 할 때 행사하는 재량권에는
그 한계가 있음이 분명하므로, 이는 재량통제의 대상이 된다."고 하여
실시계획인가처분은 재량행위라고 전제한 다음과 같이 실시계획인가처
분의 재량권 일탈·남용에 관한 판단기준을 제시하였다.

"… 도시계획시설사업에 관한 실시계획인가처분은 해당 사업
을 구체화하여 현실적으로 실현하기 위한 형성행위로서 이에 따라
토지수용권 등이 구체적으로 발생하게 된다. 따라서 행정청이 실시
계획인가처분을 하기 위해서는 그 실시계획이 법령이 정한 도시계
획시설의 결정·구조 및 설치기준에 적합하여야 함은 물론이고 사
업의 내용과 방법에 대하여 인가처분에 관련된 자들의 이익을 공
익과 사익 간에서는 물론, 공익 상호 간 및 사익 상호 간에도 정당
하게 비교·교량하여야 하며, 그 비교·교량은 비례의 원칙에 적
합하도록 하여야 한다."

대법원은 이러한 법리에 비추어 이 사건 도시계획시설사업이 지역
주민들의 자유롭고 편리한 경제·문화 활동에 크게 기여할 것이고, 지역
사회에 상당한 일자리 창출이 예상되고, 지역 내 유입 및 유동인구의
증가, 세수 증대 등 직·간접적 효과로 인한 지역 주민들의 삶의 질 향
상이 기대된다는 등의 이유로 이 사건 실시계획인가처분이 재량권을 일
탈·남용하였다고 볼 수 없다고 판단하였다.

결국 대법원판결로 상고는 기각되어 제2심판결이 그대로 확정되었다.

[硏　　究]

1. 문제의 제기

　　私人에 의한 도시계획사업은 그 私人의 영리만을 목적으로 하는 것으로 변질될 우려가 있으므로 적절한 통제와 감독을 필요로 한다. 국토계획법령은 행정청으로 하여금 단계별 계획의 인가 등을 통하여 私人에 의한 도시계획사업이 변질되지 않게 감독하도록 규정하고 있다. 그 행정청도 도시계획사업을 시행하는 私人에 포획될 수 있으므로, 법원은 사후적으로 그 인가의 적법성을 통제하게 된다.

　　그러나 이러한 감독과 통제는 '형량'이라는 모호한 문구로 다소 희미해진다. 대상판결은 "이 사건 실시계획인가처분과 관련되는 사익이 공익보다 크다는 점에 관한 구체적 증명이 있다고 보기 어렵다.", "달리 도시계획시설결정 이후에 공익성을 상실하였다고 볼 만한 사정의 변경도 발견되지 아니한다." 등 그 증명책임이 원고들에게 있다는 식으로 판시하여, 국토계획법령에서 '대규모점포'를 기반시설로 규정한 이상 私人이 도시계획시설사업으로 그 '대규모점포'를 설치하는 것은 원칙적으로 적법하다는 식으로 판단한다. 법원이 공익 그 자체를 발견하는 데에는 한계가 있으므로,5) 이러한 부분에까지 강력한 통제를 하도록 요구하기는 어려운 측면이 있는 것도 사실이다.

---

5) 이에 관하여는 拙稿, "공법의 근본개념으로서 「공익」: 대법원판결례로 살펴본 「공익」 개념", 2019년 공동학술대회: 공법의 근본개념들, 한국공법학회·사법정책연구원·서울대학교 법학연구소(2019), 43 이하 참조.

대신 법원은 좀 더 명확한 절차와 요건에 집중하게 된다. 대상판결에서 논의되는 동의요건이 바로 그 '명확한 절차와 요건' 중 하나라고할 수 있다. 대상판결은 이러한 동의요건에 관하여 구체적인 판시를 하였다는 점 자체만으로도 의의가 크다고 할 수 있다. 대상판결은 私人을도시계획시설사업 시행자로 지정함에 있어6) 토지 소유자의 동의를 언제, 어떠한 절차를 통하여 받아야 하는지 비교적 상세히 판시하였다. 국토계획법령에 그에 관한 구체적인 규정이 없음에도 무엇을 근거로 이러한 해석론을 전개하였는지 살펴봄으로써, 私人에 의한 도시계획사업의감독·통제가 어떻게 이루어져야 하는지 시사점을 얻을 수도 있을 것으로 보인다.

이하에서는 동의요건을 해석하기에 앞서 동의요건의 연혁을 살펴보고(아래 2. 참조), 동의요건을 둔 취지가 무엇인지 살펴본다(아래 3. 참조). 이를 바탕으로 동의요건을 어떻게 해석할 것인지 자세히 살펴보도록 하겠다(아래 4. 참조).7)8)

---

6) 여기서는 관리청에 무상으로 귀속되는 공공시설을 설치하고자 하는 민간 사업시행
  자는 제외한다. 이 경우에는 동의요건을 충족할 필요가 없기 때문이다. 대법원
  2018. 11. 29. 선고 2016두38792 판결("국토의 계획 및 이용에 관한 법률 제86조 제
  7항에 따르면, '국가 또는 지방자치단체'(제1호), '대통령령으로 정하는 공공기관'
  (제2호), '그 밖에 대통령령으로 정하는 자'(제3호)에 해당하지 아니하는 자가 도시
  ·군계획시설사업의 시행자로 지정을 받으려면 도시·군계획시설사업의 대상인 토
  지(국공유지 제외)의 소유 면적 및 토지소유자 동의 비율에 관하여 대통령령으로
  정하는 별도의 요건을 갖추어야 한다. 그 위임에 따라 국토의 계획 및 이용에 관한
  법률 시행령 제96조 제4항 제3호는 법 제86조 제7항 제3호의 '그 밖에 대통령령으
  로 정하는 자' 중 하나로 "법 제65조의 규정에 의하여 공공시설을 관리할 관리청에
  무상으로 귀속되는 공공시설을 설치하고자 하는 자"를 규정하고 있다. 따라서 이
  러한 사람에 대하여는 사인을 도시·군계획시설사업의 시행자로 지정하기 위한 별
  도의 소유 및 동의 요건이 요구되지 않는다.") 참조.
7) 대상판결에서는 상권영향 평가 대상지역 범위 내 상인의 원고적격, 기반시설의 범
  위('대규모점포'의 포함 문제), 실시계획인가처분에 있어 재량권 통제, 실시계획과
  실시계획인가의 법적 성격과 그 관계 등도 문제될 수 있으나, 이 글에서는 그에 대

2. 동의요건의 연혁

가. 도시계획시설사업에서의 동의요건

도시계획시설사업은 도시계획법 제정 당시부터 私人이 시행할 수 있었다. 1962. 1. 20. 법률 제983호로 제정된 구「도시계획법」제5조 제2항은 "국토건설청장은 특히 필요하다고 인정될 경우에는 각령의 정하는 바에 의하여 행정청이 아닌 자에게 그 출원에 의하여 도시계획사업[9]의 일부를 집행하게 할 수 있다."고 규정하였다.[10] 1963. 6. 14. 각령 제1351호로 개정된 구「도시계획법시행령」제3조 제6항 제5호는 私人이 사업집행자로 지정받기 위해서는 신청서에 '사업지구 내 토지면적 2/3 이상에 해당하는 토지 소유자의 동의서'를 첨부하여야 한다고 하여 이른바 '소유요건'(도시계획사업의 대상인 토지 면적의 일정 비율 이상을 소유하거나 그 소유자로부터 동의를 얻을 것)을 규정하였다.

한 논의는 생략한다.

8) 참고로 대상판결에 대하여 김용섭, "2018년 행정법(I) 중요판례평석", 인권과 정의 제480호, 대한변호사협회(2019), 116은 대상판결에 관하여 동의가 유효하기 위한 전제 조건으로 "토지소유자의 동의 자체가 회유나 강요가 아니라 자발적으로 이루어 진 것이라는 점은 제시되지 않고 있다."고 하고, "실시계획 인가처분이 비례원칙에 적합하도록 하여야 한다는 것은 몰라도 비교·교량이 비례의 원칙에 적합하도록 하여야 한다는 표현은 적절한 판시라고 보기 어렵다."고 평석하였다. 김남철, "2018년 행정법(II) 중요판례평석", 인권과 정의 제480호, 대한변호사협회(2019), 147은 "다수의 이익에 공여한다면 영리목적시설이라 하더라도 공공필요성을 갖춘 기반시설로 보아야 하는지 의문이다."라고 평석하였다.

9) '도시계획사업'은 '도시계획시설사업'을 포함하여 도시계획에 관한 사업을 통칭하는 개념이다. 국토계획법 제2조 제11항은 '도시·군계획사업'이란 ① 도시·군관리계획을 시행하기 위한 도시·군계획시설사업, ②「도시개발법」에 따른 도시개발사업, ③「도시 및 주거환경정비법」에 따른 정비사업을 뜻한다고 정의하고 있다.

10) 1934. 6. 20. 조선총독부제령 제18호로 제정된 「조선시가지계획령」제3조 제2항도 행정청이 아닌 자에게 출원에 의하여 시가지계획사업의 일부를 집행하게 할 수 있다고 규정하고 있었다.

1971. 1. 19. 법률 제2291호로 「도시계획법」이 전면 개정된 이후에
도 私人은 관할시장·군수의 허가를 받아 도시계획사업을 시행할 수 있
도록 하였고, 이에 따라 1971. 7. 22. 대통령령 제5721호로 전부개정이
된 구 「도시계획법시행령」 제25조 제1항은 도시계획사업시행허가신청
서에 첨부할 서류를 건설부령에 위임하였으나, 「도시계획법시행규칙」
등에는 그 첨부할 서류에 관한 규정을 두지 않았다. 1981. 9. 25. 대통
령령 제10473호로 개정된 구 「도시계획법시행령」 제25조 제2항은 도시
계획사업시행허가신청서에 첨부할 서류를 명시하였으나, 토지 소유자의
동의서를 요구하지는 않았다. 이후 「도시계획법」, 「도시계획법시행령」,
「도시계획법시행규칙」이 수차례 개정되었지만 '소유요건'이나 '동의요
건'을 명시한 바는 없었다. 다만 「도시계획(재정비)수립지침」 등에서는
私人이 사업시행자로서 도시계획시설을 설치하기 위하여 도시계획을
입안하는 경우에는 대상 토지 면적의 80% 이상을 확보하도록 하여 실
무상으로는 소유요건을 그대로 유지하였던 것으로 보인다.[11]

그러다가 2002. 2. 4. 법률 제6655호로 국토계획법이 제정되고
2002. 12. 26. 대통령령 제17816호로 국토계획법 시행령이 제정되면서
'소유요건'과 함께 처음으로 '동의요건'이 나타났다. 제정 당시 국토계획
법 제86조 제7항은 행정청 등에 해당하지 않는 자가 도시계획시설사업
시행자로 지정받고자 하는 때에는 대통령령이 정하는 요건을 갖추어야
한다고 규정하였고, 제정 당시 국토계획법 시행령 제96조 제3항은 여기
서 말하는 '대통령령이 정하는 요건'은 도시계획시설사업의 대상인 토지
(국·공유지 제외) 면적의 2/3 이상에 해당하는 토지를 소유하고, 토지 소

---

11) 제정부, "민간사업시행자에 의한 토지수용 법제", 법제 제507호, 법제처(2000), 18
   참조. 이 글에서는 국민의 권리·의무에 영향을 미치는 사항임에도 이를 내부지침
   에 불과한 「도시계획(재정비)수립지침」으로 정한 것은 적절하지 않다고 지적하고
   있다.

유자 총수 2/3 이상 동의를 얻는 것이라고 정하였다. 2007. 1. 19. 법률 제8250호로 국토계획법이 개정되면서 '대통령령이 정하는 요건'은 '도시계획시설사업의 대상인 토지(국·공유지를 제외한다)의 소유면적 및 토지소유자의 동의비율에 관하여 대통령령이 정하는 요건'으로 바뀌었고, 2008. 1. 8. 대통령령 제20535호로 국토계획법 시행령이 개정되면서 도시계획시설사업의 민간참여를 활성화하기 위하여 동의요건이 2/3 이상에서 1/2 이상으로 완화되어 현재에 이르렀다.

나. 도시개발사업 · 정비사업에서의 동의요건

이러한 동의요건은 도시계획시설사업 이외의 다른 도시계획사업, 즉 「도시개발법」에 따른 도시개발사업과 「도시 및 주거환경정비법」(이하 '도시정비법')에 따른 정비사업에서도 나타난다.

도시개발사업의 경우 ① 도시개발구역의 토지 소유자(수용 또는 사용 방식의 경우에는 도시개발구역의 국공유지를 제외한 토지면적 2/3 이상을 소유한 자), ② 그 소유자가 도시개발을 위하여 설립한 조합, ③ 부동산개발업자, 자기관리부동산투자회사, 위탁관리부동산투자회사 등 도시개발사업을 시행할 능력이 있다고 인정되는 私人도 시행자로 지정될 수 있는데(「도시개발법」 제11조 제1항), 조합 설립을 인가받기 위해서는 해당 도시개발구역의 토지면적 2/3 이상에 해당하는 토지 소유자와 그 구역의 토지 소유자 총수 1/2 이상 동의를 받아야 한다(「도시개발법」 제13조 제3항). 이와 별도로 국가, 지방자치단체, 공공기관, 정부출연기관, 지방공사가 아닌 私人인 시행자는 사업대상 토지면적 2/3 이상에 해당하는 토지를 소유하고, 도시개발구역지정 고시일 기준으로 토지 소유자 총수 1/2 이상 동의를 받아야 도시개발사업에 필요한 토지 등을 수용할 수 있다(「도시개발법」 제22조 제1항 단서).[12] 과거 토지구획정리사업에서는

私人인 토지 소유자가 토지구획정리조합을 설립하여 그 사업을 시행하는 경우에는 조합설립을 위하여 시행지구 내 토지면적 2/3 이상에 해당하는 토지 소유자의 동의를 미리 받도록 하였고(「토지구획정리사업법」 제17조), 그 사업을 직접 시행하는 경우에는 시행지구 내 토지 소유자 총수 1/2 이상과 토지면적 2/3 이상에 해당하는 토지 소유자의 동의를 얻도록 하였는데(「토지구획정리사업법」 제11조),13) 「도시개발법」 제정으로 「토지구획정리사업법」 등을 폐지하면서 이러한 동의요건이 들어온 것으로 보인다.

정비사업 중 재개발사업, 재건축사업14)은 원칙적으로 조합이 시행하는데(도시정비법 제25조), 재개발조합은 토지등소유자 3/4 이상 및 토지면적 1/2 이상의 토지 소유자 동의를 받아서, 재건축조합은 주택단지 공동주택의 각 동별 구분소유자 1/2 이상의 동의와 주택단지의 전체 구분소유자의 3/4 이상 및 토지면적 3/4 이상의 토지 소유자 동의를 받아

---

12) 2000. 1. 28. 법률 제6242호로 「도시개발법」을 제정할 당시에는 토지 소유자 총수 2/3 이상의 동의를 요구하였으나, 2007. 4. 11. 법률 제8376호 개정으로 토지 소유자 총수 1/2 이상의 동의를 요구하는 것으로 변경되었다.

13) 토지구획정리사업은 도시계획사업으로 「도시계획법」에 의하여 규율되다가 1966. 8. 3. 법률 제1822호로 제정된 「토지구획정리사업법」에 의하여 규율되었는데, 제정 당시에는 토지 소유자의 총수 및 그 토지면적의 각 4/5 이상에 해당하는 토지 소유자의 동의를 요구하였다가 1980. 1. 4. 법률 제3255호 개정으로 위와 같이 규정하게 되었다. 참고로 「토지구획정리사업법」 제정 이전에는 「토지개량사업법」에 따라 토지개량사업을 시행하였는데, 1961. 12. 31. 법률 제948호로 제정된 「토지개량사업법」 제9조 제2항은 토지개량조합 설립인가를 받기 위해서는 토지 소유자 2/3 이상의 동의를 얻어야 한다고 규정하고 있었고, 일제강점기 토지개량사업을 규정한 「조선토지개량령」 제2조에 따르면 토지개량 시행인가를 받은 자 또는 수리조합이 토지개량사업을 시행할 수 있었는데, 「조선수리조합령」 제3조 제1항에 따르면 조합원 1/2 이상, 토지면적 2/3 이상에 해당하는 토지 소유자의 동의를 얻어야만 수리조합 설치인가를 받을 수 있었다.

14) 정비사업 중 주거환경개선사업은 시장·군수 등이 직접 시행하거나 토지주택공사 등 공공기관이 반드시 참여하여 시행하도록 되어 있다(도시정비법 제24조).

서 설립인가를 받게 된다(도시정비법 제35조).[15] 재개발조합은 정비구역
에서 재개발사업을 시행하기 위하여 토지, 물건 또는 그 밖의 권리를
취득할 수 있게 되고(도시정비법 제63조), 재건축조합은 조합설립 또는 사
업시행자 지정에 동의하지 아니한 토지등소유자에게 매도청구를 할 수
있게 된다(도시정비법 제64조). 도시정비법이 제정되기 전 동의요건은 다
소 달랐다. 도시정비법이 제정되기 전 재건축조합은 설립인가를 받기
위해 「집합건물의 소유 및 관리에 관한 법률」(이하 '집합건물법') 제47조
에 따른 재건축 결의(구분소유자 및 의결권 각 4/5 이상)가 있어야 한다고
보는 것이 실무였고,[16] 이와 관련하여 「주택건설촉진법」 제44조의3 제
7항에 주택단지 내 여러 동의 건물이 있으면 집합건물법 제47조 제1항,
제2항의 규정에도 불구하고 각 동별 구분소유자 및 의결권 각 2/3 이상
결의와 주택단지 내 전체 구분소유자 및 의결권 4/5 이상 결의가 있어
야 한다는 특칙을 두었다.[17] 재개발사업의 경우 1976. 12. 31. 법률 제
2968호로 「도시재개발법」을 제정할 당시에는 재개발구역 내 토지면적
2/3 이상과 토지 소유자 총수 1/2 이상의 동의가 필요한 것으로 규정하
였다가, 1981. 3. 31. 법률 제3409호 개정으로 토지면적 2/3 이상의 토
지 소유자 동의와 토지 소유자 총수 및 건축물소유자 총수 각 2/3 이상
의 동의를 요구하여 사업시행 인가를 받기 위한 요건으로만 동의요건을

---

15) 도시정비법 제정 당시 주택재개발조합은 토지등소유자 4/5 이상의 동의를 받아서,
주택재건축조합은 주택단지 내 공동주택 각 동별 구분소유자 및 의결권 각 2/3 이
상의 동의와 주택단지 내 전체 구분소유자 및 의결권 각 4/5 이상의 동의를 받아서
설립인가를 신청하였어야 했는데(구 도시정비법 제16조), 2007. 12. 21. 법률 제
8785호 개정으로 위 각 '4/5 이상의 동의'가 '3/4 이상의 동의'로 바뀌었고, 2009. 2.
6. 법률 제9444호 개정으로 주택재개발조합은 현행과 같이, 주택재건축조합은 주
택단지 내 공동주택 각 동별 구분소유자 2/3 이상 및 토지면적 1/2 이상의 토지 소
유자 동의와 주택단지 내 전체 구분소유자 3/4 이상 및 토지면적 3/4 이상의 토지
소유자 동의를 받아야 하는 것으로 바뀌었다가, 2016. 1. 27. 법률 제13912호 개정
으로 주택재건축사업도 현행과 같이 바뀌게 되었다.
16) 김종보, 건설법의 이해(제6판), 피데스(2018), 466 등 참조.
17) 이 특칙은 1999. 2. 8. 법률 제5908호로 개정되면서 도입된 규정이다.

두었고, 1995. 12. 29. 법률 제5116호 개정으로 시행인가에서의 동의요
건과는 별도로 조합설립인가를 받기 위해서는 토지 소유자 총수 및 건
축물소유자 총수 각 2/3 이상에 해당하는 자의 동의를 얻어야 한다고
규정하였다.

3. 동의요건의 취지

이상의 연혁을 살펴보면 동의요건은 오래전부터 도시계획사업 전
반에서 나타나고 있음을 확인할 수 있다. 그러나 입법 자료만으로는 정
확히 어떠한 취지에서 동의요건을 두었는지 확인되지 않는다.18) 설령
그 취지가 확인되더라도 당시의 입법현실을 감안한다면, 예를 들어 민
원을 줄인다든가, 면적이 작은 토지 소유자를 보호하기 위하여 등과 같
이 매우 투박한 형태였을 것으로 보인다.

그렇다고 하여 이러한 투박한 행태의 논변만으로는 해석론을 전개
하기에는 한계가 있다. 보다 정치한 해석론을 전개하기 위해서는 그간
운영된 사정을 바탕으로 도시계획사업법제뿐 아니라 건설법제 전체의
체계와 행정법의 기본원리 등에 비추어 동의요건의 취지를 목적론적·
체계적으로 해석해야 할 것이다. 이러한 해석론을 바탕으로 동의요건의
취지에 관하여는 다음의 3가지 논변이 가능할 것으로 보인다.

---

18) 제정부, "민간사업시행자에 의한 토지수용 법제", 법제 제507호, 법제처(2000), 19는
「도시재개발법」 제정 동시 동의요건이 도입되기 시작하였으나, 그 도입 배경에 관
하여 명확하게 규정된 것은 발견하기 어렵다면서 단지 다양한 의견을 수렴하여 민
원을 최소화하고 사업지구 내 토지 소유자의 총의를 도출하고자 하는 취지이지 않
을까 짐작만 하고 있다. 도시계획직 공무원이 쓴 국토계획법 해설서 등을 살펴보
더라도(이원식, 국토의 계획 및 이용에 관한 법률의 이해, 백산출판사(2007), 387
등 참조) 소규모 토지 소유자의 권익을 보호하기 위한 것이라는 서술 정도만 발견
될 뿐이다.

가. 재산권 논변

민간이 주도하는 도시계획사업에서 요구되는 동의요건은 토지소유권을 전제로 한다는 점에서 독일에서 논의되는 이른바 '건축의 자유'(Baufreiheit)를 연상시킨다. 독일은 오래 전부터 토지소유권으로부터 건축을 할 수 있는 자유가 도출된다고 설명하고 있다. 1794년 프로이센 일반란트법 제65조는 "통상 모든 소유자는 확실히 자신의 대지를 건물과 함께 점유하거나 그 건물을 변경할 권한이 있다."고 하였고,[19] 오늘날에도 기본법 제14조 제1항 1문에서 보장하는 재산권의 하나인 토지소유권(Grundeigentum)에서 건축의 자유가 도출된다고 본다.[20] 연방헌법재판소도 토지를 법률의 틀 안에서 건축적으로 이용하는 것은 토지소유권의 내용에 속한다고 명시한 바 있다.[21] 연방행정법원도 '건축허가청구권'(Anspruch auf Erteilung der Baugenehmigung)의 근거를 원칙적으로 재산권보장에 관한 규정인 기본법 제14조 제1항 1문에서 찾는다.[22] 우리나라에서도 재산권에서 건축허가청구권을 도출하는 견해가 주장되고 있는데[23] 이러한 논리를 확장한다면 동의요건은 '실시계획인가'라는 건

---

19) Bahnsen, Der Bestandsschutz im öffentlichen Baurecht, Shriften zum Baurecht, Bd. 8, Nomos Verlag(2011), S. 27ff.; Epping/Hillgruber, Beck'scher Online‐Kommentar GG, 23. Aufl., Verlag C.H. Beck(2014), Art. 14, Rn. 45(Autor: Axer) 참조.

20) Maunz/Dürig, Grundgesetz‐Kommentar, Verlag C.H. Beck(2014), Art. 14, Rn 57(Autor: Papier); Epping/Hillgruber, Beck'scher Online‐Kommentar GG, 23. Aufl., Verlag C.H. Beck(2014), Art. 14, Rn. 45(Autor: Axer) 참조.

21) BVerfGE 35, 263(276) = NJW 1973, 1491; BVerfGE 104, 1(11) = NVwZ 2001, 1024 등 참조.

22) BVerwG, Urteil vom 6. 6. 1975 ‐IV C 15/73‐, NJW 1976, 340 등 참조.

23) 김남철, "건축허가의 법적 성질에 관한 소고", 공법학연구 제5권 제2호, 한국비교공법학회(2004), 423 이하 등 참조. 참고로 김동석, "대지 소유권의 미확보를 이유로 공동주택 사용승인을 거부할 수 있는지 여부", 대법원판례해설 제79호, 법원도서관(2009), 747은 "대지의 소유권 또는 사용권이 확보되지 아니한 상태에서 그 지상에 건축물이 축조되는 경우에는 불필요한 분쟁을 야기하고 또 이로 인해 건축물을 철거하여야 하는 경우에는 사회경제적인 손실이 유발된다는 점에서 공익과도 관련이

축허가를 받기 위한 당연한 전제로 이해하게 될 것이다. 다만 소유자 전원의 동의를 요건으로 하지 않는 것은 작은 면적의 토지만 소유한 소유자가 이른바 '알박기' 등으로 권한을 남용할 우려가 있으므로 이를 방지하기 위한 것이라고 설명하게 될 것이다.24)

실제로 집합건물법 제47조의 동의요건은 명백히 이 논변에 기초한 것으로 확인된다. 집합건물법의 母法25)이라고 할 수 있는 일본의 「건물의 구분소유 등에 관한 법률」(建物の区分所有等に関する法律)은 1983년 개정으로 집합건물법 제47조와 같은 내용인 제62조 '대체건축결의'(建替え決議)에 관한 규정을 신설하였는데, 그 취지에 관하여는 종래 대체건축을 하는 경우 구분소유자 전부의 동의가 있어야 하는 문제가 있어 공동주택의 노후화에 대응하기 위하여 다수결에 의하여 대체건축이 가능하도록 한 것이라고 설명된다.26) 다시 말해 1동의 건물을 효과적으로 개발하기 위하여 구분소유자들의 다수결로 재건축이 가능하도록 동의

있다"고 하면서도 이러한 의미에서 "건축법은 건축허가를 신청하는 자가 그 대지의 소유나 사용에 관한 권리를 보유하는 것을 당연한 요건으로 보아 따로 규정하지 아니 한다"고 설명하기도 한다.

24) 조병구, "이른바 '알박기'에 대한 법경제학적 고찰", 청연논총 제9집, 사법연수원(2012), 579 이하는 이러한 논리로 재건축조합의 매도청구권을 '버티기'(Hold Out)에 대한 대응방안으로 설명한다.

25) 김용덕 편집대표, 주석 민법[물권 2](제5판), 한국사법행정학회(2019), 118 (이원 집필) 등은 집합건물법이 일본의 「건물의 구분소유 등에 관한 법률」(建物の区分所有等に関する法律)을 기초로 일부 수정을 거치는 방법으로 제정된 것이라고 설명한다.

26) 稲本洋之助·鎌野邦樹, （コンメンタール)マンション區分所有法(第3版), 日本評論社(2015), 396-397頁 참조. 다만 伊藤榮壽, 所有法と團體法の交錯: 區分所有者に對する團體的拘束の根據と限界, 成文堂(2011), 213頁 이하는 이 규정을 구분소유권에 대한 단체법적인 구속으로 보고, 이를 정당화하기 위하여 반대하는 구분소유자의 소유권을 충분히 보장하고, 적법절차 원칙에 따라 반대하는 구분소유자의 의견표명 기회를 충분히 보장해야 하는 한계가 있다고 설명하는데, 이 단체법적인 구속은 결국 '건축단위' 내에서 1인 1표의 원리에 따라 구속한다는 뜻이어서 아래에서 말하는 '민주주의 논변'에 기한 것이라고 볼 여지도 있기는 하다.

요건을 둔 것이라는 뜻이다. 1동의 건물에 묶인 구분소유자가 효율적으로 그 집합건물을 활용할 수 있도록 구분소유자 전원이 동의하지 않더라도 동의요건을 충족하면 개발을 할 수 있도록 한 것이다.

그러나 이 논변은, 실시계획인가로 사업시행자에게 공용수용권이 부여되어 도시계획사업 대상 토지의 소유권을 취득할 수 있음에도 왜 그 전에 토지 소유권의 취득을 요구하는 것인지, 특히 작은 면적의 토지만 소유한 소유자에게 그가 소유한 면적에 비해 더 큰 권한을 주는 동의요건은 왜 두게 된 것인지를 설명할 수 없다. 또한 도시계획시설사업, 도시개발사업은 국가 또는 지방자치단체도 시행할 수 있는데(국토계획법 제86조 제1항 내지 제4항, 「도시개발법」 제11조 제1항 제1호), 국가 또는 지방자치단체가 시행하는 개발사업의 경우에는 왜 동의요건을 요구하지 않는 것인지 설명할 길이 없어 보인다. 우리나라는 독일과 달리 토지와 건물을 별개의 권리 목적으로 보기 때문에 토지 소유권이 있어야만 그 위에 건물을 건축할 권리가 인정된다고 할 이유는 없고 '건축할 권리'는 일반적 행동자유권에서 도출된다고 봄이 상당하므로[27] 굳이 개발사업의 허가에서도 '재산권'을 반드시 그 배경으로 둘 필요는 없다. 개발사업, 특히 공공성이 큰 기반시설을 설치하는 도시계획시설사업을 사적 유용성을 전제로 한 재산권의 범주 내로 묶어두는 것은 공익을 목적으로 하는 도시계획사업의 본질에도 맞지 않아 보인다.

---

27) 이에 관하여는 拙稿, "건축할 권리의 본질과 개발사업법의 기본구조", 제303차 월례 발표회 발표문, 행정판례연구회(2015), 8 이하 참조. 다만 건축을 하더라도 민사법에 따라 철거될 가능성이 크다면 그에 대한 건축허가나 사업시행인가 등을 할 실익이 없기 때문에 관련 법령에서 동의요건 등을 요구한다고 보아야 할 것이다. 참고로 독일 연방행정법원은 건축허가청구권의 근거를 기본법 제14조 제1항 1문뿐만 아니라, 인격의 발현을 규정한 기본법 제2조 제1항에서도 찾을 수 있다고 하면서, 토지(대지) 이용에 사법상 방해가 있다면, 신청인에게는 건축허가를 받을 이익이 없으므로 행정청은 건축허가를 거부할 수 있다고 판시한 바 있다. BVerwG, Urteil vom 23. 3. 1973 —IV C 49/71—, NJW 1973, 1518 참조.

나. 공용수용 논변

동의요건을 재산권 행사를 확인하는 것이 아니라 逆으로 재산권을 제한하기 위한 요건으로 해석하는 논변도 생각해볼 수 있다. 다시 말해 동의요건은 공용수용의 요건인 '공공필요'(헌법 제23조 제3항)를 인정하기 위한 요건으로 보는 것이다.[28]

이는 대법원과 헌법재판소가 취하는 논변으로 보인다. 대법원은 2014. 7. 10. 선고 2013두7025 판결에서 동의요건 충족 여부 판단 기준 시기는 사업시행자 지정 처분 시라고 하면서 그 근거로 "동의요건은 이러한 민간기업에 대한 수용권 부여를 정당화하는 근거로서 의미가 있으므로 도시계획시설결정 내지 사업시행자 지정 신청이 있은 후라도 사업시행자 지정 처분이 행하여질 때까지 권리변동이나 사정변경이 있는 경우에는 그 의사에 반하여 소유권을 상실하게 되는 해당 권리자의 의사를 존중하는 것이 구 국토계획법의 취지에 부합하는 점"을 들어 민간시행자의 수용권을 정당화하기 위해 동의요건을 둔 것처럼 판시하였다. 대법원은 2017. 7. 11. 선고 2016두35120 판결뿐 아니라 대상판결에서도 동의요건을 둔 취지를 "민간사업자에 의한 일방적인 수용을 제어하기 위한 것"이라고 하고 있다. 헌법재판소도 2011. 6. 30. 선고 2008헌

---

28) 제정부, "민간사업시행자에 의한 토지수용 법제", 법제 제507호, 법제처(2000), 18은 동의요건은 민간수용을 인정하기 위한 요건으로 설명한다. 김종보, "도시계획시설의 공공성과 수용권", 행정법연구 제30호, 행정법이론실무학회(2011), 289 이하는 공공성을 보완하기 위하여 동의요건을 두고 있다고 하면서도 이러한 동의요건을 충족시켜야 헌법상 공공필요 요건을 충족할 가능성이 생기는 것이라고 하여, 동의요건은 공용수용을 정당화하기 위한 것으로 보고 있다. 허강무, "도시계획시설사업의 수용 및 보상에 관한 법적 쟁점", 행정법연구 제35호, 행정법이론실무학회(2013), 207 이하는 민간에 의한 수용을 정당화하기 위해서는 수용의 공공필요성을 보장하고 수용을 통한 이익을 공적으로 귀속시킬 수 있는 입법적 조치가 수반되어야 한다고 하면서, 동의요건을 민간사업시행자의 토지수용요건으로 보고 있다.

바166, 2011헌바35(병합) 결정에서 민간기업이 도시계획시설사업 시행자로서 수용권을 행사하는 것은 과잉금지 원칙에 반하지 않는다고 하면서, "민간기업의 일방적인 의사에 의해 수용절차가 진행되지 않도록 하는 제어장치"로서 소유·동유요건을 두고 있으므로 피해의 최소성이 인정된다고 판시하였다.

그러나 이 논변은 다음과 같은 이유에서 문제가 있다.

첫째, 이 논변은 동의요건이 왜 필요한지 정확하게 설명하지는 못한다. 헌법 제23조 제3항에서 보듯이 공용수용은 '공공필요', '정당한 보상'으로 정당화되는 것이지, 동의요건을 요건으로 하고 있지 않다. 나아가 소유지분에 따라 비중을 두지 않고 왜 소유자 1인에게 1표를 주는 방식으로 동의요건을 설정하였는지도 설명해주지 못한다.

둘째, 동의요건이 충족된다고 해서 곧바로 수용권이 부여되는 것도 아니다. 도시개발사업은 앞서 본 바와 같이 동의요건이 충족되어야만 수용권을 행사할 수 있다고 명시하고 있지만(「도시개발법」 제22조 제1항 단서), 다른 도시계획사업은 수용권한이 부여되는 제2차 계획(사업계획)29)이 아니라 그 이전인 사업시행자 지정 또는 공공조합 설립 단계에서 동의요건을 요구한다. 제1차 계획(개발계획) 이후에 누가 사업을 시행할 것인지 결정하는 단계에서 동의요건이 요구되는 것이다. 특히 도시계획시설사업의 경우 동의요건은 시행자로 지정되기 위한 요건으로 있을 뿐이다. 수용권을 부여받기 위한 전제인 사업인정의 의제도 시행자

---

29) 김종보, 건축행정법(제3판), 학우(2005), 411은 개발사업의 절차를 ① 그 사업이 진행되어야 할 대상지역의 위치와 면적을 확정하는 제1차 계획(개발계획), ② 구체적인 사업계획을 수립하고 이를 근거로 토지를 수용하는 제2차 계획(사업계획), ③ 완료 후 완성된 택지 또는 주택을 분배하는 제3차 계획(권리배분계획)의 3단계의 행정계획으로 나누어서 설명하고 있는데, 이 글에서도 이에 따른다.

지정 이후 실시계획이 인가되고 이것이 고시된 경우에서야 비로소 인정된다(국토계획법 제96조 제2항). 이러한 점 때문에 동의요건의 취지를 공용수용의 측면에서 설명하는 데에는 한계가 있다.30)

셋째, 이 논변도 기본적으로 재산권을 중심으로 한 것이어서 공익을 목적으로 하는 도시계획사업에 잘 들어맞지 않는다. 앞서 본 바와 같이 재산권을 배경으로 개발사업의 허가를 설명할 필요가 없다면 굳이 재산권 또는 그 반대인 공용수용을 기초로 동의요건의 취지를 설명할 필요는 없다.

다. 민주주의 논변(공익 논변)

결국 동의요건을 사업시행자 지정 그 자체를 중심으로 이해하여야 한다. 도시계획시설사업이란 '기반시설 중 도시계획으로 결정된 시설을 설치·정비·개량하는 사업'으로(국토계획법 제2조 제10호 등) 公的 任務에 해당한다고 할 수 있다. 이러한 공적 임무는 원칙적으로 행정주체가 수행해야 하지만, 私人에게도 위탁할 수 있을 것이다. 이러한 공적 임무를 위탁받은 민간시행자는 행정주체와 독립하여 자신의 이름으로 임무를 수행할 뿐 아니라 수용권이라는 고권적인 권한을 행사하므로 公務受託 私人(Beliehene)에 해당한다고 할 수 있다.31) 따라서 시행자 지정은 공

---

30) 참고로 제정부, "민간사업시행자에 의한 토지수용 법제", 법제 제507호, 법제처 (2000), 19는 동의요건의 입법례를 ① 사업인가(승인)요건, ② 수용권 발동요건, ③ 혼합형 3가지로 나누어 볼 수 있다고 설명한다. 그러면서 공용수용 논변으로 설명되기 어려워 보이는 혼합형에 관하여는 "사업계획안의 제안단계에서부터 토지 소유자를 이에 참여시켜 토지 소유자의 이해를 높여 사업의 성공적 수행을 도모하고, 아울러 수용 전 일정면적 이상 토지매수 요건의 이행을 통하여 토지수용시의 저항을 최소화하려는 것으로서 사업의 성공과 토지 소유자의 재산권보장의 조화를 이루려는 취지에서 최근에 도입되었다"고 설명하고 있다.

31) 공무수탁사인 일반론에 관하여는 이상덕, "공무수탁사인 개념에 관한 연구: 개념

무위탁행위(Beleihung)에 해당한다고 할 수 있다. 이러한 공무위탁행위
는 공적 임무와 위탁 목적, 그리고 법률관계의 다양성, 이질성 때문에
어떤 단일한 형태의 법적 형상이 있는 것은 아니다.[32] 헌법에 명시적인
규정이 없는 이상 공무위탁행위의 요건은 입법자가 재량껏 정할 수 있
을 것이다. 다만 민주적 정당성의 고리가 유지되기 위해 공무위탁행위
에 민주적 정당성을 보완할 수 있는 장치가 마련되거나, 공무위탁을 한
행정주체가 감독·통제하는 장치가 마련되어야 할 것이다.

이러한 측면에서 본다면 동의요건은 적어도 그 '건축단위'[33] 내에
서 민주적 정당성을 보완하기 위한 요건이 아닐까 생각한다. 도시개발
사업의 경우 개발계획의 수립 및 도시개발구역의 지정(도시개발법 제3조,
제4조), 정비사업의 경우 정비계획의 결정 및 정비구역의 지정(도시정비
법 제8조, 제9조), 도시계획시설사업의 경우 도시계획시설결정(국토계획법
제30조)이 내려지면 지정된 토지는 하나의 '건축단위'로 묶이게 되는
데,[34] 도시계획사업으로 그 '건축단위' 내 주민들이 가장 큰 영향을 받
게 되므로, 도시계획사업의 민주적 정당성을 보완하기 위하여 그 주민
들의 동의를 얻도록 동의요건을 둔 것이라고 말이다.[35]

굴곡의 역사와 현대적 과제", 사법논집 제59집, 법원도서관(2015), 241 이하 참조.
32) Wolff/Bachof/Stober/Kluth, Verwaltungsrecht II, 7. Aufl., Verlag C.H. Beck (2010), §
90 Rn. 41 참조.
33) '건축단위'에 관하여는 김종보, 건설법의 이해(제6판), 피데스(2018), 211 이하 참조.
34) 이 때문에 도시개발구역(도시개발법 제9조 제2항), 정비구역(도시정비법 제17조 제1
항)이 지정·고시된 경우에는 지구단위계획구역으로 결정되어 고시된 것으로 본다.
35) 참고로 일본의 「도시재개발법」 제14조 제1항은 재개발조합의 설립을 인가받기 위해
서는 시행지구 내 택지 소유자 또는 임차권자 총수 및 면적 합계 2/3 이상의 동의를
받도록 하여 동의요건을 두고 있는데, 이는 1967년 3월 택지심의회 제6차 답신을
통하여 주민참가제도와 함께 도입된 것으로 관계자의 권리보호, 사업내용의 실질적
인 합리성 확보, 민주주의적 절차의 보장을 위한 것이라고 한다. 見上崇洋, "住民參
加の權利性と權利主體について: 再開發事業の同意權の法的性質と共通利益", 現代都市
法の課題と展望: 原田純孝先生古稀記念論集, 日本評論社(2017), 119頁 이하 참조.

대법원이 대상판결 등에서 '도시계획시설사업의 공공성 보완'을 언급한 것도 어쩌면 공용수용 논변을 넘어서, 건축단위 내 소유자들의 민주적 합의를 통해 공익을 달성하겠다는 측면을 강조한 것이 아닐까 생각한다.36)

4. 동의요건의 해석

그렇다면 앞서 본 3가지 논변에 따라서 동의요건의 해석은 어떻게 달라질까.

---

36) 특히 이러한 측면에서 대법원 2017. 7. 11. 선고 2016두35120 판결("도시·군계획시설사업은 도시 형성이나 주민 생활에 필수적인 기반시설 중 도시관리계획으로 체계적인 배치가 결정된 시설을 설치하는 사업으로서 공공복리의 실현과 밀접한 관련이 있다. 구 국토의 계획 및 이용에 관한 법률(2013. 3. 23. 법률 제11690호로 개정되기 전의 것, 이하 '국토계획법'이라 한다)이 도시·군계획시설사업을 토지 등을 수용할 수 있는 사업으로 규정한 것도 그 사업으로 설치되는 기반시설의 기능에 공공성이 인정되기 때문이다. 그런데 사인(私人)이 도시·군계획시설사업을 시행하는 때에는 그 도시·군계획시설이 국토계획법이 정한 '공공시설'에 해당하는 등 특별한 사정이 없는 한, 설치된 도시·군계획시설의 소유·관리·처분권은 사업시행자인 사인에게 귀속되고, 국토계획법은 그 권리의 행사에 관하여 별다른 규율을 하고 있지 않다. 따라서 도시·군계획시설사업을 사인이 시행하는 때에는 행정청이나 공공단체가 시행하는 때와 비교하여 시설의 공공적 기능 유지라는 측면이나 시설의 운영·처분 과정에서 발생하는 이익의 공적 귀속이라는 측면에서 상대적으로 공공성이 약하다고 볼 수 있다. 나아가 해당 시설이 민간의 이윤 동기에 맡겨도 공급에 문제가 없을 정도로 영리성이 강한 시설이라면 도시·군계획시설사업이 공익사업을 가장한 사인을 위한 영리사업으로 변질될 우려도 있다. 결국 국토계획법이 사인을 도시·군계획시설사업의 시행자로 지정하기 위한 요건으로 소유 요건과 동의 요건을 둔 취지는 사인이 시행하는 도시·군계획시설사업의 공공성을 보완하고 사인에 의한 일방적인 수용을 제어하기 위한 것이다. 그러므로 만일 국토계획법령이 정한 도시계획시설사업의 대상 토지의 소유와 동의 요건을 갖추지 못하였는데도 사업시행자로 지정하였다면, 이는 국토계획법령이 정한 법규의 중요한 부분을 위반한 것으로서 특별한 사정이 없는 한 그 하자가 중대하다고 보아야 한다.")은 다시 음미해 볼 필요가 있다.

가. 동의권자

국토계획법 시행령 제96조 제2항은 토지 소유자 총수의 1/2 이상의 동의를 받도록 하고 있는데, 여기서 동의권자인 '토지 소유자'가 누구인지 문제가 된다. 재산권 논변, 공용수용 논변에 따른다면 이는 당연히 민법에 따라 소유자로 인정된 자를 말할 것이다. 만약 국토계획법제가 소유자가 아닌 다른 사람을 동의권자로 본다면 이를 위헌이라고 보게 될 것이다.

그러나 민주주의 논변에 따른다면 동의권자는 반드시 소유자일 필요는 없다. '건축단위' 내에서 민주적 정당성을 보완할 수 있는 방법으로 적절하게 동의권자를 정하면 된다. 이에 「주민투표법」 제5조 제1항과 같이 주민등록을 기준으로 하는 방안을 생각해볼 수 있겠지만, 「주민등록법」 제29조 제2항에 따라 주민등록표 열람이 제한되어 있는 상태에서 민간사업자가 주민등록을 기준으로 주민에 해당하는 자를 확정하여 동의를 받도록 하는 것은 매우 어려워 보인다. 실제 거주자를 동의권자로 하는 방안도 생각해 볼 수 있겠지만, 거주이전이 자유로운 상황에서 특정 시점에 그 '건축단위' 내에 실제 거주하고 있는 자로부터 동의를 받게 하는 것도 사실상 불가능할 것으로 보인다. 그래서 국토계획법 시행령 제96조 제2항은 모두에게 공개된 부동산등기부를 기준으로 동의권자를 정하고 있는 것이다.

다만 동의권자를 건축단위 내 토지 소유자로 한 것이 입법론적으로 타당한지 의문이 제기될 수는 있다. 토지 소유자의 동의만으로는 민주적 정당성을 보완하는 데 한계가 있기 때문이다. 그 토지의 소유자에 문의하여 확인할 수 있는 토지 임차권자도 동의권자로 포함하는 방안도 모색할 수 있을 것으로 보인다. 또한 소유권취득의 실질적 요건은 모두 갖추고 있으나 등기를 갖추고 있지 아니한 '사실상 소유자'를 포함시키는 방안도 생각해 볼 수 있을 것이다.[37)]

　　결과적으로 본다면 3가지 논변 모두 토지 소유자를 동의권자로 본다는 점에서는 같다. 그러나 이러한 논변의 차이가 특수한 사례에서는 차이를 만들어내기도 한다. ① 예를 들어 토지 공유자들의 경우를 들 수 있다. 이에 관하여 대법원 2014. 7. 10. 선고 2013두7025 판결은 "관련 법령에서 공유자들을 1인의 토지 소유자로 산정하여야 한다는 특별한 규정을 두고 있지 않은데다가 수용절차의 토대가 되는 사업시행자 지정에 대한 동의권한 행사에 관하여 공유자들 각자가 독자적인 이익을 가지므로, 원칙적으로 공유자들 각각을 토지 소유자로 산정하여야 한다."고 판시하였다.[38)] 재산권 논변이나 공용수용 논변에 따른다면 토지 공유자들은 토지와 마찬가지로 그 동의권도 공유한다고 보아야 할 것이고, 이는 공유물의 변경에 관한 것이므로 민법 제264조에 따라 공유자 전원의 동의에 따라 행사할 수 있다고 해석해야 할 것이다. 그러나 민주주의 논변에 따르면 공유자 각각은 건축단위 내 소속원이므로 모두 1표를 갖는다고 해석하게 될 것이다. ② 1인이 여러 필지의 토지를 소유하고 있는 경우도 마찬가지이다. 재산권 논변이나 공용수용 논변에 따

---

37) 이에 대하여 유해용, "수익적 행정처분의 취소 제한", 고요한 정의의 울림: 신영철 대법관 퇴임기념 논문집, 사법발전재단(2015), 1071 이하는 실정법에는 "사실상 소유자"와 같은 개념이 사용되는 경우도 있지만, 국토계획법령에서는 이에 관한 규정이 없으니 원칙으로 돌아가 법률상 소유만을 뜻하는 것으로 해석하는 것이 타당하다고 설명하면서도, 동의를 받아야 할 토지 소유자를 사실상 소유자라고 한다면 행정청으로서는 동의요건의 판단이 어렵게 되고 사실상 소유자가 동의요건의 하자를 들어 처분을 다툴 수 있어 절차의 안정성도 확보될 수 없다고 설명한다.

38) 참고로 도시개발사업의 경우 「도시개발법 시행령」 제44조, 제6조 제4항 제2호에 따르면 다른 공유자의 동의를 받은 대표 공유자 1명만을 해당 토지 소유자로 본다 (다만 집합건물법에 따른 구분소유자는 각각을 토지 소유자 1명으로 본다). 정비사업의 경우 도시정비법 시행령 제33조 제1항도 같은 취지의 규정을 두고 있다.

른다면 필지의 수대로 동의권을 인정해야 한다고 할 것이지만, 민주주의 논변에 따른다면 반드시 그럴 필요는 없어 보인다.[39]

나. 동의의 절차

국토계획법 등에는 동의절차와 관련하여 별다른 규정을 두고 있지 않지만, 대상판결은 입법취지에 비추어 "사업시행자 지정에 관한 토지소유자의 동의가 유효하기 위해서는 동의를 받기 전에, 그 동의가 사업시행자 지정을 위한 것이라는 동의 목적, 그 동의에 따라 지정될 사업시행자, 그 동의에 따라 시행될 동의 대상 사업 등이 특정되고 그 정보가 토지 소유자에게 제공되어야 한다."고 판시하였다.

재산권 논변, 공용수용 논변에 따른다면, 동의는 단순히 토지의 처분 문제이기 때문에 대상판결에서 언급된 정보가 반드시 제공되어야 한다는 논리를 세우기는 어렵다. 다만 민간사업자 등이 동의를 받기 위해 여러 정보를 제공할 것으로 보이고, 그 정보가 '동의'라는 의사표시를 함에 있어 '동기'가 될 것인데, 그 정보가 중요한 부분에 관한 것이라면 민법 제109조 제1항을 유추적용 하여 취소할 수 있다고 할 것이다.[40]

---

39) 참고로 정비사업의 경우 도시정비법 시행령 제33조 제1항에서도 원칙적으로 1인이 둘 이상의 소유권 또는 구분소유권을 소유하고 있는 경우에는 소유권 또는 구분소유권의 수에 관계없이 토지등소유자를 1인으로 산정하도록 하고 있다.

40) 대법원 1997. 9. 30. 선고 97다26210 판결("동기의 착오가 법률행위의 내용의 중요 부분의 착오에 해당함을 이유로 표의자가 법률행위를 취소하려면 그 동기를 당해 의사표시의 내용으로 삼을 것을 상대방에게 표시하고 의사표시의 해석상 법률행위의 내용으로 되어 있다고 인정되면 충분하고 당사자들 사이에 별도로 그 동기를 의사표시의 내용으로 삼기로 하는 합의까지 이루어질 필요는 없지만, 그 법률행위의 내용의 착오는 보통 일반인이 표의자의 입장에 섰더라면 그와 같은 의사표시를 하지 아니하였으리라고 여겨질 정도로 그 착오가 중요한 부분에 관한 것이어야 한다.") 참조.

그러나 민주주의 논변에 따른다면, 민주주의적 절차를 보장하기 위하여 동의 전에 그 동의의 목적, 동의에 따라 지정될 사업시행자, 그 동의에 따라 시행될 동의 대상 사업 등에 관한 정보가 당연히 제공되어야 한다고 논리를 세울 수 있다.[41] 선거, 주민투표 등 민주주의적 절차를 생각한다면, 그 정보제공은 계약서 작성과 같이 서면에만 의할 것은 아니고 주민설명회 등 다양한 방식으로 이루어질 수 있을 것으로 보이는데, 대상판결 역시 동의서 양식만 살펴보지 않고, 서한문의 발송뿐 아니라 주민설명회, 전화상담 등의 방법으로도 정보를 제공할 수 있음을 전제로 그 동의절차가 적법하다고 보았다.

다. 동의의 시기

이에 관하여 대상판결은 동의는 원칙적으로 도시계획변경결정 이후에 받는 것이 원칙이지만, 도시계획시설결정 이전에 받은 동의도, 동의를 받을 당시 앞으로 설치될 도시계획시설의 종류·명칭·위치·규모 등에 관한 정보가 토지 소유자에게 제공되었고, 이후의 도시계획시설결정 내용이 사전에 제공된 정보와 중요한 부분에서 동일성을 상실하였다고 볼 정도로 달라진 경우가 아닌 이상, 도시계획시설결정 이전에 받은 사업시행자 지정에 관한 동의라고 하여 무효라고 볼 수는 없다고 하였다.

만약 재산권 논변, 공용수용 논변에 따르면, 동의는 단순히 토지의 처분 문제이기 때문에 그 시기를 제한하는 논리를 세우기는 어렵다. 토지 소유자의 의사표시가 해당 사업시행자 지정에 관한 동의로 볼 수 있

---

41) 見上崇洋, "住民参加の権利性と権利主体について: 再開発事業の同意権の法的性質と共通利益", 現代都市法の課題と展望: 原田純孝先生古稀記念論集, 日本評論社(2017), 126頁 이하에서는 권리보호 측면뿐 아니라 민주주의적 절차 보장 측면에서 동의의 의사표시 전에 사업내용의 설명과 그에 대한 질의응답 등 상호이해가 당연히 전제되어야 한다고 설명한다.

으면, 그 시기와 관계없이 유효하다고 볼 것이다. 다만 도시계획변경결정 이전에는 그 사업시행자 지정이 있을 것인지 예측하기 어려운 측면이 있으므로, 토지 소유자의 동의는 통상 도시계획변경결정 이후에 이루어지게 될 뿐이다.

그러나 민주주의 논변에 따른다면, 민주주의적 절차 보장이 전제되어야 하기 때문에 도시계획변경결정 이후에 동의를 받는 것이 원칙이라고 할 것이다. 다만 무용한 절차의 반복을 막기 위하여 대상판결과 같이 동의를 받을 당시 앞으로 설치될 도시계획시설에 관한 정보가 이미 제공되었고, 이후의 도시계획시설결정 내용이 사전에 제공된 정보와 중요한 부분에서 동일성을 상실하였다고 볼 정도로 달라진 경우가 아니라면 예외적으로 도시계획변경결정 이전의 동의도 유효하다고 할 수 있을 것으로 보인다. 다만 제1심판결, 제2심판결에서 판시한 바와 같이 동의 후에 이루어진 도시계획변경결정이 원래 계획과 달리 결정된 경우 그 동의를 철회할 수 있다는 취지도 알리도록 하여 더욱 철저하게 민주주의적 절차가 보장될 수 있도록 하는 것이 적절하지 않았나 하는 아쉬움은 있다.

라. 동의율 충족시점

이에 관하여 대법원 2014. 7. 10. 선고 2013두7025 판결은 "도시계획시설사업의 시행자로 지정을 받기 위한 동의요건으로서 토지 소유자 총수의 2분의 1 이상에 해당하는 자의 동의를 얻어야 함을 규정하면서 동의요건 판단의 기준 시기나 동의율의 산정 방법에 관하여는 아무런 규정을 두고 있지 않다. 그런데 사인의 공법상 행위는 명문으로 금지되거나 성질상 불가능한 경우가 아닌 한 그에 따른 행정행위가 행하여질 때까지 자유로이 철회하거나 보정할 수 있으므로 사업시행자 지정 처분이 행하여질 때까지 토지 소유자는 새로이 동의를 하거나 동의를 철회할 수 있다고 보아야 하는 점, 사업시행자로 지정받은 민간기업이 실시계획 인가를 받으면 도시계획시설사업의 대상인 토지를 수용할 수 있게 되는데, 동의요건은 이러한 민간기업에 대한 수용권 부여를 정당화하는 근거로서 의미가 있으므로 도시계획시설결정 내지 사업시행자 지정 신청이 있은 후라도 사업시행자 지정 처분이 행하여질 때까지 권리변동이나 사정변경이 있는 경우에는 그 의사에 반하여 소유권을 상실하게 되는 해당 권리자의 의사를 존중하는 것이 구 국토계획법의 취지에 부합하는 점 등을 종합해 보면, 동의요건의 충족 여부를 판단하는 기준 시기는 사업시행자 지정 처분 시로 보아야 한다."고 판시하여, 사업시행자 지정 결정시를 기준으로 하여야 한다고 보았다.[42]

　　재산권 논변에 따른다면, 도시계획시설결정으로 그 사용처분이 제한되므로 도시계획시설변경결정 시를 기준으로 판단해야 한다고 할 것으로 보인다. 공용수용 논변에 따른다면, 동의요건은 공용수용을 위한 것이므로 사업인정이 의제되는 실시계획인가 시까지 충족하면 된다고 할 것이다.

---

42) 이는 분모인 토지 소유자 총수와 분자인 동의자 수라는 2가지 관점에서 나누어 볼수 있고, 토지 소유자 총수에 관하여는 도시계획시설 결정시설, 사업시행자 지정 결정시설, 사업시행자 지정 신청시설 등이 제기되고 있고, 동의자 수와 관련하여 신청시설과 결정시설이 대립하고 있다. 학설에 관한 보다 구체적인 내용은 유해용, "수익적 행정처분의 취소 제한", 고요한 정의의 울림: 신영철 대법관 퇴임기념 논문집, 사법발전재단(2015), 1074 이하 참조.
한편, 대법원 2014. 4. 24. 선고 2012두21437 판결은 재개발사업에서 조합설립인가를 위한 동의 정족수는 재개발조합설립인가신청 시를 기준으로 판단해야 한다고 판시한 바 있는데, 이는 동의의 철회가 인가 신청 전을 기준으로 하고 있어서 그런 것으로 보인다. 유해용, "수익적 행정처분의 취소 제한", 고요한 정의의 울림: 신영철 대법관 퇴임기념 논문집, 사법발전재단(2015), 1079; 재개발·재건축재판실무편람, 법원행정처(2014), 37 이하 참조.

그러나 민주주의 논변에 따른다면, 동의요건은 공용수용 등에 관한 것이 아니라 바로 사업시행자 지정 그 자체에 관한 것이므로 동의율 충족시점 역시 사업시행자 지정 처분시를 기준으로 판단해야 할 것이다. 다만 토지 소유자의 변동으로 민간사업자가 이를 정확하게 파악하기 어려운 측면이 있기 때문에 특정 시점으로 고정하여 동의율 충족시점을 정하도록 하는 방안도 고려해 볼 수 있을 것이다.[43]

5. 대상판결의 의의

가. 지금까지 동의요건을 둘러싼 3가지 논변을 살펴보고, 이에 따라 동의요건이 어떻게 해석되는지 대상판결에 비추어 살펴보았다. 대상판결은 기본적으로 공용수용 논변을 기초로 동의요건의 취지를 설명하고 있지만, '공공성의 보완'이라고 하여 민주주의 논변을 일부 받아들이는 모습을 취하고 있다. 그리고 동의의 절차, 시기 등에 관한 구체적인 해석론에 있어서는 민주주의 논변을 따른다고 평가할 수 있음을 확인할 수 있었다.

나. 그러나 앞서 본 바와 같이 지금의 동의요건 그 자체가 민주주의 논변에 충실하다고 보기는 어렵다. 도시계획시설에 대한 권리, 즉 도시에 대한 권리[44]는 분명 토지 소유자에게만 있는 것은 아니지만, 현실적인 문제로 현행 국토계획법령은 토지 소유자만을 동의권자로 하고 있

---

43) 同旨: 見上崇洋, "住民参加の権利性と権利主体について: 再開発事業の同意権の法的性質と共通利益", 現代都市法の課題と展望: 原田純孝先生古稀記念論集, 日本評論社 (2017), 138頁
44) '도시에 대한 권리'에 관하여는 이계수, "도시민의 불복종과 도시법의 도전", 민주법학 제56호, 민주주의법학연구회(2014), 137 이하; 강현수, 도시에 대한 권리: 도시의 주인은 누구인가, 책세상(2010) 참조.

다. 적절한 동의권 행사의 전제가 되는 정보 제공에 관하여는 아무런 규정이 없다. 상호 이해를 높이기 위하여 주민 상호간 의사소통과 토론이 활성화될 수 있는지도 의문이다. 설령 그 대상 부지 내 주민의 총의가 제대로 반영되었다고 하더라도, 도시계획시설은 그 대상 부지뿐 아니라 인근 주민에까지 영향을 미치므로, 대상 부지 내 주민의 '집단이익'과 보다 더 큰 단위에서의 '공익'을 다시 한 번 비교·형량해야 할 필요는 여전히 남는다.

다. 이러한 측면에서 私人의 도시계획사업에 대한 법원의 통제는 더 큰 단위의 '공익'을 위하여 강화될 필요가 있어 보인다. 사업시행자 지정, 실시계획인가에 있어 재량권의 일탈·남용에 관한 심사는 원고들에게 증명책임을 부담시키는 것으로만 그칠 것이 아니라 비교·형량 기법의 개발을 통하여 보다 적극적으로 구현되어야 할 것이다. 법원은 '동의요건'이라는 개별조항으로의 도피를 끝내고, 비교·형량이라는 일반조항으로 더 한 발짝 나아가야만 할 것이다. 끝.

참고문헌

1. 단행본

강현수, 도시에 대한 권리: 도시의 주인은 누구인가, 책세상(2010)
김용덕 편집대표, 주석 민법[물권 2](제5판), 한국사법행정학회(2019)
김종보, 건설법의 이해(제6판), 피데스(2018)
김종보, 건축행정법(제3판), 학우(2005)
이원식, 국토의 계획 및 이용에 관한 법률의 이해, 백산출판사(2007)
稻本洋之助·鎌野邦樹,　（コンメンタール）マンション區分所有法(第3版),
　　日本評論社(2015)
伊藤榮壽, 所有法と團體法の交錯: 區分所有者に對する團體的拘束の根據と
　　限界, 成文堂(2011)
Bahnsen, Der Bestandsschutz im öffentlichen Baurecht, Shriften zum
　　Baurecht, Bd. 8, Nomos Verlag(2011)
Epping/Hillgruber, Beck'scher Online－Kommentar GG, 23. Aufl.,
　　Verlag C.H. Beck(2014)
Maunz/Dürig, Grundgesetz－Kommentar, Verlag C.H. Beck(2014)
Wolff/Bachof/Stober/Kluth, Verwaltungsrecht II, 7. Aufl., Verlag C.H.
　　Beck(2010)

2. 논문

김남철, "건축허가의 법적 성질에 관한 소고", 공법학연구 제5권 제2호,
　　한국비교공법학회(2004), 413 이하
김남철, "2018년 행정법(II) 중요판례평석", 인권과 정의 제480호, 대한변
　　호사협회(2019), 480 이하
김동석, "대지 소유권의 미확보를 이유로 공동주택 사용승인을 거부할 수
　　있는지 여부", 대법원판례해설 제79호, 법원도서관(2009), 737 이하

김용섭, "2018년 행정법(I) 중요판례평석", 인권과 정의 제480호, 대한변
    호사협회(2019), 109 이하
김종보, "도시계획시설의 공공성과 수용권", 행정법연구 제30호, 행정법이
    론실무학회(2011), 277 이하
유해용, "수익적 행정처분의 취소 제한", 고요한 정의의 울림: 신영철 대
    법관 퇴임기념 논문집, 사법발전재단(2015), 1057 이하
이계수, "도시민의 불복종과 도시법의 도전", 민주법학 제56호, 민주주의
    법학연구회(2014), 137 이하
이상덕, "공무수탁사인 개념에 관한 연구: 개념 굴곡의 역사와 현대적 과
    제", 사법논집 제59집, 법원도서관(2015), 241 이하
이은상, "사인에 대한 도시계획시설사업 시행자 지정처분의 무효 사유와
    후행처분의 효력", 행정판례연구 XXIV-1, 박영사(2019), 123 이하
조병구, "이른바 '알박기'에 대한 법경제학적 고찰", 청연논총 제9집, 사법
    연수원(2012), 538 이하
제정부, "민간사업시행자에 의한 토지수용 법제", 법제 제507호, 법제처
    (2000), 13 이하
허강무, "도시계획시설사업의 수용 및 보상에 관한 법적 쟁점", 행정법연
    구 제35호, 행정법이론실무학회(2013), 197 이하
見上崇洋, "住民参加の権利性と権利主体について: 再開発事業の同意権の
    法的性質と共通利益", 現代都市法の課題と展望: 原田純孝先生古稀記
    念論集, 日本評論社(2017), 119頁 이하

국문초록

「국토의 계획 및 이용에 관한 법률」 제86조 제7항과 같은 법 시행령 제96조 제2항은 민간사업자가 도시계획시설시행사업자로 지정받기 위해서는 그 대상 토지의 소유자 총수 1/2의 동의를 받도록 규정하고 있다. 이러한 동의요건은 사업시행자 지정 그 자체에 관한 것으로 대상 토지 내 토지 소유자의 동의를 통하여 민주적 정당성을 보완하기 위한 것이다. 따라서 대상 토지 내 토지 소유자는 공유자라고 하더라도 1인 1표가 주어진다. 민주주의적 절차를 보장하기 위하여 동의 전에 그 동의의 목적, 동의에 따라 지정될 사업시행자, 그 동의에 따라 시행될 동의 대상 사업 등에 관한 정보가 당연히 제공되어야 한다. 동의는 민주주의적 절차를 보장하기 위하여 도시계획변경결정 이후에 이루어져야 하지만, 동의를 받을 당시 앞으로 설치될 도시계획시설에 관한 정보가 이미 제공되었고, 이후의 도시계획시설결정 내용이 사전에 제공된 정보와 중요한 부분에서 동일성을 상실하였다고 볼 정도로 달라진 경우가 아니라면 예외적으로 도시계획변경결정 이전의 동의도 유효하다고 할 것이다. 대상판결도 동의요건이 私人에 의한 공용수용을 정당화하기 위한 것이라고 판시하면서도 민주적 정당성의 보완 관점에서 동의의 절차, 시기를 해석하고 있다. 그러나 동의요건만으로는 민주적 정당성의 보완이 충분하지는 못하므로, 민주주의의 실현이라는 관점에서 법원의 보다 적극적인 통제가 이루어져야 할 것이다.

주제어 : 도시계획시설, 도시계획사업, 사업시행자 지정, 실시계획 인가, 동의요건, 민주주의적 절차, 사인에 의한 공용수용, 도시에 대한 권리

Abstract

Consent Requirement in Designating Urban Planning Facilities Project Implementer: Supreme Court Decision 2016Du48416, Decided July 24, 2018

Heejun Lee*

According to the National Land Planning and Utilization Act, the private enterprise, who intends to be designated as an implementer of urban planning facility project, shall obtain the consent of above half of the landowners. This consent requirement is meant for the designation of an implementer, to supplement the democratic legitimacy with the landowners' consent. The landowner, who even shares a piece of land with others, gets each one vote. To ensure the democratic process, he is informed about the subject of consent, the implementer to be designated, and the details of urban planning facility project, etc. The consent should be obtained after the determination of urban planning facilities, but the consent prior to the determination may be valid if the information has already been provided about the facilities to be installed and the determination has not been changed to such an extent that it is considered as completely different. The ruling states that the consent requirement is to justify the private takings, but judges the process and timing of consent from the democratic point of view. As the consent requirement is not enough to supplement the democratic legitimacy, more active judicial control is needed to realize the right to the city.

* Judge, Seoul Central District Court

Key words: Urban Planning Facility, Urban Planning Project, Designation of Implementer, Authorization of Implementation Plans, Consent Requirement, Democratic Process, Private Takings, Right to the City

투고일 2020. 12. 12.
심사일 2020. 12. 25.
게재확정일 2020. 12. 28.

外國判例 및 外國法制 研究

최근(2019) 독일 행정판례 동향과 분석*

계인국**

Ⅰ. 연구의 목적과 방법

본 연구는 최근(2019년) 독일 연방행정법원(Bundesverwaltungsgericht) 판결의 동향을 개관하고 분석하는 데에 있다. 우리나라의 행정법학이

* 본 논문은 2020년도 고려대학교 공공정책대학 교내지원연구비(K1931131)에 의해 연구되었다.
** 고려대 정부행정학부 조교수, 법학박사(Dr. jur.)

독일 행정법학으로부터 상당한 영향을 받았음은 주지의 사실이다. 간혹 이런 영향관계를 다소 부정적으로 바라보거나 심지어 극복의 대상으로 여기는 경우도 없지는 않으나, 이미 한국의 행정법학은 독일 행정법체계를 수용한 이후 오랜 기간 동안 이를 발전시켜왔다는 점에서 이를 단지 수입법학이라고 치부할 것만은 아니라고 본다. 오히려 보다 적극적이고 능동적인 비교법 연구를 통해 상호간의 교류와 발전을 도모할 수 있으며 국내의 특수한 문제양상에 대한 시사점을 얻을 수도 있을 것이다. 이러한 점에서 독일 연방행정법원의 판결을 지속적으로 분석하는 연구는 독일 행정법학과 실무의 현황을 점검함은 물론 유사한 법체계를 지닌 양 국가가 개별적 사례에 대한 접근 및 해결방식을 어떻게 모색할 것인지, 또한 어떤 이론적 기반을 동원할 것인지에 대한 문제의식 역시 공유할 수 있는 토대가 될 것이다.

대상판결의 선정에 있어서는, 국내 사례와 유사한 사건을 대비시키는 방법도 있으나 독일 연방행정법원이 직접 주요 사례로 지목한 사건들을 소개하는 의미도 적지 않다. 특히 연방행정법원이 원용하는 헌법 및 행정법 이론과 관점은 국내의 이론적 문제와 사례의 참고가 됨은 물론 헌법과 행정법의 조화로운 발전가능성을 보여주기도 한다. 전년도의 연구방법론을 계승하여 먼저 독일연방행정법원의 업무수행 현황을 간략히 살펴본 뒤 독일 연방행정법원의 연차보고서에 수록된 주요 판결 중 일부 내용을 다시 추려서 이하에 소개하는 방식으로 논의를 진행한다.

II. 독일연방행정법원의 업무수행 현황[1]

1. 개관

독일연방행정법원의 접수사건은 2018년 최근 5년간 최저 수준으로 감소하였으나 2019년 다시금 큰 폭으로 감소하여 1,251건을 기록하였다. 이는 2018년에 비해서 6.9%가량 감소한 것이지만 2017년의 12% 감소율에는 미치지 않았다. 2016년 대폭 증가와 2017년 대폭 감소 이후 지속적으로 접수사건 감소추세가 계속되고 있음이 나타난다.

처리사건과 계류건수를 보면 2018년 1,441건 처리에 비하여 대폭 낮아진 1,300건으로 나타났다. 이는 접수사건의 축소와 무관하지 않아 보이며 또한 2018년 대폭 증가된 처리사건 수와도 관련된다. 2019년 연말까지 계류 중인 사건은 636건으로 2018년에 685건에 이어 감소 추세를 보이고 있다.

최근 독일연방행정법원 업무현황

해당연도	접 수	처 리	계 류
2015	1,459	1,412	733
2016	1,658	1,664	727
2017	1,459	1,407	782
2018	1,344	1,441	685
2019	1,251	1,300	636

---

1) 본 절 업무수행 현황에 대한 내용은 독일연방행정법원 2019년 연차보고서의 내용을 정리하였음을 밝혀둔다. Bundesverwaltungsgericht, Jahresbericht 2019, S. 14 ff.

2. 상고절차와 재항고절차에서의 처리기간

종국절차기간은 2016년 대폭적 감축 이후 다시 연장되는 추세를 보인다. 2018년은 최근 6년간의 최장기간을 기록한 14개월 16일이 소요되었는데 2019년은 다시 1개월가량 연장된 15개월 13일이 소요된 것으로 나타났다.

최근 판결에 의한 종국절차기간

해당연도	절차기간(판결에 의한 종국절차)
2015	13개월 23일
2016	11개월 27일
2017	12개월 9일
2018	14개월 16일
2019	15개월 13일

재항고절차기간은 2018년의 경우 평균 3개월 29일로 소요기간이 상당히 단축되었다가 2019년 다소 증가하여 평균 4개월 23일이 소요되었다. 2019년 재항고절차는 46. 38%가 접수 후 3개월 이내에, 62.24%가 6개월 안에 종결되었다.

3. 인프라시설 프로젝트에 대한 시심절차

연방행정법원은 인프라시설 프로젝트에 대한 법적 분쟁에 있어 시심이자 종심으로서 관할권을 가지고 있다. 2019년도 소제기 건수는 44건으로 47건에 비해 소폭 감소하였다. 임시적 권리구제절차의 접수는 2019년 18건으로 전년도 7건에 비해 대폭 증가하였으며 이는 대폭 증가한 2016년 접수 건수에 육박하는 수치이다. 영역별로 살펴보면 2019년에는 도로법 사건이 15건으로 2018년 27건에서 대폭 감소하였으며,

철도법 역시 16건으로 2018년 4건에 비해 대폭 증가하였다. 에너지설비구축법에서는 11건으로 전년도 14건과 큰 차이를 보이지 않았으며 수로법에서는 2건으로 전년도와 동일한 수치를 보였다. 2018년과 마찬가지로 2019년 공항부지법에서는 제기된 건이 없다.

인프라시설 프로젝트에 대한 소송절차기간은 2018년에는 12개월 23일로 최근 기록 중 절차기간이 최대로 연장된 양상을 보였으나 2019년 10개월 23일로 단축되었다. 이는 2015년 8개월 16일에 이어 최근 5년 내 최단기간으로 기록된다.

Ⅲ. 주요 행정판례의 분석

1. 오토바이운전자의 헬멧착용의무와 종교적 거부사유
(BVerwG 3 C 24.17 – Urteil vom 4. Juli 2019)

가. 요지

오토바이 운행 중 보호헬멧을 착용할 의무에 대한 예외를 허가해 줄 것을 신청함은 헬멧의 착용이 방해가 된다는 경우에는 인정되지 않는다. 당사자에게 특수한 개인적 사정으로 인해 오토바이 운행을 포기하도록 요구할 수 없는 경우에만 재량의 0으로의 수축이 고려된다. 이는 종교적 이유에 의해 터번을 착용하는 경우에도 마찬가지이다.

나. 사실관계 및 경과

원고는 시크교도로 종교적 이유로 터번을 착용한다. 원고는 2013년 7월 피고에게 오토바이운전 중 보호헬멧 착용의무를 면제해주는 예외허가의 발령을 신청하였다. 피고는 원고가 요구하는 면제는 건강상의 이유에 의해서만 허용될 수 있다는 이유를 들어 신청을 거부하였다. 행정심판과 제1심 Freiburg 행정법원에서도 원고의 청구는 인용되지 않았다.

　　항소심에서는 원고에게 종교상의 사정이 있음을 간과하였다는 것을 이유로 하여 피고에게 재결정명령을 내렸다. 그러나 동시에 전제하고 있는 내용으로는 첫째, 원고가 주장하는 종교의 자유가 헬멧착용을 통해 보호되고 헌법적으로 보장되는 신체와 정신의 완전성에 대해 일반적인 우위에 놓여있지는 않다고 보았다. 둘째, 행정청의 재량이 0으로 축소되기 위해서는 신청인이 오토바이 이용에 전적으로 의존하고 있는 경우에야 인정될 것인데 원고의 사정이 이러한 경우에 해당하는 것은 아니라고 보았다. 다만 결과적으로 항소심은 피고가 신청인의 신청에 대해 재결정을 해야 함은 물론 신청한 바와 같은 예외허가를 발령할 의무가 있다고 판시하였다. 또한 피고 행정청의 결정은 보호헬멧 착용으로 피할 수 있는 제3자의 부상과 사실상 및 현재의 권리침해에 대해 가상적인 사고조건에 치우쳐있음을 지적하였다. 이에 피고 행정청은 상고하였다. 여기에서 행정청은 특히 지적된 사고방지에 대하여 근거법령이 정하고 있는 보호헬멧 착용의무는 위험방어적 성격을 가지며 이로서 보호법익의 침해를 방지해야 한다고 주장하였다. 헌법상 국가의 생명과 신체의 완전성에 대한 보호의무가 이 규정과의 접점이 되므로 기본권의 충돌은 실제 사고발생 없이도 존재한다는 것이다. 또한 공중의 건강에 대한 보호가 원고가 주장하는 종교의 자유에 대해 시원적으로 열위에 서는 것도 아니라고 주장한다.

다. 연방행정법원의 판단

　　연방행정법원은 먼저 오토바이 운행 시 보호헬멧 착용의무에 대한 예외를 허가해줄 것을 요구할 청구권이 원고에게 있는지에 대해서 판단하고 이를 부정하였다. 이를 위해서는 재량의 0으로의 축소가 일어나야 할 것이다.

(1) 도로교통법 규정의 문제

원고 주장의 법적 근거는 도로교통법 시행령 제46조 제1항 제1문 5b호(§ 46 Abs. 1 Satz 1 Nr. 5b StVO)이다. 이에 의하면 관할 행정청은 특별한 개별적 사례에 있어서 또는 일반적으로도 도로교통법 시행령 제21a조에 의한 안전벨트 착용 및 보호헬멧 착용의무에 대한 예외를 허가할 수 있다. 도로교통법 시행령 제21a조 제1항 제1문에 의하면 오토바이나 3인승 및 그 이상의 개방형 운행수단으로서 시속 20km 이상으로 운행되는 경우 등에 대해서는 보호헬멧을 착용하도록 하고 있다.

입법자는 보호헬멧 착용의무에 대한 규정을 마련함에 있어 종교의 자유, 특히 종교활동의 자유에 대한 침해가능성에 대한 어떤 직접적 형성을 요구받지는 않는다. 오토바이 운전자가 적절한 보호헬멧을 착용할 의무는 의도된 또는 직접적으로 종교의 자유의 보호영역에 관련된 침해로 이어지지 않기 때문이다. 보호헬멧 착용의무 규정은 어디까지나 일반적 규율로서 간혹 종교의 자유와 충돌할 수도 있는 정도에 불과한 것이며 또한 이러한 갈등사례에서도 침해의 정도는 원칙적으로 근소하다고 볼 것이다. 왜냐하면 보호헬멧 착용의무는 단지 오토바이 등의 운행에 관련되는 것뿐이며 여기에서 종교활동의 자유는 좁은 범위에서만 제한될 뿐 본질적인 생활상황에서 종교의 자유가 제한되는 것은 아니기 때문이다.[2]

(2) 예외허가발령

관할 행정청에 의해 예외허가가 발령될 수 있는 가능성은 말 그대

---

2) BVerfG 1 BvR 3237/13 — Beschluss vom 8. Nov. 2016.

로 예외적인 상황을 고려해야 하는 것으로, 엄격하게 규정을 적용하면
서 충분히 고려되지 않은 면이 있었거나 당사자에게 부당한 정도의 어
려움을 가져올 수 있을 경우를 말한다.3) 관련 사례에서 연방헌법재판소
는 신청인의 특수한 건강상의 이유로 보호헬멧을 착용함이 오히려 문
제를 발생시키게 되는 경우에는 이러한 예외적인 상황이 존재하는 것
이라고 판시한 바 있다.4) 본 연방헌법재판소의 판결 이후로는 도로교
통법 시행규칙(Allgemeine Verwaltungsvorschrift zur Straßenverkehrs-
Ordnung: VwV-StVO)에서는 건강상의 이유로 인한 보호헬멧 착용불가
에 대해 규율하게 되었다.

　　이와 같이 보호헬멧의 착용 및 예외에 대한 법적 근거가 존재하는
것은 분명하지만, 연방행정법원은 이런 근거규정으로부터 곧바로 예외
허가의 발령을 구할 직접적인 청구권이 도출되지 않는다고 보았다. 예
외허가의 결정은 도로교통법 시행령 제46조 제1항 제1문 5b호에 의해
행정청의 재량에 놓여있기 때문이다.5) 보호헬멧 착용의무를 면하기 위
한 예외허가는 개인적인 특수한 사정으로 인해 보호헬멧 착용을 할 수
없게 되고 이로 인해 오토바이 운전을 포기해야 함을 신청인에게 요구
할 수 없는 경우에 가능하다.6) 예외가능성을 예정하고 있는 위 시행령
제46조 제1항 제1문 5b호는 안전을 위한 의무에 관련되며 이는 또한
당사자에게 이동가능성을 충분히 보장하는 데에 기여하려는 것이다. 그
러므로 보호헬멧의 착용이 어렵거나 불가능한 상황이 존재한다고 하여
도 신청인이 오토바이의 이용에 전적으로 의존하고 있는 것이 아니라

---

3) 이 사건과 같은 도로교통법 제46조 제2항 소정의 예외허가에 대한 판결로는
   BVerwG, 11 C 48.92 - Urteile vom 16. März 1994; 일반적인 의미에서는 BVerfGE
   40, 371 (377).
4) BVerfGE 59, 275 (278).
5) BVerwG, 3 B 12.16 - Beschluss vom 8. Februar 2017
6) BGH, VI ZR 92/81 - Urteil vom 25. Januar 1983

면, 신청인이 가지는 오토바이 운행에 대한 개인적 이익은 도로교통법시행령 제21a조 제1항 1문에서 명하고 있는 보호헬멧 착용의무 준수보다 반드시 더 비중이 있다고 볼 수 있는 것은 아니다. 결국 중요한 점은 원고가 오토바이의 이용에 전적으로 의존하고 있으며 이를 포기할 수 없는지 여부인데 원심은 이에 대해 확정한 바가 없다.

(3) 종교의 자유의 침해 여부

신앙과 신앙고백의 자유에 대한 제한은 — 독일 연방기본법상 — 법률유보를 두고 있지 않으므로 헌법으로부터 직접적으로 주어진다. 이러한 헌법내재적 한계는 제3자의 기본권이나 헌법적 차원의 공동체적 가치로 볼 수 있다.

도로교통법시행령 제21a조 제1항 1문에서 부과되는 보호헬멧 착용의무는 교통사고로 인한 결과를 경미하게 하고 공도에서의 교통안전을 높이는 데에 기여할 수 있다. 이 규정은 그러므로 일차적으로는 오토바이 운전자와 동승인이 중상을 입는 것을 보호하기 위한 것이다. 그러나 이는 동시에 일반 공중에 대한 보호 및 다른 사고 관련인과 제3자의 위해를 피하기 위한 것이기도 하다. 적절한 헬멧을 착용하지 않은 채 사고가 발생하여 운전자 등이 중상을 입는 경우 그 자신이 다치는 것은 물론 이러한 행동으로 일반 공중에게도 많은 영향을 미칠 수 있음에 대해서는 이미 연방헌법재판소 역시 명백히 설시한 바 있으며, 그 예로 연방헌법재판소는 구급대원이나 의료진을 언급하였다.[7] 예를 들어 사고로 인한 사망이나 보호 헬멧을 착용하지 않은 오토바이 운전자에게 발생한 심각한 부상으로 인해 외상을 입을 수 있다. 그러므로 보호헬멧의 착용을 요구하는 것은 오토바이 운전자 자신뿐만 아니라 사고와 관련된 다른 사람들과 구조대원의 신체적 및 정신적 완전성을 보호하기

---

7) BVerfGE 59, 275 (279).

위한 것이기도 하다. 더 나아가 사고 발생 시 헬멧으로 보호되는 오토
바이 운전자는 사고 현장을 확보하고 응급 처치를 하거나 구조 대원을
부르는 등 다른 사람의 구조에 더 잘 기여할 수도 있다. 원심의 견해와
는 달리, 예를 들어 심각한 두부 손상으로 인한 외상 가능성 등이 완전
히 가설적이라거나 "과도한" 고려사항으로 보아 무시할 수는 없다. 오
히려 그런 위험은 오토바이 운행에 있어 일반적으로 알려진 것이다. 따
라서 입법자는 그의 보호의무 수행의 일환으로서 위험여건의 출현에 대
응하며 법적 이익을 증진할 의무가 있다고 할 것이다.

원고가 주장하는 종교적 자유는 물론 헌법적 지위에 있어 원칙적
으로 사소한 것은 아니라 할 것이다. 따라서 도로교통법시행령 상의 보
호헬멧 착용의무로 인한 이익과 종교의 자유는 개별적인 사안에서 조율
되어야 하는 것이다. 다만 종교의 자유가 여기에서 어떤 일반적인 우위
에 놓이는 것이 아니라는 것이다. 종교적 이유로 터번을 착용해야하므
로 보호헬멧을 착용할 수 없는 경우라면 신청인은 예외허가 대신 오토
바이를 운행하지 않는 방법을 택할 수도 있다.

결론적으로 연방행정법원은 헬멧착용의무는 연방기본법 제4조 1
항에 의해 보호되는 종교적 자유를 고려해 볼 때 정당화되는 제한이며,
헌법적으로 보호되는 제3자의 법적 이익을 제공하기 때문에 원고는 이
를 수용해야 한다고 보았다.[8]

---

8) 추가적으로 연방행정법원은 유럽연합법적 규정 역시 판단하였으며 여기에서도 도
로교통상 헬멧착용의무의 정당성이나 종교의 자유에 대한 정당한 제한임을 확인하
였다.

2. 교사의 아동 포르노 소지로 인한 파면(BVerwG 2 C 3.18 und 4.18 - Urteile vom 24. Oktober 2019)

가. 요지

[1] 교사가 직무 외적으로 아동포르노를 소지하는 것은 그 양이 적거나 경미한 내용의 경우에도 이에 연계되어 있는 상급관청 및 일반에 대한 신뢰상실로 인해 원칙적으로 교직원지위가 박탈되는 것이다.

[2] 형량을 통해 선고된 구체적인 형벌은 형법과 징계법의 서로 다른 목적으로 인해 징계양정에 단지 제한적으로 간접적 효력을 미칠 뿐이다.

나. 사실관계 및 경과

피고는 2002년부터 교직에 종사해온 교사로 2014년 아동포르노 소지 혐의로 고발되었으며 일수벌금형을 선고받고 확정되었다. 이후 징계절차에서 파면처분을 받게 되었다.

제1심 Berlin 행정법원9)은 원고의 징계조치를 기각하였다. 나아가 항소심 Berlin-Brandenburg 고등행정법원10)은 원고의 아동포르노 소지는 직무 외의 부분으로 보았다. 또한 형사재판에서 선고되고 확정된 형벌로서 벌금의 범위, 소지한 포르노의 숫자와 그 내용의 정도에 따라 징계방식이 정해져야 한다고 보았다. 그러므로 최고 수위의 징계조치인 파면은 이 사건에서는 제외되어야 한다고 보았다. 이에 원고는 상고하였다.

---

9) VG Berlin vom 23. November 2016 Az: VG 80 K 25.15 OL
10) OVG Berlin-Brandenburg vom 28. Februar 2018 Az: OVG 80 D 1.17

다. 연방행정법원의 판결

연방행정법원은 원심이 연방공무원법, 지방공무원법, 베를린 주 징계법 등에 대한 법리오해가 있다고 인정하고 원고의 상고를 인용하였다.

연방행정법원은 원심의 징계양정이 베를린 주 징계법에 부합하지 않음을 지적하였다. 먼저 피고가 직무외적으로 저지른 비위의 개별 사례적인 전체평가는 충분히 고려되지 않았다. 교사의 아동 포르노 소지는 원칙적으로 교직원 지위의 박탈로 이어진다. 또한 위 연방법 및 주법의 규정에 의거하면 원심이 확정한 사실관계에 기초한 징계조치는 종결적으로 확정된다.

(1) 직무 외적 영역에서의 비위

직무 외의 사적인 영역에서 아동포르노를 소지함으로 인해 피고는 직무외적 의무의 위반을 저지른 것이며 연방공무원법 제47조 제1항 2문은 그의 소속관청에 대한 신뢰가 중대한 방식으로 침해되는 경우에 직무위반으로 평가될 수 있음을 규정하고 있다. 원심이 위법없이 확정한 사실관계와 피고가 다툼없이 인정하는 사실에 의하면 피고는 아동포르노를 소지하였고 이에 따라 형법 제184b조 제4항 2문에 따라 벌금형을 선고받았다.

이와 같은 직무이외의 비위는 피고의 형식적인 공직에도 직무상 행위에도 속하지 않는다. 그러나 공무원은 그의 직무 범위 외에서 그의 직업을 위해 요구되는 주의와 신뢰에 적합해야 한다. 이는 연방공무원법 제34조 제3항은 물론 판례를 통해서도 나타난다.[11] 신뢰평가에 관련

---

11) BVerwGE 140, 185 Rn. 21

되어 간접적으로 공무원법상 문제가 발생한다면 직무 외 영역에서의 행위가 공무원의 의무영역을 동요시킬 수 있다. 직무 외 영역의 행위가 직무위반이 되는지 여부는 연방공무원법 제47조 제1항 2문에 의해 판단될 수 있는데, 이는 개별적 상황에 따라 그 신뢰가 공무원의 직무를 중대한 방법으로 침해시키는 것인 경우라 할 것이다.12) 이러한 한도에서 입법자는 공무원이 여타의 시민과는 본질적으로 다른 사회적 행동이 기대하고 있음이 발견되고 이는 연방공무원법의 입법이유서나 판결에서도 나타난다.13) 공무원의 직무 외적 행위에 의해 직무를 위해 필요한 신뢰가 침해되는지 여부와 범위에 대해서는 각각 행위의 종류와 정도에 따라 판단된다.14)

직무 관련성을 위한 접점15)은 공무원에게 주어진 이른바 지위적 의미에서의 직무, 다시 말해 신분적 공직(Statusamt)이다. 공무원의 지위적 직무는 그의 법적 지위에 의해 형상화되는 것이다. 이러한 지위적 직무는 공무원이 어떤 임무영역에서 직무에 적합하게 종사하는지와 이를 통해 미래에 투입될 것인지에 따라 정해진다. 공무원의 직무 외 영역에서의 위법행위와 그에게 주어진 임무영역 사이의 관계가 가까울수록 자신의 직무를 위해 필요한 신뢰를 손상시킬 가능성이 더 높다고 가정할 수 있다.

---

12) BVerwGE 152, 228 Rn. 12

13) BT−Drs. 16/7076 S. 117 zum BBG; BT−Drs. 16/4027 S. 34 zum BeamtStG; BVerwGE 112, 19 <26 f.>; 147, 127 Rn. 24; 계인국, 최근(2015) 독일 행정판례의 동향과 분석, 행정판례연구 XXI−2(2016), 403면 (423면).

14) BVerfG, Kammerbeschluss vom 19. Februar 2003 − 2 BvR 1413/01

15) 이는 2015년 연방행정법원이 공직의 의미를 구체적−기능적 의미에서 신분적 공직으로 보아야 함을 선언한 판례변경이후 유지되는 법리이다. BVerwG 2 C 13.14, 15.14, 18.14, 27.14, 28.14, 5.15−7.15, 12.15 - Urteile vom 17. Sep. 2015. 이 판결에 대한 분석은, 계인국, 최근(2015) 독일 행정판례의 동향과 분석, 행정판례연구 XXI−2(2016), 403면 (422면 이하) 참조.

직무 외적으로 아동포르노를 소지하는 것은 형법상 처벌로 이어지
는 것이므로 이는 지위적 직무와 직무 외적 행위의 충분하고도 명백한
관련성을 보여준다. 교사가 아동포르노를 직무 외적으로 소지한다는 것
은 인격적 결함을 보여주는 것이기 때문에 교사로서 직무의무를 수행할
수 있는지에 대한 의문을 가져온다. 이러한 위법행위의 적발은 교사가
그의 임무를 수행함에 있어 그가 담당하는 인적 집단에 대한 최소한 기
초적인 권리를 침해하는 것이며 이 점에서 단순한 적합성 여부만으로도
판단이 된다.16) 이미 아동포르노의 소지는 그 자체로 심각한 아동에 대
한 성적 범죄이며 이로 인해 인간의 존엄성이나 신체의 완전성에 대한
침해가 된다. 아동에 대한 성적 범죄는 매우 높은 수준의 인격적, 사회
적 해악성을 가진다. 이러한 범죄는 미성년자의 도덕적인 성장을 침해
하고 전체인격의 조화로운 형성에 위해를 미치며 공동체로의 적응을 해
친다. 아동은 지적 및 감성적으로 충분히 성숙하지 못함이 있기 때문에
원칙적으로 이러한 경험을 극복할 수 없거나 극복하기 어렵기 때문이
다. 또한 가해자는 성폭력 아동 피해자를 성적 욕망이나 각성이라는 단
순한 교환 대상으로 비하시킬 뿐이다.17)

직무 외의 의무위반의 징계법적 관련성을 제한하는 효력을 두는
각종 공무원법에 규정이 존재하며 피고 교사는 이를 주장하고 있으나,
교사에게 있어서는 그 상대로서 피해자집단에 대한 특수한 임무 및
신뢰에 따른 지위를 생각해볼 때 이러한 징계제한 규정은 고려될 수
없다.18)

---

16) BVerwG, Urteil vom 19. August 2010 - 2 C 5.10
17) BVerwG, 2 C 5.10 - Urteil vom 19. August 2010
18) 마찬가지로 경찰공무원에 대해서는, BVerwGE 152, 228 Rn. 39

(2) 범죄와 징계처분의 관계

연방공무원법이나 베를린 주 공무원법은 징계처분에 대한 결정을 함에 있어 공무원의 인격이나 상급청 및 일반에 대한 신뢰위반의 정도를 고려하여 직무위반의 중대성을 판단하도록 규정하고 있다. 징계처분은 개별사건에서 직무위반의 중대성 및 공무원의 귀책사유가 적절한 비례성을 가지는지 고려되어야 한다.[19]

공직으로부터 파면함은 가장 강력한 징계법적 수단이므로 공무원이 그에게 주어진 의무를 그의 귀책사유 있는 행위 등으로 위반함에 따라 공무수행에 필수적인 신뢰가 완전히 상실되는 경우에만 인정될 수 있는 것이다.[20] 직업공무원제에서 원칙적으로 공무원관계는 종신적으로 형성되며 상급청에 의해 일방적으로 해소될 수 있는 것이 아니다. 그러므로 상급청은 공무원의 의무위반에 대한 대처가능성 또는 영향력 행사 가능성을 보유하여야 한다. 각종 징계관련법은 이를 위하여 직무위반으로 필수적인 신뢰를 완전히 상실한 경우 그를 공무원관계로부터 면하게 하는 수단들을 두고 있다. 결국 직업공무원제의 고결성과 신뢰는 공무원이 규율적합적으로 임무를 수행함에서 지탱되는 것이기 때문이다.[21]

일반적으로는 중대한 고의범죄는 직책에 관계없이 신뢰가 상실되었다고 보아 공무원직을 계속 유지할 수 없도록 만든다. 이에 따라 베를린 주 공무원법 제24조 제1항 1문 1호 역시 고의범으로서 1년 이상의 자유형을 선고받은 경우 필요적으로 공무원직을 상실하도록 규정하고

---

19) BVerwGE 124, 252 (258 f.).
20) 이 사건에서 관련법령인 베를린 주 징계법 제13조 제2항 1문 역시 같은 내용을 담고 있다.
21) BVerwGE 46, 64 (66 f.); BVerwGE 147, 229 Rn. 21; BVerwGE 149, 117 Rn. 16 f.

있다. 반대로 범죄구성요건을 충족시키지 않는 직무 외적 행동은 최고 수준의 징계수단을 정당화하지 않는다.[22] 한편, 특정한 범죄는 그 불법 내용의 특성으로 인해 이미 신뢰손상을 가져오며 공무원으로서의 지속 적인 행위를 배제시키게 된다.[23] 예를 들어 수뢰죄를 범한 공무원의 경 우 더 이상 신뢰를 가지기 힘들고 그렇기에 각종 공무원 관련 법령에서 는 정식 형사절차에서 뇌물 혐의로 6개월 이상의 자유형을 선고받은 경 우 ·공무원 관계가 판결의 효력으로 종료되기도 한다. 마찬가지로 직무 외의 행위로 형법 제176조 제1항에서의 아동에 대한 성범죄를 저지른 경우 이러한 형사범죄는 공무원의 지위나 직무를 막론하고 직업공무원 제도를 심각하게 침해한 것으로 보여지며 공무원관계로부터 면하여지 거나 연금박탈과 같은 징계양정으로 이어질 수 있다. 아동 포르노 파일 등에 대한 수요는 아동에 대한 중대한 성범죄이며 신체의 완전성과 인 간의 존엄성을 침해한다. 그러나 단순 소지의 경우 아동의 성적 자기결 정에 대한 직접적인 침해가 아니기 때문에 추가적인 판단이 필요하다. 즉 일반적으로 그리고 모든 공무원 집단에 대해 징계법상 최고 수위의 징계처분이 정당화되는 그러한 직무 외적 의무위반의 중대성을 인정할 수 있기 위해서는, 직무 외로 범한 범죄의 범위가 신뢰상실을 가져오는 지 여부가 결정되어야 한다. 이 결정을 위해서는 범행 당시의 범죄구성, 즉 입법자가 행위의 반가치성을 평가하여 형벌이 예정된다고 하는 논의 로 돌아간다. 결국 신뢰상실 범위에 대한 방향성을 법률상 범죄구성요 건에 두는 것은 사후적으로 포착 가능하고 일관된 징계처분을 보장하게 되는 것이다. 이에 따르면 교사의 경우 비록 경미한 양과 내용의 아동 포르노를 소지하였다고 하더라도 신뢰상실의 문제로 원칙적으로 공무 원직으로부터 파면되도록 하고 있는데, 책임원리와 비례성 원칙에 비추 어볼 때 개별적인 사안에서 예외적으로 전면적인 신뢰상실을 예외적으

---

22) BVerfGK 4, 243 (257 f.)
23) 수뢰죄의 경우 신뢰상실에 대해서는 BVerwGE 146, 98 Rn. 29

로 반박할 수 있는 경우에만 적용되지 않는다고 보아야 한다.

(3) 형벌과 징계양정

아동포르노의 소지로 인하여 피고는 벌금형을 선고받은 바 있는데, 이에 대해 자유형이 아닌 벌금형은 경미한 형벌이므로 이를 고려한 징계양정이 이뤄져야 하는지에 대해서, 연방행정법원은 이미 2015년 판결에서 벌금형이 자유형에 비해 경미한 처벌이라고 보고 있지 않았음을 재확인하였다. 주형(Hauptstrafe)으로서 벌금형은 자유형과 비중에 있어서 동일한 맥락 아래, 즉 형사재판에 의해서만 선고될 수 있으며 다른 법에서의 각종 과금처분과 구별된다는 점에서 같다는 것이다. 그러나 구체적인 사건에서 양형을 통해 선고된 형벌은 형법상으로만 관련성을 가진다. 추가적으로 징계법상의 징계양정에 있어서는 제한적이다. 이는 형벌과 징계처분의 목적이 다르기 때문이다. 결국 최대 징계처분의 부과는 예외적으로 가능하고 징계법상 중대한 사정이 있는 경우가 된다. 여기에서 중대한 사유의 판단은 피고가 이미 자유형을 선고받았는지 벌금형을 선고받았는지의 문제가 아니라 결국 이 사건 교사의 아동 포르노 소지로 인한 전면적인 신뢰의 상실이 존재한다는 데에 의한다.

결론적으로 연방행정법원은 피고는 직무 외의 영역에서 아동 포르노의 소지가 비록 소량의 자료만을 가지고 있었으며 내용 역시 경미한 것이라 하여도 그가 담당하는 학생들은 물론 일반에 대해서도 신뢰를 전면적으로 상실하는 중대한 사유로 보았으며 벌금형의 선고와는 관계없이 징계법상 원칙적으로 파면한다고 판단하였다.

3. 연방정보국(BND)에 대한 언론의 공개청구권
(BVerwG 6 A 7.18 - Urteil vom 18. Sep. 2019)

가. 주요요지

[1] 연방기본법 제5조 제1항 2문으로부터 직접적으로 도출된 연방행정청에 대한 언론의 공개청구권은 언론의 정보이익과 공개로 인한 공익 또는 사익에 대한 포괄적인 형량에 기초하는 구조를 지닌다

[2] 연방정보국의 이익을 위한 공개청구권의 영역적인 예외는 존재하지 아니한다.

[3] 연방정보국은 요구되는 공개의 보안중요성과 관련하여 어떤 판단여지를 보유하고 있지 않다.

[4] 공개청구권은 연방정보국의 유효기능성에 대한 공익에 의해 제한된다. 그러나 이러한 제한이 언론의 정보이익과의 형량으로부터 시원적으로 벗어나게 하지는 않는다.

[5] 연방정보국은 공보 등에 대한 그의 권한 범위 안에서 사건배경설명을 실시할 수 있다. 합의된, 다시 말해 전제된 설명회의 비밀성이 정보공개청구권에 의한 언론의 공개를 배제시키지는 않는다.

나. 사실관계 및 경과

기자이자 편집인인 원고는 2017년 2월 연방정보국이 개최한 2016-2017년 언론사를 대상으로 실시한 사건설명회 및 그 이외에 연방정보국이 2017년 개최한 언론사 대상 설명회, 그리고 2016년 터키에

서 발생한 군사쿠데타에 대한 연방정보국의 정보 등에 대해 정보공개를 청구하였다. 연방정보국은 원고의 신청을 거부하였다. 원고는 연방정보국을 상대로 2017년 4월 12일 연방정보국의 일련의 사안에 대한 정보공개를 이행할 것을 소 제기하였다.

다. 연방행정법원의 판단

(1) 소송요건

연방행정법원은 종전의 판결[24]과 마찬가지로 연방기본법 제5조 제1항 제2문으로부터 직접 도출되는 언론의 정보공개청구권에 대한 소송은 일단 이행의 소에 의함이 적법하다고 보았다. 또한 원고의 청구가 연방정보국의 직무범위에 관련되어 있기 때문에 행정소송법 제50조 제1항 4호에 의거하여 연방행정법원이 제1심이자 최종심으로 관할이 있음을 확인하였고 원고가 기자이자 편집인이므로 언론 개별구성원으로서 신청한[25] 모든 사유에 대해 권리보호필요성을 인정하였다.

(2) 본안 판단
(가) 헌법상 정보공개청구권

연방기본법 제5조 제1항 2문으로부터 직접 도출되는 언론의 정보공개청구권에 대해 연방행정법원은 본 조항이 보호하고 있는 언론의 정보공개청구권은 언론의 정보이익과 공개로 인한 공익 또는 사익에 대한 포괄적인 형량에 기초하는 구조임을 선언하였다.

첫째, 판례에 의하면 연방기본법 제5조 제1항 제2문에 의한 언론의 자유는 개별법상 별도의 규정을 두고 있지 않고 주 법에 달리 정한 바가 없다면 언론사 구성원에게 연방행정청에 대한 헌법상 직접적인 정보

---

24) BVerwG 6 A 1.17 - Urteil vom 39. Jan. 2019.
25) 원고는 총 11건의 정보공개사유를 신청하였다.

공개청구권을 인정한다. 이러한 헌법직접적인 정보공개청구권에 근거하여 언론사 구성원들은 행정청이 해당 정보를 보유하고 있으며 공적 또는 사인의 보호할 가치 있는 기밀성의 이익에 반하지 않는다는 조건이 충족되는 한 당해 행정청에 대해 충분하고도 명확한 정보를 요구할 수 있다. 이와 같은 헌법직접적인 정보공개청구권은 언론의 정보이익과 현재 보호할 가치가 있는 이익들 상호간에 개별적인 사례마다 형량할 것을 요구한다. 여기에서 중요한 것은 언론의 정보에 대한 이익과 보호할 가치가 있는 이익이 정보공개청구를 배제하는 정도로 대립되는지 여부이다.[26]

둘째, 연방정보국의 이익을 위한 공개청구권의 영역적인 예외는 존재하지 아니한다. 피고 행정청인 연방정보국은 헌법직접적으로 도출되는 언론의 정보공개청구권에 대해 연방정보국은 포괄적인 영역적인 예외가 부여되어야만 한다고 주장하였다. 그러나 법원은 이미 정보공개청구의 배제사유에 대한 규율을 두고 있는 정보자유법(Gesetz zur Regelung des Zugangs zu Informationen des Bundes (Informationsfreiheitsgesetz – IFG) 제3조 제8호에 대해 본 조항과 헌법상 언론의 정보공개청구권을 병렬적으로 보는 것을 인정하지 않음을 판결한 바 있다.[27] 정보자유법에 따른 행정청의 정보에 대한 접근 청구권이 기본권적으로 시도되는 것은 아닌[28] 반면, 언론의 정보공개청구권은 언론의 자유라는 기본권의 객관적 제도로서의 요소로부터 도출되는 것이기 때문이다.[29] 이는 정보에 대해 원칙적으로 방해받지 않는 접근을 보장함이 민주주의에 필수적인 자유로운 언론이 정보기능과 통제기능을 효과적으로 수행할 수 있도

---

26) BVerwG, 6 C 65.14 – Urteile vom 16. März 2016
27) BVerwG, 6 C 12.14 – Urteil vom 25. März 2015
28) BVerwGE 151, 348 Rn. 29.
29) BVerfGE 20, 162 (174 ff.).

록 하는 전제임을30) 재확인시키는 것이다.

셋째, 연방정보국은 요구되는 공개의 보안중요성과 관련하여 어떤 판단여지를 보유하고 있지 않다. 언론의 정보공개청구권과의 형량을 전제로 하여 정보의 기밀유지에 놓여있는 공공이익을 정당화 하고 이에 따라 언론의 정보공개청구권을 제한할 수 있다는 것은 연방정보국이 논증해야 하며 법원에 의해 사실적 및 법적 관점에서 전면적으로 심사되어야 한다. 보안필요성의 평가에 따라 연방정보국이 요청된 정보공개청구을 거부하는 판단여지는 그간 법원의 판례에도 반한다.31) 헌법상 직접적으로 도출되는 청구권과 같은 명백한 경우를 제외하고도 연방기본법 제19조 제4항 제1문에 근거하여 행정청의 최종결정을 정당화시킬 수 있기 위해서는 충분하고도 중요한 기본원칙이 요구된다. 무엇보다도 사법적 통제밀도의 감소를 위해서는 효과적인 권리구제의 원칙에 지향되는 사실적 근거가 충분히 중요하게 요구되며 또한 행정작용의 실질적인 통제의무가 아울러 요청된다.32)

(나) 연방정보국의 유효기능성 고려

정보국의 유효기능성을 보호함은 국가적 이익을 위해 필수적이다. 이는 연방헌법재판소에서도 연방기본법 제38조 제1항 2문과 제20조 제2항 2문에 의한 의회의 정보청구권에 대한 한계로서 인정된 바 있다.33) 특히 연방정보국과 관련하여 이 필요성은 공익을 위해 언론의 헌법직접적인 정보공개청구권에 대한 일반적인 제한을 형성한다. 판례 역시 연방정보국법에 의해 직무의 수행과정이나 방식 외국 정보기관과의 협력

---

30) BVerwG, 6 C 65.14 – Urteil vom 16. März 2016
31) 기록보관법에 의거한 이용청구에 대해, BVerwG, 6 A 1.17 – Urteil vom 30. Januar 2019.
32) BVerwG, 6 C 50.15 – Urteil vom 17. August 2016.
33) BVerfGE 146, 1, Rn. 94 f., 109, 112 ff.

업무, 정보원 등에 대한 보호 등을 언급한 바 있다.

그러나 앞서 언급한 바와 같이 연방행정청에 대한 헌법직접적인 정보공개청구권이 포괄적인 형량구조에 기초한다면 피고 행정청은 언론의 정보이익과의 형량이 계속하여 이뤄졌음을 상세히 논증해야 한다. 이러한 논증 없이 언론의 정보이익에 대한 공익적인 기밀의 이익의 우위라는 의미에서 어떤 시원적으로 형량을 확정하는 것은 인정되지 않는다.

(다) 설명회의 개최와 방식

연방정보국은 지득한 사실의 공개업무 법률의 규정에 따라 공보업무를 수행할 권한이 주어진다. 이러한 부수적 임무의 수행에 있어서는 주어진 임무나 권한의 범위에 한정되어야 하며 또한 중립성 원칙(Neutralitätsgebot) 및 객관적 사실성의 원칙(Sachlichkeitsgebot)[34]을 충족하여야 한다. 또한 "좁은 범위"에서의 개별적 소통형식이 미디어에 대한 통제나 조종이 되어서는 안 될 것이다. 또한 제한된 참가자 수에 있어 필요한 선택은 객관적이고 일반적 평등원칙을 충족시키는 범위에 의해야 한다.[35] 이러한 조건의 준수에 있어 설명회의 실시는 행정청에게 주어진 공보작업의 조직을 고려한 재량의 영역에 놓여있다.

그러나 연방정보국이 "좁은 범위"에서 개별적 소통형식의 사건배경설명회를 실시할 수 있는 권한을 원칙적으로 보유하고 있다는 것으로부터 원고가 주장하는 언론의 헌법직접적 정보공개청구권에 대해 연방정보국과 (잠재적) 설명회 참가자 간에 어떤 기밀이 약속되었다거나 전제되었다는 것을 주장할 수 있게 되는 것은 아니다. 오직 중요한 것은

---

34) 객관적 사실성의 원칙에 대해 자세한 것은, 계인국, 공무원의 정치적 표현에 대한 법적 판단, 고려법학 제94호 (2019), 207면 (226면 이하) 참조
35) BVerwGE 47, 247 (253 f.).

요청된 정보를 고려하여 정보공개청구권의 조건이 충족되었는지 여부 뿐이다. 즉 공식적인 기밀유지 명령이나 합의가 그 자체로 문제의 정보를 보호하는 것이 아니라 형량 가운데 그 자체로 객관적으로 보호할 가치가 있는 것으로 나타나야 한다는 것이다.[36)]

4. 갱스터 랩 앨범의 유해목록 등재
(BVerwG 6 C 18.18 – Urteil vom 30. Oktober 2019)

가. 주요 요지

[1] 기록매체의 내용이 위험에 취약한 미성년자들을 사회 윤리적으로 혼란스럽게 하는 경우 청소년보호법 제18조 제1항의 의미에서 청소년유해적 효과라고 보게 된다.

[2] 예술작품에서 청소년유해적 효과나 나타난다면 기록매체의 등재는 청소년보호와 예술의 자유의 형량함에 있어 개별적인 사안에 주어진 비중에서 청소년 보호 우위를 전제하게 된다.

[3] 청소년 유해 미디어에 대한 연방심사청의 12인 위원회에는 청소년 보호의 우위나 예술의 자유에 대한 결정을 위한 형량의 영역에서 어떠한 판단여지가 주어지지 않는다(판례변경)

나. 사실관계 및 경과

원고는 예명 A…로 불리는 랩퍼이다. 원고는 그의 갱스터 랩 앨범에 15개 타이틀을 수록하였는데 그 가사가 갱단 보스의 범죄적 품행을 묘사하고 있다. 부분적으로 이 묘사는 원고의 사건과 관련성을 가지기

---

36) BVerwG, 7 C 22.08 – Urteil vom 29. Oktober 2009

도 한다.

2014년 연방청소년유해매체심사청(Bundesprüfstelle für jugendgefährdende Medien: BPS)은 청소년청(Jugendamt)의 신청으로 등재절차를 개시하였다. 2015년 3월 2일 12인으로 구성된 BPS의 위원회(이하, 12인 위원회)는 등재에 대하여 2015년 4월 9일 회의에서 등재를 결정하였다. 타이틀은 범죄적 품행, 범죄사실, 폭력을 행사하려는 준비, 마약상이나 무기상으로서의 행위, 저속한 언어에 의한 여성과 동성애자의 혐오 등이 담겨있다. 비록 해당 내용은 가상적 형상을 이용하거나 희화화되었으나 미성년자에게 해로운 영향을 미칠 가능성이 매우 높으며 비록 예술적 주장이 이뤄진다고 하더라도 미성년자의 보호가 예술의 자유에 우선한다는 판단이 내려져 유해매체 등재가 결정되고 관보에 게재되었다.

원고는 유해매체 등재취소를 구하는 소를 제기하였다. 원고는 앨범의 예술적 내용에 대해 문예학자의 평가서와 대화내용을 사본으로 제출하였다. 전문가의 평가서는 언어적 형성을 통해 예술적 가치가 증가하였으며 또한 가사가 독창성이나 장난기 있는 충동성을 허용해야함을 주장하였다. 그러나 제1심 Köln 행정법원은 이를 기각하였다.[37] 판결 이유에서 법원은 청소년 보호의 우위와 예술의 자유에 대해 제한없이 심사하였음을 밝히며 이를 위하여 앨범에 참여한 가명의 작사자와 작곡가를 GEMA에 실명과 주소를 요청한 뒤 참고인으로 출석을 요구하기도 했다. 이들의 형량에 따라 청소년의 보호가 예술의 자유에 우선함을 선언하였다. 또한 전문가 평가서가 12인 위원회의 조사와 평가에 대해 문제를 제기하기에 적절하지 않다고 보았다. 이에 원고는 항소하였다.

---

37) VG Köln vom 2. September 2016 (Az: VG 19 K 3287/15)

Münster 고등행정법원은 원고의 주장을 인용하였다.[38] 항소심은 작품의 예술적 지위나 예술적 내용에 대한 평가는 물론 이로 인해 발생하는 청소년의 위험에 대한 영향은 제한되지 않은 사법심사의 대상이 된다고 보았다. 그러나 12인 위원회는 청소년 보호의 우위 또는 예술의 자유에 대한 종국적 결정을 위한 판단여지를 여전히 가진다고 보았다. 이는 전문적이고 다원적이며 독립적인 의견의 형성을 보장하기 위하여 법적으로 정해진 위원회의 구성에 대한 규정에 근거한다. 따라서 법원이 우선적인 결정을 내릴 수는 없었을 것이다. 그러나 12인 위원회의 우선적 결정이 예술의 자유에 대한 불충분한 비중에 기인하였다는 점에서 앨범의 유해매체 등재는 위법하다고 보았다. 그 근거로 참고인들에게 등재 작업 이전에 예술적 기여에 대한 견해표명 등의 기회가 주어지지 않았다는 점을 들었다. 위원회는 ― 제1심법원과 같이 ― GEMA에 문의하여 실명과 주소를 문의하거나 앨범제작 및 유통인과 원고에게 정보를 제공할 것을 요청하지도 않았다는 것이다.

다. 연방행정법원의 판단

연방행정법원은 연방기본법 제19조 제4항 1문의 규정을 들어 헌법상 권리구제의 기본원칙을 개인이 집행권력에 대하여 실체법상 법적 지위의 관철을 법원에 구할 수 있는 주관적 권리가 제공되는 것으로 확인하고 있다. 이 규정은 전체 법질서를 위한 원칙규범으로 사법적인 권리통제의 범위를 확정하고 이를 통해 법의 효력을 보장한다.[39] 위 조항에 의해 요구되는 효과적인 권리구제는 법원이 행정결정을 사실적 및 법적 관점에서 제한없이 심사할 것을 요구한다. 법원은 그의 법해석에 의해 구체적인 사례에서 당해 결정에서 중요한 법규범과 법원칙을 행정의 법해석에 구속받음이 없이 해석하고 적용해야 한다. 이를 위해 법원은 그

---

38) OVG Münster vom 16. Mai 2018 (Az: OVG 19 A 2001/16)
39) BVerfGE 58, 1 (40). 이는 헌법학계의 일반적인 견해이기도 하다.

의 법적 견해에 따라 결정에 중요한 사실관계를 직접 충분히 해명해야
하고 증거를 평가해야 한다.40)

 이에 반하여 판단여지는 법규범의 최종 구속력있는 해석과 이에
의한 법적용을 행정에 부여하는 특징을 가지고 있다. 행정결정이 판단
여지의 수행에 근거하고 있다면 법원은 그의 심사에 있어 그의 규범에
대한 이해로 행정의 규범이해를 대체해서는 안된다. 오히려 법원은 행
정이 그의 규범해석에 있어 적용하는 개념의 올바른 이해에서 출발하고
있는지와 법률상 또는 자의금지원칙과 같이 일반적으로 통용되는 평가
기준에서 벗어나고 있지 않은지를 심사한다. 그러므로 법원은 행정이
그의 법적용에 기초가 되는 주요사실을 전체적으로 그리고 적절하게 조
사하고 특히 행정절차법상의 규정을 준수하였는지에 대해 심사할 권한
이 있다.41)

 이에 따라 판단여지는 연방기본법 제19조 제4항 1문에 근거하는,
사실적 및 법적 관점에서 법원에 의한 제한없는 권리구제를 보호한다는
명령을 어느 정도 동요시킨다고 볼 수 있다. 그러므로 판단여지가 법률
에 규정된, 다시 말해 법률의 해석을 통해 도출될 수 있으면 이를 통해
사법적 권리보호에 대한 법률상 제한이 중요하고 객관적 이유에서는 정
당화되는 것이며 법원에는 행정작용의 본질적인 통제만이 남아있게 된
다.42) 판단여지는 특히 법률상 규정된 결정프로그램이 모호하고 사안관
련적인 적용이 특별히 어려운 것으로 나타나는 경우에 인정된다. 왜냐

---

40) BVerfGE 51, 268 (284); BVerfGE 103, 142 (156 f.); BVerfGE 129, 1 (20 ff.);
   BVerwGE 138, 186 Rn. 42; BVerwGE 156, 75 Rn. 32.
41) BVerwG, 6 C 17.14 - Urteile vom 14. Oktober 2015; 6 C 50.15 - Urteil vom 17.
   August 2016.
42) BVerfGE 84, 34 (49 f.); BVerfGE 129, 1 (22 ff.); BVerwGE 156, 75 Rn. 32.

하면 다수의 평가요소가 조사되고 중요도가 판정되며 각자의 관계가 정하여 이를 통해 산정하기 어려운 예측이 이뤄져야 하기 때문이다.[43]

청소년보호의 이유로 인해 그 유포가 강력하게 제한되는 결과를 가져오는, 예술을 내용으로 하는 기록매체 또는 전송매체의 등재는 그러므로 두 가지 전제조건에 의존하게 된다. 첫째로는 청소년보호법 제18조 제1항 1문과 2문에 의미에서의 청소년 유해적 영향에 근거한다. 이러한 경우 청소년보호와 예술의 자유의 충돌하는 요구 사이의 형량이 이뤄져야 한다. 연방헌법재판소의 판결에 의하면 작품의 청소년 유해적인 성격의 판단뿐만 아니라 예술로서의 성격의 판단 및 예술적 내용 역시 행정법원의 최종결정권한 아래 놓이게 된다. 예술작품의 해로운 영향력과 예술적 콘셉트에 대해 지탄받는 의미에 대한 확신이 나타나야 하는 것이다. 그러므로 법원의 임무는 법률상 개념으로서 청소년보호법 제18조 제1항 1문과 여기에서의 유해성이 구체화된 내용으로서 법 제18조 제1항 2문상의 의미로서 인격의 형성이나 미성년자의 성장에 유해함에 대한 부합성(적합성: Eignung)을 해석하고 적용하는 것 및 법적용에 있어 중요한 사실관계를 직접 충분히 해명해야하는 것으로 보아야한다. 형량의 범위에서 법원은 올바르고 또한 전면적으로 조사된 사실관계의 기초 아래 청소년보호와 예술의 자유의 충돌하는 요구 사이의 중요도를 확정해야 한다. 그러나 청소년의 자유 또는 예술의 자유가 객관적으로 주어지는 중요성을 고려할 때 우위가 인정되는지에 대해서는 연방행정법원은 지금까지는 12인 위원회에 유보 하에 두었고 이에 따라 연방행정법원은 독자적인 우위의 결정을 내리지 않았다. 결국 12인 위원회의 형량결과가 판단여지의 한계를 유월하는지에 대해서만 심사를 해왔던 것이다.[44]

---

43) BVerfGE 84, 34 (49 f.)
44) BVerwGE 91, 211 (215 ff.)

본 판결에서 연방행정법원은 청소년보호법 제19조 제2항에서 제6 항까지에 규정된 12인 결정관할인 12인 위원회의 특수한 구조로부터 판단여지가 충분히 인정되는 것은 아니라고 보았다. 이에 따라 유해매 체 등재에 대한 사법심사가 배제되어야 하는 정도의 중요한 이유는 발 견되지 않는 반면 이를 심사하지 않는 경우 연방기본법 제19조 제4항 1 문에 따른 효과적이고 전면적인 사법적 권리보호에 반하게 된다는 것이 다. 연방청소년유해매체심사청의 사실조사와 평가는 물론 전문가의 진 술임은 분명하지만 이로서 판단여지가 주어진다는 것을 정당화할 수는 없다. 이로서 앨범에 참여한 다른 작사가나 작곡가의 의견을 듣지 못했 다는 이유로 곧바로 유해매체 등재결정이 취소될 수 있는 것은 아니다.

나아가 연방행정법원은 유해매체 등재결정을 합법적으로 보았다. 연방청소년유해매체심사청의 조사결과에 의해서 적용된 기준에 따르면 이러한 내용은 청소년에게 유해한 것으로 나타나는데 특히 인간에 대한 개념과 노골적으로 모순되며 미성년자들에게 사회적-윤리적 혼란을 야기하게 된다는 것이다. 원고의 앨범은 이러한 요소를 충족시키고 있 다고 보았다.

5. 헌법질서에 반하는 정당 구성원의 총기면허
(BVerwG 6 C 9.18 - Urteil vom 19. Juni 2019)

가. 주요요지

[1] 금지되지는 않은 정치적 정당의 당원으로서 헌법적대적인 노력 을 지속해온 사람은 무기법 제5조 제2항 3호 소정의 의미에서 신뢰할 수 없다.

[2] 무기법 제5조 제2항 3호 a목의 의미에 해당하는 헌법질서에 반하는 행위의 추구는 헌법의 본질적인 원칙에 대한 전투적이고 공격적인 태도를 취하는 단체에서 나타난다. 이는 국가사회주의와 관련된 단체의 특징과 같이 헌법질서를 지속적으로 훼손하려는 것으로 충족된다. 무력의 사용이나 그 이외에 법위반을 통해 그 목적을 달성하려고 할 필요는 없다.

나. 사실관계와 경과

원고는 NPD(Nationaldemokratische Partei Deutschland; 독일국가민주당) 지구 협회의 부회장이며 해당 지방자치단체에서 NPD를 대표하고 있다. 피고 행정청은 처분통지서에서 (1) 원고가 소지하는 스포츠 소총에 대해 발령한 총기소유카드를 철회하며 (2) 등록된 총기를 4주 기간 내에 사용이 불가능하도록 만들거나 관할 행정청에 위탁할 것을 요구하였다. (3) 또한 원고에게 총포, 발사기구, 탄약 등 발화효과가 있는 모든 종류의 무기를 금지하였다. (4) 상기 기간 중에 총기소유카드를 반환하지 않을 경우 최고 1,000유로의 강제금 부과를 정하였고 (5) 상기 기간 중에 총기를 사용불가상태로 만들거나 위탁하지 않을 경우도 이와 같다고 하였다. 이에 대한 이유로는 무기법 제5조 제2항 제3호에서 헌법질서에 반하는 행위를 지향하는 정당을 적극 지지하는 경우 신뢰할 수 없음을 들었다.

제1심 Dresden 행정법원은 원고의 취소소송을 인용하였다. 법원은 원고의 신뢰불가능성에 대하여 헌법질서에 대응하는 행위를 추종하거나 지지하는 단체의 구성원이라는 무기법 제5조 제2항 3호를 정당에 대해 적용할 수 없다고 보았다. 또한 이 규정의 전제조건 역시 충족하지 않는다고 보았다.45)

그러나 Bautzen 고등행정법원은 무기법 제5조 제2항 3호의 신뢰불
가성을 정치적 정당의 정당원 또는 지지자에 대해서도 적용할 수 있다
고 보았다. 해당 규정의 표현이 연방헌법재판소에 의해 위헌성이 확인
된 정당의 구성원으로 확인된 자에 대해 어떤 특별법적 규정으로서 제
외되는 것이라고 볼 수는 없다는 것이다. 이러한 해석은 또한 연방기본
법상 정당의 특권에도 배치되지 않는다고 하였다. 무기법의 위 조항은
일반의 기본적인 법익에 기여하며 정당원 및 추종자에 대한 다른 일반
시민과 같은 효력을 요구한다. NPD가 헌법적 질서에 반한다는 것은 제
1심 법원에서도 확인된 바와 같으며 여기에서 헌법합치적 질서에 속한
다는 것은 연방기본법상 구체화된 인권과 각종 헌법원칙을 침해할 수
없는 기본가치로 준수함을 의미한다. 이러한 본질적인 헌법원칙에 반한
다는 것은 특히 단체에 있어 그 이념가치와 전체적 모습이 국가사회주
의와 본질적으로 유사함을 입증하는 것이다. 이 점에 대해서는 2017년
연방헌법재판소의 판결을 통해 확인된 바 있으며[46] 그 외 작센 주 헌법
수호청에 의해서도 확인된 바 있다. 또한 원고는 해당 지방자치단체에
서 위 정당의 임무를 수행하였고 지구위원회의 위원으로서 기능을 수행
하였다. 고등행정법원은 지금까지는 원고가 헌법적대적 태도로서 법질
서에 반하는 태도로 무기를 사용하는 등의 행위가 없이 총기법에 따른
행동을 했다는 것만으로는 비신뢰성의 추정을 해소할 수 없다고 보았
다.[47]

45) VG Dresden vom 23. Juni 2016 (Az: VG 4 K 286/16)
46) 독일 연방헌법재판소는 2017년 NPD의 위헌정당해산심판에서 NPD가 자유민주적
기본질서의 파괴라는 목적을 가진 헌법적대적 정당임을 확인하였으나, 그 목적을
실제 달성하거나 실현할만한 잠재력이 결여되어있다는 이유로 NPD를 금지, 즉 해
산하지 않는다고 기각결정을 내린 바 있다. BVerfGE 144, 20. 대상판결에서 보는
바와 같이 해산하지 않는다는 의미에서의 기각결정이 NPD에 대한 위헌성 확인마
저 배제하는 것은 아님을 주의할 필요가 있다.
47) OVG Bautzen vom 16. März 2018 (Az: OVG 3 A 556/17)

다. 연방행정법원의 판단

연방행정법원은 헌법 질서에 반하는 정당의 노력을 적극적으로 지원하는 사람은 일반적으로는 총기 면허에 필요한 신뢰성을 갖지 못한다고 보았다. 먼저 무기법 제5조 제2항 2호에서 언급된 "구성원"의 개념표지에 대해 연방행정법원은, 이를 순수하게 조직관련적인 것으로 보았으나 제3호에서 "추구하는 노력"은 활동과 관련지어 해석하였다. 연방정부의 법률안 발의이유서에서도 개인 또는 집단적으로 헌법적대적 행위를 하는 경우 신뢰성이 없다는 가정이 발견된다. 이에 따라 연방행정법원은 원심과 마찬가지로 헌법적대적 정당의 구성원 및 지지자에 대한 신뢰성 문제는 헌법적 질서의 합치 문제로 보았다. 헌법적 질서의 보호법익은 헌법상의 기본 원칙, 즉 기본법 제1조 제1항에 따른 인간의 존엄성과 그 외에 민주주의 원칙, 법치주의 등으로 구성된다. 이에 반대하는 노력은 단체가 이러한 원칙에 대해 전투적, 공격적 태도를 취할 때 존재한다. 그러나 이를 위해 무력 사용 또는 기타 법적 위반이 반드시 요구되는 것은 아니다. NPD는 이러한 헌법적대적 단체로서의 요건을 충족하고 있으며 나아가 원고 역시 NPD의 이러한 노력을 장기간 지지해왔다. 헌법질서를 반대하는 정당의 활동에 있어서도 단순히 당원으로서 가입한다거나 수동적으로 행사에 참여하는 것에 국한되지 않고 원고는 당내에서 중요한 직책을 맡거나 권한을 위임 받아 헌법 질서에 반하는 노력에 부합하는 의견표명을 해온 것으로 확인되었다.

그러나 원심은 무기법상 신뢰성의 추정을 반박하기 위해 범죄 및 총기류가 없는 행동을 가정하긴 했으나 그 이외의 비정형적인 사례나 사건 등을 충분히 고려하지 않았다고 보았다. 비신뢰성에 대한 추정이 반박되는지는 반드시 개별적인 사례에서 조사되어야 한다. 물론 그렇다고 특정한 당내 지위에서 사퇴하는 등의 필요는 없으나 적어도 무기법에 대한 태도나 폭력의 사용, 위협이나 이를 묵인하는 경향을 보이는 등의 증거가 필요하나 원심은 이에 대해 판단하지 않았기 때문에 연방행정법원은 원심을 파기환송하였다.

6. 대마초 사용 후 운전금지규정의 1차 위반과 운전면허 취소(BVerwG 3 C 13.17, 14.17, 25.17, 2. 18, 7.18 – 9.18 – Urteile vom 11. Apr 2019)

가. 요지

대마초를 사용하고 운행안전에 있을 수 있는 대마초의 영향력 하에 자동차를 처음 운행하는 경우, 운전면허를 담당하는 행정청은 원칙적으로 운행부적합성의 사유로 보고 직접 운전면허를 박탈해야 한다. 이러한 경우 운전면허시행령 제46조 제1항 및 제14조 제1항 3문의 의학적 및 심리학적 소견의 참고의무에 합치되는 재량에 따라 결정되어야 한다.

나. 사실관계 및 경과

2014년 4월 28일 경찰관의 교통통제 중에 원고는 1.7g의 마리화나를 지닌 채 자동차를 운행 중임이 확인되었다. 원고는 운행시작 약 45분 전에 두 명의 친구들과 함께 이를 흡연하였음을 자백하였다. 이어서 진행된 혈액검사에서 혈청 중 3.7ng/ml의 정신활성적 대마초 성분인 테트라하이드로칸나비놀(THC)이 검출되었다. 2014년 5월 23일 도로교통법 제24a조 제2항 및 제3항에 따른 범칙금과 1개월간의 운전금지처분이 부과되었다. 나아가 2014년 12월 4일 관할 행정청은 원고가 대마초의 흡입 직후 자동차를 운행하였다는 점에서 운전면허를 즉시박탈하는 처분을 발령하였다. 원고는 행정심판을 청구하였으나 2015년 3월 18일 기각재결이 내려진다.

제1심 München 행정법원(Verwaltungsgericht)은 원고의 청구를 받아들이지 않았다.[48] 원고는 평소 대마초를 흡입할 뿐만 아니라 대마초의 사용과 자동차 운행이 구별되지 않는다는 것이다. 자동차 운전능력에 대한 영량력과 분리능력의 결여에 대해 한계수치 위원회(Grenzwertkommission)의 권고에 따라 2015년 9월부터 혈청 내 THC 농도 1ng/ml을 기준으로 하고 있으며 원고의 3.7ng/ml의 혈정 내 THC 농도는 이를 분명히 초과하고 있기 때문이었다.

항소심 München 행정고등법원(Verwaltungsgerichtshof)에서 원고는 이러한 분리위반이 2014년 위반 당시 있었음을 인정하면서도 운전면허 시행령(FeV) 제11조 제7항에서 자동차 운행의 부적합 기준에 맞지 않는다고 주장하였다. 위 조항에 따라 의학적-심리학적 소견심사가 이뤄졌어야 했다.[49]

다. 연방행정법원의 판단

연방행정법원은 기존의 판례를 재확인하여, 대마초에 연관된 영향력이 그의 운전안전성에 미칠 가능성이 존재한다면 평소 대마초를 흡연하는 것과 자동차의 운전이 구별되지 않는다고 보았다. 이러한 가능성은 당사자가 법정 THC 수치 또는 그 이상인 경우에 나타날 수 있다.

대마초를 흡입하는 경우 그 소비행위와 운전은 분리되어야 한다. 이는 대마초 흡입의 경우 운전안전성이 결여되어 운전자 본인이나 다른 도로 이용자의 생명과 건강에 심각한 위험을 끼칠 수 있기 때문이다. 도로교통의 안전을 보장하고 생명과 신체의 완전성을 보장하기 위하여

---

48) VG München vom 21. November 2016(Az: VG M 26 K 15.1494)
49) VGH München vom 25. April 2017 (Az: VGH 11 BV 17.33)

이러한 위험은 배제되어야 한다. 따라서 소비와 운전의 분리는 운전안전성이 저하되었을 것이라고 확신할 수 있거나 사고위험이 크게 증가되었다고 할 때뿐만 아니라, 대마초에 관련된 운전안전성의 위협이 존재하거나 이러한 위협이 배제될 수 없다고 보는 경우까지 포함되어야 한다.50) 이러한 위험기준은 연방헌법재판소 역시 판단의 기초로 삼고 있다.51) 따라서 자동차 운전이 대마초의 "영향력 하에" 놓여있다는 것은 혈중 THC 농도로서 확인되어야 하고 또 확인될 수 있는 것이다.

소비와 운전의 분리명령에 대한 위반은 분리명령을 지킬 수가 없기 때문에, 즉 '분리능력'이 없기 때문인지 아니면 의도적으로 분리하지 않은 '분리의지'의 문제인지 여부가 중요한 것은 아니다. 운전면허 시행령 상 분리명령의 객관적 이행은 본래 이러한 분리능력이나 분리의지의 개념을 사용하지는 않는다. 또한 "분리"라는 일상용어와는 달리 시행령 상의 "분리"조건은 개별적인 요구사항을 지정하고 그 조건이 불이행되는 경우 분리명령을 위반하는 것으로 보기도 한다. 즉 시행령 부록 4의 Nr. 9.9.2는 "소비와 운전이 분리되고 알콜 또는 기타 향정신성 물질의 추가 사용, 성격 장애, 통제력 상실이 없는 경우" 운전적합성을 인정하는 것이다.

이러한 맥락에서 시행하는 운전면허 관할 행정청의 운전적합성 평가는 과거의 위반사실에 대한 제재적 성격이 아니다. 운전면허법 시행령의 운전적합성 평가는 장래 도로에서의 위험을 최대한 제거하는 데에 초점을 두고 있다. 운전적합성에 대한 심각한 의심이 있어 운전면허가

---

50) BVerwG, Urteil vom 23. Oktober 2014 — 3 C 3.13; OVG Berlin—Brandenburg, Urteil vom 16. Juni 2016 — OVG 1 B 37.14; OVG Bremen, Beschluss vom 25. Februar 2016 — 1 B 9/16

51) BVerfG, Kammerbeschluss vom 20. Juni 2002 — 1 BvR 2062/96

취소되어야 할 것인가에 대해서는 그러므로 운전자의 행동, 운전적합성에 관련된 각종 상황, 반복의 위험이 존재하는지의 여부 등 미래의 문제를 고려해야 한다.

그렇다면, 대마초의 소비와 운전을 분리할 것을 처음으로 1회 위반한 것은 당사자가 자동차 운전에 부적합하다고 입증되었다는 가설을 곧바로 정당화시키지는 못한다. 물론 일회성 위반이라고 하더라도 면허관리 행정청은 운전적합성에 대한 우려를 가지고 이를 면밀히 조사해야 할 것이지만 향후 운전안전을 저해할 수 있는 대마초의 소비와 운전 사이의 비분리성이 나타나고 운전적합성에 문제가 발생할 것인지에 대한 평가가 추가로 필요하다. 즉 장래에 있어 대마초의 소비와 자동차 운전을 분리할 수 없는 지에 대해 이를 평가하기 위한 충분한 근거가 확보되어야 하며 이를 위해서 일반적으로 의학적—심리적 소견을 구하는 것이 필요하다.[52] 운전면허법 시행령 제14조 제1항에 대한 개정이유서에서도 "대마초의 경우 정기적인 사용과 간혹 사용하는 것을 구분해야 한다. 정기적인 사용이 있다면 일반적으로 운전적합성이 배제된다. 그러나 간혹 사용하는 경우라면 일반적으로 운전적합성은 인정되며 추가 상황에 따라 의학적—심리적 검사가 필요하다. 예를 들어 운전과 관련하여 통제력을 상실하거나 성격장애가 있거나 알콜 또는 기타 향정신성 물질을 추가로 사용하는 경우가 여기에 해당된다."고 한 바 있다. 이러한 경우 운전면허 담당 행정청은 의학적—심리적 전문가의 소견 청취요건을 충족해야 하는 것이다.

---

52) 음주운전으로 인한 면허취소 이후 신규면허 발급에서 의학적—심리학적 소견서의 발급이 문제된 사례(BVerwG 3 C 24.15 — Urteil vom 6. Apr. 2017)에 대해서는, 계인국, 최근(2018) 독일 행정판례의 동향과 분석, 행정판례연구 XXIV—2(2019), 616면 이하 참조

결론적으로 연방행정법원은 피고 행정청이 이러한 의학적—심리적 소견서를 요청하는 재량결정을 내린 바가 없으며 이에 따라 내려진 운전면허 취소는 위법하다고 보았다.

7. 경찰공무원의 명찰 착용의무(BVerwG 2 C 32.18 und 33.18 – Urteile vom 26. September 2019)

가. 주요 요지

Brandenburg 주 경찰법 제9조 제1항에 따라 경찰공무원은 명찰을 착용할 법적 의무가 인정되며 이 의무를 기동경찰대에 투입되는 경우 동일성을 식별할 수 있는 명찰로 대체되도록 규정한 것도 합헌이다.

나. 사실관계 및 경과

원고는 경찰공무원으로 순찰관 및 경우에 따라서는 기동경찰로 투입되기도 하였다. 2013년 초 원고는 경찰청에 명찰을 착용할 의무와 기동경찰대에 투입되는 경우 표식을 착용할 의무를 면하여 줄 것을 신청하였다. 이에 대해 거부처분이 내려졌고 원고는 그에게 직무수행 중에 명찰의 착용과 기동경찰 투입 중에 사후적으로 신원이 확인될 수 있는 표식을 제복에 부착할 의무가 없음을 확인하는 소를 제기하였다. 제1심 Potsdam 행정법원은 이를 기각하였다.[53]

항소심 Berlin-Brandenburg 고등행정법원은 경찰관의 명찰 착용 의무를 헌법상 정보의 자기결정권에 대한 침해로 보았으나, 정당화되는 제한으로 인정하였다. 고등행정법원은 입법자가 법률규정을 통해 기본권 행사를 위한 중요한 지도적 결정을 직접 내린 것이며 이 법률규정은

---

53) VG Potsdam vom 8. Dezember 2015 (Az: VG 3 K 2258/13).

규범 명확성의 원칙과 규범 특정성의 원칙도 충족하고 있다고 보았다. 또한 입법자는 법률 규정과의 관련성 하에서 추가적인 세부사항을 행정규칙에 위임하였고, 평등의 원칙이나 안전배려의무도 위반하지 않았다. 반면에 표식 착용의무는 공무원의 사적 생활에 대해 법적으로 중요한 방식으로 영향을 미치고 있지 않다고 보았다.[54]

다. 연방행정법원의 판단

(1) 명찰 착용의무

연방행정법원은 원고의 상고가 이유없다고 보았다. 먼저 브란덴부르크 주 경찰법 제9조 제2항 1문에 따른 명찰 착용의무와 관련하여 원심의 판단에서 어떤 법령을 위반함이 발견되지 않으며 해당 법조문 역시 헌법에 합치된다고 보았다. 이러한 명찰은 먼저 투명성의 강화와 직무의 시민접근성 강화에 기여한다. 시민의 요구에 의해서가 아니라 본래부터 그의 명찰에 의해 정당성을 알 수 있는 국가공무원의 처신이기 때문이다. 또한 경찰공무원이 제복을 착용하고 직무에 있어서 명찰을 착용하도록 하는 의무규정을 두는 입법자의 권한은 경찰공무원의 외형과 경찰법을 규율하는 권한에서 비롯되는 것이다. 이에 근거하여 경찰공무원이 착용하고 있는 명찰은 그의 성은 표기하고 있으나 이름은 표기하지 않거나 두문자만으로 표기하고 있다. 입법이유서에서는 명찰에 성만을 표기할 것을 제안한 바 있다. 또한 명찰에 해당 공무원의 직급을 포함시키지 않도록 하였다. 이러한 점에서 명찰이 과도하게 정보를 노출시키는 것은 아니라고 볼 수 있다.

(2) 개인의 정보자기결정권

원고가 종종 기동경찰대에 투입되기 때문에 원고는 브란덴부르크 주 경찰법 제9조 제2항 2문에 따라, 사후적으로 신원을 확인하기에 적

---

54) OVG Berlin-Brandenburg vom 5. September 2018 (Az: OVG 4 B 3.17).

절한 표식을 착용해야 한다. 이러한 점에서, 원심은 원고에게 직접 법률을 통해 주어지는 의무가 정보 자기결정권을 동요시키지 않는다는 법리 오해가 있었다. 다만 원심은 다른 이유에서 정당화될 수 있는 바, 브란덴부르크 경찰법 제9조 제2항 2문은 위 원고의 권리를 동요시킬 수는 있으나, 헌법적으로 허용되는 제한으로 보아야 하는 것이다.

개인의 정보자기결정권은 원칙적으로 언제 어떤 범위에서 개인의 생활사태를 개방할 것인지를 스스로 결정하는 개인의 권한을 포괄한다.[55] 개인의 정보자기결정권의 대상이 되는 정보는 인적 관련성이 있는 자를 표현하는 모든 정보이며 기본정보로서 성명과 주소가 해당된다.[56] 경찰공무원으로서의 직무 특성상 그에게 법률상의 의무가 주어지는 상황에도 불구하고 원고는 여전히 상급청에 대해 이 권리를 주장할 수 있다. 이 권리는 공무원관계에서 동일한 수준으로 적용되는 것이지 공무원관계에서 더 약한 수준으로 인정되는 것이 아니다.[57] 이러한 점에서 브란덴부르크 주 경찰법이 경찰공무원의 직무행위에 있어 제복에 명찰을 착용하도록 의무를 부과하는 것은 개인의 정보자기결정을 동요시킬 수 있다. 공무원이 자신의 성을 제3자에게 공개할 의무가 있으므로 이러한 점에서는 일정 부분 헌법상 개인의 정보자기결정권이 동요된다고 볼 수도 있다.

물론 개인의 정보자기결정권은 제한 없는 기본권은 아니다. 침해할 수 없는 사적 생활형성의 핵심영역을 넘어서면 더 중요한 일반이익에 있는 경우 법률상의 근거에 따라 제한될 수 있고 이를 위하여 제한의 조건과 범위가 명확하게 정해지고 시민들이 이를 법률로부터 이해할 수

---

55) BVerfGE 128, 1 (42).
56) BVerfGE 65, 1 (45).
57) BVerfGE 139, 19 Rn. 57.

있도록 주어지며 비례의 원칙을 준수해야 한다.[58] 또한 입법자는 법치
국가 원리와 민주주의 원리에 의한 의무를 진다. 즉 기본권의 효력에
있어 본질적으로 중요한 규정에 대해서 직접 결정해야 하며 이 권한을
집행에 위임해서는 안 된다. 따라서 이 사건과 같은 명찰 착용의무와
이로 인하여 공무원의 성이 공개되는 문제는 기본권의 효력에 있어 중
요한 의미를 가지는 것이므로 의회에 유보되어 있음이 밝혀져야 한다.
이에 따라 브란덴부르크 주 경찰법은 정치적으로 논란이 되었던 경찰공
무원의 명찰 착용 문제에 대해 스스로 입법적인 결정을 내렸으며 이 결
정에 앞서 각종 공청회 등이 선행된 바 있다. 따라서 법률상의 근거를
두고 있다는 데에 문제가 없다. 또한 이러한 제한은 비례의 원칙을 충
족하고 있다. 본 규정은 앞서 언급한 바와 같이 경찰 직무의 투명성을
강화하고 있으며 위법한 경찰관의 행위에 대해 형사상 또는 징계법상의
소명을 용이하게 한다는 점에서 정당한 목적이 인정된다. 명찰 착용의
무는 이러한 목적을 달성하기 위해 필요한 수단으로 인정된다. 또한 성
을 명찰에 표기하도록 한 조치는 적절하다고 인정된다. 개인의 정보자
기결정권에 대한 침해의 강도는 이러한 이유로 완화되어 정당화될 수
있다.

Ⅳ. 결어

　　지금까지 2019년 독일 연방행정법원의 주요 판례를 선별하여 소개
하고 주요 논점을 별도로 분류하여 논하였다. 몇몇 대상 판결은 사실관
계에서는 비록 차이가 있으나 국내에서 최근 발생하는 다양한 사건들과
의 유사성을 갖고 있기도 하며, 직접적인 관련성이 낮더라도 주요 법리

---

58) BVerfG, 2 BvF 1/15 - Urteil vom 19. September 2018.

에 있어 시사점을 제공해주기도 한다. 본 연구는 이러한 점들을 감안하여 대상판결을 선별하여 소개하고 분석하는 데에 초점을 두고 있으며 개별적인 국내 사례와의 비교대조까지 진전시키지는 않았다. 다만 고무적인 것은 지속적으로 진행된 독일 행정판례의 연구에서 이미 분석된 사례나 판례변경 및 법리해석이 조금씩 추적되고 있음이다. 앞으로도 지속적인 비교법 연구의 필요성을 보여주는 지점이며 함께 소개된 각 사례를 통해 국내에서의 다양한 사건에 대한 시사점은 물론 이론적 논의의 발전을 기대해본다.

참고문헌

Bundesverwaltungsgericht, Jahresbericht 2019.

계인국, 최근(2015) 독일 행정판례의 동향과 분석, 행정판례연구
    XXI - 2(2016), 403면 이하.

_____, 최근(2018) 독일 행정판례의 동향과 분석, 행정판례연구
    XXIV - 2(2019), 581면 이하.

_____, 공무원의 정치적 표현에 대한 법적 판단, 고려법학 제94호
    (2019), 207면 이하

국문초록

본 연구는 2019년도 독일 연방행정법원의 업무현황과 함께 연차보고서에서 선별된 판례를 중심으로 주요 행정판례를 소개하고 그 동향을 분석하였다. 선정된 판례는 보호헬멧 착용의무와 종교의 자유, 아동 포르노를 소지한 교사의 원칙적 파면, 갱스터 랩 앨범의 유해매체 등재, 정보기관의 설명회에 대한 정보공개청구권, 헌법적대적 정당원의 총기면허, 대마초 흡입과 운전면허, 경찰공무원의 명찰착용의무이다.

주제어: 독일연방행정법원, 재량의 0으로의 수축, 판단여지, 정보공개청구권, 자유민주적 기본질서, 개인의 정보자기결정권

Zusammenfassung

Rechtsprechungsübersicht des aktuellen Deutschen Bundesverwaltungsgerichts

Prof. Dr. jur. Inkook Kay*

Die vorliegende Arbeit führt die wichtigen Entscheidungen und der Geschäftslage des deutschen Bundesverwaltungsgerichts im Jahr 2019 ein. Der Gegenstand dieser Arbeit sind die Entscheidungen des Bundesverwaltungsgerichts, die in der Jahrebericht 2019 ausgewählt haben. Hier wurden folgenden Entscheidungen aufgenommen und kurz analysiert:

— Helmpflicht beim Motorradfahren und Religionsfreiheit
— Besitz von Kinderpornografie mit dem Beruf des Lehrers
— Erstmaliger Verstoß eines gelegentlichen Cannabiskonsumenten gegen das Gebot desTrennens von Konsum und Fahren
— Auskunft über Hintergrundgespräche von Bundesnachrichtendienst
— Waffenrechtliche Unzuverlässigkeit wegen
  NPD—Funktionärstätigkeit
— Kennzeichnungspflicht für Polizeivollzugsbeamte
— Indizierung eines Albums aus dem Bereich Gangsta—Rap

---

* College of Public Policy, Division of Public Administration

Schlüsselwörter: Bundesverwaltungsgericht, Ermessensreduzierung auf Null, Beurteilungsspielraum, Auskunftsanspruch, Freiheitlich－demokratische Grundordnung, Recht auf informationelle Selbstbestimmung

투고일 2020. 12. 12.
심사일 2020. 12. 25.
게재확정일 2020. 12. 28.

最近(2020) 프랑스 行政判例의 動向과 檢討*

朴祐慶**

Ⅰ. 서론 Ⅲ. 본안심사의 척도 및 강도
Ⅱ. 대상적격과 원고적격 Ⅳ. 결론

Ⅰ. 서론

프랑스 최고행정재판소 국사원(le Conseil d'État)은 2015년부터 2019년까지 연평균 약 9,800여 건, 2019년을 기준으로 하면 총 10,320건의 행정사건을 처리하였다.[1] 국사원은 중요한 판결들을 판례집(le

---

* 이 논문은 2020. 12. 17. 한국행정판례연구회·사법정책연구원 공동학술대회 발표문의 내용을 보완·수정한 것임을 밝힌다. 토론과정에서 유익한 논평을 해주신 김현준 교수님과 논문심사과정에서 여러 가지 귀중한 심사의견을 주신 익명의 심사위원분들께 감사드린다.
** 법학박사, 사법정책연구원 연구위원
1) 자세한 통계는 아래 표와 같다.

분류\건수	처리건수 / 접수건수				
	2015	2016	2017	2018	2019
제1심행정재판소 (TA)	188,783 /192,007	191,697 /193,532	201,460 /197,243	209,618 /213,029	223,229 /231,280
행정항소재판소 (CAA)	30,540 /30,597	30,605 /31,308	31,283 /31,283	32,854 /33,773	34,260 /35,684
국사원 (CE)	9,553 /8,727	9,607 /9,620	10,139 /9,864	9,583 /9,563	10,320 /10,216

Recueil Lebon)에 수록하고, 그 가운데 특히 중요한 쟁점을 담고 있는 판례들을 선별하여 "최근 중요판례"(Dernières décisions importantes)라는 제목하에 웹에 게시하며, 그 일부는 분야별로 분류한다.[2] 2019년 12월부터 2020년 11월까지 선고된 판결 가운데 국사원이 중요판례로 게시한 판례는 총 20건[3]이다([표 1] 참조).

　　20건의 중요판례 가운데 15건이 월권소송(le recours pour excès de pouvoir)에 해당하고, 4건은 완전심판소송(le recours de pleine juridiction)에, 1건은 '판결전 위헌법률심판 제청'(la question prioritaire de constitutionnalité: QPC)[4] 신청에 해당한다. 프랑스 행정소송의 유형은 크게 월권소송과 완전심판소송으로 구분할 수 있는데, 월권소송은 행정의 행위의 위법성을 이유로 그 취소를 구하는 소송으로서[5] 우리나라의 취소소송에 상응하는 것으로 볼 수 있고,[6] 완전심판소송은 우리나라의 당

Conseil d'État, *Rapport public: Activité juridictionnelle et consultative des juridictions administratives en 2019*, La documentation Française, 2020, p. 31.

2) 2019년도에는 중요판례 일부에 등급(A·B)을 매기기도 하였는데, 2020년에는 등급을 부여하는 방식을 폐지하는 대신에 일부 판결을 분야별로 분류하는 방식을 도입한 것으로 보인다. 국사원이 선정한 "최근 중요판례"는 국사원 웹사이트, https://www.conseil-etat.fr/ressources/decisions-contentieuses/dernieres-decisions-importantes 참조.

3) 행정소송에 대한 판결만을 포함하고, 명령(집행정지) 등은 제외한 수치이다(이에 코로나19 관련 수많은 집행정지 사건들이 제외되었다). 또한 판례 ④, ⑧, ⑫, ⑰과 같이 하나의 테마로 묶인 동일한 날짜에 선고된 판결들의 경우, 균일한 통계를 위해 1건의 판결로 다루었다.

4) 이는 2008년 헌법개정으로 2010. 3. 1.부터 시행된 사후적·구체적 규범통제제도이다. 이 제도의 도입 전후에 관한 상세로는, 김혜진, "프랑스 헌법재판소 결정의 효력: 국사원과 파기원에 대한 효력을 중심으로", 헌법논총 제22권 제2호, 2011 참조.

5) Camille BROYELLE, *Contentieux administratif*, LGDJ, 2019, n° 68 참조.

6) 국사원은 행정의 묵시적 거부결정도 월권소송의 대상으로 인정하고 있으므로, 월권소송은 우리나라 항고소송의 취소소송을 넘어 부작위위법확인소송까지도 포괄하는 소송유형이라고 할 수 있다. 조춘, "취소소송에 있어서 행정행위의 취소사유에 관한 연구: 프랑스 행정법상의 월권소송을 중심으로", 서울대학교 법학박사학위논문, 2001, 42-43면 참조.

2019.12. – 2020.11. 국사원 중요판례 목록

연번	선고일자 (연/월/일)	사건 번호7)	사건내용	원고	피고(행정청)	결과	취소소송 유형
①	19/12/11	424993	마리옹 선르발을 아른에다 노 인도하는 것을 승인한 데끄레 취소청구	마리옹 선르발	국무총리	기각	1-a
②	19/12/19	434071	예당뮤 시장을 파면한 데끄레 취소청구	예당뮤 시장	국무총리, 내무부장관, 국토부장관 등	기각	
③	19/12/31	431164	챔피언스리그 결승전 중계방송에 관한 시청각최고위원회 결정 취소청구	텔레비전 방송사	시청각최고위원회	기각	
④	20/02/28	429646 외 1건	프랑스도핑방지청장의 검정차 참가금지조치 취소청구	각 운동선수 2인	프랑스도핑방지청	기각	
⑤	20/06/19	434684	쿠키 및 기타 접속추적 관련 가이드라인을 채택한 개인정보보호위원회의 의결 취소청구	관련 업종 협회들	개인정보보호위원회	일부인용	
⑥	20/06/19	430810	EU GDPR 위반을 이유로 5천만 유로를 과징금으로 부과한 개인정보보호위원회의 의결 취소청구	구글유한책임회사 (Google LLC)	개인정보보호위원회	기각	
⑦	20/06/20	418142	"기니(코나크리)에서 일반화된 호적등본 위조라는 체욱의 국경청중앙의 문서신원감식과 한인보고문서 취소청구	이민자지원단체 (GISTI)	내무부장관	기각	
⑧	19/12/18	428811 외 2건	도지사로 하여금 연간 도살되는 늑대의 수를 늘릴 수 있게 허용한 데끄레 등 취소청구	동물보호단체	환경부 농림부장관	인용, 일부인용 등	1-b
⑨	20/02/05	428478	스스로 미성년자라 신고하는, 일시적 또는 확정적으로 가족의 보호를 받지 못하는 자에 대한 평가방법 및 정보처리은에 관한 데끄레 취소청구	유니세프 프랑스, 국경없는 의사회 등 다수의 단체	내무부장관, 시민연대 보건부장관	일부인용	
⑩	20/06/12	422327	르완다 상황(1990-1995)에 관한 미태랑 대통령 기록물 열람신청에 대한 문화부장관의 묵시적 거부결정 취소청구 및 정보공개 이행명령 청구	연구자 1인	문화부장관	인용	2-a

---

7) 병합된 사건의 번호는 부기하지 않았다.

연번	선고일자 (연/월/일)	사건 번호	사건내용	원고	피고(행정청)	결과	취소소송 유형
⑪	20/07/01	430121	외국인 학생의 등록금을 달리 정한 대교대 및 아래매 취소청구	전국대학생조합 등	고등교육 연구부장관, 에스회계부장관, 해외영토부장관	기각	3-b
⑫	19/12/06	391000 외 12건	링크사제요청을 거부한 구글에 대한 신청인들의 경고처분 신청에 대한 개인정보보호위원회 위법장의 신청종결처리 취소청구	각 개인 13인	개인정보보호위원회	인용, 일부인용, 각하 등	4-a
⑬	20/07/10	428409	대기오염방지를 위한 조치 부작위확인청구 및 이행명령청구	환경단체 등	국무총리, 환경부장관	인용	
⑭	20/11/19	427301	파리협정 준수를 위한 추가적 조치 요청에 대한 독사적 거부결정 취소청구	그린드-씨민市 등	대통령, 국무총리, 환경부장관	일부인용	
⑮	20/02/07	388649	환경법전 제D.531-2조 폐지 요청에 대한 국무총리의 독사적 거부결정 취소청구 및 GMO 경작 유통에 대한 국무총리의 모라토리엄 선언 이행명령청구	농민연합, 자구의 친구들 등 다수의 단체	국무총리, 농임 식품부장관	일부인용	4-b
⑯	19/12/11	434826	스포츠법전의 연봉상한제 규정에 대한 판결전 위헌법률심판 제청 신청	몽벨리에 에로 러비클럽	프랑스럭비연맹 운영위원회	기각	-
⑰	19/12/24	425981 외 2건	위헌인 법률에 근거한 국가배상청구	회사(425981, 425983), 개인(428162)	국무총리, 경제부장관, 노동부장관	기각	-
⑱	20/01/31	431143	유럽연합의회 시민대표선거 실시방식 등의 적법성에 관한 선거소송	다수의 개인 (병합사건)	내무부장관	기각	-
⑲	20/03/20	422186	금융시정청 및 알케이온행 간 체결한 협정에 대한 금융시정청 제재위원회의 승인거부결정 취소청구	금융시정청장, 알케이온행	금융시정청 제재위원회	기각	-
⑳	20/10/28	428048	부과된 소득세 추가부여에 감경 청구	개인 1인	세무당국	기각	-

사자소송에 상응하는 것으로 볼 수 있다.8)

월권소송은 "행위에 대한 소송"으로서,9) 객관소송의 성질을 띠며, 행정행위의 적법성을 지키는 그 공익적인 성격으로 인해 모든 '일방적 행정행위'(l'acte administratif unilatéral)를 대상으로 한다.10) 그에 따라 월권소송에서 원고가 입증하여야 하는 '개인적이고 직접적인 이익'(l'intérêt personnel et direct)은 매우 넓게 인정되며,11) 원고는 자신이 침해된 '권리'를 가지고 있다는 정도까지 입증할 필요가 없다.12)

15건의 월권소송에는 이행명령이 청구된 3건(판례 ⑩, ⑬, ⑮)이 포함된다. 독일의 의무이행소송과는 달리 프랑스의 이행명령청구는 모든 종류의 소송에서 주된 청구에 부수하여 제기할 수 있는 청구로서 독립적으로 제기할 수 없다.13) 해당 사건들에서 이행명령청구는 취소청구 또는 부작위확인청구에 부수하여 제기되어, 이를 월권소송으로 분류하였다.

이 글은 국사원이 중요판례로 게시한 20건의 판례 가운데 월권소

---

8) 박정훈, 『행정소송의 구조와 기능』, 제4장 인류의 보편적 지혜로서의 행정소송, 박영사, 2006, 120·124면 참조.

9) Edouard LAFERRIÈRE, *Traité de la juridiction administrative et des recours contentieux*, 1896, 560 참조(조춘, "취소소송에 있어서 행정행위의 취소사유에 관한 연구: 프랑스 행정법상의 월권소송을 중심으로", 서울대학교 법학박사학위논문, 2001, 13면에서 재인용).

10) 행정계약이나 행정계약의 이행을 위해 취하여진 조치 등은 월권소송의 대상이 되지 않고 완전심판소송의 대상이 된다. 그러나 계약절차상의 행정청의 결정들, 예컨대 시장의 계약체결행위, 시장으로 하여금 계약을 체결하는 권한을 부여하는 시의회의 의결, 낙찰자결정행위 등은 계약으로부터 분리될 수 있는 행위로 인정되어 월권소송의 대상이 된다. Charles DEBBASCH, Jean–Claude RICCI, Contentieux administratif, Dalloz, 2001, pp. 777–778 참조. 분리가능행위에 관한 상세로는, 강지은, 『프랑스 행정법상 분리가능행위』, 경인문화사, 2017 참조.

11) René CHAPUS, *Droit du contentieux administratif*, Montchrestien, 2008, p. 231.

12) Camille BROYELLE, *Contentieux administratif*, LGDJ, 2019, n° 90.

13) Mattias GUYOMAR, Bertrand SEILLER, *Contentieux administratif*, Dalloz, 2017, p. 285.

송에 해당하는 15건을 대상적격 및 원고적격의 측면과(Ⅱ), 본안의 심사강도(Ⅲ) 측면에서 분석한다.14) 월권소송에 해당하는 경우만을 검토하는 이유는, 완전심판소송은 그 비중이 상대적으로 낮기도 하지만 국가배상소송, 계약소송, 선거소송, 조세소송 등 그 종류가 다양하여15) 하나의 틀로 분석하기가 쉽지 않기 때문이다. 소송요건에 해당하는 대상 및 원고적격의 측면은 '취소소송의 4유형'16) 유형화 방법론에 따라 분류하였다. '취소소송의 4유형'이라는 분석틀을 여기에 적용한 이유는, 다수의 판례를 토픽별로 분류하여 소개하였을 때보다, 그 판례들이 분석틀을 통과하였을 때 2차원적 시각에서 객관소송으로서의 월권소송의 특징, 즉 대상적격의 측면에서는 행정입법의 위법성도 다툴 수 있다는 점, 원고적격의 측면에서는 단체도 그 설립목적 등을 고려하여 원고적격이 인정될 수 있다는 점 등이 더욱 입체적으로 드러나기 때문이다. 대상적격과 원고적격의 문제 외에도, 취소소송의 4유형을 통하여 판례를 살펴보았을 때에는, 유형별 쟁점과 고려사항을 정확히 파악하고17) 제1유형의 취소소송에서 제2유형, 제3유형을 거쳐 제4유형으로 발전하고 있는 행정소송의 역사적 발전단계를 함께 고려하는18) 3차원적 시각

---

14) 이 논문의 분석틀은 박정훈, 『행정소송의 구조와 기능』, 제3장 취소소송의 4유형, 박영사, 2006, 63-99면의 분석방법론에 따른 것임을 밝힌다. 논문의 방향에 많은 조언을 해주신 선생님께 지면을 빌려 감사드린다.

15) Jacques VIGUIER, *Le contentieux administratif*, Dalloz, 2005, pp. 78-84 참조.

16) 이 분류방식은 박정훈, 『행정소송의 구조와 기능』, 제3장 취소소송의 4유형, 박영사, 2006, 63-99면의 유형화 방법론에 따른 것이다.

17) 구체적으로, 제1유형 '침익적 행정행위에 대한 취소소송'의 경우, '제소기간 도과 후의 (무효주장을 통한) 권리구제 수단의 확보'와 '행정법관계 조기확정을 통한 행정 효율성 확보'라는 요청이 대립하지만, 제3유형의 경우 '수익적 효과를 받고 있는 직접 상대방의 신뢰이익 내지 법적 안정성'이 고려되어야 한다. 제2유형의 경우에는, 행정청이 스스로 기존의 수익적 행정처분의 무효를 주장하는 경우, 무효단순위법의 구별 문제에서 상대방의 신뢰이익 내지 법적 안정성이 주요한 요소로 고려되어야 한다. 박정훈, 『행정소송의 구조와 기능』, 제3장 취소소송의 4유형, 박영사, 2006, 67면.

18) 박정훈, 『행정소송의 구조와 기능』, 제3장 취소소송의 4유형, 박영사, 2006, 69면.

도 얻을 수 있다는 실익이 있다.

Ⅱ. 대상적격과 원고적격

우리나라 취소소송과는 달리, 프랑스 월권소송의 대상이 되는 일방적 행정행위에는 행정의 개별행위(l'acte individuel)뿐 아니라 법규제정행위(l'acte de réglementaire)도 포함된다.[19] 따라서 데끄레,[20] 아레떼[21] 등 특정 행정입법[22]의 위법성도 월권소송으로 다투는 것이 가능하다.[23] 이에 취소소송의 각 유형에서 개별결정에 대한 취소소송을 a유형으로, '행정입법'에 대한 취소소송을 b유형으로 분류하여 논의한다. b유형을 구체적으로 언급하면, 침익적인 행정입법의 취소를 구한 경우 제1-b유형, 수익적인 행정입법을 구하였는데 거부되어 그 취소를 구한 경우 제2-b유형, 행정입법의 직접수범자에게는 수익적 효과가 발생하나 직접수범자가 아닌 제3자에게는 침익적 효과가 발생하여 그 제3자가 해당

---

19) Yves GAUDEMET, *Droit administratif*, Dalloz, 2015, n° 279 참조.

20) 데끄레(le décret)는 대통령 또는 수상이 발동하는 명령이다. 대통령 또는 수상이 발동하는 명령은 간혹 아레떼의 형식으로 제정되기도 한다. Agathe Van LANG, Geneviève GONDOUIN, Véronique INSERGUET−BRISSET, *Dictionnaire de droit administratif*, SIREY, 2011, pp. 137−138 참조; 한국법제연구원, 『프랑스 법령용어집』, 2008, 283−284면 참조.

21) 아레떼(l'arrêté)는 대부분 각부장관, 도지사, 시장 등의 집행기관이 제정한 명령 또는 규칙에 해당한다. Agathe Van LANG, Geneviève GONDOUIN, Véronique INSERGUET−BRISSET, *Dictionnaire de droit administratif*, SIREY, 2011, pp. 36−37 참조; 한국법제연구원, 『프랑스 법령용어집』, 2008, 87면 참조.

22) 프랑스의 행정입법제도 관련 상세로는, 김동희, "프랑스의 행정입법제도에 관한 소고", 서울대학교 법학 제23권 제4호, 1982 참조.

23) 이와 관련하여 상세로는, 김수정, "취소소송의 대상으로서의 행정입법: 프랑스에서의 논의를 중심으로", 행정법연구 제13호, 2005 참조.

행정입법의 취소를 구한 경우 제3－b유형, 누군가를 규제하는 입법을 구하였는데 그것이 거부되어 그 취소를 구한 경우 제4－b유형에 해당하는 것으로 보았다.

제2－b유형과 제4－b유형으로 판례를 분류해볼 수 있는 이유는, 행정입법뿐 아니라 행정입법'부작위'도 월권소송의 대상으로 인정되기 때문이다. 즉, 원고의 행정입법 제정 또는 폐지 신청이 있은 지 2개월간 행정청이 침묵하였다면 그러한 행정입법부작위도 원고의 신청에 대한 거부로 간주되어 원고는 2개월 내에 월권소송을 통해 그 묵시적 거부결정에 대한 취소를 구할 수 있다.24)

1. 제1유형: 침익적 행정행위에 대한 취소소송

이 유형은 행정이 개별·구체적으로 내린 작위·금지·수인하명 등의 침익적 행정행위에 대하여 상대방이 그 취소를 구하는 것이다.25) 판례 ①~⑦은 침익적 개별결정을 대상으로 하는 제1－a유형에 속하며, 판례 ⑧~⑨는 침익적 행정입법을 대상으로 하는 제1－b유형에 속한다.

(A) 제1-a유형: 침익적 개별결정에 대한 취소소송

이 유형은 행정이 개별·구체적으로 내린 침익적 개별결정에 대하여 상대방이 그 취소를 구하는 것이다. 이 유형에는 판례 ①~⑦이 해당한다.

(1) 판례 ①

---

24) Code des relations entre le public et l'administration, L.231－4; Code de justice administrative, R.421－1; CE, 13 juillet 1962, Kevers－Pascalis; CE, 23 octobre 1959, n° 40922; CE Ass., 3 février 1989, Cie Alitalia, n° 74052 등 참조.

25) 박정훈, 『행정소송의 구조와 기능』, 제3장 취소소송의 4유형, 박영사, 2006, 67면.

(a) 사실관계 및 경과

이 사건은 마리오 알프레도 산도발(Mario Alfredo Sandoval)(이하 '원고')을 아르헨티나 당국에 인도하는 것을 승인한 「2018년 8월 21일 데끄레」[26](이하 '계쟁 데끄레')에 대하여 원고가 취소청구를 한 사건이다. 2012. 5. 22, 아르헨티나 연방형사재판소는 1976. 10. 30. 부에노스아이레스 자택에서 납치된 당시 건축학 전공 대학생 에르난 아브리아타(Hernán Abriata)에 대한 고문, 악질적이고 불법적인 자유박탈, 반인도적 범죄 등을 이유로 아르헨티나·프랑스 국적인 원고의 구속을 명하였다.[27] 이를 집행하기 위해 프랑스 국무총리는 「2018년 8월 21일 데끄레」에 의거하여 아르헨티나 당국에 원고를 인도하는 것을 승인하였다. 이에 원고는 국사원에 해당 데끄레의 취소를 구하였으나, 국사원은 이를 기각하였다.

(b) 대상적격

계쟁 데끄레는 원고에게 침익적 영향을 초래하는 행정의 일방적 행위로서 월권소송의 대상이 된다. 계쟁 데끄레는 형식상 행정입법으로 보일 수 있지만 인도되는 대상이 특정되어 있으므로 개별결정에 해당한다.

(c) 원고적격 등

원고는 해당 데끄레에 대한 직접적이고 개인적인 이익을 갖는 직접상대방으로서 원고적격이 인정된다. 한편, 국사원은 아르헨티나 공화국의 소송참가 신청에 대해, 아르헨티나 공화국은 계쟁 데끄레의 유지에 관한 충분한 이익이 있다고 보아 그 소송참가를 승인하였다.

---

26) 이 데끄레는 레지프랑스(LegiFrance)에서 검색이 되지 않아 원문을 확인하지 못하였다.

27) 마리오 알프레도 산도발은 전직 아르헨티나 경찰관으로, 아르헨티나 재판소로부터 군부독재정권시절(1976-1983년)의 500건이 넘는 살인, 고문, 납치에 관여한 혐의를 받았다. Angeline MONTOYA, "Dictature argentine : l'ex-policier Mario Sandoval, accusé de crimes contre l'humanité, extradé vers Buenos Aires", *Le Monde*, Publié le 15 décembre 2019 à 19h08 참조.

(2) 판례 ②

(a) 사실관계

이 사건은 에당市(la commune d'Hesdin) 시츠코우스키-사미에 (Sieczkowski-Samier) 시장(이하 '원고')이 자신을 파면한 「에당 시장 파면에 관한 2019년 8월 21일 데끄레」[28](이하 '계쟁 데끄레')의 취소를 구한 사건이다. 데끄레에 의해 시장을 파면하는 것은 극히 예외적으로 있는 절차이며, 특별히 심각한 행위를 중단시키기 위해 행해지는 제재이다.[29]

「지방자치법전」 제L.2122-16조[30]는 시장과 시의원은 자신이 받고 있는 혐의사실에 대해 서면으로 의견제출을 한 후에, 이유가 명시되고 국무회의에서 승인한 데끄레에 의해서만 해임될 수 있으며(동조 제1항), 파면은, 시의회에 의해 사전에 그 기한이 연장되지 않는다면, 자동적으로 그를 파면하는 데끄레가 발해진 이후부터 1년간 시장직 또는 의원직에 임용될 수 없음을 의미한다(동조 제3항)고 규정하고 있다.

위 규정에 근거하여, 서면에 의한 원고의 의견제출(2019. 7. 5.)이 있은 후에, 원고가 시장직무 수행 중에 한 행위들이 "시장직을 수행하는 데에 필요한 도덕적 권위를 실추시켰다"는 이유가 부기된, 원고를 파면하는 계쟁 데끄레가 발하여졌다. 계쟁 데끄레에는 파면결정의 근거가 된 사실과 법령이 기술되어 있는데, 언급된 원고의 행위들로는 위조문서행사 공모(2017. 2. 1.), 공금횡령(2019. 1. 23.), 공공조달계약 체결 과정에서 특정인에 특혜를 준 부정행위를 동반하는, 시운영에 있어서의 명백한 부정행위(2019. 5. 9.) 등이 있다. 계쟁 데끄레에는, 원고가 시장직에 있는 동안 총선 후보로서 행한 것으로 판단된 명백한 부정행위들

28) Décret du 21 août 2019 portant révocation du maire d'Hesdin (Pas-de-Calais).
29) 상세로는 관련 국사원 홈페이지 내용, Conseil d'État, "Le Conseil d'État rejette le recours du maire de la commune d'Hesdin contre sa révocation", *Actualités*, 19 décembre 2019.
30) Code général des collectivités territoriales, art. L2122-16.

로 인해 3년간 그 어떠한 공직에도 임용될 수 없다는 2018년 5월 18일 헌법재판소 결정31)도 명기되었다.

원고는 「지방자치법전」 제L.2122－16조가 규정하는 파면은 1년이 경과한 사실에 대하여는 행해질 수 없으므로 동 데끄레는 법해석의 오류를 범하였으며, 계쟁 데끄레가 발하여진 시점에 원고는 형사사건으로 기소된 바 없었고, 원고의 행위들이 "시장직을 수행하는 데에 필요한 도덕적 권위를 실추시켰다"는 파면사유는 지나치게 모호하다는 이유 등을 들어 계쟁 데끄레의 취소를 구하였으나, 국사원은 이유 없음으로 이를 기각하였다.

(b) 대상적격

계쟁 데끄레는 원고를 시장직에서 파면함으로써 원고에게 침익적 영향을 초래하는 행정의 일방적 행위로 월권소송의 대상이 된다. 계쟁 데끄레는 형식상 행정입법으로 보일 수 있지만 파면되는 대상이 특정되어 있으므로 개별결정에 해당한다.

(c) 원고적격

원고는 계쟁 결정에 대한 직접적이고 개인적인 이익을 갖는 직접 상대방으로서 원고적격이 인정된다.

---

31) Cons. Const., décision n° 2018－5581 AN du 18 mai 2018. 당시 국가정치후원금관리위원회(la Commission nationale des comptes de campagne et des financements politiques: CNCCFP)는 원고가 제출한 선거비용지급계좌의 내역에 선거운동 관련 몇몇 지출이 누락되어 있으며 선거비용지급계좌 내역이 공인된 회계사에 의해 제출되지 않았다는 이유로 원고의 선거비용지급계좌를 승인하지 않았다. 원고는 이에 관한 의견제출을 하지 않았고, 동 위원회는 원고가 2017. 4. 14. 자신이 시장으로 있는 에당市에서 재정지원하는 시장직무 중간평가를 발표하는 자리에서 자신이 총선에 입후보한 사실을 선언함으로써 사실상 선거운동을 하였으며, 그와 관련된 지출이 선거비용지급계좌 내역에 나타나 있지 않다는 이유를 들어 헌법재판소에 선거소송을 제기하였다.

(3) 판례 ③

(a) 사실관계 및 경과

이 사건은 'BFM TV'(이하 '원고')가 챔피언스리그 결승전 중계방송과 관련한 시청각최고위원회의 결정에 대하여 취소청구를 한 사건이다. 원고가 시청각최고위원회와 체결한 계약에 따르면, 원고는 '정보를 제공하는 방송'을 표방하는 방송사이고, 따라서 챔피언스리그 결승전 전체를 중계방송으로 제공할 수 없다. 챔피언스리그 결승전 방송권을 독점하고 있던 알트리스그룹은 이를 자신의 자회사인 원고를 통해 중계방송하겠다고 발표하였다. 시청각최고위원회는 2019. 4. 3. 결정(이하 '계쟁 결정 ①')을 통해, 그러한 방식의 방송은 원고의 프로그램의 그 어떤 분류에도 속하지 않아 동 위원회와 체결한 계약에 반한다고 알트리스그룹에 경고하였다. 원고는 그럼에도 불구하고 챔피언스리그 결승전을 중계방송하였고, 시청각최고위원회는 2019. 6. 5. 결정을 통해, 향후 계약 사항을 따를 것을 원고에 정식통지하였다(이하 '계쟁 결정' ②). 이에 원고는 국사원에 계쟁 결정 ①·②의 취소를 구하였으나, 국사원은 이를 기각하였다.

(b) 대상적격

시청각최고위원회는 계쟁 결정의 대상적격을 문제삼았으나, 국사원은 규제당국이 그 임무를 수행하며 제시하는 의견, 권고, 경고, 입장 등은 그것이 일반규정 또는 강제규정의 성격을 갖는 경우 또는 위반 시 행정상대방이 제재를 받을 수 있는 개별적 요건을 정하는 경우에 월권소송의 대상이 될 수 있다고 판시하였다.

(c) 원고적격

원고는 계쟁 결정에 대한 직접적이고 개인적인 이익을 갖는 직접 상대방으로서 원고적격이 인정된다.

(4) 판례 ④-1 및 ④-2

판례 ④-1³²)과 판례 ④-2³³)는 프랑스도핑방지청(l'Agence française de lutte contre le dopage: AFLD)의 장의 잠정적 참가금지조치를 받은 운동선수가 그 취소를 구한 사례들이다. 국사원은 이를 모두 기각하였는데, 그 중 형량심사가 있었던 판례 ④-2를 살펴본다.

(a) 사실관계 및 경과

이 사건은 프로럭비선수 엔드레 스타센(Hendré Stassen)(이하 '원고')이 프랑스도핑방지청장의 2019. 7. 10. 잠정적 참가금지조치(이하 '계쟁 조치')에 대한 취소청구를 한 사건이다. 계쟁 조치는 「스포츠법전」³⁴) 제 L.232-23-4조상의 모든 스포츠활동에 대한 원고의 참가를 금지하였다.

원고는 2019. 5. 19. 프랑스프로럭비선수권대회 경기에서 도핑방지 감독의 대상이 되었고, 검사 결과 그의 소변에서 외인성 테스토스테론과 그 대사물질이 검출되었는데, 이는 「스포츠도핑방지국제협약 의정서 I의 개정을 공표하는 2018년 12월 27일 제2018-1283호 데끄레」³⁵)가 영구적으로 금지하고 있는 S1등급상의 동화작용물질에는 해당되지 않았다. 이에 프랑스도핑방지청장은 원고에 대해 동 청 위원회의 결정이 있기까지 유효한 계쟁 조치를 하였다.

원고는 프랑스도핑방지청 위원회의 결정이 있을 때까지 동 청의 장이 잠정적 참가금지조치를 할 수 있게 한 「스포츠법전」의 관련 규정들은 프로선수들의 '일할 권리'(le droit au travail)를 존중하지 않은 것이라고 주장하였고, 국사원은 이를 기각하였다.

---

32) CE, 28 février 2020, n° 429646, 431499.

33) CE, 28 février 2020, n° 433886.

34) Code du sport.

35) Décret n° 2018-1283 du 27 décembre 2018 portant publication de l'amendement à l'annexe I de la convention internationale contre le dopage dans le sport, adopté à Paris le 15 novembre 2018.

(b) 대상적격

프랑스도핑방지청장의 계쟁 조치는 동 청 위원회의 결정이 있기까지 모든 스포츠활동에 대한 원고의 참가를 금지함으로써 원고에게 침익적 영향을 초래하는 행정의 일방적 행위로 월권소송의 대상이 된다.

(c) 원고적격

원고는 계쟁 조치에 대한 직접적이고 개인적인 이익을 갖는 직접 상대방으로서 원고적격이 인정된다.

(5) 판례 ⑤

(a) 사실관계 및 경과

이 사건은 개정된 「개인정보보호법」36) 제82조를 적용하기 위해 쿠키장벽(cookie wall) 실행을 금지하는 가이드라인을 채택한 개인정보보호위원회(la Commission Nationale de l'Informatique et des Libertés: CNIL)의 2019년 7월 4일 제2019-093호 의결37)(이하 '계쟁 의결')에 대하여 프랑스광고협회(l'Association des agences-conseils en communication: AACC)를 비롯한 관련 직업군의 단체 다수(이하 '원고들')가 취소청구를 한 사건이다. 원고들은 주된 청구에 부수하여, 유럽지침 등의 해석과 관련하여 유럽재판소에 대한 선결문제 제청도 신청하였다.

개인정보보호위원회는 유럽연합 일반개인정보보호규정(이하 'EU

---

36) Loi n° 78-17 du 6 janvier 1978 relative à l'informatique, aux fichiers et aux libertés, art. 82. 동 조 제1항은 "모든 전자통신 이용자는 다음 각 호의 사항에 관하여, 사전에 통지를 받은 경우가 아닌 한, 명확하고 완전한 방식으로 통지를 받아야 한다"고 규정하고, 제1호에서 "전자적 전송을 통해 이용자의 최종기기에 저장되어 있는 정보에 접근하고자 하는, 또는 그 최종기기에 정보를 입력하고자 하는 모든 행위의 목적"을, 제2호에서 "그러한 목적에 동의하지 않기 위한 수단"을 규정하고 있다.

37) CNIL, Délibération n° 2019-093 du 4 juillet 2019 portant adoption de lignes directrices relatives à l'application de l'article 82 de la loi du 6 janvier 1978 modifiée aux opérations de lecture ou écriture dans le terminal d'un utilisateur (notamment aux cookies et autres traceurs).

GDPR')으로 강화된 동의 요건에 부합하는 규칙과 실무의 기준을 제시하기 위해 계쟁 의결을 통해 동 가이드라인을 채택하였는데, 동 가이드라인은 인터넷 이용자가 쿠키적용에 동의하지 않았을 때 웹사이트 운영자가 해당 이용자의 웹사이트 접근을 막는 조치인 '쿠키장벽'의 실행을 포괄적이고 절대적으로 금지하는 내용을 담고 있었다.

원고들은 개인정보보호위원회가 개인정보가 아닌 정보에 대한 가이드라인을 제시할 권한이 없다는 점, 법적 구속력이 없는 유럽개인정보보호이사회(le Comité Européen de la Protection des Données, European Data Protection Board: EDPB)의 가이드라인에 기초하여 가이드라인을 제시하였다는 점, 관련 법령을 고려하지 않고 쿠키장벽 실행을 금지하는 가이드라인을 제시하였다는 점 등을 들어 계쟁 의결의 위법성을 주장하였다.

국사원은 개인정보보호위원회가 제시한 EU GDPR 규정의 해석 또는 권고사항 대부분의 적법성을 인정하면서도, 동 위원회가 가이드라인과 같은 연성법을 통해 행할 수 있는 법적 행위의 한계를 넘었다고 보아 쿠키장벽을 포괄적이고 절대적으로 금지한 계쟁 의결 제2조의 일부를 취소하였다.

(b) 대상적격

국사원은 계쟁 의결의 대상적격에 관하여 직접적인 언급을 하고 있지는 않으나, 개인정보보호위원회가 계쟁 의결을 통해 채택한 가이드라인(la ligne directrice)은 지침(l'instruction)의 일종으로서 수범자의 법적 권리 또는 의무를 창설하지는 않지만 실제로는 경제주체의 행위와 실무에 강한 영향을 미친다.[38] 따라서 이를 채택한 계쟁 의결은 원고에게 침익적 영향을 초래하는 행정의 일방적 행위로 월권소송의 대상이 된다

---

38) Conseil d'État, "Le Conseil d'État annule partiellement les lignes directrices de la CNIL relatives aux cookies et autres traceurs de connexion", *Actualités*, 19 juin 2020.

고 보아야 할 것이다.

(c) 원고적격

원고 단체들은 계쟁 의결에 대한 직접적이고 개인적인 이익을 갖는 직업인들을 대표하는 단체들로서, 원고 단체들의 정관상 목적을 고려하였을 때 원고는 계쟁 의결의 취소를 구할 수 있는 원고적격이 인정될 것이다.

(6) 판례 ⑥

(a) 사실관계 및 경과

이 사건은 구글社(이하 '원고')가 EU GDPR 위반을 이유로 5천만 유로(약 630억 원)의 과징금을 동 사에 부과한 개인정보보호위원회의 2019년 1월 21일 제SAN-2019-001호 의결[39](이하 '계쟁 의결')에 대하여 취소청구를 한 사건이다.[40] 원고는 주된 청구에 부수하여, 유럽재판소에 대한 선결문제(사건관할 및 EU GDPR 해석 관련) 제청도 신청하였다.

EU GDPR은 개인정보처리자가 간결하고, 투명하며, 이해할 수 있고, 쉽게 접근할 수 있는 방식으로 정보주체에 제공하여야 하는 정보들

---

39) CNIL, Délibération de la formation restreinte n° SAN - 2019-001 du 21 janvier 2019 prononçant une sanction pécuniaire à l'encontre de la société X.

40) 이 사건을 뒤에서 살펴볼 제3-a유형에 해당하는 사례로 볼 여지도 있다. 제3-a유형은 직접상대방에게는 수익적 효과를 발생하나 제3자에게는 침익적 효과가 발생하는 이중효과적 개별결정에 대해 침익적 효과를 받는 제3자가 그 취소를 구하는 경우이다. 개인정보보호위원회의 계쟁 의결이 있기 전, 디지털권리변호단체들(NOYB, La Quadrature du Net)은 1만여 명의 위임을 받아 집단진정서를 제출하였다. 해당 진정서에는 이용자의 개인정보 처리, 특히 개인화 광고 목적의 개인정보 처리를 위한, 유효한 법적 근거를 마련하지 않고 있는 구글社의 책임을 묻는 내용이 담겨 있었고, 동 위원회는 그에 따라 조사에 착수하였으며, 계쟁 의결에도 위 단체들의 주장이 명시되어 있다. 이러한 사실관계를 고려하였을 때, 계쟁 의결로 수익적 효과를 누리는 구체적인 사인, 즉 대립되는 사익이 존재하나, 과징금 부과는 구글社를 상대로 행해졌기 때문에 위와 같은 사익을 갖는 사인들을 계쟁 의결의 직접상대방으로 보기는 어렵다고 판단하여, 이 사건을 제1-a유형으로 분류하였다.

을 규정하고 있다. 또한 이용자가 자신의 개인정보의 처리에 관하여 자유로운 의사에 따라 구체적이고 모호하지 않은 동의를 할 수 있어야 한다고 규정한다.

개인정보보호위원회는 안드로이드 운영체제의 이용자들에게 제공되는 개인정보처리 관련 정보는 불명확하고 쉽게 접근할 수 없어 원고는 EU GDPR의 투명성, 접근성 기준을 충족하지 못하였다고 평가하였다. 또한 안드로이드 운영체제 이용을 위해 구글계정을 생성하는 이용자는 자신의 개인정보가 기본설정에 따라 처리될 것에 동의하는 절차를 거치는데, 동 위원회는 원고가 이 과정에서 이용자에게 제공하는 타겟광고 관련 정보가 다른 목적에 관한 정보 속에 묻혀 포괄적이고 모호하다고 보았다.

원고는 동 사의 유럽 본사소재국은 아일랜드이므로 아일랜드 당국이 동 사의 EU 내 활동을 감독할 권한이 있음에도 개인정보보호위원회는 스스로 조사권한이 있다고 판단함으로써 이중처벌금지원칙에 위반하였다고 주장하였다. 또한 동 위원회는 동 사가 EU GDPR상의 투명한 정보제공 의무 등을 다하지 않았고 개인화 광고 목적으로 이용자로부터 수집하는 동의를 적법하게 수집하지 않았다고 판단함으로써 법해석의 오류를 범하였으며, 비례성에 반하는 과도한 액수의 과징금을 부과함으로써 EU GDPR 제83조상의 모든 기준을 고려하지 않은 법해석의 오류를 범하였다는 등의 주장을 하였다. 국사원은 유럽재판소에 대한 선결문제 제청 신청을 포함한 원고의 모든 청구를 기각하였다.

(b) 대상적격

개인정보보호위원회의 계쟁 의결은 원고에게 과징금을 부과함으로써 침익적 영향을 초래하는 행정의 일방적 행위로 월권소송의 대상이 된다.

(c) 원고적격

원고는 계쟁 조치에 대한 직접적이고 개인적인 이익을 갖는 직접 상대방으로서 원고적격이 인정된다.

(7) 판례 ⑦

(a) 사실관계 및 경과

이 사건은 이민자지원단체 '쥐스띠'(Groupe d'information et de soutien des travailleurs immigrés: GISTI)(이하 '원고')가 "기니(코나크리)에서 일반화된 호적등본 위조"라는 제목의 2017. 12. 1.자 국경경찰중앙국 문서·신원감식과의 현안보고문서(la note d'actualité)(이하 '계쟁 문서')에 대하여 취소청구를 한 사건이다. 계쟁 문서는 출생증명서로 쓰이는 호적등본의 위조가 기니 코나크리에서 일반화되어 있음을 국경경찰중앙국 문서·신원감식과가 기니 국가안전청으로부터 통지받았다는 내용을 담고 있다.[41]

계쟁 문서 내용의 일부를 요약하면 다음과 같다. 프랑스 행정당국에서 기니공화국 공문서의 진위여부 식별요청을 하면 기니공화국 행정자치부가 국가안전청에 문의하여 그에 대한 답변을 하는데, 국가안전청은 행정자치부의 문서진위여부 식별요청에 대해 문서 자체 정보(문서번호, 일자, 장소)만을 전송하기 때문에 감식대상이 되는 실제 문서와 중대한 부분에서 차이가 발생하였다. 예컨대, 한 명이 여러 신원정보에 또는 여러 명이 하나의 신원정보에 해당하기도 하였고, 신원정보는 한 명에 대응하나 고쳐 쓴 부분에서 오류가 발생하기도 하였다. 기니 국가안전청에 따르면 기니 호적 데이터베이스는 중앙에서 관리하지도 전산화되어 있지도 않아 수기로 발급되는 출생증명서에는 수많은 오류가 있으며, 문서를 발급하는 행정공무원은 자신의 이익을 위해 위조된 도장 등

---

41) 문서의 원문은 이민자지원단체(GISTI) 웹페이지,
    https://www.gisti.org/IMG/pdf/note_dcpaf_sur_actes_d_etat_civil_guineens.pdf 참조.

을 사용하여 허위문서를 발급할 수도 있다고 한다. 계쟁 문서에서 프랑
스 국경경찰중앙국·신원감식과는 이러한 점들을 감안하여 기니 출생증
명서에 관한 모든 분석에서 긍정적이지 않은 의견을 작성할 것을 권고
하고 있다.

　　원고는 ① 계쟁 문서가 결정으로서의 성질을 갖고 있음에도 「행정
절차법전」 제L.212−1조가 문서에 요구하는 서명이나 작성자 정보가
포함되어 있지 않아 동 규정에 반하며, ② 외국에서 생성된 프랑스인
및 외국인에 대한 호적문서는 다른 문서나 해당 문서의 다른 요소가 해
당 문서가 불법하거나, 위조되었거나, 실제와 일치하지 않는다는 점을
확증하지 않는 한 해당 국가에서 사용되는 형식으로 작성되었다면 진정
한 것으로 본다는 「민법전」 제47조에 반한다는 이유로 국사원에 계쟁
문서의 취소를 청구하였으나, 국사원은 이유없음으로 이를 기각하였다.

　(b) 대상적격

　　국사원은 계쟁 문서가 결정으로서의 성질(le caractère d'une
décision)을 갖지 않는 것으로 보면서도, 종이문서·전자문서를 불문하고
일반적 범위의 행정청의 문서(훈령, 지침, 권고, 업무보고, 유권해석 등)가
(필요한 경우, 그것이 실행되었을 때) 담당공무원을 제외한 다른 사람의 권
리나 지위에 현저한 영향(특히 명령적인 성격 또는 가이드라인의 성격을 가진
문서가 그러한 영향을 줄 수 있다고 보았다)을 줄 수 있는 경우, 그 문서는
월권소송의 대상이 된다고 보았다.

　　국사원은 '기니 코나크리에서 일반화되어 있는 호적등본 위조'와
관련된 정보를 전파하기 위한 목적을 가지고 있으며, 특히 외국인 호적
관련문서의 유효성을 판단하는 공무원에게 기니 출생증명서에 관한 모
든 분석에서 긍정적이지 않은 의견을 작성할 것을 권고하고 있으므로,
프랑스 행정과의 관계에서 기니 국적자의 지위에 현저한 영향을 줄 수
있어, 내무부장관의 주장과는 달리 월권소송의 대상적격이 인정된다고

판시하였다.

(c) 원고적격

'쥐스티'(GISTI)의 원고적격에 관한 언급은 없고, 원고의 청구는 결국 기각되었으나, 이민자를 지원하고 이민자들에게 이민법, 이민정책 관련 정보 등을 제공하는 비영리단체인 원고 단체의 정관상 목적을 고려하였을 때 원고는 계쟁 묵시적 거부결정을 다툴 수 있는 원고적격이 인정된다고 보아야 할 것이다.

원고 단체는 정관 제1조에 "외국인 또는 이민자의 법적·경제적·사회적 지위에 관한 모든 정보를 수집"하며, "외국인 또는 이민자들이 그들의 권리를 보호하고 행사하기 위한 요건"을 알려주고, "자신의 권리를 인정받고 존중받기 위한 외국인 또는 이민자들의 행동을 평등의 원칙에 기초하여 모든 수단을 통해 지원한다"는 등의 목적을 명시하고 있다.[42]

(B) 제1-b유형: 침익적 행정입법에 대한 취소소송

앞서 언급한 바와 같이 프랑스의 월권소송은 행정의 개별결정뿐 아니라 행정입법도 그 대상으로 삼고 있다. 물론 행정입법은 그것이 원고의 법적 지위에 관계되는 경우에만 월권소송의 대상이 될 수 있다.[43] 이 유형은 행정입법의 직접수범자가 해당 행정입법의 위법성을 주장하고 그 취소를 구하는 경우이다. 데끄레와 아레떼에 대한 취소청구가 주를 이루는데, 이 유형의 소송들은 국사원에서 단심으로 심판한다.[44] 판례 ⑧, ⑨가 이 유형에 해당한다.

(1) 판례 ⑧-1 내지 ⑧-3

---

42) 쥐스티 웹페이지상의 소개 내용, https://www.gisti.org/spip.php?article170 참조.

43) Charles DEBBASCH, Jean-Claude RICCI, *Contentieux administratif*, Dalloz, 2001, p. 762.

44) Code de justice administrative, art. R.311-1 참조.

판례 ⑧-1 내지 판례 ⑧-3은 동물보호단체들이 특정 행정입법의 취소를 구한 사례들이다. 판례 ⑧-1,[45] ⑧-2[46]에서는 일부인용 판결이 있었고, 판례 ⑧-3[47]에서는 기각판결이 있었다. 아래에서는 일부인용 판결이 있었던 판례 ⑧-1을 살펴본다.

(a) 사실관계 및 경과

이 사건은 '한 목소리'(l'association One Voice)라는 동물보호단체(이하 '원고')의 「늑대에 관한 국가시행계획을 총괄하는 도지사의 특정 권한에 관한 2018년 9월 12일 제2018-786호 데끄레」[48](이하 '계쟁 데끄레') 및 국무총리가 발한 「늑대에 관한 국가시행계획의 총괄책임자를 도지사로 지정하는 2018년 9월 12일 아레떼」[49](이하 '계쟁 아레떼')에 대한 두 건의 취소청구가 병합된 사건이다.[50]

① 첫 번째 청구(n° 428811)에서 원고는 계쟁 아레떼가 장관의 권한

---

45) CE, 18 décembre 2019, n° 428811, 428812.
46) CE, 18 décembre 2019, n° 419898, 420016, 420100.
47) CE, 18 décembre 2019, n° 419897, 420024, 420098.
48) Décret n° 2018-786 du 12 septembre 2018 relatif à certaines attributions du préfet coordonnateur du plan national d'actions sur le loup.
49) Arrêté du 12 septembre 2018 portant désignation du préfet coordonnateur du plan national d'actions sur le loup.
50) 이 사건을 뒤에서 살펴볼 제3-b유형에 해당하는 사례로 볼 여지도 있다. 제3-b유형은 행정입법에 의해 직접수범자에게는 수익적 효과가 발생하나 직접수범자가 아닌 제3자에게는 침익적 효과가 발생하는 이중효과적 행정입법에 대해 침익적 효과를 받는 제3자가 그 취소를 구하는 경우이다. 그런데 판시사항이나 관련법령을 검토하였을 때, 계쟁 데끄레 또는 아레떼로 수익적 효과를 부여받는 직접수범자가 누구인지는 명확히 파악하기가 어렵다. "방어사격은 수렵허가를 부여받은 자들에 의해서만 수행된다"는 판례 ④-2의 표현에 비추어볼 때, 계쟁 데끄레 또는 아레떼의 직접수범자는 아니지만 이를 통해 이익을 누리는 자를 수렵인으로 볼 여지도 있으나, 이 사건에서는 그런 경우에 통상 있는 수렵인 관련 단체의 소송참가 신청도 없었다. 대립되는 사익이 명시적으로 드러나 있지 않은 이상 이 사건을 제3-b유형에 해당하는 사례로 보기는 어렵다고 판단하고, 이를 제1-b유형으로 분류하였다.

을 도지사에게 주고 있다는 점에서 「환경법전」 제R.411-13조를 위반
한다고 주장하였다. 「환경법전」 제R.411-13조 제2항은 특정 종의 서
식지가 도 단위를 넘는 경우, 「환경법전」 제L.411-2조 제4호에 부합하
는 예외적 조건과 한계는 자연과 농업을 보호할 책임이 있는 장관들이
공동명령을 발하여 정한다고 규정하였다.

   ② 두 번째 청구(nᵒ 428812)에서 원고는 계쟁 데끄레 제2조가 「환
경법전」 제L.411-2조와 「자연서식지 및 야생동식물 보존에 관한 1992
년 5월 21일 유럽장관회의지침(92/43/EEC)」(이하 '1992년 유럽장관회의지
침')⁵¹⁾ 제16조를 위반하였다고 주장하였다.

   「1992년 유럽장관회의지침」 제16조 제1항은 해당 종의 개체군을
자연적 범위에서 보존 상태로 유지하는 것을 해하지 않는 경우, 야생동
물의 포획이나 도살을 금지하는 동 지침 제12조, 제13조, 제14조 및 제
15조 제a항 및 제b항을 준수하지 않아도 된다는 내용을 규정하고 있으
며, 「환경법전」 제L.411-2조 제4호는 그 내용을 국내법으로 전환하면
서 구체적인 사항을 국사원령으로 정하도록 하였다.

   「2018년 2월 19일 아레떼」⁵²⁾ 제2조에 따라 환경부장관은 도살될
수 있는 늑대의 최대 수를 매년 아레떼를 발하여 정하게 되어 있는데,
이를 정한 「매년 승인되는 도살 가능한 늑대의 최대 수를 정하는 2018
년 2월 19일 아레떼」에 따르면, 2019. 1. 1.부터 1년간 적용되는 수치는
10%이다.⁵³⁾

   원고가 문제삼은 계쟁 데끄레 제2조는 도살된 늑대의 수가 환경부

---

51) Council Directive 92/43/EEC of 21 May 1992 on the conservation of natural habitats and of wild fauna and flora.
52) Arrêté du 19 février 2018 fixant les conditions et limites dans lesquelles des dérogations aux interdictions de destruction peuvent être accordées par les préfets concernant le loup (Canis lupus).
53) Arrêté du 19 février 2018 fixant le nombre maximum de spécimens de loups (Canis lupus) dont la destruction pourra être autorisée chaque année, art. 2.

장관이 매년 아레떼로 정하는 연간 최대치에 이른 경우, 도지사로 하여 금 그 최대치를 매년 추산되는 늑대 개체 수 평균치의 2% 한도 내에서 늘릴 수 있도록 하였으며 이 추가적인 도살은 도지사가 승인한 방어사 격에 의한 경우에만 허용될 수 있도록 규정하였다.

원고는 계쟁 데끄레 제2조가 연간 도살되는 늑대의 수를 도지사로 하여금 늘릴 수 있게 하였는데, 이는 관련 요건들을 충족하지 않아, 종 의 개체군을 자연적 범위에서 보존 상태로 유지하는 것을 해하지 않는 경우에만 보호규정을 준수하지 않아도 되도록 규정한 「1992년 유럽장 관회의지침」 제16조 제1항과 「환경법전」 제L.411－2조 제4호에 반한다 고 주장하였고, 국사원은 원고의 청구를 인용하여 계쟁 데끄레 제2조 제2항을 취소하였다.

(b) 대상적격

계쟁 데끄레는 원고의 설립목적이나 정관상 목적을 고려하였을 때 원고에 침익적 영향을 초래하는 행정입법으로서 월권소송의 대상 이 된다.

(c) 원고적격

원고인 동물보호단체의 원고적격에 관한 명시적인 언급은 나타나 지 않지만, 단체에 원고적격이 인정되는 방식, 즉 정관상 단체의 목적 등을 검토하여 계쟁 아레떼와 데끄레를 다툴 수 있는 원고적격을 인정 할 수 있을 것이다.

(2) 판례 ⑨

(a) 사실관계 및 경과

이 사건은 유니세프 프랑스, 국경없는의사회, 구세군재단 등을 포 함하는 18개의 단체 및 프랑스변호사협회(이하 '원고')가 「스스로 미성년 이라 신고하는, 일시적 또는 확정적으로 가족의 보호를 받지 못하는 자 에 대한 평가방법 및 정보처리승인에 관한 사항을 정한 2019년 1월 30

일 제2019-57호 데끄레」54)(이하 '계쟁 데끄레')에 대하여 취소청구를 한 사건들이 병합된 것이다.

아동권리협약(Convention on the Rights of the Child) 제3조 및 제20조에 따르면 아동에 관한 공공기관 및 사설기관의 모든 결정에서 아동의 최선의 이익이 최우선으로 고려되어야 한다. 「가족활동 및 사회적 지원에 관한 법전」55) 제L.222-1조에 의해, 아동에 대한 사회적 지원 및 위험에 처해 있는 미성년의 보호는 신청이 있는 경우 도의회 의장의 승인에 의해 이루어지며, 계쟁 데끄레에 의해 개정된 동 법전 제 R.211-11조에 따라 도의회 의장은 '동행자가 없는 외국인 가운데 스스로 미성년임을 밝히는 자'(이하 '미성년 지위 신고자')의 미성년 여부를 밝히는 종합적인 평가를 수행한다. 미성년 지위 신고자가 날로 급증하여, 계쟁 데끄레는 이 평가절차에 두 가지 효율적인 방식을 도입하였다. 첫째로, 도의회의 의장이 미성년 지위 신고자에 관한 도지사의 협력을 요청하면, 미성년 지위 신고자는 도청의 담당 공무원에게 그의 신원과 미성년 여부를 밝히는 데에 도움이 될 수 있는 모든 정보를 제공하여야 한다. 둘째로, 계쟁 데끄레는 미성년 지위 신고자와 미성년 여부를 평가받은 자들에 관한 국가정보를 생성하는 것을 보다 용이한 특정을 위해 절차상 허용하고 있다.

원고는 계쟁 데끄레가 아동권리협약에서 규정하는 미성년 신고자의 최선의 이익이 무엇인지를 충분히 고려하지 못하였으며, 계쟁 데끄레의 미성년 신고자 개인정보 자동처리에 관한 규정은 인권선언과 유럽인권협약에서 보호하는 사생활을 존중받을 권리, 유럽연합기본권헌장에서 보호하는 개인정보를 보호받을 권리를 존중하지 않았다는 이유로 그

---

54) Décret n° 2019-57 du 30 janvier 2019 relatif aux modalités d'évaluation des personnes se déclarant mineures et privées temporairement ou définitivement de la protection de leur famille et autorisant la création d'un traitement de données à caractère personnel relatif à ces personnes.

55) Code de l'action sociale et des familles.

취소를 구하였고, 국사원은 원고의 주장을 받아들이지는 않았으나 계쟁 데끄레 제6조에 규정한 「2018년 9월 10일 제2018-778호 법률」[56) 제51조의 시행일이 국사원이 심사한 법안의 시행일과 일치하지 않는다는 '외적 적법성'의 이유로 동조를 취소하는 한편, 계쟁 데끄레를 적용할 때의 주의할 점들을 명시하였다.

(b) 대상적격

계쟁 데끄레는 원고의 설립목적이나 정관상 목적을 고려하였을 때 원고에 침익적 영향을 초래하는 행정입법으로서 월권소송의 대상이 된다. 우리나라의 경우, 행정입법은 취소소송의 대상이 될 수 없고 헌법소원심판의 대상으로 다루어질 수 있다. 독일의 경우, 행정입법은 행정입법 자체를 심사 대상으로 하는 규범통제절차 소송의 대상이 될 수 있다.[57)

(c) 원고적격 등

이 사건 소를 제기한 19개 단체들의 원고적격에 관한 언급은 없으나, 원고 단체들의 정관상 목적을 고려하였을 때 원고는 계쟁 데끄레의 취소를 구할 수 있는 원고적격이 인정될 것이다. 한편 국사원은 이 사건 소송참가를 신청한 활동보조비영리병원연합(la Fédération des Établissements Hospitaliers et d'Aide à la Personne Privés Non Lucratifs: FEHAP)과 반인종차별인류화합운동본부(Mouvement contre le racisme et pour l'amitié entre les peuples: MRAP)에 대해, "그 정관상 목적과 활동들에 의해 계쟁 데끄레의 취소에 관한 충분한 이익"이 있다고 판단하고 해당 단체들의 소송참가를 승인하였다.

---

56) Loi n° 2018-778 du 10 septembre 2018 pour une immigration maîtrisée, un droit d'asile effectif et une intégration réussie.
57) 독일의 규범통제절차에 관한 상세로는 박정훈, "행정입법에 대한 사법심사", 행정법연구 제11호, 2004, 132-147면 참조.

2. 제2유형: 수익적 행정행위의 거부조치에 대한 취소소송

이 유형은 수익적 행정행위의 발급을 신청하였으나 그것이 거부된 경우, 그 거부조치의 취소를 구함으로써 해당 수익적 처분의 발급을 요구하는 것이다.[58] 앞서 언급한 바와 같이 행정입법도 월권소송의 대상이 되므로, 이 유형에서는 수익적 개별결정의 거부조치뿐 아니라 수익적 행정입법의 거부조치에 대해서도 취소를 청구할 수 있다. 그러나 대상 판결들 가운데 수익적 행정입법의 거부조치에 대한 취소청구가 있었던 경우는 없었고, 수익적 개별결정 발급 신청에 대한 거부조치에 대한 취소청구가 있었던 경우가 있었다. 판례 ⑩이 이에 해당한다.

(A) 제2-a유형: 수익적 개별결정의 거부조치에 대한 취소소송

(1) 판례 ⑩
(a) 사실관계 및 경과

이 사건은 '1990－1995년 르완다 상황에 관한 미테랑 대통령 기록물'(이하 '이 사건 기록물') 공개신청에 대한 문화부장관의 묵시적 거부결정에 대하여 국립과학연구센터(Centre national de la recherche scientifique: CNRS)의 한 물리학자 A씨(이하 '원고')이 취소청구를 한 사건이다. 원고는 1994년 르완다에서 집단학살이 있었던 기간 동안 그와 관련된 프랑스의 정책을 연구해 왔고 이와 관련된 저작들도 있다. 이 사건 기록물은 대통령 참모들에 의해 작성된 보고문서들과 정부회의록들을 포함하는 것으로, 프로토콜에 의해 60년 뒤인 2055년 이전에는 공개되지 않는 것으로 규정되었다.

원고는 2015. 7. 14. 문화부장관에 이 사건 기록물의 공개신청을 하였다(이하 '공개신청 ①'). 문화부장관은 미테랑 대통령의 대리인의 동

---

58) 박정훈, 『행정소송의 구조와 기능』, 제3장 취소소송의 4유형, 박영사, 2006, 68면.

의에 따라 원고의 공개신청 ①의 일부에 대한 인용결정을 하였다. 이에 원고는 2016. 2. 2. 정보공개위원회(la Commission d'accès aux documents administratifs: CADA)에 이의신청을 하였고,[59] 동 위원회는 정보공개'부적합'의견을 제시하였다. 두 달 뒤 문화부장관의 묵시적 거부결정(이하 '계쟁 결정 ①')이 있었고, 원고는 파리지방행정재판소에 계쟁 결정 ①의 취소와 문화부장관에 대해 정보공개 이행명령을 구하는 소(이하 '청구 ①')를 제기하였다.[60]

---

59) 행정기관의 정보공개거부결정이 있는 경우, 정보공개신청인은 정보공개위원회에 대한 이의제기를 거쳐 행정재판소에 소를 제기할 수 있다. 즉, 동 위원회에 대한 이의제기는 월권소송을 제기하기 위한 필요적 전치사항이다(행정절차법전 제 L.342-1조 참조). 그러나 동 위원회의 의견은 구속력이 없어, 동 위원회의 공개적합 의견이 있은 후에도 행정기관은 공개거부결정을 할 수 있다. 따라서 정보공개 위원회의 공개적합 의견에도 불구하고 행정기관이 공개거부결정을 하였거나 정보 공개위원회의 공개부적합 의견이 있었던 경우, 신청인은 행정재판소에 그 취소를 구하는 소를 제기할 수 있으며 취소청구에 부수하여 이행명령도 청구할 수 있다. 프랑스의 정보공개제도와 관련하여 상세로는 정재황·권채리, "프랑스의 정보공개 법제: 정보공개위원회(CADA)의 재결례를 중심으로", 세계헌법연구 제23권 제1호, 2017; 정관선, "프랑스 정보공개제도에 관한 고찰", 행정법학 제18호, 2020 참조.

60) 우리나라 공공기관의 정보공개에 관한 법률(이하 '정보공개법')은 1998년 제정 당시 제18조 제1항에서 "청구인이 정보공개와 관련하여 공공기관의 처분 또는 부작위로 인하여 법률상 이익의 침해를 받은 때에는 행정소송법이 정하는 바에 따라 행정소 송을 제기할 수 있다."고 규정하여, 동 법 제6조 제1항에 따라 모든 국민이 정보공 개청구권을 가지지만 비공개결정 등의 처분을 다투기 위해서는 별도의 법률상 이 익을 필요로 하는지에 관한 원고적격의 문제를 제기하게 하였다. 이러한 구조하에 서 판례는 "국민의 정보공개청구권은 법률상 보호되는 구체적인 권리라 할 것이므 로, 공공기관에 대하여 정보의 공개를 청구하였다가 공개거부처분을 받은 청구인 은 행정소송을 통하여 그 공개거부처분의 취소를 구할 법률상의 이익이 있다"고 판시하여 원고적격을 인정하였다(대법원 2003. 3. 11. 선고 2001두6425 판결 등 참 조). 그 후 개정된 정보공개법(2004. 1. 29. 법률 제7127호)은 제20조 제1항에서 기 존의 '법률상 이익의 침해를 받은 때에는'이라는 문구를 '불복이 있는 때에는'이라 는 문구로 변경하였다. 현행 정보공개법(2020. 12. 22. 법률 제17690호)은 제20조 제1항에서 "청구인이 정보공개와 관련한 공공기관의 결정에 대하여 불복이 있거나 정보공개 청구 후 20일이 경과하도록 정보공개 결정이 없는 때에는 「행정소송법」 에서 정하는 바에 따라 행정소송을 제기할 수 있다."고 규정하고 있다. 청구권자

원고는 2016. 7. 14. 문화부장관에 이 사건 기록물에 대한 새로운 공개신청(이하 '공개신청 ②')을 하였다. 문화부장관은 2016. 12. 22. 미테랑 대통령의 대리인의 동의에 따라 원고의 공개신청 ②의 일부에 대한 인용결정을 하였다. 이에 원고는 정보공개위원회에 이의신청을 하였고, 동 위원회는 정보공개'적합'의견을 제시하였다. 그 뒤 문화부장관은 2017. 8. 29. 원고의 공개신청 ②에 대한 명시적 거부결정(이하 '계쟁 결정 ②')을 하였다. 원고는 파리지방행정재판소에 계쟁 결정 ②의 취소와 문화부장관에 대해 정보공개 이행명령을 구하는 소(이하 '청구 ②')를 제기하였다.

프랑스 「행정재판소법전」[61]은 두 종류의 '재판상 이행명령'(l'injonction juridictionnelle)을 규정하고 있는데, 하나는 주된 청구에 대한 판결과 동시에 이루어지는 동 법전 제L.911-1조 및 제L.911-2조상의 이행명령(본안판결로서의 이행명령)이고, 다른 하나는 판결 선고 후 그 미집행을 이유로 이루어지는 동 법전 제L.911-4조 및 제L.911-5조상의 이행명령(집행판결로서의 이행명령)이다.[62][63] 이 사건은 전자 중에서도

및 원고적격과 관련하여 상세로는, 박재윤, "개인적 이익과 정보공개청구", 서울대학교 법학석사학위논문, 2003, 18-46면 참조.

61) Code de justice administrative. 많은 경우 '행정소송법'이라고 번역되나, 동 법전은 행정재판소 조직의 관한 내용도 담고 있으므로 이 글에서는 '행정재판소법전'이라 번역하기로 한다.

62) 재판상 이행명령 제도에 관한 상세로는, 박재현, "프랑스의 injonction(이행명령)과 한국의 부작위위법확인소송", 공법학연구 제7권 제1호, 2006; 박현정, "프랑스 행정소송에서 이행명령: 월권소송과 이행명령의 관계를 중심으로", 행정법학 제18호, 2020 등 참조.

63) 「2019년 3월 23일 제2019-222호 법률」은 판결 집행의 효율성을 강화하기 위해 행정재판소가 직권으로 「행정재판소법전」 제L.911-1조 및 제L.911-2조에 따른 이행명령을 선고할 수 있는 권한을 부여하였다. 동 법률에 따라 개정된 이행명령 관련 「행정재판소법전」 규정의 일부를 살펴보면 아래와 같다.
행정재판소법전 제L.911-1조
재판소는 재판소의 판결이 필요적으로 공법에 의해 규율되는 법인이나 공역무 운영을 담당하는 사법상 조직이 특정한 내용의 집행조치를 취하는 것을 의미하는 경

동 법전 제L.911-1조에 따른 본안판결로서의 이행명령을 청구한 사건
에 해당한다.

파리지방행정재판소는 원고의 청구 ①에 대하여는 2018. 5. 17. 문
화부장관의 2016. 12. 22. 정보부분공개결정이 있어 소의 이익이 없다
는 이유로 각하하였고, 청구 ②에 대하여는 기각하였다. 원고는 각각의
판결에 대하여 2018. 7. 17. 및 2019. 5. 24. 국사원에 상고하였고, 국사
원은 이를 병합(n° 422327, 431026)하여 심리한 후 계쟁 결정들을 취소하
고 문화부장관에게 판결이 선고된 날로부터 3개월 이내에 원고에게 정
보공개를 하라는 이행명령을 하여 원고의 청구를 전부인용하였다.

우, 그러한 의미의 청구에 따라, 필요한 경우에는 집행기한을 정하여, 같은 판결에
서 그 조치를 명한다.
법원은 직권으로도 그 조치를 명할 수 있다(2019년 3월 23일 제2019-222호 법률
제40조에 의해 개정됨).
행정재판소법전 제L.911-2조
재판소는 재판소의 판결이 필요적으로 공법상 법인이나 공역무 운영을 담당하는
사법상 조직이 새로이 심사를 거쳐 새로운 결정을 하는 것을 의미하는 경우, 재판
소는 그러한 의미의 청구에 따라, 같은 판결에서 정해진 기한 내에 새로운 결정을
할 것을 명한다.
법원은 직권으로도 그 새로운 결정을 할 것을 명할 수 있다(2019년 3월 23일 제
2019-222호 법률 제40조에 의해 개정됨).
행정재판소법전 제L.911-4조
지방행정재판소의 판결 또는 항소행정재판소의 판결이 집행되지 않은 경우, 이해
관계 있는 당사자는 재판소에 판결의 선고 이후 그 집행의 확보를 구할 수 있다.
재판소는 집행 청구의 대상이 된 선행판결에서 집행조치를 정하지 않은 경우 이를
정한다. 재판소는 집행기한을 정할 수 있고 이행강제금을 선고할 수 있다.(2019년
3월 23일 제2019-222호 법률 제40조에 의해 개정됨).
행정재판소법전 제L.911-5조
국사원의 판결 또는 지방행정재판소나 항소행정재판소 이외의 행정재판소의 판결
이 집행되지 않았고 그 판결이 집행조치를 정하지 않은 경우, 국사원은 이를 정할
수 있는데 직권으로도 정할 수 있고, 집행기한을 정할 수 있으며, 해당 공법인에
대해 이행강제금을 선고할 수 있다.(2019년 3월 23일 제2019-222호 법률 제40조
에 의해 개정됨).

(b) 대상적격

국사원은 프로토콜 서명자 또는 그 대리인의 동의가 있은 뒤에 행해진 문화부장관의 이 사건 기록물 공개거부결정의 적법성과 정당성은 월권소송을 담당하는 재판관이 판단할 사항이라고 하여, 계쟁 결정 ①·②의 대상적격을 명시적으로 인정하였다.

(c) 원고적격

국사원은 위와 같이 계쟁 결정들의 대상적격을 인정한 뒤, 그러한 점에 따라 이 사건 기록물 열람을 신청한 연구자 A씨의 원고적격은 그의 다른 주장들에 대해 판단해볼 필요도 없이 인정된다고 하였다. 그러면서 국사원은 원고의 정당한 이익은 원고의 접근방식과 원고가 공공기록물 공개신청을 통해 목적하는 바에 비추어 판단되어야 한다는 점을 강조하였다.

3. 제3유형: 침익적 제3자효를 갖는 이중효과적 행정행위에 대한 취소소송

이 유형은 상대방에게는 수익적 효과를 발생하나 제3자에게는 침익적 효과가 발생하는 이중효과적 행정행위에 대해 침익적 효과를 받는 제3자가 그 취소를 구하는 것이다.[64] 이 유형에서도 행정입법이 월권소송의 대상이 되는 것은 마찬가지이다. 따라서 침익적 제3자효를 갖는 이중효과적 개별결정에 대한 취소청구가 있었던 경우는 제3-a유형으로, 침익적 제3자효를 갖는 이중효과적 행정입법에 대한 취소청구가 있었던 경우는 제3-b유형으로 분류할 수 있다. 대상판결들 중에서는 제3-a유형으로 보이는 사례는 없었고, 제3-b유형으로 판단되는 사례는 있었다. 판례 ⑪이 이에 해당한다.

---

64) 박정훈, 『행정소송의 구조와 기능』, 제3장 취소소송의 4유형, 박영사, 2006, 68면.

(A) 제3-b유형: 침익적 제3자효를 갖는 이중효과적 행정입법에 대한 취소소송

(1) 판례 ⑪
(a) 사실관계 및 경과

이 사건은 고등교육·연구부장관, 예산회계부장관, 해외영토부장관이 발한 「고등교육에 대한 책임이 있는 장관의 감독하에 있는 공공고등교육기관에서 연수를 받은 외국인 학생 등록금 면제방식에 관한 2019년 4월 19일 제2019-344호 데끄레」[65](이하 '계쟁 데끄레') 및 「고등교육에 대한 책임이 있는 장관의 감독하에 있는 공공고등교육기관의 등록금에 관한 2019년 4월 19일 아레떼」[66](이하 '계쟁 아레떼')에 대하여 학생단체들 또는 몇몇 개인이 각각 취소청구를 한 5건의 사건들이 병합된 것이다. 그 가운데 전국프랑스대학생연맹(l'Union nationale des étudiants de France: UNEF), 프랑스 내 이집트대학생연합(ADEEF), 페루대학생연합(ASEPEF), 기니학생연합(AJCG) 등의 단체들(이하 '원고들')이 제기하였고 참가인들이 그 기각을 구한 청구(n° 431688)(이하 '이 사건 청구')를 살펴본다.

국무총리는 2018. 11. 19. "프랑스에 오신 것을 환영합니다/프랑스를 선택하세요"라는 제목의 새로운 전략을 선언한다. 이 전략의 목적은 외국인 학생들이 프랑스에 유학을 오도록 장려하고 프랑스 고등교육의 해외 영향력을 강화하는 것이다. 계쟁 데끄레와 아레떼는 이러한 맥락에서 제정되었다.

계쟁 아레떼는 학생들을 두 분류로 나누어 규정한다. 제3조 내지

---

65) Décret n° 2019-344 du 19 avril 2019 relatif aux modalités d'exonération des droits d'inscription des étudiants étrangers suivant une formation dans les établissements publics d'enseignement supérieur relevant du ministre chargé de l'enseignement supérieur.

66) Arrêté du 19 avril 2019 relatif aux droits d'inscription dans les établissements publics d'enseignement supérieur relevant du ministre chargé de l'enseignement supérieur.

제6조는 첫 번째 분류에 속하는 학생들을 규정하는데, EU 회원국, 유럽 경제지역협정(EEA) 가입국, 또는 스위스 국적이 있는 자, 망명권, 난민 지위 등을 이유로 거주증을 소지하는 자 또는 그 직계가족이나 피부양 자, 프랑스와 등록금 관련 국제협정을 체결한 국가의 국적이 있는 자, 공공고등교육기관에 등록되어 있으면서 동시에 그랑제꼴 등의 예비반 에 등록된 자 등이 이에 해당한다. 계쟁 아레떼에 따르면 이들의 등록 금은 학위과정에 따라 170유로(학사), 243유로(석사), 380유로(박사) 등으로 나뉜다. 계쟁 아레떼 제8조는 첫 번째 분류에 속하지 않는 학생들을 "국제이동학생"이라는 두 번째 분류에 속하는 것으로 규정한다. 이들의 등록금은 2,770유로(학사), 3,770유로(석사) 등으로 나뉜다.

원고들은 계쟁 아레떼가 법률이 규율하는 사항에 해당하는 고등교 육에 관하여 규정함으로써 권한 없는 사항을 규율하였으며, 프랑스에 유학하러 오는 학생들 중 일부가 속한 국가의 평균 월급액 또는 프랑 스중산층의 납세능력 등을 고려하였을 때 적지 않은 등록금을 규정함 으로써 1946년 헌법전문 및 「교육법전」[67] 제L.141-1조상의 무상교육 원칙에 반하였고, 프랑스 대학에 외국인 학생들이 유학오는 것을 장려 하기 위한 규정의 목적과는 관련 없이 어떤 분류에 속한 외국인이냐에 따라 차별대우를 하였다는 점에서 1789년 인권선언 제6조가 보장하는 평등의 원칙에도 반하였다는 등의 주장을 하였다. 또한 계쟁 데끄레에 관하여는, 면제대상을 충분히 구체적으로 규정하지 않았고, 「교육법전」 제L.711-1조상의 공공고등교육기관 자율성 원칙에 반하였다고 주장하 였다.

피고 행정청인 고등교육·연구부장관은 계쟁 데끄레가 국제이동학 생들에게 혜택을 주기 위한 것임을 언급하면서 공공고등교육 무상성 원 칙에 반하였다는 원고들의 주장은 주위적으로는 무효이고 부수적으로

---

67) Code de l'éducation.

는 이유없다고 주장하였다.

그랑제꼴협의회(la Conférence des grandes écoles: CGE), 프랑스엔지니어학교대표협의회(la Conférence des Directeurs des Ecoles Françaises d'Ingénieurs: CDEFI), 대학총장협의회(la Conférence des Présidents d'Université) 등의 참가인들은 이 사건 청구의 이유없음을 주장하며 그 기각을 구하였다.

사안의 판단에 앞서 국사원은 헌법재판소에 '판결전 위헌법률심판제청'(QPC)을 하였고, 헌법재판소는 2019. 10. 11. 결정[68]에서 학생들의 재정적 능력을 고려하여 적절한 경우 낮은 등록금이 부과될 수 있다고 보았다. 이후 국사원은 이 사건 청구를 이유없음으로 기각하였다.

(b) 대상적격

계쟁 데끄레의 대상적격에 관한 언급은 없으나, 이는 원고에게 침익적 영향을 초래하는 행정의 일방적 행위로서 월권소송의 대상이 된다고 볼 수 있을 것이다.

(c) 원고적격

피고 행정청은 원고들 중 일부의 원고적격을 인정할 수 없다고 하였다. 국사원은 원고들의 주장에 대한 판단을 한 뒤에 원고들의 주장을 이유없음으로 기각하면서, 원고적격에 관한 피고 행정청의 주장을 판단할 필요가 없음을 언급하며 이에 관한 직접적인 판단을 하지 않았다.

원칙적으로는 단체인 원고들의 경우, 그 정관상 목적과 활동들을 고려하여 계쟁 데끄레와 아레떼의 취소를 구할 수 있는 원고적격이 인정될 수 있을 것이고, 개인인 원고들의 경우, 원고가 계쟁 데끄레와 아레떼에 대한 직접적이고 개인적인 이익을 갖는 직접상대방이라면 그 원고적격이 인정될 수 있을 것이다.

한편 국사원은 그랑제꼴협의회 등의 소송참가 신청과 관련하여, 해

---

68) Cons. const., décision n° 2019-809 QPC du 11 octobre 2019.

당 단체들은 계쟁 데끄레와 아레떼의 존속에 관한 충분한 이익이 있다
고 보아 이를 승인하였다.

4. 제4유형: 수익적 제3자효를 갖는 이중효과적
행정행위의 거부조치에 대한 취소소송

이 유형은 상대방에게는 침익적 효과를 발생하지만 제3자에게는
수익적 효과를 주는 이중효과적 개별결정을 제3자가 신청하였는데 그
에 대한 거부조치가 있었던 경우, 제3자가 그 거부조치의 취소를 구함
으로써 해당 이중효과적 처분의 발급을 구하는 것이다.69) 이 유형에서
도 수익적 제3자효를 갖는 이중효과적 개별결정에 대한 취소청구가 있
었던 경우(제4−a유형)와 수익적 제3자효를 갖는 이중효과적 행정입법에
대한 취소청구가 있었던 경우(제4−b유형)를 나누어 살펴본다. 전자의
유형에 판례 ⑫~⑭가, 후자의 유형에 판례 ⑮가 해당한다.

(A) 제4-a유형: 수익적 제3자효를 갖는 이중효과적
개별결정의 거부조치에 대한 취소소송

이 유형은 상대방에게는 침익적 효과를 발생하나 제3자에게는 수
익적 효과가 발생하는 이중효과적 개별결정을 제3자가 신청하였는데,
그에 대한 거부조치가 있었던 경우, 제3자가 그 거부조치의 취소를 구
하는 것이다. 판례 ⑫~⑭가 이에 해당한다.

(1) 판례 ⑫-1 내지 ⑫-13
(a) 사실관계 및 경과

13인의 개인(이하 '원고들')은 각각 구글社가 운영하는 검색엔진에
자신의 성명을 입력했을 때 검색결과로 제공되는 링크 중 자신의 개인

---

69) 박정훈, 『행정소송의 구조와 기능』, 제3장 취소소송의 4유형, 박영사, 2006, 68면.

정보가 포함된 웹페이지와 연결되는 링크를 삭제해줄 것을 구글社에 요
청하였다. 원고들이 삭제요청을 한 링크들을 통해 연결되는 웹페이지에
는 일간지 기사,[70] 블로그 글,[71] 유튜브(YouTube) 동영상[72], 옐프(Yelp)
등이 있었으며, 해당 웹페이지가 포함하는 개인정보는 종교, 범죄경
력[73], 사적 인간관계 등에 대한 정보, 직업관련 정보(일반의로 소개된 경
우)[74] 등으로 ① 범죄경력정보, ② 민감정보, ③ 민감정보는 아니지만
사생활에 영향을 주는 정보를 포함하였다. 구글社의 거부가 있은 후, 신
청인들은 각각 개인정보보호위원회에 구글社에 대한 경고처분을 구하
였으나 개인정보보호위원회 위원장은 신청을 종결 처리함을 우편을 통
해 각각 통지하였다(이하 '계쟁 결정'). 신청인들은 개인정보보호위원장의
이 사건 처분에 대해 국사원에 취소청구를 하였다.

국사원은 2019. 12. 6.에 선고한 13건의 판결을 통해 EU GDPR에
서 규정하는 '인터넷상에서 삭제될 권리', 즉 '잊혀질 권리'가 지켜져야
만 하는 조건을 제시하였다. 동 판결들은 국사원의 선결문제 제청에 따
른 2019. 9. 24. 유럽재판소의 판결[75]에 의거하여 내려졌다.

13건의 청구 가운데 3건이 인용되었고,[76] 1건은 일부인용되었으
며,[77] 4건은 기각되었고(청구의 일부는 기각, 일부는 소 제기 이후 구글이 문
제된 링크를 삭제하여 소의 이익이 없음을 이유로 각하된 2건[78] 포함),[79] 5건

---

70) CE, 6 décembre 2019, n° 393769; CE, 6 déc. 2019, n° 397755;

71) CE, 6 décembre 2019, n° 397755;

72) CE, 6 décembre 2019, n° 391000;

73) CE, 6 décembre 2019, n° 401258.

74) CE, 6 décembre 2019, n° 403868.

75) CJEU, Judgement of the Court, 24 septembre 2019, C−136/17.

76) CE, 6 décembre 2019, n° 393769; CE, 6 décembre 2019, n° 401258; CE, 6 décembre
2019, n° 405910.

77) CE, 6 décembre 2019, n° 395335.

78) CE, 6 décembre 2019, n° 403868; CE, 6 décembre 2019, n° 429154.

79) CE, 6 décembre 2019, n° 403868; CE, 6 décembre 2019, n° 405464; CE, 6 décembre
2019, n° 429154.

은 소가 제기된 이후 구글社가 문제된 링크를 삭제하여 소의 이익이 없다는 이유로 각하되었다.[80] 종합하면, 13건의 청구 가운데 7건에서는 소 제기 후 판결이 선고되기 전에, 신청인이 삭제를 요청한 사항의 일부 또는 전부에 대한 구글社의 삭제조치가 있었던 것이다. 또한 구글社의 그러한 사후적인 조치가 없었던 경우 중 청구가 인용된 3건과 일부 인용된 1건은 앞으로 삭제조치가 있을 수 있는 경우에 해당하므로, 13건 중 11건의 원고들이 '잊혀질 권리'에 근거하여 청구의 일부 또는 전부에 대한 인용을 받은 것으로 볼 수 있다.

(b) 대상적격

구글社에 대한 경고처분을 구한 신청인들의 신청에 대한 개인정보 보호위원회 위원장의 계쟁 결정은 신청인들에게 침익적 영향을 초래하는 행정의 일방적 행위로서 월권소송의 대상이 된다.

(c) 원고적격

신청인들은 계쟁 결정에 대한 직접적이고 개인적인 이익을 갖는 직접상대방으로서 원고적격이 인정된다.

(2) 판례 ⑬

(a) 사실관계 및 경과

이 사건은 대기오염에 관한 국사원의 2017년 7월 12일 판결[81](이

---

80) CE, 6 décembre 2019, n° 391000; CE, 6 décembre 2019, n° 397755; CE, 6 décembre 2019, n° 399999; CE, 6 décembre 2019, n° 407776; CE, 6 décembre 2019, n° 423326.

81) CE, 12 juillet 2017, n° 394254. 이 사건도 환경단체 '지구의 친구들-프랑스'(l'association Les amis de la Terre - France)가 원고로서 소를 제기한 사건이었다. 동 단체는 해당 사건에서 대기 중 미세입자와 이산화질소의 농축을 유럽지침(2008/50/EC) 부속서 XI와「환경법전」제L.222-4조 및 제L.222-5조에서 정하는 극한값 내로 감축시키기 위한 모든 유효한 조치를 취할 것을 요청한 것에 대한 대통령, 국무총리, 환경부장관 등의 묵시적 거부결정의 취소를 구하면서, 취소판결 송달 이후 1개월 이내로 국무총리와 관련부서의 장관들이 수정한 대기오염방지 계획을 명하게 할 것을 구하였다. 국사원은 이와 같은 청구를 인용하여 정부가 2018. 3.

하 '2017년 판결')이, 판결에서 명시한 기한인 2018년 3월 31일 현재에도, 행정에 의해 집행되지 않았음(이하 '계쟁 부작위')을 확인하여 줄 것을, 그리고 이 사건 판결의 송달 이후 1개월 내에 2017년 판결의 집행을 보장하는 조치가 취해지지 않는다면 1일이 지연될 때마다 10만 유로의 이행강제금 부과를 명할 것을 다수의 환경단체 등[82](이하 '원고들')이 구한 사건이다.[83] 국사원은 원고들의 청구를 받아들여, 판결이 송달된 후 6개월 내에 2017년 판결의 집행이 있었다는 것을 정부가 입증하지 못한다면 6개월이 지연될 때마다 10만 유로의 이행강제금이 부과된다고 판시하였다.

(b) 대상적격

계쟁 부작위는 원고들의 설립목적이나 정관상 목적을 고려하였을 때 원고들에 침익적 영향을 초래하는 행정의 일방적 행위로서 월권소송의 대상이 될 수 있을 것이다.

31.까지 그러한 조치를 가능한 한 빨리 취하고 이를 유럽집행위원회에 전달할 것을 명하였다.

82) 동 판결의 판결서에는 환경단체 '지구의 친구들'(l'association Les amis de la Terre - France, Paris, Val de Bièvre, Dunkerque, Nord, Landes, Meurthe et Moselle), '우리 모두의 일'(Notre Affaire à Tous), 공해방지단체(l'Association de défense contre les nuisances aériennes: ADVOCNAR) 등 다수의 환경단체를 포함하는 67개의 단체, 기초자치단체 마렌느(Marennes), 개인 8인 등이 원고로 명시되어 있다.

83) 이 사건은 행정의 부작위를 확인하는 청구에 부수하여 집행판결로서의 이행명령을 청구한 사건에 해당한다. 이 사건에서의 행정의 부작위는 판결의 미집행에 관한 것이며, 원고는 그 부작위의 확인과 판결의 집행을 위한 간접강제를 구한 것으로 볼 수 있다. 원고가 판결의 집행을 위한 간접강제를 구하였다는 측면에서, 이 사건을 제4유형으로 분류할 수 있는지에 대한 의문이 생긴다. 판결의 미집행이 있는 경우 원고는 해당 판결을 내린 지방행정재판소(또는 항소행정재판소)에 집행판결로서의 이행명령을 청구한다는 점, 그리고 그 청구는 새로이 소를 제기한 것으로 보지 않고 미집행된 판결이 내려진 소의 연장절차로 본다는 점을 고려하여(CE, 29 octobre 2003, n° 259440; Camille BROYELLE, *Contentieux administratif*, LGDJ, 2019, n° 446 참조), 미집행된 판결인 2017년 판결을 기준으로 이 사건을 제4-a유형으로 분류하였다.

(c) 원고적격

원고들의 대다수는 환경단체들인데, 단체에 원고적격이 인정되는 방식, 즉 정관상 단체의 목적 등을 검토하여 계쟁 부작위를 다툴 수 있는 원고적격을 인정할 수 있을 것이다.

그런데 이 사건에서 이행강제금 부과명령 청구에 관한 원고적격이 부정되는 단체들이 있었다. 앞서 판례 ⑬에서 언급한 바와 같이, 프랑스 「행정재판소법전」은 두 종류의 재판상 이행명령을 규정하고 있는데, 이 사건은 집행판결로서의 이행명령 중에서도 동 법전 제L.911-4조에 따른 이행명령을 청구한 사건에 해당한다.84) 국사원은 동 법전에서 규정하는 이행강제금은 재판소의 명령에 의해 공역무 수행에 책임이 있는 공법인이나 사법상 조직에 부과되는 것이므로 국가에는 적용되지 않는다고 보았다. 국사원은 그에 따라, 이렇게 국가가 책임의 주체이지만 효율적인 집행을 위해 이행강제금을 부과하는 것이 필요하다고 판단되는 경우, 재판소는 이에 관한 당사자들과 관계되는 법인 또는 개인의 의견을 수렴하여, 직권으로도 그 이행강제금의 일부를 재정독립성이 있고 계쟁 소송의 목적과 관련된 임무를 맡고 있는 공법인이나, 계쟁 소송의 목적과 관련된 공익활동을 그 정관에 부합되게 하고 있는 비영리 사법인에 부과할 수 있다고 보았다.

따라서 국사원은 원고들 가운데 일부 단체들의 경우, 그 사회적 목적을 고려했을 때 「행정재판소법전」 제L.911-4조 및 제R.931-2조상의 이해관계 있는 당사자로 보기 어려워 이행강제금 부과명령 청구를 할 수 있는 원고적격이 부정된다고 판시하였다. 국사원은 이행강제금 부과명령 청구를 할 수 없는 단체들을 하나하나 명시한 후, 2017년 사

---

84) 행정판결의 집행을 하지 않는 행정에 대해 국사원이 이행강제금 명령을 할 수 있는 권한을 부여하는 동 규정의 원형은 1980년 7월 16일 제80-539호 법률 제2조이다. 박현정, "프랑스 행정소송에서 이행명령: 월권소송과 이행명령의 관계를 중심으로", 행정법학 제18호, 2020, 68면 참조.

건의 원고이기도 했던 '지구의 친구들 - 프랑스'를 포함한 그 밖의 단체들에 대해서는 이행강제금 부과명령 청구를 할 수 있는 원고적격을 인정하였다.

(3) 판례 ⑭

(a) 사실관계 및 경과

이 사건은 그랑드-쌍뜨市와 그 시장(이하 '원고')이 파리협정 준수를 위한 즉각적인 조치를 취하여 달라는 원고의 요청에 대한 정부의 묵시적인 거부결정에 대하여 취소를 구한 사건이다. 원고는 2018. 11. 20-21.에 대통령, 국무총리, 환경부장관에 기후변화에 대응하기 위한 즉각적인 조치를 실행할 것을 요청하였다. 정부는 2개월 간 이에 대한 명시적인 답변을 하지 않음으로써 묵시적 거부결정(이하 '계쟁 결정')을 하였고, 원고는 국사원에 그 취소를 구하는 소를 제기하였다.

국사원은 원고의 청구의 일부를 기각하였다. 그리고 기후문제가 최우선이 되는 의무이행을 위해 모든 조치를 취하여 달라는 요청에 대해 묵시적으로 거부한 계쟁 결정은 '명백한 평가의 하자'를 범한 것이라는 원고의 주장에 대하여는 이를 심사할 충분한 자료가 부족함을 이유로 판단을 보류하고, 판결의 송달이 있은 후 3개월 이내로 그에 필요한 자료들을 국사원에 송부할 것을 정부에 명하였다. 동 판결은 온실가스 배출 감축 관련 국사원의 첫 판결로서 "역사적인 판결"이라 불리며 많은 관심을 받았다.[85][86]

---

85) Stéphane MANDARD et Audrey GARRIC, "Le gouvernement a trois mois pour prouver qu'il respecte ses engagements climatiques, une première en France", *Le Monde*, Publié le 19 novembre 2020 à 12h02 참조.

86) 200만 명에 달하는 국민청원에 따른 이 제소와 관련하여, 환경부장관 프랑소와 드 뤼쥐(François de Rugy)는 "사법부 측에서 정부가 법률을 제정하는 데 관여하는 것은 프랑스 정치 체제에 어긋난다."고 언급함으로써 불편함을 표시하였다. 환경부 홈페이지 내용,

https://www.ecologie.gouv.fr/francois-rugy-ministre-detat-ministre-transition-ecologique-et-solidaire-repond-au-recours-contre 참조.

(b) 대상적격

계쟁 결정은 지리적인 위치로 인하여 다른 지자체들에 비해 기후변화로 더 큰 영향을 받는 원고에 대해 침익적 영향을 초래하는 행정의 일방적 행위로 월권소송의 대상이 된다.

(c) 원고적격

국사원은 연안에 위치하여 다른 지자체에 비하여 기후변화의 영향에 특히 더 노출되는 원고 그랑드-쌍뜨市의 원고적격을 인정하였으며, 파리市, 그르노블市, 옥스팜프랑스, 그린피스프랑스, '우리 모두의 일'(Notre Affaire à Tous), 니꼴라 윌로 재단(la Fondation Nicolas Hulot)을 비롯한 환경단체들의 소송참가도 승인하였다.

(B) 제4-b유형: 수익적 제3자효를 갖는 이중효과적 행정입법의 거부조치에 대한 취소소송

이 유형은 상대방에게는 침익적 효과를 발생하나 제3자에게는 수익적 효과가 발생하는 이중효과적 행정입법을 제3자가 신청하였는데, 그에 대한 거부조치가 있었던 경우, 제3자가 그 거부조치의 취소를 구하는 것이다. 제3자가 상대방을 규제하는 행정입법을 구하는 경우 이 유형에 해당하는 것으로 보았다. 판례 ⑮가 이에 해당한다.

(1) 판례 ⑮

(a) 사실관계 및 경과

이 사건은 농민연합, 지구의 친구들 등 9개의 단체(이하 '원고')가 국무총리에게 「환경법전」 제D.531-2조 폐지 및 돌연변이 생성으로 얻어진 유기체의 목록을 요청하고, 돌연변이 생성으로 얻어진 식물들 가운데 '제초제에 대한 저항력이 생긴 식물들'(이하 'HTVs')의 경작에 대한 모라토리엄 선언을 요청하였으나 이에 대해 국무총리의 묵시적 거부결정(이하 '계쟁 결정')이 있어 국사원에 취소청구를 구하고 이와 더불어 유전

자변형농산물(이하 'GMO')의 경작·유통에 대한 국무총리의 모라토리엄 선언 이행명령을 함께 청구한 사건이다.

「2001년 3월 12일 유럽지침」[87](이하 '2001년 유럽지침')에 따라 GMO는 유통되거나 경작 등을 위해 자연에 방출되기에 앞서 평가와 승인 절차를 밟는 대상이 되었다. 동 지침은 프랑스 국내법으로 전환되어 「환경법전」 제L.531-1조 이하의 규정들과 제D.531-2조에 규정되었다. 원고가 폐지를 요청한 「환경법전」 제D.531-2조는 돌연변이 생성 기술로 얻어진 식물을 GMO 규제 대상에서 제외하고 있었다. 국사원은 원고의 청구에 대한 판단을 보류하고 유럽재판소에 선결문제를 제청하였다. 국사원의 선결문제 제청에 따른 2018. 7. 25. 유럽재판소 판결[88]에 의거하여, 국사원은 돌연변이 생성 기술로 얻어진 유기체는 2001년 유럽지침이 GMO에 대해 가하는 제재를 받는 대상이 된다고 판시하고 국무총리의 계쟁 결정 가운데 「환경법전」 제D.531-2조 폐지요청을 거부한 결정을 취소하였다. 국사원은 정부에 「환경법전」 제D.531-2조를 개정하기 위한 기간으로 6개월을 부여하였고, 9개월 내로 돌연변이 생성 기술로 얻어진 식물 중에 2001년 유럽지침의 제재를 피해 온 식물들의 목록을 파악할 것을 명하였다.

(b) 대상적격

계쟁 결정은 원고들의 설립목적이나 정관상 목적을 고려하였을 때 원고들에 침익적 영향을 초래하는 행정의 일방적 행위로서 월권소송의 대상이 될 수 있을 것이다.

(c) 원고적격

원고에 대하여는 단체에 원고적격이 인정되는 방식, 즉 정관상 단

---

87) Directive 2001/18/EC of the European Parliament and of the Council of 12 March 2001 on the deliberate release into the environment of genetically modified organisms and repealing Council Directive 90/220/EEC.

88) CJEU, Judgement of the Court, 25 July 2018, C-528/16.

체의 목적 등을 검토하여 계쟁 결정의 취소를 구하고 이행명령을 청구
할 수 있는 원고적격을 인정할 수 있을 것이다.

Ⅲ. 본안심사의 척도 및 강도

　　프랑스에서는 재량권한(le pouvoir discrétionnaire)과 기속권한(le
pouvoir lié)을 판단할 때에, 법규의 요건과 효과를 구별하지 않고 법규
전체를 놓고 판단한다. 즉, 재량을 요건부분과 효과부분으로 나누어 논
하지 않으며, 법규의 요건부분 혹은 효과부분 중 어느 부분이 불확정적
인지가 중요하지 않다. 재량권한은 법률이 행정에 일정한 권한을 부여
하면서 그 권한을 집행하는 방향을 자유롭게 선택하게 하고 있는 경우
에 존재하고, 기속권한은 법률이 행정에 일정한 권한을 부여하면서 명
령의 방식으로 그 권한이 행사되어야 하는 방향을 지시하고 있는 경우
에 존재한다.[89)]
　　월권소송에서 재량에 대한 사법심사를 할 때, 그 심사강도는 제한
적 내지 최소심사(le contrôle restreint ou minimum), 통상적 내지 완전심
사(le contrôle normal ou entier), 최대심사(le contrôle maximam)의 3단계
로 나뉘는데, 재소자 징계처분(과실에 대한 제재인 경우) 사안에서는 최소
심사를, 외국인 강제추방 처분(공공질서 위협을 이유로 하는 경우), 건축허
가거부처분(경관을 해친다는 등의 사정이 있는 경우 등) 등의 사안에서는 통
상심사를, 경찰법 영역(공공질서를 위한 조치와 관련된 내용인 경우 등), 수
용과 관련된 도시계획법 영역(비용편익분석 관련 등) 등에서는 최대심사
를 하는 경향이 있다.[90)] 국사원은 원칙적으로, 중요한 재량권이 존재하

---

89) Yves GAUDEMET, *Droit administratif*, Dalloz, 2015, n° 229.
90) 판례는 재소자 징계처분(과실에 대한 제재인 경우) 사안에서는 최소심사를, 외국인

는 거의 모든 행정청의 결정에 대하여, 제한적 내지 최소심사를 해 왔다.[91] 기본권과 관련된 경찰법 영역, 수용과 관련된 도시계획법 영역 등에서는 최대심사가 행해지고 있다. 아래에서는 3단계의 본안심사강도를 기준으로 불확정개념의 포섭·적용이 문제된 판례를 분류하여 몇 가지 구체적인 사안의 본안심사강도를 분석해본다.

1. 제한적 내지 최소심사가 이루어진 경우

대부분의 행정행위는 어느 정도 기속행위의 성격을 갖지만 법률이 정한 권한의 범위 안에서 행정은 재량의 방식으로 결정한다.[92] 따라서 행정은 자신의 재량권한을 행사하기 위해 이를 평가하지 않을 수 없다.

제한적 내지 최소심사(이하 '최소심사')를 하는 경우, 재판관은 행정이 사실관계를 어떻게 법적 요건에 포섭하였는지 여부, 즉 사실관계가 법규의 요건에 해당하고 그것에 충족되는지 여부에 대한 평가에 대해서는 심사하지 않는다.[93] 다시 말해, 최소심사에서는 근거법규가 존재하는지와 행정이 사실관계를 정확하게 확정하였는지에 대해서는 심사하지만, '사실관계의 법적 파악'[94](la qualification juridique des faits)에 대해

강제추방 처분(공공질서 위협을 이유로 하는 경우), 건축허가거부처분(경관을 해친다는 등의 사정이 있는 경우 등) 등의 사안에서는 통상심사를, 경찰법 영역(공공질서를 위한 조치와 관련된 내용인 경우 등), 수용과 관련된 도시계획법 영역(비용편익분석 관련 등) 등에서는 최대심사를 하는 경향이 있다. Pierre-Laurent FRIER, Jacques PETIT, Droit administratif, LGDJ, 2019, n° 1058 참조.

91) Yves GAUDEMET, *Droit administratif*, Dalloz, 2015, n° 313; Pierre-Laurent FRIER, Jacques PETIT, *Droit administratif*, LGDJ, 2019, n° 1057 참조.

92) Yves GAUDEMET, *Droit administratif*, Dalloz, 2015, n° 229.

93) Yves GAUDEMET, *Droit administratif*, Dalloz, 2015, n° 314; Pierre-Laurent FRIER, Jacques PETIT, *Droit administratif*, LGDJ, 2019, n° 1053.

94) '사실관계의 법적 파악'은 법적용의 전통적 방법인 3단논법에 따르면 제3단계인 '포섭'단계에 해당하는 것으로 볼 수 있다. 박정훈, "불확정개념과 판단여지", 『행정작

서는 '명백한 평가의 하자'(l'erreur manifeste d'appréciation)[95]가 있지 않은 한 심사하지 않는다.[96] 최소심사가 있었던 판례 가운데 판례 ③을 살펴본다.

(1) 판례 ③

이 사건의 쟁점은 원고가 시청각최고위원회와 체결한 계약의 내용에도 불구하고 챔피언스리그 결승전을 중계방송할 수 있는지 여부이다.

원고가 시청각최고위원회와 2005. 7. 19. 체결한 계약에 따르면, 원고는 챔피언스리그 결승전 전체를 중계방송할 수 없다. 원고는 중요한 행사는 대다수의 공중이 그 행사를 생방송으로 시청할 기회를 빼앗는 방식으로 독점적으로 방송될 수 없다고 규정한 「통신의 자유에 관한 1986년 9월 30일 제86-1067호 법률」[97] 제20-2조를 원용하였다. 동조는 그 중요한 행사에 챔피언스리그 결승전을 포함하고 있다.

국사원은 원고가 시청각최고위원회와 체결한 계약에 따르면 원고는 "정보에 충실한 방송"이며 다른 계약들과는 달리 다른 종류의 방송을 프로그램에 포함하지 않았음을 지적하고, 챔피언스리그 결승전이 중요한 행사에 해당하고 시사분야의 일부에 해당하나, 이는 원고가 시청각최고위원회와 체결한 계약 제1-1조와 제3-1-1조에 위반하지 않고서는 재방송의 대상이 될 수 없다고 하였다. 아울러, 원고가 편집의 자유를 주장한다면, 이는 스포츠경기 전체를 방송하겠다는 의미와도 같다고 하였다.

이 사건에서 국사원은 원고와 시청각최고위원회가 체결한 계약, 즉

용법」(중범 김동희교수 정년기념논문집), 박영사, 2005, 251·258-259면 참조.

95) '명백한 평가의 하자'는 독일에서의 '판단여지의 하자'에 해당한다. 박정훈, "불확정개념과 판단여지", 『행정작용법』(중범 김동희교수 정년기념논문집), 박영사, 2005, 259면.

96) Yves GAUDEMET, *Droit administratif*, Dalloz, 2015, n° 313-314 참조.

97) Loi n° 86-1067 du 30 septembre 1986 relative à la liberté de communication (Loi Léotard)

근거법규의 존재와 동 위원회가 사실관계를 정확히 확정하였는지 여부에 대한 심사에 그치고 사실관계의 법적 파악에 이르지 않고 있다. 이 점에서 이 사건에서는 포섭에 대한 심사까지 이르지 않은 최소심사가 있었다고 볼 수 있다.

2. 통상적 내지 완전심사가 이루어진 경우

통상적 내지 완전심사(이하 '완전심사')의 심사대상에는 최소심사의 심사대상에 더하여 '사실관계의 법적 파악'(la qualification juridique des faits), 즉 포섭에 대한 심사까지 이루어진다.[98] 완전심사가 있었던 판례 가운데 판례 ⑦을 살펴본다.

(1) 판례 ⑦

이 사건의 쟁점은 우선 계쟁 문서가 월권소송의 대상이 되는지, 대상이 된다면 계쟁 문서의 위법성이 인정되는지 여부이다.

국사원은 종이문서·전자문서를 불문하고 훈령(la circulaire), 지침(l'instruction), 권고(la recommandation), 업무보고(la note), 유권해석(l'interprétations du droit positif) 등의 일반적 범위의 행정청의 문서가 담당공무원을 제외한 다른 사람의 권리나 지위에 현저한 영향을 줄 수 있는 경우, 그 문서는 월권소송의 대상이 된다고 보았다.

국사원은 계쟁 문서는 외국인 호적관련문서의 유효성을 판단하는 공무원에게 기니 출생증명서에 관한 모든 분석에서 긍정적이지 않은 의견을 작성할 것을 권고하고 있으므로 프랑스 행정과의 관계에서 기니 국적자의 지위에 현저한 영향을 줄 수 있어 월권소송의 대상이 되지만, 계쟁 문서는 결정으로서의 성질을 갖지 않기 때문에 문서에 서명이나 작성자에 관한 정보가 포함되어 있는 것을 요하는 「행정절차법전」 제

---

98) Pierre-Laurent FRIER, Jacques PETIT, Droit administratif, LGDJ, 2019, n° 1057 참조.

L.212-1조에 반하지 않는다고 보았다. 또한 국사원은 계쟁 문서가 담당 공무원들로 하여금 사안별 검토를 금지하는 것으로 볼 수 없으므로 외국에서 생성된 호적문서를 원칙적으로 진정한 것으로 보는 「민법전」 제47조에도 반하지 않는다고 판시하였다.

이 사건에서 국사원은 계쟁 문서가 결정으로서의 성질을 갖는지 여부, 외국에서 생성된 호적문서를 진정하지 않은 것으로 보도록 담당 공무원들을 강제하는지 여부 등을 판단하여 사실관계의 법적 파악, 즉 포섭에 대한 심사를 한 것으로 볼 수 있다. 국사원이 포섭에 대한 심사까지 하였다는 점에서 이는 완전심사에 해당한다.

3. 최대심사가 이루어진 경우

최대심사에서는 완전심사에서 이루어지는 '사실관계의 법적 파악', 즉 포섭에 대한 심사와 더불어, 가치평가가 필요한 포섭에 대한 심사, 즉 형량심사까지 이루어진다. 부연하면, '사실관계의 법적 파악'에 관한 평가를 넘어 처분의 내용과 이를 정당화하는 법적 요건 간 적절성을 판단하는 비례성 심사가 이루어진다.[99] 최대심사가 있었던 판례 가운데 판례 ②, ④-2, ⑨, ⑩을 살펴본다.

(1) 판례 ②

이 사건의 쟁점은 형사사건으로 기소되지 않은 단체장을 데끄레에 의거하여 파면하는 것이 무죄추정원칙에 반하거나 그 단체장의 방어권, 공정한 재판에 대한 권리 등을 침해하지 않는지 여부이다.

국사원은 어떠한 법규정이나 법의 일반원칙도 원고가 주장하는 바와 같이 「지방자치법전」 제L.2122-16조가 규정하는 파면을 일정한 기

---

99) Pierre-Laurent FRIER, Jacques PETIT, Droit administratif, LGDJ, 2019, n° 1056 참조.

간 내에 하도록 하고 있지 않으며, 빠-드-깔레 도지사가 파면처분에
대해 원고가 의견제출을 할 수 있도록 하였으나 원고는 자신의 주장을
입증하는 그 어떤 증거서류도 제출하지 않고 있다는 점을 들어 원고 스
스로 방어권을 행사하고 있지 않음을 상기하였다.

또한「지방자치법전」제L.2122-16조상의 절차는 형사절차와 독립
된 절차이므로 동 규정에 의한 파면은 무죄추정의 원칙에 반하지 않으
며, 증거서류들에 따르면 행정당국은 원고의 부정행위와 관련하여 선고
된 헌법재판소 결정과 원고의 심각하고 반복되었던 부정행위들, 특히
공공조달계약 체결에 있어서의 부정행위들과이 있었던 사실만으로도
동일한 결정을 내렸을 것으로 보인다는 점을 명시하였다.

국사원은 원고의 행위들의 성격은 원고가 시장직을 수행하는 데에
필요한 도덕적 권위를 실추시킬 만큼 심각하고 반복되었고, 이는 계쟁
데끄레에 의한 원고의 파면을 정당화한다고 판시하였다. 이 사건에서
국사원은 사실관계의 법적 파악과 더불어 계쟁 데끄레에 의한 원고의
파면이 원고의 기본권 등을 침해하는 정도의 것인지를 판단하여 형량심
사까지 하였다. 그러한 점에서 이 판례는 최대심사의 강도로 본안심사
를 한 것으로 볼 수 있다.

(2) 판례 ④-2

프랑스도핑방지청(l'Agence française de lutte contre le dopage: AFLD)
의 장의 잠정적 참가금지조치를 받은 운동선수가 그 취소를 구한 사례
들이다. 국사원은 이를 모두 기각하였는데, 그 중 형량심사가 있었던 판
례 ④-2를 살펴본다.

이 사건의 쟁점은 프랑스도핑방지청장이 '기간을 정하지 않고' 동
청 위원회의 결정이 있을 때까지 프로선수에 대해 잠정적 참가금지조치
를 할 수 있게 한「스포츠법전」관련 규정들이 프로선수의 일할 권리를
침해하는지 여부이다.

국사원은 「스포츠법전」의 관련 규정들이 프로선수의 활동과 그 일할 권리를 제한한다고 하면서도, 공익의 목적을 고려하였을 때, 그리고 제한을 하는 경우가 망라적으로 열거되어 있음을 고려하였을 때, 그러한 제한은 정당하며 비례성에 어긋나지 않는다고 보아, 관련 규정들에 '명백한 평가의 하자'가 있다는 원고의 주장을 배척하였다.

한편, 국사원은 이러한 사건의 심사범위와 관련하여, 프랑스도핑방지청이 계쟁 조치를 한 당시를 기준으로 했을 때의 계쟁 조치의 적법성뿐 아니라, 계쟁 조치가 상황의 변화(새로운 검사 결과, 조치의 지나친 연장 등)로 위법해지지는 않았는지 여부, 즉 판결시를 기준으로 했을 때의 계쟁 조치의 적법성까지 국사원이 판단하여야 한다고 보았다. 구체적인 사안에서는, 원고가 새로운 자료를 제출하여 주장한 요인은 계쟁 조치의 종료를 정당화할 만한 것이 아니라고 판단하였다.

이 사건에서 국사원은 사실관계의 법적 파악과 더불어 프랑스도핑방지위원회의 원고에 대한 참가금지조치가 원고의 일할 권리 등을 침해하는 정도의 것인지를 판단하여 형량심사까지 하였다. 그러한 점에서 이 판례는 최대심사의 강도로 본안심사를 한 것으로 볼 수 있다.

(3) 판례 ⑨

이 사건의 쟁점은 계쟁 데끄레가 규정하는 절차 내지 제도가 미성년 지위 신고자의 최선의 이익을 고려하지 못하였거나 권리를 존중하지 않아 위법한지 여부이다.

국사원은 미성년 지위 신고자가 도청을 직접 찾아가서 외국인 관련 업무를 맡은 도청의 담당 공무원에게 자신의 정보를 제공하는 것은, 미성년 지위 신고자의 취약한 상태를 고려하더라도, 그 자체로 아동의 최선의 이익을 보호하는 데에 반하는 것은 아니라고 보았다. 국사원은 이에 덧붙여 도청의 담당 공무원은 미성년 지위 신고자의 사진, 지문, 그리고 그 신원과 미성년 여부를 밝히는 데에 도움이 되는 정보를 수집하는 데에 그치며, 도청 공무원이 개입하는 유일한 이유는 미성년 지위 신고자의 신원과 지위를 결정하는 데에 도움이 될 만한 정보를 도의회 의장에게 전달하기 위함이므로, 이 절차는 미성년 여부에 관한 종합적인 판단을 위해 미성년 지위 신고자를 전문가가 인터뷰하는 절차와는 구별된다고 하였다.

또한 국사원은 미성년 지위 신고자의 개인정보 자동처리를 허용한 계쟁 데끄레의 관련 규정들의 위법성도 부정하였다. 수집되는 미성년 지위 신고자의 개인정보는 "미성년평가지원시스템"에 입력되는데, 이는 철저히 해당 미성년 지위 신고자를 보살피고 지도하는 기간 동안에만 저장되며, 규제당국에 따르면 이를 통해 미성년 지위 신고자의 신원을 보다 정확하게 밝힐 수 있고 문서위조를 예방할 수 있다. 규제당국은 동 시스템에 의한 개인정보처리의 목적에 문서위조 적발을 포함하지 않았다. 이러한 점에 비추어 국사원은 미성년 지위 신고자로부터 수집한 그의 정보는 범죄수사나 범죄사실 존재에 대한 입증에 사용될 수 없다고 못 박았다. 계쟁 데끄레는 미성년 지위 신고자가 자신의 개인정보 제공을 거부한 경우의 제재적 효과를 규정하지는 않았는데, 이는 미성년 여부 평가가 제재적 성격을 갖는 것이 아니라 일련의 상황증거들을 통해 미성년 지위 신고자가 미성년 지위에 있는지 여부을 판단하기 위한 목적을 가지는 것으로 해석하였다. 또한 대다수의 미성년 지위 신고자는 개인정보 제공 거부만으로 성년인 자로 평가될 수 없다는 점도 덧붙였다.

위와 같이 이 사건에서는 계쟁 데끄레가 미성년 지위 신고자의 권리와 최선의 이익을 충분히 고려하였는지 여부에 관한 가치평가가 필요한 포섭에 대한 심사가 이루어졌다. 그러한 점에서 이 판례는 최대심사의 강도로 본안심사를 한 것으로 볼 수 있다.

 (4) 판례 ⑩
 이 사건의 쟁점은 문화부장관의 이 사건 기록물 공개거부결정이 적법한지 여부이다. 국사원은 「문화유산법전」[100]의 관련 규정들을 인용한 뒤, 공공기록물 열람신청에 대한 승인이 이루어지기 위해서는 신청인의 해당 문서들에 대한 열람이익이 법률이 보호하고자 하는 이익(예컨대 대외비인 정부의 의결사항, 외교관계 지휘사항, 국외정치에서의 기본적 국익 등)을 과도하게 침해하지 않아야 함을 명시하였다. 특히 60년이 도달하기 전에 공공기록물 접근권 행사에 가해진 제한의 비례성 여부를 「문화유산법전」 제L.213-4조에 비추어 최대한으로 심사하여야 한다고 강조하면서, 파리지방행정재판소는 계쟁 결정들에 명백한 평가의 하자가 있었는지 여부만을 판단한 점에서 법해석의 오류를 범하였다고 지적하였다.

이 사건에서 국사원은 사실관계의 법적 파악과 더불어 문화부장관의 이 사건 기록물 공개거부결정이 공공기록물에 대한 원고의 접근권을 과도하게 제한하는지 여부를 판단하여 형량심사까지 하였다. 그러한 점에서 이 판례는 최대심사의 강도로 본안심사를 한 것으로 볼 수 있다.

IV. 종합 및 결론

이 글에서는 2019년 12월부터 2020년 11월까지의 국사원의 중요 판례 20건 중 월권소송에 해당하는 15건을 '취소소송의 4유형'을 기준으로 분류하고, 대상 및 원고적격 차원에서 이를 분석하여 살펴보았다.

검토결과, 취소소송 유형별 비중은 제1유형(9건), 제2유형(1건), 제3유형(1건), 제4유형(4건)으로 나타났다. 행정입법에 대한 취소소송 비중은 제1유형(2건), 제3유형(1건), 제4유형(1건)으로, 유형별로 대체로 고르게 나타났다.

---

100) Code du patrimoine.

　　우리나라 취소소송과는 달리 월권소송의 대상이 되는 일방적 행정행위에는 행정의 개별행위뿐 아니라 법규제정행위도 포함된다. 특정 행정입법의 위법성을 월권소송으로 다투는 것이 가능하다. 이에 행정입법을 다툰 경우를 1~4유형의 세부유형으로 추가하여 검토하였다.

　　검토대상 판결들 가운데 일부에서는 환경단체, 동물보호단체 등의 원고적격도 인정하여, 객관소송으로서의 월권소송의 특징이 구체적으로 드러난다. 특히 대상판결들 중에서는 우리 판례에 따르면 신청권의 부존재로 처분성이 부정되어 인정되지 않을 제4유형의 취소소송에 해당하는 사안도 적지 않은 비중으로 나타났다.

　　이행명령청구 사건 3건 가운데 2건이 환경관련 소송인 점도 주목할 만하다. 집행판결로서의 이행명령이 청구된 사건에서는 행정청에 거액의 이행강제금을 부과하기도 하였지만, 온실가스 배출 감축 관련 첫 판결에서는 원고의 청구를 바로 전부인용하지 않고 행정청이 한 번 더 소명할 기회를 주는 형식으로 이행명령을 하여, 행정입법권 행사에 대해서는 행정청의 판단을 최대한 존중하고자 하는 태도를 보였다. 앞으로 점점 증가할 것이 예상되는 환경관련 분쟁, 특히 기후변화 관련 분쟁에서 국사원이 의미 있는 선례들을 만들어 나갈 것을 기대한다.

참고문헌

강지은, "제재적 행정처분에 대한 소송: 프랑스의 최근 판례를 중심으로", 공법학연구 제14권 제2호, 2013.

김동희, "월권소송론", 서울대학교 법학 제17권 제1호, 1975.

김동희, "프랑스의 행정입법제도에 관한 소고", 서울대학교 법학 제23권 제4호, 1982.

김수정, "취소소송의 대상으로서의 행정입법: 프랑스에서의 논의를 중심으로", 행정법연구 제13호, 2005.

김혜진, "프랑스 헌법재판소 결정의 효력: 국사원과 파기원에 대한 효력을 중심으로", 헌법논총 제22집 제2호, 2011.

박균성, "프랑스의 행정법원과 행정재판", 『현대법의 이론과 실제』 (금랑 김철수교수 화갑기념논문집), 박영사, 1993.

박재윤, "개인적 이익과 정보공개청구", 서울대학교 법학석사학위논문, 2003.

박재현, "프랑스의 injonction(이행명령)과 한국의 부작위위법확인소송", 공법학연구 제7권 제1호, 2006.

박정훈, "행정입법에 대한 사법심사", 행정법연구 제11호, 2004.

박정훈, "불확정개념과 판단여지", 『행정작용법』 (중범 김동희 교수 정년기념논문집), 박영사, 2005.

박정훈, 『행정소송의 구조와 기능』, 박영사, 2006.

박현정, "프랑스 행정소송에서 이행명령: 월권소송과 이행명령의 관계를 중심으로", 행정법학 제18호, 2020.

전 훈, "항고소송의 대상에 관한 비교법적 검토: 프랑스 행정소송을 중심으로", 공법학연구 제13권 제2호, 2012.

전 훈, "프랑스 도핑방지 법제의 내용과 시사점", 경희법학 제52권 제2호, 2017.

정관선, "프랑스 정보공개제도에 관한 고찰", 행정법학 제18호, 2020.

정재황·권채리, "프랑스의 정보공개법제: 정보공개위원회(CADA)의 재결례를 중심으로", 세계헌법연구 제23권 제1호, 2017.

조 춘, "취소소송에 있어서 행정행위의 취소사유에 관한 연구: 프랑스 행정법상의 월권소송을 중심으로", 서울대학교 법학박사학위논문, 2001.

한견우, "프랑스 행정소송제도상 월권소송에 있어서 소의 이익", 연세법학연구 창간호, 1990.

BROYELLE, Camille, *Contentieux administratif*, LGDJ, 2019.

CHAPUS, René, *Droit du contentieux administratif*, Montchrestien, 2008.

CHABANOL, Daniel, *La pratique du contentieux administratif*, LexisNexis, 2018.

Conseil d'État, *Rapport public: Activité juridictionnelle et consultative des juridictions administratives en 2019*, La documentation Française, 2020.

DEBBASCH, Charles, Jean-Claude RICCI, *Contentieux administratif*, Dalloz, 2001.

FRIER, Pierre-Laurent, Jacques PETIT, *Droit administratif*, LGDJ, 2019.

GAUDEMET, Yves, *Droit administratif*, Dalloz, 2015.

GUYOMAR, Mattias, Bertrand SEILLER, *Contentieux administratif*, Dalloz, 2017.

VIGUIER, Jacques, *Le contentieux administratif*, Dalloz, 2005

국문초록

프랑스 국사원은 지난 5년 동안 연평균 약 9,800여 건을 처리하였다. 이 글에서는 1년의 기간(2019. 12. ~ 2020. 11.)을 설정하여 해당 기간 동안 선고된 판결 가운데 국사원에 의해 중요판례로 선정된 16개의 판례를 '취소소송의 4유형' 분석방법론에 따라 분석하였다.

검토대상 중요판례 15건은 월권소송으로 제기되었는데, 우리나라 취소소송과는 달리 프랑스 월권소송의 대상이 되는 일방적 행정행위에는 행정의 개별행위뿐 아니라 법규제정행위도 포함된다. 특정 행정입법의 위법성을 월권소송으로 다투는 것이 가능하기 때문에 그에 따라 취소소송의 유형도 세분화될 수 있다는 특징이 있다.

검토대상 판결들에서 원고적격을 넓게 인정하고 있는 점도 주목할 만하다. 월권소송을 제기하는 원고는 '개인적이고 직접적인 이익'을 입증하는 데 있어 자신이 침해된 권리를 가지고 있다는 정도까지 입증할 필요가 없다. 우리나라의 취소소송에서 법인이나 단체의 헌법소원심판 청구인적격은 원칙적으로 단체 자신의 기본권이 침해된 경우에만 인정되며 법인이나 단체가 그 구성원을 위한 청구를 할 수 없지만, 프랑스의 월권소송에서는 법인이나 단체가 방어할 임무가 있는 집단적 이익을 방어하는 소송을 제기하는 경우 해당 법인이나 단체의 설립목적 내지 정관상 단체의 목적 등을 고려하여 월권소송의 원고적격을 인정한다.

살펴본 사안들에서도 환경단체, 동물보호단체 등의 원고적격이 인정되었고, 우리 판례에 따르면 신청권의 부존재로 처분성이 부정되어 인정되지 않을 '제4유형의 취소소송'(수익적 제3자효를 갖는 이중효과적 행정행위의 거부조치에 대한 취소소송)에 해당하는 사안들도 찾아볼 수 있었다는 점에서 객관소송으로서의 월권소송의 특징이 구체적으로 드러난다.

이행명령청구 사건 3건 가운데 2건이 환경관련 소송인 점도 주목할 만하다. 집행판결로서의 이행명령이 청구된 사건에서는 행정청에 거액의 이행강제금을 부과하기도 하였지만, 온실가스 배출 감축 관련 첫 판결에서는 원고의 청구를 바로 전부인용하지 않고 행정청이 한 번 더 소명할 기회를 주는 형식으로 이행명령을 하여, 행정입법권 행사에 대해서는 행정청의 판단을 최대한 존중하고자 하는 태도를 보였다. 앞으로 점점 증가할 것이 예상되는 환경관련 분쟁, 특히 기후변화 관련 분쟁에서 국사원이 의미 있는 선례들을 만들어 나갈 것을 기대한다.

주제어: 국사원, 월권소송, 취소소송의 대상, 원고적격, 재판상 이행명령, 사법심사

Résumé

Analyse des décisions importantes du Conseil d'État français en 2020

PARK, Woo Kyung*

Cet article analyse les décisions rendues par le Conseil d'État, hors ordonnances, entre décembre 2019 et novembre 2020, qui ont été retenues comme «les dernières décisions importantes», en utilisant la méthodologie d'analyse des «quatre types de contentieux de l'annulation».

La plupart des requérants dans ces affaires ont demandé au Conseil d'état d'annuler la décision attaquée par la voie du recours en excès de pouvoir. Le recours en excès de pouvoir est recevable pour les actes administratifs unilatéraux, y compris les actes réglementaires.

Il convient également de noter que la capacité d'agir est largement reconnue dans les décisions examinées. Les requérants qui déposent un recours en excès de pouvoir n'ont pas à prouver la violation d'un droit subjectif, mais seulement qu'ils ont «un intérêt personnel et direct». Les actions de groupe sont réservées aux associations déclarées dont l'objet statutaire correspond aux intérêts auxquels il a été porté atteinte.

Dans les cas examinés, les caractéristiques du recours pour excès de pouvoir comme contentieux objectif se retrouvent dans la reconnaissance des actions exercées au nom de groupes, ainsi que des recours pour excès de pouvoir contre les décisions de rejet à double effet (destinataire

---

* Research Fellow, Judicial Policy Research Institute

et tiers), lesquelles n'auraient pas été recevables dans notre cas.

Mots-clés: Conseil d'État, le recours pour excès de pouvoir, la recevabilité, la capacité d'agir, l'injonction juridictionnelle, le contôle juridictionnel

투고일 2020. 12. 12.
심사일 2020. 12. 25.
게재확정일 2020. 12. 28.

일본의 최근(2018년~2020년) 행정판례 동향*

손호영**

Ⅰ. 시작하며

이 글에서는 2018년부터 2020년까지 일본에서 선고된 행정판례 중 주목할 사안을 소개하고자 한다. 소개 방식은 [가. 사안의 개요 - 나. 판결 요지 - 다. 판결의 의의[1] - 라. 비교할 만한 우리나라의 판례 또는 우리나라에의 시사점]의 구조로 하였다.

주제는 행정쟁송 관련, 지방자치법 관련, 국가배상 관련으로 나누 었고, 10개의 판결을 다루었다. 최고재판소 판례에 한정하지 않았고, 함

---

* 이 글은 한국행정판례연구회·사법정책연구원 공동학술대회 '주요국 행정판례의 동향'이라는 주제 하에 일본의 최근 행정판례를 대상으로 발표한 글을 수정·보완한 것이다. 발표의 기회를 주신 한국행정판례연구회·사법정책연구원 및 미비한 점을 지적해주신 익명의 심사위원님들께 깊이 감사드린다.

** 의정부지방법원 고양지원 판사

1) TKC Law Library에서 검색이 가능한 新·判例解説Watch Web版에 게재된 평석 등을 참조하였다.

께 볼 만한 하급심 판례도 필요한 경우 소개하였다.

　비교할 만한 우리나라의 판례 또는 우리나라에의 시사점 부분에 대하여는, 유사사례를 검토하는 것을 우선으로 하였고, 마땅한 사안이 없을 경우, 향후 발생할 수 있는 사안을 간단히 짚고자 하였다.

Ⅱ. 일본의 최근 주요 행정판례

1. 행정쟁송 관련

가. 이시키(石木) 댐 사업인정처분 취소청구 사건[2]
(나가사키 지방재판소)

1) 사안의 개요

　나가사키(長崎)현 지사는 1972년 이시키 댐[3] 건설을 위한 예비조사를 거친 후, 가와타나(川棚) 강 지류인 이시키 강에 댐을 건설하고자, 댐 건설공사 및 이에 따른 도로 부설공사(이하 '이 사건 사업'이라 한다)의 인정을 처분행정청에 신청하였고, 처분행정청은 2013. 9. 토지수용법(土地収用法) 제20조[4]에 따라 사업을 인정하였고, 고시했다. 이에, 이시키

---

2) 長崎地判 平30. 7. 9. 判所ウェブサイト[平成27年 (行ウ) 第4号]
3) 이시키 댐은 1972년 건설을 위해 예비조사를 실시한 이래 건설 여부에 대해 갈등이 지속되어 왔다[40년 동안 반대운동이 지속되었다는 내용의 西日本新聞, 反対運動40年, 迫る期限 石木ダム「県、やった者勝ち」長崎 川棚 土地明け渡し(2019. 9. 17. 06:00), https://www.nishinippon.co.jp/item/n/543703/ ;국민일보, "도장 문화 지키자" "댐 건설 위해 희생을"… 아베 새 내각 실언 시리즈(2019. 9. 17. 04:07) http://news.kmib.co.kr/article/view.asp?arcid=0924098088&code=11141700&sid1=al]
4) 토지수용법 제20조
국토교통대신 또는 도도부현 지사는 신청에 관한 사업이 다음 각 호의 모두에 해당하는 때에는 사업을 인정할 수 있다.
(1) 사업이 제3조 각 호 중 하나에 열거된 것에 관한 것이어야 한다.
(2) 창업자가 해당 사업을 수행할 충분한 의사와 능력이 있는 자이어야 한다.

댐 건설공사 기업지 내에 존재하는 토지 소유자(공유권자 포함, 원고1), 건물 거주자(원고2) 및 원거주자(원고3)가 이 사건 사업 인정은 토지수용법 제20조 제3호 및 제4호에 위반하는 위법한 처분이라고 주장하며 취소를 구하는 이 사건 소를 제기하였다.

2) 판결 요지

우선, 본안전쟁점으로서 원고1, 2, 3의 원고적격이 문제되었다. 따라서 원고1, 2, 3이 행정사건소송법 제9조 제1항[5] 즉, '처분의 취소소송 및 재결의 취소소송은 해당 처분 또는 재결의 취소를 요구하는 경우에 법률상 이익을 가지는 자에 한하여 제기할 수 있다.'의 '법률상의 이익을 가진 자'에 해당하는지가 검토되었다. ① 토지 소유자는 이 사건 사업으로 소유권 침해 또는 침해 우려가 생겨, 토지수용법은 사업 인정의 절차나 요건 등에서 토지 소유자의 이익을 보호하고 있으므로, 원고1은 원고적격이 인정된다. ② 한편 원고2는 건물 거주자로 원고1이 소유하는 건물에 원고1과 함께 거주하는 자이므로, 이 사건 사업으로 불이익을 받는데 해도 그 불이익은 원고1의 손실에 포함시켜 평가되고, 원고2의 거주 이익은 건물에 관한 것인데 토지수용법에서 인정하는 권리는 토지에 관한 것이므로, 원고2는 토지수용법상 관계인[6][7]에 해당하지 않

---

(3) 사업계획이 토지의 적정하고 합리적인 이용에 기여해야 한다.

(4) 토지를 수용하거나 사용하는 공익상의 필요가 있을 것

5) 우리나라 행정소송법 제12조 전단 '취소소송은 처분등의 취소를 구할 법률상 이익이 있는 자가 제기할 수 있다.'는 부분과 대응된다.

6) 토지수용법 제8조 제3항에서는 토지를 수용 또는 사용하는 경우에 있어서, 해당 토지에 관해서 지상권, 영소작권(永小作權), 지역권, 채석권, 질권, 저당권, 사용대차 혹은 임대차에 의한 권리, 기타 소유권 이외의 권리를 가지는 자 및 그 토지에 있는 물건에 관해서 소유권, 기타 권리를 가지는 자를 '관계인'으로 규정하고 있다.

7) 우리나라 공익사업을 위한 토지 등의 취득 및 보상에 관한 법률 제2조 제5호에서는 '"관계인"이란 사업시행자가 취득하거나 사용할 토지에 관하여 지상권·지역권·전세권·저당권·사용대차 또는 임대차에 따른 권리 또는 그 밖에 토지에 관한 소유권 외의 권리를 가진 자나 그 토지에 있는 물건에 관하여 소유권이나 그 밖의 권리를 가진 자를 말한다.'라고 규정되어 있다.

아, 원고적격이 인정되지 않는다(원고3은 이 사건 소 제기 시 무렵에는 이미 토지 지상 건물에 거주하지 않은 종전 건물 거주자로, 마찬가지로 '관계인'에 해당하지 않는다).

다음으로, 이 사건 사업이 토지수용법 제20조 제3호, 즉 '사업계획이 토지의 적정하고 합리적인 이용에 기여해야 한다.'는 요건과 토지수용법 제20조 제4호, 즉 '토지를 수용하거나 사용하는 공익상의 필요가 있을 것'이라는 요건을 충족하였는지에 대해서, 전문 기술적, 정책적 판단의 경우 재량권 행사가 현저히 타당성을 결여해야만 재량권 일탈·남용으로 위법하고,[8] 행정처분의 위법성 판단 기준 시점은 '처분시'[9]라는 법리를 재차 확인하면서, 이 사건 사업은 수도사업의 적정·능률 운영을 위한 시책으로 광범위한 재량에 맡겨져 있다고 확인했다. 구체적으로, 갈수(渴水) 대책을 위한 상황, 지역환경(평지 부족, 급경사 하천) 등을 고려해 볼 때, 이 사건 사업을 진행하기 전 행해진 예측은 합리적이라고 할 것이고, 이에 따르면 이 사건 사업으로 수도용수가 새로이 확보되고(4만㎥/일)(수리사업 측면), 정상 유량의 확보(유수기능 측면), 홍수조절(치수 측면)이라는 공익상 필요를 기대할 수 있으므로, 이 사건 사업은 재량권 일탈·남용했다고 볼 수 없다.

3) 판결의 의의

이 판결은 종래부터 원고적격 유무에 대해 최고재판소가 취하는 '법률상 보호된 이익'을 취하고 있는 법리[10]를 재차 확인한 것으로, 원고적격의 유무를 토지 소유자, 건물 거주자, 원거주자로 나누어 명확히 나누어 토지수용법상 '관계인' 해당성 여부로 원고적격 유무를 판단했다는 점에서 의의가 있다.[11] 한편 재량통제에 대하여는 광범위한 재량을

---

8) 最判 平18. 11. 2. 民集60, 9, 3249 [平成16年 (行ヒ) 第114号]
9) 最判 昭27. 1. 25. 民集6, 1, 22 [昭和25年 (オ) 第220号]
10) 最判 平元. 2. 17. 民集43, 2, 56 [昭和57年 (行ツ) 第46号]
11) 히사스에 야요이(久末弥生), 石木ダム事業認定取消訴訟第一審判決, 新·判例解説

인정하였던바, 이 판결에서 제시한 댐 건설의 세 가지 기준인, ① 수리 사업의 필요성, ② 유수기능 유지의 필요성, ③ 홍수조절 효과의 필요 성은 향후 댐 건설 및 사업 인정에 참고할 기준이 될 것이다.

4) 비교할 만한 우리나라의 판례

우리나라의 경우 이른바 4대강 살리기 사업 관련 사안이, 이시키 댐 건설을 둘러싼 분쟁과 유사하다고 할 것이다.

위 판결은 토지수용법(우리나라의 공익사업을 위한 토지 등의 취득 및 보상에 관한 법률)을 근거로 원고적격을 판단하여, 환경영향평가법을 근거로 한 우리나라와 일의적으로 비교하기는 어렵지만,[12] 우리나라의 대법원 판례[13]에서는, 원고적격에 대하여, 행정처분의 직접 상대방이 아닌 제3자는 자신의 환경상 이익이 근거 법규 또는 관련 법규에 의하여 개별적·직접적·구체적으로 보호되는 이익, 즉 법률상 보호되는 이익임을 증명하여야 원고적격이 인정되는데, 만약 행정처분의 근거 법규 또는 관련 법규에 그 처분으로써 이루어지는 행위 등 사업으로 인하여 환경상 침해를 받으리라고 예상되는 영향권의 범위가 구체적으로 규정되어 있는 경우에, 그 영향권 내의 주민들은 해당 처분으로 인하여 직접적이고 중대한 환경피해를 입으리라고 예상할 수 있고, 이와 같은 환경상의 이익은 주민 개개인에 대하여 개별적으로 보호되는 직접적·구체적 이익으로서 그들에 대하여는 특단의 사정이 없는 한 환경상 이익에 대한 침해 또는 침해 우려가 있는 것으로 사실상 추정되어 법률상 보호되는 이익으로 인정될 수 있으므로 원고적격이 인정되지만, 한편 그 영향권 밖의 주민들은 해당 처분으로 인하여 그 처분 전과 비교하여 수인한도를

Watch Web版(2019. 4. 25.)

12) 물론 일본에도 환경영향평가법이 제정되어 존재하고 있다. 그러나 환경영향평가법 하에서도 일본에서는 원고적격의 한계가 존재한다[고영아, (번역문) 일본에서의 환경영향평가 소송의 현상과 과제, 환경법과 정책 6(2011. 5.), 12-13면]

13) 대법원 2015. 12. 10. 선고 2011두32515 판결

넘는 환경피해를 받거나 받을 우려가 있다는 자신의 환경상 이익에 대한 침해 또는 침해 우려가 있음을 증명하여야만 법률상 보호되는 이익으로 인정되어 원고적격이 인정된다고 설시하고 있다. 이에 따라 4대강 살리기 사업과 큰 관련이 없는 강원, 대전, 충남, 제주 일원에 거주하는 사람들에 대하여는 원고적격을 인정하지 않았다.

한편, 재량권 일탈·남용과 관련하여서는 '① 이익형량을 전혀 하지 아니하거나 그에 관한 이익형량의 고려 대상에 마땅히 포함시켜야 할 사항을 누락한 경우 또는 ② 그에 관한 이익형량을 하였으나 정당성과 객관성이 결여된 경우에 해당한다고 볼 수 있는 구체적 사정이 있고, 그로 인하여 이 사건 사업에 이익형량의 하자가 있다고 인정될 수 있는 때에는, 이 사건 각 처분이 재량권을 일탈·남용하여 위법하다고 평가할 수 있을 것이다.'면서, 홍수예방·용수확보·수질개선·생태계에 미치는 영향·사업성 측면에서 검토하였는데, 결국 사업이 의도하는 공익에 비하여 과다한 비용과 희생이 요구된다고 보기는 어렵다고 하였다. 다만 이 판례에서는 예비타당성조사를 실시하지 않은 하자를 예산 자체의 하자라고 하여 곧바로 행정처분의 하자가 되지는 않는다고 하였으나, 이는 예비타당성조사를 둔 취지에 어긋나는 것으로 보여 의문이다.

나. 불이익 처분의 예방을 목적으로 공적 의무의 부존재 확인을 요구하는 무명 항고 소송의 적법성[14](최고재판소)

1) 사안의 개요

육상자위관(陸上自衛官)이 종래와 달리 '일본과 밀접한 관계에 있는 타국에 대하여 무력공격이 발생하고, 이로써 우리나라의 존립이 위협받게 되어, 국민의 생명, 자유 및 행복추구의 권리가 근본부터 뒤집힐 명백한 위험이 있는 사태'에도 내각총리대신이 자위대의 전부 또는 일부

---

14) 最判 令1. 7. 22. 裁時1728, 4 [平成30年 (行ヒ) 第195号]

의 출동을 명할 수 있다는 내용이 방위출동 사유로 추가된[15] 자위대법
제76조 제1항 제2호[16]의 규정이 헌법 제9조[17] 및 전문[18]에서 규정하는

---

15) '우리나라와 국제사회의 평화와 안전의 확보에 기여하기 위한 자위대법 등의 일부
를 개정하는 법률'(我が国及び国際社会の平和及び安全の確保に資するための自衛隊
法等の一部を改正する法律, 2015년 9월 30일 법률 제76호)의 약칭. '국제평화안전지
원법'(国際平和支援法, '국제평화공동대처사태시 우리나라가 실시하는 제외국의 군
대 등에 대한 협력지원활동 등에 관한 법률'(国際平和共同対処事態に際して我が国
が実施する諸外国の軍隊等に対する協力支援活動等に関する法律, 2015년 9월 30일
법률 제77호)의 약칭)과 함께 '평화안전법제'라고 불리는데, 2015. 9. 19. 평화안
전법제정비법에 따라 자위대법이 개정된 것이다. 이에 대한 국내기사로는 중앙
일보, 일본, 집단적 자위권 용인하는 안보법안 각의 결정(2015. 5. 14. 17:04),
https://news.joins.com/article/17804491
16) 자위대법 제76조 ① 내각 총리대신은 다음과 같은 사태 시에, 우리나라를 방위하기
위하여 필요하다고 인정되는 경우에는, 자위대의 전부 또는 일부의 출동을 명할
수 있다. 이 경우에는 무력공격사태 등 및 존립위기사태에서의 우리나라의 평화와
독립 및 나라와 국민의 안전의 확보에 관한 법률(武力攻撃事態等及び存立危機事態
における我が国の平和と独立並びに国及び国民の安全の確保に関する法律, 2003년
법률 제79호) 제9조가 정하는 바에 따라 국회의 승인을 얻어야 한다.
1. 우리나라에 대한 외부로부터의 무력공격이 발생한 사태 또는 우리나라에 대한
외부로부터의 무력공격이 발생할 명백한 위험이 절박해 있다고 인정되기에 이
른 사태
2. 우리나라와 밀접한 관계에 있는 타국에 대하여 무력공격이 발생하고, 이로써 우
리나라의 존립이 위협받게 되어, 국민의 생명, 자유 및 행복추구의 권리가 근본
부터 뒤집힐 명백한 위험이 있는 사태
17) 헌법 제9조
① 일본 국민은 정의와 질서를 기조로 하는 국제평화를 성실하게 추구하며, 국권
이 발동하는 전쟁과 무력적 위협 또는 무력행사는 국제분쟁을 해결하는 수단으
로서는 영구히 포기한다.
② 전항의 목적을 달성하기 위하여 육해공군과 그 밖의 전력은 보유하지 아니한
다. 국가 교전권은 인정하지 아니 한다.
18) 헌법 전문에는 "일본 국민은 … 우리와 우리의 자손을 위하여 세계 모든 국민들과
평화적으로 협력하여 얻은 성과와 우리나라 전 영토에 자유가 가져오는 혜택을 확
보하며, 다시는 정부 행위로 전쟁 참화가 일어나지 않도록 할 것을 결의하고 … 일
본 국민은 항구적인 평화를 염원하고 인간 상호 관계를 다스리는 숭고한 이상을
깊이 자각하는 바이며, 평화를 사랑하는 세계 모든 국민의 공정과 신의를 신뢰하
여 우리의 안전과 생존을 지킬 것을 결의하였다. 우리는 평화를 유지하고 전제와

항구적 평화주의와 평화적 생존권 보장의 기본원리에 반하여 위헌이라
고 주장하면서, 이에 따른 방위출동명령에 복종할 의무가 없다는 확인
을 구하는 이 사건 소를 제기하였다.

2) 판결 요지

'방위출동명령'은 조직으로서의 자위대에 대한 명령으로 개개 자위
관에게 내려지는 것이 아니고(행정기관 상호간 행위라는 취지), 이에 근거
해 직무상 감독책임자가 해당 부대 등에 속하는 개개 자위관에게 구체
적인 직무명령을 내리게 된다. 따라서 이 사건 소는 (방위출동명령이 아니
라) 직무명령에 복종할 의무가 없다는 확인을 구하는 것으로 해석된다.

그렇다면 이 사건 소는 직무명령에 대한 불복종을 원인으로 하는
징계처분을 예방하는 것을 목적으로 하여, 직무명령에 근거한 공적의무
의 부존재확인을 구하는 무명항고소송으로 볼 것이고, 이는 해당 처분
에 관한 금지소송과 목적, 효과 및 심리 대상이 동일하다. 그러므로 이
와 같은 무명항고소송도 금지소송의 소송요건 즉, '행정청에 의해 일정
한 처분이 이루어질 개연성이 있을 것(개연성 요건)'[19]을 충족하여야 한
다. 그런데 항소심은 이 사건 소가 개연성 요건을 충족하는지를 검토하
지 않은 채 적법하다 하였으니 이는 위법하므로, 파기하여 환송한다.

3) 판결의 의의

이 판결처럼 예방적 무명항고소송의 소송요건을 금지소송보다 완
화하지 않는 경우, 금지소송 대신 예방적 무명항고소송을 선택할 의미
가 없어진다는 비판이 제기되고 있다.[20] 한편 이 판결은 방위출동명령

예종, 압박과 편협을 영원히 지상에서 없애려 노력하는 국제사회에서 명예로운 지
위를 얻고자 한다. 우리는 전 세계의 국민이 다함께 공포와 결핍에서 벗어나 평화
롭게 생존할 권리를 가진다는 것을 확인한다"라는 내용이 기재되어 있다.
19) 행정사건소송법 제3조
⑦ 이 법에서 "예방적 금지소송"이란 행정청이 일정한 처분 또는 재결을 하지 말아
야 함에도 불구하고 하려는 경우에 행정청이 그 처분 또는 재결을 하지 아니할
것을 요구하는 소송을 말한다

과 직무명령의 처분성 유무에 대해 명확히 입장을 밝히지는 않았으나
이는 부정된다고 보이다.

4) 우리나라에의 시사점

일본의 경우 2004년 행정사건소송법을 전면개정하기 이전에도 해
석을 통해 무명항고소송을 일정 부분 허용해왔는데, 마침내 행정사건소
송법에 이를 명문화하기에 이른다. 주지하듯, 우리나라 현행 행정소송
법은 사후적·진압적 성격의 취소소송 중심주의를 취하고 있으므로[21]
의무이행소송과 예방적 금지소송 등 이른바 무명항고소송의 입법화가
개정과제로 되어 왔다. 소위 '행정청의 제1차적 판단권 존중 이론' 등에
의해 아직까지 명문화되고 있지 않고 있으나, 영미법계에서는 이미 이
러한 유형의 소송이 허용되어 왔고, 독일과 일본에서도 위 이론이 극복
되어 가고 있는 이 시점에서, 법치국가원리까지 고려한다면 개정이 필
요하다는 것이 현재 학계의 대체적 견해인 것으로 보인다.[22]

한편, 이 사건은 결국 자위대법이 위헌이라는 주장을 하고 있는 것
이므로, 만약 위 법에 의하여 원고에게 징계가 내려졌다면, 우리나라에
서는 그 징계의 취소를 구하면서 원고는 위 법의 위헌 여부 심판을 제
청할 수 있을 것이다(헌법재판소법 제41조 제1항).

---

20) 미나토 지로(湊二郎), 不利益処分の予防を目的として公的義務の不存在確認を求める
無名抗告訴訟の適法性, 新·判例解説Watch Web版(2020. 4. 25.)
21) 최인호, 무명항고소송과 가처분―의무이행소송의 중요쟁점을 중심으로, 강원법학
49(2016), 742면
22) 법치주의적 관점에서 예방적 금지소송의 도입을 주장하는 견해에 대해서는 김현준,
행정소송법상 예방적 금지소송을 위한 변론―행정소송법 개정에서 예방적 금지소
송이 포함되어야 한다―, 토지공법연구 제62집(2013), 183면 이하 참조

다. 원폭증(原爆症) 인정의 요의료성(要医療性)의 의의23)
(최고재판소)

1) 사안의 개요

나가사키(長崎) 시에 투하된 원자폭탄의 피폭자가 원자폭탄 피폭자에 대한 원호에 관한 법률(原子爆弾被爆者に対する援護に関する法律) 제11조 제1항에 기초한 인정 신청을 하였는데, 후생노동대신(厚生労働大臣)이 이를 각하하는 처분을 하자, 그 취소를 구하는 소를 제기하였다.

2) 판결 요지

원폭증 인정을 받아 의료특별수당24)을 지급받기 위해서는 '방사선 기인성' 및 '요의료성'이라는 요건이 충족될 필요가 있다. 이때 요의료성의 해석이 문제되는데, 의료특별수당을 지급하는 목적(현재 의료가 필요한 상태여서 불가피한 입통원비, 영양보급 등의 특별한 지출을 보충해주어 생활 측면을 배려한다는 목적)과 위 법이 채택하는 단계적 구제제도[금액: 의료특별수당(요의료성 ○) > 특별수당(요의료성 ○→X) > 건강관리수당(요의료성 X)]에 비추어, 요의료성이란 '현실적으로 의료를 요하는 상태'로 해석해야 한다. 이는 '현재 의료를 요하는 상태(現に医療を要する状態)'라는 위 법 제10조 제1항의 문언과도 부합한다. 만약 경과관찰을 받고 받는 피폭자에 대하여 '현재 의료를 요하는 상태'임을 인정하기 위해서는, '경과관찰 자체가 해당 질병을 치료하기 위해 필수적인 행위이며 또한 해당 질병을 치료하기 위해 필수적인 행위이며, 적극적 치료행위(치료적 응시기를 파악하기 위한 행위나 질병에 대한 일반적인 예방행위를 초과하는 치료

---

23) 最判 令2. 2. 25. 裁時1742, 1 [平成30年 (行ヒ) 第215号]
24) 요의료성이 인정되지 않는 피폭자에 대해서는 건강관리수당이 지급된다(제27조 제1항). 요의료성이 인정되면 의료특별수당을 지급하고(제24조 제1항), 만약 요의료성이 인정되었다가 이후에 인정되지 않는 경우에는 특별수당을 지급한다(제25조 제1항, 제24조 제4항). 요의료성 유무에 따른 단계적 구제제도를 취하고 있는 것으로 이해할 수 있다.

행위)의 일환으로 평가할 수 있는 특별한 사정'이 인정되어야 할 것이다.

그런데 이 사건의 피폭자(원고)가 겪고 있는 질병(만성 갑상선염)은 방사선 기인성은 인정되지만, 신청 시 극적인 치료를 수반하지 않는 경과관찰이 이루어진 데에 그쳤고, 이는 해당 질병의 악화에 의해 중대한 결과가 발생할 의학적 개연성이 높은 상황이기 때문에 이루어진 것이라고는 말하기 어렵고, 해당 질병에 대한 적극적 치료 행위의 일환이라기보다는 적극적 치료 행위를 요하는 갑상선 기능 저하증, 기타 합병증이나 속발증이 발병하고 있지 않은지를 확인하는 데 그치는 행위였다고 보는 것이 자연스럽기 때문에 상기 특별한 사정이 있다고 인정할 수 없다. 따라서 이 사건에서 '요의료성' 요건이 충족된다고 볼 수 없다.[25]

3) 판결의 의의

종래 경과관찰에 대해서 '요의료성'을 인정할지 여부에 대해 하급심 판단이 나뉘고 있었는데, 이 판결로 그 기준이 정립되었다. 즉, 요의료성에 대해 ① 적극적 치료행위가 필요한 상태를 의미한다는 견해, ② 경과관찰이 필요한 상태로 충분한다는 견해, 아니면 ③ 절충적 견해로 나뉘어 있었는데, 이 판결은 ①의 견해를 채택하였다(항소심은 ②의 견해였다). 다만 이 판결에서 근거로 내세운 위 법 제10조 제1항의 문언이 곧바로 '요의료성'의 해석에 대한 단서를 제공한다고 보기는 어렵다.[26] 항소심이 지적하듯, 경과관찰은 위 법 제10조 제2항에서 열거하는 '의료 급부의 범위' 중 '진찰'의 기본이 되므로, 오히려 경과관찰이 이루어지면 요의료성이 인정된다고 볼 여지가 있다. 따라서 이 판결은 '문언적 해석'보다는 단계적 구제제도의 의의에서 그 해석의 단서를 찾는 '체계

---

25) 이에 대해서, 향후 사정변경에 의해 특별한 사정이 인정될 가능성이 있고, 건강진단을 받는다 하더라도 여전히 법정의견에서 제시한 기준에 비추어 요의료성 충족 여부를 판단하게 됨을 밝히는 보충의견이 있다[우가 카츠야(宇賀克也)의 보충의견]

26) 이와모토 히로시(岩本浩史), 原爆症認定における要医療性の意義, 新·判例解説Watch Web版(2020. 5. 29.)

적 해석'에 따른 것이라 봄이 타당하다.

4) 우리나라에의 시사점

우리나라의 경우 민주화운동 관련자 명예회복 및 보상 등에 관한 법률 제8조에서 '민주화운동과 관련하여 상이를 입은 사람 중에서 이 법 시행 당시 그 상이로 인하여 계속 치료가 필요하거나 상시 보호 또는 보장구 사용이 필요한 사람에게는 대통령령으로 정하는 바에 따라 치료·보호 및 보장구 구입에 실제 드는 비용을 한꺼번에 지급한다.'고 규정하고 있어, 위 판례와 마찬가지로 '계속 치료가 필요한 경우'에 대한 해석이 문제될 수 있다. 현재까지 위 규정에 대한 해석이 직접 문제된 사례는 찾기 어려운데, 향후 위 판례를 참고할 수 있을 것으로 보인다.

2. 지방자치법 관련

가. 지방자치법 제251조의5에 의거한 위법한 국가의 관여[27] (최고재판소)

1) 사안의 개요

오키나와(沖繩) 방위국은 오키나와현(沖繩県) 기노완시(宜野湾市) 소재의 후텐마(普天間) 비행장[28]의 대체시설을 같은 현 나고시(名護市) 헤

---

27) 最判 令2. 3. 26. 裁時1745, 9 [令和 1 年 (行ヒ) 第367号]

28) 일본 정부와 미국 정부는 오키나와 도심 내에 위치한 후텐마 기지에 관한 오키나와 주민들의 민원이 지속 제기됨에 따라, 1990년대에 기지 이전 방침을 정했고, 대상지를 기존 기지로부터 약 52km 정도 떨어진 오키나와현 내의 헤노코 해안지대로 선정했다. 일본 정부는 기지 이전이 빠르게 실현되기를 바라지만, 오키나와 주민들은 기지가 현 바깥으로 이전하길 바라고 있어, 일본 정부와 오키나와 사이의 갈등이 있어 왔다[연합뉴스, 日 후텐마 이전기지 설계변경 놓고 방위성-오키나와현 대립 (2020. 1. 3. 16:11), https://www.yna.co.kr/view/AKR20200103106600073; ECONOMY Chosun, 日 신임 방위상 오키나와 첫 방문 미군기지 한곳 이전 <후텐마→헤노코> 문제로 전 일본이 들썩?(2019. 10. 7.) http://economy.chosun.com/client/news/view.php?boardName=C12&t_num=13607787]

노코(辺野古) 연안 지역에 설치하기 위해 2013.경 오키나와현 지사로부터 공유수면매립 승인을 받았다. 그러나 당시 지사가 사망하자 직무대리자인 부지사는 위 승인의 부관인 유의사항을 오키나와 방위국이 위반하고 있다며 위 승인을 취소했다. 이에 불복해 오키나와 방위국은 행정불복심사법(行政不服審査法)29) 제2조30) 및 지방자치법 제255조의2 제1항 제1호31)에 근거해 심사청구를 하였고, 국토교통대신은 위 승인 취소를 취소한다는 재결을 하였다. 오키나와현 지사는 위 재결이 '위법한 국가의 관여(関与)'에 해당한다고 주장하며 국지방계쟁처리위원회(国地方係争処理委員会)에 심사 청구를 하였으나, 위 재결은 '국가의 관여'에 해당하지 않아 심사대상이 되지 않는다는 이유로 각하결정을 받았고, 오키나와현 지사는 다시 국토교통대신을 상대로 지방자치법 제251조의5 제1항에 따라 위 재결이 '위법한 국가의 관여'에 해당한다며 위 재결의 취소를 구하는 이 사건 소를 제기하였다.

2) 판결 요지

지방자치법 제251조의5[32) 제1항에 따른 소의 대상은 '국가의 관

---

29) 우리나라의 행정심판법에 대응된다.

30) 행정불복심사법 제2조
행정청의 처분에 불복이 있는 자는 제4조 및 제5조 제2항에서 정하는 바에 따라 심사청구를 할 수 있다.

31) 지방자치법 제255조의2 제1항 제1호
법정수탁사무와 관련된 다음 각 호에 열거하는 처분 및 그 부작위에 대한 심사청구는 다른 법률에 특별한 정함이 있는 경우를 제외하고, 해당 각 호에서 정하는 자에 대하여 한다. 이 경우, 부작위에 대한 심사청구는 다른 법률에 특별한 정함이 있는 경우를 제외하고, 해당 각 호에서 정하는 자를 대신하여 해당 부작위와 관련된 집행기관에 대하여 할 수도 있다.
(1) 도도부현 지사, 기타 도도부현 집행기관의 처분 해당 처분과 관련된 사무를 규정하는 법률 또는 이에 기초한 정령을 소관하는 각 대신

32) 지방자치법 제251조의5
① 제250조의13제1항 또는 제2항의 규정에 따른 심사의 신청을 한 보통지방공공단체의 장 및 그 밖의 집행기관은 다음 각 호의 어느 하나에 해당하는 때에는 고등재판소에 대하여 해당 심사신청의 상대방이 된 국가의 행정청(국가의 관여가 있은

여'[33])로 되어 있는데, 일본의 지방자치법은 '관여법정주의'를 채택하면서, '심사청구, 기타 불복신청에 대한 재결, 결정, 기타 행위(이하 '재결 등'이라 한다)'를 '국가의 관여'에서 제외하고 있다(지방자치법 제245조 제3호). 오키나와현 지사의 행정불복심사법상 심사청구에 대하여 이루어진 재결이 위 '재결 등'에 포함되는 것은 문언상 명백하다. 따라서 일응 이 사건 소는 대상적격이 되지 못하는 재결을 대상으로 한 것이므로 부적법하다.

그러나 행정불복심사법 제7조 제2항은 '국가기관 또는 지방공공단체, 그 밖의 공공단체나 그 기관에 대한 처분으로서 이들 기관 또는 단체가 그 고유의 자격으로 해당 처분의 상대방이 되는 것 또는 그 부작위에 대하여는 이 법 규정은 적용하지 아니한다.'고 하고 있는데, 국가기관 등이 그 '고유의 자격(固有の資格)'에 대해 해당 처분의 상대방이 되는 경우 행정불복심사법이 적용되지 않는다고 규정하고 있으므로, 오키나와현 지사가 오키나와 방위국(국가기관)에 대한 승인 취소처분이 "오키나와 방위국이 그 '고유의 자격'에 대해 상대방이 된 처분인지"가 문제된다. 만약 '고유의 자격'이 인정된다면, 오키나와현 지사의 심사청구와 그에 대한 재결은 행정불복심사법에 기초한 재결이라고 할 수 없어 법령상 근거가 결여된 것이 되니, 지방자치법상 관여에서 제외되는 '재

후 또는 신청 등이 실시된 후에 해당 행정청의 권한이 다른 행정청에 승계된 때에는 해당 다른 행정청)을 피고로 하여 소송으로써 해당 심사의 신청과 관련된 위법한 국가의 관여 취소 또는 해당 심사의 신청과 관련된 국가의 부작위를 구할 수 있다. 단, 위법한 국가의 관여 취소를 요구하는 소를 제기하는 경우에, 피고로 할 행정청이 없는 때에는 해당 소는 국가를 피고로 제기하여야 한다.

(1) 제250조의14 제1항부터 제3항까지의 규정에 따른 위원회 심사결과 또는 권고에 불복이 있을 경우

33) 지방자치법 제250조의7

② 위원회는 보통지방공공단체에 대한 국가 또는 도도부현의 관여 중 국가행정기관이 행하는 것(이하 본 절에서 '국가의 관여')에 관한 심사 신청에 대해 본 법률 규정에 따라 권한에 속하게 된 사항을 처리한다.

결 등'에 해당하지 않게 되기 때문이다.

　행정불복심사법은 '국민'의 간이 신속한 권리구제와 행정의 적정한 운영을 확보하는 것을 목적으로 하고 있다. 이러한 취지를 고려하면, 행정불복심사법에서 위 법의 적용제외 대상의 요건으로 규정한 '고유의 자격'이란, 국가기관 등이기 때문에 설 수 있는 특유의 입장, 즉 일반 사인이 설 수 없는 입장으로 의미함이 상당하다. 그렇다면 매립승인과 같은 사무나 사업의 실시 주체가 국가기관 등에 한정되어 있는 것인지, 그러한 해당 사무나 사업을 실시할 수 있는 지위를 국가기관 등이 사인에 우선하는 등 특별히 취급되는지 등을 고려해보아야 할 것이다.

　그런데 공유수면매립법은 공유수면매립에 대해 실시 주체를 한정하지 않고 있고, 공유수면은 국가의 소유에 속하는 것이지만 매립에 의해 발생할 수 있는 여러 문제를 그 지역 실정에 밝은 도도부현(都道府県) 지사로 하여금 심사하도록 하는데 이는 매립 주체가 사인이든 국가이든 달라지지 않으며, 공유수면매립법상 사인이 받는 것은 '면허'이고, 국가기관 등이 받는 것은 '승인'이라고 표현되어 있지만, 국가기관 등이 사인에 우선하거나 특별히 취급받고 있지도 않고 실질적으로 해당 처분을 받기 위한 요건 등 규율이 실질적으로 같다고 할 것이므로, 위 매립승인(취소)는 국가기관이 '고유의 자격'에 대해 상대방이 되는 것이라고 볼 수 없다.

　결국, 이 사건 소는 대상적격이 없는 재결을 대상을 한 것이어서 부적법하다.

3) 판결의 의의

　종래 일본에서는 '승인'에 대해 국가가 매립권한을 가지지만 도도부현과의 조정을 위해 승인을 필요로 한다는 비매립권설과 승인에 의해 조건부 소유권 및 매립권을 부여받는다는 매립권설이 대립되고 있었다. 후자의 의견이 '고유의 자격'이 부정되는 것과 맥락을 같이하지만, 이 판결이 반드시 매립권설에 따른 것으로 보이지는 않는다.[34] 또한 이 판결과 같은 결론은, 지방공공단체 측의 분쟁해결수단을 지나치게 한정하게 되는 문제가 발생하기도 한다. 다만, 이는 해석의 문제라기보다는 '관여' 제도 자체를 둘러싼 입법론적 문제에 더 가깝다.[35]

4) 우리나라에의 시사점

위 사안의 결론은 법리적인 해석에 의해 일단락이 났지만, 본질적으로 특히 '관여'를 중심으로 국가와 지방자치단체 간 관계가 문제되었다고 볼 것이다. 우리나라의 경우 헌법적으로 지방자치제도가 보장되어 있음에도, 중앙정부의 지방자치단체에 대한 지도·감독 수단을 여럿 마련하고 있어(지방자치법 제166조 내지 제172조), 이들 요소들이 지방자치의 본질을 왜곡하고 있다는 비판[36]을 받고 있다.

우리나라의 판례 또한 예컨대 지방자치법 제169조 제1항[37]에서 정하고 있는 '지방자치단체의 사무에 관한 그 장의 명령이나 처분이 법령에 위반되는 경우'에 '명시적인 법령의 규정을 구체적으로 위반한 경우' 뿐만 아니라 '그러한 사무의 집행이 재량권을 일탈·남용하여 위법하게 되는 경우'를 포함한다고 해석하면서 국가의 지방자치단체에 대한 통제(관여)를 폭넓게 인정하고 있다.[38] 다만 위 판례의 반대의견에서는 '원

---

34) 호리자와 아키오(堀澤明生), 公有水面埋立法の埋立承認は国の「固有の資格」に対するものか, 新·判例解説Watch Web版(2020. 8. 7.)

35) 호리자와 아키오(堀澤明生), 公有水面埋立法の埋立承認は国の「固有の資格」に対するものか, 新·判例解説Watch Web版(2020. 8. 7.)

36) 육동일, 중앙정부와 지방자치단체간 협력강화 방안에 관한 연구, 사회과학연구 30(3)(2019), 253면 이하

37) 제169조(위법·부당한 명령·처분의 시정) ① 지방자치단체의 사무에 관한 그 장의 명령이나 처분이 법령에 위반되거나 현저히 부당하여 공익을 해친다고 인정되면 시·도에 대하여는 주무부장관이, 시·군 및 자치구에 대하여는 시·도지사가 기간을 정하여 서면으로 시정할 것을 명하고, 그 기간에 이행하지 아니하면 이를 취소하거나 정지할 수 있다. 이 경우 자치사무에 관한 명령이나 처분에 대하여는 법령을 위반하는 것에 한한다.

38) 대법원 2007. 3. 22. 선고 2005추62 전원합의체 판결

칙적으로 국가와 지방자치단체가 의견이 일치하지 않는 경우 자치사무에 관한 한 지방자치의 본질상 당해 지역의 주민들로부터 민주적인 정당성을 부여받은 지방자치단체의 의사가 우선하여야 할 것이다...기본 입장이나 가치관에서 대립·상충되는 사안에서는 정부나 상급 지방자치단체가 자기의 견해와 입장에 따라 하급 지방자치단체의 자치사무 처리를 '법령위반'이라고 몰아붙여 취소·정지해 버림으로써 선거에 의하여 확인된 주민들의 자치의사를 무시해 버리고 정부나 상급 지방자치단체의 견해를 강요하는 사태로까지 남용될 위험성을 다분히 내포(하므로), 위 지방자치법 제157조 제1항 후문(현행 지방자치법 제169조 제1항 후문)에서 말하는 법령위반의 의미는 엄격하게 제한적으로 해석하여야 할 필요성이 있(다).'고 하면서 국가의 행정적 관여를 경계한 바 있다.

나. 채권포기 의결의 적법성[39](최고재판소)

1) 사안의 개요

나루토시(鳴門市)는 1953년부터 나루토시공영기업의설치등에관한조례(鳴門市公営企業の設置等に関する条例)에 따라 경정(競艇, 모터보트 레이싱) 사업을 실시해 왔다. 나루토시는 당시 어업권을 설정받고 있던 어협에게 어획량 감소 등을 이유로 어업 보상금을 지급하였고, 1974년부터는 공유수면 사용 협력비(이하 명목 불문하고 '협력비'라 한다)라는 명목으로 지급하여 왔다. 그런데 2011년 협력비 지급에 대한 문제제기가 있어 왔고, 주민소송이 제기되어, 2011년도 및 2012년도 협력비 지급이 위법하다는 판결이 선고되었다. 한편, 2013년도 협력비 지급이 위법하다며 나루토시 기업국장을 상대로 손해배상청구 및 어협에 대해 부당이득반환청구를 하는 주민소송도 제기되어 1심에서 인용되었는데,[40] 항소심 계속 중 시장은 '협력비 지출은 사익을 위한 것이 아니었고, 예산 범위

---

39) 最判 平30. 10. 23. 裁時1710, 4 [平成 29 (行ヒ) 第185号]
40) 徳島地判 平27. 12. 11. 判例自治423, 42 [平成26年 (行ウ) 第11号]

내에서 이루어졌으며 필요성이 있었으며, 어협의 경영과 수산업 진흥에 악영향을 줄 수 있을 뿐만 아니라 시는 향후 협력비를 지급하지 않기로 하는 등 재무회계를 바로잡고 있음'을 이유로, 지방자치법 제96조 제1항 제10호[41]에 따라 위 각 소송에서 문제된 시의 손해배상청구권과 부당이득반환청구권을 포기하는 의안을 제출했고, 시의회는 이를 가결하는 의결(이하 '이 사건 의결'이라 한다)을 하였다.

이에 따라 항소심[42]에서 '위 의결로 의하여 각 청구권이 소멸되었는지'가 쟁점이 되었는데, 항소심은 협력비가 어업보상으로서의 성격을 상실하였을 뿐만 아니라 지나치게 다액이며, 그럼에도 만연히 관행적으로 지급해온 것은 어협의 열악한 재정상황을 고려하더라도, 합리성·필요성이 없다고 할 것이어서, 이 사건 의결은 지방자치법 취지에 비추어 불합리하고, 재량권을 일탈·남용하여 위법하여 무효라고 하였다.

  2) 판결 요지

그러나 보통지방공공단체가 채권을 포기하는 의결을 했을 때, 그 의결의 적절성 여부에 대한 실체 판단은 주민에 의해 직접 선거를 통해 선출된 의원으로 구성되는 의회의 재량권에 기본적으로 맡겨져 있다. 또한 채권 포기 의결은, '해당 채권의 발생 원인인 재무회계행위 등의 성질·내용·원인·경위 및 영향, 해당 의결의 취지 및 경위, 해당 채권의 포기 또는 행사의 영향, 주민소송 계속 유무 및 경위, 사후 상황, 기타 제반 사정을 종합 고려하여 채권을 포기하는 것이 보통지방공공단체의 민주적이고 실효적인 행정운영의 확보를 취지로 하는 지방자치법의 취지 등에 비추어 불합리하며 재량권 범위의 일탈 또는 그 남용에

---

41) 지방자치법 제96조
보통지방공공단체의 의회는 다음에 열거하는 사건을 의결하여야 한다.
  10. 법률이나 이에 기초한 정령(政令)이나 조례에 특별히 정함을 제외한 권리의 포기
42) 高松高判 平29. 1. 31. 判夕1437, 85 [平成28年 (行コ) 第4号]. 위 판결에 대해서는 신원일, 일본의 최근(2015~2018년) 행정판례 동향, 한국행정판례연구회(2019), 18-19면 참조

해당한다고 인정될 때'에는 그 의결은 위법이 되며 해당 포기는 무효가 된다.

그런데 2013년도 협력비는 경정장을 확장하게 되면서 당시 미역 양식업을 하던 어협에게 일정한 영향을 미치게 되자, 지급되게 된 것으로 정책적 관점에 입각한 판단으로 잘못이라고 단정할 수 없는 점, 협력비는 최근 매년 감액되어 왔고, 시의회의 결산 등 필요한 절차가 이행되고 있었던 점 등을 고려하면 협력비 지급에 합리성·필요성이 부족하다고 단정할 수는 없다. 또한 협력비 지급으로 경정 사업에 이바지하는 점이 있다고 볼 수도 있다. 한편 어협은 단지 협력비를 수령하였을 뿐이므로 협력비 지급에 귀책이 있다고 볼 수도 없다. 이러한 여러 사정을 고려하면, 이 사건 의결이 지방자치법의 취지 등에 비추어 불합리하다고 볼 수 없고, 나아가 재량권을 일탈·남용했다고 볼 수 없다.

3) 판결의 의의

일본에서는 이 사건과 같이 시의회의 청구권 포기 의결에 대하여, 2012년에 일련의 3개의 판례[43]를 설시하여 그 기준을 제시하였다. 즉, 원칙적으로 의회의 재량을 인정하여 그 의회의 의결을 유효로 보는 것인데, 이 사건 판결도 위 판결에 따른 법리를 적용한 사례이다.[44] 의결을 무효로 한 사례[45]도 있어, 그 기준의 적용이 용이하지만은 않은 것으로 보인다. 당장 이 판결에서도 항소심과 최고재판소의 결론이 달라졌는데, 최고재판소가 시의회의 의결을 "정책적 관점에 입각한 다각적·종합적 판단"이라고 보았던 것으로 이해되지만, 결론에 이르는 설명이

---

43) 最判 平24. 4. 20. 民集66, 6, 2583 [平成22年 (行ヒ) 第102号]; 最判 平24. 4. 20. 判時2168, 45 [平成21年 (行) 第235号]; 最判 平24, 4, 23, 民集66, 6, 2789 [平成22年 (行ヒ) 第136号]

44) 명시적으로 最判 平24. 4. 20. 民集66, 6, 2583 [平成22年 (行ヒ) 第102号] 및 最判 平24, 4, 23, 民集66, 6, 2789 [平成22年 (行ヒ) 第136号]를 인용하였다.

45) 이 판결의 항소심 및 東京地判 平25. 1. 23. 判時2189, 29 [平成22年 (行ウ) 第615号]

단지 "잘못되었다고 할 수 없다."는 식으로 여전히 충분치 않음을 지적하는 비판도 존재한다.[46]

4) 우리나라에의 시사점

우리나라도 '법령과 조례에 규정된 것을 제외한 예산 외의 의무부담이나 권리의 포기'를 지방의회의 의결 사항으로 규정하고 있다(지방자치법 제39조 제1항 제8호). 위 의결 사항에 해당하는지 여부가 쟁점이 된 사례들은 찾을 수 있었지만, 의결의 적법성이 쟁점이 된 사례들은 찾기 어려웠다. 향후 위 의결 사항에 따른 지방의회의 의결의 적법성이 문제될 경우 위 판례를 참고할 수 있을 것이다.

다. 구 청사의 해체 및 그에 관한 공금지출의 금지가 인정되지 않은 사례[47](최고재판소)

1) 사안의 개요

2011년 동일본대지진[48]이 발생하자 이와테(岩手)현의 오쓰치(大槌)정 사무소 청사가 유실·파손되었다. 이러한 구 청사에 대하여 2013. 4. 일부를 보존하는 방향이 검토되었는데, 2015. 8.경 구 청사를 해체한다는 방침을 밝힌 이가 정장(町長)에 당선되었다. 이에 2018. 3.경 구 청사의 해체비용에 관한 예산이 가결되고, 해체공사에 관한 도급계약도 체결되었고, 공사대금 중 일부는 미리 지불되었는데, 주민들은 위 도급

---

46) 키타미 코오스케(北見宏介), 債権放棄議決の適法性, 新·判例解説Watch Web版(2019. 10. 25..)

47) 最判 平31. 1. 17. 判所ウェブサイト [平成30年 (行ウ) 第8号]

48) 동일본대지진은 2011년 일본 산리쿠(三陸) 연안 태평양 앞바다에서 일어난 해저 거대지진으로, 쓰나미가 발생하여 큰 피해가 발생했다, 이와테 현은 특히 피해가 막심했다. 간 나오토(菅 直人) 내각총리대신은 '종전 후 가장 어려운 시기이자 힘든 위기'라는 말을 할 정도였다[the CNN Wire Staff, Anxiety in Japan grows as death toll steadily climbs*=(2011. 3. 14. 07:24)
http://edition.cnn.com/2011/WORLD/asiapcf/03/13/japan.quake/index.html?iref=NS1].

계약이 지방재정법 제8조[49])에 반하여 무효·해제·해지 사유가 있다거
나 해체공사 관련 공금 지출 결정이 지방자치법 제218조 제1항[50])에 반
하여 위법이라고 하면서, 지방자치법 제242조의2 제1항 1호에 근거하여
해체공사의 집행금지와 공금(공사대금)의 지출금지를 구하는 이 사건 소
를 제기하였다.

2) 판결 요지

우선, 이 사건 소 중 해체공사의 집행금지를 구하는 부분에 대하여
본다. 지방자치법 제242조의2 제1항 제1호에 따른 주민소송은 그 대상
으로 '보통지방공공단체의 집행기관 또는 직원이 행하는 공금의 지출,
재산의 취득·관리 또는 처분, 계약의 체결 또는 이행, 채무 기타 의무
의 부담'과 같은 재무회계행위로 한정하고 있다. 해체공사는 도급계약
(재무회계행위)를 토대로 이루어지는 사실행위(물리적 파괴행위)에 불과하
므로, 해체공사의 집행금지를 구하는 이 부분 소는 주민소송의 대상이
되지 않는 사실행위를 대상으로 하여 부적법하다.

다음으로, 공금지출의 위법성에 대하여 본다. 지출부담행위와 지출
명령은 서로 독립된 재무회계상 행위이다. 즉, 보통지방공공단체는 지
출부담행위가 되는 계약을 체결하여 발생한 채무를, 지출명령으로 이행
하게 된다. 따라서 지출명령을 위법하다 하기 위해서는, ① 보통지방공
공단체가 체결한 지출부담행위인 계약이 사법상 무효일 때, ② 지출부
담행위인 계약 체결이 위법하고, ⓐ 보통지방공공단체가 위 계약의 취
소권·해제권을 보유하거나 ⓑ 위 계약이 현저히 합리성이 결여되어 그

---

49) 지방재정법 제8조
　　지방공공단체의 재산은 항상 양호한 상태에서 이를 관리하고, 그 소유의 목적에 따
　　라 가장 효율적으로 이를 운용하여야 한다.
50) 지방자치법 제218조
　　① 보통지방공공단체의 장은 예산 조제 후에 발생한 사유에 기초하여 기정 예산에
　　추가 및 기타 변경을 가할 필요가 생겼을 때에는 추경을 조제하여 이를 의회에 제
　　출할 수 있다.

체결에 예산집행의 적정확보 견지에서 간과할 수 없는 하자가 존재하고
또한 해당 보통지방공공단체가 해당 계약의 상대방에게 사실상의 압력
을 가하면 상대방이 해당 계약의 해소에 응할 개연성이 큰 경우처럼 객
관적으로 해당 보통지방공공단체가 해당 계약을 해소할 수 있는 특수한
사정이 있는 때에 한정된다고 해석된다.

지진재해 유구(震災遺構)는 지진으로 손괴된 구조물, 건축물 또는
자연물로 참화의 전승 또는 위기의식·방재의식 함양을 하는데 의의를
가지는 것이지만, 피해 지역 주민들에게는 비참한 피해상황을 상기시키
는 것도 되어 직·간접적 정신적 고통을 주게 되기도 한다. 따라서 그
존폐는 지역 주민의 의향도 충분히 존중해야 한다. 그런데 이 사건에서
는 구 청사를 해체해야 한다는 주민의사가 드러난 것(해체를 방침으로 한
정장 당선, 의회의 최종 의사, 위원회·설명회 등을 통한 의견 청취에서 해체 반
대 의견이 다수라고 볼 수 없음)이라고 볼 것이므로, 이에 따라 행해진 도
급계약 체결에 재량권 일탈·남용이 있었다고 보기는 어렵다.[51]

3) 판결의 의의

이 판결은 해체공사를 사실행위로 보아 대상적격을 부정했지만,
'재산의 처분'으로 볼 수 있어, '계약의 이행금지'가 아닌 '재산의 처분
금지'를 청구한 것으로 이해한다면, 대상적격을 인정할 수 있다는 견해
가 있다.[52] 한편 지진재해 유구의 보존의무를 부과하는 법령은 존재하
지 않으므로 이는 행정청의 재량사항이라고 할 것이지만, 보존 필요성
을 조사할 의무는 있다고 볼 것이다. 문제는 조사의무라 할 것인데, 이
판결에서는 '주민의 의사를 존중'한다고만 설시할 뿐, 전문가들로 하여
금 조사·검토하게끔 해야한다고 설시하지 않았던 점을 비판하는 견
해[53]가 있다. 이 견해에 따르면 전문적 조사에 근거한 적절한 정보를

---

51) 석면대책 관련 하자, 보정예산의 위법성도 쟁점이 되었으나 이 부분은 생략한다.
52) 東京地判 平5. 4. 27. 判時1482, 98 [平成4年 (行ウ) 第5号]도 같은 취지이다.
53) 이와모토 히로시(岩本浩史), 旧庁舎の解体及びそれに関する公金支出の差止めが認め

획득하고, 이를 주민들에게 설명할 필요가 있고, 존중받아야 할 주민의사란 '필요한 정보를 적절히 알게 된 후 형성된 주민의사'여야 한다고 한다.

4) 우리나라에의 시사점

우리나라의 경우 '도시 흔적 남기기 정책'에 관한 분쟁에서 위 판례를 참고로 할 수 있을 것이다. 예컨대, 서울시 도시계획위원회는 잠실주공5단지 재건축을 승인하는 과정에서 '아파트 한 동을 문화유산으로 보존해야 한다.'는 것을 권고하였다고 한다.[54] 이와 같은 '도시 흔적 남기기 정책'은 시공자 선정과 사업시행인가 사이 단계에서 진행되는데,[55] 이후 도시 흔적 남기기 정책이 포함되어 내려진 사업시행인가처분에 대하여 위 정책이 잘못되었다며 취소를 구할 수 있을지 문제될 수 있다.

앞서 살펴본 일본 판례에서는 구 청사를 해체해야 한다는 주민의사가 드러난 것을 근거로 도급계약 체결에 재량권 일탈·남용이 없었다고 하였는데, 현재 잠실주공5단지의 주민 88%는 아파트 한동 남기기에 대해 전혀 만족하지 않고 있고, 일반시민은 긍정(만족한다, 매우 만족한다)이 38%, 부정이 42%(전혀 아니다, 아니다)이다.[56]

られなかった事例, 新·判例解説Watch(2019. 10. 25.)

54) 중앙일보, 아파트도 미래유산 … 세계적 트렌드라지만 주민설득 부족(2018. 3. 17. 03:47)
　　https://news.joins.com/article/22449248
55) 설유경, 도시흔적 남기기 시민 공감대 형성 방안, 서울연구원(2018), 25면
56) 설유경, 도시흔적 남기기 시민 공감대 형성 방안, 서울연구원(2018), 31, 39면

3. 국가배상 관련

가. 남양전(南洋戰)의 일반 전쟁 피해자의 국가에 대한 손해배상청구가 기각된 사례57)(후쿠오카 고등재판소)

1) 사안의 개요

일본군이 1943~1945년 태평양 전쟁 중 남양군도58) 및 필리핀 제도에서 전투행위를 벌였는데(남양전), 당시 그곳에는 오키나와현 출신자를 중심으로 이민자들이 거주하고 있었다. 당시 남양전에 휘말려 부상 등 직접 피해를 입는 한편 외상 후 스트레스 장애(PTSD)를 겪은 일반 주민과 그 유족들이 국가를 상대로, ① 국가의 피용자인 구 일본군의 전투행위 등의 일반 주민에 대한 생명·신체 위험 발생을 방지해야할 보호의무 위반이라고 주장하며 민법 제709조, 제715조 등에 근거하여 (주위적 청구), ② 헌법 제13조 등에 근거한 '공법상 위험책임'에 근거하여(제1차 예비적 청구), ③ 국회의원이 장기간에 걸쳐 원고들의 피해 구제하는 입법을 하지 않고 방치한 입법 부작위는 국가배상법상 위법한 공권력 행사라고 주장하며, 사과문 교부·관보 게재 및 손해배상을 구하는 이 사건 소를 제기하였다.

2) 판결 요지

주위적 청구에 대하여 본다. 원고들이 불법행위로 주장하는 행위는 구 일본군의 전투행위, 전시행위 등이고 일본 헌법(1947. 5. 3. 시행) 및 국가배상법(1947. 10. 27. 시행)의 각 시행 전의 행위로서 그 성질상 이것이 국가의 권력적 작용과 관련된 행위임이 명백하므로, '국가의 권력적 작용 또는 통치권과 관련된 행위에 관해서는 민법상의 불법행위 책임을 부정한다는 법리'에 따라 이를 부정함이 타당하다(국가무책임 법리59)).

---

57) 福岡高判 平31. 3. 7. 判所ウェブサイト [平成 30年 (ネ) 第70号]
58) 일제의 지배 아래에 있던 미크로네시아(Micronesia)의 섬
59) 국가무답책(國家無答責) 법리에서 국가무답책(國家無答責)이라는 용어는 이미 기존

제1차 예비적 청구에 대하여 본다. 원고들이 주장하는 '공법상의 위험책임'이라는 개념은 법적 효과를 이끌어낼 정도의 구체성이 부족한 추상적인 개념이라고 할 수밖에 없고, 피고의 원고들에 대한 손해배상책임 등에 대한 구체적이고 법적인 근거가 되는 것으로 해석할 수 없다. 따라서 별도의 입법을 기다리지 않고, 행위자의 고의·과실, 행위의 위법성을 문제삼지 않고, 단지 전쟁 수행 주체였던 국가에 대하여 그 책임을 물을 수 있는 조리는 존재하지 않고, 이에 헌법 제13조나 제14조 제1항이 근거도 되지 못한다.

제2차 예비적 청구에 대하여 본다. 선결적으로 입법부작위가 위헌이 명백한지 여부에 대하여 살펴보아야 하는데, 전쟁의 피해에 대한 보상의 필요 여부 및 방향성은 국가재정, 사회경제, 전쟁으로 인해 국민이 입은 피해의 내용, 정도 등에 관한 자료를 기초로 하는 입법부의 재량적 판단에 맡기고 있다고 해야 할 것이고, 원고들을 보상 대상으로 삼지 않는 차별이 불합리하다고 볼 수 없어, 입법부작위만으로 재량권 범위를 벗어나 불합리하다고 볼 수 없다.

3) 판결의 의의

국가무책임 법리에 대하여는 상반된 판결들[60]이 있지만, 이 판결은 이를 긍정하였다. 또한 이 판결은 공법상 위험책임론에 대해 기존 사례[61]와 달리 엄격하다고 평가할 수 있다. 국가무책임 법리가 적용되

논문에서 '국가무답책'으로 직역되어 사용되고 있기는 하지만[이은경, 위안부 피해자 손해배상청구소송에서의 법적 쟁점 논의, 공익과 인권(2018), 이병화, 전후 국가배상책임에 관한 국제사법적 고찰, 비교사법(2010) 등], 이 글에서는 '국가무책임'으로 번역하기로 한다[김강운, 국가배상책임제도의 비교법적 고찰, 법학연구 25(2007. 2), 89-91면]

60) 적용을 제한한 福岡高判 平16. 5. 24. 判時1875, 62 [平成14年 (ネ) 第511号]; 新潟地判 平16. 3. 26. 訟月50, 12, 3444 [平成11年 (ワ) 第543号]; 반면 적용을 긍정한 東京高判 平17. 7. 19 訟月53, 1, 138 [平成14年 (ネ) 第4815号]; 長野地判 平18. 3. 10. 判時 1931, 109 [平成9年 (ワ) 第352号]

61) 東京高判 平19. 3. 13. 訟月53, 8, 2251 [平成15年 (ネ) 第3248号]; 東京地判 平15. 9.

는 전쟁 피해에 대해서는 입법적 구제가 요청되는데, 보상 대상자의 선별과 관련된 입법 재량은 피해의 대량성·다양성이나 재정·사회정책 등과 관련된 고도의 정책적 판단 필요 등에 따라 상당히 광범위할 수밖에 없다. 이 판결은 전쟁피해수인론을 명시하지는 않지만 전쟁 피해자에 대한 보상은 정책적 보상에 불과하다는 전쟁피해수인론과 가깝다고 할 수 있다.[62]

4) 비교할 만한 우리나라의 판례

위 사안은 국가의 전쟁책임에 관한 내용이므로 같은 선상에서 논의하기는 어려우나, 국가의 잘못을 어떻게 평가할 것인지와 관련하여 우리나라의 진실·화해를 위한 과거사정리 기본법과 관련 사례를 살펴볼 필요가 있다.

위 법에 따르면 진실·화해를위한과거사정리위원회를 통해 진실규명이 이루어지게 되면, 그 진실규명에 따라 유족 등 피해자들이 특별법을 통해 배상·보상이나 위로금을 지급받거나 이들이 국가를 상대로 개별적으로 민사소송으로 손해배상청구를 하게 되었다. 이때 시간이 오래 지난 사안임에 따라 소멸시효 완성 여부가 문제되는데, 대법원은 예외적으로 '소멸시효를 이유로 한 항변권의 행사도 민법의 대원칙인 신의성실의 원칙과 권리남용금지의 원칙의 지배를 받는 것이어서 채무자가 소멸시효 완성 후 시효를 원용하지 아니할 것 같은 태도를 보여 권리자로 하여금 이를 신뢰하게 하였고, 채무자가 그로부터 권리행사를 기대할 수 있는 상당한 기간 내에 자신의 권리를 행사하였다면, 채무자가 소멸시효 완성을 주장하는 것은 신의성실 원칙에 반하는 권리남용으로 허용될 수 없다.'고 판시하고 있다(대법원 2013. 5. 16. 선고 2012다202819 전원합의체 판결).

---

29. 判時1843, 90 [平成 8 年 (ワ) 第24230号]

62) 토베 마스비(戶部眞澄), 南洋戰における一般戰爭被害者の国に対する損害賠償請求が棄却された事例, 新·判例解説Watch(2019. 10. 25.)

나. 윤리심사청구서 불수리 · 반려를 국가배상 대상으로 본 사례63)(고베 지방재판소)

1) 사안의 개요

효고(兵庫)현 미키(三木)시의 시장은 간부들과 함께 시로부터 공사를 수주하고 있는 건설회사 사장 등과 함께 식사를 하였는바, 이러한 시장의 행위는 미키시장 등 윤리조례에 저촉되는 것이어서, 시장은 윤리책임을 자인하여 스스로 감봉처분(급료의 100분의 20을 3개월 감액)을 실시하였다. 주민들(원고)은 시장이 위 조례위반의 혐의가 있다고 하여 시장 등 윤리심사회의 심사청구를 하였는데, 시 직원은 주민들에게 '서류를 맡았으나, 접수된 것은 아니다.'는 뜻의 '보관증'을 교부하였고, 시장이 스스로 감봉처분을 하고 있기 때문에 윤리심사회의 심사를 할 필요는 없다는 시장의 판단에 따라 윤리심사회에 심사를 요구하지도 않고 (부작위) 심사청구서 등을 주민들에게 반환하였다. 이후 시장은 사임하였는데, 주민들은 위 반환에 따라 정신적 고통을 입었다며 국가배상법 제1조 제1항에 근거하여 손해배상을 구하는 이 사건 소를 제기하였다.

2) 판결 요지

시장 등 윤리조례는 시장 등에게 윤리 기준에 위반하는 혐의가 있는 때에는 주민들 중 일부가 연서를 모은 경우 윤리심사청구를 실시할 수 있도록 하고 있고, 심사청구가 있으면 시장은 윤리심사회에 송부해 심사를 요구해야 하며, 시장의 판단으로 윤리심사회에 심사를 개시하지 않은 것을 가능하게 하는 규정은 없다. 또한 윤리심사청구는 주민이 행정과정에 관여하고 행정을 감시하게 하는 성격을 가진다고 할 것인바, 이러한 윤리심사청구의 의의나 취지에 비추어 보면, 윤리심사청구를 한 주민에게는 위 조례에 따른 적정한 절차를 받을 수 있는 합리적 기대가

---

63) 神戸地判 令1. 10. 8. 判例集未登載 [平成29年 (ワ) 第1051号]

발생한다 할 것이고, 이러한 합리적 기대는 법률상의 권리 또는 법적 이익으로 국가배상법에 의하여도 보호받는 것이라 할 것이다.

또한 시장은 심사청구에 대해 단지 형식적 심사를 할 수 있을 뿐이고 형식적 요건을 충족시키는 경우 각 서류를 윤리심사회에 제출하고, 심사를 청구할 직무상 법적 의무를 부담한다고 할 것인데, 이 사건에서 시장은 이를 위반했던바, 이는 위법하다고 할 것이고, 고의 또는 과실에 의한 것이라 볼 것이다.

주민들이 입은 정신적 고통은 각각 9만 엔으로 봄이 타당하고, 변호사 비용 1만 엔을 더하여 인정한다.

3) 판결의 의의

이 판결은 사카이(堺)시를 시작으로 널리 제정된 정치윤리조례[64] 중 윤리심사청구의 법적 성질과 절차의 의의를 상세히 다루고 있어 다른 지방자치단체에 참고가 될 사안이다. 이 사안처럼 신청 등의 불수리, 반려, 지연을 둘러싼 국가배상소송은 ① 재산상의 이익, ② 절차의 지연 등으로 인한 불안·초조 등을 안기지 않는다는 '내심의 정온(內心の靜穩)', ③ 법의 적정한 절차를 받을 수 있다는 '절차적 권리'가 피침해이익으로 제시된다. 다만 ②의 경우는 수인한도를 넘을 필요가 있다고 보고, ③의 경우는 절차규정 위반이 있으면 그로써 국가배상책임이 인정된다.[65] 이 사건에서도 주민들의 절차적 권리를 인정한 것으로 주목이 된다.[66]

4) 비교할 만한 우리나라의 판례

이 사건의 정치윤리조례에서는 시장 등에게 윤리 기준에 위반하

---

64) 보통 ① 정치윤리기준, ② 친족기업의 하도급 등 금지, ③ 자산공개, ④ 정치윤리심사회, ⑤ 주민조사청구권, ⑥ 문책제도를 규정하고 있다.

65) 東京高判 平19. 5. 31 判時1982, 48 [平成18年 (行コ) 第267号]

66) 토베 마스비(戸部真澄), 倫理審査請求書の不受理・返戻が国家賠償法上違法とされた事例, 新·判例解説Watch(2020. 4. 25..)

는 혐의가 있는 때에는 주민들 중 일부가 연서를 모은 경우 윤리심사
청구를 실시할 수 있도록 하고 있는바, 우리나라에서도 주민들이 연서
를 모아 윤리심사청구와 같은 감시기능을 발동할 수 있는지 사안을
살펴본다.

　　우리나라의 경우 일본과 같은 정치윤리조례는 특별히 찾기 어려
웠으나, 연서에 따른 주민의 청구권으로는 지방자치법에 주민의 감사
청구가 규정되어 있다(제16조)[67]. 이에 따르면 지방자치단체의 19세
이상의 주민은 시·도는 500명, 제175조에 따른 인구 50만 이상 대도
시는 300명, 그 밖의 시·군 및 자치구는 200명을 넘지 아니하는 범위
에서 그 지방자치단체의 조례로 정하는 19세 이상의 주민 수 이상의
연서로, 시·도에서는 주무부장관에게, 시·군 및 자치구에서는 시·도
지사에게 그 지방자치단체와 그 장의 권한에 속하는 사무의 처리가
법령에 위반되거나 공익을 현저히 해친다고 인정되면 감사를 청구할
수 있다. 그리고 주민감사를 청구한 주민에 한하여 주민소송이 제기될
수 있는데(지방자치법 제17조 제1항, 주민감사청구 전치제도), 주민감사청
구가 지방자치법에서 정한 적법요건을 모두 갖추었음에도, 감사기관
이 해당 주민감사청구가 부적법하다고 오인하여 더 나아가 구체적인
조사·판단을 하지 않은 채 각하하는 결정을 한 경우에는, 감사청구한
주민은 위법한 각하결정 자체를 별도의 항고소송으로 다툴 필요 없이,
지방자치법이 규정한 다음 단계의 권리구제절차인 주민소송을 제기할
수 있다고 보아야 한다고, 대법원은 보고 있다(대법원 2020. 6. 25. 선고
2018두67251 판결).

---

67) 물론 이에 대한 주민감사청구도 일본의 지방자치법에 규정되어 있다(제242조).

다. 임시의 금지 결정에 반하여 사형확정자 등의 면회에 직원을 대동한 처분에 대해서 국가배상청구가 인정된 사례[68] (최고재판소)

1) 사안의 개요

도쿄구치소에 수용되어 있던 사형확정자(원고1)는 재심청구 및 국가배상소송의 협의를 목적으로 변호인(원고2)과 하고자 하는 면회에 대하여, 직원을 입회하게 하는 조치를 하지 말아달라고 요구하는 금지소송(형사수용시설 및 피수용자 등의 처우에 관한 법률 제121조, 행정사건소송법 제37조의5 제2항)을 제기하여, 인용결정(東京地決平28. 12. 14. 判時2329, 22)[69]을 받았음에도(다만 이에 대하여 피고는 즉시항고를 하였다) 여전히 구치소장이 직원을 입회하게 하는 조치를 하였는바, 이에 원고들이 이러한 조치는 위 결정에 반하는 것으로 위법하다고 주장하며 국가배상을 구하는 이 사건 소를 제기하였다.

2) 판결 요지

사형확정자는 재심청구를 하는 경우 변호인을 선임할 수 있으므로,[70] 변호인으로부터 도움을 받을 기회를 실질적으로 보장할 필요가 있다고 할 것이므로, 이를 '정당한 이익'[71]이라고 봄이 타당하다. 변호인의 입장에서도 충분한 활동을 보장받기 위해 필요한 것이고 그의 고유권이라고 할 것이므로, 사형확정자와 변호인의 비밀면회 이익을 충분히 존중해야 한다.[72] 한편, 사형확정자가 국가배상청구를 하는 경우 변

---

68) 東京地判 平30. 9. 19. 判例タイムズ1477, 147 [平29年 (ワ) 第21485号]; 東京高判 平 31. 3. 20. [平成30年 (ネ) 第4640号]; 最決 令1. 9. 25. [令1年 (オ) 第1057号]

69) 신원일, 일본의 최근(2015~2018년) 행정판례 동향, 행정판례연구회(2019), 21-22 면에서 소개되었다.

70) 형사소송법 제440조 제1항

71) 형사수용시설 및 피수용자 등의 처우에 관한 법률 제121조 단서

72) 最判 平25. 12. 10. 判時 2211, 3 [平24年 (受) 第1311号]

호인 선임권은 없지만, 자기가 받은 처우를 구제받기 위해 국가배상청
구를 하는 것이라면, 구치소 직원은 그 상대방이라고 할 것이므로 솔직
한 발언을 삼가게 되는바, 그 직원의 입회를 금지할 이익을 갖는 것으
로 해석함이 상당하다. 나아가 위 인용결정이 있었고, 즉시항고에는 집
행정지의 효력이 없으므로[73], 구치소장이 위 조치를 한 것은 (재량권 일
탈·남용 여부를 검토할 필요 없이 행정사건소송법 제37조의5 제4항에 따라) 위
법하다고 볼 것이고, 위 인용결정과 원고들의 항의에도 불구하고 위 조
치를 취한 것은 고의 또는 과실이 인정된다. 원고들의 손해액은 정신적
고통을 12만 엔으로 봄이 타당하고, 원고1에 대해서는 그 10%를 변호
사 비용으로 추가로 인정한다.

3) 판결의 의의

이 판결은 사형확정자에 대한 신병구속의 목적 및 성격, 형사수용
시설의 질서유지 필요성, 사형확정자의 피고인 또는 피의자와 다른 지
위 등을 고려해서 헌법 제34조 전단 또는 형사소송법 제39조 제1항에
따라 비밀면회의 이익을 인정하지 않고, 변호인 접견을 실질적으로 보
장하는 취지에서 이를 인정하였다.[74] 또한 처우와 관련된 국가배상소송
을 하는 경우에도 헌법 제32조에 따라 비밀면회의 이익을 인정하지 않
았고, 형사 시설이 국가배상의 상대방임을 고려해 비밀면회의 이익을
인정하였다. 다만 여기서는 변호인도 고유한 이익을 가지는지에 대해서
는 언급은 없다.

4) 비교할 만한 우리나라의 판례

우리나라의 경우, 교도소장이 수형자 갑을 '접견내용 녹음·녹화 및
접견 시 교도관 참여대상자'로 지정한 사안에서, 위 지정행위는 수형자

---

73) 행정사건소송법 제37조의5 제4항, 제25조 제8항
74) 이는 最判 平25. 12. 10. 判時 2211, 3 [平24年 (受) 第1311호]에서 재심청구와 관련된
   비밀면회의 이익에 관한 선례와 궤를 같이하는 것이나, 여기서는 헌법 제34조와의
   관계를 명시하지 않았다.

의 구체적 권리의무에 직접적 변동을 가져오는 행정청의 공법상 행위로서 항고소송의 대상이 되는 '처분'에 해당한다고 보고, 형의 집행 및 수용자의 처우에 관한 법률 법 제41조는 원칙적으로 수용자와 외부인의 접견을 허용하면서 일정한 경우에만 교정시설의 장이 교도관으로 하여금 수용자의 접견내용을 청취·기록·녹음 또는 녹화하게 할 수 있다고 하고 있는데, 그 사유에 대한 증명이 부족하다는 이유로, 위 처분을 취소한 판례가 있다(대법원 2014. 2. 13. 선고 2013두20899 판결). 위 판례에 따르면 우리나라의 경우, 사형확정자의 변호인 접견에 대해 원칙적으로 교도관이 입회할 수 없을 것으로 보인다.

라. 기립제창명령 위반을 이유로 재고용 등의 거부가 불법이 없다고 여겨진 사례75)(최고재판소)

1) 사안의 개요

도쿄도립고등학교 교직원들(원고들)은 각 퇴직연도에 실시된 재임용 직원, 재고용 직원 또는 비상근 교원의 채용후보자 전형에 신청했는데, 도쿄도 교육위원회는 이들이 입학식 또는 졸업식장에서 국기를 향해 일어서 국가를 제창할 것을 명하는 직무명령을 위반했다는 이유로 불합격하거나 취소했다(이들은 이미 이를 이유로 당시 계고 또는 감봉의 징계를 받았다). 이에 원고들은 도쿄도를 상대로 재고용 등의 거부가 재량권 일탈·남용에 해당하여 위법하다고 주장하며 국가배상을 구하는 이 사건 소를 제기하였다.

2) 판결 요지

재임용 등 제도는 정년 등에 의해 일단 퇴직한 직원을 임기를 정해 새롭게 채용하는 것으로, 신청자를 채용해야 한다는 원칙을 규정한 법령 규정은 없고, 성적에 따라 평등한 취급을 하는 것이 요구는 되지만

---

75) 最判 平30. 7. 19. 裁判所ウェブサイト [平成28年 (受) 第563号]

(지방공무원법 제13조, 제15조), 종전 근무 성적의 평가방법에 대해서도 법령 규정이 없다. 따라서 기본적으로 이는 임명권자의 재량에 맡겨져 있다고 할 것인데, 위 직무명령은 학교 교육의 목표나 졸업식 등의 의식적 행사의 의의, 기본방향 등을 정한 관계법령 등 규정의 취지에 따라서 지방공무원 지위의 성질 및 그 직무의 공공성을 근거로 하여 학생 등에 대한 배려를 포함하여 교육상의 행사에 어울리는 질서의 확보와 함께 식전의 원활한 진행을 도모하는 것으로, 이러한 관점에서 그 준수를 확보할 필요성이 있다고 할 수 있다는 점[76]을 고려하면, 원고들의 위 행위를 임명권자가 채용에 있어 불이익하게 고려하고, 특히 중시하게 여긴다 하여도 현저히 합리성을 결여했다고 할 수는 없다.

3) 판결의 의의

지금까지 최고재판소는 기립제창명령은 적법하다고 하고,[77] 위 직무명령을 위반하는 경우 계고 처분은 적법하나, 감봉 이상의 처분에 대해서는 신중해야 한다고 하는바,[78] 기립제창명령은 허용하면서 위반자에게 불이익을 가할 때 재량권의 한계론에 기초하여 구제를 도모하고 있었다. 단, 해당 직무명령을 위반하는 경우 재고용 등 거부가 재량권 일탈·남용에 해당하는지에 대해서는 이 판결이 최초이다. 다만 행정청의 재량권 행사를 존중할 필요는 있지만, 행정청이 직무명령 위반을 "다른 개별사정의 여하에 관계없이" 특히 중시해야 한다는 결론에 이른 것에 대해 설득력 있는 논증이 없었다며, 그러한 논증이 없는 행정청의 재량권 행사를 바로 존중하는 것은 문제라는 지적이 있다.[79]

---

76) 最判 平23. 6. 6. [平成22年 (オ) 第951号]
77) 最判 平23. 5. 30. 判時 2123, 2 [平成22年 (行ツ) 第54号]. 다만 사상·양심의 자유에 대한 간접적 제약은 있다고는 한다.
78) 最判 平24. 1. 16. 判時2147, 127 [平成23年 (行ツ) 第263号]
79) 이와모토 히로시(岩本浩史), 起立斉唱命令違反を理由とする再雇用等の拒否が違法ではないとされた事例(新·判例解説Watch Web版(2019. 4. 25.)

4) 비교할 만한 우리나라의 판례

우리나라의 경우, 고등학교 교사가 학교운영위원회 및 학교 조회에서 실시하는 국민의례 시 '국기에 대한 경례'를 거부하자 교육감이 정직 3월의 징계처분을 한 사례에서, 1심 법원은 '대한민국 국민이 국기에 대한 경례나 국기에 대한 맹세를 거부하였더라도, 일반적으로는 이를 이유로 그에게 어떠한 제재를 가하거나 불이익을 줄 수는 없고, 고등학교 교사가 학교라는 공간에서 이를 거부하였다 하더라도 개인을 중시하지 아니한 채 국가나 민족에 대한 충성을 강요하는 전체주의적인 성격의 것으로 받아들여 거부한 것이라면 그에 대하여 징계처분을 하는 것은 양심의 자유에 배치되어 허용될 수 없다. 다만 고등학교 교사가 자신의 거부행위에 대한 이유를 학생들에게 설명한 행위는 양심의 자유 영역을 벗어난 것이라고 볼 수 있지만 자신의 거부행위에 대한 해명을 한 것이라고 볼 수 있으므로 이를 징계사유가 될 수 있는지 여부에 대해서는 매우 조심스럽다. 그러나 설령 그와 같은 언행이 독자적인 징계사유가 된다고 보기는 어렵더라도 다른 징계사유와 종합하여 징계 여부와 양정을 결정할 때 참작할 수는 있다.'는 취지로 판시한 바 있다(수원지방법원 2007구합499호, 확정).

Ⅲ. 마치며

일본의 '최신' 행정판례라는 주제에도 불구하고, 일본의 행정판례에는 여전히 후텐마 비행장 이전 문제, 원폭증 인정의 요의료성의 문제나, 남양전의 전쟁 피해자의 국가에 대한 손해배상청구권 문제, 넓게 본다면, 자위대 문제나 기립제창명령 문제까지, 2차 대전의 후유증이 남아 있음을 발견할 수 있다는 점이 인상 깊었다.

일본 판례를 검토하는 이유는 그 시사점을 살펴 참조하기 위해서이다. 규범적으로 다소 다른 점이 있으나 공통분모가 많은 만큼, 사법심사 기준 및 방법에서 참고할 수 있음은 물론이다. 그러나 일본에서 겪은 분쟁이 우리나라에서는 발생하지 않도록 사전적·예방적으로 절차를 다지는 것도 필요할 것이다. 이를 위해서 일본에서 미리 겪은 분쟁을 분석해 현행 법령을 규범적으로 보완하는 것도 필요할 것인데, 이에 대해서는 추후 과제로 남겨두기로 한다.

참고판결

판결(일본)

東京地判 平5. 4. 27. 判時1482, 98 [平成4年（行ウ）第5号]

東京地判 平15. 9. 29. 判時1843, 90 [平成8年（ワ）第24230号]

新潟地判 平16. 3. 26. 訟月50, 12, 3444 [平成11年（ワ）第543号]

長野地判 平18. 3. 10. 判時1931, 109 [平成9年（ワ）第352号]

長崎地判 平30. 7. 9. 判所ウェブサイト [平成27年（行ウ）第4号]

東京地判 平25. 1. 23. 判時2189, 29 [平成22年（行ウ）第615号

徳島地判 平27. 12. 11. 判例自治423, 42 [平成26年（行ウ）第11号]

東京地判 平30. 9. 19. 判例タイムズ1477, 147 [平29年（ワ）第21485号]

神戸地判 令1. 10. 8. 判例集未登載 [平成29年（ワ）第1051号]

福岡高判 平16. 5. 24. 判時1875, 62 [平成14年（ネ）第511号]

東京高判 平17. 7. 19 訟月53, 1, 138 [平成14年（ネ）第4815号]

東京高判 平19. 3. 13. 訟月53, 8, 2251 [平成15年（ネ）第3248号]

東京高判 平19. 5. 31 判時1982, 48 [平成18年（行コ）第267号]

高松高判 平29. 1. 31. 判タ1437, 85 [平成28年（行コ）第4号]

福岡高判 平31. 3. 7. 判所ウェブサイト [平成30年（ネ）第70号]

東京高判 平31. 3. 20. [平成30年（ネ）第4640号];

最判 昭27. 1. 25. 民集6, 1, 22 [昭和25年（オ）第220号]

最判 平元. 2. 17. 民集43, 2, 56 [昭和57年（行ツ）第46号]

最判 平18. 11. 2. 民集60, 9, 3249 [平成16年（行ヒ）第114号]

最判 平23. 5. 30. 判時2123, 2 [平成22年（行ツ）第54号]

最判 平23. 6. 6. [平成22年（オ）第951号]

最判 平24. 4. 20. 民集66, 6, 2583 [平成22年（行ヒ）第102号]

最判 平24. 4. 20. 判時2168, 45 [平成21年（行）第235号]

最判 平24, 4, 23, 民集66, 6, 2789 [平成22年（行ヒ）第136号]

最判 平25. 12. 10.　判時 2211, 3 [平24年（受）第1311号]

最判 平24. 1. 16. 判時2147, 127 [平成23年（行ツ）第263号]

最判 平30. 7. 19. 裁判所ウェブサイト [平成28年（受）第563号]

最判 平30. 10. 23. 裁時1710, 4 [平成 29（行ヒ）第185号]

最判 平31. 1. 17. 判所ウェブサイト [平成30年（行ウ）第8号]

最判 令1. 7. 22. 裁時1728, 4 [平成30年（行ヒ）第195号]

最決 令1. 9. 25. [令1年（オ）第1057号]

最判 令2. 2. 25. 裁時1742, 1 [平成30年（行ヒ）第215号]

最判 令2. 3. 26. 裁.時1745, 9 [令和１年（行ヒ）第367号]

판결(우리나라)

대법원 2015. 12. 10. 선고 2011두32515 판결

대법원 2007. 3. 22. 선고 2005추62 전원합의체 판결

참고문헌

평석(일본)

히사스에 야요이(久末弥生), 石木ダム事業認定取消訴訟第一審判決, 新·判例解説Watch Web版(2019. 4. 25.)

이와모토 히로시(岩本浩史), 起立斉唱命令違反を理由とする再雇用等の拒否が違法ではないとされた事例(新·判例解説Watch Web版(2019. 4. 25.)

이와모토 히로시(岩本浩史), 旧庁舎の解体及びそれに関する公金支出の差止めが認められなかった事例, 新·判例解説Watch(2019. 10. 25.)

토베 마스비(戸部真澄), 南洋戦における一般戦争被害者の国に対する損害賠償請求が棄却された事例, 新·判例解説Watch(2019. 10. 25.)

키타미 코오스케(北見宏介), 債権放棄議決の適法性, 新·判例解説Watch Web版(2019. 10. 25..)

토베 마스비(戸部真澄), 倫理審査請求書の不受理·返戻が国家賠償法上違法とされた事例, 新·判例解説Watch(2020. 4. 25..)

미나토 지로(湊二郎), 不利益処分の予防を目的として公的義務の不存在確認を求める無名抗告訴訟の適法性, 新·判例解説Watch Web版(2020. 4. 25.)

이와모토 히로시(岩本浩史), 原爆症認定における要医療性の意義, 新·判例解説Watch Web版(2020. 5. 29.)

호리자와 아키오(堀澤明生), 公有水面埋立法の埋立承認は国の「固有の資格」に対するものか, 新·判例解説Watch Web版(2020. 8. 7.)

논문(우리나라)

김현준, 행정소송법상 예방적 금지소송을 위한 변론－행정소송법 개정에서 예방적 금지소송이 포함되어야 한다－, 토지공법연구 제62집(2013)

설유경, 도시흔적 남기기 시민 공감대 형성 방안, 서울연구원(2018)

신원일, 일본의 최근(2015~2018년) 행정판례 동향, 한국행정판례연구회
　　(2019)

육동일, 중앙정부와 지방자치단체간 협력강화 방안에 관한 연구, 사회과
　　학연구 30(3)(2019)

최인호, 무명항고소송과 가처분－의무이행소송의 중요쟁점을 중심으로,
　　강원법학 49(2016)

신문기사(우리나라, 일본, 미국)

연합뉴스, 日 후텐마 이전기지 설계변경 놓고 방위성－오키나와현 대립
　　(2020. 1. 3. 16:11)
　　https://www.yna.co.kr/view/AKR20200103106600073

중앙일보, 일본, 집단적 자위권 용인하는 안보법안 각의 결정(2015. 5.
　　14. 17:04), https://news.joins.com/article/17804491

중앙일보, 아파트도 미래유산...세계적 트렌드라지만 주민설득 부족(2018.
　　3. 17. 03:47)
　　https://news.joins.com/article/22449248

국민일보, "도장 문화 지키자""댐 건설 위해 희생을"… 아베 새 내각 실
　　언 시리즈(2019. 9. 17. 04:07)
http://news.kmib.co.kr/article/view.asp?arcid＝0924098088&code＝11141
　　700&sid1＝al

ECONOMYChosun, 日　신임 방위상 오키나와 첫 방문 미군기지 한곳
　　이전 ＜후텐마→헤노코＞ 문제로 전 일본이 들썩?(2019. 10. 7).
　　http://economy.chosun.com/client/news/view.php?boardName＝C12
　　&t_num＝13607787

西日本新聞, 反対運動40年´ 迫る期限 石木ダム「県´ やった者勝ち」長崎・
　　川棚 土地明け渡し(2019. 9. 17. 06:00)
　　https://www.nishinippon.co.jp/item/n/543703/

the CNN Wire Staff, Anxiety in Japan grows as death toll steadily climbs* = (2011. 3. 14. 07:24)
http://edition.cnn.com/2011/WORLD/asiapcf/03/13/japan.quake/index.html?iref = NS1].

국문초록

　이 글에서는 2018년부터 2020년까지 일본에서 선고된 행정판례 중 주목할 사안을 소개하고자 한다. 소개 방식은 [가. 사안의 개요 – 나. 판결 요지 – 다. 판결의 의의– 라. 비교할 만한 우리나라의 판례 또는 우리나라에의 시사점]의 구조로 하였다.

　주제는 행정쟁송 관련, 지방자치법 관련, 국가배상 관련으로 나누었고, 10개의 판결을 다루었다. 최고재판소 판례에 한정하지 않았고, 함께 볼 만한 하급심 판례도 필요한 경우 소개하였다.

　비교할 만한 우리나라의 판례 또는 우리나라에의 시사점 부분에 대하여는, 유사사례를 검토하는 것을 우선으로 하였고, 마땅한 기존 판례가 없을 경우, 향후 발생할 수 있는 사안을 간단히 짚고자 하였다.

　구체적으로, 행정쟁송 관련하여는, ① 이시키(石木) 댐 사업인정처분 취소청구 사건, ② 불이익 처분의 예방을 목적으로 공적 의무의 부존재 확인을 요구하는 무명 항고 소송의 적법성, ③ 원폭증(原爆症) 인정의 요의료성(要医療性)의 의의를 다루었고, 지방자치법 관련하여는 ① 지방자치법 제251조의5에 의거한 위법한 국가의 관여, ② 채권포기 의결의 적법성, ③ 구 청사의 해체 및 그에 관한 공금지출의 금지가 인정되지 않은 사례를 검토하였고, 국가배상 관련하여는, ① 남양전(南洋戰)의 일반 전쟁 피해자의 국가에 대한 손해배상청구가 기각된 사례, ② 윤리심사청구서 불수리·반려가 국가배상법상 불법화된 사례, ③ 임시의 금지 결정에 반하여 사형확정자 등의 면회에 직원을 대동한 처분에 대해서 국가배상청구가 인정된 사례, ④ 기립제창명령 위반을 이유로 재고용 등의 거부가 불법이 없다고 여겨진 사례를 살펴보았다.

　일본의 '최신' 행정판례라는 주제에도 불구하고, 일본의 행정판례에는 여전히 후텐마 비행장 이전 문제, 원폭증 인정의 요의료성의 문제나, 남양전의 전쟁 피해자의 국가에 대한 손해배상청구권 문제, 넓게 본다면, 자위대 문제나 기립제창명령 문제까지, 2차 대전의 후유증이 남아 있음을 발견할 수 있다는 점이 인상 깊었다.

　　일본 판례를 검토하는 이유는 그 시사점을 살펴 참조하기 위해서이다. 규범적으로 다소 다른 점이 있으나 공통분모가 많은 만큼, 사법심사 기준 및 방법에서 참고할 수 있음은 물론이다. 그러나 일본에서 겪은 분쟁이 우리나라에서는 발생하지 않도록 사전적·예방적으로 절차를 다지는 것도 필요할 것이다. 이를 위해서 일본에서 미리 겪은 분쟁을 분석해 현행 법령을 규범적으로 보완하는 것도 필요할 것인데, 이에 대해서는 추후 과제로 남겨두기로 한다.

　　주제어: 일본행정판례, 행정쟁송, 지방자치법, 국가배상

Abstract

A Research on the Recent Administrative Cases in Japan's Courts

Son Ho young*

This paper describes notable administrative precedents sentenced in Japan from 2018 to 2020. These descriptions consist of an outline of case, summary of the judgment, brief comment, comparable precedents in Korea or implications for Korea.

The themes of ten cases presented were classified into those related to administrative dispute, local government law, and national compensation. They were not limited to the Supreme Court case, but instead, the lower court cases were included if necessary.

Korea's comparable precedents or implications for Korea focused on review of similar cases, and if there were no appropriate existing precedents, feasible future issues were briefly discussed.

Specifically, the cases related to administrative dispute included the those about ① cancellation request for disposition accepting the Ishiki Dam business, ② the legality of anonymous appeal lawsuit requiring confirmation of non-existence of public obligations aiming prevention of disadvantageous disposition, and ③ necessity for medical treatment of atomic bomb diseases. Those related to local government law included ① illegal intervention of state pursuant to Local Autonomy Act § 251.5, ② legality of the resolution to abandon bonds, and ③ cases where the

---

* Uijeongbu Goyang District Court

prohibition of dissolution of the government's old office and the related expenditure of public money were not accepted. Those related to national compensation included ① A case in which a claim toward the state for damages of citizen victims in South Sea War, ② A case in which non−acceptance or rejection of the ethics examination request application was determined to be illegal under the National Compensation Act, ③ A case in which a request for national compensation has been accepted for the disposition of an accompanying staff, against the decision of temporary ban, to visiting death penalty convicted prisoner, and ④ A case in which the refusal to re−employment due to violating the order of standing and singing was determined to have no illegal composition.

It is remarkable that, despite the subject of Japan's "latest" administrative precedents, there remains still the aftereffects of Second World War such as relocation of Futenma airport, treatment of air bomb disease, claim toward the state for damages of citizen victims in South Sea War, and with the broad perspective, and those related to Japanese Ground Self Defense Force and order of standing and singing.

The reason to review Japanese precedents are to refer to their implications. Since there are many common denominators between the two countries, there are many points to be referred in terms of the standards and methods of judicial review, though there are differences in rules. It is also necessary to take preemptive and precautionary measures to prevent the disputes found in Japanese precedents. For the purpose, it is necessary to supplement the current laws and regulations by analyzing the previous cases experienced in Japan, which is recommended as a subject for future studies.

Key words: Japanese Administrative Precedents, Administrative Litigation, National Compensation

투고일 2020. 12. 12.
심사일 2020. 12. 25.
게재확정일 2020. 12. 28.

附　　錄

研究倫理委員會 規程

제1장 총 칙

제1조 (목적)

이 규정은 사단법인 한국행정판례연구회(이하 "학회"라 한다) 정관 제26조에 의하여 연구의 진실성을 확보하기 위하여 설치하는 연구윤리위원회(이하 "위원회"라 한다)의 구성 및 운영에 관한 기본적인 사항을 정함을 목적으로 한다.

제2조 (적용대상)

이 규정은 학회의 정회원·준회원 및 특별회원(이하 "회원"이라 한다)에 대하여 적용한다.

제3조 (적용범위)

연구윤리의 확립 및 연구진실성의 검증과 관련하여 다른 특별한 규정이 없는 한 이 규정에 따른다.

제4조 (용어의 정의)

이 규정에서 사용하는 용어의 정의는 다음과 같다.

1. "연구부정행위"는 연구를 제안, 수행, 발표하는 과정에서 연구목적과 무관하게 고의 또는 중대한 과실로 행하여진 위조·변조·표절·부당한 저자표시 등 연구의 진실성을 심각하게 해치는 행위를 말한다.

2. "위조"는 존재하지 않는 자료나 연구결과를 허위로 만들고 이를 기록하거나 보고하는 행위를 말한다.

3. "변조"는 연구와 관련된 자료, 과정, 결과를 사실과 다르게

변경하거나 누락시켜 연구가 진실에 부합하지 않도록 하는 행위를
말한다.

    4. "표절"은 타인의 아이디어, 연구 과정 및 연구결과 등을 정
       당한 승인 또는 적절한 인용표시 없이 연구에 사용하는 행
       위를 말한다.

    5. "부당한 저자 표시"는 연구내용 또는 결과에 대하여 학술적
       공헌 또는 기여를 한 자에게 정당한 이유 없이 저자 자격을
       부여하지 않거나, 학술적 공헌 또는 기여를 하지 않은 자에
       게 감사의 표시 또는 예우 등을 이유로 저자 자격을 부여하
       는 행위를 말한다.

제2장 연구윤리위원회의 구성 및 운영

제5조 (기능)

위원회는 학회 회원의 연구윤리와 관련된 다음 각 호의 사항을 심
의·의결한다.

    1. 연구윤리·진실성 관련 제도의 수립 및 운영 등 연구윤리확
      립에 관한 사항
    2. 연구윤리·진실성 관련 규정의 제·개정에 관한 사항
    3. 연구부정행위의 예방·조사에 관한 사항
    4. 제보자 및 피조사자 보호에 관한 사항
    5. 연구진실성의 검증·결과처리 및 후속조치에 관한 사항
    6. 기타 위원장이 부의하는 사항

제6조 (구성)

① 위원회는 위원장과 부위원장 각 1인을 포함하여 7인 이내의 위
원으로 구성한다.

② 위원장은 부회장 중에서, 부위원장은 위원 중에서 회장이 지명

한다.

③ 부위원장은 위원장을 보좌하고 위원장의 유고시에 위원장의 직무를 대행한다.

④ 위원은 정회원 중에서 회장이 위촉한다.

⑤ 위원장과 부위원장 및 위원의 임기는 1년으로 하되 연임할 수 있다.

⑥ 위원회의 제반업무를 처리하기 위해 위원장이 위원 중에서 지명하는 간사 1인을 둘 수 있다.

⑦ 위원장은 위원회의 의견을 들어 전문위원을 위촉할 수 있다.

제7조 (회의)

① 위원장은 필요한 경우 위원회의 회의를 소집하고 그 의장이 된다.

② 회의는 재적위원 과반수 출석과 출석위원 과반수 찬성으로 의결한다. 단 위임장은 위원회의 성립에 있어 출석으로 인정하되 의결권은 부여하지 않는다.

③ 회의는 비공개를 원칙으로 하되, 필요한 경우에는 위원이 아닌 자를 참석시켜 의견을 진술하게 할 수 있다.

제3장 연구진실성의 검증

제8조 (연구부정행위의 조사)

① 위원회는 구체적인 제보가 있거나 상당한 의혹이 있는 경우에는 연구부정행위의 존재 여부를 조사하여야 한다.

② 위원회는 조사과정에서 제보자·피조사자·증인 및 참고인에 대하여 진술을 위한 출석과 자료의 제출을 요구할 수 있다.

③ 위원회는 연구기록이나 증거의 멸실, 파손, 은닉 또는 변조 등을 방지하기 위하여 상당한 조치를 취할 수 있다.

제 9 조 (제보자와 피조사자의 권리 보호)

① 위원회는 어떠한 경우에도 제보자의 신원을 직·간접적으로 노출시켜서는 안 된다. 다만, 제보 내용이 허위인 줄 알았거나 알 수 있었음에도 불구하고 이를 신고한 경우에는 보호 대상에 포함되지 않는다.

② 위원회는 연구부정행위 여부에 대한 검증과정이 종료될 때까지 피조사자의 명예나 권리가 침해되지 않도록 노력하여야 한다.

제10조 (비밀엄수)

① 위원회의 위원은 연구부정행위의 조사, 판정 및 제재조치의 건의 등과 관련한 일체의 사항을 비밀로 하며, 검증과정에 직·간접적으로 참여한 자는 검증과정에서 취득한 정보를 누설하여서는 아니 된다.

② 위원장은 제 1 항에 규정된 사항으로서 합당한 공개의 필요성이 있는 때에는 위원회의 의결을 거쳐 공개할 수 있다. 다만, 제보자·조사위원·증인·참고인·자문에 참여한 자의 명단 등 신원과 관련된 정보가 당사자에게 부당한 불이익을 줄 가능성이 있는 때에는 공개하지 아니한다.

제11조 (제척·기피·회피)

① 위원은 검증사건과 직접적인 이해관계가 있는 때에는 당해 사건의 조사·심의 및 의결에 관여하지 못한다. ② 제보자 또는 피조사자는 위원에게 공정성을 기대하기 어려운 사정이 있는 때에는 그 이유를 밝혀 당해 위원의 기피를 신청할 수 있다. 위원회에서 기피 신청이 인용된 때에는 기피 신청된 위원은 당해 사건의 조사·심의 및 의결에 관여하지 못한다.

③ 위원은 제 1 항 또는 제 2 항의 사유가 있다고 판단하는 때에는 회피하여야 한다.

④ 위원장은 위원이 검증사건과 직접적인 이해관계가 있다고 인정하는 때에는 당해 검증사건과 관련하여 위원의 자격을 정지할 수 있다.

제12조 (의견진술, 이의제기 및 변론기회의 보장)

위원회는 제보자와 피조사자에게 관련 절차를 사전에 알려주어야 하며, 의견진술, 이의제기 및 변론의 기회를 동등하게 보장하여야 한다.

제13조 (판정)

① 위원회는 위원들의 조사와 심의 결과, 제보자와 피조사자의 의견진술, 이의제기 및 변론의 내용을 토대로 검증대상행위의 연구부정행위 해당 여부를 판정한다.

② 위원회가 검증대상행위의 연구부정행위 해당을 확인하는 판정을 하는 경우에는 재적위원 과반수 출석과 출석위원 3분의 2 이상의 찬성으로 한다.

제4장 검증에 따른 조치

제14조 (판정에 따른 조치)

① 위원장은 제13조 제1항의 규정에 의한 판정결과를 회장에게 통보하고, 검증대상행위가 연구부정행위에 해당한다고 판정된 경우에는 위원회의 심의를 거쳐 그 판정결과에 따라 필요한 조치를 건의할 수 있다.

② 회장은 제1항의 건의가 있는 경우에는 다음 각 호 중 어느 하나의 제재조치를 하거나 이를 병과할 수 있다.

1. 연구부정논문의 게재취소
2. 연구부정논문의 게재취소사실의 공지
3. 회원의 제명절차에의 회부

4. 관계 기관에의 통보

5. 기타 적절한 조치

③ 전항 제2호의 공지는 저자명, 논문명, 논문의 수록 권·호수, 취소일자, 취소이유 등이 포함되어야 한다.

④ 회장은 학회의 연구윤리와 관련하여 고의 또는 중대한 과실로 진실과 다른 제보를 하거나 허위의 사실을 유포한 자가 회원인 경우 이를 제명절차에 회부할 수 있다.

제15조 (조사결과 및 제재조치의 통지)

회장은 위원회의 조사결과 및 제재조치에 대하여 제보자 및 피조사자 등에게 지체없이 서면으로 통지한다.

제16조 (재심의)

피조사자 또는 제보자가 판정결과 및 제재조치에 대해 불복할 경우 제15조의 통지를 받은 날부터 20일 이내에 이유를 기재한 서면으로 재심의를 요청할 수 있다.

제17조 (명예회복 등 후속조치)

검증대상행위가 연구부정행위에 해당하지 아니한다고 판정된 경우에는 학회 및 위원회는 피조사자의 명예회복을 위해 노력하여야 하며 적절한 후속조치를 취하여야한다.

제18조 (기록의 보관) ① 학회는 조사와 관련된 기록은 조사 종료 시점을 기준으로 5년간 보관하여야 한다.

부 칙

제1조 (시행일) 이 규정은 2007년 11월 29일부터 시행한다.

研究論集 刊行 및 編輯規則

제정: 1999. 08. 20.
제 1 차 개정: 2003. 08. 22.
제 2 차 개정: 2004. 04. 16.
제 3 차 개정: 2005. 03. 18.
전문개정: 2008. 05. 26.
제 5 차 개정: 2009. 12. 18.
제 6 차 개정: 2018. 12. 24.
제 7 차 개정: 2019. 04. 25.

제1장 총   칙

제 1 조 (目的)

이 규칙은 사단법인 한국행정판례연구회(이하 "학회"라 한다)의 정관 제27조의 규정에 따라 연구논집(이하 '논집'이라 한다)을 간행 및 편집함에 있어서 필요한 사항을 정함을 목적으로 한다.

제 2 조 (題號)

논집의 제호는 '行政判例研究'(Studies on Public Administration Cases)라 한다.

제 3 조 (刊行週期)

① 논집은 연 2회 정기적으로 매년 6월 30일, 12월 31일에 간행함을 원칙으로 한다.

② 전항의 정기간행 이외에 필요한 경우는 특별호를 간행할 수

있다.

제4조 (刊行形式)

논집의 간행형식은 다음 각 호의 어느 하나에 의한다.

1. 등록된 출판사와의 출판권 설정의 형식
2. 자비출판의 형식

제5조 (收錄對象)

① 논집에 수록할 논문은 다음과 같다.

1. 발표논문: 학회의 연구발표회에서 발표하고 제출한 논문으로 서 편집위원회의 심사절차를 거쳐 게재확정된 논문
2. 제출논문: 회원 또는 비회원이 논집게재를 위하여 따로 제출한 논문으로서 편집위원회의 심사절차를 거쳐 게재확정된 논문
3. 그 밖에 편집위원회의 심사절차와 간행위원회의 의결을 거쳐 수록하기로 한 논문 등

② 논집에는 부록으로서 다음의 문건을 수록할 수 있다.

1. 학회의 정관, 회칙 및 각종 규칙
2. 학회의 역사 또는 활동상황
3. 학회의 각종 통계

③ 논집에는 간행비용의 조달을 위하여 광고를 게재할 수 있다.

제6조 (收錄論文要件)

논집에 수록할 논문은 다음 각호의 요건을 갖춘 것이어야 한다.

1. 행정판례의 평석 또는 연구에 관한 논문일 것
2. 다른 학술지 등에 발표한 일이 없는 논문일 것
3. 이 규정 또는 별도의 공고에 의한 원고작성요령 및 심사기준에 부합하는 학술연구로서의 형식과 품격을 갖춘 논문일 것

제 7 조 (著作權)

① 논집의 편자는 학회의 명의로 하고, 논집의 개별 논문에는 집필자(저작자)를 명기한다.

② 학회는 논집의 편집저작권을 보유한다.

③ 집필자는 논문 투고 시 학회에서 정하는 양식에 따라 논문사용권, 편집저작권 및 복제·전송권을 학회에 위임하는 것에 동의하는 내용의 동의서를 제출하여야 한다.

제 2 장 刊行委員會와 編輯委員會

제 8 조 (刊行 및 編輯主管)

① 논집의 간행 및 편집에 관한 업무를 관장하기 위하여 학회에 간행위원회와 편집위원회를 둔다.

② 간행위원회는 논집의 간행에 관한 중요한 사항을 심의·의결한다.

③ 편집위원회는 간행위원회의 결정에 따라 논집의 편집에 관한 업무를 행한다.

제 9 조 (刊行委員會의 構成과 職務 등)

① 간행위원회는 편집위원을 포함하여 회장이 위촉하는 적정한 수의 위원으로 구성하고 임기는 1년으로 하되 연임할 수 있다.

② 간행위원회는 위원장, 부위원장 및 간사 각 1인을 둔다.

③ 간행위원장은 위원 중에서 호선하고, 부위원장은 학회의 출판담당 상임이사로 하고, 간사는 위원 중에서 위원장이 위촉한다.

④ 간행위원회는 다음의 사항을 심의·의결한다.

  1. 논집의 간행계획에 관한 사항

  2. 논집의 특별호의 기획 등에 관한 사항

  3. 이 규칙의 개정에 관한 사항

  4. 출판권을 설정할 출판사의 선정에 관한 사항

5. 그 밖에 논집의 간행과 관련된 중요한 사항

⑤ 간행위원회는 다음 각 호의 경우에 위원장이 소집하고, 간행위원회는 위원 과반수의 출석과 출석위원 과반수의 찬성으로 의결한다.

1. 회장 또는 위원장이 필요하다고 판단하는 경우

2. 위원 과반수의 요구가 있는 경우

제10조 (編輯委員會의 構成과 職務 등)

① 편집위원회는 학회의 출판담당 상임이사를 포함하여 회장이 이사회의 승인을 얻어 선임하는 10인 내외의 위원으로 구성하고 임기는 3년으로 한다.

② 편집위원회는 위원장, 부위원장 및 간사 각 1인을 둔다.

③ 편집위원장은 위원 중에서 호선하고 임기는 3년으로 하며, 부위원장은 학회의 출판담당 상임이사로 하고, 간사는 위원 중에서 위원장이 위촉한다.

④ 편집위원회는 다음의 사항을 행한다.

1. 이 규칙에 의하는 외에 논집에 수록할 논문의 원고작성요령 및 심사기준에 관한 세칙의 제정 및 개정

2. 논문심사위원의 위촉

3. 논문심사의 의뢰 및 취합, 종합판정, 수정요청 및 수정후재심사, 논집에의 게재확정 또는 거부 등 논문심사절차의 진행

4. 논집의 편집 및 교정

5. 그 밖에 논집의 편집과 관련된 사항

⑤ 편집위원회는 다음 각 호의 경우에 위원장이 소집하고, 위원 과반수의 출석과 출석위원 과반수의 찬성으로 의결한다.

1. 회장 또는 위원장이 필요하다고 판단하는 경우

2. 위원 과반수의 요구가 있는 경우

제3장 論文의 提出과 審査節次 등

제11조 (論文提出의 基準)

① 논문원고의 분량은 A4용지 20매(200자 원고지 150매) 내외로 한다.

② 논문의 원고는 (주)한글과 컴퓨터의 "문서파일(HWP)"로 작성하고 한글사용을 원칙으로 하되, 필요한 경우 국한문혼용 또는 외국어를 사용할 수 있다.

③ 논문원고의 구성은 다음 각 호의 순서에 의한다.

  1. 제목
  2. 목차
  3. 본문
  4. 한글초록·주제어
  5. 외국어초록·주제어
  6. 참고문헌
  7. 부록(필요한 경우)

④ 논문은 제1항 내지 제3항 이외에 편집위원회가 따로 정하는 원고작성요령 또는 심사기준에 관한 세칙을 준수하고, 원고는 편집위원회가 정하여 공고하는 기한 내에 출판간사를 통하여 출판담당 상임이사에게 제출하여야 한다.

제12조 (論文審査節次의 開始)

① 논문접수가 완료되면 출판담당 상임이사는 심사절차에 필요한 서류를 작성하여 편집위원장에게 보고하여야 한다.

② 편집위원장은 전항의 보고를 받으면 편집위원회를 소집하여 논문심사절차를 진행하여야 한다.

제13조 (論文審査委員의 委囑과 審査 依賴 등)

① 편집위원회는 간행위원, 편집위원 기타 해당 분야의 전문가 중에서 심사대상 논문 한 편당 3인의 논문심사위원을 위촉하여 심사를 의뢰한다.

② 제1항의 규정에 의하여 위촉되어 심사를 의뢰받는 논문심사위원이 심사대상 논문 또는 그 제출자와 특별한 관계가 명백하게 있어 논문심사의 공정성을 해할 우려가 있는 사람이어서는 안 된다.

제14조 (秘密維持) ① 편집위원장은 논문심사위원의 선정 및 심사의 진행에 관한 사항이 외부로 누설되지 않도록 필요한 조치를 취하여야 한다.

② 편집위원 및 논문심사위원은 논문심사에 관한 사항을 외부로 누설해서는 안 된다.

제15조 (論文審査의 基準) 논문심사위원이 논집에 수록할 논문을 심사함에 있어서는 다음 각 호의 기준을 종합적으로 고려하여 심사의견을 제출하여야 한다.

  1. 제6조에 정한 수록요건
  2. 제11조에 정한 논문제출기준
  3. 연구내용의 전문성과 창의성 및 논리적 체계성
  4. 연구내용의 근거제시의 적절성 및 객관성

제16조 (論文審査委員別 論文審査의 判定) ① 논문심사위원은 제15조의 논문심사기준에 따라 [별표 1]의 [논문심사서](서식)에 심사의견을 기술하여 제출하여야 한다.

② 논문심사위원은 심사대상 논문에 대하여 다음 각호에 따라 '판정의견'을 제출한다.

  1. '게재적합': 논집에의 게재가 적합하다고 판단하는 경우
  2. '게재부적합': 논집에의 게재가 부적합하다고 판단하는 경우

   3. '수정후게재': 논문내용의 수정·보완 후 논집에의 게재가 적
      합하다고 판단하는 경우
③ 전항 제 1 호에 의한 '게재적합' 판정의 경우에도 논문심사위원은
수정·보완이 필요한 경미한 사항을 기술할 수 있다.
④ 제 2 항 제 2 호에 의한 '게재부적합' 판정 및 제 3 호에 의한 '수
정후게재' 판정의 경우에는 각각 부적합사유와 논문내용의 수정·보
완할 점을 구체적으로 명기하여야 한다.

제17조 (編輯委員會의 綜合判定 및 再審査) 편집위원회는 논문심사
   위원 3인의 논문심사서가 접수되면 [별표 2]의 종합판정기준에 의
   하여 '게재확정', '수정후게재', '수정후재심사' 또는 '불게재'로 종합
   판정을 하고, 그 결과 및 논문심사위원의 심사의견을 논문제출자에
   게 통보한다.

제18조 (修正要請 등)
   ① 편집위원장은 제17조의 규정에 의해 '수정후게재' 판정을 받은
   논문에 대하여 수정을 요청하여야 한다.
   ② 편집위원장은 제17조의 규정에 의해 '게재확정'으로 판정된 논
   문에 대하여도 편집위원회의 판단에 따라 수정이 필요하다고 인정
   하는 때에는 내용상 수정을 요청할 수 있다.
   ③ 편집위원회는 집필자가 전항의 수정요청에 따르지 않거나 재심
   사를 위해 고지된 기한 내에 수정된 논문을 제출하지 않을 때에는
   처음 제출된 논문을 '불게재'로 최종 판정한다.

제 4 장 기   타

제19조 (審査謝禮費의 支給) 논문심사위원에게 논집의 간행·편집을
   위한 예산의 범위 안에서 심사사례비를 지급할 수 있다.

제20조(輔助要員) 학회는 논집의 간행·편집을 위하여 필요하다고 인정하는 때에는 원고의 편집, 인쇄본의 교정, 부록의 작성 등에 관한 보조요원을 고용할 수 있다.

제21조 (刊行·編輯財源) ① 논집의 간행·편집에 필요한 재원은 다음 각호에 의한다.

　　1. 출판수입
　　2. 광고수입
　　3. 판매수입
　　4. 논문게재료
　　5. 외부 지원금
　　6. 기타 학회의 재원

② 논문 집필자에 대한 원고료는 따로 지급하지 아니한다.

제22조 (論集의 配布) ① 간행된 논집은 회원에게 배포한다.

② 논문의 집필자에게는 전항의 배포본 외에 일정한 부수의 증정본을 교부할 수 있다.

附　則 (1999. 8. 20. 제정)

이 규칙은 1999년 8월 20일부터 시행한다.

附　則

이 규칙은 2003년 8월 22일부터 시행한다.

附　則

이 규칙은 2004년 4월 17일부터 시행한다.

附　則

이 규칙은 2005년 3월 19일부터 시행한다.

附　則

이 규칙은 2008년 5월 26일부터 시행한다.

附　則

이 규칙은 2009년 12월 18일부터 시행한다.

附　則

이 규칙은 2018년 12월 24일부터 시행한다.

附　則

이 규칙은 2019년 4월 25일부터 시행한다.

[별표 1 : 논문심사서(서식)]

「行政判例研究」게재신청논문 심사서

社團法人 韓國行政判例研究會

게재논집	行政判例研究 제15-2집	심사일	2010. . .
심사위원	소속	직위	
		성명	(인)
게재신청논문 [심사대상논문]			
판정의견	1. 게재적합 ( ): 논집의 게재가 가능하다고 판단하는 경우 2. 게재부적합 ( ): 논집의 게재가 불가능하다고 판단하는 경우 3. 수정후게재 ( ): 논문내용의 수정·보완 후 논집의 게재가 가능하다고 판단하는 경우		
심사의견			
심사기준	• 행정판례의 평석 또는 연구에 관한 논문일 것 • 다른 학술지 등에 발표한 일이 없는 논문일 것 • 연구내용의 전문성과 창의성 및 논리적 체계성이 인정되는 논문일 것 • 연구내용의 근거제시가 적절성과 객관성을 갖춘 논문일 것		

※ 심사의견 작성시 유의사항 ※

▷ '게재적합' 판정의 경우에도 수정·보완이 필요한 사항을 기술할 수 있습니다.

▷ '게재부적합' 및 '수정후게재' 판정의 경우에는 각각 부적합사유와 논문내용의 수정·보완할 점을 구체적으로 명기하여 주십시오.

▷ 표 안의 공간이 부족하면 별지를 이용해 주십시오.

[별표 2: 종합판정기준]

	심사위원의 판정			편집위원회 종합판정
1	○	○	○	게재확정
2	○	○	△	
3	○	△	△	수정후게재
4	△	△	△	
5	○	○	×	
6	○	△	×	불게재
7	△	△	×	
8	○	×	×	
9	△	×	×	
10	×	×	×	

○ ="게재적합" △ ="수정후게재" × ="게재부적합"

「行政判例研究」原稿作成要領

I. 원고작성기준

1. 원고는 워드프로세서 프로그램인 [한글]로 작성하여 전자우편을 통해 출판간사에게 제출한다.

2. 원고분량은 도표, 사진, 참고문헌 포함하여 200자 원고지 150매 내외로 한다.

3. 원고는 「원고표지 ─ 제목 ─ 저자 ─ 목차(로마자표시와 아라비아숫자까지) ─ 본문 ─ 참고문헌 ─ 국문 초록 ─ 국문 주제어(5개 내외) ─ 외국문 초록 ─ 외국문 주제어(5개 내외)」의 순으로 작성한다.

4. 원고의 표지에는 논문제목, 저자명, 소속기관과 직책, 주소, 전화번호(사무실, 핸드폰)와 e─mail주소를 기재하여야 한다.

5. 외국문 초록(논문제목, 저자명, 소속 및 직위 포함)은 영어를 사용하는 것이 원칙이지만, 논문의 내용에 따라서 독일어, 프랑스어, 중국어, 일본어를 사용할 수도 있다.

6. 논문의 저자가 2인 이상인 경우 주저자(First Author)와 공동저자(Corresponding Author)를 구분하고, 주저자·공동저자의 순서로 표기하여야 한다. 특별한 표시가 없는 경우에는 제일 앞에 기재된 자를 주저자로 본다.

7. 목차는 로마숫자(보기 : I, II), 아라비아숫자(보기 : 1, 2), 괄호숫자(보기: (1), (2)), 반괄호숫자(보기 : 1), 2), 원숫자(보기 : ①, ②)의 순으로 한다. 그 이후의 목차번호는 논문제출자가 임의로 정하여 사용할 수 있다.

II. 각주작성기준

1. 기본원칙

(1) 본문과 관련한 저술을 소개하거나 부연이 필요한 경우 각주로 처리한다. 각주는 일련번호를 사용하여 작성한다.

(2) 각주의 인명, 서명, 논문명 등은 원어대로 씀을 원칙으로 한다.

(3) 외국 잡지의 경우 처음 인용시 잡지명을 전부 기재하고 그 이후 각 주에서는 약어로 표시한다.

2. 처음 인용할 경우의 각주 표기 방법

(1) 저서: 저자명, 서명, 출판사, 출판년도, 면수.

번역서의 경우 저자명은 본래의 이름으로 표기하고, 저자명과 서명 사이에 옮긴이의 이름을 쓰고 "옮김"을 덧붙인다.

엮은 책의 경우 저자명과 서명 사이에 엮은이의 이름을 쓰고 "엮음"을 덧붙인다. 저자와 엮은이가 같은 경우 엮은이를 생략할 수 있다.

(2) 정기간행물: 저자명, "논문제목", 「잡지명」, 제00권 제00호, 출판연도, 면수.

번역문헌의 경우 저자명과 논문제목 사이에 역자명을 쓰고 "옮김"을 덧붙인다.

(3) 기념논문집: 저자명, "논문제목", 기념논문집명(000선생00기념논문집), 출판사, 출판년도, 면수.

(4) 판결 인용: 다음과 같이 대법원과 헌법재판소의 양식에 준하여 작성한다.

판결 : 대법원 2000. 00. 00. 선고 00두0000 판결.

결정 : 대법원 2000. 00. 00.자 00아0000 결정.

헌법재판소 결정 : 헌법재판소 2000. 00. 00. 선고 00헌가00

결정.

(5) 외국문헌 : 그 나라의 표준표기방식에 의한다.

(6) 외국판결 : 그 나라의 표준표기방식에 의한다.

(7) 신문기사는 기사면수를 따로 밝히지 않는다(신문명 0000. 00. 00.자). 다만, 필요한 경우 글쓴이와 글제목을 밝힐 수 있다.

(8) 인터넷에서의 자료인용은 원칙적으로 다음과 같이 표기한다.
    저자 혹은 서버관리주체, 자료명, 해당 URL(검색일자)

(9) 국문 또는 한자로 표기되는 저서나 논문을 인용할 때는 면으로(120면, 120면-122면), 로마자로 표기되는 저서나 논문을 인용할 때는 p.(p. 120, pp. 121-135) 또는 S.(S. 120, S. 121 ff.)로 인용면수를 표기한다.

3. 앞의 각주 혹은 각주에서 제시된 문헌을 다시 인용할 경우 다음과 같이 표기한다. 국내문헌, 외국문헌 모두 같다. 다만, 저자나 문헌 혹은 양자 모두가 여럿인 경우 이에 따르지 않고 각각 필요한 저자명, 문헌명 등을 덧붙여 표기함으로써 구별한다.

(1) 바로 위의 각주가 아닌 앞의 각주의 문헌을 다시 인용할 경우
    1) 저서인용: 저자명, 앞의 책, 면수
    2) 논문인용: 저자명, 앞의 글, 면수
    3) 논문 이외의 글 인용: 저자명, 앞의 글, 면수

(2) 바로 위의 각주에 인용된 문헌을 다시 인용할 경우에는 "위의 책, 면수", "위의 글, 면수"로 표시한다.

(3) 하나의 각주에서 앞서 인용한 문헌을 다시 인용할 경우에는 "같은 책, 면수", "같은 글, 면수"로 표시한다.

4. 기타

(1) 3인 공저까지는 저자명을 모두 표기하되, 저자간의 표시는 "/"

로 구분하고 "/" 이후에는 한 칸을 띄어 쓴다. 4인 이상의 경우 성을 온전히 표기하되, 중간이름은 첫글자만을 표기한다.

(2) 부제의 표기가 필요한 경우 원래 문헌의 표기양식과 관계없이 원칙적으로 콜론으로 연결한다.

(3) 글의 성격상 전거만을 밝히는 각주가 너무 많을 경우 약자를 사용하여 본문에서 그 전거를 밝힐 수 있다.

(4) 여러 문헌의 소개는 세미콜론(;)으로 하고, 재인용의 경우 원 전과 재인용출처 사이를 콜론(:)으로 연결한다.

III. 참고문헌작성기준

1. 순서
국문, 외국문헌 순으로 정리하되, 단행본, 논문, 자료의 순으로 정리한다.

2. 국내문헌
(1) 단행본: 저자, 서명, 출판사, 출판연도.
(2) 논문: 저자명, "논문제목", 잡지명 제00권 제00호, 출판연도.

3. 외국문헌
그 나라의 표준적인 인용방법과 순서에 따라 정리한다.

歷代 任員 名單

■ 초대(1984. 10. 29.)

회   장   金道昶
부 회 장   徐元宇·崔光律(1987. 11. 27.부터)

■ 제 2 대(1988. 12. 9.)

회   장   金道昶
부 회 장   徐元宇·崔光律
감   사   李尙圭
상임이사   李鴻薰(총무), 金南辰(연구), 朴鈗炘(출판), 梁承斗(섭외)
이   사   金東熙, 金斗千, 金英勳, 金元主, 金伊烈, 金鐵容, 石琮顯,
             芮鍾德, 李康爀, 李升煥, 趙慶根, 崔松和, 韓昌奎, 黃祐呂

■ 제 3 대(1990. 2. 23.)

회   장   金道昶
부 회 장   徐元宇·崔光律
감   사   金鐵容
상임이사   李鴻薰(총무), 黃祐呂(총무), 金南辰(연구), 朴鈗炘(출판),
             梁承斗(섭외)
이   사   金東熙, 金斗千, 金英勳, 金元主, 金伊烈, 石琮顯, 芮鍾德,
             李康爀, 李升煥, 李鴻薰
(1991. 1. 25.부터) 趙慶根, 崔松和, 韓昌奎, 黃祐呂

■ 제 4 대(1993. 2. 23.)

회　　　장　金道昶
부 회 장　徐元宇·崔光律
감　　　사　金鐵容
상임이사　李鴻薰(총무), 金南辰(연구), 朴鈗炘(출판), 梁承斗(섭외)
이　　　사　金東熙, 金英勳, 金元主, 朴松圭, 卞在玉, 石琮顯, 孫智烈,
　　　　　　芮鍾德, 李康國, 李康爀, 李京運, 李淳容, 李重光, 李鴻薰,
　　　　　　趙慶根, 趙憲銖, 千柄泰, 崔松和, 韓昌奎, 黃祐呂

■ 제 5 대(1996. 2. 23.)

명예회장　金道昶
고　　　문　徐元宇·金鐵容
회　　　장　崔光律
부 회 장　金南辰·徐廷友
감　　　사　韓昌奎
상임이사　金東熙(총무), 金元主(연구), 李康國(출판), 梁承斗(섭외)
이　　　사　金英勳, 朴松圭, 朴鈗炘, 卞在玉, 石琮顯, 李康爀, 李京運,
　　　　　　李淳容, 李升煥, 李重光, 李鴻薰, 趙慶根, 趙憲銖, 千柄泰,
　　　　　　崔松和, 黃祐呂

■ 제 6 대(1999. 2. 19.)

명예회장　金道昶
고　　　문　徐元宇, 金鐵容, 金南辰, 徐廷友, 韓昌奎
회　　　장　崔光律
부 회 장　梁承斗, 李康國
감　　　사　金元主
상임이사　李鴻薰(총무), 金東熙(연구), 崔松和(출판), 金善旭(섭외)

이　　사　金東建, 金英勳, 南勝吉, 朴松圭, 朴銑炘, 白潤基, 卞海喆,
　　　　　石琮顯, 李京運, 李光潤, 李升煥, 李重光, 鄭然彧, 趙憲銖,
　　　　　洪準亨, 黃祐呂

■ 제 7 대(2002. 2. 15.)

명예회장　金道昶
고　　문　金南辰, 金元主, 徐元宇, 徐廷友, 梁承斗, 李康國, 崔光律,
　　　　　韓昌奎
회　　장　金鐵容
부 회 장　金東建, 崔松和
감　　사　金東熙
상임이사　金善旭(총무), 朴正勳(연구), 李光潤(출판), 李京運(섭외)
이　　사　金英勳, 金海龍, 南勝吉, 朴均省, 朴銑炘, 白潤基, 卞海喆,
　　　　　石琮顯, 李東洽, 李範柱, 李重光, 李鴻薰, 鄭夏重, 趙憲銖,
　　　　　洪準亨, 黃祐呂

■ 제 8 대(2005. 2. 21. / 2008. 2. 20.) *

명예회장　金道昶(2005. 7. 17. 별세)
고　　문　金南辰, 金元主, 徐元宇(2005. 10. 16. 별세), 徐廷友, 梁承斗,
　　　　　李康國, 崔光律, 韓昌奎, 金鐵容, 金英勳, 朴銑炘, 金東熙
회　　장　崔松和
부 회 장　李鴻薰, 鄭夏重
감　　사　金東建, 李京運,
상임이사　李光潤(총무), 安哲相(기획), 洪準亨/吳峻根(연구),
　　　　　金性洙(출판), 徐基錫(섭외)
이　　사　金善旭, 金海龍, 南勝吉, 朴均省, 朴秀赫, 朴正勳, 白潤基,
　　　　　卞海喆, 石琮顯, 石鎬哲, 蘇淳茂, 柳至泰, 尹炯漢, 李東洽,
　　　　　李範柱, 李殷祈, 李重光, 趙龍鎬, 趙憲銖, 崔正一, 黃祐呂,

　　　　　金香基, 裵柄皓, 劉南碩
간　　　사　李元雨 / 金鐘甫(총무), 李賢修(연구), 金重權(재무),
　　　　　宣正源 / 李熙貞(출판), 권은민(섭외)
* 위 '회장', '부회장', '상임이사', '이사'는 2007. 4. 20. 제정된 사단법인 한국행정
판례연구회 정관 제13조, 제14조, 제15조의 '이사장 겸 회장', '이사 겸 부회장',
'이사 겸 상임이사', '운영이사'임.

■제 9 대(2008. 2. 15. / 2011. 2. 14.)

고　　　문　金南辰, 金東熙, 金英勳, 金元主, 金鐵容, 朴鈗炘, 徐廷友,
　　　　　梁承斗, 李康國, 李鴻薰, 鄭夏重, 崔光律, 韓昌奎
회　　　장　崔松和
부 회 장　李京運, 徐基錫
감　　　사　金東建, 金善旭
이사 겸 상임이사　慶　健(총무), 安哲相(기획), 朴均省(연구), 韓堅愚
　　　　　(출판), 權純一(섭외/연구)
운영이사　具旭書, 권은민, 金光洙, 金性洙, 金連泰, 金容燮, 金容贊,
　　　　　金裕煥, 金義煥, 金重權, 金敞祚, 金海龍, 金香基, 金鉉峻,
　　　　　朴正勳, 朴海植, 裵柄皓, 白潤基, 卞海喆, 石琮顯, 石鎬哲,
　　　　　成百玹, 蘇淳茂, 申東昇, 辛奉起, 吳峻根, 劉南碩, 俞珍式,
　　　　　尹炯漢, 李光潤, 李承寧, 李元雨, 李殷祈, 李重光, 鄭鍾錧,
　　　　　鄭準鉉, 趙龍鎬, 曺海鉉, 趙憲銖, 崔正一, 洪準亨
간　　　사　張暻源 · 李殷相·安東寅(총무), 鄭亨植 · 장상균(기획), 金泰昊
　　　　　(기획/연구), 金聖泰·崔善雄·鄭南哲(연구), 李熙貞 · 河明鎬·崔
　　　　　桂暎(출판), 林聖勳(섭외), 박재윤(총무)

■제 10 대(2011. 2. 15. /2014. 2. 14)

명예회장　金鐵容, 崔光律

고　　문　金南辰, 金東建, 金東熙, 金英勳, 金元主, 朴鈗炘, 徐廷友, 梁
承斗, 李康國, 李京運, 鄭夏重, 崔松和, 韓昌奎

회　　장　李鴻薰

부 회 장　徐基錫, 李光潤

감　　사　金善旭, 蘇淳茂

이사 겸 상임이사　金重權(총무), 安哲相(기획), 劉南碩, 金容燮(연구), 金
鐘甫(출판), 金敞祚, 金義煥(섭외/연구)

운영이사　姜錫勳, 慶　健, 具旭書, 權純一, 權殷旼, 琴泰煥, 金光洙, 金
性洙, 金連泰, 金容燮, 金容贊, 金海龍, 金香基, 金鉉峻, 朴均
省, 朴正勳, 朴海植, 裵柄皓, 白潤基, 卞海喆, 石琮顯, 石鎬哲,
宣正源, 成百玹, 申東昇, 辛奉起, 呂相薰, 吳峻根, 俞珍式, 尹
炯漢, 李承寧, 李元雨, 李殷祈, 李重光, 李賢修, 李熙貞, 林永
浩, 鄭南哲, 鄭鍾錧, 鄭準鉉, 鄭亨植, 趙龍鎬, 曹海鉉, 趙憲銖,
崔正一, 洪準亨, 韓堅愚, 河明鎬

간　　사　安東寅, 李義俊(총무), 蔣尙均(기획), 金泰昊, 朴在胤(연구), 朴
玄廷, 姜知恩(출판), 李殷相(섭외)

■제 11 대(2014. 2. 15. /2017. 2. 14.)

명예회장　金鐵容, 崔光律

고　　문　金南辰, 金東建, 金東熙, 金英勳, 金元主, 朴鈗炘, 徐廷友, 梁
承斗, 李康國, 李京運, 崔松和, 韓昌奎 李光潤, 徐基錫

회　　장　鄭夏重

부 회 장　安哲相, 朴正勳

감　　사　蘇淳茂, 白潤基

상임이사　李熙貞(총무), 鄭鎬庚(연구), 李承寧, 康鉉浩(기획) 金義煥, 鄭
夏明(섭외), 鄭南哲(출판)

운영이사　姜錫勳, 慶　健, 具旭書, 權殷旼, 琴泰煥, 金光洙, 金國鉉,

金南撤, 金炳圻, 金性洙, 金聖泰, 金秀珍, 金連泰, 金容燮,
金容贊, 金裕煥, 金重權, 金鐘甫, 金敞祚, 金致煥, 金海龍,
金香基, 金鉉峻, 文尙德, 朴均省, 朴海植, 裵柄皓, 卞海喆,
石鎬哲, 宣正源, 宋鎭賢, 成百玹, 申東昇, 辛奉起, 呂相薰,
吳峻根, 兪珍式, 柳哲馨, 尹炯漢, 李東植, 李元雨, 李殷祈,
李重光, 李賢修, 林永浩, 張暻源, 藏尙均, 田聖銖, 田　勳,
鄭鍾錧, 鄭準鉉, 鄭亨植, 趙成奎, 趙龍鎬, 曺海鉉, 趙憲銖,
趙弘植, 朱한길, 崔峰碩, 崔善雄, 崔正一, 洪準亨, 韓堅愚,
河明鎬, 河宗大, 黃彰根

간　　사 房東熙, 崔允寧(총무), 崔桂暎, 張承爀(연구), 洪先基(기획)
桂仁國, 李惠診(출판)

■제12 대(2017. 2. 17./2020. 2. 16.)

명예회장 金鐵容, 崔光律

고　　문 金南辰, 金東熙, 金英勳, 朴銳炘, 徐基錫, 徐廷友, 蘇淳茂,
李康國, 李京運, 李光潤, 李鴻薰, 鄭夏重, 崔松和, 韓昌奎

회　　장 金東建

부 회 장 朴正勳, 李承寧, 金重權

감　　사 李殷祈, 孫台浩

상임이사 金敞祚/李鎭萬(기획), 兪珍式/徐圭永(섭외),
李熙貞/張暻源(총무), 李賢修/河明鎬(연구), 崔瑨修(출판)

운영이사 姜基弘, 姜錫勳, 康鉉浩, 慶　健, 具旭書, 權殷旼, 琴泰煥,
金光洙, 金國鉉, 金南撤, 金炳圻, 金聲培, 金性洙, 金聖泰,
金秀珍, 金連泰, 金容燮, 金容贊, 金裕煥, 金義煥, 金鐘甫,
金致煥, 金海龍, 金香基, 金鉉峻, 文尙德, 朴均省, 朴海植,
房東熙, 裵柄皓, 白潤基, 石鎬哲, 宣正源, 成百玹, 成重卓,
宋鎭賢, 申東昇, 辛奉起, 安東寅, 呂相薰, 吳峻根, 柳哲馨,

尹炯漢, 李東植, 李元雨, 李重光, 林永浩, 張暻源, 藏尙均,
田聖銖, 田　勳, 鄭南哲, 鄭鍾館, 鄭準鉉, 鄭夏明, 鄭亨植,
鄭鎬庚, 趙成奎, 趙龍鎬, 曺海鉉, 趙憲銖, 朱한길, 崔桂暎,
崔峰碩, 崔善雄, 崔允寧, 崔正一, 河宗大, 韓堅愚, 洪準亨

간　　사 禹美亨/朴祐慶/金讚喜/金厚信(총무), 金判基(연구),
　　　　　李眞洙/桂仁國/李在勳/李采鍈(출판)

■제13 대(2020. 3. 20. /2022. 3. 19.)

명예회장 金鐵容, 崔光律

고　　문 金南辰, 金東建, 金東熙, 金英勳, 朴鈗炘, 徐基錫, 徐廷友,
　　　　　蘇淳茂, 李康國, 李京運, 李光潤, 李鴻薰, 鄭夏重, 韓昌奎

회　　장 金善旭

부 회 장 朴正勳, 金國鉉, 金秀珍

감　　사 金重權, 金義煥

특임이사 金敞祚/俞珍式

상임이사 金大仁(총무), 李眞洙/桂仁國(출판), 林　賢/朴玄廷(연구),
　　　　　徐輔國/朴修貞/金亨洙(기획), 房東熙/李相惠(섭외)

운영이사 姜基弘, 姜錫勳, 康鉉浩, 慶　健, 具旭書, 權殷旼, 琴泰煥,
　　　　　金光洙, 金南撤, 金炳圻, 金聲培, 金性洙, 金聖泰, 金連泰,
　　　　　金容燮, 金容贊, 金裕煥, 金義煥, 金鐘甫, 金致煥, 金海龍,
　　　　　金香基, 金鉉峻, 文尙德, 朴均省, 朴海植, 裵柄皓, 白潤基,
　　　　　徐圭永, 石鎬哲, 宣正源, 成百玹, 成重卓, 孫台浩, 宋鎭賢,
　　　　　申東昇, 辛奉起, 安東寅, 呂相薰, 吳峻根, 柳哲馨, 尹炯漢,
　　　　　李東植, 李承寧, 李元雨, 李殷祈, 李重光, 李鎭萬, 李賢修,
　　　　　李熙貞, 林永浩, 張暻源, 藏尙均, 田聖銖, 田　勳, 鄭南哲,
　　　　　鄭鍾館, 鄭準鉉, 鄭夏明, 鄭亨植, 鄭鎬庚, 趙成奎, 趙龍鎬,
　　　　　曺海鉉, 趙憲銖, 朱한길, 崔桂暎, 崔峰碩, 崔善雄, 崔允寧,

崔正一, 崔瑢修, 河明鎬, 河宗大, 韓堅愚, 洪準亨

간사 　　朴祐慶/朴乾嵎/河敏貞(총무), 李在勳/李采鍈/姜相宇(출판),
　　　　張允瑛/金在仙(연구)

月例 集會 記錄

〈2020. 12. 현재〉

순번	연월일	발표자	발 표 제 목
1-1	84.12.11.	金南辰	聽問을 결한 行政處分의 違法性
-2		李鴻薰	都市計劃과 行政拒否處分
2-1	85.2.22.	崔世英	行政規則의 法規性 認定 與否
-2		崔光律	實地讓渡價額을 넘는 讓渡差益의 인정여부
3-1	3.29.	石琮顯	都市計劃決定의 法的 性質
-2		金東建	違法한 旅館建物의 건축과 營業許可의 취소
4-1	4.26.	徐元宇	當然無效의 行政訴訟과 事情判決
-2		黃祐呂	아파트地區내의 土地와 空閑地稅
5-1	5.31.	朴鈗炘	林産物團束에관한法律 제7조에 대한 違法性 認定의 與否
-2		姜求哲	行政訴訟에 있어서의 立證責任의 문제
6-1	6.28.	金鐵容	酒類販賣業 免許處分 撤回의 근거와 撤回權 留保의 한계
-2		盧塋保	國稅基本法 제42조 소정의 讓渡擔保財産의 의미
7-1	9.27.	金道昶	信賴保護에 관한 行政判例의 최근 동향
-2		金東熙	自動車運輸事業法 제31조 등에 관한 處分要

- 624 -

순번	연월일	발표자	발 표 제 목
			領의 성질
8-1	10.25.	李尙圭	入札參加資格 制限行爲의 법적 성질
-2		李相敦	公有水面埋立에 따른 不動産所有權 國家歸屬의 무효확인
9-1	11.22.	梁承斗	抗告訴訟의 提起要件
-2		韓昌奎	地目變更 拒否의 성질
10	86.1.31.	李相赫	行政訴訟에 있어서의 訴의 利益의 문제
11	2.28.	崔松和	運轉免許 缺格者에 대한 면허의 효력
12	3.28.	金道昶	憲法上의 違憲審査權의 所在
13	4.25.	趙慶根	美聯邦情報公開法에 대한 약간의 고찰
14	5.30.	張台柱	西獨에 있어서 隣人保護에 관한 判例의 최근 동향
15	6.27.	金斗千	僞裝事業者와 買入稅額 控除
外1	9.30.	藤田宙靖	日本의 最近行政判例 동향
16	10.31.	金英勳	注油所 許可와 瑕疵의 承繼
17	11.28.	芮鍾德	漁業免許의 취소와 裁量權의 濫用
外2	87.3.21.	鹽野宏	日本 行政法學界의 現況
		園部逸夫	새 行政訴訟法 시행 1년을 보고
18	4.25.	金道昶	知的財産權의 문제들
19-1	4.22.	李升煥	商標法에 관한 최근판례의 동향
-2			工場登錄 拒否處分과 소의 이익
20	5.29.	金南辰	執行停止의 요건과 本案理由와의 관계
21	9.25.	崔光律	日本公法學會 總會參觀 등에 관한 보고
22-1	10.30.	金道昶	地方自治權의 강화와 行政權限의 위임에 관한 문제
-2			한 문제
23	11.27.	金鐵容	不作爲를 구하는 訴의 가부

순번	연월일	발표자	발 표 제 목
24	88.2.26.	金時秀	租税賦課處分에 있어서의 當初處分과 更正拒否處分의 법률관계
25-1	3.25.	徐元宇	최근 日本公法學界의 동향
-2		朴鈗炘	平澤港 漁業補償 문제
外3	4.29.	成田賴明	日本 行政法學과 行政判例의 최근 동향
26	5.27.	李尙圭	防衛税 過誤納 還給拒否處分의 취소
27	6.24.	徐元宇	運輸事業計劃 변경인가처분의 취소
28	8.26.	金完燮	처분후의 事情變更과 소의 이익
29	10.7.	石琮顯	行政處分(訓令)의 법적 성질
30	10.28.	李鴻薰	土地收用裁決處分의 취소
31	11.17.	朴鈗炘	行政計劃의 법적 성질
32	89.1.27.	金東熙	載量行爲에 대한 司法的統制의 한계
33	2.24.	李碩祐	國税還給申請權의 인정 여부
34	3.24.	朴松圭	國産新技術製品 保護決定處分의 일부취소
35-1	4.28.	金鐵容	독일 行政法學界의 최근동향
-2		千柄泰	제 3 자의 行政審判前置節次 이행 여부
36	5.26.	金善旭	公務員의 團體行動의 違法性
37	6.30.	金元主	租税行政과 信義誠實의 원칙
38	8.25.	趙憲銖	國税還給拒否處分의 법적 성질
39	9.29.	鄭準鉉	刑事訴追와 行政處分의 효력
40	10.27.	韓堅愚	行政規則(訓令)의 성질
41	11.24.	金斗千	相續税法 제32조의2의 違憲 여부
外4	12.27.	小早川光朗	日本 行政法學界의 최근 동향
42	90.1.19.	金鐵容	豫防的 不作爲訴訟의 許容 여부
43	2.23.	李光潤	營造物行爲의 법적 성질
44	3.30.	南勝吉	行政刑罰의 범위

순번	연월일	발표자	발 표 제 목
45	4.27.	黃祐呂	法律의 遡及效
46	5.25.	朴均省	行政訴訟과 訴의 이익
47	6.29.	卞在玉	軍檢察官의 公訴權行使에 관한 憲法訴願
48	8.31.	成樂寅	結社의 自由의 事前制限
49	9.28.	辛奉起	憲法訴願과 辯護士 强制主義
50	10.26.	朴圭河	行政官廳의 權限의 委任·再委任
51	11.30.	朴國洙	行政行爲의 公定力과 國家賠償責任
52	91.1.25.	梁承斗	土地去來許可의 법적 성질
53	2.22.	徐元宇	建築許可 保留의 위법성 문제
外5-1	3.29.	南博方	處分取消訴訟과 裁決取消訴訟
-2		藤田宙靖	日本 土地法制의 현황과 課題
54	4.26.	吳峻根	遺傳子工學的 施設 設置許可와 法律留保
55	5.31.	金南辰	拒否行爲의 行政處分性과 "법률상 이익 있는 자"의 의미
56	6.28.	鄭然彧	無效確認訴訟과 訴의 이익
57	8.30.	金性洙	主觀的公權과 基本權
58	9.27.	金英勳	運轉免許 取消處分의 취소
59	10.25.	石琮顯	基準地價告示地域 내의 收用補償額 算定基準에 관한 판례동향
60	11.29.	朴鈗炘	工事中止處分의 취소
61	92.1.31.	卞海喆	公物에 대한 强制執行
62	2.28.	李康國	違憲法律의 효력-그 遡及效의 범위와 관련하여
63	3.27	金善旭	公勤務에 관한 女性支援指針과 憲法上의 平等原則
64	4.24.	全光錫	不合致決定의 허용 여부
65	5.29.	崔正一	行政規則의 법적성질 및 효력

순번	연월일	발표자	발 표 제 목
66	6.26.	李琦雨	獨逸 Münster 高等行政裁判所 1964.1.8. 판결
67	8.28.	朴鈗炘	地方自治團體의 자주적인 條例制定權과 規律 문제
68	9.18.	金元主	讓渡所得稅 등 賦課處分의 취소
69	10.16.	洪準亨	結果除去請求權과 行政介入請求權
70	11.20.	金時秀	土地收用裁決處分의 취소
71	93.1.15.	金海龍	環境技術관계 行政決定에 대한 司法的 統制의 범위
72	2.19.	李重光	租稅法上 不當利得 返還請求權
73	3.19.	高永訓	行政規則에 의한 行政府의 立法行爲外
外6	4.16.	J.Anouil	EC法의 現在와 將來
74	5.21.	柳至泰	行政訴訟에서의 行政行爲 根據變更에 관한 판례분석
75	6.18.	徐元宇	原處分主義와 被告適格
76	8.20.	朴均省	國家의 公務員에 대한 求償權
77	9.17.	金東熙	敎員任用義務不履行 違法確認訴訟
78	10.15.	盧永錄	建設業免許 取消處分의 취소
79	94.1.21.	徐廷友	無效確認을 구하는 의미의 租稅取消訴訟과 租稅還給金 消滅時效의 起算點
80	2.18.	洪準亨	判斷餘地의 한계
81	3.18.	裵輔允	憲法訴願 審判請求 却下決定에 대한 헌법소원
82	4.15.	金善旭	舊東獨判事의 獨逸判事任用에 관한 決定과 그 不服에 대한 管轄權
83	5.20.	李京運	學則의 법적 성질
84	6.17.	朴松圭	任用行爲取消處分의 취소
85	8.19.	金鐵容	公務員 個人의 不法行爲責任

순번	연월일	발표자	발 표 제 목
86	9.30.	卞在玉	日本 家永敎科書檢定 第一次訴訟 上告審 判決의 評釋
87	10.21.	金香基	無名抗告訴訟의 可否
88	11.18.	李康國	行政行爲의 瑕疵의 治癒
89	95.1.20.	趙憲銖	取消判決의 遡及效
90	2.17.	朴秀赫	獨逸 統一條約과 補償法上의 原狀回復 排除 規定의 合憲 여부
外7	3.17.	小高剛	損失補償에 관한 日本 最高裁判所 判決의 분석
91	4.21.	崔松和	行政處分의 理由明示義務에 관한 판례
92	5.19.	崔正一	石油販賣業의 양도와 歸責事由의 승계
93	6.16.	鄭夏重	國家賠償法 제5조에 의한 배상책임의 성격
94	8.18.	吳振煥	無效인 條例에 근거한 行政處分의 효력
95	9.15.	金敞祚	日本 長良川 安八水害 賠償判決
96	10.20.	黃祐呂	非常高等軍法會議 判決의 破棄와 還送法院
97	11.17.	白潤基	地方自治法 제98조 및 제159조에 의한 訴訟
98	96.1.19.	徐元宇	營業停止期間徒過後의 取消訴訟과 訴의 이익
99	2.23.	金海龍	計劃變更 내지 保障請求權의 성립요건
外8	3.19.	鹽野宏	日本 行政法 判例의 近年動向 - 行政訴訟을 중심으로
100	4.19.	金東熙	國家賠償과 公務員에 대한 求償
101	5.17.	梁承斗	敎員懲戒와 그 救濟制度
102	6.28.	金容燮	運轉免許取消·停止處分의 法的 性質 및 그 한계
103	8.16.	李京運	轉補發令의 處分性
104	9.20.	盧永錄	申告納稅方式의 租稅와 그 瑕疵의 판단기준
105	10.18.	金敞祚	道路公害와 道路設置·管理者의 賠償責任

순번	연월일	발표자	발 표 제 목
106	11.15.	金裕煥	形式的 拒否處分에 대한 取消訴訟의 審理범위
107	97.1.17.	裵柄皓	北韓國籍住民에 대한 强制退去命令의 적법성
108	2.21.	趙龍鎬	公衆保健醫師 採用契約解止에 대한 爭訟
109	3.21.	金鐵容	行政節次法의 내용
110	4.18.	趙憲銖	建築物臺帳 職權訂正行爲의 처분성
111	5.16.	鄭夏重	交通標識板의 법적성격
112	6.20.	裵輔允	違憲決定과 行政處分의 효력
113	8.22.	吳峻根	聽聞의 실시요건
114	9.19.	金善旭	옴부즈만條例案 再議決 無效確認判決의 문제점
115	10.17.	李光潤	機關訴訟의 성질
116	11.21.	朴正勳	敎授再任用拒否의 처분성
117	98.1.16.	白潤基	當事者訴訟의 대상
118	2.20.	辛奉起	機關訴訟 주문의 형식
119	3.20.	洪準亨	行政法院 出帆의 意義와 행정법원의 課題
120	4.17.	宣正源	오스트리아와 독일의 不作爲訴訟에 관한 고찰
121	5.16.	李東洽	刑事記錄 열람·등사 거부처분
122	6.19.	金東建	環境行政訴訟과 地域住民의 原告適格
123	98.8.21.	金南辰	法規命令과 行政規則의 구별
124	9.18.	金敞祚	河川 管理 責任
125	10.16.	金容燮	行政審判의 裁決에 대한 取消訴訟
126	11.20.	徐廷友	垈地造成事業計劃 승인처분의 재량행위
127	99.1.15.	南勝吉	處分의 기준을 규정한 施行規則(部令)의 성격
128	2.19.	金裕煥	違憲法律에 根據한 行政處分의 效力
129	3.19.	鄭夏重	多段階行政節次에 있어서 事前決定과 部分許可의 意味

순번	연월일	발표자	발 표 제 목
130	4.16.	裵輔允	南北交流協力 등 統一에 관한 법적 문제
131	5.21.	康鉉浩	計劃承認과 司法的 統制
132	6.18.	俞珍式	行政指導와 違法性阻却事由
133	8.20.	朴正勳	侵益的 行政行爲의 公定力과 刑事裁判
134	9.17.	金東熙	建築許可신청서 返戾처분취소
		金南澈	行政審判法 제37조 제2항에 의한 自治權侵害의 가능성
135	10.15.	金炳圻	條例에 대한 再議要求事由와 大法院提訴
		權殷玟	公賣決定·通知의 처분성 및 소송상 문제점
136	11.19.	石鎬哲	羈束力의 범위로서의 처분사유의 동일
		金珉昊	직무와 관련된 不法行爲에 있어 공무원 개인의 책임
137	00.1.21.	尹炯漢	任用缺格과 退職給與
		裵柄皓	還買權소송의 管轄문제
138	2.18.	趙憲銖	個人事業의 法人轉換과 租稅減免
		金連泰	조세행정에 있어서 경정처분의 효력
139	3.17.	俞珍式	自動車運輸事業 면허처분에 있어서 競業, 競願의 범위
		慶 健	情報公開請求權의 憲法的 根據와 그 制限
140	4.21.	朴正勳	拒否處分 取消訴訟에 있어 違法判斷의 基準時와 訴의 利益
		金柄圻	行政訴訟上 執行停止의 要件으로서의 '回復하기 어려운 損害'와 그 立證責任
141	5.19.	洪準亨	不可變力, 信賴保護, 그리고 行政上 二重危險의 禁止
		康鉉浩	建築變更許可와 附款

순번	연월일	발표자	발 표 제 목
142	6.16.	趙龍鎬	寄附金品募集許可의 法的性質
		金容燮	行政上 公表
143	8.18.	朴松圭	盜難당한 自動車에 대한 自動車稅와 免許稅
		權殷玟	廢棄物處理業 許可權者가 한 '不適正通報'의 法的性質
144	9.22.	石鎬哲	公法的 側面에서 본 日照權 保護
145	10.20.	蘇淳茂	後發的 事由에 의한 更正請求權을 條理上 인정할 수 있는지 與否
		金光洙	土地形質變更許可와 信賴保護原則
146	11.17.	朴鈗炘	慣行漁業權
		宣正源	複合民願과 認·許可擬制
147	01.1.19.	崔松和	판례에 있어서 공익
		李光潤	도로가 행정재산이 되기 위한 요건 및 잡종재산에 대한 시효취득
148	2.16.	金鐵容	개발제한 구역의 시정과 손실 보상
		鄭夏重	부관에 대한 행정소송
149	3. 8.	金性洙	독일연방헌재의 폐기물법에 대한 결정과 환경법상 협력의 원칙
		李東植	중소기업에 대한 조세 특례와 종업원의 전출. 파견
150	4.20.	李京運	주택건설사업계획 사전결정의 구속력
		裵輔允	2000년 미국대통령 선거 소송 사건
151	5. 9.	李東洽	위헌법률에 근거한 처분에 대한 집행력 허용 여부
		金珉昊	상속세 및 증여세법상 증여의 의미
152	6.15.	李元雨	정부투자기관의 부정당업자 제재조치의 법적

순번	연월일	발표자	발 표 제 목
			성질
		朴榮萬	군사시설보호법상의 협의와 항고소송
153	8.17.	崔正一	법규명령형식의 재량준칙의 법적성질 및 효력
		趙憲銖	유적발굴허가와 행정청의 재량
154	9.21.	金東熙	국가배상법 제5조상의 영조물의 설치·관리상 하자의 관념
		金東建	대법원 판례상의 재량행위
155	10.10.	吳峻根	행정절차법 시행이후의 행정절차 관련 주요 행정판례 동향분석
		柳至泰	공물법의 체계에 관한 판례 검토
156	11. 7.	白潤基	행정소송에 있어서 건축주와 인근주민의 이익의 충돌과 그 조화
		徐廷範	국가배상에 있어서 위법성과 과실의 일원화에 관하여
157	02.1.18.	金善旭	독일헌법상의 직업공무원제도와 시간제공무원
		朴正勳	처분사유의 추가·변경 – 제재철회와 공익상 철회
158	2.15.	辛奉起	일본의 기관소송 법제와 판례
		權殷玟	원천징수행위의 처분성과 원천징수의무자의 불복방법
159	3.15.	朴均省	환경영향평가의 하자와 사업계획승인처분의 효력
		金鐘甫	관리처분계획의 처분성과 그 공정력의 범위
160	4.19.	崔光律	농지전용에 관한 위임명령의 한계
		俞珍式	건축법상 일조보호규정의 私法上의 의미
161	5.17.	朴鈗炘	국가배상법 제2조 제1항 단서에 대한 헌법재

순번	연월일	발표자	발 표 제 목
			판소의 한정위헌결정 및 관련 대법원판례에 대한 평석
		宣正源	행정의 공증에 대한 사법적 통제의 의미와 기능의 명확화
162	6.21.	金元主	도로배연에 의한 대기오염과 인과관계
		康鉉浩	재량준칙의 법적 성격
163	7.19.	裵柄皓	회의록과 정보공개법상 비공개대상정보
		慶 健	공문서관리의 잘못과 국가배상책임
164	8.16.	金容燮	거부처분취소판결의 기속력
		金炳圻	보완요구의 '부작위'성과 재결의 기속력
165	9.13.	尹炯漢	기납부 택지초과소유부담금 환급청구권의 성질과 환급가산금의 이자율
		鄭夏明	미국연방대법원의 이른바 임시규제적 수용에 관한 새로운 판결례
166	10.18.	李鴻薰	공용지하사용과 간접손실보상
		金光洙	국가배상소송과 헌법소원심판의 관계
167	11.15.	徐元宇	행정법규위반행위의 사법적 효력
		李康國	조세채무의 성립과 확정
168	12.20.	蘇淳茂	인텔리전트빌딩에 대한 재산세중과시행규칙의 유효성 여부
169	03.1.17.	金敞祚	정보공개제도상의 비공개사유와 본인개시청구
		金聖泰	운전면허수시적성검사와 개인 정보보호
170	2.21.	金東熙	기속재량행위와 관련된 몇 가지 논점 또는 의문점
		曹海鉉	행정처분의 근거 및 이유제시의 정도
171	3.21.	白潤基	불합격처분에 대한 효력정지결정에 대한 고찰

순번	연월일	발표자	발 표 제 목
172	5.16.	宣正源	행정입법에 대한 부수적 통제
		李元雨	한국증권업협회의 협회등록최소결정의 법적 성질
173	6.20.	金容贊	정보공개청구사건에서의 몇 가지 쟁점
		金重權	이른바 "수리를 요하는 신고"의 문제점에 관한 소고
174	7.18.	洪準亨	평생교육시설 설치자 지위승계와 설치자 변경 신청서 반려처분의 적법 여부
		金鐵容	학교법인임원취임승인취소처분과 행정절차법
		金秀珍	성별에 따른 상이한 창업지원금신청기간설정과 국가의 평등보장의무
175	8.22.	鄭夏重	법관의 재판작용에 대한 국가배상책임
		金鐘甫	정비조합(재건축, 재개발조합) 인가의 법적 성격
176	9.19.	金炳圻	수익적 행정행위의 철회의 법적 성질과 철회사유
		朴榮萬	군사시설보호구역설정행위의 법적 성격
177	10. 9	朴正勳	취소판결의 기판력과 기속력
		李東植	구 소득세법 제101조 제 2 항에 따른 양도소득세부과와 이중과세 문제
178	11.21.	李東洽	최근 행정소송의 주요사례
		慶 健	하천구역으로 편입된 토지에 대한 손실보상
179	12.19.	朴均省	거부처분취소판결의 기속력과 간접강제
180	04.1.16.	李光潤	광역지방자치단체와 기초지방자치단체의 성격
		朴海植	행정소송법상 간접강제결정에 기한 배상금의 성질
181	2.20.	金海龍	행정계획에 대한 사법심사에 있어서 법원의

순번	연월일	발표자	발 표 제 목
			석명권행사 한계와 입증책임
		李賢修	영업양도와 공법상 지위의 승계
182	3.19.	俞珍式	기부채납부관을 둘러싼 법률문제
		鄭泰學	매입세액의 공제와 세금계산서의 작성·교부 시기
183	4.16.	柳至泰	행정행위의 취소의 취소
		金致煥	통지의 법적 성질
184	5.21.	鄭準鉉	단순하자 있는 행정명령을 위반한 행위의 가벌성
		權殷玟	압류처분취소소송에서 부과처분의 근거법률이 위헌이라는 주장이 허용되는지 여부
185	6.18.	趙惠鉄	사업양도와 제2차 납세의무
		金連泰	과징금 부과처분에 대한 집행정지결정의 효력
186	7.16.	金容燮	보조금 교부결정을 둘러싼 법적 문제
		林聖勳	영내 구타·가혹 행위로 인한 자살에 대한 배상과 보상
187	8.20.	李京運	교수재임용거부처분취소
		曹媛卿	국가공무원법 제69조 위헌제청
188	9.17.	鄭成太	법규명령의 처분성
		金敏昨	원자로 설치허가 무효확인소송
189	04.10.15.	崔正一	법령보충적행정규칙의 법적 성질 및 효력
		李湖暎	독점규제법상 특수관계인에 대한 부당지원행위의 규제
190	11.19.	金香基	재결에 대한 취소소송
		劉南碩	집행정지의 요건으로서 "회복하기 어려운 손해를 예방하기 위한 긴급한 필요"와 그 고려

순번	연월일	발표자	발 표 제 목
			사항으로서의 '승소가능성'
191	12.17.	尹炯漢	사전통지의 대상과 흠결의 효과
192	05.1.31.	鄭鎬慶	행정소송의 협의의 소의 이익과 헌법소원의 보충성
		金重權	국토이용계획변경신청권의 예외적 인정의 문제점에 관한 소고
193	2.18.	宣正源	하자승계론에 몇 가지 쟁점에 관한 검토
		李熙貞	공법상 계약의 해지와 의견청취절차
194	3.18.	安哲相	취소소송 사이의 소의 변경과 새로운 소의 제소기간
		康鉉浩	민간투자법제에 따른 우선협상대상자지정의 법적 제문제
195	4.15.	吳峻根	재량행위의 판단기준과 재량행위 투명화를 위한 법제정비
		李根壽	대집행의 법적 성격
196	5.20.	河宗大	금산법에 기한 계약이전결정 등의 처분과 주주의 원고적격
		金鐘甫	토지형질변경의 법적 성격
197	6.17.	朴海植	제재적 행정처분의 효력기간 경과와 법률상 이익
		李桂洙	공무원의 정치적 자유와 정치운동금지의무
198	8.19.	金容燮	재결의 기속력의 주관적 범위를 둘러싼 논의
		徐正旭	공시지가와 하자의 승계
199	9.16.	金鉉峻	용도지역 지정·변경행위의 법적 성질과 그에 대한 사법심사
		趙成奎	직접민주주의와 조례제정권의 한계

순번	연월일	발표자	발 표 제 목
200	10.21.	金光洙	공직선거법과 행정형벌
		崔桂暎	용도폐지된 공공시설에 대한 무상양도신청거부의 처분성
201	11.12.	鄭夏重	행정판례의 발전과 전망
		朴正勳	행정판례의 발전과 전망
		尹炯漢	행정재판제도의 발전과 행정판례
		朴海植	행정재판제도의 발전과 행정판례
202	12.16.	鄭泰容	행정심판청구인적격에 관한 몇 가지 사례
203	06. 1.20	朴均省	행정상 즉시강제의 통제 — 비례원칙, 영장주의, 적법절차의 원칙과 관련하여 —
		權殷玟	기본행위인 영업권 양도계약이 무효라고 주장하는 경우에 행정청이 한 변경신고수리처분에 대한 불복방법 등
204	2.17.	曺海鉉	민주화운동관련자명예회복및보상등에관한법률에 기한 행정소송의 형태
		金重權	사권형성적 행정행위와 그 폐지의 문제점에 관한 소고
205	06.3.17.	朴正勳	불확정개념과 재량 — 법규의 적용에 관한 행정의 우선권
		李相惠	한국지역난방공사 공급규정 변경신고를 산업자원부장관이 수리한 행위의 법적 성질
206	4.21.	俞珍式	공유수면매립법상 사정변경에 의한 매립면허의 취소신청
		林永浩	채석허가기간의 만료와 채석허가취소처분에 대한 소의 이익
207	5.19	嚴基變	공정거래법상 사업자단체의 부당제한행위의

순번	연월일	발표자	발 표 제 목
			성립요건
		李賢修	납입고지에 의한 변상금부과처분의 취소와 소멸시효의 중단
208	6.16.	金鐘甫	재건축 창립총회의 이중기능
		鄭夏明	미국 연방대법원의 행정입법재량통제
209	8.17.	裵柄皓	개정 하천법 부칙 제2조의 손실보상과 당사자 소송
		金裕煥	공공갈등의 사법적 해결 — 의미와 한계
210	9.15.	金容燮	텔레비전 수신료와 관련된 행정법적 쟁점
		崔桂暎	행정처분과 형벌
211	10.20.	金海龍	처분기간이 경과된 행정처분을 다툴 법률상 이익(행정소송법 제12조 후문 관련)과 제재적
		石鎬哲	처분기준을 정한 부령의 법규성 인정 문제
212	11.17.	宣正源	입헌주의적 지방자치와 조직고권
		李熙貞	주민투표권 침해에 대한 사법심사
213	06.12.8.-		법제처 · 한국행정판례연구회 공동주관 관학협동워크샵
	9.	朴 仁	법령보충적 성격의 행정규칙의 현황과 문제점
		林永浩	법령보충적 성격의 행정규칙에 대한 판례분석
		鄭南哲	법령보충적 성격의 행정규칙의 정비방향과 위임사항의 한계
		金重權	민주적 법치국가에서 의회와 행정의 공관적 법정립에 따른 법제처의 역할에 관한 소고
		金海龍	국토계획 관련법제의 문제점과 개선방안
214	07.1.19.	張暻源	독일 맥주순수령 판결을 통해 본 유럽과 독일의 경제행정법

순번	연월일	발표자	발 표 제 목
		權純一	재정경제부령에 의한 덤핑방지관세부과조치의 처분성 재론-기능적 관점에서-
215	2.23.	鄭準鉉	소위 '공익사업법'상 협의취득의 법적 성질
		裵輔允	구 농어촌정비법 제93조 제1항의 국공유지 양증여의 창설환지 등의 문제점
216	3.16.	朴榮萬	법령의 개정과 신뢰보호의 원칙
		金重權	행정입법적 고시의 처분성인정과 관련한 문제점에 관한 소고
217	4.20.	金容贊	국가지정문화재현상변경허가처분의 재량행위성
		李湖暎	합의추정된 가격담합의 과징금산정
218	5.18	金敏昨	공인중개사시험불합격처분 취소소송
		李宣憙	행정청의 고시와 원고적격
219	6.15.	李光潤	제재적 처분기준의 성격과 제재기간 경과후의 소익
		金暎賢	행정소송의 피고적격
220	07.8.17.	金義煥	정보공개법상의 공공기관 및 정보공개청구와 권리남용
		金秀珍	행정서류의 외국으로의 송달
221	9.21.	蘇淳茂	명의신탁 주식에 대한 증여의제에 있어서 조세회피목적의 해석
		慶健	관계기관과의 협의를 거치지 아니한 조례의 효력
222	10.19.	成百玹	공특법상 '이주대책'과 공급규칙상 '특별공급'과의 관계
		金南澈	건축허가의 법적 성질에 대한 판례의 검토
223	11.16.	金性洙	민간투자사업의 성격과 사업자 선정의 법적

순번	연월일	발표자	발 표 제 목
			과제
224	12.21.	趙憲銖	병역의무 이행과 불이익 처우 금지의 관계
225	08.1.18.	金南辰	국가의 경찰법, 질서법상의 책임
		李殷祈	폐기물관리법제와 폐기물처리조치명령취소처분
		鄭成太	대형국책사업에 대한 사법심사(일명 새만금사건을 중심으로)
226	2.15.	辛奉起	한국 행정판례에 있어서 형량하자론의 도입과 평가
		鄭鍾館	하천법상의 손실보상
227	3.21.	鄭夏重	사립학교법상의 임시이사의 이사선임권한
		林聖勳	행정입법 부작위에 관한 몇가지 문제점
228	4.18.	金光洙	자치사무에 대한 국가감독의 한계
		金熙喆	토지수용으로 인한 손실보상금 산정
229	5.16.	申東昇	행정행위 하자승계와 선결문제
		趙成奎	과징금의 법적 성질과 부과기준
230	6.20.	姜錫勳	위임입법의 방식 및 해석론에 관한 고찰
		鄭南哲	명확성원칙의 판단기준과 사법심사의 한계
231	8.22.	鄭泰學	조세통칙과 신의성실의 원칙
		李京運	부관으로서의 기한
232	9.19.	朴尙勳	시간강사의 근로자성
		金善旭	지방자치단체장의 소속공무원에 대한 징계권과 직무유기
233	10.17.	趙允熙	정보통신부 장관의 위성망국제등록신청과 항고소송의 대상
		金鉉峻	환경사법 액세스권 보장을 위한 "법률상 이익"의 해석

순번	연월일	발표자	발 표 제 목
234	11.21.	裵輔允	권한쟁의심판의 제3자 소송담당
		李賢修	공물의 성립요건
235	12.19.	金鐵容	행정청의 처분근거·이유제시의무와 처분근거·이유제시의 정도
236	09.1.16.	金炳圻	행정법상 신뢰보호원칙
		劉慶才	원인자부담금
237	2.20.	金聖泰	도로교통법 제58조 위헌확인
		林永浩	공매 통지의 법적 성격
238	3.20.	崔桂暎	위헌결정의 효력과 취소소송의 제소기간
		金尚煥	법규명령에 대한 헌법소원의 적법요건
239	4.17.	朴均省	직무상 의무위반으로 인한 국가배상책임
		金國鉉	사망자의 법규위반으로 인한 제재사유의 승계
240	5.15.	金容燮	택지개발업무처리지침 위반과 영업소 폐쇄
		金炅蘭	개발제한구역의 해제와 원고적격
241	6.19.	朴正勳	무효확인소송의 보충성
		曹海鉉	민주화운동관련자 명예회복 및 보상 등에 관한 법률에 의한 보상금의 지급을 구하는 소송의 형태
242	8.21.	鄭泰容	행정심판 재결 확정력의 의미
		安哲相	지방계약직 공무원의 징계
243	9.18.	金鐘甫	「도시 및 주거환경정비법」상 정비기반시설의 귀속 관계
		徐基錫	국회의 입법행위 또는 입법부작위로 인한 국가배상책임
244	10.16.	河明鎬	법인에 대한 양벌규정의 위헌여부
		趙龍鎬	표준지공시지가 하자의 승계

순번	연월일	발표자	발 표 제 목
245	11.20.	金連泰	한국마사회의 조교사 및 기수의 면허부여 또는 취소의 처분성
		金義煥	행정상 법률관계에 있어서의 소멸시효의 원용과 신의성실의 원칙
246	12.18.	朴鈗炘	주거이전비 보상의 법적 절차, 성격 및 소송법적 쟁점
247	10.1.15	林宰洪	출입국관리법상 난민인정행위의 법적 성격과 난민인정요건
		金泰昊	하자있는 수익적 행정처분의 직권취소
248	2.19	金南澈	국가기관의 지방자치단체에 대한 감독·감사권한
		權殷玟	미국산 쇠고기 수입 고시의 법적 문제
249	3.19	金聲培	수용재결과 헌법상 정교분리원칙
		姜相旭	건축물대장 용도변경신청 거부의 처분성
250	4.16	李宣憙	공정거래법상 시정조치로서 정보교환 금지명령
		金鍾泌	이주대책대상자제외처분 취소소송의 쟁점
251	5.14	鄭夏重	공법상 부당이득반환청구권의 독자성
		魯坰泌	관리처분계획안에 대한 총회결의 무효확인을 다투는 소송방법
252	6.18	金秀珍	합의제 행정기관의 설치에 관한 조례 제정의 허용 여부
253	8.20	白濟欽 崔正一	과세처분에 대한 증액경정처분과 행정소송 경원자 소송에서의 원고적격과 사정판결제도의 위헌 여부
254	9.17	蔣尙均 金敞祚 河宗大	승진임용신청에 대한 부작위위법확인소송 강의전담교원제와 해직처분 행정처분으로서의 통보 및 신고의 수리

순번	연월일	발표자	발 표 제 목
255	10.15	최진수	징발매수재산의 환매권
		朴海植	주민등록전입신고 수리 여부에 대한 심사범위와 대상
256	11.12	金容燮	부당결부금지원칙과 부관
		朴尙勳	공무원에 대한 불이익한 전보인사 조치와 손해배상
257	12.10	金東熙	제재적 재량처분의 기준을 정한 부령
258	11.1.14	成智鏞	위임입법의 한계와 행정입법에 대한 사법심사
		安東寅	법령의 개정과 신뢰보호원칙 — 신뢰보호원칙의 적극적 활용에 대한 관견 —
259	2.18	崔桂暎	민간기업에 의한 수용
		金泰昊	사전환경성검토와 사법심사
260	3.18	金鉉峻	규제권한 불행사에 의한 국가배상책임의 구조와 위법성 판단기준
		朴在胤	지방자치단체 자치감사의 범위와 한계
261	4.15	金重權	민간투자사업의 법적 절차와 처분하자
		徐輔國	행정입법의 부작위에 대한 헌법소원과 행정소송
262	5.20	李熙貞	귀화허가의 법적 성질
		尹仁聖	독점규제 및 공정거래에 관한 법률 제3조의2 제1항 제5호 후단에 규정된 "부당하게 소비자의 이익을 현저히 저해할 우려가 있는 행위"에 관한 소고
263	6.17	朴均省	납골당설치신고 수리거부의 법적 성질 및 적법성 판단
		姜錫勳	재조사결정의 법적 성격과 제소기간의 기산점
264	8.19	金光洙	임시이사의법적 지원

순번	연월일	발표자	발 표 제 목
265	9.16	趙允熙	불복절차 도중의 과세처분 취소와 재처분금지
		鄭準鉉	개인택시사업면허 양도시 하자의 승계
266	10.21	김용하	잔여지 수용청구권의 행사방법 및 불복수단
		崔峰碩	과징금 부과처분의 재량권 일탈·남용
267	11.11	朴榮萬	군인공무원관계와 기본권 보장
		俞珍式	정보공개법상 비공개사유
268	12.16	주한길	행정소송법상 집행정지의 요건
		琴泰煥	최근 외국 행정판례의 동향 및 분석
		金致煥	미국, 일본, 프랑스, 독일
		田勳	
		李殷相	
269	12.1.27	李鴻薰	사회발전과 행정판결
		裵炳晧	재개발조합설립인가 등에 관한 소송의 방법
		河明鎬	사회보장행정에서 권리의 체계와 구제
270	2.17	朴玄廷	건축법 위반과 이행강제금
		金善娥	출퇴근 재해의 인정범위
271	3.16	金重權	국가배상법상 중과실의 의미
		徐泰煥	행정소송법상 직권심리주의의 의미와 범위
272	4.20	李湖暎	시장지배적사업자의 기술적 보호조치와 공정거래법
		李玩憙	공정거래법상 신고자 감면제도
273	5.18	李東植	세무조사 결정통지의 처분성
		鄭基相	조세소송에서 실의성실원칙
274	6.15	許康茂	생활대책대상자선정거부의 처분성과 신청권의 존부
		朴貞枇	기대권의 법리와 교원재임용거부 및 부당한 근로계약 갱신 거절의 효력
275	8.17	金敞祚	정보공개법상 비공개사유로서 법인 등의 경

순번	연월일	발표자	발 표 제 목
			영·영업상 비밀에 관한 사항
276	9.21	成承桓	경찰권 발동의 한계와 기본권
		金宣希	도시정비법상 조합설립인가처분과 변경인가처분
		李相憙	국가와 지방자치단체의 보조금 지원과 지원거부의 처분성
277	10.19	康鉉浩	건축법상 인허가의제의 효과를 수반하는 신고
278	11.16	尹景雅	결손처분과 그 취소 및 공매통지의 처분성
		金容燮	원격평생교육시설 신고 및 그 수리거부
279	12.21	李義俊	사업시행자의 생활기본시설 설치 의무
		琴泰煥	미국, 일본, 프랑스, 독일의 최근 행정판례동향
		金致煥	
		田　勳	
		李殷相	
		崔松和	행정판례의 회고와 전망
280	13.1.18	崔桂暎	행정처분의 위법성과 국가배상책임
		金泰昊	정보공개법상 비공개사유로서 '진행 중인 재판에 관련된 정보'
281	2.15	金致煥	주민소송의 대상
		朴在胤	체육시설을 위한 수용
282	3.15	金聲培	국가유공자요건비해당결정처분
		金東國	해임처분무효
283	4.19	徐輔國	압류등처분무효확인
		崔柄律	자동차운전면허취소처분취소
284	5.24	裵柄晧	국가배상청구권의 소멸시효
		朴海植	감면불인정처분등취소
285	6.21	朴均省	국방·군사시설사업실시계획승인처분무효확인 등

순번	연월일	발표자	발 표 제 목
		金慧眞	형의 집행 및 수용자의 처우에 관한 법률 제45조 제1항 위헌확인
286	8.16	俞珍式	여객자동차운수사업법 제14조 등 위헌확인 등
		김필용	증여세부과처분취소
287	9.27	慶建	정보공개청구거부처분취소
		이산해	과징금부과처분취소 · 부당이득환수처분취소
288	10.18	金裕煥	직권면직취소
		許盛旭	관리처분계획무효확인
289	11.15	金炳圻	완충녹지지정의 해제신청거부처분의 취소
		成重卓	조합설립인가처분무효확인
290	12.20	金聲培	미국, 일본, 프랑스, 독일의 최근 행정판례 동향
		金致煥	
		吳丞奎	
		桂仁國	
		鄭夏重	행정판례에 있어서 몇 가지 쟁점에 관한 소고
291	14. 1. 17	金相贊	국가공무원 복무규정 제3조 제2항 등 위헌확인
		金容河	사업시행승인처분취소
292	2.21	姜知恩	주택건설사업승인불허가처분 취소 등
		金世鉉	소득금액변동통지와 하자의 승계 판례변경에 따른 신뢰성 보호 문제
293	3.21	金重權	지방자치단체의 구역관할결정의 제 문제에 관한 소고
		李相悳	체납자 출국금지처분의 요건과 재량통제
294	4.18	俞珍式	정보공개거부처분취소
		金惠眞	백두대간보호에관한법률 제7조 제1항 제6호 위헌소원

순번	연월일	발표자	발 표 제 목
295	5.16	安東寅	토지대장의 직권말소 및 기재사항 변경거부의 처분성
		河泰興	증액경정처분의 취소를 구하는 항고소송에서 납세의무자가 다툴 수 있는 불복사유의 범위
296	6.20	金容燮	독립유공자법적용배제결정 – 처분취소소송에 있어 선행처분의 위법성승계
		李承勳	조합설립추진위원회 설립승인 무효 확인
297	8.22	鄭鎬庚	不利益處分原狀回復 등 要求處分取消
		이병희	解任處分取消決定取消
298	9.19	崔峰碩	職務履行命令取消
		文俊弼	還買代金增減
299	10.17	朴均省	行政判例 30年의 回顧와 展望: 행정법총론 I
		金重權	行政判例의 回顧와 展望 – 행정절차, 정보공개, 행정조사, 행정의 실효성확보의 분야
		洪準亨	行政判例 30年의 回顧와 展望 – 행정구제법: 한국행정판례의 정체성을 찾아서
300	11.21	康鉉浩	不正當業者制裁處分取消
		李承寧	讓受金
301	12.19	金聲培	美國의 最近 行政判例動向
		吳丞奎	프랑스의 最近 行政判例動向
		桂仁國	獨逸의 最近 行政判例動向
		咸仁善	日本의 最近 行政判例動向
		朴鈗炘	온실가스 배출거래권 제도 도입에 즈음하여
302	15. 1.23	金泰昊	수정명령 취소
		李義俊	손해배상(기)
303	2.27	朴玄廷	정비사업조합설립과 토지 또는 건축물을 소유

순번	연월일	발표자	발 표 제 목
			한 국가·지방자치단체의 지위
		李羲俊	건축허가처분취소
304	3.20	俞珍式	공공감사법의 재심의신청과 행정심판에 관한 제소기간의 특례
		金世鉉	명의신탁과 양도소득세의 납세의무자
305	4.17	朴均省	노동조합설립신고반려처분취소
		金海磨中	국세부과취소
306	5.15	崔峰碩	직무이행명령취소청구
		박준희	지역균형개발 및 지방중소기업 육성에 관한 법률 제16조 제1항 제4호 등 위헌소원
307	6.19	裵柄皓	인신보호법 제2조 제1항 위헌확인
		金東柱	생태자연도등급조정처분무효확인
		裵柄皓	인신보호법 제2조 제1항 위헌확인
		김동주	생태자연도등급조정처분무효확인
308	8.29		牧村 金道昶 박사 10주기 기념 학술대회
309	9.18	崔桂暎	정보비공개결정처분취소
		정지영	부당이득금반환
310	10.16	鄭夏明	예방접종으로 인한 장애인정거부처분취소
		郭相鉉	급여제한및 환수처분취소
311		鄭鎬庚	독립유공자서훈취소결정무효확인등
		김혜성	직위해제처분취소
312		金聲培	최근(2014/2015) 미국 행정판례의 동향 및 분석 연구
		咸仁善	일본의 최근(2014) 행정판례의 동향 및 분석
		吳丞奎	2014년 프랑스 행정판례의 동향 연구
		桂仁國	국가의 종교적·윤리적 중립성과 윤리과목

순번	연월일	발표자	발 표 제 목
			편성 요구권
		金海龍	행정재판과 법치주의 확립
313	16. 1.22	金泰昊	주민소송(부당이득 반환)
		朴淵昱	건축협의취소처분취소
314	2.26	李熙貞	보상금환수처분취소
		李義俊	변상금부과처분취소
315	3.18	成重卓	영업시간제한등처분취소
		임지영	조정반지정거부처분
316	4.15	裵柄皓	하천공사시행계획취소청구
		李用雨	세무조사결정행정처분취소
317	5.20	金南澈	과징금납부명령등취소청구의소
		李煌熙	홍▽군과 태△군 등 간의 권한쟁의
318	6.11	金重權	환경기술개발사업중단처분취소
		崔瑠修	관리처분계획안에대한총회결의효력정지가처분
		강주영	시설개수명령처분취소
		角松生史	일본 행정소송법개정의 성과와 한계
319	8.19	咸仁善	조례안의결무효확인 <학생인권조례안 사건>
		金世鉉	교육세경정거부처분취소
320	9.23	金容燮	독립유공자서훈취소처분의 취소
		李殷相	주유소운영사업자불선정처분취소
321	10.21	李光潤	부당이득금등
		이승민	형식적 불법과 실질적 불법
322	11.25	俞珍式	학칙개정처분무효확인
		윤진규	부당이득금
			채무부존재확인
323	12.15	李京運	교육판례의 회고와 전망

순번	연월일	발표자	발 표 제 목
		朴均省	사법의 기능과 행정판례
		咸仁善	일본의 최근 행정판례
		金聲培	미국의 최근 행정판례
		桂仁國	독일의 최근 행정판례
		吳丞奎	프랑스의 최근 행정판례
324	17. 1.20.	成奉根	취급거부명령처분취소
		尹焌碩	취득세등부과처분취소
325	2.17.	鄭永哲	도시계획시설결정폐지신청거부처분취소
		이희준	손해배상(기)
326	3.17.	朴在胤	직무이행명령취소
		정은영	습지보전법 제20조의2 제1항 위헌소원
327	4.21.	金容燮	시정명령처분취소
		장승혁	산재법 제37조 위헌소원
328	5.19.	박정훈	감차명령처분취소
		金世鉉	법인세등부과처분취소
329	6.16.	裵柄皓	조례안재의결무효확인
		송시강	개발부담금환급거부취소
330	8.8.	함인선	부당이득금반환
		김형수	개발부담금환급거부취소
331	9.15.	성중탁	출입국관리법 제63조 제1항 위헌소원
		이은상	보험료채무부존재확인
332	10.20.	유진식	정보공개청구기각처분취소
		김상찬	영업정지처분취소
333	11.24.	안동인	치과의사 안면보톡스시술사건
		김선욱	부가가치세경정거부처분취소
334	12.14.	김동희	행정판례를 둘러싼 학계와 법조계의 대화에

순번	연월일	발표자	발 표 제 목
			관한 몇 가지 생각
		정태용	행정부 공무원의 시각에서 본 행정판례
		함인선	일본의 최근 행정판례
		김성배	미국의 최근 행정판례
		계인국	독일의 최근 행정판례
		김혜진	프랑스의 최근 행정판례
335	18. 1.19.	성봉근	민사사건에 있어 공법적 영향
		박호경	조례무효확인
336	3.16.	김치환	산재보험적용사업장변경불승인처분취소
		신철순	폐업처분무효확인등
337	4.20.	박정훈	입찰참가자격제한처분취소
		신상민	건축허가철회신청거부처분취소의소
338	5.18.	최봉석	직권취소처분취소청구의소
		윤준석	증여세부과처분취소
339	6.15.	김대인	직권취소처분취소청구의소
		문중흠	증여세부과처분취소
340	8.17.	이혜진	정직처분취소
		김형수	이동통신단말장치 유통구조 개선에 관한 법률 제4조 제1항 등 위헌확인
341	9.28.	김현준	재직기간합산불승인처분취소
		김세현	양도소득세부과처분취소
342	10.19.	김창조	주민등록번호변경신청거부처분취소
		장현철	청산금
343	11.16.	강현호	손해배상
		임성훈	부당이득반환등
344	12.21	김재선	미국의 최근 행정판례

순번	연월일	발표자	발 표 제 목
		계인국	독일의 최근 행정판례
		박현정	프랑스의 최근 행정판례
345	19. 2.15	박재윤	숙박업영업신고증교부의무부작위위법확인
		이은상	사업시행계획인가처분취소
346	3.15	정영철	입찰참가자격제한처분취소청구의소
		이승훈	부작위위법확인
347	4.19	박균성	사업계획승인취소처분취소등
		김혜성	종합쇼핑몰거래정지처분취소
348	5.17	김중권	전역처분등취소
		고소영	임용제청거부처분취소등
349	6.21	김판기	생활폐기물수집운반및가로청소대행용역비반납처분취소
		윤준석	증여세부과처분취소
350	8.23	배병호	지방자치단체를 당사자로 하는 계약에 관한 법률 시행령 제30조 제5항 등 위헌확인
		신상민	퇴교처분취소
351	9.20	김성배	사증발급거부처분취소
		박건우	보상금증액
352	10.18	김병기	교원소청심사위원회결정취소
		오에스데	징계처분등
353	11.15	강현호	의료기관개설신고불수리처분취소
		이수안	손실보상금증액등
354	12.19	신원일	일본의 최근 행정판례
		김재선	미국의 최근 행정판례
		계인국	독일의 최근 행정판례
		박우경	프랑스의 최근 행정판례

순번	연월일	발표자	발 표 제 목
355	20.2.21.	성중탁	변호인 접견 불허처분 등 위헌확인
		김근호	입찰참가자격제한처분취소청구
356	5.22	김태호	학원설립운영등록신청 반려처분취소
		이희준	수용재결취소등
357	6.19	김유환	도로점용허가처분무효확인등
		황용남	기타이행강제금부과처분취소
358	8.21	박재윤	제재조치명령의 취소
		주동진	급수공사비등부과처분취소청구의 소
359	9.18	김치환	도로점용료부과처분취소 · 도로점용료부과 처분취소
		김후신	장해등급결정처분취소
360	10.16	정호경	고용노동부 고시 제2017-42호 위헌확인
		이용우	건축신고반려처분취소
361	11.20	김창조	사업대상자선정처분취소
		정은영	부당이득금부과처분취소등
362	12.17	손호영	일본의 최근 행정판례
		김재선	미국의 최근 행정판례
		계인국	독일의 최근 행정판례
		박우경	프랑스의 최근 행정판례

行政判例研究 I~ XXV-2 總目次

行政判例研究 I ~ XXV-2 總目次

[第Ⅳ卷]

Ⅱ. 行政行爲

Ⅲ. 行政計劃

Ⅳ. 行政節次

Ⅴ. 行政訴訟

Ⅵ. 損害塡補

[第Ⅸ卷]

[第 X 卷]

[第XI 卷]

[第XV-2卷]

[第XVII-1卷]

V. 損害塡補

VI. 建築行政法

VII. 環境行政法

VIII. 外國判例 및 外國法制研究

[第XIX-1卷]

I. 行政行爲의 瑕疵

II. 行政節次 및 情報公開

[第ⅩⅩ-2卷]

[第XXI-2卷]

VI. 地方自治法

VII. 環境行政法

VIII. 外國判例 및 外國法制 研究

[第XXII-2卷]

I. 行政法의 基本原理

II. 行政行爲의 槪念과 類型

III. 損害塡補

V. 損害塡補

VI. 行政組織法

VII. 建築行政法

VIII. 行政行爲의 職權取消·撤回

主題別 總目次(行政判例研究 Ⅰ ~ XXV- 2)

行政行爲의 職權取消·撤回

行政計劃

行政節次 및 情報公開

行政의 實效性確保手段

行政爭訟一般

取消訴訟의 對象

行政訴訟의 審理

行政訴訟과 假救濟

行政訴訟의 類型

損害塡補

秩序行政法

公物·營造物法

經濟行政法

租稅行政法

建築行政法

行政訴訟判決의 主要動向

紀念論文

研究判例 總目次
(行政判例研究 Ⅰ ~ XXV-2)

〔대 법 원〕

2020. 7.23. 선고 2019두31839 ⅩⅩⅤ-2-235, 238

2020. 9. 3. 선고 2016두32992 전원합의체 ⅩⅩⅤ-2-69

2020. 9. 3. 선고 2016두32992 ⅩⅩⅤ-2-192, 226

2020. 7.23. 선고 2019두31839 ⅩⅩⅤ-2-246

2020.10.15. 선고 2019두45739 ⅩⅩⅤ-2-244

〔서울고등법원〕

1988. 3.17. 선고 87구1175 판결 Ⅰ-79

1993. 2. 3. 선고 92구14061 판결 Ⅲ-139

1994.10.25. 선고 94구1496 판결 Ⅳ-277

1998. 1.14. 선고 97누19986 판결 Ⅳ-243

1998. 7.16. 선고 97구18402 판결 Ⅴ-435

1999. 9.29. 선고 99누1481 판결 Ⅷ-147

2000. 8.29. 선고 99나53140(병합) 판결 Ⅷ-193

2001. 3.16. 선고 2000누14087 판결 Ⅵ-55

2002.11.14. 선고 2002누914 판결 Ⅹ-213

2006. 7.14. 선고 2005누21950 판결 ⅩⅡ-165

2007.12.27. 선고 2007누8623 판결 ⅩⅦ1-371

2013. 6.10. 선고 2012누16291 판결 ⅩⅧ-2-3

2011. 9. 9. 선고 2010누43725 ⅩⅩⅤ-2-71

2015. 2.10. 선고 2014누5912 ⅩⅩⅤ-2-177

2015. 7.15. 선고 2014누61394 ⅩⅩⅤ-2-170

2015.11.19. 선고 2015누37442 ⅩⅩⅤ-2-177

2016. 7.26. 선고 2016누30929 ⅩⅩⅤ-2-350, 383

2017.11.15. 선고 2017누54618 ⅩⅩⅤ-2-214

2018. 3.20. 선고 2017누77987 ⅩⅩⅤ-2-40

2018. 3.20. 선고 2017아1565 ⅩⅩⅤ-2-41

2019. 4. 3. 선고 2018누70501 ⅩⅩⅤ-2-258

2020. 7.16. 선고 2019누63814 ⅩⅩⅤ-2-246

〔부산고등법원〕

2012. 5. 8. 선고 2011나9457, 201나9464 (병합) ⅩⅩⅤ-2-303

2017. 3.31. 선고 2016누24236 ⅩⅩⅤ-2-352

〔대전고등법원〕

2017. 4. 6. 선고 2016누12934 ⅩⅩⅤ-2-113

〔광주고등법원〕

1997.12.26. 선고 96구3080 판결 Ⅹ-308
2010.12.24. 선고 2010나5624 XXV-2-311

〔의정부지방법원〕

2017. 9.27. 선고 2016구단6083 XXV-2-39

〔수원지방법원〕

2001. 3.21. 선고 2000구7582 판결 Ⅶ-165

〔대전지방법원〕

2016.10.12. 선고 2015구합105055 XXV-2-112

〔광주지방법원〕

2015.11.26. 선고 2015구합10773 XXV-2-406

〔부산지방법원〕

2016.11.24. 선고 2015구합22685 XXV-2-354

〔서울행정법원〕

2000. 6. 2. 선고 99두24030 판결 Ⅵ-175
2001. 8.30. 선고 2001구18236 판결 Ⅶ-165
2001. 3. 9. 선고 2000구32242 판결 Ⅶ-165
2003. 1.14. 선고 2003아95 판결 Ⅷ-279
2010.11. 5. 선고 2010구합27110 XXV-2-71
2014. 8.28. 선고 2013구합28954 XXV-2-170
2014. 9.18. 선고 2014구합9257 XXV-2-178

2016. 7.21. 선고 2015누7509 XXV-2-407

2015. 1.22. 선고 2014구합62449 XXV-2-177
2015. 2. 5. 선고 2014구합64940 XXV-2-177
2015. 6. 5. 선고 2014구합11021 XXV-2-177
2017. 5.18. 선고 2016구합78271 XXV-2-214
2017.12.15. 선고 2016구합86098 XXV-2-235
2015.12.17. 선고 2015구합68796 XXV-2-383
2018.10.19. 선고 2018구단65753 XXV-2-258

연방행정법원 2006.12.21. 결정 - 1C29/03 XIV-465

연방행정법원 2007. 7.25. 판결 - 6C27/06 XIV-469

연방행정법원 2007. 8 22. 결정 - 9B8/07 XIV-475

연방행정법원 2008. 2.21. 결정 - 4 C 13/0 XIV-2-321

연방행정법원 2008. 3.13. 판결 - 2 C 128/07 XIV-2-321

연방행정법원 2008. 4.15. 결정 - 6 PB 3/08 XIV-2-321

연방행정법원 2008. 4.29. 판결 - 1 WB 11/07 XIV-2-321

연방행정법원 2008. 6.26. 판결 - 7 C 50/07 XIV-2-321

연방행정법원 2009. 2.25. 판결 - 6 C 25/08 XV-2-459

연방행정법원 2009. 6. 9. 판결 - 1 C 7/08 XV-2-459

연방행정법원 2009. 9. 7. 결정 - 2 B 69/09 XV-2-459

연방행정법원 2009.11.11. 결정 - 6 B 22/09 XV-2-459

연방행정법원 2009.12.30. 결정 - 4 BN 13/09 XV-2-459

연방행정법원 2010. 1.28. 판결 - 8 C 19/09 XVI-2-328

연방행정법원 2010. 4.29. 판결 - 5 C 4/09 und 5/09 XVI-2-343

연방행정법원 2010. 5.27. 판결 - 5 C 8/09 XVI-2-345

연방행정법원 2010. 6.3. 판결 - 9 C 3/09 XVI-2-352

연방행정법원 2010. 6.24. 판결 - 7 C 16/09 XVI-2-332

연방행정법원 2010. 6.24. 판결 - 3 C 14/09 XVI-2-335

연방행정법원 2010. 6.30. 판결 - 5 C 3.09 XVI-2-353

연방행정법원 2010. 8.19. 판결 - 2 C 5/10 und 13/10 XVI-2-350

연방행정법원 2010. 9.23. 판결 - 3 C 32.09 XVI-2-336

연방행정법원 2010. 9.29. 판결 - 5 C 20/09 XVI-2-343

연방행정법원 2010. 10.27. 판결 - 6 C 12/09, 17/09 und 21/09 XVI-2-338

연방행정법원 2010. 10.28. 판결 - 2 C 10/09, 21/09, 47/09, 52/09 und 56/09
    XVI-2-346

연방행정법원 2010. 11.4. 판결 - 2 C 16/09 XVI-2-348

BVerwG 3.C 10.14 — Urteil vom 6. Apr. 2016   XXIII-1-450/439

BVerwG 3 C 10.15 — Urteil vom 6. Apr. 2016   XXIII-1-451/439

BVerwG 3 C 16.15 — Urteil vom 8. Sep. 2016   XXIII-1-454/439

BVerwG 4 C 6.15 und 2.16 — Urteile vom 22.Sep. 2016   XXIII-1-455/439

BVerwG 6 C 65.14 und 66.14 — Urteile vom 16. März. 2016 XXIII-1-457/439

BverwG 7 C 4.15 — Urteil vom 30. Jun. 2016   XXIII-1-458/439

BVerwG 6 A 7.14 — Urteil vom 15. Jun. 2016   XXIII-1-459/439

BVerwG 2 C 59. 16 - Urteil vom 19. April 2018 XXIV-2-581

BVerwG 9 C 2.17 - Urteil vom 21. Juni 2018 XXIV-2-581

BVerwG 9 C 5.17 - Urteil vom 6. September 2018 XXIV-2-581

BVerwG 8 CN 1.17 - Urteil vom 12. Dezember 2018 XXIV-2-581

BVerwG 5 C 9.16 - Urteil vom 9. August 2018 XXIV-2-581

BVerwG 3 C 25.16 - Urteil vom 24. Mai 2018 XXIV-2-581

BVerwG 2 WD 10. 18 - Urteil vom 5. Juni 2018 XXIV-2-581

BVerwG 3 C 19.15 - Urteil vom 2. März 2017 XXIV-2-581

BVerwG 6.C 3.16 - Urteil vom 21. Juni 2017 XXIV-2-581

BVerwG 3 C 24.15 - Urteil vom 6. April 2017 XXIV-2-581

BVerwG 6 C 45.16 und 46.16 - Urteile vom 25 Oktober 2017 XXIV-2-581

BVerfGE 35, 263(276) = NJW 1973, 1491 XXV-2-421

BVerfGE 104, 1(11) = NVwZ 2001, 1024 XXV-2-421

BVerwG, Urteil vom 6. 6. 1975 -IV C 15/73, NJW 1976, 340 XXV-2-421

BVerwG, Urteil vom 23. 3. 1973 -IV C 49/71, NJW 1973, 1518 XXV-2-423

BVerwG 3 C 24.17 - Urteil vom 4. Juli 2019 XXV-2-449

BVerfG 1 BvR 3237/13 - Beschluss vom 8. Nov. 2016 XXV-2-451

BVerwG, 11 C 48.92 - Urteile vom 16. März 1994 XXV-2-452

BVerfGE 40, 371 (377) XXV-2-452

BVerfGE 59, 275 (278) XXV-2-452

BVerwGE 151, 348 Rn. 29 XXV-2-464

BVerfGE 20, 162 (174 ff.) XXV-2-464

BVerwG, 6 C 65.14 - Urteil vom 16. März 2016 XXV-2-465

BVerwG, 6 A 1.17 - Urteil vom 30. Januar 2019 XXV-2-465

BVerwG, 6 C 50.15 - Urteil vom 17. August 2016 XXV-2-465

BVerfGE 146, 1, Rn. 94 f., 109, 112 ff XXV-2-465

BVerwGE 47, 247 (253 f.) XXV-2-466

BVerwG, 7 C 22.08 - Urteil vom 29. Oktober 2009 XXV-2-467

BVerwG 6 C 18.18 - Urteil vom 30. Oktober 2019 XXV-2-467

VG Köln vom 2. September 2016 (Az: VG 19 K 3287/15) XXV-2-468

OVG Münster vom 16. Mai 2018 (Az: OVG 19 A 2001/16) XXV-2-469

BVerfGE 58, 1 (40) XXV-2-469

BVerfGE 51, 268 (284) XXV-2-470

BVerfGE 103, 142 (156 f.) XXV-2-470

BVerfGE 129, 1 (20 ff.) XXV-2-470

BVerwGE 138, 186 Rn. 42 XXV-2-470

BVerwGE 156, 75 Rn. 32 XXV-2-470

BVerwG, 6 C 17.14 - Urteile vom 14. Oktober 2015; 6 C 50.15 - Urteil vom 17.

　August 2016 XXV-2-470

BVerfGE 84, 34 (49 f.) XXV-2-70

BVerfGE 129, 1 (22 ff.) XXV-2-470

BVerwGE 156, 75 Rn. 32 XXV-2-470

BVerfGE 84, 34 (49 f.) XXV-2-471

BVerwGE 91, 211 (215 ff.) XXV-2-471

BVerwG 6 C 9.18 - Urteil vom 19. Juni 2019 XXV-2-472

VG Dresden vom 23. Juni 2016 (Az: VG 4 K 286/16) XXV-2-474

BVerfGE 144, 20 XXV-2- 474

사건)(Bureau des Recherches Geologiques et Minie res(B.R.G.M.)C/S.A. Lloyd Continental) II-55

국참사원 2005. 3.16. 판결(Ministre de l'Outre-mer c/ Gouvernement de la Polynésie française, n°265560, 10ème et 9ème sous-section réunies) XIV-505

국참사원 2006. 3.24. 판결(Société KPMG et autres, n°288460, 288465, 288474 et 28885) XIV-508

국참사원 2006. 5.31. 판결(이민자 정보와 지지단체 사건, n°273638, 27369) XIV-510

국참사원 2006. 7.10. 판결(Association pour l'interdiction des véhicule inutilement rapides, n°271835) XIV-512

국참사원 2007. 2. 8. 판결(Gardedieu, n°279522) XIV-514

국참사원 2007. 2.22. 판결(Association du personel relevant des établissement pour inadaptés, n°264541) XIV-517

국참사원 2007. 3. 9. 판결(간염예방접종 사건, n°267635·278665·283067·285288) XIV-520

국참사원 2007. 4. 6. 판결(코뮌 Aix-en-Provence 사건, n°284736호) XIV-525

국참사원 2007. 5. 7. 판결(수변(水邊)보호전국연합 사건, n°286103, 286132) XIV-527

국참사원 2008.10. 3. 판결(l'acte législatif et administratif, n°297931) XIV-II-361

국참사원 2008.12.19. 판결(n°274923) XIV-2-361

국참사원 2008. 5. 6. 판결(n°315631) XIV-2-361

국참사원 2008. 6.18. 판결(n°295831) XIV-2-361

국참사원 2009. 2.13. 판결(n°317637) XV-2-495

국참사원 2009. 2.16. 판결(n°315499) XV-2-495

국참사원 2009. 3. 6. 판결(n°306084) XV-2-495

국참사원 2009. 5.15. 판결(n°322053) XV-2-495

국참사원 2009. 6. 8. 판결(n°321974) XV-2-495

국참사원 2009. 6. 8. 판결(n°32236) XV-2-495

국참사원 2009. 7.24. 판결(n°305314) XV-2-495

꽁세이데타 2012.7.27 판결(Mme L. épouse B., n° 347114)　XVIII-2-482

꽁세이데타 2012.11.26. 판결(Ademe, n° 344379)　XVIII-2-489

꽁세이데타 2012.12.21 판결(Sociétés groupe Canal Plus et Vivendi Universal, n° 353856; CE, Ass., 21 décembre 2012, Sociétés group Canal Plus et Vivendi Universal, n° 362347, Société Parabole Réunion, n° 363542, Société Numericable, n° 363703)　XVIII-2-477

꽁세이데타 assemblée, 12 avril 2013, *Fédération Force ouvrière énergie et mines et autres* n° 329570, 329683, 330539 et 330847.　XIX-2-323

꽁세이데타 13 août 2013, *Ministre de l'intérieur c/ commune de Saint-Leu*, n° 370902.　XIX-2-323

꽁세이데타 1er août 2013, *Association générale des producteurs de maïs (AGPM) et autres, n°s 358103, 358615 et 359078.*　XIX-2-323

꽁세이데타 Sec. 6 décembre 2013, *M. T.*, no 363290.　XIX-2-323

꽁세이데타 assemblée, 12 avril 2013, *Association coordination interrégionale Stop THT et autres*, n°s 342409 et autres.　XIX-2-323

꽁세이데타 16 décembre 2013, *Escota et sécurité Arcour*, n°s 369304 et 369384.　XIX-2-323

꽁세이데타 CE 8 novembre 2013, *Olympique lyonnais et autres*, n°s 373129 et 373170.　XIX-2-323

꽁세이데타, 15 janvier 2014, *La Poste SA*, n° 362495, A.　XX-2-351

꽁세이데타, ssemblée, 4 avril 2014, *Département du Tarn-et-Garonne*, n° 358994, A.　XX-2-351

꽁세이데타, assemblée, 14 février et 24 juin 2014, Mme F...I... *et autres, nos 375081, 375090, 375091.*　XX-2-351

꽁세이데타, 29 décembre 2014, *Société Bouygues Télécom, no 368773.*　XX-2-351

꽁세이데타, section, 28 avril 2014, *Commune de Val-d'Isère*, n° 349420.　XX-2-351

꽁세이데타, section, 5 novembre 2014, *Commune de Ners et autres*, n° 379843.

CE, 28 février 2020, n° 429646, 431499 XXV-2-501

CE, 28 février 2020, n° 433886 XXV-2-501

Conseil d'État, "Le Conseil d'État annule partiellement les lignes directrices de la CNIL
relatives aux cookies et autres traceurs de connexion", Actualités, 19 juin 2020
XXV-2-503

CE, 18 décembre 2019, n° 428811, 428812 XXV-2-509

CE, 18 décembre 2019, n° 419898, 420016, 420100 XXV-2-509

CE, 18 décembre 2019, n° 419897, 420024, 420098 XXV-2-509

Cons. const., décision n° 2019-809 QPC du 11 octobre 2019 XXV-2-521

CE, 6 décembre 2019, n° 393769 XXV-2-523

CE, 6 déc. 2019, n° 397755 XXV-2-523

CE, 6 décembre 2019, n° 397755 XXV-2-523

CE, 6 décembre 2019, n° 391000 XXV-2-523

CE, 6 décembre 2019, n° 401258 XXV-2-523

CE, 6 décembre 2019, n° 403868 XXV-2-523

CE, 6 décembre 2019, n° 393769 XXV-2-523

CE, 6 décembre 2019, n° 401258 XXV-2-523

CE, 6 décembre 2019, n° 405910 XXV-2-523

CE, 6 décembre 2019, n° 395335 XXV-2-523

CE, 6 décembre 2019, n° 403868 XXV-2-523

CE, 6 décembre 2019, n° 429154 XXV-2-523

CE, 6 décembre 2019, n° 403868 XXV-2-523

CE, 6 décembre 2019, n° 405464 XXV-2-523

CE, 6 décembre 2019, n° 429154 XXV-2-523

CE, 6 décembre 2019, n° 391000 XXV-2-524

CE, 6 décembre 2019, n° 397755 XXV-2-524

CE, 6 décembre 2019, n° 399999 XXV-2-524

VI-395

오하이오州대법원City of Norwood v. Horney 853 N.E.2d 1115(Ohio 2006)　XIV-391

연방대법원 Scialabba v. Cuellar de Osorio, 134 S. Ct. 2191 (2014) XIX-2-229

연방대법원 U.S. v. Apel, 134 S. Ct. 1144, 186 L. Ed. 2d 75 (2014) XIX-2-229

연방대법원 Plumhoff v. Rickard, 134 S. Ct. 2012 (2014)　XIX-2-229

연방대법원 lmbrook School Dist. v. Doe, 134 S. Ct. 2283 (2014)　XIX-2-229

연방대법원 Utility Air Regulatory Group v. E.P.A., 134 S. Ct. 2427 (2014)
XIX-2-229

연방대법원 E.P.A. v. EME Homer City Generation, L.P., 134 S. Ct. 1584, 78 Env't.
Rep. Cas. (BNA) 1225 (2014)　XIX-2-229

연방대법원 Marvin M. Brandt Revocable Trust v. U.S., 134 S. Ct. 1257, 188 L. Ed. 2d
272 (2014)　XIX-2-229

연방대법원 Town of Greece, N.Y. v. Galloway, 134 S. Ct. 1811 (2014)　XIX-2-229

연방대법원 U.S. v. Apel, 134 S.Ct. 1144, 1149 - 1154 (2014)　XIX-2-229

연방대법원 Wood v. Moss, 134 S.Ct. 2056 (2014)　XIX-2-229

연방대법원 N.L.R.B. v. Noel Canning, 134 S.Ct. 2550 (2014)　XIX-2-229

연방대법원 King v. Burwell, 2015 WL 2473448 (U.S. 2015)　XX-2-257

연방대법원 Perez v. Mortgage Bankers Ass'n, 135 S. Ct. 1199　XX-2-257

연방대법원 Michigan v. E.P.A., 135 S. Ct. 2699, 192 L. Ed. 2d 674 (2015)
XX-2-257

연방대법원 Kerry v. Din, 135 S.Ct. 2128 (2015) XXI-1-211

연방대법원 Campbell-Ewald Co. v. Gomez, 136 S.Ct. 663 (2016) XXI-2-273

연방대법원 F.E.R.C. v. Electric Power Supply Ass'n, 136 S.Ct. 760 (2016)
XXI-2-313

연방대법원 Sturgeon v. Frost, 136 S.Ct. 1061 (2016)　XXI-2-307

연방대법원 Heffernan v. City of Paterson, N.J., 136 S.Ct. 1412 (2016) XXI-2-285

연방대법원 Sheriff v. Gillie, 136 S.Ct. 1594 (2016)　XXI-2-268

최고재판소 2006. 3. 1. 판결(判例時報1923号 11면)　XIV-414

최고재판소 2006. 6.13. 판결(判例時報1935号 50면)　XIV-424

최고재판소 2006. 7.14. 판결(判例時報1947号 45면)　XIV-440

최고재판소 2006. 9. 4. 판결(判例時報1948号 26면)　XIV-434

최고재판소 2006.10. 5. 판결(判例時報1952号 69면)　XIV-446

최고재판소 2006.10.26. 판결(判例時報1953号 122면)　XIV-437

최고재판소 2006.11. 2. 판결(判例時報1953号 3면)　XIV-429

최고재판소 2007. 2. 6. 판결(判例時報1964号 30면)　XIV-421

최고재판소 2007. 9.18. 판결(判例時報1923号 11면)　XIV-417

최고재판소 2007.10.19. 판결(判例タイムズ1259号 197면)　XIV-443

최고재판소 2007. 4.15. 판결(民事判例集62巻 5号 1005면)　XIV-2-313

최고재판소 2007. 6. 4. 판결(判例時報2002号 3면)　XIV-2-311

최고재판소 2007. 9.10. 판결(判例時報2020号 10면)　XIV-2-306

최고재판소 2008.12. 7. 판결(判例時報1992号 43면)　XIV-2-300

최고재판소 2008.11.14. 결정(判例時報1989号 160면)　XIV-2-304

최고재판소 2009. 4.17. 判決(判例時報2055号 35면)　XV-2-423

최고재판소 2009. 4.28. 判決(判例時報2045号 118면)　XV-2-423

최고재판소 2009. 6. 5. 判決(判例時報2053号 41면)　XV-2-423

최고재판소 2009. 7. 9. 判決(判例時報2057号 3면)　XV-2-423

최고재판소 2009. 7.10. 判決(判例時報2058号 53면)　XV-2-423

최고재판소 2009.10.15. 判決(判例タイムズ 1315号 68면)　XV-2-423

최고재판소 2009.10.23. 判決(求償金請求事件)　XV-2-423

최고재판소 2010. 3. 23. 제3소법정 판결(平21行ヒ) 214号)　XVI-2-310

최고재판소 2010. 6. 3. 제1소법정판결(平21 (受) 1338号)　XVII-2-289

최고재판소 2000. 7. 16. 제2소법정판결(平20 (行ヒ) 304号)　XVI-2-304

최고재판소 2011. 6. 7. 판결(平21 (行ヒ) 91号)　XVII-2-500

최고재판소 2011. 6.14. 판결(平22 (行ヒ) 124号)　XVII-2-516

최고재판소 平成25(2013).7.12. 平成24年(行ヒ) 第156号, 判例タイムズ 1396号, 2014.3, 147면. XIX-2-281

최고재판소 平成25(2013).11.20. 平成25年(行ツ) 第209号, 第210号, 第211号, 判例タイムズ 1396号, 2014.3, 122면. XIX-2-281

최고재판소 第一小法廷 平成25(2013).3.21. 平成22年(行ヒ)第242号, 民集 67巻3号, 438면, 判例タイムズ 第1391号, 2013.10, 113면. XIX-2-281

최고재판소 第一小法廷 平成25(2013).3.21. 平成23年(行ツ) 第406号, 民集67巻3号, 375면. XIX-2-281

최고재판소 第二小法廷 平成26(2014).7.18. 平成24年(行ヒ)第45号, 判例地方自治 386号, 78면. XX-2-311

최고재판소 第一小法廷 平成26(2014).9.25. 平成25年(行ヒ)第35号, 民集68巻7号, 722면. XX-2-311

최고재판소 第二小法廷 平成26(2014).7.14. 平成24年(行ヒ)第33号, 判例タイムズ 1407号, 52면. XX-2-311

최고재판소 第二小法廷 平成26(2014).8.19. 平成26年(行ト)第55号, 判例タイムズ 1406号, 50면. XX-2-311

최고재판소 第一小法廷 平成26(2014).10.9. 平成26年(受)第771号, 判例タイムズ 1408号, 32면. XX-2-311

최고재판소 第一小法廷 平成26(2014).10.9. 平成23年(受)第2455号, 判例タイムズ 1408号, 44면. XX-2-311

최고재판소 第三小法廷 平成26(2014).5.27. 平成24年(オ)第888号, 判例タイムズ 1405号, 83면. XX-2-311

최고재판소 第二小法廷決定 平成27(2015).1.22. 平成26年(許)第17号 判例タイムズ1410号 55頁. XXI-2-350

최고재판소 第二小法廷決定 平成27(2015).1.22. 平成26年(許)第26号 判例タイムズ1410号 58頁. XXI-2-350

최고재판소 第三小法廷 平成27(2015).3.3. 平成26年(行ヒ)第225号 民集69巻2号143頁.

最判 平30. 10. 23. 裁時1710, 4 [平成 29 (行ヒ) 第185号] XXV-2-563

徳島地判 平27. 12. 11. 判例自治423, 42 [平成26年 (行ウ) 第11号] XXV-2-563

高松高判 平29. 1. 31. 判タ1437, 85 [平成28年 (行コ) 第4号] XXV-2-564

最判 平24. 4. 20. 民集66, 6, 2583 [平成22年 (行ヒ) 第102号] XXV-2-565

最判 平24. 4. 20. 判時2168, 45 [平成21年 (行) 第235号] XXV-2-565

最判 平24, 4, 23, 民集66, 6, 2789 [平成22年 (行ヒ) 第136号] XXV-2-565

最判 平24. 4. 20. 民集66, 6, 2583 [平成22年 (行ヒ) 第102号] XXV-2-565

最判 平24, 4, 23, 民集66, 6, 2789 [平成22年 (行ヒ) 第136号] XXV-2-565

最判 平31. 1. 17. 判所ウェブサイト [平成30年 (行ウ) 第8号] XXV-2-566

東京地判 平5. 4. 27. 判時1482, 98 [平成4年 (行ウ) 第5号] XXV-2-568

福岡高判 平31. 3. 7. 判所ウェブサイト [平成 30年 (ネ) 第70号] XXV-2-570

福岡高判 平16. 5. 24. 判時1875, 62 [平成14年 (ネ) 第511号] XXV-2-571

新潟地判 平16. 3. 26. 訟月50, 12, 3444 [平成11年 (ワ) 第543号] XXV-2-571

東京高判 平17. 7. 19 訟月53, 1, 138 [平成14年 (ネ) 第4815号] XXV-2-571

長野地判 平18. 3. 10. 判時1931, 109 [平成9年 (ワ) 第352号] XXV-2-571

東京高判 平19. 3. 13. 訟月53, 8, 2251 [平成15年 (ネ) 第3248号] XXV-2-571

東京地判 平15. 9. 29. 判時1843, 90 [平成8年 (ワ) 第24230号] XXV-2-571

神戸地判 令1. 10. 8. 判例集未登載 [平成29年 (ワ) 第1051号] XXV-2-573

東京高判 平19. 5. 31 判時1982, 48 [平成18年 (行コ) 第267号] XXV-2-574

東京地判 平30. 9. 19. 判例タイムズ1477, 147 [平29年 (ワ) 第21485号] XXV-2-576

東京高判 平31. 3. 20. [平成30年 (ネ) 第4640号] XXV-2-576

最決 令1. 9. 25. [令1年 (オ) 第1057号] XXV-2-576

最判 平25. 12. 10. 判時 2211, 3 [平24年 (受) 第1311号] XXV-2-2-576, 577

最判 平30. 7. 19. 裁判所ウェブサイト [平成28年 (受) 第563号] XXV-2-578

最判 平23. 6. 6. [平成22年 (オ) 第951号] XXV-2-579

最判 平23. 5. 30. 判時 2123, 2 [平成22年 (行ツ) 第54号] XXV-2-579

最判 平24. 1. 16. 判時2147, 127 [平成23年 (行ツ) 第263号] XXV-2-579

行政判例研究 XXV-2

2020년　12월　25일　초판인쇄
2020년　12월　31일　초판발행

편저자　사단법인　한국행정판례연구회
　　　　대　　표 김　선　욱
발행인　안종만 · 안상준
발행처　(주)박영시
　　　　서울특별시 금천구 가산디지털2로 53, 210호
　　　　(가산동, 한라시그마밸리)
　　　　전화 (733) 6771　FAX (736) 4818
　　　　등록 1959. 3. 11.　제300-1959-1호(倫)

편저자와
협의하여
인 지 를
생 략 함

www.pybook.co.kr　e-mail: pys@pybook.co.kr

파본은 구입하신 곳에서 교환해 드립니다. 본서의 무단복제행위를 금합니다.
정 가 54,000원　　　　ISBN 979-11-303-3901-6
　　　　　　　　　　　ISBN 978-89-6454-600-0(세트)
　　　　　　　　　　　ISSN 1599-7413　37